इतिहास की रणभूमि और साहित्य

अजय तिवारी

वाणी प्रकाशन

वाणी प्रकाशन

4695, 21-ए, दरियागंज, नयी दिल्ली 110 002

शाखा

अशोक राजपथ, पटना 800 004

फ़ोन : +91 11 23273167 फ़ैक्स : +91 11 23275710

www.vaniprakashan.in
vaniprakashan@gmail.com
sales@vaniprakashan.in

ITIHAS KI RANBHOOMI AUR SAHITYA
by Ajay Tiwari

ISBN : 978-93-86799-49-4
Criticism

प्रथम संस्करण

मूल्य : ₹ 695

सिटी प्रेस, दिल्ली-110 095 में मुद्रित

वाणी प्रकाशन का लोगो मक़बूल फ़िदा हुसेन की कूची से

समर्पण

प्रो. मुजीब रिज़्वी के लिए,
जिनमें विद्वत्ता और सज्जनता का
अभिजात सन्तुलन है।

भूमिका

साहित्य में जब साठोत्तरी विक्षोभ का दौर आया, तब हिन्दी में कई प्रवृत्तियों के लेखक प्रभावशाली रूप में मौजूद थे। रीतिवादी-रसवादी डॉ. नगेन्द्र, मानवतावादी-परम्परावादी आचार्य हजारी प्रसाद द्विवेदी, मार्क्सवादी-स्तालिनवादी डॉ. रामविलास शर्मा, कथाकार यशपाल, अज्ञेय, भगवतीचरण वर्मा, अमृतलाल नागर, कवि दिनकर, बच्चन, सुमन, नागार्जुन-त्रिलोचन-केदार, भारती-सर्वेश्वर-रघुवीर सहाय—उत्तर छायावादी रुझान से लेकर अस्तित्ववादी विचार तक अनगिनत प्रवृत्तियाँ पहले से साहित्यिक रंगमंच पर सक्रिय थीं। इन सभी प्रवृत्तियों के होते हुए भी साहित्य ने करवट ली। इससे ज़ाहिर है कि साहित्यिक विकास की मूल प्रेरणा साहित्यिक प्रचलन और परम्परा की जगह समाज में निहित है। प्रचलन और परम्परा की भूमिका साहित्य के बोध और स्वरूप के निर्धारण में होती है लेकिन उसकी प्रभावकारी सारवस्तु के निर्धारण में नहीं।

साहित्य में साठोत्तरी विक्षोभ के समानान्तर भारतीय समाज और राजनीति में निर्णायक परिवर्तन आये। पुरानी सामन्ती प्रणाली के स्थान पर नयी पूँजीवादी-ज़मींदारी विकसित हुई; राजे-रजवाड़ों की 'स्वतन्त्र पार्टी' विलुप्त हो गयी, नये ज़मींदारों और धनी किसानों (कुलक लोगों) की पार्टी 'भारतीय क्रान्ति दल' का सत्ता में पदार्पण हुआ। आगे चलकर इसी के विभिन्न अवतार 'लोकदल' के अनेक नाम-रूप से प्रचलित हुए। यह परिवर्तन इस बात का संकेत था कि भारतीय समाज के भीतर गहरी उथल-पुथल ज़ारी है। पुराना ढाँचा भीतर से टूट रहा है, उसकी शक्तियाँ अपना प्रतिरोध कमज़ोर पड़ते देख रही हैं और नये पूँजीवादी विधान में अपने लिए अधिक स्थान पाने का प्रयास कर रही हैं। इस संक्रमण का असर राजनीतिक उथल-पुथल और ध्रुवीकरण में तो दिखता है, पूँजीवादी राजसत्ता और शासक पार्टी में गम्भीर नीतिगत टकराहटों में भी दिखता है।

जिस सत्ताधारी दल या गुट ने इस कठिन समय में प्रिवीयर्स खत्म किया, उसी ने हरित क्रान्ति का सूत्रपात भी किया। पुराने सामन्ती गढ़ तोड़कर नये पूँजीवादी भूस्वामित्व को बढ़ावा दिया। पूँजीवादी इज़ारेदारी पर अंकुश लगाने का काम उसने नहीं किया लेकिन 'गरीबी हटाओ' की छवि निर्मित करते हुए बहुत-से प्रगतिशील

कदम ज़रूर उठाये—बैंकों, बीमा कम्पनियों, कोयला खानों का राष्ट्रीयकरण, संविधान की प्रस्तावना में धर्मनिरपेक्षता और समाजवाद का प्रतिष्ठापन। इन कदमों से कम्युनिस्ट आन्दोलन की एक धारा इतनी उत्साहित हुई कि वह समाजवाद का निर्माण करने के लिए कांग्रेस को सहयोगी मानने लगी। उसके कुछ सिद्धान्तकारों ने यह भी प्रतिपादित किया कि अब ज़माना बदल गया है, राष्ट्रीय पूँजीवाद के नेतृत्व में समाजवाद का निर्माण होगा!

कहने की ज़रूरत नहीं कि भारतीय लोकतन्त्र और सामाजिक जनवाद के लिए यह समय काफी चुनौती भरा और शिक्षाप्रद था। तत्कालीन साहित्य में भी केवल अराजक प्रवृत्तियाँ नहीं उभरीं, वाम चेतना के साथ उग्र प्रवृत्तियाँ भी उभरीं; गाँव-किसान-परम्परा का राग लेकर भावनापूर्ण गीतात्मक प्रवृत्तियाँ भी उभरीं। उथल-पुथल की परिस्थितियों में जैसी बहुलता और अतिवाद के दर्शन होते हैं, उनका अस्तित्व इस दौर के हिन्दी साहित्य में बाकायदा है। उन प्रवृत्तियों का साहित्यिक मूल्यांकन होता रहा है और उस पर विवाद भी होते रहे हैं। पुराने आलोचकों ने तो नहीं, नवीनता-प्रेमी प्रगतिशील आलोचक डॉ. नामवर सिंह ने ज़रूर इस दौर के साहित्य को सहानुभूति से देखा। लेकिन उनकी व्याख्याएँ भी उस दौर के रचनाकारों के मनोनुकूल न हो सकती थीं। स्वभावतः उस दौर के अपने नये आलोचक और व्याख्याकार आये।

साहित्यिक मूल्यांकन न तत्काल होता है, न निर्विवाद होता है। फिर भी उस उथल-पुथल के दौर ने जीवन और संस्कृति दोनों के लिए जनवाद का प्रश्न महत्त्वपूर्ण बनाया। यह संयोग की बात नहीं है कि अपने प्रगतिशील कदमों से चकित कर देनेवाला शासक वर्गीय नेतृत्व 'सम्पूर्ण क्रान्ति' के एक झटके से आपातकाल लागू करने की सीमा पर पहुँच गया जिसका सैद्धान्तिक आधार 'सीमित तानाशाही' की अवधारणा से निर्मित हुआ। स्वभावतः जनवाद और जनतान्त्रिक अधिकारों का प्रश्न राजनीति में ही नहीं, साहित्य में भी दृढ़ता और स्पष्टता से उभरकर सामने आया। राजनीति और साहित्य में इतना निकट सम्बन्ध कम मौकों पर होता है।

सम्पूर्ण क्रान्ति और सीमित तानाशाही के स्वरूप और आपसी रिश्तों पर बहसें होती रही हैं और आगे भी होंगी। लेकिन कुछ विडम्बनाओं पर ध्यान देना अत्यन्त आवश्यक है। सम्पूर्ण क्रान्ति का प्रकट रूप जनतान्त्रिक था, वह जनता की घुटन और आकांक्षा को व्यक्त करता था; किन्तु उसका आन्तरिक गठन प्रतिक्रियावादी संस्थाओं से हुआ था—पुराने राजाओं और नये भूस्वामियों का प्रतिनिधित्व करने वाली स्वतन्त्र पार्टी और क्रान्ति दल, कम्युनिज़्म-विरोध के लिए प्रतिश्रुत सोशलिस्ट पार्टी, इन सबको एकसूत्र में बाँधने वाला फासिस्ट हिन्दूवादी संगठन राष्ट्रीय स्वयंसेवक संघ—जयप्रकाश नारायण के नेतृत्व में चली सम्पूर्ण क्रान्ति का यह हुलिया है, जिसे अमरीका की प्रत्यक्ष सहायता प्राप्त थी। कम्युनिस्ट आन्दोलन की एक धारा इस

सम्पूर्ण क्रान्ति के साथ प्राण-पण से संलग्न थी। वह उसके प्रतिक्रियावादी चरित्र को अनदेखा करती थी और जनतान्त्रिक प्रतीति को अतिरंजित महत्त्व देती थी।

सम्पूर्ण क्रान्ति का दमन करके 'अनुशासन पर्व' लागू करने वाला आपातकाल एक तरफ जनता के लोकतान्त्रिक अधिकारों को कुचल रहा था, दूसरी तरफ आर्थिक राष्ट्रवाद के सूक्ष्म तरीकों का उपयोग कर रहा था–'बी इण्डियन, बाई इण्डियन'; एक तरफ बीस सूत्री कार्यक्रम के ज़रिए खेत मज़दूरों को दैनिक मज़दूरी का भरोसा देकर बँधुआगीरी से निकलने का सपना दे रहा था, दूसरी तरफ औद्योगिक मज़दूरों का बोनस काटकर इज़ारेदार मालिकों को प्रोत्साहन दे रहा था। आर्थिक सुधार का यह कार्यक्रम भारतीय इज़ारेदार पूँजी के हित में था लेकिन साम्राज्यवाद के प्रति समर्पणशील न था। तब से परिस्थिति इतनी बदल गयी है कि 'भारत छोड़ो' का नेतृत्व करनेवाली संस्था 'भारत आओ' का आह्वान करने लगी थी। अब तो 'राष्ट्रवाद' और 'स्वदेशी' के झंडाबरदार ही विदेशी पूँजी के लिए पलक-पाँवड़े बिछाये हुए हैं।

आज यह प्रश्न उठाया जाना चाहिए कि जनता के अधिकारों का दमन किये बिना प्रतिक्रान्ति और साम्राज्यवाद का मुकाबला अधिक दृढ़ता से किया जा सकता था। भारतीय कम्युनिस्ट पार्टी में यह बहस आपातकाल के दिनों में शुरू हो गयी थी। लेकिन कम्युनिस्ट आन्दोलन विभाजित था, जनतान्त्रिक शक्तियाँ असंगठित थीं, न उनमें लक्ष्य की एकरूपता थी, न दिशा की स्पष्टता। इसलिए प्रतिक्रान्ति का मुकाबला करने के लिए लोकतान्त्रिक रास्ता अपनाने का दबाव बनाना सम्भव नहीं हुआ। सत्ताधारी सामाजिक शक्तियों के मंच अधिक मुखर, सक्रिय, प्रभावकारी और संगठित थे। उनका प्रभुत्व तत्कालीन भारतीय राजनीति की दिशा तय करता था। वास्तव में 'सम्पूर्ण क्रान्ति' और 'सीमित तानाशाही' का संघर्ष सत्ताधारी वर्गों का आपसी संघर्ष था, जिसकी वेदी पर जनता के अधिकारों की बलि चढ़ी।

स्वभावतः इस संघर्ष ने राजनीतिज्ञों को बहुत-सी सीख दी। वामपन्थी आन्दोलन में क्रमशः निकटता और लक्ष्य की एकरूपता आयी। साहित्य में भी नयी चेतना, नयी ऊर्जा का संचार हुआ। साठोत्तरी विक्षोभ का वामपन्थी स्वर धूमिल-वेणु गोपाल-आलोक धन्वा-कुमारेन्द्र पारसनाथ सिंह से बना था; नये दौर का जनवादी स्वर राजेश जोशी-अरुण कमल-ज्ञानेन्द्रपति-उदय प्रकाश से बना। यह स्वर साठोत्तरी वामपन्थ की अपेक्षा अधिक यथार्थपरक और कलात्मक था। बेशक उसकी आधारभूमि मध्यवर्गीय थी। फिर भी उसके सामने जनता का जीवन और उससे जुड़े सामाजिक-सांस्कृतिक प्रश्न महत्त्वपूर्ण थे। इसलिए उसने उल्लेखनीय उपलब्धियाँ अर्जित कीं। स्वातन्त्र्योत्तर कवियों में रघुवीर सहाय को छोड़ दें तो प्रगतिवाद के बाद जितना उल्लेखनीय साहित्य इस नये जनवादी उभार में रचा गया, उतना 'किसिम-किसिम के' आन्दोलनों और धाराओं में नहीं।

इस साहित्य का मूल्यांकन ज़रूरी है। लेकिन वह स्वतन्त्र काम है। इस दौर के प्रश्नों और चुनौतियों को, विकास की परम्परा और दिशा को तथा उस विकास के माध्यम को समझना ज़रूरी है। 'इतिहास की रणभूमि और साहित्य' में उन प्रश्नों, चुनौतियों, दिशाओं, माध्यमों और परम्पराओं को समझने का प्रयत्न किया गया है। इस प्रयत्न की पृष्ठभूमि 19वीं सदी में 1857 का स्वाधीनता संग्राम और भारतेन्दु युग का साहित्य है। इसलिए साहित्य के विकास को उपनिवेशवाद-विरोधी संघर्ष के सन्दर्भ में देखने का प्रयास किया गया है।

जहाँ तक नये विकास का सम्बन्ध है, आपातकाल और उसके बाद का सामाजिक-सांस्कृतिक परिदृश्य कम उलझनों और अन्तर्विरोधों से भरा नहीं रहा। इसलिए वैचारिक टकराहटें भी रहीं, मूल्यांकन की असहमतियाँ भी रहीं। पुस्तक के लेखों में इसकी पर्याप्त झलक मिलेगी। इन टकराहटों, असहमतियों का सम्बन्ध उस दौर के अन्तर्विरोधों से भी है और जनवादी लेखकों के दृष्टिकोण से भी। इसीलिए ऐतिहासिक आवश्यकता की माँग होने के नाते जो आन्दोलन शुरू-शुरू में व्यापक और प्रेरणादायी रूप में सामने आया, उसने लेखकों को एकसूत्र में बाँधा, संगठनों में अन्तर रहने पर भी और उन संगठनों में नीतिगत विरोध होने पर भी रचनाकारों में नयी अन्तर्धारा का संचार किया, वही एक दशक बीतते-बीतते, सोवियत संघ और बाबरी मस्जिद के विध्वंस के बाद, अपने अन्तर्विरोधों का शिकार होकर क्रमशः विघटित होने लगा। जनवादी लेखकों और विचारकों के बीच अक्सर राग-द्वेष के रूप में व्यक्त होने वाला टकराव वास्तव में नीतियों और प्रवृत्तियों के अन्तर्विरोध की अभिव्यक्ति है।

इस परिदृश्य को ध्यान में रखने पर उस दौर का विश्लेषण करना दो कारणों से आवश्यक प्रतीत होता है। पहला, आज हम जहाँ पहुँचे हैं, उसके सूत्र आठवें दशक की उथल-पुथल में निहित हैं क्योंकि वह आज़ादी से मोहभंग और नीतिगत परिवर्तन का सूत्रपात था। तत्कालीन परिस्थितियाँ चाहे जितनी धूमिल हों लेकिन वे एक करवट ले रही थीं। यह करवट खेती और उद्योग में एकाधिकारी पूँजीवाद के अनुकूल थी। उस अन्तर्द्वन्द्व को समझकर हम अपने साहित्यिक विकास के प्रति सुसंगत नज़रिया अपना सकते हैं। दूसरा कारण यह कि वैचारिक और कलात्मक समस्याओं को पहचान कर, उसके अन्तर्विरोध, टकराव और दिशा को समझकर, हम आज के साहित्यिक कर्तव्य निर्धारित करने में सहायता पा सकते हैं।

आज का दौर जनतन्त्र और जनवाद के लिए नयी चुनौतियों से भरा है। उदारीकरण और भूमण्डलीकरण के चलते बाज़ारवादी शक्तियाँ राज्य की भूमिका और वैधता को निरन्तर कम कर रही हैं। खुद राज्यशक्ति ने अपनी वर्गेतर और वर्गोपरि भूमिका त्यागकर एकाधिकारी और कार्पोरेट पूँजी के सहयोगी की भूमिका

अपना ली है। लोकहितकारी उपायों को समाप्त करके, सार्वजनिक क्षेत्र का विनिवेश करके, सारे आर्थिक निर्णय और संसाधन निगम पूँजी के हवाले करके राज्यशक्ति ने ऊपरी आवरण हटा दिया है; वह अभी मार्क्स के 'पूँजीपति वर्ग की तानाशाही' में परिणत भले न हुआ हो, उदारपन्थी अर्थशास्त्रियों की भाषा में वह 'धनिकों का, धनिकों द्वारा, धनिकों के लिए' कायम तन्त्र ज़रूर बन चुका है। यह स्थिति जनवाद के लिए गम्भीर संकट पेश करती है।

इस संकट की एक झलक संसद की गरिमा के ह्रास और न्यायालय की सक्रियता में वृद्धि के रूप में दिखाई देती है। उसकी दूसरी झलक नये प्रकार के आन्दोलनों के रूप में दिखाई देती है। संसद हमारी सर्वोच्च लोकतान्त्रिक संस्था है। उसके निर्वाचित सदस्य अन्ततः जनता के प्रति जवाबदेह हैं। लेकिन सट्टा पूँजी की चाकरी में राजसत्ता के समर्पण ने भ्रष्टाचार और अविश्वसनीयता का वातावरण उत्पन्न किया है। अपने प्रतिनिधियों से जनता की दूरी सबसे अधिक है। संसद की गरिमा को इस बात से और ठेस पहुँचती है कि उसके बहुत से सदस्यों और कानूनों को न्यायालय का मुँह देखना पड़ता है। जनता का अपने प्रतिनिधियों से अधिक विश्वास न्यायालय पर है।

यह स्थिति विडम्बनापूर्ण है। संसदीय लोकतन्त्र पर न्यायालय की वरीयता का एक रूप पाकिस्तान में देखा गया है, जहाँ चुने हुए प्रधानमन्त्री को नियुक्त किये हुए न्यायाधीशों ने अपदस्थ कर दिया। पाकिस्तान की राजनीति में अमरीकी पूँजी और फौजी तानाशाही का गठबन्धन बेहद मज़बूत रहा है। लोकतान्त्रिक परम्पराएँ वहाँ अत्यन्त क्षीण हैं। लेकिन आज जनता की आकांक्षाओं के दबाव में जनतन्त्र की ओर बढ़ते हुए पाकिस्तान की स्थिति और वित्तीय पूँजी के दबाव में लोकतन्त्र को पंगु बनाते हुए भारत की स्थिति, दोनों में अजीबो-गरीब सादृश्य दिखाई दे रहा है। इन विडम्बनापूर्ण स्थितियों में साहित्य-संस्कृति के क्षेत्र में जनवाद का प्रश्न कितना ज़रूरी हो जाता है, यह बताने की ज़रूरत नहीं है।

जनवाद का सम्बन्ध जनता के आन्दोलनों से भी है। आज जिस तरह के जनआन्दोलन उभरे हैं, वे भी जनतन्त्र के लिए गम्भीर विचार-विमर्श का मुद्दा हैं। इन आन्दोलनों की सामाजिक प्रकृति अस्पष्ट है। वे न किसानों और मज़दूरों के वर्गीय संगठन से सम्बन्धित हैं, न उत्पीड़ित जातियों की मुक्तिकामी आकांक्षाओं से सम्बन्धित हैं। प्रकटतः वे वर्गेतर और वर्गोपरि स्वरूप में हैं। लेकिन यही उनकी विशेषता है और समस्या का कारण भी। वे समाज में किसी बुनियादी परिवर्तन की माँग नहीं उठाते। वे समुदायों को अपना आधार बनाते हैं—दलित, आदिवासी, स्त्री आदि; अथवा ऊपरी मुद्दों पर ध्यान केन्द्रित करते हैं—भ्रष्टाचार, पर्यावरण, विकास। वे इन समस्याओं का सम्बन्ध वित्त पूँजी की राजसत्ता से नहीं देखते इसलिए व्यवस्था

में परिवर्तन की जगह न्यूनतम सुधार की माँग करते हैं ताकि वह जनता के लिए सहनीय बन जाये।

दूसरे शब्दों में, इस प्रकार का सुधारवाद वास्तव में व्यवस्था की रक्षा का ही प्रयत्न है। लेकिन वर्गीय आन्दोलनों और वैकल्पिक मंचों के क्षीण हो जाने के कारण राजसत्ता निर्द्वन्द्व होकर काम कर रही है, वह वित्त पूँजी की सेवा में कोताही बरतने और भ्रष्टाचार-अत्याचार में कमी लाने के लिए तैयार नहीं हैं। गरज़ यह है कि गम्भीर राजनीतिक चुनौती के अभाव में वह सुधार लाने और जनहितकारी मोड़ लाने के प्रति पूर्णतः उदासीन है। 'नर्मदा बचाओ' से लेकर 'भ्रष्टाचार मुक्त भारत' तक जितने आन्दोलन पिछले दिनों परिदृश्य पर रहे, वे सभी गैर-सरकारी संगठनों (एन.जी.ओ.) के बूते चलते रहे हैं। इन संगठनों का आर्थिक स्रोत वित्त पूँजी है। यह मानी बात है कि वित्त पूँजी की सहायता से चलने वाले गैर-सरकारी संगठनों द्वारा संचालित आन्दोलन व्यवस्था-परिवर्तन की चेतना नहीं पैदा कर सकते।

ऐसे में जनवाद का प्रश्न जितना जटिल रूप ले लेता है, उतना ही अनिवार्य भी हो जाता है। वह एन.जी.ओ. की बँधुआ जनता का तन्त्र नहीं है, उत्पीड़ित जनता के सभी स्तरों के साझा हितों का विधान है। 'इतिहास की रणभूमि और साहित्य' इस दिशा में चलने वाले संघर्ष का एक पक्ष है। यहाँ यह प्रयत्न किया गया है कि अपने विचारों और आग्रहों को ऐतिहासिक प्रक्रिया के भीतर परखकर ही उपस्थित किया जाये। लेकिन संघर्ष में एक पक्ष होने के नाते उसमें विवाद हैं और विवादों की गुंजाइश भी है। अन्य भाषाओं की तरह हिन्दी में भी नयी साहित्यिक प्रवृत्तियों और जनवादी विचारों के विकास का माध्यम लघुपत्रिकाएँ रही हैं इसलिए लघु पत्रिका आन्दोलन पर भी कुछ सामग्री यहाँ दी गयी है। इससे जनवादी मूल्यों और आन्दोलनों के विकास की उलझनें सुलझाने में मदद मिलेगी।

पुस्तक की मूल रूपरेखा लगभग दो दशक पहले बनी थी। अरुण माहेश्वरी के बारम्बार कहने पर भी तब मैं उसे अन्तिम रूप नहीं दे सका। अब भी वह पूर्णतः मनोनुकूल बन पायी है, न विषयानुकूल। अनेक महत्त्वपूर्ण पक्षों पर जोड़ी जाने वाली सामग्री को भविष्य पर छोड़कर यह संकलन अपने वर्तमान रूप में प्रस्तुत किया जा रहा है। नये लेखकों और आलोचकों को बहस के लिए उसमें कुछ बिन्दु मिल सकेंगे तो मेरा प्रयत्न सार्थक होगा।

अस्तु।

16 मई, 2017, नयी दिल्ली

—अजय तिवारी

अनुक्रम

खंड-1 : विचार

खंड-2 : विकास

खंड-3 : विवाद

खंड-1 : विचार

जनवाद की समस्या

स्वतन्त्र संगठन के रूप में 'जनवादी लेखक संघ' को अस्तित्व में आये साल भर से कुछ ही अधिक समय हुआ है। इस बीच सांस्कृतिक परिदृश्य में कोई बड़ा परिवर्तन घटित हुआ हो चाहे नहीं, लेकिन 'जनवाद' और 'प्रगतिशील' शब्दों को लेकर बड़ी अर्थ-मीमांसा हुई है। कुछ लोग आग्रहपूर्वक 'प्रगतिशील' शब्द को अछूत मानने-मनवाने पर उतारू हैं और कुछ दूसरे 'जनवाद' शब्द के प्रयोग पर इतने उत्तेजित दिखाई देते हैं कि उनका वश चले तो लेखकों के खिलाफ अनुशासन की कार्यवाही कर दें। अर्थ-मीमांसा के इस अभियान में उत्खनन-कार्य भी कम नहीं हुआ है। रामचन्द्र शुक्ल से लेकर मुक्तिबोध तक भव-सिन्धु-तरण के इतने साल बाद एक-दूसरे के खिलाफ मोर्चा साधे खड़े दोनों दलों के सूरमाओं के सगे-सम्बन्धी बन गये हैं। रह-रह कर कोई-कोई धर्मयुद्ध में रामविलास शर्मा का भी नाम स्मरण कर लेता है। मुख्य चिन्ता यह है कि 'जनवाद' शब्द चले या 'प्रगतिशील'। जोश ऐसा है कि लगता है दोनों शब्द एक साथ नहीं चल सकते, जैसे भौतिकवाद और अध्यात्मवाद एक साथ नहीं चल सकते या बहुजन-पूजित मुक्तिबोध कहते थे कि 'वर्तमान समाज में चल नहीं सकता!'

इस सिर फुटव्वल में 'राष्ट्रीय' शब्द सबसे अकेला है, अलग-थलग है। 'राष्ट्रीय लेखक संघ' जिस दल का है, वह सत्तारूढ़ है। जिन साहित्य-कला-परिषदों के कार्य से लेखकों बुद्धिजीवियों में चिन्ता-रस का व्यापक संचार हो रहा है, उनके कार्य को इस लेखक संघ के कार्य से बहुत अलग नहीं माना जा सकता। विशेष कारणों से एक की भूमिका ऊपर है, दूसरे की नीचे, लेकिन दोनों का लक्ष्य एक है। मान लीजिए साहित्य कला परिषदों वाले अधिकार राष्ट्रीय लेखक संघ को मिल जाएँ, तब क्या उसकी भूमिका किसी से घट कर होगी? भौतिक कारणों से फिलहाल ऐसा सम्भव नहीं है, इसलिए 'प्रगतिशील' और 'जनवादी' बहस शिरोमणि 'राष्ट्रीय' शब्द को भी बहस में लाने से कतराते हैं। सम्भव है इस बहाने राजनीति में हावी शक्तियों को सांस्कृतिक क्षेत्र में अलग-थलग कर डालने की रणनीति कारगर हो जाय। या यह भी सम्भव है कि साम्प्रदायिक और पूँजीवादी संस्थाओं के प्रयोग ये यह शब्द अस्पृश्य हो गया हो!

समस्या शब्दों के प्रयोग की नहीं, दृष्टिकोण की है। 'प्रगतिशील' और 'जनवाद' शब्दों को लेकर चलने वाली बहस में हठपूर्वक एक का स्वीकार और दूसरे का बहिष्कार करने वाले विचारक किसी भी दल में हों, इस भ्रान्त धारणा के शिकार हैं कि 'जनवादी लेखक संघ' का निर्माण 'प्रगतिशील लेखक संघ' की हस्ती को चुनौती देने के लिए हुआ है। यही कारण है कि शब्द-केन्द्रित बहस से पत्र-पत्रिकाओं में जिस लंकाकाण्ड की सृष्टि हो रही है, वह किसी ऐतिहासिक महत्त्व का नहीं है। भय या प्रतिक्रिया से उत्पन्न होने वाली तात्कालिक उत्तेजना कैसी है, इसका कुछ अन्दाज़ इसी बात से हो जायेगा कि गम्भीर साहित्य-चर्चा के लिए नाम कमाने वाली 'आलोचना' तक इससे तटस्थ नहीं रह सकी। पत्रिका के योग्य सह-सम्पादक डॉ. नन्दकिशोर नवल ने 'कंक' के समकालीन जनवादी कविता अंक की ग्यारह पृष्ठ लम्बी आलोचना लिख मारी है।

श्री चन्द्रबली सिंह ने 'कलम' (3-4) में 'जनवाद' और 'वामपन्थ' का अन्तर स्पष्ट करते हुए लिखा था कि हमारे देश में जनवाद का आधार है एक तरफ मज़दूर-किसान और दूसरी तरफ राष्ट्रीय और निम्न पूँजीपति। भारत की समकालीन परिस्थिति में इन दोनों परस्पर विरोधी वर्ग-समुदायों के हित एक बिन्दु पर मिलते हैं। लेकिन यह एकता सीमित है। दोनों वर्ग-समुदायों के दृष्टिकोणों में एकता नहीं है। जिसे वामपन्थ कहते हैं यह मज़दूर-किसान की, खासकर मज़दूरवर्ग की अपनी विचारधारा है। इस विश्लेषण से स्पष्ट है कि संस्कृति के क्षेत्र में जनवाद की भूमिका क्रान्ति की वर्तमान मंज़िल—जनवादी क्रान्ति—से जुड़ी हुई है। जनवाद के जिस आधार पर राष्ट्रीय पूँजीपति और निम्न पूँजीपति वर्ग मज़दूर-किसानों के साथ संयुक्त मोर्चे में शामिल होंगे वह आधार सामन्त-विरोधी, साम्राज्य-विरोधी कार्यक्रम से निर्मित होगा। इस संयुक्त मोर्चे के कार्यभार का चरित्र राष्ट्रीय और जनवादी होगा, यह कार्यभार श्रमिक जनता का अपना कार्यभार होगा।

लेकिन डॉ. नवल के लिए यह समस्या विचारणीय नहीं है। पराजित क्षोभ के साथ वे कहते हैं, 'इसके बाद भी 'जनवाद' शब्द की सीमा स्पष्ट नहीं हुई, और प्रयोग क्रमशः तेज़ होता गया।' (**आलोचना, 56-57, पृ. 92**) यह 'जनवाद' अकेला शब्द नहीं है। इसके साथ एक और शब्द है—'सरोकार' : 'आजकल एक तरफ 'सरोकार' और दूसरी तरफ 'जनवाद' शब्द फैशन में है।' (उप.) इसलिए संघर्ष और पेचीदा हो गया है।

डॉ. नवल की यह रिसर्च महत्त्वपूर्ण है। बस एक ही कमी है। 'जनवाद' शब्द का चलन तो संगठन विशेष से सम्बद्ध है, 'सरोकार' के फैशन में आने का इतिहास नहीं पता चलता। लगता है, दिल्ली के एक सांस्कृतिक मंच 'अनुशीलन' द्वारा 1978 में 'सरोकार' मासिक के प्रकाशन के बाद से यह शब्द एकाएक फैशन में आ गया।

नवल जी ने शब्दों के चलन की खोज करते समय उनके आदि-अन्त का भी पता दे दिया होता तो उनकी रिसर्च कुछ और उपयोगी हो जाती।

इनके एक अनन्य सहयोगी-अनुयायी हैं अग्निमित्र नामधारी। श्री राजकुमार सैनी ने अपनी पुस्तक 'साहित्य स्रष्टा निराला' में लिखा, 'खड़ी बोली की धारदार जनवादी कविता के निराला आदि कवि हैं।' **(पृ. 43)** इस तरह के अन्य वाक्यों में 'जनवाद' की प्रतिष्ठा देखकर अग्निमित्र नामधारी विचारक कुपित हो गये। यह सोचकर कि लोग जनवाद शब्द के व्यवहार से भ्रमित न हो जाएँ, उन्होंने 'प्रसंगवश' स्पष्ट कर दिया—'यह जनवाद वह 'जनवाद' नहीं है, जिसे इधर 'प्रगतिशील' के विरोध में उसके समानान्तर प्रचलित किया जा रहा है।' इतने पर भी तृप्ति नहीं हुई। हिन्दी लेखकों का क्या भरोसा 'यह जनवाद वह जनवाद' अलग न किये गये तो अनर्थ! अग्निमित्र नामधारी ने सुझाव वाले संयम से लिखा, 'इस विवाद को देखते हुए सैनी जी अगर 'जनवाद' की जगह प्रगतिशील शब्द लिखते तो अधिक बेहतर रहता।' **(जनयुग, 16 मई, 82)**।

यहाँ भी उत्तेजना तात्कालिक है, आपत्ति शब्द पर है। बेहतर के साथ अधिक! उत्तेजना असाधारण है! अग्निमित्र नामधारी ने उत्तेजना और संयम में सन्तुलन बनाते हुए 'प्रगतिशील' और 'जनवाद' की जो अर्थ-मीमांसा की है, वह और भी असाधारण है : 'वैसे भी आज प्रगतिशील की अवधारणा में पूँजीवाद विरोध और समाजवाद का परिप्रेक्ष्य भी जुड़ा होता है, जो जनवाद में नहीं होता। जनवाद की अवधारणा में सीमित सामन्त विरोधी चरित्र का ही आभास मिलता है। इसकी तुलना में प्रगतिशील की अवधारणा एक क्रान्तिकारी और सापेक्ष अवधारणा है।' **(उप.)**

जनवाद की अवधारणा सीमित सामन्त-विरोधी है या वह सामन्त-विरोधी होने के नाते सीमित है? क्या सामन्त-विरोधी होने के कारण जनवाद अ-क्रान्तिकारी और निरपेक्ष है? इनसे मिलते-जुलते विचार डॉ. नामवर सिंह के हैं, '... मुझे प्रगतिशीलता में इससे ज़्यादा व्यापकता दिखाई देती है—जिसकी सीमा जनवाद से आगे बढ़कर समाजवाद तक जाती है।' **(कलम-6-7,** पृ. 34) इस अर्थ-मीमांसा के आधार पर जनवाद की जगह प्रगतिशील को ही चलाने का काफी आग्रह कर लेने के बाद वे दोनों शब्दों को व्यवहार में यों लाते हैं : 'निर्मल वर्मा व्यापक रूप से उस जनवादी मोर्चे के अन्तर्गत आते हैं।' **(उप.,** पृ. 44) यहाँ 'आप' हैं चन्द्रभूषण तिवारी; नामवर जी अभी भी प्रगतिशील ही कहेंगे, 'आप' न मानें, जनवाद कहें ही तो वे सहअस्तित्व को स्वीकार कर लेंगे। इस अर्थ में वे अधिक लचीले हैं।

ऊपर के वाक्य में 'व्यापक रूप से' पहली बार प्रगतिशील धारा का विशेषण है, दूसरी बार निर्मल वर्मा के साहित्य का। खुद डॉ. नामवर सिंह व्यवहार में दुविधा से नहीं बच पाते। उनके अनुसार निर्मल वर्मा जनवादी धारा में व्यापक रूप से आ

जाते हैं, लेकिन उन्हें प्रगतिशील बनाने के लिए उस धारा के ही 'व्यापक रूप' की कल्पना करनी पड़ती है! हालाँकि निर्मल वर्मा जनवादी या प्रगतिशील कतई नहीं माने जा सकते, मनगढ़न्त धारणा से कोई उन्हें 'प्रगतिशील' बनाना चाहे तो हमें क्या आपत्ति? यह ज़रूर गौर करने लायक है कि निर्मल वर्मा को प्रगतिशील और जनवादी सिद्ध करने के लिए डॉ. नामवर सिंह ने अस्तित्ववादी दर्शन और उससे प्रेरित लेखकों को साम्राज्यवाद विरोधी, पूँजीवाद-विरोधी घोषित करके उनकी रक्षा की है। (उप., पृ. 46 से 50)

इन सभी असंगतियों का कारण है शब्दबद्ध प्रगतिशीलता। ऐसी प्रगतिशीलता जितनी सतही है, उसकी रक्षा के लिए उतना ही प्रदर्शन है। इसीलिए इनका सारा संघर्ष शब्द-विशेष के प्रयोग या बहिष्कार तक सीमित है। ये सज्जन यह नहीं देखते कि जनवाद की धारणा नकारात्मक रूप में केवल सामन्त-विरोधी धारणा नहीं है। वह सकारात्मक धारणा है, वह जनता के पक्ष से उठने वाली और उसके दुश्मनों का विरोध करने वाली शक्ति है। जनवाद के साथ सामन्त-विरोधी भूमिका जोड़कर ये शाब्दिक प्रतिबद्धता वाले विद्वान 'प्रगतिशील' की धारणा से सामन्त-विरोधी भूमिका को अलग कर देते हैं। नामवर सिंह को अस्तित्ववाद भी इसीलिए प्रिय हुआ है कि वह साम्राज्य-विरोधी, पूँजीवाद-विरोधी है। सामन्त-विरोध तो पूँजीवाद पहले ही कर चुका है, उसकी ज़रूरत ही क्या रही? इन शाब्दिक प्रगतिशीलों की दृष्टि में भारत में सामन्त-विरोधी क्रान्ति की ज़रूरत ही नहीं है!

इन विचारकों को पक्का विश्वास है कि ये मार्क्सवादी हैं। सिद्धान्त-रूप में मार्क्स की शिक्षा है कि अपने उदयकाल में, सामन्त-विरोधी क्रान्ति करते समय, पूँजीवाद की भूमिका जनतान्त्रिक होती है। व्यावहारिक अनुभवों से शिक्षा लेते हुए स्वयं मार्क्स-लेनिन ने बार-बार ज़ोर देकर दोहराया है कि पूँजीपति वर्ग अपने ही वर्ग हितों के विरुद्ध कार्य करता है, वह संगत रूप से सामन्त-विरोधी क्रान्ति सम्पन्न नहीं करता, पूँजीवादी जनवाद का यह कार्य भी मज़दूर वर्ग की अगुवाई में ही सम्भव होता है, इस क्रान्ति में मज़दूर वर्ग पूँजीपति वर्ग को भी अपने मोर्चे में लाने का प्रयत्न करता है, स्थापित होने के बाद पूँजीपति वर्ग उत्तरोत्तर जनतन्त्र का नाश करता है, इत्यादि-इत्यादि।

अंग्रेज़ी राज्य की कृपा से मार्क्स-लेनिन की शिक्षाओं की सच्चाई जाँचने के लिए हमारे देश के क्रान्तिकारियों को भारत से अच्छा दूसरा उदाहरण नहीं मिल सकता। पहले विश्व युद्ध के दौरान अंग्रेज़ों ने यहाँ कुछ कल-कारखाने कायम किये। यह घटना बीसवीं सदी के दूसरे दशक के उत्तरार्ध की है। इससे पचास-साठ साल पहले, 1857 के स्वाधीनता संग्राम के बाद से उन्होंने भारतीय सामन्तवाद को पुनर्जीवित करने का जो प्रयत्न किया था, उसका असर यहाँ के विकास पर कैसा पड़ा, इसे सभी जानते हैं।

अहिंसात्मक स्वाधीनता संग्राम के नेता महात्मा गाँधी ने साम्राज्य-विरोधी संघर्ष में सत्याग्रह और स्वदेशी का महत्त्व खूब पहचाना, लेकिन लगानबन्दी का महत्त्व पहचानने में वे कैसे चूक गये? वास्तविकता यह है कि सत्याग्रह और अहिंसावाद के ज़रिए आन्दोलन को सुधारवाद की परिधि में ही बनाये रखना सम्भव था। स्वदेशी आन्दोलन यहाँ के पूँजीपतियों के हितों के अनुकूल था। भारतीय पूँजीवाद का विकास ब्रिटिश शासन की छत्रछाया में हुआ, उससे टकराते और पटरी बैठाते हुए यह विकास सम्पन्न हुआ। भारतीय पूँजीवाद के लिए सम्भव न था कि वह अंग्रेज़ों के खिलाफ क्रान्तिकारी आन्दोलन चलाये, उसके सबसे भरोसेमन्द दोस्त—यहाँ के सामन्तों- ज़मींदारों—को नाखुश करे। इसलिए गाँधीजी के लिए सम्भव न था कि वे किसानों के लगानबन्दी आन्दोलन को स्वीकार करें, साम्राज्य-विरोधी संघर्ष को सामन्त-विरोधी संघर्ष से जोड़कर उसे क्रान्तिकारी राह पर आगे बढ़ने दें। उनका सुधारवाद भारतीय पूँजीपति वर्ग की इस विशेष स्थिति से जुड़ा है।

अहिंसात्मक सत्ता-हस्तांतरण के बाद यहाँ के सामाजिक ढाँचे में मूलभूत परिवर्तन नहीं हुए हैं। इसलिए न शासनतन्त्र और कानून के क्षेत्र में मूलभूत परिवर्तन हुए हैं, न शिक्षा-संस्कृति के क्षेत्र में। फिर भी 'प्रगतिशील' की धारणा से सामन्त-विरोधी क्रान्ति की आवश्यकता को बाहर रखकर उरो 'क्रान्तिकारी' और 'सापेक्ष' सिद्ध करने का जोश ईर्ष्या करने लायक है! इसलिए मैं फिर कहता हूँ कि समस्या शब्द-विशेष के स्वीकार या अस्वीकार की नहीं है, समस्या है दृष्टिकोण की। जनवाद शब्द का बहिष्कार करके भारत में सामन्त-विरोधी क्रान्ति की आवश्यकता से आँखें चुराना किसी भी अर्थ में प्रगतिशील कार्य नहीं है।

इन आत्म-निर्वाचित 'प्रगतिशीलों' के यहाँ पूँजीवाद-विरोधी लड़ाई का जिक्र आता है। यह लड़ाई कितनी सुसंगत है, इसे देखिए। पत्रकार-आलोचक श्री नवल ने सम्पूर्ण क्रान्ति आन्दोलन से लेकर जनता राज तक के इतिहास पर अपने उद्‌गार प्रकट किये हैं। यों तो नवल जी अपना कुछ लिखने से भरसक बचते ही हैं। कहिए तो उद्धरणों के सहारे पूरे साहित्य का 'विकास' लिख डालें। उद्धरणों के बीच सम्बन्ध जोड़ने वाले उनके जो शब्द होते हैं, उन्हीं गागरों में वे सागर भर देते हैं। इन्हीं सागरों में उनके विचार झिलमिलाया करते हैं।

आप पूछेंगे सम्पूर्ण क्रान्ति और जनता राज के बीच जो आपातकाल था, वह क्यों लागू किया गया था? 'आपातकाल, जयप्रकाश नारायण के नेतृत्व में तथाकथित सम्पूर्ण क्रान्ति का जो आन्दोलन शुरू हुआ था उसी को दबाने के लिए लागू किया गया था।' इस आन्दोलन का चरित्र कैसा था? यह 'कोई जन आन्दोलन न होकर पूँजीपति वर्ग की सत्ता के विरुद्ध पूँजीपति वर्ग का ही आन्दोलन था'। अर्थात् पूँजीवादी शासन का संकट एक मंज़िल पर पहुँच चुका था। यह संकट पूँजीपतियों

के आपसी राजनीतिक टकराव में भी प्रकट हो रहा था। नवल के अनुसार यह आन्दोलन 'दक्षिणपन्थी और प्रतिक्रियावादी शक्तियों' के संगठन और अवसरवादी प्रत्याक्रमण का नतीज़ा था। **(कविता की मुक्ति, पृ. 111)**

परिणाम क्या निकला? आपातकाल दक्षिणपन्थी-प्रतिक्रियावाद के आक्रमण को ध्वस्त करने के लिए प्रगतिशील पूँजीपतियों का उपाय था। विश्वास न होता हो तो कांग्रेस शासन का चरित्र-चित्रण डॉ. नवल के ही शब्दों में सुनिये, "उन्होंने (भवानी प्रसाद मिश्र ने) आपातकाल का जो विरोध किया है उसमें देश की उन प्रगतिशील नीतियों का भी विरोध शामिल है, जिनसे पूँजीवाद के विकास पर किसी हद तक चोट पड़ी है और समाजवाद का मार्ग प्रशस्त हुआ है।" **(उप., पृ. 114)**

श्री नवल को इस बारे में कोई भ्रम नहीं है कि कांग्रेसी राज पूँजीवादी है। उन्हें इस बारे में भी कोई भ्रम नहीं है कि यह राज अपनी 'प्रगतिशील' नीतियों से पूँजीवाद के विकास पर चोट कर रहा है, समाजवाद का मार्ग प्रशस्त कर रहा है। डॉ. नवल की राजनीतिक समझ कितनी साफ-सुथरी और दुविधाहीन है! लेनिन बार-बार कहते थे, पूँजीपति वर्ग अपने ही हितों के विरुद्ध कार्य करता है। कांग्रेसी राज से अच्छा इसका दूसरा उदाहरण कहाँ मिलेगा? डॉ. नवल यह भी मानते हैं कि 'हमारे देश पर पूँजीवाद का प्रभाव दिन-प्रतिदिन बढ़ रहा है।' **(पहल 16, पृ. 29)** फिर भी समाजवाद का मार्ग प्रशस्त हो रहा है! यह 'प्रगतिशील' पूँजीवाद का द्वन्द्वात्मक चरित्र हुआ। कांग्रेस पार्टी पूँजीवादी होकर भी प्रगतिशील इसलिए है कि सामन्तवाद का सफाया कर रही है—'भूमि-सुधार के लिए कानूनी व्यवस्था' दे रही है; 'पूँजीवाद पर किसी हद तक' चोट कर रही है—'सार्वजनिक क्षेत्र में उद्योगों की स्थापना, बैंकों का राष्ट्रीयकरण' कर रही है; समाजवाद का मार्ग प्रशस्त कर रही है—"समाजवादी देशों से व्यापार में वृद्धि, गुटनिरपेक्षता की साम्राज्यवाद विरोधी भूमिका का दृढ़तापूर्वक निर्वाह" कर रही है। **(कविता की मुक्ति, पृ. 114)** इसलिए आवश्यक है कि इस शासन के सहयोग से समाजवाद का मार्ग और प्रशस्त किया जाय! ऊपर नामवर सिंह या अग्निमित्र नामधारी की उक्तियों में 'प्रगतिशील' धारणा के साथ पूँजीवाद विरोध और समाजवाद की जो बातें आ जुड़ी थीं, उनका यह अर्थ है।

भारतीय पूँजीवाद का यह युगान्तरकारी चरित्र आज का हो, ऐसी बात नहीं है। अंग्रेज़ों के आने से पहले—अपनी भ्रूणावस्था में ही—इस होनहार के पातों की चिकनाई पहचान कर डॉ. नवल ने लिखा, 'भारतेन्दु युग में जो आधुनिक चेतना प्रकट हुई वह वस्तुतः उस राष्ट्रीय पूँजीवाद की देन थी जिसके तत्त्व मुगलकाल में ही प्रकट होने लगे और जिसने भक्ति आन्दोलन को जन्म दिया।' **(हिन्दी आलोचना का विकास, पृ. 38)।**

सिद्ध हुआ कि हिन्दी साहित्य का स्वर्ण युग भी राष्ट्रीय पूँजीवाद की देन

है। हमारी राष्ट्रीय संस्कृति की जो भी सामन्त-विरोधी, साम्राज्य-विरोधी परम्परा है, वह भारतीय जनता की नहीं, पूँजीवाद की विरासत है! वर्ग विभक्त समाज में निरक्षर-अशिक्षित जनता सांस्कृतिक जीवन में क्या भूमिका अदा कर सकती है! धन्य है राष्ट्रीय पूँजीवाद जिसने मुगल काल में ही अपने तत्त्व प्रकट करके भक्ति-आन्दोलन को जन्म दे दिया! उससे भी अधिक धन्य हैं वे बुद्धिजीवी जिन्होंने पूँजीवाद के क्रान्तिकारी इतिहास को समझने में रत्ती भर चूक नहीं की!

राजनीतिक जीवन में भारतीय पूँजीवाद अपना प्रभाव बढ़ाते हुए (भी) समाजवाद का मार्ग प्रशस्त कर रहा है, सांस्कृतिक जीवन में भक्ति आन्दोलन के ज़माने से ही वह प्रगतिशील और क्रान्तिकारी भूमिका निबाह रहा है। इस सबका देश की समकालीन संस्कृति पर क्या असर पड़ रहा है? 'पूँजीवाद एक 'समूह मानव' की सृष्टि करता है जिसके लिए 'समूह साहित्य' रचा जाता है। ...एक सौन्दर्यशास्त्री ने बिलकुल ठीक लिखा है कि '...समूह साहित्य जाली साहित्य है, ...जो कि व्यक्तिगत विशेषताओं से रहित लोगों के लिए रचा जाता है।' **(पहल 16, पृ. 29-30)**

पूँजीवाद बिखरी हुई शक्तियों को—आबादी को भी—केन्द्रित करता है। इससे मनुष्य के समूहबद्ध होने का आधार बनता है। लोगों को इस आधार से अचेत करने के लिए वह व्यक्तिवादी दर्शन और साहित्य का प्रचार करता है। इस दर्शन और साहित्य की रचना 'व्यक्तिगत विशेषताओं से रहित' लोगों के लिए नहीं, लोगों को व्यक्तिगत विशेषताओं से रहित बनाने के लिए होती है। अगर लोग व्यक्तिगत विशेषताओं से रहित हैं तो वे विकृत साहित्य से ही प्रेम करेंगे, इसमें पूँजीवाद का क्या दोष? व्यक्ति की चारित्रिक विशेषताएँ समाज के साथ उसके सम्बन्ध से विकसित होती हैं। पूँजीवाद आरम्भ में सामन्ती सम्बन्धों को अपनी ज़रूरत भर तोड़ता है, व्यक्ति को खेती-बाड़ी वाले समाज के वंशगत सम्बन्धों से स्वतन्त्र करता है। इस कार्य में उसका कोई क्रान्तिकारी उद्देश्य होता है, यह सन्दिग्ध है क्योंकि उसे अपने काम भर के मजूर उन दस्तकारों के बीच से मिल जाते हैं जो पूँजीवादी विकास के दूसरे चरण में, कल-कारखानों के आरम्भ के साथ तबाह होकर सर्वहारा बन जाते हैं। अगर उसका उद्देश्य क्रान्तिकारी ही होता तो वह सामन्त-विरोधी सुधारों का दबाव डालकर सामन्तवाद से समझौता न करता। यह बात मार्क्स-लेनिन की शिक्षाओं से स्पष्ट है और अब तक के सम्पूर्ण पूँजीवादी विकास के अनुभव से प्रमाणित है कि पूँजीपति वर्ग संगत रूप से सामन्त-विरोधी क्रान्ति न कहीं करता है, न कर सकता है। इसीलिए वह दोमुँहे चरित्र का धनी होता है। आरम्भ में, सामन्त-विरोधी सुधार के दौरान वह जिस व्यक्तिवादी दर्शन का प्रचार करता है, उसका नारा है व्यक्ति-स्वातन्त्र्य। ज्यों-ज्यों वह स्थापित होता है, उसके संकट और अन्तर्विरोध उग्र होते हैं, त्यों-त्यों वह व्यक्ति के अहंकार को स्फीत करके व्यक्ति और समाज में वैर

दिखाने का यत्न करता है। समाज से भौतिक या मनोवैज्ञानिक दूरी बढ़ने पर व्यक्ति की अपनी विशेषताओं का लोप होता है। इस क्रिया से समूह मानव की सृष्टि होती है, यह धारणा भ्रान्त है।

आजकल यूरोप के बुद्धिजीवियों की बातें सुनकर हिन्दी के बुद्धिजीवियों में यह 'समूहवाद' वाली धारणा ज़ोरों पर फैली है। नामवर सिंह ने इसी बात को अधिक सूझबूझ से इस प्रकार कहा है, "व्यक्तिवाद वस्तुतः उभरते हुए पूँजीवाद का दर्शन था, ... आज मल्टीनेशनल का हिमायती दार्शनिक व्यक्तिवाद को अर्थ-व्यवस्था में नहीं मानता है, राजनीति में नहीं मानता है, बल्कि निश्चित रूप से वे समूहवाद की ओर अग्रसर हो रहे हैं। **(कलम 6-7, पृ. 47)**

नतीज़ा यह निकला कि जैसे उभरते हुए पूँजीवाद की भूमिका प्रगतिशील, वैसे ही उसका दर्शन प्रगतिशील! आज वह मल्टीनेशनल के युग में प्रवेश कर गया है, खुद अधिक पतनशील हो गया है और अपने ही प्रगतिशील दौर की विचारधारा को त्याग रहा है। इसलिए आज संस्कृति के क्षेत्र में मुख्य संघर्ष व्यक्तिवाद से नहीं समूहवाद से है, इस समूहवाद से नामवर सिंह का क्या आशय है, यह उन्होंने स्पष्ट नहीं किया। ध्वनित यह होता है कि अर्थ-व्यवस्था और राजनीति में बड़े पैमाने का उत्पादन ही समूहवाद है। नामवर सिंह विद्वान व्यक्ति हैं। वे यह समझते होंगे कि पूँजीवाद अपने दोमुँहे चरित्र के नाते उत्पादन में 'समूहवाद' को जन्म देता है लेकिन संस्कृति के मामले में निष्ठापूर्वक व्यक्तिवाद का ही प्रचार-प्रसार करता है। एक जैसा व्यक्तिवाद, एक जैसी आस्थाएँ अनेक लेखकों में मिलती हैं, तो यह 'समूहवाद' नहीं है। जनता को चेहरा-मोहरा-विहीन भीड़ में बदल देना और बड़े पैमाने पर सांस्कृतिक उत्पादों से बाज़ार को भर देना 'समूहवाद' है। पश्चिम के जिन विचारकों के आधार पर 'समूहवाद' की धारणा दी गयी है, उन्होंने 'मास कल्चर' का विश्लेषण किया है। 'मास कल्चर' उपभोक्तावादी भीड़ संस्कृति है। उसका निर्माण यान्त्रिक प्रक्रिया से बाज़ार के लिए होता है। वह स्वयं चेहरा-मोहरादीन एकरूप संस्कृति है जिसे आक्रामक विज्ञापनबाज़ी से 'लोकप्रिय' बनाया जाता है।

डॉ. नवल अधिक साहसी हैं, उनमें अभी गुरु-गाम्भीर्य के साथ-साथ जोश भी बाकी है। इस समूहवाद वाली बात को आगे बढ़ाते हुए उन्होंने लिखा है : 'इस (समूह) साहित्य का वैचारिक लक्ष्य यह होता है, समूह मानव को अपनी जगह से हिलने मत दो उसे समूह मानव बने रहने में ही सुख पाने दो।' अगर उसे 'सच्चे मानवीय जगत की झलक' मिल गयी, "तो वह अपने अलगाव की प्रति सजग और उसे दूर करने के लिए सन्नद्ध भी हो सकता है।" **(पहल-16, पृ. 30)**

समूह मानव का अलगाव किससे है? समूह से? या व्यक्ति से? शायद यह अलगाव 'व्यक्तिगत विशेषताओं' से हो। क्या व्यक्तिगत विशेषताओं से अलगाव

'समूह मानव' होने के कारण है? डॉ. नवल की 'अलगाव' सम्बन्धी यह 'सुलझी' हुई धारणा अस्तित्ववाद से प्रभावित है। पूँजीवादी विचार-वस्तु के अनुरूप अस्तित्ववाद 'समूह मानव' में व्यक्तित्व का नाश मानता है। इससे भिन्न, 'अलगाव' (एलियनेशन : बेगानापन) सम्बन्धी मार्क्सवादी धारणा यह है कि पूँजीवादी उत्पादन-प्रक्रिया में सृजनकर्ता (मज़दूर) आदि से अन्त तक एक यन्त्र की तरह प्रयोग में लाया जाता है। वह अपनी मेहनत बेचकर उसके बदले में पगार ज़रूर पाता है, लेकिन वह अपने मन-मुताबिक काम नहीं चुन सकता, अपने उत्पादन के मामले में नीति सम्बन्धी फैसलों में हिस्सेदार नहीं बन सकता, खुद अपने सृजन (उत्पादन) का स्वामी भी नहीं रह सकता। व्यक्ति का अपने से ही यह 'अलगाव' पूँजीवादी संस्कृति की देन है। पूँजीवादी विकास जितने उन्नत धरातल पर पहुँचता है, उतना ही उत्पादन-प्रक्रिया में 'समूहवाद' बढ़ता है, उतना ही अपने श्रम और सृजन से व्यक्ति का 'अलगाव' भी बढ़ता है। इस बेगानेपन को ही दर्शन और साहित्य में व्यक्तिवादी विचारधारा के सहारे लोगों के गले उतारा जाता है।

ज़ाहिर है कि प्रगतिशील चिन्तन शब्दबद्ध प्रगतिशीलता से अलग चीज़ है। इनकी 'प्रगतिशीलता' का स्वरूप यह है कि पूँजीवादी विचारधारा और संस्कृति के तत्त्वों को ही नहीं, खुद पूँजीवाद को भी ये बेदाग छोड़ देते हैं तथा उसकी विकृतियों के लिए छिपे-ढँके तौर से जनता को ही मुजरिम ठहराने की कोशिश करते हैं। यह 'प्रगतिशीलता' जब अपने देश पर लागू होती है तब भारतीय पूँजीवाद, कम से कम उसका एक दल, इन्हें अत्यन्त प्रगतिशील, अत्यन्त क्रान्तिकारी दिखाई देता है। इस दृष्टि की 'प्रगतिशीलता' का हाल यह है कि भारतीय पूँजीपति वर्ग ने अपने वर्ग-हितों के दबाव से, बड़ी मजबूरी में जो थोड़े-बहुत सुधार लागू किये हैं, वे इन्हें पूँजीवाद-विरोधी और समाजवाद का निर्माण करने वाले जान पड़ते हैं। इन विचारों का सारांश यह है कि एक पूँजीवादी दल—कांग्रेस—से मेल करके भारत में समाजवादी निर्माण का मार्ग निष्कंटक करना चाहिए।

इस तरह के विचार संस्कृति के क्षेत्र में डांगेवाद के प्रतिबिम्ब हैं। भारत के वामपन्थी आन्दोलन में डांगेवादी विचारधारा 'यूरोकम्युनिज़्म' का प्रतिरूप है। डांगेवाद का सारतत्व है, वामपन्थी आन्दोलन में फूट और पूँजीवाद का पोषण। उनके विचारों की रूपरेखा यह है कि भारत में पूँजीपति वर्ग नये इंसान, नयी सभ्यता और नये समाज का प्रणेता है। उसने सामन्त-विरोधी क्रान्ति सम्पन्न कर ली है और समाजवाद के निर्माण के लिए संघर्ष कर रहा है। यह कार्य संगठन के रूप में कांग्रेस कर रही है। उसके इस संघर्ष में साम्राज्यवादी शक्तियाँ और उनके भारतीय पैरोकार अड़चनें डाल रहे हैं। इसलिए सभी देश-भक्तों और क्रान्तिकारियों का कर्तव्य है कि वे कांग्रेस के पीछे लामबन्द हो जाएँ। उनके ये विचार भारतीय कम्युनिस्ट पार्टी

की भटिण्डा कांग्रेस के लिए प्रस्तावित राजनीतिक मसौदे की आलोचना के रूप में लिखी गयी उनकी पुस्तिका में देखे जा सकते हैं। इन विचारों का आभास डांगेवाद के एक सिद्धान्तकार श्री मोहित सेन पहले से देते आये हैं। 'कांग्रेस सोशलिज्म' नाम की पुस्तिका और 'रिवल्यूशन इन इण्डिया' नाम की पुस्तक में उन्होंने यह सिद्धान्त निरूपित किया है कि देशभक्त और प्रगतिशील कांग्रेस आगे चलकर समाजवाद का भी निर्माण कर सकती है, उसे इस दिशा में प्रेरित और गतिशील करने में कम्युनिस्ट पार्टी को भूमिका निभानी चाहिए।

इस तरह मज़दूर वर्ग और पूँजीपति वर्ग की एकता का आधार तैयार हो गया। ऐसी एकता तभी हो सकती है जब दोनों के हितों में विरोध न रह जाय। डांगेवाद के राजनीतिक और सांस्कृतिक प्रचारक भारत में सीधे समाजवादी क्रान्ति का लक्ष्य घोषित करते हैं और इस कार्य में मज़दूर वर्ग के साथ किसान की नहीं, पूँजीपतियों की एकता आवश्यक बताते हैं। इस तरह की प्रवृत्तियों को संशोधनवाद का नाम देते हुए लेनिन ने उसे मार्क्सवाद के भीतर एक मार्क्सवाद-विरोधी प्रवृत्ति बताया था। उनकी यह शिक्षा आज भी कितने काम की है, यह डांगेवाद के राजनीतिक और सांस्कृतिक प्रचारकों की बातों से सिद्ध हो जाता है।

सन् 1953 के बाद से प्रगतिशील लेखक संघ में इस तरह के उदारवादी विचारों का प्रभुत्व स्थापित है। फलस्वरूप प्रगतिशील शक्तियों द्वारा देश के सांस्कृतिक जीवन में हस्तक्षेप करने की प्रभावकारी क्षमता का ह्रास हुआ है। पिछले कुछ वर्षों में देश के सांस्कृतिक पटल पर प्रगतिशील शक्तियों का जो नया उभार दिखाई दे रहा है, उसे सूत्रबद्ध करके सार्थक दिशा में आगे बढ़ाना इन उदारवादी विचारों से सम्भव नहीं है। जनवादी लेखक संघ के गठन की आवश्यकता को अधिक तीव्र बनाने में उदारवादी नेतृत्व की असफलताओं की भी कुछ ज़िम्मेदारी हो तो आश्चर्य की बात नहीं है।

उदारवादी नीति के समर्थक अपनी वैचारिक असंगतियों और उनके फलस्वरूप सांस्कृतिक जीवन में प्रभावकारी भूमिका निभाने में प्रगतिशील शक्तियों की असफलताओं की समीक्षा नहीं करते। बदले में 'जनवाद' शब्द को ही डण्डा लेकर हाँकने की कोशिश करते हैं। किसी शब्द-विशेष से यह डर वास्तव में उस अपराधबोध का फल है जिसके कारण कुछ लोगों को अपना भविष्य खतरे में दिखाई दे रहा है। यहाँ यह कहना आवश्यक है कि प्रगतिशील लेखक संघ से जुड़े सभी लेखकों में यह घबराहट और उत्तेजना नहीं है। इसके दर्शन उन्हीं सज्जनों में होते हैं जो प्रगतिशील लेखक संघ को उसकी उचित भूमिका से दूर रखकर राजनीतिक लाभ-लोभ की महत्त्वाकांक्षा के कारण उसे उदारवाद के दायरे में ही जकड़े रहना चाहते हैं।

साहित्यिक बहस को क्रिया-प्रतिक्रिया तक सीमित करने वाले उत्साही आलोचक

विकास की समस्याएँ सुलझाने की जगह और अधिक उलझाते हैं। अग्निमित्र नामधारी विचारक और डॉ. नन्दकिशोर नवल आदि की स्थापनाओं में जिस उदारपन्थी विचारधारा का अनुवाद दिखाई पड़ता है, उसका ज़ोर 1953 से बढ़ा है। प्रगतिशील आन्दोलन के क्षीण और निष्प्रभ होने का सिलसिला उदारवाद का ज़ोर बढ़ने के साथ शुरू हुआ है। इस बात को न समझकर कुछ दूसरे उत्साही लेखक नामवर सिंह की तरह 1947 को ही सभी क्षेत्रों में विभाजक रेखा मान लेते हैं। सन '47 के सत्ता हस्तान्तरण और प्रगतिशील लेखक संघ के विघटन का सम्बन्ध जोड़ते हुए श्री कर्णसिंह चौहान कहते हैं कि आज़ादी से पहले साम्यवादी और गैर-साम्यवादी लेखक अंग्रेज़ी राज के खिलाफ लड़ने के नाम पर एक हो गये। इस नकारात्मक आधार पर टिकी एकता कितने दिन चलती! आज़ादी मिली तो कुछ कहने लगे—"वे सभी लक्ष्य जिन्हें ये लोग महत्त्वपूर्ण समझते थे—जैसे राष्ट्रीय स्वतन्त्रता, संसदीय जनतन्त्र, सेक्यूलर राजनीति, कृषि सुधार आदि—या तो प्राप्त किये जा चुके हैं अथवा उपलब्धि के ऐसे चरण में थे जहाँ से उन्हें सहजता से पाया जा सकता था। दूसरे लेखक इस मत से असहमत थे। इस प्रकार साहित्य के उद्देश्य के बारे में दो भिन्न दृष्टिकोण परस्पर टकरा गये। प्रत्येक पक्ष ने शिकायत करनी आरम्भ कर दी कि दूसरा पक्ष पहले के ऊपर वह सब थोपने की कोशिश कर रहा है, जिसे वह स्वीकार नहीं कर सकता। इस तरह प्रगतिशील लेखक संघ का विघटन हो गया।" **(साहित्य के बुनियादी सरोकार, पृ. 5)**

यह है प्रगतिशील लेखक संघ के विघटन का प्रमाणिक इतिहास! स्वतन्त्रता किस वर्ग को मिली, उस वर्ग ने प्रगतिशील चेतना के खिलाफ किस प्रकार हमला किया और ढुल-मुल लेखकों को कैसे आकृष्ट किया, यह सब देखना चौहान को व्यर्थ जान पड़ता है। पूँजीपति वर्ग स्वतन्त्रता लेकर अलग हो गया, उसे लेकर आपस में लड़ने लगे प्रगतिशील लेखक! विघटन का इससे विश्वसनीय कारण और क्या हो सकता है!

चौहान के ये विचार 1973 के हैं। 'बुनियादी सरोकार' 1982 में छपी है। इसकी भूमिका में चौहान ने लिखा है कि "मार्क्सवाद के प्रभाव में आने से पहले उनके पास कोई जीवन-दृष्टि नहीं थी इसलिए हर अच्छी रचना, परस्पर विरोधी भी, मन में वैसी ही तरंगें उठाती जैसी स्वच्छ निर्मल जल में।" जब कोई जीवन-दृष्टि न थी तब मन स्वच्छ निर्मल जल था। बाद में उस पर विचारधारा की काई जमने लगी, मन का स्वच्छ निर्मल जल गन्दला होने लगा, पूर्वाग्रह विकसित होने लगे, परस्पर विरोधी रचनाओं से समान तरंगें उठना बन्द हो गयीं, रुचियाँ संकीर्ण होती गयीं। संस्कार और रुचि की व्यापकता के बाद जब विचारधारा की संकीर्णता का दौर चला तब आपस की छोटी-छोटी बातें बहुत बड़ी लगने लगीं। अनुभूति की इस सच्चाई में अगर पूँजीवादी शासन सत्ता कुछ देर के लिए आँख से ओझल हो गयी तो आश्चर्य क्या!

विचारधारा के इसी दौर में लेखकों के संयुक्त मोर्चे के सवाल पर चौहान की राय थी, "वे लेखक जो मार्क्सवादी दर्शन को सामाजिक नियमों के लिए विज्ञान मानते हैं, तथा वे लेखक जो मार्क्सवाद से 'आंशिक' असहमति रखते हुए भी मुक्ति के भविष्य में आस्था रखते हैं—इन मुद्दों पर एक हो सकते हैं।" **(उप., पृ. 7-8)** ये मुद्दे सामन्तवाद, साम्राज्यवाद और इज़ारेदार पूँजीवाद-विरोधी हैं।

आचार-विचार के मामले में कर्णसिंह के संस्कार शुरू से ही उदारता-प्रेमी रहे हैं। विचारधारा की संकीर्णता का यह दौर टिकाऊ न हो सकता था। 1980 में पूर्व-स्थिति से भुक्त होकर उन्होंने लिखा कि भाग्यवाद, निराशावाद, मूल्यहीनता, जातिवाद, साम्प्रदायिकता आदि विकृत मूल्यों से लड़ने में वे भी साथ आ सकते हैं, "जिन्हें हम गाहे-बगाहे प्रतिक्रियावादी आदि कहकर गालियाँ देते हैं।" **(पृ. 146)** मानो इन मूल्यों को अंगीकार करने वाले प्रतिक्रियावादियों की श्रेणी में न आते हों! आज सांस्कृतिक जीवन का संकट इतना बढ़ गया है कि चौहान प्रतिक्रियावादी लेखकों से अपनी दृष्टि में सुधार के लिए कहना भी गलत समझते हैं। वे व्यग्रतापूर्वक इन्हें आमन्त्रित करते हुए कहते हैं, "वे आयें अपनी समझ और समाधान के तहत ही, पर आयें तो।" **(पृ. 147)**

कहने की ज़रूरत नहीं की चौहान विचारधारा वाली पिछली स्थिति से मुक्त होकर बहुत आगे बढ़ गये हैं। पहले संयुक्त मोर्चा उन्हीं में बन सकता था जो पूर्णतः मार्क्सवादी हों या उससे अंशतः असहमत हों। अब मार्क्सवाद तो छूट ही गया, चौहान की कसौटी इतनी व्यापक हो गयी कि प्रतिक्रियावादी भी 'जनवादी' दिखने लगे हैं। 'आज व्यापकतम सहमति' की ऐसी आवश्यकता है कि चौहान प्रतिक्रियावादियों पर भी कोई 'शर्तनामा' लादने के खिलाफ हैं। हाँ, एक मामले में वे अडिग हैं, प्रगतिशील लेखक संघ के संशोधनवादियों से मोर्चा बनाने के सवाल पर वे आजकल कुछ नहीं बोलते, न पहले वाली बातों के समर्थन में, न उसके विरोध में।

दक्षिणपन्थी और वामपन्थी सभी तरह के लेखक अपने-अपने दृष्टिकोण को त्यागे बिना एक जनवादी आन्दोलन में सम्मिलित होकर चलेंगे, क्या उनमें अन्तर्विरोध और टकराव न होगा? क्या इतने व्यापक स्वरूप के साथ उस केन्द्रित दिशा को सहज ही पा लिया जायेगा जिसकी चौहान कामना करते हैं? (पृ. 162) परस्पर विरोधी दृष्टिकोणों में एकता का रहस्य यह है कि चौहान की कल्पना का जनवादी लेखक संगठन राजनीतिक नहीं सांस्कृतिक है। राजनीतिक कार्यपद्धति अपनाने पर संगठन को जो खतरा हो सकता है उसकी हिदायत देते हुए चौहान ने लिखा, "ये (सम्मिलित लेखक) संगठन में इस उद्देश्य पर एकमत हैं कि तानाशाही प्रवृत्तियों से जनतान्त्रिक ढाँचे और अधिकारों को बचाना फौरी बात है। लेकिन यदि सवाल को गलत ढंग से उठाया गया तो इन दृष्टिकोणों में टकराव अवश्यम्भावी है। अगर बहस इस रूप

में होती है तो मानना होगा कि कहीं न कहीं संगठन अपनी कार्यपद्धति की सीमाएँ लाँघ रहा है और राजनीतिक दल की भूमिका ग्रहण कर रहा है।" (पृ. 163)।

संघर्ष तानाशाही प्रवृत्तियों के खिलाफ होगा, लेकिन राजनीति उसमें न आने पायेगी; राजनीति आई नहीं कि दृष्टिकोणों का टकराव शुरू हुआ! तब संस्कृति की त्रिवेणी में जनवादी और प्रतिक्रियावादी विचारों का सन्तुलन न रह सकेगा, सांस्कृतिक संगठन राजनीतिक दल बन जायेगा।

चौहान की समस्या यह है कि वे राजनीति का सवाल उठाकर टकराव पैदा नहीं करना चाहते; लेकिन संघर्ष के मुद्दों की विवशता यह है कि राजनीति से अलग हुआ नहीं जा सकता। इससे चौहान बड़ी उलझन में पड़ते हैं। विचारधारा और जीवन-दृष्टि से जितना ही पीछा छुड़ाते हैं, उतना ही वे छाया की तरह साथ लगे रहते हैं। चौहान अपनी इस उलझन को बड़े नायाब तरीके से सुलझाते हैं। कभी लेखकों को दमन की आशंका से द्रवित करके, कभी रायल्टी के झगड़े और सरकारी खरीद में सहायता का आश्वासन देकर साथ आने को प्रेरित करते हैं। (पृ. 164-65) और कभी आशावाद की तस्वीर दिखाते हुए कहते हैं कि 'शीतयुद्ध की साम्राज्यवादी विचारधाराओं के प्रति प्रतिबद्ध या शासक वर्गों से नाभिनालबद्ध अथवा रूढ़िवाद के वाहक' हिन्दी के वे रचनाकार जो 'साधनों से, शक्ति से, पद और तथाकथित प्रतिष्ठा से सम्पन्न' हैं, वास्तव में 'इस बीच उनकी नियति अलग-थलग पड़ जाना और अप्रासंगिक हो जाना रही है!' (पृ. 156)

आप सोचेंगे कि तरह-तरह के पतनशील विचार-संस्कार वाले लेखक स्थापित व्यवस्था के पद-प्रतिष्ठा-शक्ति-साधन-सम्पन्न होकर भी अलग-थलग कैसे पड़ गये हैं? और अगर वे सचमुच अलग-थलग और अप्रासंगिक हो गये हैं तो उनसे संघर्ष का मोर्चा खोलकर-शाक्ति व्यय करने की ज़रूरत क्या है? इन लेखकों में वे भी तो होंगे जिन्हें प्रतिक्रियावादी आदि कहकर गाली दी जाती है? या प्रतिक्रियावादी लेखक दूसरे हैं जो इन पद-प्रतिष्ठा आदि से सम्पन्न लेखकों के खिलाफ लड़ने में जनवाद का साथ देंगे?

चौहान के इस चिन्तन की विशेषता है पद प्रतिष्ठा आदि पर ही ध्यान केन्द्रित करके प्रतिक्रियावादियों तक से हाथ मिलाने में संकोच न करना। इस चिन्तन के पीछे जैसी महत्त्वाकांक्षा है, वह डॉ. नवल सरीखे विचारकों से बहुत भिन्न नहीं है। डॉ. नवल जहाँ पद-प्रतिष्ठा वाली पूँजीवादी पार्टी के पिछलगुए की भूमिका में ही 'प्रगतिशीलता' देखते हैं, वहीं कर्णसिंह चौहान पद-प्रतिष्ठा को लक्ष्य करके प्रतिक्रियावादियों से भी गले मिलने को व्यग्र दिखाई देते हैं।

ये दोनों तरह के विचार एक सिक्के के दो पहलू हैं। उनकी मुख्य चिन्ता इस बात को लेकर है कि जितने भी पूँजीवादी, जनवाद-विरोधी, प्रतिक्रियावादी तत्त्व

भिन्न-भिन्न दलों में बँटे हैं, उनसे कैसे गठजोड़ हो। वे इस बात को लेकर ज़रा भी चिन्तित नहीं हैं कि जितने भी देशभक्त, प्रगतिशील और जनवादी रुझान संस्कृति के क्षेत्र में सक्रिय हैं, उन्हें एकसूत्र में बाँधकर भारतीय जनता को तरह-तरह की देशी-विदेशी विकृतियों से मुक्त किया जाए।

डॉ. नवल 'जनवाद' के नाम से बिदकते हैं और चौहान प्रगतिशील दौर की किसी भी महत्त्वपूर्ण उपलब्धि को स्वीकार करना अपने 'जनवाद' के खिलाफ समझते हैं। मजेदार बात यह है कि दोनों को अपने-अपने ध्येय की सिद्धि के लिए आशा का एकमात्र ध्रुवतारा दिखाई देते हैं मुक्तिबोध। दोनों इस बात पर चिन्तित हैं कि तरह-तरह के रूपवादी और व्यवस्था-पोषक मुक्तिबोध का दुरुपयोग कर रहे हैं, उन्हें अपने अनुसार व्याख्यायित कर रहे हैं। डॉ. नवल आवेश के साथ कहते हैं कि व्यवस्था को यह अनुमति मुक्तिबोध की कविता नहीं देती, हिन्दी के मार्क्सवादी आलोचक देते हैं, ''वे बिना उन्हें समग्र रूप में पढ़े हुए उनमें असंगतियाँ दिखलाते हैं और उन पर पतनशील सामन्ती और पूँजीवादी विचारों का असर बतलाते हैं।... मुक्तिबोध के साहित्य की ठीक व्याख्या नहीं की गयी तो उनके साथ यह दुर्घटना होना लाजिमी है।'' **(आलोचना 56-57, पृ. 96-97)**

तारीफ यह कि मुक्तिबोध की असंगतियों पर सबसे सुसंगत रूप में प्रकाश डाला है डॉ. रामलिवास शर्मा ने। डॉ. नवल कांग्रेस से समाजवादी निर्माण करने का साहस भले कर सकते हों, रामविलास शर्मा पर आधा-तीहा पढ़कर लिख देने का आरोप लगाने का साहस शायद ही करें। डॉ. नवल मुक्तिबोध-पूजा के भाव से इस तरह ग्रस्त हैं कि डॉ. शिवकुमार मिश्र की भर्त्सना करते हुए यहाँ तक कह डालते हैं कि ''आज 'जनवादी' आलोचकों के एक समुदाय द्वारा नागार्जुन को मुक्तिबोध के बरक्स खड़ा करने की कोशिश की जा रही है।'' **(उप., पृ. 94)** ज़ाहिर है, मुक्तिबोध-पूजा का एक कारण वे 'जनवादी' आलोचक भी हैं जो उनका मुकाबला नागार्जुन से कराते हैं।

इनसे भिन्न, कर्णसिंह चौहान मुक्तिबोध की टक्कर समूचे प्रगतिशील आन्दोलन से कराते हैं। सर्वविदित है कि मुक्तिबोध ने प्रगतिवाद की बहुत आलोचना की है। यह आलोचना प्रयोगवाद-नयी कविता की आधारभूमि से की है। इसका मुख्य कारण हैं उनके मध्यवर्गीय संस्कार; इसीलिए वे नयी कविता में उच्च मध्यवर्ग और निम्न मध्यवर्ग का संघर्ष मानकर निम्न मध्यवर्गीय धारा को बलशाली बनाने का प्रयास करते रहे। यही नयी कविता का आत्मसंघर्ष है। इस आत्म-संघर्ष में बार-बार उन्हें प्रगतिवाद का भूत सताता था। चौहान की दृष्टि में ''आज के आलोचक के लिए मुक्तिबोध द्वारा की गयी प्रगतिवाद की आलोचना भी महत्त्वपूर्ण है।'' **(बुनियादी सरोकार, पृ. 101)** इस आलोचना का गुण क्या है? 'प्रगतिवाद की गलतियों और

विकृतियों की कटु आलोचना करके भी मुक्तिबोध ने' रूपवाद के प्रतिमानों पर ध्यान नहीं केन्द्रित होने दिया था। (पृ. 57) ऐसी कटु आलोचना की ज़रूरत मुक्तिबोध ने क्यों अनुभव की? ''प्रगतिवादी समीक्षा पर लिखते हुए स्वयं मुक्तिबोध ने उस पर मध्यवर्गीय रुचि से परिचालित होने का आरोप लगाया था।'' (पृ. 51)

स्वयं मुक्तिबोध ने! तब इस आरोप के सत्य होने में सन्देह ही क्या!! मध्यवर्गीय रुचियों का उनसे कुशल पारखी और कौन हो सकता है!!! मुक्तिबोध ने प्रगतिवाद की 'कटु आलोचना' करने और नयी कविता के भीतर निम्नमध्यवर्गीय धारा को प्रगतिशील मोड़ देने में काफी श्रम लगाया है। उसका आधा भी अगर वे प्रगतिशील साहित्य को असंगतियों और विकृतियों से बाहर निकालने, मज़दूर-किसान के जीवन से जोड़कर अधिक स्वस्थ बनाने में लगाते तो अपना और साहित्य का अधिक उपकार करते। तब रूपवादी-पूँजीवादी तत्त्वों द्वारा उनके 'दुरुपयोग' की गुंजाइश न रहती। तब कुछ विचारकों को अपनी महत्त्वाकांक्षा का कौतुक दिखाने के लिए उनके 'सदुपयोग' की छूट न मिल पाती, यह सही है। फिलहाल ऐसा नहीं हुआ है और दोनों तरह की सम्भावना के द्वार खुले हैं। जहाँ तक 'प्रगतिशील' और 'जनवाद' की रस्साकशी का सवाल है, नवल मुक्तिबोध की सही व्याख्या की आवश्यकता ही अनुभव करते रह गये, चौहान बाज़ी मार ले गये। आखिर उन्होंने ''मुक्तिबोध के सही मूल्यांकन के कार्य को युद्धस्तर पर लिया।'' **(पृ. 101)**

चौहान की सफलता का प्रभाव तत्काल दिखाई दिया। 'कला, साहित्य और जनवाद' शीर्षक लेख में शम्भुनाथ ने लिखा कि निराला के बाद ''नव-आधुनिक साहित्य धारा में मुक्तिबोध का नाम सबसे पहले लिया जाना चाहिए, जिन्होंने जनवादी रचना-दृष्टि को एक मोड़ दिया।'' यह मोड़ है 'पूँजीवाद-विरोध का नया आयाम' जोड़ना। यह आयाम 'प्रेमचन्द के ज़माने में पूरी तरह नग्न नहीं हुआ था।' मुक्तिबोध के ज़माने में वह पूरी तरह नग्न हो चुका था। इसीलिए मुक्तिबोध ''नव औपनिवेशिक और ह्रासशील सभ्यता के पक्के विरोधी थे।'' नग्न हुआ पूँजीवाद और विरोध हुआ नवउपनिवेशवाद का, मानो दोनों एक ही चीज हों। अगर इसमें कोई खींचतान मालूम पड़ती हो तो शम्भुनाथ की यह दो-टूक घोषणा सुनें, "मौजूदा आर्थिक विकास से साधारण जन का रिश्ता टूट जाने के कारण इस विकास ने नव औपविनेशिक रूप धारण कर लिया है, जो लोगों के सामने निरन्तर नंगा भी होता जा रहा है।" (**आनेवाला कल,** कलकत्ता, 16 दिसम्बर 1982)

पूरी तरह नग्न हो जाने के बाद भी निरन्तर नंगा होना शेष रह गया था। यह क्रिया अब सार्वजनिक रूप से हो रही है। इसलिए पता चल गया है कि नव-उपनिवेशवाद का विदेशी साम्राज्यवाद की सूदखोरी से कोई लेना-देना नहीं है; देशी पूँजीवाद ही आर्थिक विकास से साधारण जनता का रिश्ता टूट जाने पर नवउपनिवेशवाद में बदल

जाता है! भारतीय पूँजीवाद का वह स्वर्णयुग कब बीता जब उसने फ्रांसीसी क्रान्ति के समान साधारण जन को आर्थिक-विकास से जोड़ा था, सामन्त-विरोधी क्रान्ति सम्पन्न की थी? पता नहीं! पर यह सीधी-सी बात अब लोगों के सामने है कि उसने 'नव-औपनिवेशिक रूप धारण कर लिया है।' फलस्वरूप साम्राज्यवाद और देशी पूँजीवाद का अन्तर्विरोध मिट चुका है; युद्ध की तैयारियों और शान्ति के प्रयासों का अन्तर समाप्त हो चुका है। सहसा विश्वास नहीं होता जब ''एशिया, अफ्रीका और लैटिन अमरीका के गरीब विकासाकांक्षी राष्ट्रों'' को "युद्ध के मैदान" में बदल देने की "पश्चिमी राष्ट्रों" की "तत्परता" का उल्लेख करने के बाद शम्भुनाथ लिखते हैं, "हमारा हिन्दुस्तान भी इसी कड़ी का एक एशियाई क्षेत्र है, जिसका हर भाग्यनिर्माता इधर विदेशी ऋणों पर चलने वाले औपनिवेशिक विकास के लिए शान्ति और तनाव शैथिल्य की बात कर रहा है।" **(उप.)**

भारत विदेशी कर्ज़ लेता है इसलिए वह जो कुछ करेगा, वह औपनिवेशिक विकास ही होगा। शान्ति और तनाव-शैथिल्य की बात इस औपविनेशिक विकास को सुचारु बनाने की नीति का अंग है! इसलिए सभी जनवादियों का, खासकर मार्क्सवादियों का यह पुनीत कर्तव्य है कि वे शान्ति का विरोध करें! इस खतरनाक शान्ति का वर्ग-आधार स्पष्ट करते हुए शम्भुनाथ लिखते हैं, "सिर्फ युद्ध के विरोध (?) के लिए नहीं, वर्ग-संघर्ष को टालने के लिए शान्ति के नारे को एक खास मकसद से आज राजनीतिक नारा बनाया जा रहा है तथा आर्थिक सवालों को गौण करके अधिनायकवाद अपना पथ प्रशस्त रखने का षड्यन्त्र कर रहा है।"

विदेशी साम्राज्यवाद पिछड़े देशों को युद्ध का मैदान बनाना चाहता है और भारत जैसे औपनिवेशिक देश शान्ति की बात करके उसे सहायता पहुँचा रहे हैं! शान्ति माने जितना युद्ध का विरोध, उससे अधिक वर्ग-संघर्ष का विरोध! इसलिए अगर अधिनायकवाद का, उपनिवेशवाद का विरोध करना है, वर्ग-संघर्ष ज़ारी रखना है तो शान्ति का विरोध करो! तनाव-शैथिल्य भंग करो! यह सब 'राजनीतिक' चालाकी है, इससे सावधान रहो! अवश्य ही मार्क्सवाद के विकास में शम्भुनाथ का यह 'मौलिक' योगदान है।

निवेदन है कि मार्क्सवाद गुलामी और युद्ध को पूँजीवाद का सहोदर मानता है, किन्तु पूँजीवाद के तिज़ारती दौर को—साम्राज्यवादी युग को—वह युद्धों के अनवरत सिलसिले के रूप में व्याख्यायित करता है। दुनिया के इतिहास से इसी तथ्य की पुष्टि होती है कि अपने प्रसार के हर चरण में साम्राज्यवाद युद्ध का ही सहारा लेता है। चाहे बाज़ारों पर अधिकार करना हो या उपनिवेशों की गुलामी बनाये रखना हो। अधिनायक शान्ति के आसरे नहीं बैठता, वह अपने देश के श्रमिकों, किसानों और मध्यवर्गों का दमन करके वर्ग-संघर्ष को अधिक अनावृत और निरंकुश बनाता

है तथा दुनिया के बाज़ार पर प्रभुत्व बनाने के लिए विश्वयुद्ध की नौबत लाता है। उपनिवेशों में स्वाधीनता आन्दोलन तेज़ होने के साथ, भिन्न-भिन्न दिशाओं में अपने साम्राज्य का सूर्य अस्त होते देखने पर, वह बेकाबू छटपटाहट के साथ मनुष्यता को सर्वनाश के कगार पर पहुँचाता है। शान्ति और तनाव-शैथिल्य का "राजनीतिक नारा" इन साम्राज्यवादियों और अधिनायकवादियों के युद्धोन्माद से लोहा लेने वाले मज़दूर वर्ग का है। आज की दुनिया में यह सत्य सुबह की धूप के समान साफ है।

नये-नये घातक हथियारों का जमघट कौन लगा रहा है? साम्राज्यवाद! नाभिकीय और नक्षत्र युद्धों की योजनाएँ कौन बना रहा है? साम्राज्यवाद! बदले में, प्रथम प्रहार न करने की शपथ किसने ली है? समाजवाद ने। नयी युद्ध सामग्री तैनात करने का विरोध कौन कर रहा है? समाजवाद। आक्रामक अस्त्र न बनाने, नये संहारक अस्त्रों पर पूर्ण प्रतिबन्ध लगाने, शान्ति-सम्बन्धी निर्णय को बेशर्त मंजूर करने की पेशकश भी समाजवाद ही कर रहा है। सोवियत संघ के रूप में समाजवादी जगत और विश्व की शान्तिकामी जनता अपनी आकांक्षाएँ व्यक्त कर रही है।

भारत जैसे "विकासाकांक्षी राष्ट्रों" के लिए यह स्वाभाविक है कि वे शान्ति का पक्ष लें। गुटनिरपेक्ष बने रहकर, दोनों शिविरों से लाभ लेना और अपने उद्योग-धन्धों का विकास करके दुनिया की होड़ में शामिल होने का प्रयत्न करना यहाँ के पूँजीवादी नेतृत्व की अपनी नीति है। यह नीति साम्राज्यवाद के आगे घुटने टेकती है और उसके दबाव में आती है, पर उसके आगे समर्पण नहीं करती, जैसा भारत के ही कई पड़ोसी देशों ने किया है। इसलिए साम्राज्यवाद के दबाव में रहते हुए भी भारत अपनी स्वतन्त्रता और सम्प्रभुता के लिए खड़ा होता है और साम्राज्यवाद से उसका अन्तर्विरोध बना रहता है। स्वतन्त्र नीति, गुटनिरपेक्षता, शान्ति और तनाव-शैथिल्य आदि की बातें साम्राज्यवाद से भारतीय पूँजीपति वर्ग के अन्तर्विरोध का परिणाम हैं। अमरीका, ब्रिटेन, जर्मनी, फ्रांस और जापान आदि साम्राज्यवादी देशों को भारत की ये नीतियाँ नहीं भातीं तो यह अकारण नहीं है। तरह-तरह की फूटपरस्ती को बढ़ावा देकर ये शक्तियाँ अपनी नाखुशी ज़ाहिर करती हैं।

हमारे देश में साम्राज्यवाद की घुसपैठ इसलिए बढ़ी है कि वे हमारी स्वतन्त्र नीतियों को नष्ट करके हमें अपने चाकरों की पाँत में शामिल करना चाहते हैं। उन्हें घुसपैठ करने का रास्ता इसलिए मिला है कि हमारा देश (भारत का पूँजीवादी शासन) उनसे अपने अन्तर्विरोध को तार्किक परिणाम तक ले जाने के बजाय उसे हल करने के लिए अपमानजनक शर्तों पर कर्ज़ लेता है, उनके बहुराष्ट्रीय निगमों को बड़े पैमाने पर पूँजी लगाने की दावत देता है। एक तरफ शान्ति की नीति–जिससे साम्राज्यवाद घृणा करता है–और दूसरी तरफ उससे आर्थिक सम्बन्धों की वृद्धि –जिससे वह अपनी जकड़बन्दी मज़बूत करता है–ये दोनों क्रियाएँ साथ चल रही हैं।

इससे भारत के पूँजीवादी विकास का अपरिहार्य अन्तर्विरोध प्रकट होता है, उसका औपनिवेशिक चरित्र सिद्ध नहीं होता।

जनवादी शक्तियाँ भारतीय शासकों की शान्तिप्रेमी नीति का विरोध नहीं करतीं। वे उसके पूँजीवादी चरित्र का विरोध करती हैं जिसके कारण हमारा देश शान्ति की नीति को सुसंगत ढंग से साम्राज्यवाद-विरोधी अस्त्र नहीं बना पाता; शान्ति आन्दोलन को जनता के बीच लोकप्रिय करके साम्राज्यवाद से अपने सम्बन्धों को टूटने नहीं देता। जनवादी शक्तियाँ साम्राज्यवादी पूँजी की बढ़ोतरी का विरोध करती हैं जिसके कारण हमारे देश पर हर प्रकार का साम्राज्यवादी दबाव बढ़ता है; जनता पर तबाही का बोझ पड़ता है। शम्भुनाथ शान्ति और तनाव-शैथिल्य का विरोध करके, उसे उपनिवेशवादी और अधिनायकवादी नीति बताकर विश्वयुद्ध के स्वागत के लिए ज़मीन तैयार करते हैं—वर्ग-संघर्ष का नारा इस मंशा को ढँकने वाला 'क्रान्तिकारी' आवरण है। इस ध्येय की प्राप्ति के लिए पिछड़े देशों के पूँजीवादी विकास को नव-उपनिवेशवाद कहकर स्वाधीन राष्ट्रों से साम्राज्यवाद के अन्तर्विरोधों पर पर्दा डाल देते हैं।

क्रान्ति के बाद सोवियत समाज में इस चिन्तन-धारा के पूर्वजों को सम्बोधित करते हुए लेनिन ने कहा था, "ओ क्रान्तिकारी वाग्विलास के शूरवीरो! साम्राज्यवादियों की "गुलामी" का परित्याग करते हुए वे खाकसारी और खामोशी के साथ इस बात को दरगुज़र कर देते हैं कि इस गुलामी से पूरी तरह नजात पाने के लिए साम्राज्यवाद का तख्ता उलटना ज़रूरी है।" (**क्रान्तिकारी लफ़्फ़ाज़ी, पृ. 33**) ये शूरवीर सोवियत सत्ता की वस्तुस्थिति को दरगुज़र करके जर्मनी से युद्ध आमन्त्रित करने की नेक सलाह दे रहे थे। लेनिन ने बहुत 'बुरी शर्तों' पर और 'बेहद अपमानजनक परिस्थितियों' में जर्मनी से शान्ति-सन्धि की क्योंकि उन्हें प्रथम समाजवादी राज्य की रक्षा करनी थी; क्योंकि सोवियत सत्ता भौतिक रूप से युद्ध के योग्य न थी और "आम मज़दूरों, किसानों और सैनिकों का प्रबल बहुमत युद्ध के खिलाफ" था। (**उप., पृ. 61**) जब जर्मनी ने युद्ध थोप दिया तब सोवियत जनता तटस्थ न बैठी, पर लेनिन के नेतृत्व में उसने अपने आप युद्ध को निमन्त्रण न दिया था। जो नामधारी "वामपन्थी" इस शान्ति का विरोध कर रहे थे, उनसे "जर्मन साम्राज्यवादियों को वास्तव में मदद मिली और जर्मनी में क्रान्ति की उन्नति तथा विकास में बाधा पड़ी।" (**उप., पृ. 84**) इसीलिए लेनिन ने सुझाया कि "यही तो क्रान्तिकारी लफ़्फ़ाज़ी का सारतत्त्व है। आप चलते हैं एक लक्ष्य की ओर और पहुँच जाते हैं दूसरी जगह।" (**उप., पृ. 86**) इन 'शूरवीरों' की विशेषता यह है कि ये "सामान्य सत्यों को इस प्रकार अतिरंजित" करते हैं कि "वे असत्य हो जाते हैं और गर्म लफ़्फ़ाज़ी में बदल जाते हैं।" (**उप., पृ. 51**)

कहने की ज़रूरत नहीं कि इस तरह की प्रवृत्तियाँ हमारे सांस्कृतिक आन्दोलन के विकास में सहायक नहीं बन सकतीं। ये प्रवृत्तियाँ गलत सवाल उठाकर दिग्भ्रमित

चाहे जितना करें, इस बात की तरफ देखने की ज़रूरत नहीं समझतीं कि जनवाद या प्रगतिशीलता की पहली शर्त है, श्रमजीवी जनता के हितों का विवेक और उसके साथ घनिष्ठ सम्बन्ध। हमारे सांस्कृतिक विकास की यह बहुत बड़ी विडम्बना है कि आज जहाँ विचारधारा और राजनीति से साहित्य के सम्बन्ध की समस्या हल हुई है, वहीं जनता से साहित्य के सम्बन्ध का सवाल अधिक उग्र हुआ है। इस दृष्टि से हमारा आन्दोलन आगे बढ़ने के बजाय पीछे हटा है। अभी भी मुक्तिबोध-पूजा का जो भाव बहुत कुछ दिखाई देता है, उसका यही कारण है।

जनता से प्रत्यक्ष सम्पर्क स्थापित होने पर प्रगतिशील और जनवादी साहित्य की समस्याएँ ही स्पष्ट न होंगी, उनके समाधान का रास्ता भी दिखाई देगा। धार्मिक संस्थाओं, ऋण और अनुदान तथा तरह-तरह की पतनशील सांस्कृतिक घुसपैठ के ज़रिए साम्राज्यवाद का जो हस्तक्षेप बढ़ रहा है, उससे संघर्ष करना भारतीय जनता की राष्ट्रीय आवश्यकता है। धर्म-परिवर्तन, साम्प्रदायिक दंगों, फूटपरस्त आन्दोलनों, देवी-देवताओं-भगवानों-महर्षियों आदि के ज़रिए जिस वातावरण की सृष्टि हो रही है, उससे लड़े बिना न तो प्रगतिशील चेतना का विकास ही सम्भव है, न जनवादी आन्दोलन की प्रगति।

अंग्रेज़ों ने भारतीय सामन्तवाद को जो नयी जीवनीशक्ति दी थी, उसका क्षय आज तक नहीं हुआ है। भारत के सुधारवादी पूँजीवाद ने ज़मींदारी उन्मूलन के लिए सामन्त-विरोधी संघर्ष चलाने के बदले उस पर थोड़ी-बहुत चोट करके अपने वर्ग-हितों की शर्त पर उससे गठजोड़ किया है। पूँजीवाद के प्रसार के साथ खेती जैसे-जैसे बाज़ार और मुनाफे की ओर उन्मुख हो रही है, वैसे-वैसे ग्रामीण गरीबों में बेगार न करने, पगार माँगने की चेतना बढ़ रही है। पुराने खेतिहर सम्बन्धों से ही नये ढंग की खेती का सपना देखने वाले ज़मींदार इन ग्रामीण गरीबों का स्वच्छन्द दमन कर रहे हैं।

पूँजीवादी शासन-सत्ता इस संग्राम में ग्रामीण गरीबों के साथ नहीं है। इससे सुधारवादी पूँजीवाद के चरित्र का पता चलता है। उससे यह उम्मीद नहीं की जा सकती कि वह सामन्त-विरोधी क्रान्ति सम्पन्न करेगा, साम्राज्यवाद की चुनौतियों का मुकाबला करेगा। वह अपने संकट की इस घड़ी में श्रमजीवी जनता का दमन करने और देशी-विदेशी प्रतिक्रियावादियों से घनिष्ठ सम्बन्ध जोड़ने की राह पर चल रहा है। उससे यह उम्मीद करना कि वह देश में एकछत्र तानाशाही कायम करने के बदले जनवाद को दृढ़ करेगा, समाजवाद के निर्माण में मदद पहुँचायेगा, एक प्रकार से शेखचिल्ली का सपना देखना है।

इस परिस्थिति में जनता को समाजवादी निर्माण की प्रेरणा देना, जनवादी क्रान्ति के लिए सक्रिय करना मज़दूर वर्ग का राष्ट्रीय कर्तव्य है। जनवादी शक्तियाँ अपने

इस दायित्व से बेखबर रहेंगी तो साम्प्रदायिक और प्रतिक्रियावादी शक्तियाँ मज़बूत होंगी। पूँजीवादी शक्तियों की आपसी खींचतान में सैनिक तानाशाही की आशंका से भी इंकार नहीं किया जा सकता। इस आशंका से अपनी जनवादी संस्कृति की रक्षा करना, देश को प्रगतिशील दिशा में आगे बढ़ाना, श्रमजीवी मज़दूर-किसान के हित में अनिवार्य है। जो लोग राष्ट्रीयता को–देशभक्ति और देशप्रेम को–दकियानूसीपन समझते हैं, वे कितनी ही जोशीली बातें करें, श्रमजीवी जनता को इस बारे में सजग नहीं कर सकते कि समाजवाद उनकी अपनी ज़रूरत है, उसके लिए संघर्ष करना, जनवादी क्रान्ति की प्रक्रिया को सम्पन्न करना उनकी अपनी ज़िम्मेदारी है।

प्रगतिशील या जनवादी साहित्य के लिए परम आवश्यक है कि वह जनता से प्रत्यक्ष सम्पर्क कायम करे। तभी वह समकालीन जीवन में जनता के हितों की तरफदारी कर सकता है। इसके बिना न तो उदारवादी और निषेधवादी रुझानों से बचना सम्भव है और न ही बिखरी हुई जनवादी शक्तियों को एकताबद्ध करके जनता को सामाजिक प्रगति की, इस प्रगति के लिए सक्रिय संघर्ष की प्रेरणा देना। जो साहित्य इस तरह की प्रेरणा नहीं देता, वह न प्रगतिशील है, न जनवादी। साहित्य में विचारधारा और कला को परस्पर जोड़ने वाला धरातल है लोकहित। इसलिए निरपेक्ष ढंग से न विचारधारा को कसौटी मान सकते हैं न कलात्मक चमत्कार को।

(**वर्तमान साहित्य**, अक्टूबर, 1983)

मार्क्सवाद और साहित्य

साम्राज्यवादी के युग में संस्कृति

कार्ल मार्क्स के सहयोगी और लोकप्रिय कवि इवजिन पोत्तिए ने पेरिस कम्यून की 'खूनी पराजय के अगले ही दिन' जून 1871 में मज़दूरों के 'इंटरनेशनल' (उठ जाग ओ भूखे बन्दे, अब खींच लाल तलवार) की रचना की थी। लेनिन ने इस कवि की पच्चीसवीं बरसी पर कहा था, 'कम्यून का दमन कर दिया गया...लेकिन पोत्तिए के 'इंटरनेशनल' के विचार सारी दुनिया में फैल गये हैं और अब यह गीत पहले से अधिक प्राणवान है।' (**ऑन लिटरेचर एंड आर्ट,** मॉस्को, 1970, पृ. 77)

लेनिन के इस कथन में साहित्य सम्बन्धी मार्क्सवादी दृष्टिकोण के अनेक पहलू छिपे हैं। सर्वहारा वर्ग की विचारधारा और उद्देश्यों से जुड़कर साहित्यकार को ऐसी आस्था मिलती है कि कठिन से कठिन परिस्थितियों में भी वह निराशावाद के दलदल में नहीं फँसता। साहित्य जिन परिस्थितियों में रचा जाता है, उनके न रहने पर भी प्रभावित करता है। दमन के ज़ोर से भौतिक कार्यकलाप में तो बाधा पहुँचाई जा सकती है, लेकिन विचारों का प्रसार नहीं रोका जा सकता। साहित्य अपनी भाव शक्ति के कारण विचारों के प्रसार में बहुत बड़ी भूमिका अदा करता है। महान साहित्य का असर देश-काल की सीमाएँ लाँघकर दुनिया-भर में फैलता है। साहित्य जितना ही लोकप्रिय होता है, उतना ही उसकी जीवन्तता और जीवनी शक्ति प्रमाणित होती है।

कम्युनिस्ट आन्दोलन की विश्वव्यापी प्रगति के साथ सर्वहारा का इंटरनेशनल श्रमजीवियों की व्यापक एकता का सूत्र बन गया है। साहित्य के इस विश्वव्यापी प्रसार की भौतिक परिस्थितियाँ आदिम या मध्ययुगीन जीवन में सीमित थीं—सभ्यता के विकास की असमानताओं और भिन्नताओं के कारण तथा जातियों के आपसी मेल-मिलाप के साधनों की कमी के कारण। यह सम्भावना विकसित हुई आधुनिक जीवन में, जब व्यापार और विज्ञान की उन्नति ने विभिन्न जातियों को एक-दूसरे के सम्पर्क में ला दिया। सभ्यता का प्रत्येक नया युग सामाजिक अन्तर्विरोधों का भी नया युग होता है। व्यापार की प्रगति के साथ मुनाफ़े की होड़ ने भी प्रगति की।

जैसे-जैसे यह होड़ गलाकाट प्रतिस्पर्धा का रूप लेती गयी, वैसे-वैसे व्यापारी जातियों में आपसी संग्राम बढ़ा तथा पहले व्यापार का एकाधिकार प्राप्त करने के लिए और बाद में मण्डी कायम करने के लिए युद्ध और दिग्विजय का नया सिलसिला शुरू हुआ। परिणामस्वरूप साम्राज्यवाद के रूप में पूँजीवादी सभ्यता ने विश्व-व्यवस्था का चरित्र ग्रहण किया। लेनिन ने पूँजीवादी उत्पादन-प्रणाली की उस युक्ति का विस्तृत विवेचन किया है जिसके कारण वह देशी सीमाओं का अतिक्रमण करके दुनिया भर में अपनी लूट का जाल फैलाता है। प्राचीन या मध्ययुगीन लुटेरों और सामन्तों का चक्रवर्तित्व आधुनिक व्यापारी जातियों के दिग्विजय से मूलतः भिन्न था।

मार्क्सवादी साहित्य सर्वहारा वर्ग की मुक्ति के साथ-साथ साम्राज्यवाद विरोधी मुक्ति से भी घनिष्ठ रूप में जुड़ा हुआ है। इसलिए समाजवादी शक्तियों की प्रगति रोकने के उद्देश्य से दुनिया भर के प्रतिक्रियावादी संगठित प्रयास करते हैं। इस प्रयास में उनकी दृष्टि सबसे पहले जिन चीज़ों पर पड़ती है, उन्हीं में साहित्य और कला हैं। साम्राज्यवाद को कला और संस्कृति से कितना प्रेम है, इसका परिचय उसने आरम्भिक प्रसार के समय ही दे दिया था। एंगेल्स ने आयरिश गीतों पर लिखते हुए दिखाया है कि 'अंग्रेज मूल के बड़े जमींदारों के लाभ के लिए और उन्हीं के उकसावे पर' सत्रहवीं सदी में जब एलिजाबेथ, क्रॉमवेल, जेम्स प्रथम आदि ने आयरलैण्ड को गुलाम बनाया और किसानों की ज़मीनें हड़पीं, तब उनके साहित्य और संस्कृति का भी दमन किया। फलतः उन्नीसवीं सदी तक आते-आते आयरिश जनता के 'राष्ट्रीय, अंग्रेज विरोधी परम्परा के ध्वजवाहक' यायावर गायकों का अस्तित्व लुप्तप्राय हो गया; 'उनकी कविताओं का अंशमात्र ही बच पाया' और 'थोड़े-से बूढ़ों के अलावा आयरिश भाषा समझने वाला कोई नहीं बचा।' (मार्क्स-एंगेल्स, **आयरलैण्ड एण्ड दि आयरिश क्वेश्चन,** मास्को, 1974, पृ. 270-71) लगभग उसी तरह जैसे 1857 के पहले राजस्थान की दरबारी कविता का एक अंश वीर काव्य के रूप में अंग्रेज़ों को 'शातिर लुटेरा' बता रहा था जबकि शेष भारत में, विशेषतः हिन्दी क्षेत्र में, अंग्रेज़ों के मातहत सामन्तों के दरबार में रसराज की धारा बह रही थी।

अमरीकियों का संस्कृति-प्रेम अंग्रेज़ों से भी बढ़ा-चढ़ा है। इसलिए उन्होंने मूल अमरीकी जातियों को ही लुप्तप्राय कर दिया है। न रहेगा बाँस, न बजेगी बाँसुरी! अज़तेक, इंका, माया जातियाँ ही नहीं बचीं तो उनकी भाषा-संस्कृति कौन पूछेगा! रेड इण्डियन तो उनमें से एक हैं जो लुप्त होने के कगार पर हैं। इनमें माया सभ्यता अमरीका के दक्षिणी भाग में, इतनी उन्नत अवस्था में थी कि यूरोपवासी आश्चर्य में पड़ जाते थे। उसी सभ्यता के विनाश पर लिखा गया शोकगीत है **पाब्लो नेरूदा** की विश्वप्रसिद्ध कविता 'माच्चू पिच्चू के शिखर।' साम्राज्यवाद की 'रचनात्मक' प्रेरणा का इससे अच्छा उदाहरण और क्या होगा!

उक्त दोनों तथ्यों को मिलाकर साम्राज्यवादी देशों की पूरी सांस्कृतिक तस्वीर खड़ी हो जाती है।

दूसरे विश्व युद्ध के बाद समाजवादी जगत की उपस्थिति और स्वाधीनता आन्दोलनों के उभार के कारण साम्राज्यवाद का सुनहला सूरज ढलने लगा है। वह न दुनिया को गुलाम बना सकता है, न उसकी कला, संस्कृति और आबादी से मनचाहा प्रेम कर सकता है। इसलिए साहित्य-संस्कृति को अपनी सेवा में लगाकर दुनिया को अपने आर्थिक प्रभुत्व में लाने का सपना देखता है। उसका पहला सपना है, दुनिया के 'करोड़ों लोगों की नज़रों में अपनी छवि सुधारना, जो अभी अमरीकियों को बहुत बुरा समझते हैं'। (जार्ज गार्डन, इर्विंग फ़ाक, विलियम होडुप, ***द आइडिया आफ इंवेडर्स,*** कम्युनिकेशंस आर्ट्स बुक्स, हेस्टिंग्स हाउस, न्यूयार्क, 1963 पृ. 227) और दूसरा सपना है, 'ऐसी विश्व व्यवस्था का निर्माण' करना 'जिसमें स्वतन्त्र संस्थाएँ (यानी अमरीकी इज़ारेदार कम्पनियाँ) जीवित रह सकें।' (चार्ल्स थामसन, वाल्टर लेविस, **कल्चरल रिलेशंस एण्ड यू एस फ़ारेन पॉलिसी,** इण्डियाना यूनिवर्सिटी प्रेस, ब्लूमिंग्टन, 1963, पृ. 185) दोनों पुस्तकों के संस्कृतिविद् इस नीति को 'राष्ट्रीय लक्ष्य' के रूप में प्रतिपादित करते हैं।

लेकिन समाजवादी देशों के कारण इन सपनों का पूरा होना जरा कठिन है। इसलिए थामसन-लेविस, खास ज़ोर देकर कहते हैं, समाजवादी देशों के साथ "सम्बन्धों में सांस्कृतिक गतिविधियों का विशेष महत्त्व है क्योंकि अकेले इसी माध्यम से लौह प्राचीरों में घुसपैठ सम्भव है। इसे हम जितना अधिक बढ़ा सकेंगे, उतना ही सोवियत शक्ति और दुर्बलता जान सकेंगे तथा उतना ही सोवियत चिन्तन और नीतियों में यथार्थवादी और संयत विचार जमा पायेंगे।" **(उप., पृ. 163)**।

दूसरे शब्दों में, अमरीकी सांस्कृतिक नीति का सारतत्त्व है, खुफियागीरी और मनोवैज्ञानिक युद्ध। उसकी लीलाभूति सारा जगत है। समाजवादी और गैरसमाजवादी देशों के लिए एक ही नीति उपयोगी नहीं है। स्वभावतः आपस में जुड़ी हुई दो भिन्न-भिन्न नीतियों को वह अमल में लाता है, मानो एक बाललीला हो, दूसरी रासलीला।

तीसरी दुनिया के विकासशील देशों में वह धर्मवाद का प्रचार करता है और समाजवादी देशों में मार्क्सवाद का मुखौटा पहनाकर त्रॉत्स्कीवाद का। 'पूर्वी जड़ता' और 'योरोपीय प्रगति' में सन्तुलन लाकर नयी विश्व संस्कृति रचने का सन्देश राल्फ़ टाइलर फ्लेवेलिंग ने इन शब्दों में दिया, 'मनुष्य को सर्व सम्मति से ईश्वर का सम्भावित पुत्र मानकर संस्कृतियों के टकराव को संस्कृतियों का संगम बन जाना चाहिए।' (**कांफ्लिक्ट एण्ड कंसिलिएशन आफ़ कल्चर्स,** स्टाकटन, कैलिफोर्निया, 1951) सामाजिक संकट और भविष्य से निराशा की पृष्ठभूमि में उभरा यह धार्मिक

भाव पश्चिमी जगत में 'आपसी सामाजिक भाई-चारा स्थापित करने का माध्यम' समझा गया। (डैनियेल बेल, ***द कल्चरल कंट्राडिक्शंस ऑफ़ कैपिटलिज़्म,*** बेसिक बुक्स, न्यूयार्क, 1976, पृ. 167) परिणामस्वरूप उसका प्रसाद इतने व्यापक रूप में बाँटा गया कि अब 'धर्म प्रायः सभी ऐतिहासिक पश्चिमी संस्कृतियों पर छा गया है।' **(उप., पृ. 157)**

अमरीका की धर्मप्राण संस्कृति भारत जैसे देशों में क्या भूमिका निभाती है, इससे हम परिचित हैं। राजनीतिक हत्याओं, साम्प्रदायिक दंगों और रासायनिक प्रयोगों को छोड़ दें तो भी अकेले फ़ोर्ड फ़ाउण्डेशन द्वारा वितरित धनराशि और दो बड़े-बड़े जासूसी काण्डों का 'सांस्कृतिक सम्बन्ध' काफी स्पष्ट है। बदले में, बुद्धिजीवियों का एक दल पश्चिमी विचारों का आलोक भारतभूमि में फैलाता है। साहित्यकार श्री निर्मल वर्मा समाजवादी और जनतान्त्रिक दोनों तरह की व्यवस्थाओं को मानववादी भ्रमों का जनक बताते हुए कहते हैं; 'एक धार्मिक तन्त्र में ईश्वर अदृश्य होते हुए भी हर जगह मौजूद था, आधुनिक मानववादी सभ्यता में मनुष्य हर जगह दिखाई देता है किन्तु वह मौजूद कहीं भी नहीं है...।' (**ढलान से उतरते हुए,** नयी दिल्ली, 1984, पृ. 94-95) इस परिस्थिति को समझ-बूझकर ही मानो सोवियत संस्कृतिकर्मी एलियाज़ार बालर ने लिखा है कि धर्मवाद 'अन्ततः भीतर और बाहर के प्रतिक्रियावादियों को एक कर देता है।' एक 'राष्ट्रीय परम्पराओं के पुनरुत्थान' के नाम पर 'धार्मिक परम्पराओं' को जिलाता है और दूसरा सलाह देता है कि 'जनतान्त्रिक विचार हृदयंगम' करने के नाम पर 'पूरब की धार्मिक परम्पराओं का महत्त्व कम करके मत आँको।' (**कम्युनिज़्म एण्ड कल्चरल हेरिटेज,** प्रोग्रेस, मास्को, 1955, पृ. 550)

लेनिन का प्रतिबिम्ब सिद्धान्त और त्रॉत्स्कीवाद

समाजवादी जगत के लिए इन अतीतगामी विचारों का अस्त्र बेकार है। उसके लिए मार्क्सवादी लगने वाले त्रॉत्स्कीवाद का प्रचार किया जाता है। पश्चिम के एक मार्क्सवादी समझे जाने वाले साहित्य शास्त्री मेनार्ड सोलोमन अपने विशालकाय लेख-संग्रह में त्रॉत्स्की का परिचय देते हुए लिखते हैं, 'लेनिन की मृत्यु से वे गहरे भावात्मक संकट से गुज़रे... जिसने उनकी गतिविधियों को पंगु कर दिया।' फलतः अपना परवर्ती जीवन और लेखन स्तालिन के प्रभाव क्षेत्र में सौंपते हुए उन्होंने स्तालिन को 'सर्वशक्तिमान दुरात्मा' बना दिया। इस 'सौहार्द का बदला' चुकाते हुए स्तालिन ने 'त्रॉत्स्की को समस्त सोवियत विरोधी और क्रान्ति विरोधी गतिविधियों की चालक शक्ति के रूप में देखा।' (**मार्क्सिज़्म एण्ड आर्ट,** ससेक्स, लंदन, 1976, पृ. 192) एक बार भ्रष्ट होने के बाद सोवियत सत्ता के पुनरुद्धार की कोई सम्भावना न रही। इसलिए त्रॉत्स्कीपन्थी राजनीतिज्ञ कहते हैं कि 'सोवियत सत्ता हमारे लेखे

विकृत श्रमिक सत्ता है।' (**वर्कर्स वेंगार्ड,** 30 जनवरी 1981) प्रमाण यह कि उसका अस्तित्व विश्वपूँजीवाद की मौजूदगी में बना हुआ है, जबकि त्रॉत्स्की कहते थे कि एक बार क्रान्ति शुरू होगी तो उसकी लड़ियाँ फूटेंगी और चुटकी बजाते दुनिया भर में समाजवाद आ जायेगा।

साहित्यिक विचारक थोड़ा भिन्न रूप में यह काम करते हैं। जैसे समाजवाद और पूँजीवाद का भेदभाव मिटाते हुए सोलोमन कहते हैं, 'हमारे समय में राजनीतिक सत्ता कला के भावात्मक मर्म से, उसके गैर-विचारधारात्मक पक्ष से, उसके सहज बौद्धिक प्रभाव (इंटलेक्चुअल अपील) से डरती है।' (**मार्क्सिज्म एंड आर्ट,** पृ. 188) इस तरह की बातें पश्चिम के अधिकांश पूँजीवादी विचारकों के यहाँ मौजूद हैं जो सहज प्रभाव और विचारधारा में वैर दिखाकर मार्क्सवाद का खण्डन करते हैं। वे यह तर्क देते हैं कि कला का काम शुद्ध मनोरंजन है, जबकि विचारधारा कला को बोझिल और बौद्धिक बना देती है—कला के सहज स्वभाव के साथ अत्याचार करती है। कला को इस अत्याचार से बचाने के लिए अमरीका की नयी संस्कृति जिन कार्यक्रमों और योजनाओं का आदान-प्रदान करती है, वे मनुष्य को मामूली-सा ध्यान लगाकर देखने-पढ़ने वाले 'आडिएंस' में बदल देते हैं जो अधिक सोचता-विचरता न हो, क्योंकि सोचने-समझने वाला पाठक-दर्शक खतरनाक होता है! (**दे. टाइम्स ऑफ इण्डिया,** 3-1-86 न. दि., सम्पादकीय) त्रॉत्स्कीपन्थी इस सांस्कृतिक भावधारा से बहुत-दूर नहीं हैं। वे यह तर्क देते हैं कि कला का काम शुद्ध मनोरंजन है, यानी कि पाठक के चित्त को बहलाना और हृदय को गुदगुदाना है; जबकि विचारधारा कला को बौद्धिक और बोझिल बना देती है। इसीलिए जब अर्न्स्ट फिशर अपनी मार्क्सवादविरोधी कृति 'आर्ट अगेंस्ट आइडियालॉजी' लेकर आते हैं तो सोलोमन कहते हैं, 'उनके लचीले 'नये' दृष्टिकोण ने पूर्वी जर्मनी और सोवियत संघ में तीव्र विरोध भाव जगाया, उनकी परवर्ती कृति कला और कलाकार सम्बन्धी लचीले रुख में और भी उत्तेजित, और भी तीक्ष्ण, दोनों एक साथ हो गयी।' (**उप., पृ. 271**)

पश्चिमी जगत ने त्रॉत्स्कीवादियों का महत्त्व पहचाना था दूसरे महायुद्ध के दौरान। युद्ध छिड़ने के साल भर पहले, त्रॉत्स्की के रहते, 1938 में चौथे इंटरनेशनल की स्थापना हुई। युद्धकाल में हिटलर और अमरीका आदि के इशारों पर त्रॉत्स्कीपंथियों ने राष्ट्रीय मुक्ति आन्दोलनों से लेकर कम्युनिस्ट पार्टियों तक में घुसकर खुफियागिरी करने, भ्रम फैलाने और तोड़फोड़ करने का जो दायित्व निबाहा उसके सहारे साम्राज्यवादी देश समाजवादी सोवियत संघ में पाँव ज़माने के मंसूबे बाँधने लगे थे। (***फ्राम त्रॉत्स्की टु टीटो,*** मास्को, 1959, पृ. 82-85)।

संयोग की बात नहीं है कि त्रॉत्स्कीपंथियों और धर्मोन्मादियों के साहित्य सिद्धान्तों में भी विलक्षण समानता दिखाई देती है। अपने पश्चिमी 'साहित्य शिक्षकों'

की बातों का निचोड़ निकालते हुए श्री निर्मल वर्मा ने कहा, 'साहित्य एक ऐसी 'नूतन विश्व' रचना है जिसका उन दुनियाओं से कोई वास्ता नहीं जिनसे हम परिचित है।' (***कला का जोखिम,*** राजकमल, पृ. 99) भाववादी साहित्यशास्त्र की यह जानी-मानी धारणा है कि कला मूलतः स्वप्न है, वह यथार्थ का अनुकरण या पुनर्सृजन नहीं है। त्रॉत्स्की से लेकर टेरी ईगल्टन तक, मार्क्सवादियों के एक विशेष सम्प्रदाय ने इस थ्योरी का जी-भर उपयोग किया है। त्रॉत्स्की ने कहा, "आर्थिक परिस्थितियाँ कला सम्बन्धी ज़रूरतों को जन्म नहीं देतीं...किसी भी कलाकृति का मूल्यांकन सर्वप्रथम कला के अपने नियमों के अनुसार होना चाहिए।" यही नहीं, मार्क्सवाद को लगभग तिलांजलि देते हुए उन्होंने कहा, "यह बहुत सही है कि किसी कलाकृति को स्वीकार या अस्वीकार करने के बारे में निर्णय लेते समय व्यक्ति सदैव मार्क्सवादी सिद्धान्तों को नहीं मानता। ...लेकिन यह सिर्फ मार्क्सवाद ही स्पष्ट कर सकता है कि इतिहास के विशेष युग में विशेष कला-प्रवृत्ति का ही उद्‌भव क्यों हुआ?" (***द मॉर्डन ट्रेडिशन,*** ऑक्सफोर्ड यूनिवर्सिटी प्रेस, न्यूयॉर्क, 1965, ए. 345)

कलाकृति सम्बन्धी निर्णय लेते समय मार्क्सवादी सिद्धान्त न सही, क्या 'कला-प्रवृत्ति' से उसके सम्बन्ध का ध्यान रखना भी ज़रूरी नहीं होता? क्या 'राम की शक्ति-पूजा' या 'कुल्लीभाट' का मूल्यांकन करते समय छायावाद का परिदृश्य आँख से ओझल किया जा सकता है? क्या 'कला-प्रवृत्ति' का उद्‌गम मार्क्सवाद से समझा जायेगा और 'कलाकृति' का निर्णय मार्क्सवाद को छोड़कर किया जायेगा? क्या मार्क्सवाद केवल ऐतिहासिक भौतिकवाद है, कोई सौन्दर्यशास्त्रीय दृष्टिकोण नहीं? क्या ऐतिहासिक बोध और सौन्दर्यदृष्टि में ऐसा अलगाव होता है? क्या ऐसा अलगाव खुद पूँजीवादी (वर्ग-विभाजन और व्यक्तित्व-विभाजन) का परिणाम नहीं है?

त्रॉत्स्की की इस तर्क पद्धति में निहित पहली असंगति यह है कि कलाकृतियों और कला-प्रेमवृत्तियों का अन्तर इतना बढ़ा-चढ़ा कर देखा गया है कि दोनों का आपसी-सम्बन्ध लुप्त हो गया है। दूसरी असंगति यह है कि विशिष्ट ऐतिहासिक परिस्थितियों में जन्म लेने वाली कलाकृति और उस युग की समाज-व्यवस्था का परस्पर सम्बन्ध भुला दिया गया है। तीसरी असंगति यह है कि मार्क्सवाद को ऐतिहासिक भौतिकवाद मानकर सामाजिक-आर्थिक परिस्थितियों के निरूपण में तो उपयोगी स्वीकार किया गया है लेकिन यह अस्वीकार कर दिया गया है कि वह साहित्यिक मूल्यांकन की कोई सकारात्मक व्यवस्था या कसौटी देता है। इस यान्त्रिक और एकांगी दृष्टिकोण में मार्क्सवाद को एक जगह प्रासंगिक बताया गया है, दूसरी जगह अप्रासंगिक। मार्क्सवाद के इस अधूरेपन को दूर करने के लिए कला के 'अपने नियमों' को इस तरह पेश किया गया है कि यह स्पष्ट नहीं होता कि इन नियमों की कोई देश-कालगत सांसारिक सत्ता है या वे भी क्रान्ति की तरह 'चिरंतन' हैं!

इसमें सन्देह नहीं कि कलाकृतियों के स्वीकार या अस्वीकार की हमारी कसौटी सदा ऐतिहासिक और विचारधारात्मक नहीं होती, उसमें व्यक्तिगत रुचियाँ और अज्ञात प्रेरणाएँ भी होती हैं। लेकिन इन दोनों प्रकार की ज्ञात-अज्ञात कसौटियों का सम्बन्ध हम मार्क्सवाद के द्वारा ही पहचानते हैं, किसी रहस्यवादी चिन्तन के माध्यम से नहीं।

त्रॉत्स्की की इस भ्रान्ति को आगे बढ़ाते हुए अन्सर्ट फिशर ने लिखा, ''कला खुद में एक सामाजिक यथार्थ हैं।'' (**नेसेसिटी ऑफ आर्ट,** 1963, पृ. 46) इसलिए आवश्यक नहीं कि वह बाह्य सामाजिक यथार्थ पर बहुत अधिक निर्भर रहे। कला के नियम वास्तविक जीवन के नियमों से इतनी दूर आ गये कि उन्होंने स्वायत्त सामाजिक यथार्थ का रूप ले लिया। टेरी ईगल्टन तक आते-आते यह स्वायत्तता लेनिनवादी प्रतिबिम्ब-सिद्धान्त के विरुद्ध पहुँच गयी। उन्होंने लिखा, "त्रॉत्स्की के बेहतरीन निष्कर्षों" को आगे बढ़ाते हुए पीयर मैकरे यहाँ पहुँचे कि "साहित्य का प्रभाव अनुकरण करने की जगह विरूप (डिफॉर्म) करना है। अगर बिम्ब यथार्थ जैसा हो (जो दर्पण में होता है) तो वह यथार्थ से मिल जायेगा और कला का बिम्ब नहीं रह जायेगा।" (***मार्क्सिज़्म एंड लिटरेरी क्रिटिसिज़्म,*** नेय्युएन एंड कं. लि., लन्दन, 1977, पृ. 51)

जिस बिम्ब को विरूप (डिफॉर्म) किया जाता है, वह जीवन के अनुभव से ही आता है। यह अनुभव प्रत्यक्ष और तात्कालिक ही हो, ज़रूरी नहीं। वह स्मृति और कल्पना पर आधारित भी हो सकता है। चेतना की कार्यविधि बिम्बों को हू-ब-हू मस्तिष्क में और फिर कला में अंकित (प्रतिबिम्बित) कर देने की नहीं होती। हम जिसे 'अन्तर्जगत' कहते हैं, वह अनुभवों के संचय और उनके संश्लेषण-विश्लेषण से बनता है; जिसे 'प्रत्यय जगत' कहते हैं, वह बिम्बों और अनुभवों के अमूर्तन-सामान्यीकरण से बनता है; जिसे 'सम्वेदना जगत' कहते हैं, वह व्यक्ति और परिवेश के बीच सामंजस्य-असामंजस्य के सम्बन्धों से बनता है; जिसे 'मूल्य जगत' कहते हैं, वह अनुभव को सजीव-साकार सम्वेदना में बदलने वाले भाव-संस्कार-विवेक से बनता है; इन सभी के बीच जटिल घात-प्रतिघात की प्रक्रिया में ही कोई 'यथार्थ' हमारी चेतना में 'प्रतिबिम्बित' होता है। और, वही बिम्ब जब हमारे मस्तिष्क में कुछ समय रहने के बाद, किसी उत्तेजना के कारण सक्रिय होकर अन्य बिम्बों को जोड़ते-छोड़ते हुए कला में 'प्रतिबिम्बित' होता है, तब और भी जटिल रूप ले लेता है। इस प्रकार, दर्पणवाद लेनिन के प्रतिबिम्ब-सिद्धान्त के विपरीत है। लेनिन खुद ही कहा करते थे कि हमारी चेतना यथार्थ को सिर्फ प्रतिबिम्बित नहीं करती, उसका सृजन भी करती है।

अनुभव के प्रथम चरण से कला-रूप बनने के अन्तिम चरण तक प्रतिबिम्बन (रिफ्लेक्शन) में विरूपण और अन्यथाकरण (डिफॉर्मेशन और डिस्टॉर्शन) की प्रक्रिया बराबर चलती रहती है। ईगल्टन या तो मस्तिष्क को राग-विराग-शून्य निष्क्रिय दर्पण

मानते हैं और सक्रिय 'डिफॉर्मेशन' को लेकर चकित-स्तम्भित हैं, जहाँ चेतना के दूसरे धरातल कोई सक्रिय भूमिका नहीं अदा करते या फिर कला के बिम्बों को यथार्थ के बिम्बों से अलगाने के इतने आग्रही हैं कि मूल धारणा को ही 'डिफॉर्म' करके निष्कर्ष निकालते हैं। जो भी हो, यथार्थ और कलात्मक बिम्बों को बेमेल बताकर वे त्रॉत्स्की के जिन बेहतरीन सूत्रों का पल्लवन करते हैं, वे सूत्र खुद ही कला को 'विलक्षण' मानने वाले रूसी रूपवाद की छाया थे। फिर भी ईगल्टन मानते हैं कि यह सिद्धान्त "कला को प्रतिबिम्ब मानने वाली सरल धारणा को सुधार देता है।" **(उप., पृ. 50-51)**

ऐसा लगता है कि ईगल्टन 'प्रतिबिम्ब' शब्द की अर्थ-व्यंजना से असन्तुष्ट हैं इसलिए लेनिन के सिद्धान्त को छोड़कर शब्द के अभिधार्थ का विरोध करने लगते हैं। इस तरह, लेनिन को सरलीकरणों का पुंज बताकर त्रॉत्स्की के 'बेहतरीन' सिद्धान्तों को उचित ठहराते हैं। ये सिद्धान्त इतने 'बेहतरीन' थे कि आर्थिक परिस्थितियों और कला सम्बन्धी ज़रूरतों के बीच कोई कार्य-कारण सम्बन्ध नहीं रह गया था और बहाना था कि 'कला के अपने नियम' होते हैं! हालाँकि किसी भी समाज और युग में विभिन्न वर्गों की क्रियाशीलता से कला की ज़रूरतें जन्म लेती हैं। मध्यकाल में यदि शासक वर्ग चाटुकारिता वाले साहित्य की वीरता सम्बन्धी या श्रृंगार सम्बन्धी अतिरंजनाओं से आकृष्ट था तो उस 'संस्कृति' के विरुद्ध लोकसंस्कृति के पक्ष में खड़े भक्त-सन्त-सूफी कवि संसार के इन श्रेष्ठजनों से भी श्रेष्ठ—परब्रह्म—की उपासना द्वारा अपना प्रतिरोध व्यक्त कर रहे थे। क्या कला-सम्बन्धी ये ज़रूरतें तथाकथित मध्यकाल की आर्थिक परिस्थितियों से उत्पन्न नहीं हुई थीं? सामन्तों-पुरोहितों-व्यापारियों का तन्त्र एक तरफ और उत्पीड़ित जनता दूसरी तरफ, इनकी भिन्न-भिन्न सांस्कृतिक ज़रूरतें उन्हीं 'आर्थिक' परिस्थितियों का परिणाम नहीं थीं?

आर्थिक परिस्थिति और सांस्कृतिक ज़रूरतों के बीच दर्पण वाला प्रतिबिम्ब सम्बन्ध नहीं होता। इसीलिए साहित्य और कला में आर्थिक परिस्थिति का सीधा प्रतिबिम्ब नहीं पड़ता। ईगल्टन के यहाँ आर्थिक परिस्थिति और कला सम्बन्धी ज़रूरतों का अलगाव त्रॉत्स्की के उस अलगाववादी चिन्तन का परिणाम है जो मानता है कि कलाप्रवृत्ति का उत्स मार्क्सवाद से समझा जायेगा और कलाकृति के निर्णय में मार्क्सवाद अनिवार्य नहीं होगा। यह भ्रान्ति आधार-अधिरचना के परस्पर-सम्बन्ध की मान्त्रिक समझ का परिणाम है, जिसका मार्क्स-एंगेल्स-लेनिन के विचारों से कोई सम्बन्ध नहीं है।

अपनी प्रारम्भिक कृति 'जर्मन विचारधारा' में मार्क्स-एंगेल्स की अधिरचना सम्बन्धी स्थापना पर टिप्पणी की गयी है कि दो तरह की अधिरचनाएँ होती हैं : (1) "राजनीतिक अधिरचना", जिसके अन्तर्गत प्रधानतः "राज्य और सम्पत्ति के कानून"

हैं; (2) "विचारधारात्मक अधिरचना", जिसमें लेनिन की तरह "सामाजिक चेतना के विविध रूपों" की गिनती की गयी है। (**जर्मन आइडियालॉजी,** 1976, इंट्रोडक्शन, पृ. 18) आगे चलकर लुई अल्थूसर की बहुचर्चित व्याख्या सामने आई कि राज्य के हाथ में दो प्रकार की मशीनरी होती है—'दमनकारी राज्ययन्त्र' और 'विचारधारात्मक राज्ययन्त्र'। इसकी मूल अवधारणा 'जर्मन विचारधारा' की प्रस्तावना में सम्पादकों ने उपस्थित की है। बहरहाल, यहाँ ध्यान देने की बात यह है कि खुद मार्क्स-एंगेल्स ने इस पुस्तक में उत्पादन-प्रक्रिया और राज्य के वर्चस्व से उद्भूत "विभिन्न सैद्धान्तिक उत्पत्तियों और चेतना के रूपों" में साहित्य-कला को नहीं गिना है, बल्कि "धर्म, दर्शन, नैतिकता, आदि-आदि" को गिना है। (**उप., पृ. 61**) इस विवेचन से यह साफ होता है कि (क) ऐसी राजनीतिक-कानूनी *संस्थाएँ* ही 'अधिरचना' का सीधा अंग हैं, जो वर्गहितों के स्तर पर *प्रत्यक्ष* रूप में प्रभुत्वशाली वर्ग के अधिकारों को या उनसे संघर्ष करने वाले वर्ग के हितों को *प्रतिबिम्बित* करती हों; (ख) चिन्तन की वे विधियाँ या व्यवस्थाएँ, यानी *विचारधाराएँ* 'अधिरचना' का सीधा अंग है, जो बौद्धिक चिन्तन, विचार या 'सैद्धान्तिक' रूपों को साकार करती हों। साहित्य और कला को आर्थिक आधार का प्रतिबिम्ब या विचारधारा का रूप मानने वाला यान्त्रिक दृष्टिकोण मार्क्स-एंगेल्स-लेनिन का नहीं था।

यहाँ प्रतिबिम्ब की 'सरलता' पर भी थोड़ा विचार कर लेना उचित है। जिस समाज में कोई रचना जन्म लेती है, वह समाज एक तरफ पूर्ववर्ती समाजों के ऐतिहासिक अनुभव सँजोए रहता है, दूसरी तरफ अनेक समकालीन समाजों के सम्पर्क में आया करता है; खुद उस समाज के भीतर विभिन्न शक्तियों में क्रिया-प्रतिक्रिया होती रहती है। इन कारणों से 'आर्थिक परिस्थिति' और 'कलात्मक आवश्यकता' के बीच असंख्य ऐसे पहलू विद्यमान होते हैं जो प्रतिबिम्ब को सीधा-सरल नहीं रहने देते।

इतना ही नहीं, जिसे हम यान्त्रिक प्रतिबिम्ब कहते हैं, यह भी इतना सीधा-सरल नहीं होता। दर्पण में प्रतिबिम्ब हमेशा उलटा पड़ता है—बायाँ अंग दाहिनी ओर दिखता है। प्रतिबिम्ब का एक रूप परछाईं है। वह दर्पण की छाया से एकदम भिन्न है। पानी के भीतर (या पार) प्रतिबिम्ब का रूप अलग होता है। कोहरे में प्रतिबिम्ब या आँच के पार का बिम्ब बिलकुल भिन्न होता है। "यथार्थ" अपने साक्षात भौतिक रूप में इतना मायावी होता है कि 'प्रतिबम्ब' की धारणा सीधी, सरल, सपाट या इकहरी नहीं हो सकती। फिर, वर्ग-सम्बन्धों और समुच्चयों की, सामुदायिक अस्मिताओं की विविधतापूर्ण और उलझी हुई दुनिया तथा उसमें व्यक्ति की स्थिति के अनुसार प्रतिबिम्ब की अप्रत्याशित बहुलताएँ हों, यह स्वाभाविक है।

'मार्क्सवाद के तीन स्रोत और तीन संघटक अंग' शीर्षक निबन्ध के प्रारम्भ में ही लेनिन ने भौतिकवाद को पहला स्रोत और संघटक बतलाते हुए उसकी चर्चा के

अन्त में 'आधार-अधिरचना' के बारे में कहा है, "जिस प्रकार मनुष्य का ज्ञान उससे स्वतन्त्र अस्तित्व रखने वाली प्रकृति, अर्थात विकासमान भूतद्रव्य को प्रतिबिम्बित करता है, उसी प्रकार मनुष्य का सामाजिक ज्ञान (अर्थात उसके विविध विचार तथा मत—दार्शनिक, धार्मिक, राजनीतिक आदि) समाज की आर्थिक व्यवस्था को प्रतिबिम्बित करता है। राजनीतिक संस्थाएँ आर्थिक नींव पर खड़ा ऊपरी ढाँचा होती हैं। उदाहरण के लिए हम देखते हैं कि किस तरह आधुनिक यूरोपीय राज्यों के विभिन्न राजनीतिक रूप सर्वहारा वर्ग पर पूँजीपति वर्ग के प्रभुत्व को सुदृढ़ बनाने के काम आते हैं।"

यहाँ लेनिन ने दो-टूक स्पष्टता से काम लिया है। न किसी प्रकार का यान्त्रिक दृष्टिकोण अपनाया है, न किसी प्रकार के भ्रम का अवकाश छोड़ा है। उन्होंने 'आधार-अधिरचना' और 'प्रतिबिम्ब', इन दो पदों और अवधारणाओं में अपनी बात व्याख्यायित की है। मत, विचार आदि *सामाजिक ज्ञान* के रूप आर्थिक व्यवस्था का प्रतिबिम्ब हैं; इन मतों-विचारों में राजनीतिक विचार भी हैं। दूसरी ओर *राजनीतिक संस्थाएँ* ऊपरी ढाँचा हैं, जो वर्ग-प्रभुत्व से सीधे सम्बद्ध हैं, वर्गशासन का प्रत्यक्ष यन्त्र हैं। 'राजनीतिक संस्थाओं' के उदाहरणस्वरूप लेनिन "आधुनिक यूरोपीय राज्यों के विभिन्न राजनीतिक रूपों" की ही बात करते हैं; मत, विचार, सामाजिक ज्ञान के विषयों को इस यन्त्र, इस ऊपरी ढाँचे में नहीं गिनते क्योंकि वे आर्थिक व्यवस्था का प्रतिबिम्ब हैं। अब इस व्यवस्था में आर्थिक आधार और ऊपरी ढाँचा (राजनीतिक अधिरचना) दोनों शामिल हैं, इसलिए 'प्रतिबिम्ब' ऊपरी ढाँचे की तरह आधार का प्रतिफलन नहीं है और न सरल है क्योंकि उसमें आधार के साथ-साथ अधिरचना भी है और उन दोनों की परस्पर क्रिया-प्रतिक्रिया भी है। लेनिन ने सामाजिक ज्ञान को उसी तरह आर्थिक व्यवस्था का प्रतिबिम्ब बताया है जैसे हमारा ज्ञान "विकासमान भूत द्रव्य" (वस्तुगत प्रकृति) का प्रतिबिम्ब है। यदि 'ज्ञान' ऊपरी ढाँचा हो और अर्थव्यवस्था बुनियाद हो, तो प्रकृति क्या है? प्रकृति सम्बन्धी ज्ञान किस श्रेणी में आयेगा? मतलब यह कि प्रतिबिम्बन का लेनिनवादी सिद्धान्त यान्त्रिक चिन्तन पर आधारित अर्थवाद नहीं है, भौतिकवाद है और वही मार्क्सवाद का सही रूप है।

यथार्थवाद और वर्गीय चेतना

हार्कनेस के नाम अपने पत्र (अप्रैल, 1888) में एंगेल्स ने यथार्थवाद की सटीक परिभाषा दी, 'मेरी राय में, यथार्थवाद का अर्थ विवरणों की सच्चाई का, विशिष्ट परिस्थितियों में विशिष्ट चरित्रों का पुनर्सृजन है।' (**ऑन लिटरेचर एंड आर्ट,** मास्को, 1973, पृ. 90) इस परिभाषा के भाव को ठीक-ठीक लागू करते हुए लेनिन ने कहा, "कला यथार्थ के रूप में अपनी पहचान नहीं बनाना चाहती।" (**कलेक्टेड**

वर्क्स, मास्को, भाग-38, पृ. 73) उन्होंने दर्पणवादियों का खण्डन करते हुए बातया, "कला सामाजिक अस्तित्व को व्यक्त करती है।" मार्क्स के इस कथन का अर्थ यह हर्गिज नहीं है कि कला में सामाजिक अस्तित्व हू-ब-हू आ जाता है। कला में व्यक्ति के सपने भी होते हैं। मनुष्यमात्र को, सिर्फ कलाकार को नहीं, गणितज्ञ और राजनीतिज्ञ को भी 'सपना अवश्य देखना चाहिए', इसके बिना नयी उद्भावनाएँ नहीं हो सकतीं, शर्त यही है कि 'जीवन के सजग पर्यवेक्षण से अपने हवामहल की तुलना की जाय और सामान्यतः सपनों को पूरा करने के लिए सचेत प्रयत्न किया जाय।' (**ऑन लिटरेचर एंड आर्ट,** मास्को, पृ. 20-21) यथार्थ से सपनों का यह द्वन्द्वात्मक सम्बन्ध ही एक ओर कलाकृति को छाया या अनुकरणमात्र होने से बचाता है और दूसरी ओर यथार्थजीवन और कलात्मक यथार्थ में दृढ़ सम्बन्ध कायम रखता है। दृढ़ सम्बन्ध का अर्थ प्रत्यक्ष, यान्त्रिक सम्बन्ध नहीं है। कलात्मक प्रतिबिम्बन की लेनिनवादी धारणा हमें बताती है कि बाह्य यथार्थ मानव चेतना में प्रतिबिम्बित होता है और मानवचेतना में मौजूद यथार्थ कला में—'स्वप्न-सृष्टियाँ प्रकृति की ही सृष्टियाँ हैं...फिर भी, मनुष्य के मस्तिष्क और हृदय में विद्यमान प्रकृति मस्तिष्क और हृदय के बाहर की प्रकृति से भिन्न है।' (**कलेक्टेड वर्क्स,** भाग-14, 118-19)

मार्क्सवाद के प्रणेता यथार्थवाद को इसी अर्थ में ग्रहण करते थे, यह एंगेल्स के उपर्युक्त पत्र में, बाल्ज़ाक के मूल्यांकन में, और स्पष्ट हो जाता है। बाल्ज़ाक ने '**ह्यूमन कामेडी**' में कुलीनतन्त्र के असाध्य क्षय का चित्रण करते हुए 'फ्रांसीसी समाज का पूरा इतिहास समेटा है' जिसमें क्रान्ति के पहले और बाद के ऐसे बहुत से आर्थिक ब्यौरे मिल जाते हैं जो 'उस समय के इतिहास, अर्थशास्त्र, सांख्यिकी आदि के सारे विशेषज्ञों की पुस्तकों' में भी नहीं मिलते। (**मार्क्स-एंगेल्स, ऑन लिटरेचर एंड आर्ट,** मास्को, पृ. 91) साथ ही, बाल्ज़ाक का सबसे बड़ा गुण यह था कि 'उन्होंने भविष्य के वास्तविक मनुष्यों को उस जगह देखा जहाँ उस समय केवल वे ही मिल सकते थे—इसे मैं यथार्थवाद की महान विजय, बूढ़े बाल्ज़ाक का भव्यतम गुण मानता हूँ।' (पृ. 92)।

साहित्यिक यथार्थ की मार्क्सवादी धारणा खूब स्पष्ट कर देती है कि वास्तविकता के प्रतिबिम्ब या पुनर्सृजन का अनुकरण या छाया वाली धारणा से कोई सम्बन्ध नहीं है। साहित्य में यथार्थ का प्रतिबिम्ब सजीव मानव-माध्यम द्वारा होता है, इसलिए कलात्मक यथार्थ में दृश्यमान रूपों के साथ-साथ मनुष्य के राग-द्वेष, भाव-विचार भी व्यक्त होते हैं। मनुष्य के राग-द्वेषों की यह दुनिया खुद इतनी उलझी हुई और जटिल है कि बाहरी यथार्थ उसमें से छनकर व्यक्त होते समय एक समानान्तर सृष्टि के रूप में प्रस्तुत होता है—कभी यथार्थ के समरूप, कभी उसके प्रतिलोम; किन्तु उससे अनिवार्य रूप में सम्बद्ध।

चेतना यथार्थ को प्रतिबिम्बित करती है—यथार्थ स्वयं चेतन नहीं है; उसे निर्मित करने में चेतन शक्तियों की क्रियाशीलता भी हो सकती है। यथार्थ को प्रतिबिम्बित करने वाली चेतना स्वयं अनेक प्रेरकों द्वारा संचालित होती है। इन प्रेरणाओं से यथार्थ, प्रतिबिम्बिन का रूप भी प्रभावित होता है। (दृष्टिहीन व्यक्ति की आन्तरिक प्रकृति श्रुतिहीन व्यक्ति की आन्तरिक प्रकृति से भिन्न होती है। बाहरी प्रकृति दोनों के लिए एक-सी नहीं होती। वस्तुगत यथार्थ आत्मगत यथार्थ में बदलते समय रूपान्तरित हो जाता है।)

दूसरी बात यह है कि बाहरी यथार्थ खुद सरल और सपाट हो, तभी कलाकार उसका अनुकरण कर सकता है। इसलिए यथार्थवाद के सन्दर्भ में छाया या अनुकरण की चर्चा अप्रासंगिक है—यथार्थवाद सतही या गम्भीर हो सकता है, यान्त्रिक या सृजनात्मक हो सकता है। सामाजिक यथार्थ की जटिलता का कारण यह है कि जीवन की घटना-प्रक्रिया तर्कबद्ध, परस्पर सम्बद्ध है। समाज अनेक अन्तर्विरोधों का समुच्चय है—जिनमें वर्गों के अन्तर्विरोध, व्यक्ति और समुदाय के अन्तर्विरोध, जाति, धर्म, लिंग, संस्कृति आदि पर आधारित विभिन्न समुदायों के आपसी अन्तर्विरोध, ऐतिहासिक कारणों से उत्पन्न भौगोलिक परिस्थितियों की भिन्नताएँ आदि शामिल हैं। इन सब स्थायी-अस्थायी अन्तर्विरोधों के अनुरूप समाज की विकासशील और ह्रासशील शक्तियाँ हैं। इन सभी जटिलताओं की पहचान के बिना 'विशेष पात्रों का पुनर्सृजन' नहीं किया जा सकता, 'अनुकरण' या पलायन भले किया जा सकता हो।

वास्तविकता के जटिल और गतिमान स्वरूप को देखने वाला कलाकार ही यथार्थ के प्रतिनिधि रूपों का, 'भविष्य के वास्तविक मनुष्यों' का सजीव चित्रण कर सकता है। उसके अपने राग-द्वेष उसके कलात्मक उत्कर्ष में बाधक नहीं बनते। बल्कि, उसकी कला उसके अपने विश्वासों का प्रतिलोम असर जगाती है। बाल्ज़ाक, तोल्सतोय या तुलसीदास इसके सुन्दर उदाहरण हैं। अपने-अपने देश-काल की विशिष्ट परिस्थितियों में बाल्ज़ाक और तोल्सतोय कुलीनतन्त्र के पतन पर उसी तरह आँसू बहाते हैं, जिस तरह 'मानस' वाले तुलसीदास। लेकिन तीनों ही अपने सबसे तीखे व्यंग्य-बाण कुलीनतन्त्र पर ही चलाते हैं। बाल्ज़ाक उसे गतिशील करने के लिए, तोल्सतोय उसकी कर्मकाण्डी विकृत धार्मिकता का मखौल उड़ाने के लिए और तुलसीदास उसे निर्दोष रूप में पुनर्गठित करने के लिए। उनके व्यंग्य उस वर्ग की समूची पतनशीलता उद्घाटित कर देते हैं।

साथ ही, वे अपने सामाजिक जीवन से उदासीन न होकर उन उभरती हुई शक्तियों को—विशेषकर किसान को—भी चित्रित करते हैं जिससे उनके प्रिय कुलीनतन्त्र का तीव्र टकराव है। किसान के प्रति इन तीनों कलाकारों की हमदर्दी कुलीनतन्त्र के लिए उनकी हमदर्दी से कहीं बढ़कर है। इसलिए वे अपनी रचनाओं में स्वप्नद्रष्टा

की तरह भावी शक्तियों के प्रतिनिधि रूपों को उभार देते हैं। सामाजिक जीवन के इस गतिमान, भव्य और ऐतिहासिक पुनर्सृजन के नाते बाल्ज़ाक और तोल्स्तोय के समान तुलसीदास भी यथार्थवाद की विजय के कीर्तिमान हैं। तुलसी ने आगे चलकर यह अनुभव कर लिया कि कुलीन वर्ग की पतनशीलता इतनी असाध्य है कि उसका तन्त्र नये सिरे से पुनर्गठित नहीं किया जा सकता, उसके निर्दोष रूप की सम्भावना निःशेष हो चुकी है। इस अनुभव की वेदना चाहे जितनी हो, पर उन्होंने दोबारा उस तन्त्र को जीवित करने की चिन्ता छोड़ दी; 'मोरे जाति-पाँति न चहौं काहू की जाति-पाँति'–उस तन्त्र को तोड़ने में खुद ही सक्रिय रुचि लेने लगे।

साहित्य के चित्रों में व्यक्त होनेवाला यथार्थ कलाकार के दृष्टिकोण से यन्त्रवत् नहीं बँधा है, यह उदाहरण पेश करके पूँजीवादी विचारक कहते हैं कि कलात्मक श्रेष्ठता का निवास कलाकार की वस्तुदृष्टि में नहीं, कला के महत्त्वपूर्ण रूपविधान में है। दूसरी ओर रूपवाद की आलोचना करते हए त्रॉत्स्की अपना यह ऐतिहासिक वर्ग-सिद्धान्त लागू करते हैं कि "...'शुद्ध" कला उदीयमान पूँजीपति वर्ग की पताका थी, जो खुलेआम अपने पूँजीवादी चरित्र की घोषणा नहीं कर सकता था, और साथ ही बुद्धिजीवियों को अपनी चाकरी में लगाये भी रहना चाहता था।" (**मार्क्सिट्स आन लिटरेचर,** पेंगुइन, 1975, पृ. 368) यदि यह सही हो तो केशब-देव-बिहारी जैसे कवि सामन्तों के नहीं, उदीयमान पूँजीपतियों के चाकर माने जायेंगे और पूँजीवाद के उन्नतिकाल के स्वच्छन्द कवि महान रूपवादी ठहरेंगे।

इन दोनों प्रकार की भ्रान्तियों का निराकरण मार्क्सवाद करता है। अपने उन्नतिकाल में प्रत्येक वर्ग नयी उत्पादक शक्तियों का विकास करता है, जिनसे चिन्तन और कलासृजन को प्रेरणा मिलती है। इस काल में प्रत्येक वर्ग 'अपने हितों को समाज के प्रत्येक सदस्य के हित के रूप में' प्रस्तुत करने को बाध्य होता है। सत्ता से बाहर रहते हुए उसके निहित स्वार्थ प्रत्यक्ष नहीं होते इसलिए उसके हित अन्य गैर-सत्ताधारी वर्गों के हितों से जुड़े होते हैं। (**जर्मन आइडियालोजी,** मार्क्स-एंगेल्स, मास्को, 1976, पृ. 68-69) यही वजह है कि पूँजीपति वर्ग अपने उदयकाल में रूपवाद का नहीं, सभी गैर-सत्ताधारी वर्गों को जोड़ने के लिए समानता, स्वतन्त्रता, भाईचारे का नारा लगाता हुआ पदार्पण करता है। इस परिस्थिति से साहित्य और दर्शन में यथार्थवाद के विकास का सम्बन्ध है।

सत्ता में आने के बाद प्रत्येक शासक वर्ग के हितों का गैर-सत्ताधारी हितों से विरोध प्रकट और उग्र होता है। परिणामस्वरूप शासक वर्ग उन उत्पादन सम्बन्धों की रक्षा करता है जिनके कारण वह अस्तित्व में आया है और जो अब नयी उत्पादक शक्तियों के विकास में रुकावट बन गये हैं। इसी को शासक वर्ग का निहित स्वार्थ कहते हैं। प्रगतिशील नयी शक्तियाँ शासक वर्ग के इस निहित स्वार्थ को जैसे-जैसे

चुनौती देती हैं, वैसे-वैसे वह अपने भविष्य को लेकर क्रमशः चिन्तित और निराश होता है। अपने पतन के इस दौर में वह यथार्थ से मुँह चुराता है और पूरे सामाजिक जीवन को अधःपतन की ओर ठेलता है। अब न वह सामाजिक प्रगति का वाहक होता है, न सांस्कृतिक विकास का प्रेरक। फलस्वरूप वह जीवन और साहित्य को कोई नयी अन्तर्वस्तु नहीं प्रदान करता। कला और संस्कृति के जिस चौखटे में बन्द होकर वह अपना दिलबहलाव करता है, वह भी यथार्थविरोधी, कृत्रिम चमत्कार वाली कला-संस्कृति होती है। संयोग की बात नहीं है कि क्षयशील (वृद्ध) सामन्तवाद रीतिवाद लाता है और पतनशील (वृद्ध) पूँजीवाद ब्लू-फिल्म—स्नफ़ फिल्म और उत्तर आधुनिकतावाद लाता है।

जो कलाकार इस वर्ग से प्रत्यक्षतः जुड़े रहते हैं या उसका दर्शन स्वीकार करते हैं, उनकी कला इस वर्ग की रुचियों का दर्पण बनती है। उनकी कला में नयी अन्तर्वस्तु तो होती नहीं, इसलिए रूप भी बनावटी होता है। जैसे कोई बूढ़ा सज-धजकर दूल्हा बना हो। बूढ़े की नौजवानी टिकाऊ नहीं होती। इसलिए कवियों के प्रतीक और चित्र जल्द ही अपना मुलम्मा उतारकर बासी पड़ जाते हैं। यही कारण है कि रीतिकाव्य के पण्डित भी यह पहेली बूझते रह जाते हैं कि अमुक दोहे के गागर में कितने अलंकारों का सागर भरा है, अमुक दोहा बिहारी का है या रसलीन का? प्रयोगवाद-नयी कविता में कुण्ठा-घुटन, मृत्यु-सलीब, कैक्टस और वेश्याओं की जो धूम मची कि कवियों के रूपविधान का अन्तर ही जाता रहा। इधर हाल में कुछ कवियों ने परिश्रम करके प्रकृति के नये उपमान क्या खोजे कि हर तरफ तितली-चिड़िया-बादल उड़ाये जाने लगे। इस प्रवृत्ति के कुछ विचारक उड़ते-उड़ते इहलोक से परे पहुँचकर अनुभव करने लगे कि 'प्रेतों के बीच मैं एक प्रेत था।' (***कला का जोखिम,*** पृ. 107) प्रेतयोनि में जाकर ईश्वर के दर्शन हुए, यह अन्य लाभ हुआ। भौतिक बन्धनों से छुटकारा पाकर इन्होंने मौलिकता का दावा करते हुए कहा, "शब्दों से अलग कोई सत्य नहीं होता, और कर्मकाण्ड से अलग धर्म की अवस्था नहीं होती!" (***ढलान से उतरते हुए***), ये सब 'जोखिम'-भरे सिद्धान्त इन्हें पश्चिम के जिन गुरुओं से मिले हैं, उनकी 'स्मृति' के साथ जुड़ी हुई एक मार्मिक अनुभूति भी है, 'रीढ़ की हड्डी' के ऊपर फुरफुरी अनुभव होती है। (***कला का जोखिम,*** पृ. 100)

कला में वस्तुतत्त्व का महत्त्व झुठलाकर रूपविधान का यह जो तमाशा उठा, उससे कला की उन्नति में कोई मदद मिलना तो दूर, कवियों की कला भी व्यक्तित्वहीन होकर अपना स्वरूप गँवा बैठी। मानो इस बात की घोषणा कर रही हो कि जिस मरणशील संस्कृति का वह दर्पण है, उसका रूप बिगड़ गया, वह अन्तिम साँसें ले रही है। बाल्ज़ाक, तोल्सतोय या तुलसीदास महान रचनाएँ इसलिए कर सके कि उन्होंने अपने आपको भौतिक या वैचारिक रूप में मरणशील सभ्यता से एक नहीं हो

जाने दिया। इससे यह सिद्ध होता है कि साहित्यकार अपनी कल्पनासृष्टि में भौतिक जीवन और वर्ग सम्बन्धों का सापेक्ष रूप में अतिक्रमण करता है। उसके उल्टे, अपने सामाजिक जीवन की जटिलताओं और गतिविधियों को वह जितनी गहराई से अंकित करता है, उतने ही स्थायी महत्त्व की रचना करता है।

मार्क्स-एंगेल्स ने लिखा था, 'सत्ताधारी वर्ग के विचार हर युग में सत्ताधारी विचार होते हैं।' इस बात को यान्त्रिक रूप में लागू करते हुए मार्क्सवादी यह परिणाम निकालते हैं कि कलाकार यथार्थ चित्रण में जो चाहे छूट ले ले, विचारधारा में वह सत्ताधारी वर्ग का अनुचर होने को बाध्य है। इस तरह की धारणाओं का मार्क्सवाद से कोई सम्बन्ध नहीं है। मार्क्स-एंगेल्स-लेनिन यह कहीं नहीं कहते कि गैर-सत्ताधारियों के पास अपने विचार नहीं होते। वे सिर्फ यह कहते हैं कि जो विचार सत्ताधारी हैं, वे सत्ताधारी वर्ग के हैं। जो वर्ग सत्ता में नहीं होते, उनका अधिकांश उस जनता से गठित होता है जो तरह-तरह के उत्पादन कार्यों में श्रम करती है। हर युग में श्रम-विभाजन की नयी व्यवस्थाओं से श्रमजीवी जनता का स्वरूप बदलता है, लेकिन वह विद्यमान होती है और विचारधारा के क्षेत्रों में अपनी भूमिका भी निभाती है। एक ही सामाजिक परिस्थिति में क्रियाशील होने से वर्गों के बीच परस्पर प्रभावकारी सम्बन्ध होता है जिससे साहित्य अछूता नहीं रहता। साहित्यकार किसी भी युग या किसी भी समाज में श्रमजीवी जनता से जितने घनिष्ठ रूप से जुड़ा होता है, वह सत्ताधारी वर्ग की विचारधारा से, उसकी पतनशीलता और निराशावाद से उतना ही दूर होता है। एंगेल्स ने उन्नीसवीं सदी में 'जर्मनी की दशा' का चित्र खींचते हुए दिखाया है कि जब पूरा देश पतन की शर्मनाक अवस्था में पहुँचकर 'सड़ते-गलते, घिनौने पिण्ड' की तरह हो गया था, तब 'बेहतर भविष्य की आशा सिर्फ देश के साहित्य में व्यक्त होती थी।' यह आशा जर्मनी के पतनशील शासक वर्ग की न थी। इस आशा का स्रोत थी 'जर्मनी की जनता', जिसने गेटे और शिलर के रूप में अपने 'सबसे उत्कृष्ट और सबसे सशक्त मस्तिष्क' पैदा किये। (**आन लिटरेचर एण्ड आर्ट,** पृ. 346-47) इसके साथ ही मेयर को लिखे गये मार्क्स के ये शब्द भी स्मरणीय हैं कि उन्नीसवीं सदी के उत्तरार्ध में रूस का 'बौद्धिक आन्दोलन सतह के बहुत नीचे से उठते हुए उफान का सबूत है। मस्तिष्क सदा अदृश्य तन्तुओं द्वारा जनता के शरीर से बँधे होते हैं।' (21 जनवरी, 1871, **ऑन लिटरेचर एण्ड आर्ट,** पृ. 408)

सामाजिक परिवर्तन और मूल्यों की कालजयता

जनता की गतिविधियाँ ही महान साहित्य का स्रोत होती हैं। यान्त्रिक मार्क्सवादी इस बात को नहीं समझते। वे कल्पना करते हैं कि ऐतिहासिक परिवर्तन की घड़ी में जब उभरते और मिटते हुए वर्गों में सीधी टक्कर होती है तब साहित्यकार उभरते

हुए वर्ग की विचारधारा न अपनाने पर प्रतिक्रियावादी हो जाता है। भक्त कवियों ने एक स्वर में अपने समय के सामन्तों के साथ-साथ व्यापारियों की स्वार्थलोलुप संस्कृति की भी आलोचना की थी। 'सोइ सयान जो परधनहारी।' यह पंक्ति उच्चवंशी तुलसीदास की है। 'मन बनिया बनिज न छोड़े। कुनबा वाका सकल हरामी, अमृत माँ विष घोले।' यह निम्नवर्णी कबीर की बानी है। लीलगायक सूरदास ने भी उद्धव-प्रकरण में मौका निकालकर लिखा दिया, 'आयो घोष बड़ो व्यापारी।' और 'नफा जानिकै ह्याँ लै आये सबै बस्तु अकरी।' भक्ति की प्रगतिशीलता का स्रोत वर्णों में खोजनेवाले 'मार्क्सवादी' इन व्यंग्योक्तियों को सामन्तों की मनोवृत्ति मानकर सन्तोष करने के सिवा कुछ नहीं कर सकते।

हमारे भक्त कवियों से मिलते-जुलते भाव शेक्सपीयर के 'टिमोन ऑफ़ एथेंस' और गेटे के 'फ़ाउस्ट' से मिलते हैं। शेक्सपीयर ने सोने को मुद्रा का प्रतीक बनाकर उसे 'पीतदास', 'प्रत्यक्ष भगवान' आदि उपाधियाँ देते हुए लिखा, "थोड़ा-सा सोना बना देगा स्याह को सफेद, गलत को सही, पतित को महान, बूढ़े को नौजवान, कायर को शक्तिवान" इत्यादि। ये पंक्तियाँ मार्क्स को इतनी प्रिय हैं कि वे उसे कई पुस्तकों में उद्धृत करते हैं। '1944 की आर्थिक-दार्शनिक पाण्डुलिपियाँ' में तो इन्हीं के आधार पर 'मुद्रा की विकृतिकारी शक्ति' उद्‍घाटित करते हैं। यदि साहित्यकार वर्गों की सीधी टक्कर में सामन्तों या व्यापारियों का साथ देने की नियति से बँधा हो तो वह अपने स्वतन्त्र विवेक का, जनता का सर्वोत्कृष्ट मस्तिष्क होने का परिचय कभी न दे सके। इसीलिए मार्क्स, एंगेल्स, लेनिन किसी भी युग या समाज में साहित्यकार की मौलिकता और प्रगतिशीलता की कसौटी यह मानते हैं कि उसने अपनी कला से जनता की सेवा की है या नहीं, जनता के सच्चे चित्रों और मनोभावों को व्यक्त किया है या नहीं, जनता का सर्वोत्कृष्ट मस्तिष्क होने के नाते उसे सांस्कृतिक विकृतियों से दूर करके ऊँचा उठाने का प्रयत्न किया है या नहीं।

विचित्र विरोधाभास जान पड़ता है कि आधुनिक समाज के व्याख्याता और भावी समाज के स्वप्नद्रष्टा मार्क्स-एंगेल्स ने कला के इतिहास में जिन पहलुओं पर ध्यान दिया है उनमें प्राचीन साहित्य के प्रति दृष्टिकोण का प्रश्न मुख्य है। इसका कारण कुछ तो उस साहित्य से उनका लगाव था और कुछ इतिहास की कड़ियाँ जोड़कर सांगोपांग विश्वदृष्टि विकसित करने का संघर्ष। सम्भव है कुछ कारण वे भाववादी विचारक भी रहे हों जो अपनी अन्तर्गुहा में चौंककर अचानक ललकार उठते हैं कि इतिहास, विचारधारा और उपयोगिता जैसी कसौटियों से यह नहीं समझाया जा सकता कि 'कैसे एक कलाकृति नितान्त भिन्न सामाजिक व्यवस्थाओं, अलग-अलग युगों की प्रतिकूल नैतिकताओं और विश्वासों के बावजूद और उनके बीच अपनी प्रासंगिकता कायम रख पाती है' (**कला का जोखिम**, पृ. 39) और इस समस्या से टकराकर त्रॉत्स्की

भी इसी परिणाम पर पहुँचते हैं कि 'यह निर्विवाद सत्य है कि आर्थिक परिस्थितियाँ कला सम्बन्धी ज़रूरतों को जन्म नहीं देतीं।' (**द माडर्न ट्रेडिशन,** पृ. 385)

सामाजिक जीवन के साथ कला के बन्धन और स्वतन्त्रता का प्रश्न मार्क्सवाद हल करता है, भाववादी दृष्टियाँ उसी में उलझकर रह जाती हैं। मार्क्सवाद हमें बताता है कि कला मनुष्य की सम्पूर्ण आत्मिक शक्ति की—उसकी भौतिक चेतना की—सृष्टि है। मनुष्य की चेतना भौतिक कारणों से—एंगेल्स के शब्दों में, 'अन्ततः आर्थिक कारणों से, उत्पन्न होती है, और उन कारणों को प्रभावित करती है।' (**ऑन लिटरेचर एण्ड आर्ट,** पृ. 67) अपने भौतिक परिवेश के साथ मानव चेनता की यह द्वन्द्वात्मक अन्तःक्रिया अत्यन्त जटिल रूप में व्यक्त होती है। मुएंजर सोलहवीं सदी के जर्मन सन्त थे। एंगेल्स ने 'पीज़ेंट वार इन जर्मनी' पुस्तक में उनकी धार्मिक शब्दावली में छिपे क्रान्तिकारी सारतत्त्व को उभारते हुए यह दिखाया है कि मध्ययुग की सीमाओं में यह सन्त जिस नये समाज का सपना देख रहा था वह उसे प्रथम 'काल्पनिक साम्यवादी' के रूप में हमारे सामने उपस्थित करता है। उसकी कल्पना भौतिक यथार्थ की प्रतिक्रिया भी थी और इस यथार्थ को नये रूप में ढालने की प्रेरणा भी। ठीक वैसी ही जैसी तुलसी या अन्य भक्तों की आदर्श कल्पना थी। यथार्थ परिस्थिति में मानव चेतना की यह भूमिका सामाजिक जीवन से कला के बन्धन और स्वतन्त्रता का दोहरा स्तर प्रदर्शित करती है। साहित्य में यथार्थ का पुनर्सृजन करते हुए कलाकार सच्चे विवरणों और आदर्श सपनों को एक साथ व्यक्त करता है।

साहित्य और कलाओं का सौन्दर्य अपने देश-काल की मर्यादा से बँधकर नहीं रहता, इसका दूसरा कारण यह है कि मनुष्यमात्र के विकास के अपने सामान्य नियम होते हैं। परिणामस्वरूप सभी जातियाँ विकास की प्रायः समान अवस्थाओं से गुज़रती हैं। विकास का यह आम नियम है कि मनुष्य सबसे पहले 'लगभग पाशविक साधनों का उपयोग' करते हुए खुद को प्रकृति और पशु-जगत से अलग करता है। फिर वह दासप्रथा के आधार पर क्रमशः 'बड़े पैमाने के उद्योग और खेती के बीच श्रम-विभाजन' कायम करता है जिसके बिना 'यूनानी राज्य, कला और विज्ञान न हो सकते थे।' (**ऑन लिटरेचर एण्ड आर्ट,** एंगेल्स का लेख, पृ. 199)

यहाँ दासप्रथा का आधार 'बड़े पैमाने का उद्योग' है—उसका खेती से श्रम-विभाजन है। छोटे पैमाने के उद्योग और कृषि से दस्तकारी के संयोग वाला समाज 'दासप्रथा' से पहले रहा होगा। इस प्रकार, कबाइली समाज, सामन्तवाद, दासप्रथा, फिर सामन्तवाद, व्यापारिक क्रान्ति, पूँजीवाद आदि का विकासक्रम परिलक्षित होता है। दासप्रथा प्राचीन मिस्र, यूनान, रोम के लिए सही है। वह "पूर्वी" दुनिया के लिए भी सही हो, यह आवश्यक नहीं है। खुद मार्क्स 'एशियाई' उत्पादन पद्धति का वैशिष्ट्य पहचानने का प्रयत्न करते थे। यह बहस का स्वतन्त्र विषय है।

कलात्मक विकास और सामाजिक जीवन की 'असमानता' दिखाते हुए मार्क्स कहते हैं कि महाकाव्यों का युगान्तकारी क्लासिकीय रूप कलासृजन की आरम्भिक अवस्थाओं में ही रचा जा सकता था। यूनान ही नहीं, सभी प्राचीन संस्कृतियों के भित्तिचित्र, मिथ, काव्य और कलाएँ मानवजाति के ऐतिहासिक बाल्यकाल में ही रची जा सकती थीं, जब भौतिक उत्पादन और मानवीय कर्मशक्ति का इतना विकास न हुआ था कि वह प्रकृति की शक्तियों को वशीभूत करता, उन्हें इच्छानुसार ढालता। वास्तविक व्यवहार में उन शक्तियों पर नियन्त्रण होने के बाद ऐसी काल्पनिक इच्छापूर्ति का भौतिक (या आर्थिक) आधार मिट जाता है। उन्नत अवस्था में पहुँचकर वे रूप नहीं रचे जा सकते, और न ही मनुष्य अपने बचपन में वापस लौट सकता है। लेकिन बचपन की स्मृतियाँ रहती हैं, बच्चों का भोलापन और सत्यपरकता उसे आकृष्ट करते हैं। इसलिए बाद के युगों में भी उनका 'सौन्दर्यात्मक आनन्द' बना रहता है। इससे यह नहीं सिद्ध होता कि उन कृतियों का आविर्भाव अपने युग की भौतिक परिस्थितियों और उत्पादक शक्तियों की अहवेलना करके हुआ था। बल्कि सिद्ध यह होता है कि उन कृतियों का सौन्दर्यग्रहण करते समय हमारी चेतना प्राचीन कला की 'अपरिपक्व सामाजिक अवस्था' से नहीं टकराती। (**उप.** पृ. 84) मनुष्य उस बाल्यकाल से गुज़रे बिना वर्तमान स्थिति तक नहीं पहुँच सकता था, इसलिए कला का सौन्दर्य ग्रहण करते समय वह उन अनुभवों से अपना ऐतिहासिक बोध और मानवीय सारतत्त्व निखारता है।

कला की अर्थवत्ता भिन्न-भिन्न युगों में बनी रहती है, इसका तीसरा कारण यह है कि उसमें व्यक्त मानवचेतना के विभिन्न धरातल—इन्द्रियबोध, भाव और विचार—विकास की एक अवस्था में उत्पन्न नहीं हुए हैं। इसलिए सामाजिक-आर्थिक जीवन के साथ उनकी परिवर्तनशीलता भी एक जैसी नहीं है। इस बारे में मार्क्स-एंगेल्स के सूत्रों को व्यवस्थित करते हुए डॉ. रामविलास शर्मा ने जो निरूपण किया है, उसे साहित्य के मार्क्सवादी दृष्टिकोण के विकास में उनका अवदान मानना चाहिए।

मानवेचतना में सबसे व्यापक स्तर उसके इन्द्रियबोध का है। प्रकृति से घात-प्रतिघात के क्रम में इन्द्रियबोध सभी प्राणियों में विकसित हुए किन्तु उनका परिष्कार हुआ सिर्फ मनुष्य में। यह परिष्कार प्रकृति से अलग होने, उससे संघर्ष करते हुए अपना मानवीय विकास करने के क्रम में हुआ। प्रगतिशील या पतनशील अवस्था में वर्गों की रूप-रस-गन्ध की अपनी स्वस्थ-अस्वस्थ वृत्तियाँ होती हैं। फिर भी, इन्द्रियबोध के धरातल पर व्यक्त होने वाले सौन्दर्य में सभी मनुष्यों और सभी कालों के लिए व्यापक बनने की सम्भावना सबसे अधिक होती है। यूनानी भित्तिचित्रों से लेकर आधुनिक यूरोपीय चित्र और मूर्तिकलाओं से भारत के लोग उसी तरह प्रभावित हो सकते हैं, जिस तरह हमारे शिल्प से यूरोप के लोग।

इसके बाद भाव हैं, जिनका विकास सामाजिक विकास के साथ हुआ है। पशु की सहजवृत्ति और मनुष्य के रति-शोक आदि को एक नहीं माना जा सकता। उसी तरह सामूहिक विवाह वाले कबाइली जीवन के और एकनिष्ठ प्रेम या विवाह वाले सभ्य मनुष्य के भावों को भी एक नहीं माना जा सकता। सामाजिक विकास से सम्बन्ध होने के नाते भावक्षेत्र में वर्ग-विरोध की छाप रूप-रस-गन्ध की तुलना में अधिक दिखाई देती है। पतनशील एथेंस के सामन्ती शासक भोगवाद के इस तरह शिकार बन गये थे कि नर-नारी तक का भेद भूल गये थे। आजकल जो लोग यह कहते नहीं थकते कि 'कर्मकाण्ड और अनुष्ठान' में ही धर्म का असली सार और 'अनुभव का सत्य' छिपा है, (***ढलान से उतरते हुए,*** पृ. 91-92) वे ही कभी मनुष्य को पशु से भी निकृष्ट बताते सुने जाते हैं, कभी प्रेत बनकर उड़ते हुए देखे जाते हैं। उनका यह भावलोक समाज की प्रगतिशील शक्तियों से दूर, मरणशील शक्तियों के निकट है।

मानवचेतना का तीसरा स्तर है सजग विचार का, जिसका आविर्भाव केवल सभ्य और विकसित मानव-मस्तिष्क में हुआ है। सभ्यता का विकास वर्ग-विरोधों के साथ जुड़ा हुआ है। इसीलिए विचारों पर मनुष्य की सामाजिक परिस्थितियों की छाप सबसे अधिक पड़ती है और सामाजिक अवस्था में परिवर्तन के साथ विचारों में भी कमोबेश तेज़ी से परिवर्तन घटित होता है।

प्रसंगवश, यह ध्यान दिया जा सकता है कि कला में इन्द्रियबोध, भाव और विचार की भूमिका से और इनके परस्पर सम्बन्ध से एक ओर कला और अन्य ज्ञानशाखाओं का तथा दूसरी ओर साहित्य और अन्य कलाओं का अन्तर स्पष्ट होता है। मार्क्सवाद रूपमयता को—इन्द्रियबोधों के लिए ग्राह्य-चित्रों को—कला का प्राथमिक आधार मानता है। विज्ञान, दर्शन, अर्थशास्त्र आदि में विचारों का महत्त्व सर्वोपरि है, इन्द्रियबोधों का नगण्य। इन्द्रियबोध वह आधार है जो कलाओं को अन्य ज्ञान प्रणालियों से अलग करता है। कला में भावों का अत्यधिक महत्त्व है—कला को मूलतः भावमय माना गया है। ज्ञान की अन्य प्रणालियों के लिए ज़रूरी नहीं है कि वे अपनी व्याख्याओं से प्रेम, घृणा, क्रोध, शोक आदि के साथ आपसी सम्बन्धों में बँधे हुए मनुष्य का चित्रण करें। इन्हीं भावों के सहारे कला विचारों को हृदय में उतारकर 'कर्मण्य के लिए कर्मक्षेत्र का विस्तार कर देती है।' (आ. रामचन्द्र शुक्ल) भावों का महत्त्व कलात्मक विषयवस्तु की मानवीय समृद्धि की ओर इशारा करता है। जहाँ तक विचारों का सम्बन्ध है, वे भाषा द्वारा ही ग्रहण और व्यक्त किये जा सकते हैं। चित्र-संगीत, स्थापत्य-शिल्प आदि कलाएँ साहित्य की तरह भाषा पर निर्भर नहीं हैं। उनमें स्वस्थ-अस्वस्थ रुझान—मात्र चित्रण-विधि में—इन्द्रियबोधों के धरातल पर—व्यक्त होते हैं। ताजमहल और बेलबूटों की नक्काशी वाली कलाएँ समान सांस्कृतिक जीवन की उपज नहीं हैं। मनुष्य के सामाजिक-सांस्कृतिक जीवन

की परिस्थितियाँ, उसमें निहित हित-टकराव और उन्नतिशील एवं ह्रासशील शक्तियों की पहचान आदि का जितना समर्थ क्षेत्र साहित्य है उतना अन्य कलाएँ नहीं। इसका कारण साहित्य में विचारों का महत्त्व है। विचारों की इसी भूमिका के कारण साहित्य ज्ञान-विज्ञान की अन्य शाखाओं के तत्त्व लेकर मनुष्य के निर्माण और उत्कर्ष में सबसे अधिक सहायक बनता है। विचारों की भूमिका साहित्य और अन्य कलाओं में महत्त्वपूर्ण भेद उत्पन्न करती है।

साहित्य में मानवचेतना के इन तीनों धरातलों के परस्पर सम्बन्ध और साहित्य के स्थायी मूल्यों का रहस्य प्रकट करते हुए डॉ. रामविलास शर्मा ने लिखा है, "उच्च साहित्य में महान विचारों, गम्भीर भावों और सूक्ष्म इन्द्रियबोध का समन्वय मिलता है।" (**मार्क्सवाद और प्रगतिशील साहित्य,** 1984, पृ. 236) साहित्य में व्यक्त होने वाले ये सभी तत्त्व समान रूप से परिवर्तनशील नहीं होते; "इन्द्रियबोध की अपेक्षा भाव, और भावों की अपेक्षा विचार अधिक परिवर्तनशील हैं। युग बदलने पर जहाँ विचारों में अधिक परिवर्तन होता है, वहीं इन्द्रियबोध और भावजगत में अपेक्षाकृत स्थायित्व रहता है। यही कारण है कि युग बदल जाने पर भी उसका साहित्य हमें अच्छा लगता है। यही कारण इस बात का भी है कि पुराने साहित्य की सभी बातें समान रूप से अच्छी नहीं लगतीं। ...इसलिए मनुष्य अपनी नयी रुचि के अनुसार नये साहित्य का भी सृजन करता है।" (उप. पृ. 238)।

कलात्मक सौन्दर्य के स्थायित्व का चौथा कारण यह है कि प्रत्येक शासक वर्ग अपने उन्नतिकाल में न सिर्फ इन्द्रियबोध और भावजगत के धरातल पर, बल्कि विचारों के क्षेत्र में भी ऐसे मूल्यों का सृजन करता है, जो मानव-संस्कृति की स्थायी निधि बनते हैं। अपने उन्नतिकाल में ये वर्ग नयी उत्पादक शक्तियों को प्रोत्साहन देकर साहित्य-कला के विकास की अनुकूल परिस्थितियाँ उत्पन्न करते हैं। दासप्रथा ने श्रम-विभाजन का अस्तित्व प्रकट करके मानव-इतिहास में सभ्यता के युग का सूत्रपात किया। इस श्रम विभाजन के अभाव में कला और कर्मकाण्ड का वह अभेद नहीं मिट सकता था जो 'असभ्य' (आदिम) युग के भित्तिचित्रों और मिथकों में दिखाई देता है। सामन्ती अभिजात वर्ग ने अपने उदयकाल में मनुष्य को दासता से मुक्ति दिलाकर नये विकास में सहायता पहुँचाई। धर्म की समस्त आरम्भिक अभिव्यक्तियाँ विद्रोह के रूप में ही सामने आती हैं। उस युग के धार्मिक साहित्य में मानवचेतना के जिन उज्ज्वल पक्षों को स्थान मिला है, वे बाद की—खासकर आजकल की—पतनशील धार्मिकता के लिए अकल्पनीय हैं। शुक्ल जी ने अकबरकालीन भारत में साहित्य-कला की बहुमुखी प्रगति का जो श्रेय अकबर को दिया है, वह इसलिए कि व्यापार और उद्यम को बढ़ावा देकर उसने किसानों और कारीगरों पर से सामन्ती बन्धन ढीले किये, जिससे इस विकास की आधारभूमि निर्मित हुई। औद्योगिक

पूँजीवाद ने अपने विकास के साथ मनुष्य की भौतिक सीमाएँ तोड़कर उसमें छिपी सृजनशीलता की उद्दाम सम्भावनाएँ साकार कर दीं। इसका परिणाम लक्षित करते हुए वाल्टर बेंजामिन ने उचित लिखा है कि समस्त जादुई और धार्मिक अवस्था की कला सृष्टियों से भिन्न, 'यान्त्रिक उत्पादन ने विश्व इतिहास में पहली बार कलाकृति को कर्मकाण्ड पर अपनी परजीवी निर्भरता से मुक्त कर दिया।' (**इल्यूमिनेशंस, फोंटाना-कोलिंस,** 1982, पृ. 226) यह मुक्ति कदापि सम्भव न होती यदि प्रकाशन उद्योग जैसे परिवर्तनों ने कला की परिधि विस्तृत करके उसका नया जनतान्त्रिक आधार निर्मित न किया होता।

साहित्य का मार्क्सवादी दृष्टिकोण मनुष्य को यह विवेक और क्षमता देता है कि यह अपने विकास की सभी महान उपलब्धियों को आत्मसात करता हुआ साहित्य-संस्कृति के नये विकास का द्वार खोले। पतनशील साम्राज्यवादी शक्तियाँ भविष्य से दिनोंदिन निराश होकर कला में पाशविक हिंसा और बर्बरता का प्रचार करके अपनी युद्धोन्मादी आक्रामकता को औचित्य प्रदान कर रही हैं। उनके सहायक बुद्धिजीवी यह सीख दे रहे हैं कि मनुष्य का इतिहास पतन की अथाह पीड़ा के सिवा कुछ नहीं है, इसलिए अतीत की खयाली दुनिया में लौट चलो। इनके कुछ सहोदर मार्क्सवाद का मुखौटा पहनकर इतिहास की क्रान्तिकारी परम्पराओं को ठुकराते हैं और इतिहास के निर्माता—श्रमजीवी मनुष्य—से मुँह मोड़कर जीवन से आस्था डिगाते हैं। इन सब विकृतियों से सतर्क रहते हुए, मार्क्सवादी साहित्य विवेक सर्वहारा वर्ग के नये अन्तर्राष्ट्रीय भाईचारे में अपनी शक्ति और आस्था का स्रोत पाता है।

(अतएव—1, 1986)

साहित्य में वर्गीय चेतना

कसी भी समस्या पर बात करना तब बड़ा मुश्किल होता है जब उस समस्या के बारे में काफी ज़्यादा कहा गया हो या उस समस्या को अपदस्थ करने की भारी तैयारी चल रही हो। तब दो चुनौतियाँ होती हैं—एक, पहले से जानी-बूझी समस्या पर कुछ इस ढंग से बात करना चाहिए कि जो जाना-बूझा हुआ है, वह उतना ही जाना-बूझा न रह जाए। यानी घिसे-पिटे तर्कों से उस पर बात करना सम्भव नहीं है। और साथ-साथ क्योंकि वर्ग जैसी अवधारणा—कुमार अम्बुज ने बिल्कुल ठीक कहा कि अब अन्तर्राष्ट्रीय स्तर पर इस अवधारणा को चुनौती दी जा रही है, और इसी अवधारणा को क्यों, भूमण्डलीकरण के दौर में जब राष्ट्रीय सीमाएँ टूट रही हैं, तब राष्ट्र भी कल्पना में बदल रहे हैं; तो 'राष्ट्र' और 'वर्ग' जो आधुनिकता के साथ पैदा हुई दो अवधारणाएँ थीं, दोनों को चुनौती मिल रही है, तब वर्ग की अवधारणा पर बात करने का मतलब आज के दौर के विचारधारात्मक संघर्ष पर बात करना भी है। एक तो यह बहुत ज़्यादा जाना-माना विषय है, इसलिए भी इस पर बात करना मुश्किल है। और दूसरे, आज के विचारधारात्मक संघर्ष के केन्द्र में यह विषय है, इसलिए भी इस पर बात करना थोड़ा मुश्किल काम है।

सबसे पहले इस बात पर ध्यान देना चाहिए है कि हम प्रकृति के तमाम सजीव प्राणियों से अलग जो मनुष्य हैं, इन्हें मनुष्य बनाने वाली चीज़ क्या थी। और यह भी जानी-मानी बात है कि दूसरे सारे प्राणी प्रकृति के साधनों का उपयोग करते थे, उपभोग करते थे, केवल मनुष्य था जो प्रकृति के साधनों का निर्माण करता था। पत्थर को घिस कर औज़ार बनाने की योग्यता किसी दूसरे प्राणी में नहीं थी और जिस दिन पहली बार पत्थर को घिस कर मानव ने औज़ार बनाया होगा, उस दिन एक साथ दो काम किये होंगे। एक तो पहले से मिली प्रकृति को उसने रचनात्मक तरीके से बदला होगा, क्योंकि जैसी थी प्रकृति उसमें पहली बार एक रचनात्मक हस्तक्षेप हुआ था, पत्थर को घिस कर औज़ार बनाया गया था। और जिस समय उसने औज़ार बनाया होगा उसी समय पहली बार पशुओं से अपने को अलग किया होगा। इसलिए मेरी समझ में यह जो श्रम है, यह मनुष्य का रचनात्मक सार-तत्त्व

है और इसकी विशेषता है कि यह बाहर की प्रकृति को और अन्दर की प्रकृति को, बाह्य प्रकृति और आत्म प्रकृति, दोनों को एक साथ बदलने वाली ताकत है। यह श्रम है जो मनुष्य को दूसरे प्राणियों से अलग विशेष प्राणी में बदलता है। चूँकि वर्ग चेतना भी हाथियों की, शेरों की, कुत्तों की समस्या नहीं है; मोर की, कबूतर की, हंस की समस्या नहीं है। केवल मनुष्य की समस्या भी है; इसलिए वर्ग-चेतना पर बात करने के लिए मनुष्य के रूप में हमारी सत्ता का आधार क्या है, इसे रेखांकित करना अनिवार्य है।

दूसरी बात जो शुरू में ही, मैं स्पष्टीकरण के रूप में कहना चाहता हूँ, आप भी जानते हैं इन चीज़ों के बारे में कि साहित्य को हम कला के रूपों में एक मानते हैं और जैसे मनुष्यों का जन्म श्रम से हुआ, ऐसे ही मनुष्य ने जब पहली बार कविता लिखी जिसे वाल्मीकि का आदि-श्लोक भी कहा जाता है, उसके पहले तो कविता के लिए प्रचलित शब्द मन्त्र था, बाद में जिसका उपयोग अन्धविश्वास के लिए होने लगा। वेद के मन्त्र का मतलब कविता ही था। बाद में मन्त्र से अलग श्लोक की अवधारणा बनी, तो यह कविता पहली बार कब बनी, कविता का जन्म कब हुआ—सब लोग जानते हैं उस घटना के बारे में, जब एक बहेलिए ने एक क्रौंच पक्षी को मारा था और इस घटना को देखने के बाद वाल्मीकि के भीतर से स्वतःस्फूर्त ढंग से 'मा निषाद प्रतिष्ठाम् त्वम आगमी शाश्वती समाः' श्लोक निकला।

देखने की बात है कि यह घटना स्वतन्त्र रूप से हो रही थी लेकिन वाल्मीकि उस घटना को स्वीकार करने के लिए तैयार नहीं थे। उस घटना से उनके मन में असन्तोष और क्रोध का जन्म हुआ, और इस असन्तोष ने कविता को जन्म दिया। जब तक पहले से मौजूद इस दुनिया से, उसमें चलने वाले क्रियाकलापों से किसी को असन्तोष नहीं होता, तब तक कल्पना में एक और दुनिया बनाने की ज़रूरत नहीं पड़ती, इसलिए कला का स्रोत असन्तोष है। और इस असन्तोष के कारण हम एक नयी सृष्टि रचते हैं और उस सृष्टि में हम असन्तोष के कारणों को छोड़ देते हैं। इसीलिए हम यहाँ अपना स्वप्न चरितार्थ करते हैं। यह असन्तोष और स्वप्न, कला का स्रोत है, जैसे श्रम मनुष्य का स्रोत है। इसलिए साहित्य में वर्ग चेतना की बात करने के लिए इसे मूल आधार के रूप में स्वीकार कर लेना मुझे आवश्यक लगता है।

यहाँ एक छोटी-सी बात और कह देना ज़रूरी है कि जब हम कला की प्रक्रिया में असन्तोष और स्वप्न की प्रेरणा देखते हैं तो यह असन्तोष और स्वप्न सिर्फ विचारधारा नहीं है। इसलिए वर्ग चेतना विचारधारा नहीं है। कला मनुष्य की सम्पूर्ण आन्तरिकता की, उसकी समग्र चेतना की अभिव्यक्ति है। वह केवल विचारधारा की अभिव्यक्ति नहीं है। इसलिए वर्ग चेतना को, कला को, इनमें से किसी भी चीज़ को सिर्फ विचारधारा में सीमित कर देना शायद भ्रामक है, बल्कि यहाँ कहा जाना

चाहिए कि खुद वर्ग चेतना सिर्फ विचारधारा नहीं है क्योंकि चेतना के कई स्तर होते हैं। जब आप सुबह-सुबह अलसाए हुए उठते हैं तो आप चेतन होते हैं लेकिन जिस समय आप कहीं बात करते हैं, कहीं बोलते हैं या बातचीत सुनते हैं उस समय भी आप चेतन हैं लेकिन दोनों के चेतन स्तर में अन्तर होता है। चेतना के कई स्तर हैं। नींद में भी मनुष्य अचेतन नहीं होता, उसका उपचेतन सक्रिय रहता है। स्वप्न उसी उपचेतन की सृष्टि होते हैं। इसलिए चेतन, अवचेतन, उपचेतन, अचेतन–चेतना के ये सभी स्तर होते हैं। विचारधारा चेतना के सबसे सजग रूपों से बनने वाली व्यवस्था है लेकिन वर्ग चेतना उससे थोड़ी व्यापक चीज़ है। मनुष्य के अचेतन संस्कार भी वर्ग चेतना में आते हैं।

अब यह वर्ग चेतना क्या है? बहुत सरलतम रूप में अगर कहें तो हम जानते हैं कि हम जिस दृश्य को देखते हैं उससे हमारी दृष्टि बनती है। जब हम अस्पताल में जाकर दुनिया को देखते हैं तो और जब हम किसी बाग में जाकर दुनिया को देखते हैं तो हमारी दृष्टि एक नहीं होती। लेकिन हमारी दृष्टि से भी दृश्य बनता है। हम मरीज के रूप में अस्पताल जाते हैं या डाक्टर के रूप में अस्पताल जाते हैं या अटेन्डेन्ट के रूप में अस्पताल जाते हैं, इससे भी अस्पताल का दृश्य बनता और बिगड़ता है। इसलिए दृश्य और दृष्टि, दोनों एक-दूसरे को निर्मित करते हैं। यान्त्रिक रूप से दृश्य से ही हमारी चेतना नहीं बनती है, हमारी दृष्टि से भी हमारा दृश्य बनता है। जो समाज में, आर्थिक जीवन में, उत्पादन सम्बन्धों में हमारी स्थिति होती है, उस स्थिति से हमारी दृष्टि बनती है। उस दृष्टि से हमारी चेतना बनती है। इसलिए उत्पादन प्रक्रिया में या उत्पादन सम्बन्धों के भीतर अपनी स्थिति से पैदा होने वाली चेतना को हम वर्ग-चेतना कहते हैं, और उस उत्पादन प्रक्रिया में सीधे-सीधे दो वर्ग जुड़ते हैं, लेकिन उन दो वर्गों के साथ और बहुत तरह के काम होते हैं जिसके कारण सीधे दो वर्गों के अलावा भी बहुत सारे वर्ग रहते हैं। सामन्ती समाज में बहुत से कलाकार होते थे। केवल शिल्पी और व्यापारी, केवल किसान और ज़मींदार नहीं होते थे। इनके अलावा भी बहुत से वर्ग होते थे और आधुनिक समाज में भी जिसे हम मध्यवर्ग कहते हैं, जो एक हज़ार तरीके के कामों में लगा हुआ है–हम सब, आप ऑफिसर्स हैं, मैं अध्यापक हूँ, यहाँ बहुत तरह के लोग बैठे हुए हैं, इनके अलावा भी बहुत सारे उद्यम खुले हुए हैं, इनमें बहुत सारे एक्जीक्यूटिव्ज़ आते हैं, तमाम तरह के लोग हैं–ये मिडिल क्लास का संगठन करते हैं। उसके अनेक स्तर हैं।

समाज की संरचना में हम अपनी जगह से उत्पादन सम्बन्धों और उत्पादन प्रक्रिया से जुड़ते हैं। संक्षिप्त रूप में वर्ग चेतना के बारे में यह बात कह देना पर्याप्त है। यहाँ ठीक रहेगा अगर यह टिप्पणी और कर दी जाए कि जब हम समग्र चेतना की बात करते हैं वर्ग चेतना के रूप में, तो उसमें आर्थिक, राजनीतिक, ऐतिहासिक बोध

सम्मिलित होता है। साहित्य सिर्फ चेतना का प्रतिबिम्ब नहीं होता। साहित्य मूलतः सांस्कृतिक प्रक्रिया है। अगर चेतना का कोई रूप वहाँ सबसे प्रधान है तो सांस्कृतिक चेतना है और उस सांस्कृतिक चेतना के निर्माण में सिर्फ आर्थिक, राजनीतिक, ऐतिहासिक बोध काम नहीं करता, उसके अलावा भी चेतना के स्तर हैं जो काम करते हैं, जिनमें सबसे प्रमुख स्तर है सौन्दर्य बोध, और हमारे राग-विराग की दुनिया।

हमें कोई चीज़ अच्छी लगती है, वाल्मीकि को क्रौंच पक्षी का मारा जाना बुरा लगा, इससे शोक पैदा हुआ, घायल पक्षी जो मारा गया था, उसके लिए उन्हें अपार सहानुभूति हुई, इसे करुणा कहा गया। क्रोध था, करुणा थी, शोक था, अनेक भाव प्रसंग थे, जिनसे मिलकर उनका भाव बना था और इस करुणा, क्रोध, शोक को हम चेतना नहीं कहते, विचार नहीं कहते—ये भाव हैं। सौन्दर्य बोध में चेतना के साथ-साथ हमारा राग-विराग रहता है, हमारा इन्द्रिय बोध रहता है। हमें लाल रंग अच्छा लगता है, आपको हो सकता है बसन्ती रंग अच्छा लगता हो, किसी को नीला रंग अच्छा लगता है—जो हमारा सौन्दर्य बोध है, सब कला में, संस्कृति में, साहित्य में सक्रिय होता है।

इसलिए मैं बहुत ज़ोर देकर कहना चाहूँगा कि वर्ग चेतना विचारधारा नहीं है, साथ-साथ साहित्य और संस्कृति वर्ग से यन्त्रवत् बँधे हुए नहीं हैं। विचारधारा से अधिक व्यापक चेतना है वर्ग चेतना। वर्ग चेतना से अधिक व्यापक चेतना है सांस्कृतिक चेतना। इसीलिए विचारधारा से ज़्यादा हमें वर्ग की चेतना प्रभावित करती है, वर्ग की चेतना से ज़्यादा सांस्कृतिक चेतना प्रभावित करती है। एक राजनीतिज्ञ का भाषण आपको उतना प्रेरित नहीं कर सकता, जितना हो सकता है कि एक कवि की कविता आपको प्रेरित कर दे, लेकिन साहित्य, कला रूपों में अकेला है जो वर्ग की चेतना को सबसे ज़्यादा धारण करता है।

यह भी ज़ोर देकर कहने की बात है कि भाषा का माध्यम होने से साहित्य की स्थिति अन्य कलाओं से भिन्न है। संगीत स्वरों के संयोजन से बनता है। नृत्य मुद्राओं के संयोजन से बनता है, स्पेस में मुद्राओं को गतिशील किया जाता है। स्थापत्य—वस्तु को हम दिक् में रच देते हैं और उससे स्थापत्य बनता है। लेकिन इन सारे माध्यमों की सामग्री भाषा के अलावा है, भाषा नहीं है। मनुष्य के विचारों को व्यक्त करने वाला माध्यम भाषा ही है। साहित्य भाषा में रचा जाता है। जो माध्यम भाषा पर निर्भर होगा, उस माध्यम में अनुभवों को धारण करने की, अनुभवों को सम्प्रेषित करने की और विचारों को अभिव्यक्त करने की सबसे अधिक क्षमता होगी। अगर साहित्य का भाषा से सम्बन्ध है और भाषा में मनुष्य की चेतना का सबसे सजग स्तर व्यक्त होता है तो साहित्य वर्ग चेतना से और विचारधारा से भी स्वतन्त्र नहीं रह सकता है। इसलिए साहित्य में वर्ग चेतना पर बात करते समय

इस द्वन्द्व को ध्यान में रखना चाहिए। साहित्य वर्ग चेतना में सीमित नहीं है, लेकिन साहित्य वर्ग चेतना से पूरी तरह स्वायत्त नहीं हो सकता। दूसरी कलाओं में भी वर्ग की रुचि का असर दिखाई पड़ता है।

हम अच्छी तरह जानते हैं कि ध्रुपद या ध्रुवपद गायकी वैदिक संगीत की गायकी थी, जिसका मूल आधार, सैद्धान्तिक आधार, नाद था, जैसे ॐ नाद पर आधारित है। ध्रुपद का आधार नाद है लेकिन खयाल गायकी—अपने नाम से भी ज़ाहिर है कि खयाल गायकी—दरबारों में विकसित हुई थी। दरबारी कला का रूप क्या है, अभी थोड़ी बात आगे करेंगे। खयाल गायकी में आप देखेंगे बार-बार एक ही कम्पोज़िशन को अनेक रूपों में यानि चमत्कारिक ढंग से पेश करने का रुझान दिखाई पड़ता है। बाद में चल कर उसे लोक संगीत से जोड़ा गया। हम उसके संगीत के शास्त्रीय विवाद में नहीं जाने वाले हैं। इसी तरह से आप कला के दूसरे रूपों में जाकर देखें, एक तरफ भव्य स्थापत्य ताजमहल का है और दूसरी तरफ मिनियेचर पेंटिंग की बेल-बूटेदार नक्काशी है। दोनों एक ही रुचि का परिणाम नहीं हैं। इसीलिए दूसरी कलाओं में भी वर्ग की रुचियाँ झलकती हैं, लेकिन ये रुचियाँ सबसे स्पष्ट रूप में, सबसे चेतन रूप में साहित्य में ही झलकती हैं—यह बात महत्त्वपूर्ण है।

इससे आगे बढ़ते समय एक समस्या और टकराती है। जिसे हम वर्ग चेतना कहते हैं, अगर वह उत्पादन के सम्बन्धों में हमारी स्थिति से निर्मित चेतना है, तो हम उसे अखण्ड सामाजिक चेतना या सम्पूर्ण मानव चेतना नहीं कह सकते हैं। सच बात तो यह है कि अखण्ड सामाजिक चेतना, सम्पूर्ण मानव चेतना जैसी कोई चीज़ होती है—इसमें भी मुझे सन्देह है, क्योंकि मार्क्स ने एक बड़ी प्रसिद्ध बात कही थी कि "किसी भी युग में सत्ताधारी विचार, सत्ताधारी वर्ग के विचार होते हैं।" हालाँकि यूरोप के मार्क्सवादियों ने इस कथन का बड़ा गलत अर्थ लिया और ईगल्टन ने उत्तर-आधुनिकता से बहस करते समय इस सूत्र का अर्थ निकाला कि किसी भी युग में सिर्फ सत्ताधारी विचार होते हैं, जबकि मार्क्स ने ऐसा नहीं कहा। जो श्रम करने वाले समुदाय हैं, वे केवल भौतिक सम्पदा की रचना करते हैं, संस्कृति की रचना नहीं करते—ऐसा मानना सिवाय अज्ञान के कुछ नहीं कहा जा सकता। हम जानते हैं कि कलाओं की एक शास्त्रीय परम्परा चलती रहती है, उसके समानान्तर उस पूरे इतिहास में एक लोक परम्परा भी चलती रहती है, और जब जनसाधारण के बीच से साहित्यकार आते हैं तो लोक संस्कृति से अपना सम्बन्ध जोड़ते हैं।

कबीर जुलाहा थे। कहते हैं कि उनके माता-पिता ने उनको फेंक दिया था नदी के किनारे। एक जुलाहे ने पाल लिया था। उपेक्षित जीवन था। तुलसीदास, हो सकता है आत्माराम दुबे के पुत्र रहे हों, लेकिन ऐसे स्वार्थी माता-पिता थे कि जन्म लेते ही इस डर से कि मूल नक्षत्र में पैदा हुआ है, मेरे लिए बुरा होगा, उन्होंने तुरन्त

पैदा होने वाली सन्तान को त्याग दिया और एक दासी के घर में, भिखारी के घर में तुलसीदास पले। कोई कुल नहीं, कोई शील नहीं, कोई परम्परा नहीं, कोई कुछ नहीं। सूरदास, माँ-बाप ने कोई नाम भी रखा, कोई नहीं जानता। मन्दिर में झाडू लगाते थे और प्रसाद लेकर खाते थे। जब कबीर, सूर, तुलसी ऐसे समाज के सबसे उपेक्षित, सबसे बहिष्कृत समुदाय से लोग आते हैं तब एक तरफ वो साहित्य का स्वर्ण युग पैदा करते हैं, और दूसरी तरफ इस स्वर्ण युग का निर्माण करने के लिए वे लोक साहित्य से, लोक संस्कृति से ही अपना सारा स्रोत जोड़ते हैं।

इसलिए यह जो एक प्रभुत्वशाली वर्ग की संस्कृति और प्रभुत्वशाली वर्ग का विचार चलता रहता है, उसके समानान्तर एक लोक संस्कृति, एक लोक साहित्य और एक लोकपरक विचार भी चलता है, जिसका अध्ययन करने की आदत थोड़ा कम है। इसलिए किसी भी युग में 'अखण्ड सामाजिक चेतना' और 'सम्पूर्ण मानव चेतना' सम्भव नहीं है, वह विखण्डित रहती है, और यह विखण्डन वर्ग चेतना के रूप में विखण्डन होता है। इसलिए वर्ग चेतना विभाजित चेतना है (क्योंकि समाज के विभाजन से पैदा होने वाली चेतना है) लेकिन इससे भी ज़्यादा इसका सकारात्मक पक्ष यह है कि वर्ग चेतना पक्षधर चेतना होती है।

आधुनिक काल से पहले वर्ग चेतना को पक्षधर चेतना के रूप में मानने और अपनाने की जागरुकता नहीं थी, इसलिए आधुनिक काल की समस्या वर्ग चेतना भी है और साहित्य से वर्ग चेतना का सम्बन्ध भी है। यह वर्ग चेतना कोई हवाई चीज़ नहीं है। हम शहरों में देखते हैं लेबर चौराहे होते हैं। शुरू-शुरू में लेबर चौराहे देखकर बड़ा अजीब लगता था लेकिन कुछ दिनों उसके आसपास रहकर, उनसे बात करके एक सजीव तस्वीर बनती है। उसमें हिन्दू आते हैं, मुसलमान आते हैं, शूद्र आते हैं, ब्राह्मण भी आते हैं और स्त्रियाँ भी आती हैं, पुरुष आते हैं, बूढ़े आते हैं, नौजवान आते हैं। और सब अपने-अपने घर से एक झोले में अपने वसूले, हथौड़े, अपने कुछ रंदे, कूँची और बाल्टी जैसे कुछ थोड़े से सामान लेकर और अपना शरीर लेकर चौराहे पर आकर बैठ जाते हैं अपना श्रम बेचने के लिए। उनसे काम लेने के लिए घरों से लोग आते हैं, ग्राहक, और उन्हें एक दिन के भाड़े पर ले जाते हैं। ये जो लोग लेबर के रूप में अपना सामान लिए, अपना शरीर लिए हुए आते हैं बाज़ार में बिकने, इनकी चेतना कैसी होती है? थोड़ी चर्चा हम उसकी करेंगे। वे जो आते हैं, क्या उनकी चेतना का निर्माण इस चौराहे से पहले वाली उनकी जो ज़िन्दगी है सिर्फ उसके आधार पर होता है? वे मुसलमान पृष्ठभूमि से आये, सिर्फ इसी से उनकी चेतना का निर्माण होता है या चौराहे पर बैठकर वे जो अपना श्रम बेच रहे हैं और ग्राहक से मोल-तोल हो रहा है, ग्राहक कम पैसा देने में राजी है और वो ज़्यादा पैसे के लिए दबाव डाल रहे हैं—ये जो अस्तित्व को बनाये रखने के लिए

ठेठ आर्थिक सम्बन्ध कायम हो रहा है, इससे भी उनकी चेतना का कोई सम्बन्ध है या नहीं है, यह भी उनकी चेतना का निर्माण करने में कुछ भूमिका अदा करेगी या नहीं करेगी—सवाल यह है।

एक रूप उनका हिन्दू-मुसलमान वगैरह, उन्हें पहले से मिला हुआ है। वह जो जात-बिरादरी वाला पहले का समाज है, वहाँ से वह रूप चला आ रहा है और दूसरा रूप जीवन की नयी परिस्थितियाँ उन्हें दे रही हैं, और ये रूप बिरादरी वाला नहीं, वर्ग वाला रूप है। हो सकता है कि जब तक नयी परिस्थितियाँ, पुरानी परिस्थितियों को पूरी तरह से न मिटा सकें तब तक उनकी चेतना में दोनों का द्वन्द्व बना रहे। लेकिन बैलगाड़ियाँ आज भी चलती हैं, तो क्या इक्कीसवीं शताब्दी को बैलगाड़ी युग कहा जा सकता है? शायद नहीं। किसी भी युग की पहचान उस युग की अग्रगामी शक्ति से होती है। अभी-अभी छायावादी शैली में नहीं, रीतिवादी शैली में नहीं, भक्ति की शैली में और वीर रस में भी रचनाएँ लिखी जा रही हैं और 'पाञ्चजन्य' में और इस तरह के अखबारों में आप उस तरह रचनाएँ की देख सकते हैं। क्या इसके कारण आज के युग को हम वीर युग या भक्ति युग कह सकते हैं? या जिस तरह की रचनाएँ हमारे साथी लिख रहे हैं, बड़े समर्थ ढंग से ये लोग लिख रहे हैं, हम आज की रचनाशीलता को इस नयी प्रवृत्ति से जाँचेंगे? ठीक उसी तरह अगर पुराने रूप बने हुए हैं, तो भी हम जो अपने युग की नयी प्रवृत्तियाँ हैं, उनसे अपने युग को, आज के युग को पहचानेंगे।

यहीं, यह भी सोचने की बात है कि जो ग्राहक आया है उसकी चेतना और जो श्रम बेच रहा है उसकी चेतना क्या एक हो सकती है? जिसका हित इस बात में है कि कम पैसा दूँ, उसकी चेतना और जिसका हित इस बात में है कि ज़्यादा पैसा लूँ, उसकी चेतना एक नहीं हो सकती। साहित्य न तो ग्राहक के नज़रिए से लिखा जाता है और न लेबर के नज़रिए से लिखा जाता है। साहित्यकार मध्यम वर्ग का है। वह तो कलाकार है, उसका एक तीसरा नज़रिया होता है क्योंकि मध्यमवर्ग न तो श्रम बेचने वाला वर्ग है, न श्रम खरीदने वाला वर्ग है, उसकी स्थिति दोनों के बीच में है और इसलिए मध्यमवर्ग वास्तव में समाज का मध्यस्थ वर्ग है। और हम आप यही करते हैं। मैं प्रगतिशील विचारों का आदमी हूँ लेकिन विश्वविद्यालय के पाठ्यक्रम में मैं क्रान्ति करने के तरीके नहीं पढ़ाता। आप प्रगतिशील विचारों के लोग हैं, आप प्रगतिशील विचारों का संगठन चलाते हैं लेकिन आप बैंक के कामकाज में पूँजी को सामाजिक बना देने के यानी पूँजी के राष्ट्रीयकरण के तौर-तरीके नहीं बताते।

तो हम मध्यस्थ वर्ग हैं दोनों सत्ताओं के। दोनों शक्तियों के बीच में यह जो हमारी स्थिति है, यही विलक्षण और विशेष स्थिति है। साहित्य, मध्यवर्ग की इसी स्थिति से जन्म लेता है। इसलिए होता यह है कि हमारी न्याय चेतना लेबर के साथ

जुड़ती है और हमारी हित चेतना ग्राहक के साथ जुड़ती है, अपर क्लास के साथ जुड़ती है। इस तरह हित चेतना और न्याय चेतना में गहरा अन्तर्द्वन्द्व मध्यवर्ग की चेतना का निर्माण करता है। और इस खाई से उबरने के लिए मध्यवर्ग तटस्थता का, आदर्शीकरण का, उदारता का, समाज में सामंजस्य का सिद्धान्त प्रचलित करता है। मैंने आपसे कहा था कि मैं एक उदाहरण दूँगा। मैं कुमार अम्बुज की एक कविता की पंक्तियाँ उद्धृत करता हूँ। 'परन्तु'–

बुद्धिजीवी भी सड़क पर आ सकते हैं
परन्तु क्या करें
यह सरकार ठीक नहीं है
माना कि अब लोकतन्त्र है
और हम सुधारना चाहते हैं यह समाज
परन्तु इधर ठाकुरों के वोट बहुत हैं
बेचारा जिला दण्डाधिकारी भी
करना तो चाहता है कुछ हस्तक्षेप
परन्तु उसके अधिकारों में निर्बल को ही
दण्डित करना सीमित है।

मध्यवर्ग की यही विडम्बना है, वह इस विराट सत्ता की मशीन का पुर्ज़ा है। यह जो विडम्बना है मध्यवर्ग की, इस विडम्बना के कारण, न्याय चेतना और हित चेतना की इस खाई के कारण, मध्यवर्ग सीधे पक्षधरता की तरफ नहीं बढ़ता है। हालाँकि उसकी इस समस्या का, उसकी इस खाई का, उसके इस संकट का, आत्मिक संकट का समाधान सिर्फ पक्षधरता में हो सकता है। इसलिए उसके सारे सौन्दर्यात्मक प्रयत्नों का सार्थक रूप वर्ग चेतना को सजग होकर आत्मसात करने से ही निखर सकता है।

मैं उल्लेख करना चाहूँगा राजेश जोशी की एक कविता का, 'इत्यादि' का। बड़ी प्रसिद्ध कविता है उनकी। 'कुछ लोगों के नामों का उल्लेख किया गया था जिनके ओहदे थे बाकी सब इत्यादि थे।' समाज में बाकी सबको इत्यादि बना देने की प्रक्रिया चल रही है। जब इस इत्यादि की नज़र से आप देखेंगे, मैं इस कविता की अन्तिम पंक्ति का उल्लेख करना चाहता हूँ कि 'यों तो इत्यादि सबसे डरते थे लेकिन जब वो डरना छोड़ देते थे तो बाकी सब उनसे डरने लगते थे।' 'इत्यादि' में समाज को बदलने की यह ताकत है। मध्यवर्ग जब तक अपने को इत्यादि की इस परिवर्तनकारी ताकत से नहीं जोड़ता, तब तक वह निर्बल को ही दण्ड देने के अधिकार तक सीमित रहने के लिए अभिशप्त है। इसलिए कला का, साहित्य का, साहित्य के संकट का, कलाकार के अन्तर्विरोधों का समाधान वर्ग की खाई में एक वर्ग की तरफ झुकने में है और निश्चित रूप से जो एक वर्ग है वह समाज का

वर्चस्वशाली वर्ग नहीं है, समाज का उत्पीड़ित वर्ग है, अधीनस्थ वर्ग है, उसके साथ श्रम करने वाला वर्ग है, क्योंकि कला अगर मनुष्य की आत्मिक रचनाशीलता है तो श्रम मनुष्य की भौतिक रचनाशीलता है, और रचनाशीलता का एक रूप, रचनाशीलता के दूसरे रूप से जुड़कर ही सार्थक हो सकता है, तभी मनुष्य की आन्तरिक खाई पाटी जा सकती है।

यहाँ इस तथ्य का भी उल्लेख किया जाना चाहिए कि सौन्दर्य हमेशा सन्तुलन से पैदा होता है। सब जानते हैं। बड़ी आँखें सुन्दर होती हैं लेकिन एक छोटे से गोल चेहरे पर चार इंच की आँखें हों, छः इंच की नाक हो तो? आजानुभुज अच्छा होता है, लेकिन चार फीट के आदमी की तीन फीट की बाँह हो तो? जहाँ असन्तुलन हुआ सौन्दर्य नहीं रहेगा। असन्तुलन सौन्दर्य का दुश्मन है। इसलिए असामंजस्य के संसार में कला का स्वप्न सामंजस्य की खोज करना है। लेनिन ने कहा था कि कला बहुमत पर अल्पमत के शासन को सबसे कम स्वीकार करती है। वह इसलिए कि कला असन्तोष की उपज है, वह सामंजस्य की खोज करती है। लेकिन हम जानते हैं कि हमारे ही साहित्य में नहीं, यूरोप के साहित्य में भी, भारत की अन्य भाषाओं के साहित्य में भी ऐसा दौर रहा है जब अतिशयोक्ति सबसे महत्त्वपूर्ण अलंकार था। हम जानते हैं कि आदिकाल की एक रचना है आल्हखंड–'पृथ्वीराज की गाय बियानी'–दिल्ली में पृथ्वीराज शासन कर रहे थे, गाय के बच्चा हो रहा है–'पृथ्वीराज की गाय बियानी, बछड़ा जाय गिरा कन्नौज'–कितने फोर्स से? बुलेट भी नहीं जा सकती इतनी तेज़। बिहारी का एक दोहा है, जिसका अर्थ है कि नायिका मानो हर समय हिण्डोले पर सवार रहती है, साँस खींचती है तो छः फीट पीछे जाती है, साँस छोड़ती है तो छः फीट आगे जाती है। विरह में इतनी दुबली हो गयी है। अतिशयोक्ति की हद है। जो समाज सरप्लस पर टिका रहता है, अतिरिक्त मूल्य पर टिका रहता है, अतिरंजना उस समाज के सौन्दर्य बोध का निर्माण करने वाली चीज़ होती है।

दूसरी तरफ कबीर थे। उन्होंने अपने राम से कहा–'जस तूँ तस तोहि कोई न जाना, लोग कहें सब आनहि आना'–तुम जैसे हो वैसा कोई नहीं जानता, सब तुम्हें और-और रूपों में पुकारते हैं। सत्य को उसके वस्तुगत रूप में पहचानने की ज़रूरत श्रम करने वाले को होती थी। कबीर जुलाहा थे। कपड़े बुनते थे। कविता लिखते थे। सत्य को वस्तुगत रूप में पहचानना श्रम करने वाले की ज़रूरत है और रूप को अतिरंजना में सुन्दर मानना अवकाश-भोगी वर्ग का बोध है। इसलिए कला में विचार ही नहीं, कला का रूप भी वर्ग चेतना से बहुत गहराई से प्रभावित होता है।

मैंने अभी थोड़ी-सी बात लेबर चौराहे के प्रसंग में शूद्र, ब्राह्मण, मुस्लिम, हिन्दू की की थी। यहाँ एक बात उठाना चाहता हूँ। हम अगर चेतना के विकास की बात करें तो चेतना के इतिहास की हम तीन मंज़िलें देख सकते हैं। सबसे पहली मंज़िल

मिथक चेतना की है, दूसरी मंज़िल लोक चेतना की है और तीसरी मंज़िल वर्ग चेतना की है। हम उनके विस्तार में नहीं जाते, लेकिन मिथक चेतना, लोक चेतना से पहले की चेतना है। उसकी विशेषता यह है कि प्रकृति और मनुष्य एक-दूसरे से अलग नहीं हुए हैं। मिथक उन्हीं संघर्षों में रचे गये थे।

दूसरी मंज़िल लोक चेतना है। लोक चेतना, जिसे हम धार्मिक समाज कहते हैं, सामन्ती समाज या मध्यकालीन समाज कहते हैं, उस समाज की चेतना है और यह समाज वर्गों में बँट गया है, लेकिन जो वर्ग आर्थिक कारणों से, आर्थिक रूप से ही विकसित हुए हैं, उनकी पूरी पहचान आर्थिक कारणों तक ही सीमित नहीं है। कुछ तो रक्त सम्बन्ध हैं, वे बिरादरियों का निर्माण करते हैं। ब्राह्मण, यह वर्ग भी है, लेकिन बिरादरी भी है यानि आर्थिक कारण और गैर-आर्थिक कारण, रक्त सम्बन्ध, दोनों का संयोग है इसमें। मिथक चेतना में रक्त सम्बन्ध प्रधान थे, आर्थिक सम्बन्ध अधिक विकसित नहीं हुए थे, लेकिन लोक चेतना में आर्थिक सम्बन्ध विकसित हो गये हैं। जिन्हें शूद्र कहते हैं, ये दो तरह के होते हैं—एक सामान्य शूद्र, दूसरा अन्त्यज, जो आज की भाषा में एस. सी. है, शिड्यूल कास्ट है। दोनों में अन्तर यह है कि जो घर के अन्दर के कामों से जुड़े थे उन्हें अछूत कहना सम्भव नहीं था, इसलिए वो सामान्य शूद्र रहे, ओ.बी.सी. रहे। जो घर के बाहर तक सीमित हैं, उन्हें अछूत कहना सम्भव था तो वो अन्त्यज हो गये, लेकिन सेवाकर्मी दोनों हैं, सेवाकर्मी हैं शूद्र, इस बात का ध्यान रखना चाहिए और सेवा कर्म है, पेशा है, आर्थिक सत्ता है। लेकिन वह आर्थिक सत्ता सिर्फ आर्थिक कारणों पर आधारित नहीं है, गैर आर्थिक कारणों से संयुक्त है। ये बिरादरियों का ढाँचा होता है, जिसे हम कास्ट कहते हैं, बिरादरी कहते हैं, उसका ढाँचा ऐसा है। जैसे खेती और दस्तकारी का संयोग सामन्ती समाज की रचना करता है, वैसे ही आर्थिक और ग़ैर-आर्थिक कारणों का संयोग लोक चेतना में मिलता है। सिर्फ एक उदाहरण से बात एकदम स्पष्ट हो जाएगी।

विष्णु पुराण में पृथ्वी की उपासना के मन्त्र लिखे गये हैं। सुबह उठकर पृथ्वी पर पैर रखने से पहले 'क्षमस्व मे' कह कर क्षमा माँगी जाती है पृथ्वी से, क्योंकि पृथ्वी माँ है, धरती माता। यह लोक चेतना में मौजूद विश्वास है लेकिन लोक चेतना में ही यह विश्वास भी है—'वीर भोग्या वसुन्धरा'। माता और भोग्या एक नहीं होते। किसानों के लिए जो धरती माँ है, सामन्तों के लिए भोग्या—'वीर भोग्या वसुन्धरा' है। इसलिए लोक चेतना में हम वर्ग की खाई पहचानते हैं। लेकिन यह लोक चेतना यथार्थ का निष्क्रिय प्रतिबिम्ब नहीं है, बल्कि उस यथार्थ से टकराती भी है, उसे बदलने की जद्दोजहद करती है। और अगर कहीं ये सारी प्रक्रिया कि यथार्थ किस रूप में लोक चेतना में झलकता है, यथार्थ से लोक चेतना किस तरह विद्रोह करती है और किस तरह अपने मनचाहे यथार्थ का निर्माण करने की कोशिश करती है, इसे देखना

हो तो हिन्दी के कवि तुलसीदास के साहित्य से हम पहचान सकते हैं। क्या यह कहने की ज़रूरत है कि जो तुलसीदास ब्राह्मण कुल में पैदा हुए थे और भिखारी के घर में पले थे, उस तुलसीदास की चेतना बड़े भारी अन्तर्विरोधों से बनी रही होगी? भिखारी के रूप में मिले हुए अपमान को वे ब्राह्मण होने के गर्व से दूर करने की कोशिश करते हैं। लेकिन यह ब्राह्मण होने का गर्व मिथ्या है, यथार्थ तो भिखारी होने का दुःख है। इसीलिए जो तुलसीदास 'रामचरित मानस' में ललकार कर कहते हैं—'पूजिय बिप्र ज्ञान गुण हीना, शूद्र न पूजिय सकल प्रवीना।' ये तुलसीदास हैं, ज्ञान गुण से हीन ब्राह्मण की पूजा करो, जैसे स्त्रियों को उपदेश देते हैं कि लूला, लँगड़ा, लम्पट, कामी जैसा भी पति हो उसकी सेवा करो। सारे सड़े-गले आदर्श तुलसीदास आरोपित करते हैं। लेकिन भिखारी की दृष्टि भी कुछ निर्माण कर रही थी—'मोरे जाति-पाँति न चहौं काहू कि जाति-पाँति, कोऊ मेरे काम कौं न हौं काहू के काम कौं।' ये भी तुलसीदास हैं। 'पूजिय बिप्र ज्ञान गुण हीना' वाले तुलसीदास और 'मोरे जाति-पाँति न चहौं काहू की जाति-पाँति' वाले तुलसीदास एक नहीं हैं। 'लँगड़े, लूले, कामी, लोभी पति की पूजा करो', ये तुलसीदास और 'कित विधि सृजी नारी जग माहिं, पराधीन सपनेउ सुख नाहिं' वाले तुलसीदास एक नहीं हैं। ब्राह्मण की और भिखारी की आँख में देखी हुई दो परस्पर विरोधी दुनियाएँ उनके साहित्य में इस तरह उलझी हुई हैं।

साहित्य सीधे यथार्थ का प्रतिबिम्ब नहीं है, क्योंकि अन्तर्विरोध सिर्फ प्रतिबिम्ब नहीं होते, अन्तर्विरोध सक्रिय तत्त्व होते हैं और इसका परिणाम है कि जिस तुलसीदास ने अपने प्रारम्भिक दिनों में कला का उत्कर्ष प्राप्त किया था—'रामचरित मानस' जैसा प्रबन्ध काव्य लिखकर, आगे चलकर जब जाति-पाँति की चेतना से पीड़ित होकर 'न चाहूँ काहू कि जाति-पाँति' तक पहुँच जाते हैं, तब प्रबन्ध काव्य लिखना उनके बस में नहीं रहता, वो 'मुक्तक काव्य' लिखते हैं, 'कवितावली, गीतावाली, दोहावली, विनय पत्रिका'—तुलसीदास प्रबन्ध की रचना दुबारा नहीं कर सके, क्योंकि तुलसीदास समाज के प्रबन्ध से क्षुब्ध हो गये हैं। इसीलिए कला में प्रबन्ध का ढाँचा दुबारा बनाना उनके लिए सम्भव नहीं रह गया है। चेतना सिर्फ निष्क्रिय प्रतिबिम्ब नहीं है, चेतना की सक्रियता कला के ढाँचे का भी निर्माण करती है। साहित्य हमें इस बात का बोध कराता है।

एक चीज़ पर और ध्यान देने की ज़रूरत है। हमारा समाज उदारीकरण, भूमण्डलीकरण, निजीकरण के दौर से गुज़र रहा है। मैं नहीं मानता कि यह कोई षड्यन्त्र है। बड़े स्पष्ट शब्दों में कहूँ—मैं भूमण्डलीकरण से डरता भी नहीं हूँ। मैं फिदेल कॉस्त्रों को आज की दुनिया का सबसे बड़ा क्रान्तिकारी नेता और विचारक मानता हूँ। अमेरिका के विश्वविद्यालयों में फिदेल कॉस्त्रों ने दो भाषण दिये थे पाँच-छः साल पहले। 'ऑन इम्पीरियलिस्ट ग्लोबलाइजेशन' नाम की किताब उनके दो

भाषणों की छपी है। उसमें उन्होंने बहुत स्पष्ट शब्दों में कहा है—'भूमण्डलीकरण इतिहास का नियम है।' ग्लोबलाइजेशन इतिहास का नियम है लेकिन हमें इम्पीरियलिस्ट ग्लोबलाइजेशनल से संघर्ष करना है। तो भूमण्डलीकरण इतिहास का नियम भी है और भूमण्डलीकरण का साम्राज्यवादी चरित्र भी है। दो बातें हैं, क्योंकि विज्ञान की उपलब्धियाँ सारे मनुष्य को एक-दूसरे से जोड़ती हैं। जैसे कला की अनुभूतियाँ सार्वभौम होती हैं, ऐसे ही विज्ञान की उपलब्धियाँ भी सार्वभौम होती हैं, तो कला और विज्ञान सार्वभौम होने के नाते सभी मनुष्यों को जोड़ने का स्वप्न देखते हैं। इसलिए जो इंफॉर्मेशन टेक्नालॉजी के माध्यम से नयी दुनिया बनी है, हम उसे एक षड्यन्त्र नहीं मान सकते। लेकिन इस इंफॉर्मेशन टेक्नालॉजी पर स्वामित्व किसका है? और इस इंफार्मेशन टेक्नालॉजी का इस्तेमाल क्या जो विशाल अज्ञान बहुमत है, इग्नोरेंट मैजोरिटी है दुनिया में, उस इग्नोरेन्ट मैजोरिटी को नॉलेज इम्पॉवरमेन्ट देने के लिए यानी ज्ञान से सशक्त बनाने के लिए हो रहा है? या रूपर्ट मर्डोक को और अम्बानी को दुनिया का, देश का सबसे धनी आदमी बनाने के लिए इसका इस्तेमाल हो रहा है? सवाल यह है।

हम उस टेक्नालॉजी की उपादेयता को सन्दिग्ध नहीं मानते, लेकिन उस टेक्नालॉजी का मार्केट समाज की विषमता को बढ़ाने वाला है। दोनों बातों में फर्क करने की तमीज़ आनी चाहिए। हम तभी आधुनिक या अपने समय के मनुष्य हो सकते हैं। हम आने वाली परिस्थितियों का सामना अतीत की नज़र से नहीं कर सकते, हमारे करुण विलाप से दुनिया का बदलना रुक नहीं सकता और उसे रुकना भी नहीं चाहिए। हमारी भावनाएँ चाहे जितनी पवित्र हों, लेकिन दुनिया बदलेगी, उसे बदलना चाहिए। हम अगर यथार्थवादी ढंग से नहीं बदलेंगे, तो इस दुनिया को बलदने वाले जो महाशक्तियों के सूत्रधार हैं वे अपने ढंग से बदलेंगे और वे बदल रहे हैं अपने ढंग से, लेकिन उसके भीतर से ही दूसरे रास्ते निकलेंगे।

बहरहाल, इस प्रक्रिया में हम देखते हैं कि एक तरफ वर्चस्व के प्रयत्न और दूसरी तरफ प्रतिरोध के अभियान समानान्तर चल रहे हैं। इसके बारे में थोड़ा इतिहास अगर 1970 के दौर से ले लिया जाए तो ज़्यादा स्पष्ट हो जायेगा। 1970 में या कुछ पहले 1967-68 में, केवल हिन्दुस्तान में छात्र आन्दोलन नहीं हुआ था, हिन्दुस्तान में जो छात्र आन्दोलन था वह ब्रिटेन, फ्रांस, जर्मनी और अमेरिका में छात्र आन्दोलन था, उसके करीब था। और इस तरह दुनिया के दोनों गोलार्धों में, उत्तरी और दक्षिणी गोलार्धों में, पश्चिमी संसार में, पूर्वी संसार में—सब जगह छात्र आन्दोलन की एक व्यापक लहर दिखाई पड़ती है। एक तत्व समान था, ये सभी देश पूँजीवादी देश थे, पूँजीवादी सभ्यताओं वाले देश थे, वहाँ छात्र आन्दोलन बड़ी तेज़ी से उभरा था। इस छात्र आन्दोलन में हम अगर गौर करें तो प्रतिरोध के जो रूप

विकसित किये थे पश्चिम में, उन्हें 'पॉप कल्चर' कह कर पुकारा गया था और पॉप कल्चर माने 'पापुलर कल्चर : लोकप्रिय संस्कृति'। प्रभुत्वशाली संस्कृति से विद्रोह के रूप में लोकप्रिय संस्कृति को उन्होंने अपनाया था। भारत में भी उस तरह के रूप दिखाई देते हैं। लेकिन ये छात्र आन्दोलन दिशाहीन थे। इनके पास समाज को बदलने का कोई कार्यक्रम नहीं था, कोई सचेतन नेतृत्व नहीं था। छात्र खुद आर्थिक संरचना में कोई वर्ग नहीं होते, उनके हित परिभाषित नहीं हैं। इसलिए समाज को किस तरफ बदलें, किस तरह बदलें—इसकी स्पष्ट समझदारी उनके पास नहीं थी, न हो सकती थी। और इसीलिए जैसे पुराने युगों में 'दास विद्रोह' या 'किसान विद्रोह' बड़े बहादुराना होते थे, लेकिन असफल होना उनकी नियति होती थी, वैसे ही छात्र आन्दोलन बड़े बहादुराना थे, लेकिन असफल होना उनकी नियति थी।

इस असफलता के बाद फौरन हम देखते हैं कि एक दशक के भीतर यह जो पॉप कल्चर था, उसका जबर्दस्त बाज़ारीकरण हुआ। यही वह दौर था जब आर्थिक रूप से अमेरिका विश्व शक्ति बनने के लिए अग्रसर था और नयी विश्व-व्यवस्था का, 'न्यू वर्ल्ड आर्डर' का, नारा उसने दे दिया था। इस दौर में हम देखते हैं कि 'मॉस प्रोडक्शन', 'मॉस कंजम्पशन' और कल्चर में मॉस प्रोडक्शन, मॉस कंजम्पशन का दौर भी शुरू किया गया और इससे एक 'मॉस कल्चर' डेवलप किया गया। पॉप कल्चर का बाज़ारीकृत रूप 'मॉस कल्चर' आठवें दशक के अन्त तक सामने आ गया। लोकप्रिय कला रूपों को अपनाना और उसमें बाज़ार की अन्तर्वस्तु प्रतिष्ठित करना, और सभी तरह के मूल्यों का पूरी तरह क्षरण करना, और इस क्षरित मूल्य वाली संस्कृति से युवाओं को ओतप्रोत कर देना। इसीलिए मॉस कल्चर-पॉपुलर कल्चर एक मार्केट स्ट्रेटेजी के रूप में हमारे सामने आता है। हम उसका विकल्प नहीं दे सके। हमारे जो पुराने क्रान्तिकारी गीत थे—'हम होंगे कामयाब एक दिन'—वे इस मॉस प्रोडक्शन, मॉस कंजम्पशन और वेल्यू लेस कल्चर का जवाब नहीं बन सके। हम इसके विकल्प के रूप नहीं तलाश सके। यहाँ से हम पिछड़ना शुरू होते हैं और इस मॉस कल्चर के माध्यम से जो प्रभुत्वशाली संस्कृति है—इस मॉस कल्चर का सार अगर कहें तो यह है कि—अधीनस्थ लोग प्रभुत्वशाली संस्कृति को खुशी-खुशी आत्मसात कर लेते हैं, यह बात है। यह भी केवल षड्यन्त्र नहीं है, यह वर्ग संघर्ष का एक रूप है, जिसमें अधीनस्थ शक्तियाँ और उनके जो सचेतन रूप और सचेतन स्तर थे, संगठन थे, क्रान्तिकारी संगठन थे, वे पिछड़ गये, और इसलिए जो निहत्था समाज था, उसने बाज़ार के मूल्यों वाली संस्कृति को स्वेच्छा से आत्मसात कर लिया, क्योंकि उसके पास विकल्प नहीं था।

संस्कृति के माध्यम से वर्चस्व का प्रयास आज से नहीं, हमेशा से होता आया है। हम जानते हैं कि राष्ट्रों की पहचान राजाओं से कभी नहीं हुई, लेकिन एक

कालिदास से राष्ट्र की पहचान होती है। इसलिए जैसे नरेन्द्र शर्मा ने कविता में लिखा था न—'इस दुनिया में दो दुनिया हैं जिनके नाम गरीब-अमीर'—तो समाज में दो दुनियाएँ रहती हैं। इन दोनों दुनियाओं से ऊपर कला एक और दुनिया बनाती है। इसलिए राष्ट्र की पहचान राजनीति से नहीं होती, संस्कृति से होती है और संस्कृति वर्चस्व के प्रयत्न का सबसे सबल माध्यम होता है।

अकारण नहीं है कि हम अपने दौर में संस्कृति को मार्केट स्ट्रेटेजी में बहुत दूर तक रचा-बसा देखते हैं। एक पुरस्कार था अन्तर्राष्ट्रीय स्तर का, चाहे जितनी राजनीति रही हो, लेकिन नोबेल पुरस्कार कम से कम साहित्यिक पुरस्कार था, फिर मार्केट ने उससे ज़्यादा ताकतवर पुरस्कार पैदा किया 'बुकर पुरस्कार'। और बुकर पुरस्कार साहित्यिक मूल्यों के आधार पर नहीं दिया जाता—बताने की ज़रूरत नहीं है। ट्रेड यूनियन्स का ज़माना चला गया पीछे, एन.जी.ओ. का ज़माना है। एन.जी.ओ. मसीहाई मुद्रा देते हैं। समस्याएँ वाजिब होती हैं, समस्याओं का समाधान नहीं होता। उन वाजिब समस्याओं को प्रतीक के रूप में उठाकर जो किया जाता है आप जानते हैं। एन.जी.ओ., पुरस्कार, फैलोशिप—ये सब संस्कृति के क्षेत्र में बड़े पैमाने पर प्रचलित हैं और इनमें भारी पूँजी लगी हुई है। ये पूँजी कामगार वर्ग की पूँजी नहीं है। ये आपके प्रगतिशील अधिकारी वर्ग के संगठनों की पूँजी नहीं है—ये ऊपर वालों की पूँजी है। जो लोग आपके बैंकों से कर्ज़ लेते हैं और वो कर्ज़ वापस नहीं करते जिसके कारण बैंक घाटे में चलते हैं, उन कालाबाजारियों की पूँजी सूचना, संचार और संस्कृति के उद्योग में लगी हुई है और संस्कृति का उद्योग नाना रूपों में फला-फूला हुआ है। यह प्रक्रिया बुद्धिजीवी वर्ग को भ्रष्ट करने का, वैचारिक भ्रष्टाचार का एक प्रमुख रूप है।

वर्गीय पक्षधरता से किनारा कर लेना, ऊँची-ऊँची कल्पना की मीनारें खड़ी करना, इस भ्रष्टाचार का सबसे ज्वलन्त रूप है, जिसने संस्कृति उद्योग में भ्रष्ट पूँजी के आगमन के बाद सबसे ज़्यादा महत्त्व प्राप्त किया है। आज के दौर की हकीकत यह है, इसका स्वाभाविक परिणाम आप देखें कि स्टेट डिपार्टमेन्ट यानी अमेरिका का विदेश मन्त्रालय सीधी रुचि लेता है और अपनी फण्डिंग एजेन्सियों के माध्यम से अन्तर्राष्ट्रीय स्तर पर उन्हीं विद्वानों को महत्त्व देता है, फैलोशिप, विदेश यात्रा वगैरह-वगैरह, जो उसके द्वारा प्रचारित की गयी अवधारणाओं को अपने साहित्य में प्रस्तुत करते हैं और जिसको 'आईडेन्टिटी डिस्कोर्स' कहा जाता है—अस्मिता विमर्श, दलित अस्मिता, आदिवासी अस्मिता, अल्पसंख्यक अस्मिता। मैं नहीं कहता कि इन अस्मिताओं की सत्ता नहीं है, लेकिन ये अस्मिताएँ—पहली बात तो यह है कि अतीत के सामाजिक संस्कारों से बनी हुई हैं और दूसरी बात यह है कि ये अस्मिताएँ उन लोगों की समस्याएँ हैं जिनकी अपनी समस्याएँ हल हो गयी हैं।

अभी 'टाइम्स ऑफ इंडिया' में एक बड़ा अच्छा कार्टून बनाया था लक्ष्मण ने। एक भिखारी बैठा है और उसकी बीवी बैठी हुई है। वह कहती है—वो जब राहुल महाजन के बेटे ने अपनी पत्नी को मारा था, 'भई, एक दिन मार पड़ी और इतनी बड़ी खबर छप गयी, तीन दिन से इस पर राष्ट्रीय बहस चल रही है, तुम तो मुझे बीस साल से रोज मारते हो, आज तक मीडिया में नहीं छपा।' वह रोज मार खाता है, अत्याचार का भयानक शिकार बनता है—अस्मिता विमर्श उसकी समस्या नहीं है, जिसके जीवन में ये समस्याएँ हल हो गयी हैं उसकी समस्या है। यानी वर्तमान की समस्या नहीं है, अतीत की समस्या है। अतीत के रूपों को जगाना साम्राज्यवादी संस्कृति का पुराना काम रहा है। अंग्रेज़ों ने भारत में ही नहीं, लैटिन अमेरिका में, अफ्रीका में यही किया। अब अमेरिकी संस्कृति यही कर रही है, जिससे हमें जागरूक रहने की ज़रूरत है।

और अन्त में, यह भी कह देना अपने लिए ज़रूरी समझता हूँ जिसे हम समाज कहते हैं—अभी हमने कहा कि किसी समाज की पहचान सिर्फ राजनीति से नहीं होती, संस्कृति से होती है, तो जैसे समाज एक व्यापक अवधारणा है, संस्कृति भी उसी तरह एक व्यापक अवधारणा है। राष्ट्रीय पहचान राष्ट्रीय ध्वज, राष्ट्रगीत आदि से बनती है इसलिए संस्कृति का, साहित्य का बड़ा महत्त्व है। आधुनिक समाजों में भी है। 'वसुधैव कुटुम्बकम्', भूमण्डलीकरण नहीं है, क्योंकि 'वसुधैव कुटुम्बकम्' वसुधा पर प्रसार की कल्पना थी। लेकिन ग्लोबलाइजेशन तो साइबर स्पेस के माध्यम से आ रहा है। दोनों में ज़मीन-आसमान का फर्क है।

परसाईजी ने एक चुनाव सभा का, 'जंगल में चुनाव सभा' का रूपक खींचा था, उसमें भेड़िया घास का एक तिनका दाँत में खोंसकर अपील करता है ताकि जानवर समझें कि अब यह अहिंसक हो गया है; दूसरे जानवर झाँसे में आते हैं और वह खरगोश को हज़म कर लेता है। यह जो घास का तिनका खोंसना है, यह बताता है कि शोषण को, दमन को उचित कहने का काम वह वर्ग भी नहीं कर सकता जो शोषण और दमन पर ज़िन्दा है। इसलिए सम्बन्धों को छिपाना, अलगाव और व्यक्तिवाद को बढ़ावा देना उस वर्ग की संस्कृति का अंग है और आज उपभोक्तावाद ने व्यक्तिवाद को चरम रोग तक पहुँचा दिया है।

इतना तो आपके सामने स्पष्ट हो ही चुका है कि उपभोक्तावाद केवल उपभोग की प्रवृत्ति नहीं है, उपभोक्तावाद बाज़ार का ऐसा संगठन है जहाँ हमारा उपभोग हमारी ज़रूरतों से तय नहीं होता, बल्कि बाज़ार की शक्तियों से तय होता है और जो उत्पीड़ित वर्ग है, वह सम्बन्ध को पहचानने पर बल देता है, क्योंकि उनकी यातना इसी सम्बन्ध के कारण पैदा होती है और इस सम्बन्ध को बदलने में ही उनकी मुक्ति है। इसलिए 'जस तूँ तस तोहि कोई न जाना', यथार्थ को वस्तुगत रूप में देखना

उत्पीड़ितों की आवश्यकता होती है, क्योंकि यथार्थ को वस्तुगत रूप में देखे बिना, संसार जैसा है उसे वैसा समझे बिना, संसार को बदलने की सही कार्य-योजना उनके पास नहीं हो सकती। वर्ग चेतना अगर वर्चस्वशाली वर्ग की है तो वह अभिशप्त है मिथ्या चेतना में बदलने के लिए और अगर अधीनस्थ वर्ग की है, श्रमजीवी वर्ग की है तो उसके लिए अनिवार्य है कि यथार्थ को वस्तुगत रूप में समझने और उसे बदलने की एक समग्र चेतना का रूप ले। इसलिए वर्ग चेतना और साहित्य का रिश्ता यान्त्रिक न होते हुए भी अनिवार्य है। दोनों को एक समझना अवैज्ञानिक है, लेकिन दोनों को असम्बद्ध समझना, उससे भी ज़्यादा अवैज्ञानिक है।

(इन्दौर में कवि कुमार अम्बुज के अमन्त्रण पर भारतीय स्टेट बैंक की ट्रेड यूनियन में दिया गया व्याख्यान।)

इतिहास की रणभूमि

वामपन्थी कवि शील ने एक प्रसिद्ध गीत में लिखा था, 'बदल देंगे तारों की चाल, नया भूगोल बनायेंगे!' हम लोग मज़ाक करते थे कि मार्क्स ने तो सिर्फ इतिहास बदलने की बात कही थी, जोशीले मार्क्सवादी भूगोल भी बदल देना चाहते हैं! संयोग देखिए! वामपन्थ के परम विरोधी राष्ट्रीय स्वयंसेवक संघ से अनुप्राणित भारतीय जनता पार्टी ने जब 1998 में केन्द्र सरकार की बागडोर सँभाली, तब विज्ञान, राजनीति, इतिहास ही नहीं, भूगोल भी सचमुच बदल गया! बैकुण्ठ को उतारकर कैलास के पास बसा दिया गया और मेडागास्कर को ठेलकर अरब सागर पहुँचा दिया गया!! (और, भारत के वर्तमान प्रधानमन्त्री ने भी तक्षशिला को लाकर बिहार में स्थित कर दिया है!) दोनों बातों में सम्बन्ध है। अज्ञान और अन्धविश्वास सगे भाई होते हैं। संघ-परिवार 'विश्वास' की राजनीति करता है। उसी को 'संस्कृति' कहता है। वास्तविक तथ्यों से उसका कुछ भी लेना-देना नहीं है।

समस्या यह है कि हिन्दुस्तान का कम पढ़ा-लिखा आदमी भी अपने भरसक तर्क का सहारा लेकर घटनाओं की व्याख्या करता है। उसके अनुभव और विवेक को कुण्ठित किये बिना 'सांस्कृतिक' राष्ट्रवाद (यानी विश्वास पर आधारित राजनीति) के विस्तार की सम्भावना नहीं है। पढ़ा-लिखा आदमी अपनी गलत जानकारी पर भी अभिमान रखता है और वही समाज को बौद्धिक दिशा भी देता है। इसीलिए सत्ता पर बैठते ही संघ-परिवार सबसे पहला कदम उठाता है प्राइमरी स्तर से पाठ्यक्रमों को बदलकर बालमन में अपने विचार और संस्कार प्रत्यारोपित कर दिये जाएँ। इस काम में कोई विघ्न न पड़े, इसलिए सभी शैक्षणिक, वैधानिक और जनतान्त्रिक संस्थाओं को 'राष्ट्रवादी' विद्वानों से ठूँस दिया जाय। 1977 में जनता पार्टी की सरकार हो या 1998 में गठबन्धन की, और अब राजग की, सभी जगह यही अनुभव है।

मार्क्स ने कम्युनिस्ट समाज का स्वप्न देखते समय अपनी यात्रा इतिहास से शुरू की थी, 'अब तक का इतिहास वर्ग-संघर्ष का इतिहास है।' मार्क्सवाद के विरोधी भी अपने लक्ष्य पाने के लिए इतिहास की व्याख्या करते हैं। हिटलर भी 'आर्य-रक्त' पर गर्व करता था, जार्ज लुकाच भी 'इतिहास और वर्ग-चेतना' का अध्ययन करते

थे। अपने वर्तमान हितों और भावी उद्देश्यों को फलीभूत करने के लिए बौद्धिक क्षेत्र में सबसे महत्त्वपूर्ण साधन इतिहास ही है। मनुष्य अकेला प्राणी है जो त्रिकाल-बोध में जीता है। लेकिन बीते हुए युग की स्मृति धुँधली पड़ती जाती है। उसे जानने की जिज्ञासा उन सभी जातियों में होती है जिनकी जड़ें प्राक्-इतिहास और पुरा-इतिहास में फैली हैं। इसीलिए 14-15वीं सदी में जब व्यापार की उन्नति के फलस्वरूप इटली का 'पुनर्जन्म' हुआ, तब उसने हज़ार साल के धर्मान्धकार से पहले की संस्कृति से अपनी नयी जागृति को जोड़ा। भारत की सभ्यता भी अत्यन्त प्राचीन है। ऐतिहासिक संयोगों और घटनाओं के कारण वह इतिहास बहुत कम ज्ञात है। उस अज्ञात अतीत को वैज्ञानिक दृष्टि से जानना जितना ज़रूरी है, उसे रहस्यात्मक प्रतीकों में बदल देना उतना ही आसान है। उसके साथ हमारा सलूक अपने वर्तमान हितों और उद्देश्यों पर निर्भर है। अज्ञात इतिहास को हम थोड़ी-सी सूचनाओं की व्याख्या के माध्यमों से ही समझते हैं। इसलिए इतिहास हमेशा विचारधारा से जुड़ा रहता है। इस मामले में उत्तर आधुनिकतावादी ठीक कहते हैं कि ज्ञान के सभी माध्यम आख्यान (नरेटिव) हैं। आख्यान के निर्माण में तर्कपरक दृष्टि एक प्रकार की भूमिका निभाती है, विश्वासपरक दृष्टि दूसरे प्रकार की। प्राचीन इतिहास की व्याख्या का प्रश्न हो या रामजन्मभूमि आन्दोलन का, संघ-परिवार की राजनीति का स्रोत 'आस्था' और 'विश्वास' है, तर्क और प्रमाण नहीं।

'सांस्कृतिक' राष्ट्रवाद की विचारधारा मुसोलिनी, हिटलर या रास्वसंघ, जहाँ भी है, वह काल्पनिक या वास्तविक शत्रु के प्रति घृणा से परिचालित रहती है। प्रथम विश्वयुद्ध में अपमानित जर्मनी को 'शत्रु' की ज़रूरत न थी। हीनता से उबरने के लिए गर्व की ज़रूरत थी। हिटलर ने यह ज़रूरत पूरी की। भारत में यहूदी न थे, पर हिटलर के 'आर्य' थे! बीसवीं सदी के आरम्भिक दशकों में नये मध्यवर्ग का जितना विस्तार हुआ, उतने अवसरों का नहीं हुआ। फलतः अंग्रेज़ों की भक्ति और साम्प्रदायिक विद्वेष की रणनीति इस मध्यवर्ग के एक हिस्से की आकांक्षाओं को व्यक्त करने का माध्यम बना। लेकिन व्यापक समाज में अंग्रेज़-विरोधी भावना तेज़ी से बढ़ रही थी। इस साम्राज्यविरोधी चेतना का 'राष्ट्रवाद' लेकर वर्तमान पराधीनता को अतीत की पराधीनता (मुसलमानी शासन!) से जोड़कर घृणा की 'संस्कृति' में मिला दिया गया; इस प्रकार सांस्कृतिक राष्ट्रवाद की अवधारणा प्रस्तुत की गयी। स्वतन्त्रता के बाद साम्राज्य-विरोधी दिखावा भी छोड़ दिया गया और भारत-विभाजन की पृष्ठभूमि में मुसलमानों के प्रति घृणा को संस्थाबद्ध रूप देना आसान हो गया। संघ-परिवार ने अपनी शिक्षा संस्थाओं का जो संजाल निर्मित किया है—सरस्वती शिशु मन्दिर, विद्या मन्दिर, शिक्षा भारती, संस्कार भारती इत्यादि—उसमें 'संस्कार' और 'हिन्दुत्व' की शिक्षा पर काफी बल दिया जाता है। राज्यों में (जैसे मध्य प्रदेश,

गुज़रात या राजस्थान में) अथवा केन्द्र में सत्ता पाते ही संघ अपने इसी परिप्रेक्ष्य को फौरन राष्ट्रीय शिक्षानीति बना देने का प्रयास शुरू कर देता है। इस परिप्रेक्ष्य में घृणा की 'संस्कृति' और हिन्दू राष्ट्र की कल्पना का मणिकांचन संयोग दिखाई देता है।

इतिहास के विभिन्न कालों की व्याख्या में एक सुसंगत दृष्टि काम करती है—मूल 'हिन्दू' या 'आर्य' निवासियों का गौरवमंडन और 'आक्रान्ता' मुसलमानों की विध्वंसकारी भूमिका का उद्घाटन! ऐसा करते समय प्राचीन इतिहास में मिथक को तथ्य के रूप में और तथ्यों को मिथक के रूप में चित्रित करना संघ की रणनीतिक युक्ति है। एक उदाहरण शुरू में देखा जा चुका है। दूसरा उदाहरण है आर्य 'नस्ल' की श्रेष्ठता का, जबकि आज नस्ल का सिद्धान्त ही अमान्य हो चुका है। इस बात पर तो वामपन्थी इतिहासकारों में भी मतभेद है कि कोई आर्य आक्रमण हुआ था या नहीं, क्योंकि इस सिद्धान्त के जनक मार्शल ही उसे ठुकरा चुके थे! लेकिन भौगोलिक और सामाजिक दृष्टि से निर्मित *जातियों* को प्राकृतिक और जैविक आधार पर विभाजित *नस्लों* का रूप नहीं दिया जा सकता। साम्राज्यवाद ने अपने हितों के लिए 19वीं सदी में नस्ल सिद्धान्त गढ़ा था। उसका उपयोग करके हिटलर और मुसोलिनी नष्ट हो चुके हैं। अब संघ-परिवार उस सिद्धान्त को आज़मा रहा है।

मध्यकालीन इतिहास सम्प्रदायवादियों का प्रमुख रणक्षेत्र है। 'आक्रान्ता' मुसलमान शासक और 'पीड़ित' हिन्दू-प्रजा का जो भव्य चित्र वे पेश करते हैं, उसका किसी भी तथ्य से लेना-देना नहीं है। बी.डी. चट्टोपाध्याय ने 14-15वीं सदी के संस्कृत शिलालेखों का अध्ययन करके बताया है कि प्रारम्भिक हमलावर मुसलमानों को तो 'म्लेच्छ' कहा गया है लेकिन परवर्ती शासक-मुसलमानों की तुलना हिन्दू देवी-देवताओं से की गयी है। इससे ज़ाहिर है कि राजसत्ता के इर्द-गिर्द एक मिला-जुला कुलीनवर्ग विकसित हो गया था, जैसे किसानों-कारीगरों का एक पीड़ित प्रजावर्ग अस्तित्व में था। सारी संस्कृति पर इसी विभाजन की छाप दिखती है। भक्ति आन्दोलन साम्प्रदायिक न था, अकबर का दीन-ए-इलाही भी साम्प्रदायिक न था; पर सन्तों को सीकरी से कोई काम न था! इसी प्रकार सभी मुसलमान *एक* नहीं थे। उनमें तुर्क (अकबर) और पठान (शेरशाह) का अन्तर था; उनमें उदार और कट्टर का फर्क था (अकबर-सलीम या दारा शिकोह-औरंगज़ेब)।

इन भेदों के साथ उत्तराधिकार का संघर्ष जुड़ जाता था। इसके लिए दो बातें ज़िम्मेदार थीं। एक तो अपने जन्म की परिस्थितियों के नाते मुसलमानों में उत्तराधिकार के नियम नहीं थे, सक्षम को ही शासन का अधिकार था; दूसरे, सत्ता के लिए प्राचीनकाल से संघर्ष होता आया है—महाभारत का मिथक हो या अशोक का इतिहास। मुसलमान इससे न्यारे नहीं थे। औरंगज़ेब की साम्प्रदायिकता का निर्णय करते समय यह नहीं भूलना चाहिए कि राजपूत सामन्त उसके सहायक थे और अवध से शिया

नवाब उसके विरोधी (क्योंकि वह सुन्नी था)। व्यापार से निर्मित सिख-मराठा जैसी अभ्युदयशील जातियाँ अपनी आज़ादी के लिए लड़ रही थीं, सामन्तों-व्यापारियों से पीड़ित किसान भी लड़ रहे थे; धर्म इस संघर्ष का आवरण था। इन चुनौतियों के सामने केन्द्रीय राजसत्ता की ज़रूरतों के अनुसार औरंगज़ेब के समय दमन और धर्म के संयोग पर आधारित नीति अपनाई गयी।

आधुनिक इतिहास को विकृत करने की रणनीति में दो बातें प्रमुख हैं। एक, कम्युनिस्टों और क्रान्तिकारियों की भूमिका का अवमूल्यन; दूसरे, 'हिन्दुत्व' के नायकों का साम्राज्य-विरोधी नायकों के रूप में कायाकल्प। जबकि हम देखते हैं कि 'गदर का इतिहास' लिखने वाले सावरकर का 'हिन्दुत्व' की प्रस्तावना करने वाले रूप में अवतार हुआ अंग्रेज़ों से माफी माँगकर राजनीति से दूर रहने का वादा करने के बाद! यह संयोग नहीं है कि सावरकर-हेडगेवार हमेशा अंग्रेज़ों की मदद और साम्प्रदायिक आधार पर राष्ट्रीय आन्दोलन का विरोध करते रहे; सावरकर या आडवाणी का 'हिन्दुत्व' जिन्ना के मुस्लिम राष्ट्रवाद की तरह धार्मिक विश्वास पर नहीं बल्कि धर्मानुयाइयों की संगठित भूमिका पर आधारित है! इसलिए, सांस्कृतिक राष्ट्रवाद पराधीन भारत में हिन्दू-मुस्लिम विभाजन के द्वारा साम्राज्यवाद की सेवा करता था, उदारीकरण के दौर में भी वह सामाजिक विखण्डन और विश्वपूँजी की सहायता करता है। शिक्षा और इतिहास-लेखन इसी उद्देश्य का अंग हैं। विडम्बना यह है कि जनता की व्यापक अशिक्षा और वामपन्थी इतिहासकारों की अंग्रेज़ी-निर्भरता के कारण सांस्कृतिक राष्ट्रवाद को मौका मिलता है कि वह देशी भाषाओं और पूँजी की संस्थाओं की मदद लेकर अपने जड़ विचारों और निहित स्वार्थों को लोकप्रिय विश्वास बनाने में अग्रणी रहे।

राजनीति से परहेज का साहित्य

एक ज़माना था जब निर्मल वर्मा की कहानियाँ भी प्रगतिशील समझी जाती थीं। यह बात तब की है जब प्रगतिशीलता को 'राजनीतिक बिल्ला' कहा जाता था। गद्यगीत के स्तर पर लिखी गयी 'परिन्दे' में भी राजनीतिक आशय पाया जाता था। उसमें मनुष्य की मुक्ति और नियति के प्रश्न मौजूद थे। वह कोई उदारीकरण का ज़माना नहीं था। संकीर्णतावाद का ज़माना था। देश की आज़ादी और विभाजन के बाद नवनिर्माण और सन्देह के परस्पर-विरोधी मनोविकारों से निर्मित वह ज़माना विचारधाराओं के विलयन का नहीं, उनके संघर्ष का ज़माना था। अन्तर्राष्ट्रीय स्तर पर भी वह शीतयुद्ध का ज़माना था! तब भी इतनी उदारता थी कि साहित्यकार राजनीतिक आशय से लिखने या अपनी रचना में राजनीतिक आशय खोज लिए जाने पर असुविधा नहीं महसूस करता था।

दूसरा ज़माना आया जब फूल-पत्ती-चिड़िया और बादल-पानी-धूप, यानी पर्वत को छोड़कर पन्त जी वाली प्रकृति साहित्य पर छा गयी। इनका भी राजनीतिक आशय था जो 'दूर की कौड़ी' हर्गिज नहीं था। उसे राजनीतिक आशय दिया था आपातकाल से मुक्ति के सन्दर्भ ने। उन्हीं दिनों कहानी ने भी अपना मिज़ाज बदला था। वह मानवीय सम्बन्धों के आत्मीय और सम्वेदनशील पक्षों के प्रति अधिक जागरूक होने लगी थी। यहाँ मानव सम्बन्ध न कहकर मानवीय सम्बन्ध कहा जा रहा है क्योंकि मानव सम्बन्धों में आर्थिक और पारिवारिक दोनों सम्बन्ध आते हैं लेकिन मानवीय सम्बन्ध व्यक्तिगत दायरे के इर्द-गिर्द होते हैं। आपातकाल के बाद के इस दौर तक मानवीय सम्बन्धों को न तो सामाजिक-ऐतिहासिक सन्दर्भ में स्वायत्त बनाया गया था, न उनमें उपस्थित राजनीति को अपदस्थ किया गया था। असग़र वजाहत (दिल्ली पहुँचता है), संजीव (तीस साल का सफरनामा), उदय प्रकाश (टेपचू), महेश कटारे (पराजित गन्धर्व), शशांक (भूमिका), अखिलेश (कुचक्र) जैसी बहुत-सी कहानियाँ याद आने लगती हैं जिनमें सामाजिक बदलाव को आर्थिक प्रक्रिया से जोड़कर पहचानने की दृष्टि मौजूद है। इसी से वह राजनीतिक आशय उत्पन्न होता है, लेखक जिसे धुँधला नहीं करना चाहता।

उदारीकरण के साथ सहसा राजनीति को साहित्य से खदेड़ा जाने लगा है। कविता में प्रेम की कमी अखरने लगी, घर की वापसी होने लगी, बहनें सम्वेदना को झकझोरने लगीं, कभी-कभी माता-पिता भी झलक दिखाने लगे। युवतर पीढ़ी जितनी कलासजग हुई, उतनी ही राजनीति-विमुख भी हुई। कहानी और उपन्यास भी राजनीति के अगल-बगल झाँकने लगे। तिरिया चरित्तर देखने वालों की भरमार हो चली। ये लोग थोथा उड़ाने में काफी निपुण हैं। उपन्यास तो फिर भी कभी इतिहास को समेटते हुए, कभी विशिष्ट सामाजिक समुदायों या समस्याओं को केन्द्र में रखकर लिखा जाता रहा, इस क्रम में राजनीति से बचना न सम्भव था और न उसका लक्ष्य, लेकिन कहानी बहुत ज़्यादा प्रयोगधर्मी होती चली गयी। इस प्रयोगधर्मिता की एक खास बात थी राजनीति का बहिष्कार। दिलचस्प बात यह है कि इस दौर में व्यक्तिगत सम्बन्धों से सरलता और भावात्मकता गायब हुई है, उपयोगिता और रणनीति ज़्यादा हुए हैं। दूसरे शब्दों में, वास्तविक मानव-सम्बन्ध जितने राजनीतिक और निर्वैयक्तिक हुए हैं, साहित्य उतना ही व्यक्तिपरक और अराजनीतिक हुआ है।

बात यह नहीं है कि एकबारगी कविता राजनीति-विहीन हो गयी है, कहानी राजनीतिक आशय से शून्य हो गयी है और हिन्दी साहित्य में अन्धेरा छा गया है। भारत और तीसरी दुनिया के साहित्य की स्थिति इंग्लैण्ड या अमरीका के साहित्य से अलग है। बात यह भी नहीं है कि उपन्यास सदा राजनीतिक आशय लेकर ही लिखे जा रहे हों। सुरेन्द्र वर्मा का 'मुझे चाँद चाहिए' और विनोद कुमार शुक्ल का 'दीवार में एक खिड़की रहती थी' जैसे उपन्यास इसी दौर के हैं और उनकी कथावस्तु या शिल्प प्रयोग की बात छोड़ दें, दोनों उपन्यास राजनीति को बड़ी गहराई से अस्वीकार करते हैं। दोनों उपन्यासों की लोकप्रियता रुचि में आने वाले परिवर्तन की सूचना देती है।

दूसरी तरफ उत्तर-आधुनिक प्रविधियों का इस्तेमाल करने वाले मनोहर श्याम जोशी के परवर्ती उपन्यासों को राजनीतिक अन्तर्वस्तु से शून्य नहीं कहा जा सकता, हालाँकि उनका कथानक हर्गिज राजनीतिक नहीं है। चाँद चाहने वाले जहाँ सफलता को आलोचनात्मक दृष्टि से जाँचने के बजाय मूल्य की तरह प्रस्तावित करते हैं, वहीं 'हरिया हरकुलिस की हैरानी' या 'हमज़ाद' में वृद्ध पूँजीवाद की विकृतियों को रुचिपूर्वक चित्रित भी किया गया है और उनकी आलोचना भी की गयी है। इसलिए इन उपन्यासों को 'मुझे चाँद चाहिए' और 'दीवार में खिड़की...' के साथ रखने के बजाय 'आखिरी कलाम' (दूधनाथ सिंह) और 'कैसी आगी लगाई' (असगर वजाहत) के साथ रखना उचित होगा, जिनके कथानक में सीधी राजनीतिक घटनाएँ मौजूद हैं।

कविता की स्थिति और दिलचस्प है। फूल-पत्ती-चिड़िया वाली कविता में भी राजनीतिक आशय निहित था, माँ-बहन-प्रेमिका वाली कविता में कितनी राजनीति बची है? प्रगतिशील कवि को लगता था, 'मुझे जगत जीवन का प्रेमी बना रहा है प्यार

तुम्हारा।' उसकी भावदशा ऐसी थी कि न उससे अकेले रहा जाता था, न जीवन का दुख-सुख अकेले सहा जाता था। जनवादी कविता में भी भूरी-कत्थई चिड़िया हमारे आस-पास अपने घोंसले और दाने के लिए लड़ती थी। लेकिन आज का कवि, सन् 2000 के आसपास से उभरने वाला कवि, सुख-दुःख अकेले ही सहना चाहता है, सम्बन्धों को भी सामाजिक-राजनीतिक जीवन से निरपेक्ष बनाये रखना चाहता है।

राजनीति से अचानक यह वितृष्णा कई प्रश्न खड़े करती है।

इस बात से शायद ही कोई इंकार करे कि राजनीति ही समाज-संगठन का आधार है। जिन दिनों मानसिक संगठन का आधार धर्म होता था, उन दिनों भी धर्म तक के मामले राजनीति से तय होते थे। ब्रह्मर्षियों की सबसे शक्तिशाली पीठ वशिष्ठों की थी। वशिष्ठ राजपुरोहित होते थे। शायद राज्य से अपने सम्बन्ध के कारण ही वे शक्तिशाली थे। वैराग्य की सीख देने वाले बौद्ध और ब्राह्मण धर्म भी राज्यसत्ता से विमुख होकर नहीं चल सके। उनकी शक्ति और प्रसार का सम्बन्ध राज्य से उनको मिलने वाले संरक्षण से ही है। इस मायने में संस्कृति और धर्म के स्रोतों का अन्तर पहचाना जा सकता है। यह बात पुराणकाल से उत्तर-औद्योगिक काल तक बराबर देखी जा सकती है कि समाज संगठन का आधार राजनीति है।

ऐसे में राजनीति से परहेज का अर्थ यह भी हो सकता है कि साहित्य अपने उद्गम-स्रोत समाज के प्रति उदासीन हो रहा है। इस उदासीनता का कुछ सम्बन्ध उपभोक्तावादी मानसिकता से भी होगा। राजनीति से परहेज का मतलब सामाजिक उत्तरदायित्व से अलगाव है। सुख और आनन्द के भ्रम में जीने वाले दौर की कला भी मनोरंजन और उत्तेजना में रमने लगी है। साहित्य इस व्यापक परिघटना का एक अंग है। इस प्रक्रिया का दोष रचनाकारों पर मढ़कर सरल बुद्धि से काम लेना और उसी को गहरा चिन्तन समझना भी उपभोक्तावादी-प्रचारवादी तौर-तरीका है। जिस तरह अनेक रचनाकार अपनी उपलब्धियों के प्रति अतिरिक्त विश्वास लेकर आलोचकों की नासमझी से भिड़े हुए हैं। यह भी आत्मविज्ञापन की ही प्रवृत्ति है। इसलिए आज वही आलोचना चल रही है जो स्पांसरशिप करती है। इस बाज़ारवाद को सबसे अधिक अरुचि जिस चीज़ से है, वह राजनीति है।

साहित्य में राजनीति के विलोपन की घटना का कुछ सम्बन्ध रचनाकारों की बदली हुई दृष्टि से है और कुछ सम्बन्ध उस दृष्टि का निर्माण करने वाले जीवन-दृश्य से है। पराधीनता और आपातकाल के राजनीतिक होने में तो कोई सन्देह नहीं है। उनके प्रातिरोध और मुक्ति का आधार भी राजनीति ही थी। उस दौर का प्रतिनिधि साहित्य मनुष्य के भाव और सम्बन्ध का चित्रण करते समय राजनीतिक परिप्रेक्ष्य से काम लेता था। लेकिन भूमण्डलीकरण का प्रत्यक्ष सम्बन्ध राजनीति से नहीं है। वह या तो सूचना प्रौद्योगिकी का सार्वभौम प्रसार है

या बहुराष्ट्रीय कम्पनियों का सीमारहित विस्तार। विज्ञान और बाज़ार की दोहरी गतिविधि से, साइबर स्पेस और ग्लोबल विलेज के ज़रिए घटित होने वाली प्रक्रिया का राजनीति से क्या लेना-देना!

बची-खुची राजनीति इसलिए अप्रासंगिक हो गयी कि सोवियत संघ के विघटन के बाद व्यवस्थाओं का संघर्ष नहीं रह गया, 'सभ्यताओं का संघर्ष' शुरू हो गया। संघर्ष तो खैर है ही और वह पूँजीवाद के रहते खत्म भी नहीं होगा लेकिन अब उसका चरित्र राजनीतिक न होकर धर्मिक, साम्प्रदायिक या मानवशास्त्रीय हो गया है। इस एकध्रुवीय दुनिया का चक्रवर्ती सम्राट 'ईश्वर के आदेश' पर खून के बदले तेल का सौदा करने के लिए मुल्क के मुल्क तबाह कर सकता है। भारत जैसे देशों में भी उदारीकरण के साथ बोफोर्स, हवाला, कबूतरबाज़ी और निठारी जैसे काण्डों ने एक नयी संस्कृति उत्पन्न कर दी है जिसमें भ्रष्टाचार, घोटाले और नरभक्षण बहुत स्वाभाविक हो गये हैं। जब राजनीति ही इस प्रकार दायित्वहीन होकर गिरोह में बदल गयी हो, तब पढ़े-लिखे मध्यवर्ग का मोहभंग स्वाभाविक लगने लगता है।

साहित्य में व्यापक राजनीतिहीनता का कारण बहुत कुछ यह उत्तर-सोवियत परिदृश्य है, जहाँ विकल्प का भरोसा और सपना टूट गया है, प्रतिरोध में भी ज़्यादा विश्वास नहीं रह गया है। 'दूसरी दुनिया' की सम्भावना अब गैरसरकारी संगठनों की घोषणा में ही बची है! इस अराजनीतिक माहौल में युवा रचनाकार अपना रास्ता बना रहे हैं। सदा की तरह युवाओं में दो तरह की दृष्टि और रचना-पद्धति मिलती है। लेकिन यूरोपीय साहित्य की तरह हिन्दी की युवा पीढ़ी पूरी तरह परम्परा-विमुख नहीं है। हिन्दी के वरिष्ठ रचनाकार भी समकालीन वास्तविकता से अछूते और अनभिज्ञ नहीं हैं। इसीलिए अमरकान्त जैसे कथाकार आर्थिक गुलामी के नये दौर में स्वाधीनता संघर्ष के हथियार लेकर 'इन्हीं हथियारों से' साहित्य और समाज की जड़ता तोड़ने का प्रयत्न कर रहे हैं। आलोक धन्वा ने परम्परा के इस महत्त्व को रेखांकित करते हुए दृढ़तापूर्वक कहा था कि 'प्राचीनता एक ऐसी चीज़ है जिसे अपने घुटनों में जगह दो ताकि वे किसी तानाशाह के आगे न झुकें।'

हिन्दी का समकालीन साहित्य सचेत रूप में परम्परा को ऐसी जगह देता है या नहीं, विश्वासपूर्वक नहीं कहा जा सकता। लेकिन एक तरफ अपने रक्त में मौजूद प्राचीनता और दूसरी तरफ उसकी आवोहवा में व्याप्त बाज़ारवादी आधुनिकता, यह दुचित्तापन आज के रचना-मानस में पहले किसी भी समय से ज़्यादा है। और, आज के दौर में प्राचीनता की, परम्परा की ज़रूरत भी पहले के किसी समय से ज़्यादा है; उस परम्परा के प्रति आलोचनात्मक विवेक की ज़रूरत भी ज़्यादा है। हिन्दी का भक्ति साहित्य केवल आध्यात्मिक विषयों पर लिखा गया सर्वश्रेष्ठ साहित्य नहीं है, वह राजनीति पर लिखा गया सर्वश्रेष्ठ साहित्य भी है। सुख, भोग, प्रभुत्व में लिप्त

रहने वाली राजनीति की जैसी सारगर्भित आलोचना कबीर, सूर, तुलसी, मीराँ, जायसी ने की है, वैसी अन्यत्र दुर्लभ है।

इसे विडम्बना ही कहेंगे कि राज्यसत्ता की नाभि में पैठ कर लिखा गया रीतिसाहित्य मूलतः अराजनीतिक है और सत्ता केन्द्रों से दूर रहकर लोकजीवन का अंग बनकर लिखे गये भक्ति-साहित्य में, धार्मिक दृष्टिकोण के बावजूद, अत्यन्त लोकतान्त्रिक राजनीति व्याप्त है। इससे यह भी स्पष्ट होता है कि वृद्ध सामन्तवाद के दौर में राजनीति की ज़रूरत सत्ताधारी संस्कृति से ज़्यादा जनसाधारण को थी, जिसे जीने के लिए भी संघर्ष करना था। और, सत्ताकेन्द्र से जुड़े बुद्धिजीवी, रचनाकार नायक-नायिका-भेद को ही ब्रह्माण्ड की सबसे बड़ी समस्या बनाकर जनमानस को प्रभावित करने का काम करते थे। सौभाग्य से उनके पास बुद्ध पूँजीवाद जैसे संचार के साधन नहीं थे!

बहरहाल, यह बात ज़रूर कही जानी चाहिए कि भारतीय साहित्य, विशेषतः हिन्दी साहित्य की स्थिति अंग्रेज़ी और यूरोपीय साहित्य से बेहतर है। युवाकविता की अपेक्षा युवाकहानी उत्तर-आधुनिक प्रविधियों का उपयोग करते हुए भी अपनी अन्तर्वस्तु में अधिक लोकतान्त्रिक है। (मैं केवल 'अधिक' कह रहा हूँ, एक को लोकतान्त्रिक और दूसरे को आत्मकेन्द्रित नहीं क्योंकि यह सचाई नहीं है।) युवाकहानी परम्परा के प्रति यथेष्ट जागरूक नहीं है लेकिन अपनी वर्गगत सीमाओं को तोड़ने की कोशिश ज़रूर करती है। वह वास्तविकता के जिस भी पक्ष को चित्रित करती है, उसे अन्य सन्दर्भों से जोड़कर देखने का प्रयत्न करती है इसलिए संस्कृति, राजनीति, बाज़ार, परिवार और व्यक्ति की आन्तरिकता सभी कुछ एक-दूसरे से घात-प्रतिघात करने वाली प्रक्रिया का रूप लेकर आते हैं। इसलिए हम उम्मीद कर सकते हैं कि वह वर्तमान को प्राचीनता से जोड़ने की दृष्टि भी अर्जित कर लेगी। हालाँकि यह काम कहानी से ज़्यादा कविता के लिए ज़रूरी है लेकिन युवाकविता ज़्यादा तत्कालजीवी है।

विभिन्न तथ्यों और वास्तविकताओं में घात-प्रतिघात का सम्बन्ध लेखक की मर्जी पर निर्भर नहीं होता, वह परिस्थिति में ही निहित रहता है। इन अन्तर्निहित (किन्तु साधारणतः अदृश्य) सम्बन्धों को पहचानना एक बात है और असम्बद्ध तथ्यों को मनमाने ढंग से जोड़ देना बिलकुल दूसरी बात है। पहली स्थिति को 'रिलेशन' कहते हैं, दूसरी को 'कनेक्शन'। रिलेशन यथार्थ की वस्तुगत प्रक्रिया में होता है, कनेक्शन अपने हित में आत्मगत ढंग से जोड़ दिया जाता है। रिलेशन अनिवार्य और ऐतिहासिक होता है, कनेक्शन सोद्देश्य और रणनीतिक। इसलिए रिलेशन यथार्थवादी रचना में होता है, कनेक्शन विमर्शवादी रचना में।

इस दृष्टि से हम कह सकते हैं कि नीलाक्षी सिंह हों या पंकज मित्र, पंखुरी सिन्हा हों या शशिभूषण द्विवेदी, वंदना रग हों या मनोज पाण्डेय, अल्पना मिश्र हों या कुणाल सिंह, हिन्दी की युवा कथापीढ़ी विमर्श के ढाँचे से बाहर, यथार्थवाद के

दायरे में रचना कर रही है। इस पीढ़ी की अपनी सीमाएँ हैं। उसकी अपनी शक्ति भी है। इन सबके साथ, वह अपनी रचना से साबित कर रही है कि यथार्थवाद केवल प्रविधि तक सीमित नहीं है। वह जीवन-दृश्य और जीवन-दृष्टि का संश्लेषण है। बदले हुए संसार में आदिम पद्धतियाँ जीवन की गतिविधि को समझने नहीं देतीं। लेकिन समझना जीवन को ही हो तो संसार में मौजूद तथ्यों के परस्पर-सम्बन्ध पर ध्यान केन्द्रित करना आवश्यक हो जायेगा। युवा कथाकार इस आवश्यकता से विमुख नहीं हैं, यह बात सबसे महत्त्वपूर्ण है। उनकी कमज़ोरियाँ बाद में देखी जायेंगी।

हिन्दी के वर्तमान साहित्यिक परिदृश्य में लगातार बढ़ती राजनीतिहीनता के समानान्तर युवा रचनाकारों का एक सशक्त स्वर आश्वस्त करता है कि प्रभुत्वशाली यूरोपीय साहित्य की अपेक्षा तीसरी दुनिया का साहित्य ही भूमण्डलीय स्तर पर नये दौर का प्रतिविधि साहित्य है। यह साहित्य अनिवासी भारतीयों का लिखा हुआ नहीं है। (यहाँ मैं गिरमिटिया भारतीय और अनिवासी भारतीय में अन्तर रखना चाहता हूँ। अनिवासी भारतीय अंग्रेज़ी में लिखते हैं और वैश्विक कीर्ति के दावेदार हैं।) वी.एस. नायपॉल और सलमान रुश्दी जैसे अनिवासी भारतीयों के उपन्यास पर टेरी ईगल्टन ने हाल ही में कहा है कि ये लोग जिस देश में शरण लेते हैं, वहाँ के रस्मो-रिवाज को चुनौती देने के बजाय उसे अपना लेने में ही उनकी दिलचस्पी दिखती है।

इस प्रकार, प्रभुत्वशाली संस्कृति को अंगीकार करके वे अपनी राजनीतिक सूझ-बूझ और कलात्मक मौलिकता दोनों खो देते हैं। 'मिडनाइट चिल्ड्रेन' में विडम्बना का समर्थ उपयोग करने वाले रुश्दी अफगानिस्तान और इराक पर अमरीकी हमले के समर्थक बन गये; 'सैटेनिक वर्सेज़' पर मौत का फतवा पाने वाले रुश्दी अमरीकी सैन्यवाद के समर्थन के बाद 'नाइटहुड' पाने वाले रुश्दी बन गये! तीसरी दुनिया का साहित्य, हिन्दी साहित्य भी, अराजनीतिक रुख अपनाने के बावजूद पूरी तरह समर्पणवादी नहीं हुआ है। राजनीति से परहेज़ उसे प्रतिरोध और विकल्प की दिशा में जाने से रोकता है लेकिन सम्बन्धों और अन्तर्विरोधों की पहचान उसे समर्पण करने से भी रोकती है। यही आज के साहित्य की दुविधा है।

संक्षेप में, साहित्य में राजनीति का अर्थ है असहमति और प्रतिरोध। राजनीति के अस्वीकार का अर्थ है सत्ता का अनुमोदन। सत्ता केवल राजनीतिक नहीं है। किसी भी सत्ता या प्रतिष्ठान में असहमति तभी तक सहन की जाती है जब तक वह अलंकार हो, विकल्प न हो। ब्रह्मा की बनाई दुनिया से असन्तुष्ट होकर अपनी अलग दुनिया बनाने वाला रचनाकार–कविर्मनीषी परिभूः स्वयंभूः–क्या शक्ति के प्रतिष्ठानों का अलंकार बन कर रह जायेगा? या अपनी समानान्तर सृष्टि में वह पहले से मौजूद संसार का विकल्प भी देगा? अलंकार बन जाना यथास्थिति की राजनीति है। विकल्प की दृष्टि देना लोकतान्त्रिक राजनीति।

अन्ना हज़ारे : लोक और तन्त्र की दुविधा

इस लेख के प्रकाशित होने तक 'भ्रष्टाचार विरोधी भारत' की ओर से सशक्त लोकपाल विधेयक के लिए अन्ना हज़ारे का अनशन समाप्त हो चुका होगा। सरकार अन्ना की ज़्यादातर माँगें मान चुकी होगी। कुछ व्यावहारिक छूट देते हुए अन्नापक्ष संसद में नये लोकपाल की मंजूरी का इन्तज़ार कर रहा होगा। कड़े से कड़ा रुख अपनाकर अपनी बात मनवाने का प्रयत्न करना प्रत्येक सत्ता और प्रत्येक आन्दोलनकारी की रणनीति का अंग होता है। अन्ना हज़ारे का भ्रष्टाचार विरोधी मुहिम भी इसका अपवाद नहीं है।

अन्ना हज़ारे के अनशन से बहुत-से प्रश्न उभरे हैं। उन पर विचार-विमर्श ज़ारी है। लोकतन्त्र के लिए और भविष्य के सामाजिक आन्दोलनों के लिए ये प्रश्न महत्त्वपूर्ण हैं। स्वभावतः उन पर आगे भी चर्चा होती रहेगी। बेशक, यह चर्चा भव्य दृश्यों से आकर्षित होने वाले चमत्कार-प्रेमी मीडिया में नहीं, गम्भीर अध्ययन में रुचि लेने वाले विचारकों की बहसों में रहेगी। इन प्रश्नों पर निर्णय का समय अभी नहीं आया है। जिन विचारवान लोगों ने पक्ष या विपक्ष में इसी समय निर्णायक राय दे दी है, उन्होंने अपनी ही असंगतियाँ ज़ाहिर की हैं। कोई भी घटना, जो जनता के एक विशाल हिस्से की आकांक्षा और मनोभावना का प्रतिनिधित्व करती हो, उसकी जटिलताओं का धैर्यपूर्वक विश्लेषण किये बिना किसी निष्कर्ष पर पहुँचना पक्षपातपूर्ण जल्दबाज़ी हो सकती है, विवेकपूर्ण चिन्तन नहीं।

सरलता का मन्त्र

अन्ना हज़ारे से अपनी मुलाकात का जिक्र किये बिना इस विषय पर कोई बात करना मुझे ठीक नहीं जँचता। विश्वविद्यालय के किसी काम से 19 जनवरी, 2009 को बनारस हिन्दू विश्वविद्यालय जाना हुआ। अन्ना हज़ारे उसी अतिथि गृह में मेरे बगल वाले कक्ष में रुके हुए थे। वे दो-तीन दिन से वहाँ थे और उसी दिन वापस चले जाने वाले थे। मेरे पुराने मित्र डॉ. वशिष्ठ अनूप ने प्रस्ताव किया कि उनसे मिल लीजिए। वशिष्ठ जी उनसे लगातार बातचीत कर रहे थे। मेरी विशेष रुचि न

थी। हालाँकि महाराष्ट्र में उनके संघर्ष के बारे में अन्य देशवासियों की तरह मैं भी पढ़ता रहता था। उनके देशव्यापी अभियान की योजना से मुझे विशेष सहमति नहीं प्रतीत होती थी। लेकिन मेरे मित्र का प्रस्ताव था, वे अन्ना के साथ अपने अनुभव को लेकर बेहद सकारात्मक थे इसलिए मैंने मित्रों की बात मान ली।

वशिष्ठ अनूप अन्ना से पूछ कर आये तो बोले कि वे मिलने को उत्सुक हैं और खुद कमरे में आने को तैयार हैं। उनकी यह सरलता बड़ी बेधक लगी। मैं तत्काल उनके पास गया। वे उतनी ही सरलता से मिले। लगभग 40-45 मिनट की बातचीत में मैंने पाया कि उनका व्यवहार भी सरल है और नज़रिया भी। चीज़ों को सरलीकृत ढंग से देखने के नाते वे किसी समस्या को दार्शनिक स्तर पर नहीं सुलझा सकते, जैसा गाँधी करते थे। लेकिन समस्याओं के प्रति अपनी सहज़ प्रतिक्रिया के नाते और सरल व्यवहार के नाते वे लोगों को प्रभावित करते हैं। गाँधी का अध्ययन बहुत व्यापक, चिन्तन बहुत संश्लिष्ट और कार्यपद्धति बहुत सरल थी। उनके लक्ष्य, उनकी कसौटी और उनकी रणनीति में गहरा सामंजस्य होता था। यह खुद एक ऐतिहासिक चेतना और वैयक्तिक क्षमता की देन है, जिसका अन्ना हज़ारे के व्यक्तित्व में अभाव है। लेकिन अन्ना भी गाँधी की तरह ईमानदार हैं, जिद्दी हैं, संघर्ष के प्रति दृढ़संकल्प हैं इसलिए उनकी सरलता जनता को आकर्षित करती है और भ्रष्टाचारी को सशंकित।

अपनी बातचीत में मैंने महाराष्ट्र के कुछ हिस्सों में शराबबन्दी और भ्रष्टचार-विरोधी मुहिम से सम्बन्धित अन्ना के अनुभव सुने, उनकी अगली योजनाओं पर जिज्ञासा की। उन दिनों अन्ना देशव्यापी स्तर पर चुनाव-सुधार का अभियान छेड़ने की तैयारी कर रहे थे। उनकी योजना का सबसे महत्त्वपूर्ण मुद्दा था जनप्रतिनिधियों को वापस बुलाने का अधिकार। इसके लिए किसी चुनावक्षेत्र की 50 प्रतिशत जनता को हस्ताक्षर करके जन-प्रतिनिधि में अविश्वास प्रकट करना होगा। इससे चुने हुए जनप्रतिनिधि डरेंगे और मतदाताओं के प्रति जवाबदेह होंगे।

मैंने शंका प्रकट की। एक तो 50 प्रतिशत मतदाताओं के समर्थन से वह चुना ही नहीं जाता, दूसरे मतदाताओं को प्रभावित करने के बहुत-से अनीतिपूर्ण तरीके चुनाव में भी अपनाये जाते हैं; ऐसे में क्या वापस बुलाने का अभियान स्वयं नकारात्मक रूप से प्रभावित नहीं होगा? उस समय इस बारे में कोई साफ तस्वीर अन्ना के पास नहीं थी। मैंने चुनाव सुधार के रूप में उन्हें आनुपातिक प्रतिनिधित्व (प्रपोर्शनल रिप्रेज़ेन्टेशन) का सुझाव दिया। पार्टी चुनाव लड़ेगी, उम्मीदवार नहीं; पार्टी को जिस प्रदेश में जितने प्रतिशत वोट मिलेंगे, संसद या विधानसभा की उतनी प्रतिशत सीटें उन्हें मिल जायेंगी; वे अपनी प्राथमिकता से उतने प्रतिनिधि भेज दें। इससे धनबल, बाहुबल पर अंकुश लगेगा, पार्टियों के कार्यक्रम से जनता परिचित होगी और चुनाव-प्रक्रिया सुधरेगी।

कुछ देर की चर्चा के बाद अन्ना उत्साहपूर्वक इस प्रस्ताव से सहमत हो गये। मुझे लगा कि उनकी अपनी कार्ययोजना भले उनकी सरल समझ से बनती हो लेकिन अगर उनसे कोई तर्कसंगत बात की जाय तो उसके प्रति उनमें खुलापन और ग्रहणशीलता होती है। न अन्ना के तर्क में अहंकार दिखाई देता है, न व्यवहार में। ऐसे व्यक्ति में अपार क्षमताएँ होती हैं; साथ ही, उसके सलाहकारों की भूमिका बेहद निर्णायक होती है। यह बात इसलिए कही जानी चाहिए कि राजनीतिक जीवन में व्यक्ति की भूमिका को पर्याप्त महत्त्व नहीं दिया जाता। विशेषतः वामपन्थी चिन्तन में 'सामाजिक परिस्थितियों' का आग्रह व्यक्ति की भूमिका का निषेध करने की हद तक मौजूद है। लेकिन इतना ही पूछ लेना काफी है कि अनशन करने वाला अन्ना की जगह कोई दूसरा व्यक्ति—भले घनघोर गाँधीवादी, हिन्दूवादी या मार्क्सवादी—होता तो क्या 'मध्यवर्ग' पर वैसा ही प्रभाव पड़ता जैसा अन्ना का पड़ा?

इसमें सन्देह नहीं कि मीडिया में दिखने वाली और इंटरनेट पर बोलने वाली भीड़ मुख्यतः नागरिकों की, यानी शहरी शिक्षितों की भीड़ है। उनमें युवाओं की संख्या बहुत ज़्यादा है। फिर भी यह नहीं कहा जा सकता कि अन्ना का असर गाँव-कस्बे में नहीं फैला, या मध्यवर्ग के बाहर शहरों में भी नहीं फैला। मुम्बई के डिब्बेवालों ने 120 साल के इतिहास में पहली बार हड़ताल की; आसपास से किसानों के जत्थे उनके अनशन-स्थल पर आ जुटे; रेलवे कर्मचारियों ने अन्ना का समर्थन किया; दिल्ली में हिजड़ों और वेश्याओं ने पहली बार किसी सामाजिक आन्दोलन के पक्ष में एकजुटता दिखाई; रिक्शेवाले, फैक्ट्री मज़दूर, खोमचे वाले और इस प्रकार के दूसरे 'समुदाय' मध्यवर्ग में नहीं गिने जा सकते लेकिन उन्होंने अन्ना को 'मसीहा' मानकर साथ दिया। 'सभ्य समाज' या 'नागरिक समाज' वास्तव में भद्र समाज है, सम्भ्रान्त मध्यवर्ग का समाज। भारत का समूचा मीडिया—प्रिन्ट और इलेक्ट्रॉनिक—एकतरफा अन्नामय हो गया है। यह मीडिया एक तरफ सम्भ्रान्त मध्यवर्ग की रुचि का दर्पण है, दूसरी तरफ बड़े औद्योगिक प्रतिष्ठानों का संचार माध्यम है।

संक्षेप में, असंगठित श्रमिकों और अपमानित पेशेवरों से लेकर 'सभ्य' नागरिकों और औद्योगिक घरानों तक, जाति-वर्ग-लिंग-क्षेत्र की सीमाओं को तोड़ते हुए जिस अभियान का सर्वव्यापी प्रभाव पड़ा हो, उसके प्रति नकचढ़ेपन का रवैया नहीं अपनाया जा सकता, न उसे लेकर अनालोचनात्मक पूजाभाव अपनाया जा सकता है। लोकतन्त्र के समर्थकों और सामाजिक परिवर्तन के हिमायतियों को इस बात पर विचार करना चाहिए कि अन्ना हज़ारे का इतना व्यापक प्रभाव क्यों पड़ा? पूर्वाग्रहों से बचना बुद्धिजीवियों के लिए भी कठिन होता है। दक्षिणपन्थी अर्थशास्त्री स्वामिनाथन एस. अंक्लेसरिया अय्यर अचानक मनमोहन सिंह के 'सुधारवाद' से हटकर अन्ना

समर्थक हो गये हैं और वामपन्थी अर्थशास्त्री प्रभात पटनायक लोकतन्त्र की आदर्श अवधारणा अपनाकर अन्ना के 'मसीहावाद' के विरोधी हो गये हैं।

इनके मूल तर्क पर ध्यान दें। एक के लिए 'भ्रष्टाचार को ललकारने' की हिम्मत दिखाकर अन्ना और उनके साथियों ने 'करोड़ों भारतवासियों के गुस्से' को अभिव्यक्ति दी है। (**अय्यर, 'टाइम्स ऑफ इण्डिया'**, 21 अगस्त, 2011) दूसरे के लिए अन्ना के साथियों की 'मसीहावादी' कार्यशैली एक व्यक्ति को 'जनता का स्थानापन्न' बनाकर जनतन्त्र का निषेध करती है और 'अन्ना-ही-जनता है—और इसलिए-सर्वोपरि है' का उनका आचरण 'प्राक्-आधुनिक' है और 'अवधारणात्मक तख्ता-पलट' का द्योतक है। (**पटनायक, 'द हिन्दू'**, 24 अगस्त, 2011) पहले के लिए भ्रष्टाचार का स्रोत सरकारी नियन्त्रण में है, कार्पोरेट के बढ़ते प्रभुत्व में नहीं है; दूसरे के लिए जनतन्त्र एक आदर्श अवधारणा है जो पूँजी, अपराध और सत्ता के भ्रष्ट गठबन्धन के बाद भी प्रभावित नहीं हुई है, अन्ना इस आदर्श को ही नष्ट कर रहे हैं!

इस बात की छान-बीन दक्षिण और वाम दोनों धारा के चिन्तक नहीं करते कि आर्थिक सुधारवाद के दो दशक बाद भ्रष्टाचार के विराट दानव से वही सम्भ्रान्त वर्ग त्रस्त हो उठा है जो उदारवाद का उत्साही समर्थक है। इस 'नये' ज़माने की चकाचौंध के फीकेपन में पुरानी शैली की झलक दिलाने वाले अन्ना हज़ारे आज सम्भ्रान्त मध्यवर्ग के 'मसीहा' बन गये हैं! व्यक्ति-पूजा का 'प्राक्-आधुनिक' संस्कार प्रदर्शित करने वाला यह रुझान वास्तव में उत्तर-आधुनिक प्रवृत्ति है। नायक या मसीहा के अनुगमन की प्रवृत्ति हताशा की उपज है जो आधुनिक संकट के साथ उभरी है। भले ही उसे हम मध्यकालीन संस्कार का नाम दे दें लेकिन अभी 2007-2009 के संकट के दौरान क्या सबसे आधुनिक अमरीकी समाज ने बराक हुसैन ओबामा को मसीहा की तरह ही नहीं देखा था? क्या हॉलीवुड से बॉलीवुड तक पूँजीवादी 'लोकप्रिय' संस्कृति का उद्योग ऐसे ही 'मसीहे' नहीं गढ़ता?

अन्ना हज़ारे के 'मसीहा' रूप पर ध्यान देते समय क्या यह नहीं सोचना पड़ेगा कि अमरीकी प्रशासन से भारतीय सत्ता के अपमानजनक समझौतों का विकीलीक्स द्वारा उद्घाटन और कॉमनवेल्थ खेलों से लेकर संचार प्रौद्योगिकी के वितरण सम्बन्धी 'खेल' तक (सी.डब्ल्यू.जी. और 2जी इत्यादि) भ्रष्टाचार के सिलसिले का उद्घाटन, पैसा लेकर संसद में सवाल पूछने से लेकर ग्रामीण रोज़गार गारण्टी में सबसे गरीब जनता के पैसों के गबन तक एक के बाद एक भ्रष्टाचार के कारनामे; भारतीय समाज का कौन-सा तबका भ्रष्टाचार की चपेट से बाहर है? इसलिए अन्ना के आन्दोलन ने 'सिविल सोसायटी' के अभिजन से लेकर गाँव-कस्बे के आमजन तक सबको छुआ है। वह सचमुच एक राष्ट्रव्यापी आन्दोलन है और कोई भी चुनी हुई सरकार उसकी व्याप्ति देखकर चिन्तित हो, यह स्वाभाविक है।

सम्भव है, अन्ना के समर्थन में उमड़ी भीड़ उन्हें 'मसीहा' मानती हो और उनके सहयोगी इस भावना को हवा देकर लाभ उठाने की कोशिश भी कर रहे हों। लेकिन खुद अन्ना के वक्तव्यों में क्या कहीं ऐसा कोई दम्भ और भ्रम है? शायद नहीं। कहीं-कहीं जनसमर्थन की व्यापकता और अपने कद की विशालता देखकर उनमें बच्चों जैसी खुशी ज़रूर छलक जाती है और यह उनकी सरलता का ही परिणाम है। 'मसीहा' बनने के लिए चमत्कार का भरोसा दिलाना पड़ता है। अन्ना हज़ारे ने यह कभी नहीं कहा कि उनका 'जन लोकपाल' पूरे समाज और प्रशासन से भ्रष्टाचार को छू-मन्तर कर देगा। प्रधानमन्त्री मनमोहन सिंह लाचारी जताते हैं कि उनके पास भ्रष्टाचार मिटाने के लिए 'जादू की छड़ी' नहीं है। अन्ना हज़ारे दावा करते हैं, जैसा 15 अगस्त की अपील में उन्होंने कहा कि सरकारी लोकपाल भ्रष्टाचार बढ़ाने वाला है (क्योंकि उसमें शिकायत करने वाले के लिए ज़्यादा सज़ा का प्रावधान है और दोषी अधिकारी के लिए कम सज़ा का) लेकिन जन लोकपाल अगर लागू हो गया तो 60 से 65 प्रतिशत भ्रष्टाचार ज़रूर रुक जायेगा। क्योंकि उसमें भ्रष्टाचार की राशि वसूलने का प्रावधान भी है। आखिर हफ्ते भर बाद, कोलकाता में भारतीय प्रबन्धन संस्थान के विद्यार्थियों के बीच प्रधानमन्त्री ने माना कि लोकपाल संस्था का निर्माण भ्रष्टाचार से निपटने में मदद करेगा लेकिन समस्याएँ सुलझाने में नहीं।

राजनीति की विडम्बनाएँ

अन्ना हज़ारे और उनके सहयोगी सावधान हैं कि भ्रष्टाचार-विरोधी संघर्ष को किसी एक समुदाय या राजनीति का मंच न बनने दिया जाए। साथ ही, सरकार की ओर से 'विदेशी' षड्यन्त्र की धारणा को भी बल न मिलने दिया जाए। इसके दृश्यमान उदाहरण भी दिये गये। रामलीला मैदान के मंच पर कृष्ण जन्माष्टमी और रोजा-इफ़्तार एक साथ आयोजित किया गया। राजनीतिक दलों को न सिर्फ अलग रहने को कहा गया बल्कि जो दल झण्डा-जुलूस लेकर पहुँचे, उन्हें लोगों ने खदेड़ दिया।

अन्नापक्ष राजनीतिक दलों से अपने को अलग रख पाया लेकिन राजनीतिक दल अपने को उनके आन्दोलन से अलग नहीं रख पा रहे हैं। विडम्बना यह है कि एक तरफ सत्तापक्ष और अन्नापक्ष के बीच टकराव और संवाद की जटिलताएँ हैं, दूसरी तरफ प्रतिपक्ष और अन्नापक्ष के बीच हिस्सेदारी और असहमति की दुविधाएँ। इस विचित्र परिस्थिति में आमरण अनशन की एक 74 वर्षीय बूढ़े की ज़िद है! कुल मिलाकर उलझी हुई तस्वीर है। इस उलझाव में जिन दलों की राजनीतिक महत्त्वाकांक्षाएँ जितनी मुखर हुईं, उनकी स्थिति उतनी ही नाटकीय हो गयी। खुद अन्नापक्ष की स्थिति भी विडम्बनाओं से मुक्त नहीं है।

सबसे पहले सत्तापक्ष और अन्नापक्ष का रिश्ता है। जैसे-जैसे अनशन का

समय नज़दीक आता गया, वैसे-वैसे सत्तापक्ष का नशा तेज़ होता गया। रामदेव के आन्दोलन को सफलतापूर्वक खत्म कर देने के बाद सत्तापक्ष के मैनेजर सोचते थे कि अन्ना के आन्दोलन को भी ताश के महल की तरह ध्वस्त कर देंगे। अनशन के लिए अनुमति और स्थान देने से लेकर तुच्छ भाषा का प्रयोग करते हुए अन्ना को 'सिर से पैर तक भ्रष्टाचार में डूबा' बताने तक सब कुछ मानो नशे की हालत में हुआ। शान्तिभूषण और प्रशान्त भूषण पर झूठा आरोप लगाकर मुँह की खाने के बाद भी सत्तापक्ष के इन 'वकीलों' को समझ में नहीं आया कि ऐसी छिछली हरकतों से आन्दोलन भड़केगा, जनता नाराज़ होगी।

इन 'वकीलों' को यह भी समझ में नहीं आया कि अन्ना हज़ारे बाबा रामदेव नहीं हैं। न वे योगगुरु हैं, न दवा-विक्रेता; न उन्होंने कम्पनियाँ खड़ी कीं, न विदेश में सम्पत्ति जोड़ी। उनका कोई 'बालकिशन' भी नहीं है। शायद, इसीलिए, नशे की खुमारी की हालत में, 16 अगस्त को सुबह-सुबह अनशन शुरू होने से पहले, अन्ना को उनके ठिकाने पर ही गिरफ्तार कर लिया गया। वहाँ न धारा-144 थी, न शान्ति भंग हुई थी। इस घटना ने आग में घी का काम किया। नतीज़ा, शाम होते-होते सड़कों पर और तिहाड़ जेल के पास, बारिश के बावजूद, ऐसा जनसैलाब उमड़ा कि अन्ना रिहा हो गये पर जेल में रहे, वहाँ अनशन ज़ारी रखा और सहयोगियों के ज़रिए बाहर सन्देश भेजते रहे। आखिर, सरकार ने खुद रामलीला मैदान तैयार करके 21 दिन की अनुमति के साथ अन्ना को वहाँ पहुँचाया।

इन सब बातों से सत्तापक्ष की अदूरदर्शिता और उनके व्यवस्थापकों का जनता से अलगाव ज़ाहिर हुआ। साथ ही, अन्ना की नैतिक शक्ति और जनसमर्थन में अभूतपूर्व वृद्धि हुई। यह 'जनसमर्थन' प्रधानतः शहरी मध्यवर्ग और युवाओं का है, यह कहकर छुटकारा नहीं पाया जा सकता। यही मध्यवर्ग और युवा स्वच्छ-छवि के मनमोहन सिंह की नव-उदारवादी नीतियों का मुरीद था। अब, वह भ्रष्टाचार और असुरक्षा से घबराकर सड़क पर आ गया है। इसलिए चिन्ता सरकार को करनी चाहिए। लेकिन सरकार मानो मतिभ्रम का शिकार है। अनशन का एक-एक दिन सत्तापक्ष पर भारी पड़ने लगा। संयुक्त प्रगतिशील गठबन्धन अटूट बना रहा फिर भी सत्तापक्ष पर इतना दबाव पड़ा कि उसे बातचीत का द्वार फिर खोलना पड़ा।

इस दृष्टि से अन्नापक्ष के रणनीतिकार सफल कहे जायेंगे और सत्तापक्ष के रणनीतिकार असफल। स्थिति यह हो गयी कि अन्ना के विरोधी राजनीतिज्ञ और बुद्धिजीवी भी सरकार के कदमों और तौर-तरीकों को अलोकतान्त्रिक कहने और बहस छेड़ने पर मजबूर हो गये।

कहने को भूतपूर्व प्रशासनिक अधिकारियों और अभूतपूर्व वकीलों की अन्ना-टीम अपनी रणनीति और जनता की मनोदशा में सामंजस्य कायम करने में सफल हुई,

उसका एक कारण यह था कि उसने अपने आन्दोलन को किसी पार्टी द्वारा इस्तेमाल नहीं होने दिया। प्रमुख विपक्षी दल अपनी महत्त्वाकांक्षाएँ नहीं रोक पाया तो लोगों ने उसे खदेड़ दिया; सत्तापक्ष ने आन्दोलन को साम्प्रदायिक संगठनों के हाथ गिरवी बताया तो अन्ना ने ही कहा कि जो लोग उनके आन्दोलन को संघ-परिवार से जोड़ते हैं, उन्हें पागलखाने भेज देना चाहिए। कम से कम अन्ना के पीछे 'पागल' जनता के लिए यह बयान काफी अर्थपूर्ण था।

आरोपों का सिलसिला चलाते हुए सत्तापक्ष ने यहाँ तक संकेत किया कि अन्ना के पीछे खड़ी शक्तियाँ भारत का विकास रोकना चाहती हैं और जनतन्त्र को नष्ट करना चाहती हैं। इसकी व्यर्थता खुद अन्ना ने सिद्ध की। अमरीकी विदेश मन्त्रालय की प्रवक्ता सुश्री विक्टोरिया न्यूलैण्ड ने अनशन के लिए अन्ना को जगह न दिये जाने पर एक पत्रकार के सवाल का जवाब दिया कि भारत को 'शान्तिपूर्ण प्रतिरोधों से निपटने में आवश्यक जनतान्त्रिक संयम बरतना चाहिए।' अन्ना हज़ारे ने इसे भारत के 'अन्दरूनी मामलों में' अमरीका का 'हस्तक्षेप' कहा और 'दुर्भाग्यपूर्ण' बताया, जिसका मौका मनमोहन सिंह की सरकार ने दिया है। ('टाइम्स ऑफ इण्डिया', 14 अगस्त, 2011)

इसलिए साम्राज्यवादी और साम्प्रदायिक शक्तियों से अन्ना और उनके आन्दोलन को जोड़ने की कोशिश सफल नहीं हुई। इस दृष्टि से यह आन्दोलन 'सम्पूर्ण क्रान्ति' से अधिक सजग एवं आत्मनिर्भर है। बेशक, 'दलविहीन जनतन्त्र' की गूँज लिए हुए अराजनीतिक बने रहने का आत्यन्तिक आग्रह अन्ना के सम्भ्रान्त मध्यवर्गीय जनाधार का द्योतक है लेकिन संसद में अपना 'जनलोकपाल' पारित करवाने के लिए उन्हें राजनीतिक दलों पर निर्भर रहना है। यह अन्नापक्ष की अपनी विडम्बना है जो उसके लक्ष्य की पूर्ति में स्वनिर्मित बेड़ियाँ लगाती है।

अन्नापक्ष की विडम्बनाओं में यह बात भी शामिल थी कि अन्ना को गाँधीवादी-छवि प्रदान की गयी थी लेकिन उनके पास न गाँधी जैसा राजनीतिक अनुभव था, न राजनीतिक संगठन; सदिच्छा अवश्य थी। यह कमी अन्ना के सम्भ्रान्त सहयोगी और उनके स्वयंसेवी संगठन, आर्ट ऑफ लिविंग के कार्यकर्ता और गायत्री परिवार के सदस्य मिलकर पूरी कर रहे थे। जन-लोकपाल भी अगर कानून बनेगा तो उसे संसद में ही पारित होना पड़ेगा लेकिन सत्तापक्ष या प्रतिपक्ष का कोई भी दल अन्ना के जन लोकपाल को पूरी तरह मानने को तैयार नहीं है। ऐसे में अनशन का हथियार दबाव का काम तो करता है लेकिन दबाव को एक सीमा से ज़्यादा न मानने के लिए सत्तापक्ष को अवसर भी देता है। गतिरोध की अवस्था में बाहर निकलने का कोई ठोस प्रारूप अन्नापक्ष के पास नहीं दिखाई देता।

शायद इसीलिए 'इन्दिरा इज़ इंडिया' का अनुकरण करके 'अन्ना इज़ इण्डिया'

जैसा भ्रान्तिपूर्ण नारा देने से लेकर जन लोकपाल के अपने प्रारूप को ज्यों का त्यों मनवाने की ज़िद करने तक बहुत से ऐसे तौर-तरीके अन्नापक्ष अपना रहा है जो किसी भी राजनीतिक कार्रवाई या न्यायपूर्ण संघर्ष के रास्ते में बाधक हैं। नेशनल कैम्पेन फॉर पीपुल्स राइट टु इंफार्मेशन (एनसीपी-आरआई) के सम्वाददाता सम्मेलन में हर्ष मन्दर ने कहा, "यह कहने का अधिकार किसी को नहीं है कि हम सही हैं। लोकतन्त्र का सम्बन्ध बहुत से और भिन्न-भिन्न दृष्टिकोणों को मानने और मौका देने से है।" ('द हिन्दू', 21 अगस्त 2011) दूसरे शब्दों में, सीधे टकराव के लिए आमने-सामने खड़ी दोनों शक्तियों ने—सत्तापक्ष और अन्नापक्ष ने—अपने व्यवहार से जनतान्त्रिक कार्यप्रणाली के सम्बन्ध में गम्भीर प्रश्न खड़े किये।

भ्रष्टाचार और व्यवस्था परिवर्तन

अन्ना हज़ारे के साथ आन्दोलन के सूत्रधार प्रशान्त भूषण, अरविन्द केजरीवाल, किरण बेदी 'सिविल सोसाइटी' के लोग हैं। सूचना के जन अधिकार के राष्ट्रीय अभियान (एन.सी.पी.आर.आई.) से जुड़ी अरुणा रॉय, निखिल देव, शेखर सिंह भी 'सिविल सोसाइटी' के लोग हैं। अरुणा रॉय सोनिया गाँधी की राष्ट्रीय सलाहकार परिषद की सदस्य हैं। बाकियों के अपने स्वतन्त्र 'एन.जी.ओ.' (गैर-सरकारी संगठन) हैं। दिल्ली उच्च न्यायालय के पूर्व न्यायाधीशों में राजेन्द्र सच्चर अन्ना के पक्ष में खड़े हुए तो ए. पी. शाह अन्ना के विरोध में। अरुन्धती राय और सुखदेव थोरात भी सिविल सोसाइटी का हिस्सा हैं और वे अन्नापक्ष के आलोचक हैं। अरुन्धती ने गाँधीवाद से अन्ना की शैली का फर्क दिखाया तो थोरात ने अम्बेडकर से। सारांश यह कि अन्ना का आन्दोलन निर्विवाद नहीं रहा, कोई एक समुदाय अविभाजित रूप में उसका आधार नहीं बना।

सिविल सोसाइटी में नहीं, पुराने समाजवादियों और 'सम्पूर्ण' क्रान्तिकारियों में भी विभाजन हुआ। सुनीलम अन्ना के पैरोकार की तरह बोले तो सच्चिदानन्द सिन्हा विरोधी की तरह। सिन्हाजी के अनुसार, अन्ना का आन्दोलन चुनी हुई सरकार की वैधता को चुनौती देकर तानाशाही के अनुकूल माहौल बनाता है। (हस्तक्षेप, 'राष्ट्रीय सहारा', 20 अगस्त, 2011) अरुन्धती राय की आलोचना इससे बहुत दूर नहीं थी। उन्होंने कहा, "माओवादी और जनलोकपाल में एक समानता है—भारतीय राज्य को दोनों ही उखाड़ फेंकना चाहते हैं।" ('द हिन्दू', 22 अगस्त, 2011) फर्क यह है कि माओवादी यह कार्य नीचे से, आदिवासी केन्द्रित सशस्त्र संघर्ष चलाकर करना चाहते हैं, जनलोकपाल यह काम शहरी खाते-पीते लोगों के बल पर 'रक्तहीन गाँधीवादी तख्तापलट' के माध्यम से ऊपर-ऊपर करना चाहता है। सरकार अपनी उपहासास्पद रणनीति से खुद को अपदस्थ करने में पूरी तरह सहायता कर रही है। (उप.)

यह बात ध्यान देने की है कि सरकार को लगता है कि अन्ना राजनीतिक तख़्तापलट कर देंगे, स्वयंसेवी लेखिका अरुन्धती राय को लगता है कि अन्ना गाँधीवादी तख़्तापलट कर देंगे और मार्क्सवादी प्रभात पटनायक को लगता है कि अन्ना अवधारणात्मक तख़्तापलट कर देंगे! अनेक सुरों में एक ही बात क्या संकेत करती है? अन्ना के आन्दोलन का चरित्र या सत्तापक्ष का डर? बुद्धिजीवियों की उलझन या परिस्थिति की तर्कहीनता?

क्या इस बात में कोई शक है कि विकल्प के अभाव में वर्तमान प्रणाली चलती जा रही है? उसने अपने ही मूल्यों को—गुटनिरपेक्षता, मिश्रित अर्थव्यवस्था, लोककल्याण आदि को—तिलांजलि देकर अपनी वैधता पहले ही खत्म कर दी है। अगर अन्ना की मानें तो वे सत्ता-परिवर्तन के लिए नहीं, व्यवस्था परिवर्तन के लिए लड़ रहे हैं। इस संघर्ष में सरकार जाती है तो जाए लेकिन व्यवस्था बदले बिना नयी सरकार ज़्यादा भ्रष्ट नहीं होगी, इसका क्या ठिकाना? अपने 15 अगस्त वाले वक्तव्य में उन्होंने बताया कि महाराष्ट्र में पहली सरकार ने भ्रष्टाचार में 'ग्रेजुएशन' किया था, नयी सरकार ने 'डॉक्टरेट' कर लिया! इसलिए जन लोकपाल व्यवस्था के तीनों अंगों को अपने दायरे में लेने की बात करता है—विधानपालिका (संसद, विधानसभा, नगर पालिका, ग्राम पंचायत), कार्यपालिका (केन्द्र और राज्य सरकारों के सभी छोटे-बड़े अधिकारी) और न्यायपालिका (उच्च और सर्वोच्च न्यायालय के न्यायाधीश)।

भ्रष्टाचार राष्ट्रीय विकास में इतनी बड़ी समस्या बन गया है कि योजना आयोग जैसी सरकारी संस्था को भी मानना पड़ा कि 'कठोर लोकपाल' की आवश्यकता है। इस तरह, व्यवस्था के अंग भी मानते हैं कि व्यवस्था को सुधारने के लिए सरकारी काम-काज में व्याप्त भ्रष्टाचार पर नियन्त्रण करना पड़ेगा। अन्ना का आन्दोलन व्यवस्था में सुधार का आन्दोलन है। वे इसे व्यवस्था में परिवर्तन का आन्दोलन कहते हैं। लेकिन यह व्यवस्था में सुधार लाकर उसे बनाये रखने का आन्दोलन है। इन्दिरा गाँधी ने जब प्रिवीयर्स बन्द करने और बैंक राष्ट्रीयकरण करने के कदम उठाये थे तो व्यवस्था नहीं बदली थी लेकिन व्यवस्था के जड़ तत्त्वों ने कड़ा विरोध किया था। आज वही स्थिति दोहराई जा रही है। सत्तापक्ष में भी व्यवस्था सुधारने और सरकार बचाने की दुविधा के कारण मतिभ्रम व्याप्त है।

व्यवस्था के तीनों अंगों में भ्रष्टाचार व्याप्त है। सबसे गरीब खेतमज़दूर ही नहीं सबसे अमीर उद्योगपति भी भ्रष्टाचार पर अंकुश लगाने की बात कर रहे हैं। भ्रष्टाचार पर यथाशीघ्र और यथासम्भव रोक लगनी चाहिए, इसमें सन्देह नहीं। लेकिन बड़ी पूँजी की संस्थाएँ—कार्पोरेट, सट्टाबाज़ार, हवाला कारोबार, बिल्डिंग माफिया वगैरह—व्यवस्था का अंग हैं या नहीं? कम से कम 2जी घोटाले के बाद यह बहुत साफ है कि कार्पोरेट

सेक्टर भ्रष्टाचार का उद्गम-स्रोत है। धरती, पानी, आकाश, जंगल सबको लूट लेने में बड़ी पूँजी के साथ राजनीतिज्ञों और नौकरशाहों का गठबन्धन भ्रष्टाचार का मूल कारण है। जन लोकपाल 'व्यवस्था' बदलने को तत्पर है, न्यायपालिक-कार्यपालिका-विधानपालिका से भ्रष्टाचार मिटाने के प्रति चिन्तित है, लेकिन कार्पोरेट घराने पर चुप है, नेता-अफ़सर-व्यापारी गठबन्धन पर भी चुप है।

ऐसा क्यों है? क्या सोद्देश्य मुखरता और सोद्देश्य चुप्पी से व्यवस्था परिवर्तन होगा? अन्नापक्ष जिस मीडिया का नायक बना हुआ है, वह खुद कार्पोरेट के हाथों में है। अन्ना और गाँधी में एक समानता है। गाँधी जी जनता के प्राणप्रिय नेता थे और सेठ घनश्याम बिड़ला के मित्र और अतिथि भी! कहीं ऐसा तो नहीं है कि व्यवस्था-परिवर्तन के लिए कार्पोरेट-भ्रष्टाचार को छोड़कर केवल सरकारी भ्रष्टाचार को निशाना बनाने का वस्तुगत परिणाम यह निकले कि संयुक्त प्रगतिशील गठबन्धन सरकार पर नवउदारवादी नीतियों के और अधिक विस्तार के लिए दबाव बढ़ जाए? कोलकाता वाले अपने भाषण में प्रधानमन्त्री मनमोहन सिंह दावा कर चुके हैं कि आर्थिक सुधारों ने भ्रष्टाचार घटाया है—लाइसेंस राज के जाने से घूस खत्म हुई है, निजीकरण के बाद सरकारी लेन-देन में बेईमानी घटी है। वगैरह।

उनके दावे की निस्सारता रतन टाटा के इस कथन से प्रकट हो जाती है कि "वर्ष 1991 की तुलना में देश में भ्रष्टाचार बढ़ा है। अब यह केवल लाइसेंस आवंटन के मामलों तक सीमित नहीं है। बल्कि ठेके देने और अनुबन्ध की शर्तों में बदलाव तक में फैल गया है।" ('राष्ट्रीय सहारा', 25 अगस्त, 2011) ज़ाहिर है, यह संकेत 2जी स्पेक्ट्रम की ओर है। इसलिए कार्पोरेट पूँजी जितनी निरंकुश होगी, उतना ही अपने हित में कानूनों को मोड़ने के लिए दबाव डालेगी, घूसखोरी उसका एक छोटा-सा रूप है।

यहाँ ज़ोर देकर यह कहना ज़रूरी है कि भ्रष्टाचार का निजी पूँजी और व्यापार के मुनाफे से घनिष्ठ सम्बन्ध है। कौटिल्य ने 'अर्थशास्त्र' में राजा को निर्देश दिया है कि वह भ्रष्टाचार द्वारा अनियन्त्रित मुनाफा बढ़ाने वाले व्यापारिक प्रयत्नों को कठोर दण्ड के ज़रिए नियन्त्रण में रखे। प्लेटो ने 'रिपब्लिक' में व्यापारियों के ऊपर नियन्त्रण रखने के लिए शासकों को व्यवस्था दी कि वे निजी सम्पत्ति और निजी परिवार न रखें। स्वतन्त्रता आन्दोलन के दिनों में विदेशी शासन और देशी पूँजीपतियों के बीच विकसित सम्बन्धों में भ्रष्टाचार की झलक दिखाते हुए रामविलास शर्मा ने अपनी एक व्यंग्य कविता में लिखा था—*"देशभक्ति के काम में रुपये दिये हज़ार / चमक उठा इस पुण्य से फिर खोया व्यापार / न इसको लूट बताओ जी!"*

स्वाधीनता के नेता विदेशी शासन में भी देशी व्यापारियों की चमक वापस ला देते थे! इसमें 'लूट' कहाँ है!! आज़ादी के बाद पं. जवाहरलाल नेहरू ने भ्रष्टाचार

पर नियन्त्रण के लिए सख़्त कानून की वकालत की। बयालीस साल पहले संसद की स्थायी समिति में लोकपाल का पहला प्रारूप आने के बाद एस. एम. जोशी ने 13 अगस्त, 1969 को बताया कि नेहरूजी ने जयपुर के कांग्रेस अधिवेशन में 3 नवम्बर, 1963 को कहा था, इस कानून के पास व्यापक अधिकार हों ताकि वह प्रधानमन्त्री पर लगे आरोपों की भी जाँच कर सके और सभी का विश्वास पाये। इसका खण्डन सरकार की ओर से किसी ने भी नहीं किया। (उद्धृत, एरा सेझियन, 'द हिन्दू', 24 अगस्त, 2009)

आज प्रभावकारी लोकपाल की माँग रखकर अन्नापक्ष ऐसा कुछ नहीं कर रहा है जो अनोखा, अभूतपूर्व हो। अब तक यह कानून नहीं बन पाया है। अनोखा-अभूतपूर्व इतना ही है कि कानून बनाने के लिए इस पर वास्तविक दबाव है। यह कानून व्यवस्था भले न बदले, काफी हद तक घूसखोरी रोक देगा। उससे जनता को भी राहत मिलेगी और कार्पोरेट को भी।

सरकार इतना नियन्त्रण करने से भी कतरा रही है। वह न तो लोकपाल की नियुक्ति से सरकारी अंकुश हटाना चाहती है, न भ्रष्टाचार निरोधक संस्थाओं (जैसे सी.बी.आई.) को लोकपाल के अधीन लाना चाहती है। बदले में अन्नापक्ष ऐसा सर्वव्यापी और सर्वशक्तिमान लोकपाल लाना चाहता है जो सत्ता के विकेन्द्रीकरण के गाँधीवादी सिद्धान्त के तो विपरीत होगा ही, खुद एक शक्ति-केन्द्र बन जायेगा। इसलिए वह विद्यमान शक्ति संरचना को तोड़ेगा, इसमें सन्देह है।

व्यवस्था-परिवर्तन के लिए दमनकारी और विषमताजनक शक्ति-संरचनाओं को तोड़ना पड़ेगा। उसका पहला कदम कार्पोरेट पूँजी की आकांक्षाओं को मर्यादित करना है। इसके लिए न सत्तापक्ष तैयार है, न प्रतिपक्ष और न अन्नापक्ष। पिछले दिनों नोएडा और ग्रेटर नोएडा में किसानों की ज़मीन के अधिग्रहण को रद्द करते हुए सर्वोच्च न्यायालय ने सवाल उठाया था कि किसानों से उपजाऊ ज़मीन सस्ते में लेकर शॉपिंग मॉल और विलासितापूर्ण फ्लैट किन 'गरीबों' के लिए बनाये जा रहे हैं? इसी व्यवस्था के अंग—न्यायपालिका—द्वारा उठाया गया यह प्रश्न राज्य और केन्द्र की सरकारों को और न्यायपूर्ण व्यवस्था का दावा करने वाले 'सिविल' समाज को क्यों नहीं सूझता?

किसानों की आत्महत्या, शिक्षा का व्यावसायीकरण, प्राकृतिक साधनों पर देशी-विदेशी पूँजी का कब्ज़ा, ऐसे बहुत से प्रश्न हैं, जो भ्रष्टाचार की सही पहचान के लिए ज़रूरी हैं लेकिन उनपर किसी का ध्यान नहीं है। सामाजिक संरचना में आमूल परिवर्तन का, यानी न्यायपूर्ण सामाजिक विधान का संघर्ष अलग है, जिसकी ओर दलित, आदिवासी और किसान इशारा कर रहे हैं। केवल भ्रष्टाचार के प्रचलित रूपों को खत्म करने में भी व्यवस्था की कोई गम्भीर दिलचस्पी नहीं दिखाई देती।

सत्तापक्ष ने अपने तौर-तरीकों से खुद को भ्रष्टाचार का रखवाला सिद्ध कर दिया है, प्रतिपक्ष भी सहमति और असहमति की दुविधा से अपना अनिश्चय प्रकट कर रहा है और अन्नापक्ष खुद भी मानता है कि जन लोकपाल केवल 60-65 प्रतिशत कारगर होगा लेकिन कुछ नहीं से कुछ तो बेहतर है!

(**नया ज्ञानोदय,** सितम्बर, 2011)

पूँजी से लड़ें नहीं, उसका इस्तेमाल करें

साहित्य जब से प्रकाशन के क्षेत्र में आया तब से ही उसका विक्रय आवश्यक हो गया था। कोई भी पुस्तक, अगर आप प्रारम्भिक काल से भी लें तो अगर बिकती नहीं तो प्रकाशित भी नहीं होती। इसलिए प्रकाशन, वितरण और बिक्री आपस में जुड़े हुए हैं। जैसे उत्पादन के किसी भी काम में उत्पादन और उसका वितरण आपस में अनिवार्य रूप से जुड़े रहते हैं। चूँकि प्रकाशन शुरू से ही व्यवसाय है इसलिए जैसे ही आप उसके बारे में बात करते हैं तो उससे उत्पादित माल की बिक्री और वितरण यानी कि साहित्य की मार्केटिंग की भी बात स्वतः ही आ जाती है। इसकी शुरुआत तब हुई जब आधुनिक प्रकाशन तन्त्र सामने आया। आधुनिक प्रकाशन तन्त्र पूरी दुनिया में आधुनिक पूँजीवादी व्यवस्था के साथ आया। पुराने ढंग के प्रकाशन में आज के बराबर प्रतियाँ तैयार नहीं की जाती थीं और फायदा भी क्या जब उसे पाठकों तक पहुँचाया न जा सके? दरअसल आधुनिक मार्केटिंग की या वितरण और बेचे जाने वाली यह अवधारणा इसमें इसके जन्मकाल से ही थी। दूसरी चीज़ आप देखें कि जब 19वीं शताब्दी में भारत की अनेक भाषाओं में पत्रकारिता शुरू हुई तब इसी के साथ साहित्यिक पत्रकारिता की भी शुरुआत हुई।

अक्सर देखा गया, चाहे वो हम उड़िया, बंगला, तमिल या हिन्दी में ही लें, साहित्यकार ही पत्रकार हैं। वो सारे लोग केवल समाज सुधारक, राजनीतिज्ञ या टेक्नीशियन नहीं थे। नवजागरण काल के वही विराट व्यक्तित्व हुआ करते थे और एक ही व्यक्ति में साहित्यकार और पत्रकार का समागम हुआ करता था। उनकी पत्रकारिता में दो चीज़ें शुरू से दिखाई देती थीं। विज्ञापन और पुस्तक समीक्षा। शुरू में पुस्तक समीक्षा ऐसी नहीं होती थी जैसी आज है। पुस्तक समीक्ष में पुस्तक क्या है उसका सारांश बताया जाता था फिर छपाई-सफाई, मूल्य और गुण-दोष आदि बता दिये जाते थे। एक तरह से वो एलोबरेट एडवरटाइज़मेन्ट (विस्तृत विज्ञापन) ही होता था। जब कुछ विचारधारात्मक रूप से कमज़ोर पुस्तकें सामने आईं, यहाँ विचारधारा का मतलब आज के सन्दर्भों में नहीं है, तो उनकी सख्त आलोचना हुई। पुस्तक समीक्षा एक स्वतन्त्र विधा के रूप में उसके बाद विकसित हुई। जैसे शकुन्तला पर

राजालक्ष्मण सिंह का नाटक आया तो उसकी समीक्षा बड़ी सख्त हुई। समीक्षक ने यहाँ तक कहा कि शकुन्तला की शामत आई थी जो इन्हें उस पर लिखने की सूझी। इसका कारण यह कि उन्नीसवीं शताब्दी के दो समाज सुधारक थे वो स्त्री-पुरुष की बराबरी को एक मूल्य समझते थे। 'नारि-नर सम होहिं'—यह भारतेन्दु का सूत्र वाक्य था। इसी कारण 'शकुन्तला' का इतना विरोध हुआ। तो उस ज़माने में भी पुस्तक विवेचना पुस्तक के गुण-दोषों को बताने के अलावा अच्छे और बुरे साहित्य के बारे में लोगों की राय बनाना भी था। पाठक अच्छे से परिचित होगा तो उसे खरीदेगा, इसी कारण मार्केटिंग में परोक्ष रूप से सहायक पुस्तक समीक्षा भी हुआ करती थी और विज्ञापन तो था ही। इसलिए मार्केटिंग तो इसके जन्मकाल से जुड़ी हुई है। आज मार्केटिंग एक विकसित प्रबन्ध तकनीक के रूप में आ गयी है।

ज़माना जिस तरह का आ गया है उसमें यह सोचना कि साहित्य कोई पवित्र चीज़ है और बाज़ार की जो प्रणालियाँ, पद्धतियाँ और तकनीकें हैं, इनसे हम बचाकर साहित्य की पवित्रता की रक्षा कर लेंगे, ऐसी धारणाएँ भ्रामक हैं। इसलिए मार्केटिंग आज तो अत्यन्त ही आवश्यक है। एक तरफ तो सारे लेखक और साहित्य प्रेमी भी इस बात का रोना रोते हैं कि साहित्य बिकता नहीं, दूसरी तरफ साहित्य को मार्केट से बचा कर भी रखना है। अगर साहित्य को बाज़ार से बचाया जायेगा तो वह बिकेगा कहाँ। इसलिए ये दो परस्पर विरोधी बातें साहित्य सेवकों के बीच प्रचलित हैं। इस तरह की भ्रान्तियों से साहित्यकारों को खुद ही मुक्त होना पड़ेगा।

प्रेमचन्द जैसा कहते थे कि साहित्य राजनीति के आगे चलने वाली मशाल है और सिर्फ राजनीति की बात नहीं है, साहित्यकार और लोगों की अपेक्षा अधिक सम्वेदनशील होता है। बहुत सारे लोग बहुत-सी बातें महसूस तो करते हैं लेकिन उन्हें व्यक्त केवल एक साहित्यकार ही कर पाता है। साहित्य ही समाज का मस्तिष्क है। इसी कारण मैं नयी मार्केटिंग रणनीति के साथ साहित्य का सम्बन्ध जोड़ने के पक्ष में हूँ। उदाहरण के लिए देखें तो अंग्रेज़ी की किताबों का एक बहुत बड़ा मार्केट बना है फ्लिपकार्ट और अमेज़न के ज़रिए। जब भी कोई नयी किताब के बारे में सुनता हूँ तो बस फ्लिपकार्ट के ज़रिए ऑर्डर कर के मँगाई जा सकती है। एक दिन के भीतर आ जाती है—10 पर्सेन्ट के डिस्काउन्ट के साथ। घर बैठे आपको पूरे संसार में कहीं का भी साहित्य मिल जाता है। अब सोचिए कि अगर फ्लिपकार्ट न हो तो हॉब्सबॉम की किताब 'चेंजिंग द वर्ल्ड' दुनिया तक कैसे पहुँच पाएगी।

यहाँ देखने वाली बात यह है कि जो साहित्य पूँजीवादी मॉडल का विरोधी है, वह भी इसी के ज़रिए लोगों तक पहुँच रहा है। भारत के साहित्यकार इस पवित्रता का रोना क्यों रो रहे हैं मेरी तो समझ से बाहर है। जो लोग कहते हैं कि इससे सिर्फ बेचे जाने वाला साहित्य लिखा जाने लगेगा तो मैं पूछता हूँ कि क्या आज ऐसा

साहित्य नहीं लिखा जा रहा। फ्लिपकार्ट को ही लें तो मैंने इस पर कोई बाज़ारू किताब आज तक नहीं देखी। मैं एक बात और पूछना चाहता हूँ कि हिन्दी के भूतपूर्व लेखक और वर्तमान सम्पादक राजेन्द्र यादव ने दलित और स्त्रीविमर्श के नाम पर खूब यश कमाया, दूसरी तरफ नॉम चॉम्सकी जो मूलतः अराजकतावादी हैं क्योंकि राजसत्ता की वैधता को मंजूर नहीं करते, इसके अलावा एरिक हॉब्सबॉम जो मार्क्सवादी हैं, किसी भी वाम पार्टी के सदस्य नहीं हैं लेकिन मार्क्सवादी हैं, ये दोनों इस वक्त बड़े विचारकों में हैं। इन्हें आप लेफ्ट या सेन्टर लेफ्ट भी कह सकते हैं। अब चॉम्सकी और हॉब्सबॉम तो फ्लिपकार्ट से बिक सकते हैं लेकिन राजेन्द्र यावद इससे नहीं बिक सकते। क्या राजेन्द्र यादव इन दोनों से ज़्यादा जनसरोकारों से जुड़े हैं। राजेन्द्र जी का तो बौद्धिक क्षितिज भी सिर्फ भारत की जाति प्रथा पर जाकर समाप्त हो जाता है और मार्क्सवाद भी कितना जानते हैं ये भी कहा नहीं जा सकता। मार्क्सवाद भी छोड़ दीजिए अस्तित्ववाद भी कितना जानते हैं ये भी उनकी किसी बात से समझ में नहीं आता। कहने का मतलब है कि केवल कुछ लोग जो इसका विरोध कर रहे हैं उनकी खुद की समझ पर सवाल उठाया जा सकता है। अब सिर्फ इस डर से कि बाज़ार में आने से बाज़ारू साहित्य लिखा जाने लगेगा तो आप ऐसा कीजिए कि छाप कर इसे अपने घर में रख लीजिए, इसे लोगों तक पहुँचाने की क्या ज़रूरत है।

आप आज के वक्त में इन नयी मार्केट रणनीतियों को अपनाए बिना न तो बाज़ारवाद का मुकाबला कर सकते हैं, न आम पाठक तक ही पहुँच सकते हैं। इसलिए अब टिटहरी की तरह पाँव ऊपर करके सोने से कुछ नहीं होने वाला कि आसमान गिरेगा तो पाँव पर रोक लेंगे। इस तरह की निर्मूल आशंकाएँ हिन्दी के साहित्यकारों में हमेशा से ही रही हैं। टेलीविज़न आया तो हाय साहित्य नष्ट हो जायेगा, अब इण्टरनेट आया और इनका साहित्य नष्ट हो गया। कोई भी नयी चीज़ आती है इनका साहित्य नष्ट होने लगता है। इस्लाम भी उतना खतरे में नहीं रहता जितना इनका साहित्य रहता है। मैं इस पर ऐसे लोगों से एक प्रश्न भी पूछना चाहता हूँ कि पुस्तक निर्माण तो एक प्रौद्योगिकी है; लेखन कला भी एक टैक्नीक ही है जिसको सीखना पड़ता है; टेलीविज़न, रेडियो और इन्टरनेट भी इसी तरह की तकनीक हैं; तो क्या कभी ऐसा होता है कि मनुष्य की एक रचनात्मक खोज दूसरी किसी रचनात्मक खोज को नष्ट कर देती है? यहाँ रचनात्मक खोज की बात की जा रही है। ये कोई एटम बम नहीं है जो खुद मनुष्य का ही विनाश कर दे। अगर अणु से ऊर्जा बनाते हैं तो उसका एक उपयोग है और उसे बम बनाते हैं तो उसका उपयोग दूसरा है। आप मार्केट की स्ट्रेटजी को समझिए क्योंकि अगर वो दूसरे लोगों के हाथ में रहेगी, जैसा कि आज है भी, तो जनसरोकारों पर तो समझौता होता ही रहेगा।

यहाँ एक बात और कि राष्ट्रीय अर्थव्यवस्था में, हालाँकि उसको मैं बहुत अच्छी चीज़ नहीं मानता, कुछ वर्षों पहले पी.पी.पी. (पब्लिक प्राइवेट पार्टनरशिप) का नारा चला। भला साहित्य के क्षेत्र में हम इस तरह की निजी और सरकारी सहभागिता के लिए काम क्यों नहीं करते। साहित्य एकेडमी और ज्ञानपीठ को मिलाकर अच्छे साहित्य के प्रचार के लिए साझा मंच बनाना चाहिए। हालाँकि यह काम लेखक संगठनों का था, उन्होंने इसके लिए कभी नहीं सोचा। हर राजनीतिक पार्टी का आज की तारीख में लेखक संगठन होता है। लेकिन कुछ नहीं हुआ। अब तो इन संगठनों के पदाधिकारी वे लोग हैं जिनका लेखन से कोई सम्बन्ध ही नहीं है। एक तरफ तो आप कुछ करेंगे नहीं और अगर कोई कुछ करे तो आप पवित्रतावाद के नाम पर उसका विरोध करें। यह एक आत्मघाती रणनीति है, इससे न साहित्यकारों का भला होगा और न ही पाठकों का भला होगा।

आज का नौजवान बहुत सजग है। आप पहुँचिए उन तक। मार्केट तो आज हर चीज़ उन तक पहुँचा रहा है फिर आप क्यों सिर्फ तमाशा देख रहे हैं। ये तो साइंस का भी सिद्धान्त है कि कोई जगह अगर खाली होगी तो कोई चीज़ उसे भर देगी। आपने अपनी जगह खाली छोड़ी तो तमाम तरह की आलतू-फालतू चीज़ों ने वो जगह भर दी। आप शून्य की कल्पना ब्रह्मवादियों के लिए छोड़ दीजिए, आप तो यथार्थवादी साहित्यकार हैं। संचार का एक साधन कभी संचार के दूसरे साधन के विरुद्ध नहीं हो सकता। आपको फेसबुक और फ्लिपकार्ट जैसे माध्यमों का उपयोग करना होगा। फेसबुक सिर्फ छिछली बातों का मंच ही नहीं है। फेसबुक पर एक पाकिस्तानी ग्रुप है सल्फी मार्क्सिस्ट नाम का। यूरोप में जहाँ भी आन्दोलन चल रहे थे, जहाँ मज़दूर, बेरोज़गार और छात्र आन्दोलन कर रहे थे और ये हड़तालें एक तरफ अपने शासक के खिलाफ थीं तो दूसरी तरफ साम्राज्यवाद के भी खिलाफ थीं, इन लोगों ने ही इस तरह के हर प्रदर्शन की सबसे उम्दा रिपोर्टिंग की और मैंने इस पर लोगों के हज़ारों रेस्पांस भी देखे। इस तरह के सार्थक प्रयास भी किये जा सकते हैं अगर आप करना चाहते हैं। साहित्य की मार्केटिंग को भी नुकसान इस तरह के तथाकथित जनसरोकारों से जुड़े साहित्यकारों ने ही पहुँचाया है।

सभी जानते हैं कि जबसे सरकारी खरीद शुरू हुई है लोगों तक साहित्य पहुँचाना नामुमकिन हो गया। मैं अशोक वाजपेयी का विरोधी रहा हूँ। मैंने ही उनके सांस्कृतिक जड़वाद को कुलीनतावाद का नाम दिया था। लेकिन एक मामले में मैं उनकी मुक्त कण्ठ से प्रशंसा करना चाहता हूँ। मध्य प्रदेश में सांस्कृतिक सचिव रहते हुए उन्होंने पुस्तक परिचर्चा की एक योजना चलाई थी। इस पाठक मंच से गाँव-गाँव तक किताबें पढ़ने के लिए उपलब्ध हो जाती थीं। इन परिचर्चाओं का सारांश 'साक्षात्कार' पत्रिका में भी छपता था। उन किताबों की विचारधारा का पक्ष छोड़ दीजिए तो

इससे लोगों तक साहित्य ही पहुँच रहा था। इस योजना में पहले काण्ट्रेक्ट करवा लिया जाता था कि प्रकाशक लेखक को रॉयल्टी किताबों की डिलीवरी से पहले दे देगा। इससे प्रकाशक और लेखक को भी फायदा हो रहा था और साहित्य पाठकों तक भी पहुँच रहा था।

दूसरी तरफ राजा राममोहन राय लाइब्रेरी में जब खरीद शुरू हुई, जहाँ वामपन्थी थे, वहाँ सभी ने रिश्वत ली और इसमें धन्धेबाज़ी शुरू कर दी। इसलिए जो बड़े प्रकाशक हैं उन्हें वहाँ से करोड़ों का व्यापार मिलता है, बाकी को कुछ हज़ार में टाल दिया जाता है। इसलिए सरकारी खरीद अपने आप में दोषी नहीं है, वहाँ भी किस नीति से काम किया जा रहा है वही महत्त्व रखता है।

आज वामपन्थी संगठन तक भी गाँव-गाँव में कैडर बनाने के अलावा शिक्षा के प्रयास में सहायता क्यों नहीं कर रहे हैं। इण्टरनेट के माध्यम से ही पुस्तकों पर चर्चा अथवा बहस का इन्तजाम किया जाए। पत्रिकाओं में आप किताबों पर बहस कीजिए बजाय इसके कि कौन किस मंच पर गया अथवा क्यों नहीं गया, शातिरदास का मुखौटा लगाकर दूसरों पर आक्षेप लगाने जैसे घटिया कामों को छोड़कर। खासकर 'जनसत्ता' और 'पाखी' जैसे मंचों पर तो इसे लेकर सावधानी बरती जानी चाहिए। जैसे 'नया ज्ञानोदय' ने शुरू किया है इस माह की पुस्तक। ऐसा ही कुछ शुरू करें सभी पत्रिकाएँ। एक से न सही कई लोगों से उस पर कमेन्ट लिए जाएँ। सभी को मार्केटिंग की इन नयी रणनीतियों का इस्तेमाल करना ही होगा क्योंकि मैं मानता हूँ कि 'हंस', चाहे राजेन्द्र यादव ने कितनी ही बर्बाद क्यों न कर दी हो, वो 'इण्डिया टुडे' से तो बेहतर ही है। अब तो पीत पत्रकारिता से भी बढ़कर हिन्दी में गटर पत्रकारिता शुरू हो गयी है जिसका सशक्त उदाहरण 'समयान्तर' जैसी पत्रिकाएँ हैं।

दरअसल लेखक आपसी गुटबाज़ी से बाहर ही नहीं निकल रहे हैं। जबसे पूँजीवाद की देश में शुरुआत हुई है, व्यक्तिवाद को बढ़ावा ही मिला है, इसका असर लेखकों पर भी पड़ा है। जैसे निराला ने भी कहा है कि—'चाहिए उन्हें भी और-और, फिर साधारण को कहाँ ठौर।' इसी तरह के मठाधीश हिन्दी जगत पर भी कब्ज़ा जमाकर बैठ गये हैं। बाज़ार का एक नियम होता है, वो ब्राण्ड पैदा करता है और यही ब्राण्ड आगे चलकर शक्ति का केन्द्र बन जाते हैं। इसी तरह ये लोग धीरे-धीरे माफिया बन जाते हैं। हिन्दी में ऐसे ही कुछ चार-पाँच ब्राण्ड या माफिया हैं जिनका नाम लें या न लें, सब उनके बारे में जानते ही हैं। अभी एक प्रकाशन है जिसे 60 साल हो गये हैं। साठ में आदमी सठिया जाता है और लगता है कि प्रकाशन भी सठिया गया है। वह 60 पुस्तकों को एक-एक लाख का पुरस्कार दे रहा है। माने कि साठ लाख वितरित कर रहा है। अब ये सब भी सिर्फ ब्राण्ड बनाने के लिए किया जा रहा है क्योंकि ब्राण्ड मार्केट के लिए ज़रूरी है। बाज़ार का एकमात्र प्रोत्साहन ब्राण्ड

ही होता है। अगर इसी प्रकाशन से किताबें छपवाने वाले लेखकों से बात की जाय कि वह रॉयल्टी कितना देता है तो सारी बात खुलकर सामने आ जाएगी। अगर साठ लाख आप बाँट रहे हैं तो इसका मतलब यह है कि आपके पास मुनाफे से अलग 60 लाख की अतिरिक्त पूँजी है। अगर कुछ सार्थक ही करना है तो ऐसे ही कुछ और पूँजी वाले सामने आयें और पुरस्कार में पैसा बर्बाद करने के बजाय एक साहित्य का टीवी चैनल ले आयें। इसी के माध्यम से साहित्य की मार्केटिंग भी करें और उसपर चर्चाएँ भी चैनल पर प्रसारित करें। चाहें तो इसे केवल हिन्दी साहित्य से इतर पुस्तकों के व्यवसाय का एक चैनल बना लीजिए।

मार्केट की दो स्ट्रेटजी होती है। पहली कि कम लागत पर अधिक बेचकर मुनाफे की मात्रा बढ़ाई जाती है। दूसरी कि अधिक कीमत पर कम बेचकर उतना ही मुनाफा कमाया जाता है। यहाँ हिन्दी साहित्य के मार्केट में दूसरी रणनीति को अमल में लाया जाता है। किताबों की कीमत इतनी ज़्यादा रखो कि पाठक खरीद न पाये। दरअसल प्रकाशक को साहित्य के प्रसार से कोई लेना-देना नहीं है। वो तो मुनाफे के लिए कीमत ज़्यादा रखकर किताबों को लाइब्रेरी के गोदाम में भरवा ही रहा है और दुर्भाग्य की बात है कि हमारे जनसरोकारों से जुड़े लेखक भी इसमें प्रकाशक की भरपूर सहायता कर रहे हैं।

आज जितने भी विवाद पैदा हो रहे हैं उनमें से ज़्यादातर आत्मप्रचारमूलक हैं। बाज़ार इतना हावी है कि उसकी रणनीति के तहत नकारात्मक प्रचार का सहारा लिया जा रहा है। अब आपको कोई नहीं पढ रहा है तो आप खुद ही प्रमोशन में जुटे पड़े हैं। पाठक अपने लेखक को अच्छे से पहचानता है। वह प्रेमचन्द, टैगोर और शरतचन्द्र को आज भी पढ़ता है। यह दुर्भाग्य की बात है कि हमारे साहित्यकार जनसरोकारों की रट तो लगाते हैं लेकिन आम जनता से बहुत दूर हैं। प्रकाशक 15 की जगह 10 प्रतिशत तो रॉयल्टी देते हैं लेकिन घूस 50 से 60 प्रतिशत देते हैं। अगर ऐसा न हो तो पुस्तकों के दाम भी कम हों और लेखक को रॉयल्टी भी मिल सके।

सरकारी खरीद की वर्तमान नीति का तो मैं धुर विरोधी हूँ। यूरोप में एक पुरस्कार है 'बुकर' जिसके ज़रिए साम्राज्यवादी पैसा लेखकों को पुरस्कार के रूप में दिया जा रहा है। यहाँ के जो सम्मान हैं, चाहे वह साहित्य एकेडमी हो या ज्ञानपीठ, सभी साहित्य लेखन के लिए दिये जाते हैं। लेकिन बुकर एक निजी संस्था है जिसका साहित्य से कोई लेना-देना नहीं है। अरुंधती को तो बुकर लौटाना भी पड़ा था। इसके अलावा जिन भारतीयों को अपनी जिन रचनाओं के लिए बुकर मिला है, वे रचनाएँ कितनी ही हिन्दी रचनाओं के सामने कहीं नहीं ठहरती हैं। क्योंकि बुकर सिर्फ एक एजेण्डे को पोषित करने के लिए दिया जाता है। भारतीय साहित्यिक पुरस्कार इतने हल्के लेखन के लिए कभी दिया ही नहीं जा सकता।

मैं तो कहता हूँ कि अच्छा है कि हिन्दी में न बुकर है, न अरुंधती राय हैं। नोबेल पुरस्कार आज भी एक श्रेष्ठ साहित्यिक पुरस्कार है।

यहाँ एक और बात कि भारतीय पुरस्कारों में भी निगमों का पैसा नहीं लगना चाहिए। कॉरपोरेट अगर पैसा लगाना चाहते हैं जैसे साहू जैन ने 'सारिका' निकाली और 'दैनिक हिन्दुस्तान' बिरला ने निकाला तो कोई आपत्ति नहीं की जानी चाहिए। बड़े पूँजीपति घरानों का पैसा लगना चाहिए साहित्य की सेवा में। क्योंकि अगर आप पूँजी से लड़ने लगेंगे तो वो आपको बाज़ार में चलने ही नहीं देगी। इसके बजाय आप उसका इस्तेमाल करना सीखें। सारिका के माध्यम से कई प्रगतिशील लेखक भी तो सामने आये। आकाशवाणी और दूरदर्शन ने भी कुछ कम योगदान नहीं दिया है। अगर आप डरपोक हैं तो बाज़ार का मुकाबला नहीं कर पायेंगे। ऐसे लेखकों को मेरी सलाह है कि सुबह उठकर थोड़ी एक्सरसाइज किया करें जिससे थोड़ी ताकत मिले।

दरअसल लाभ के स्वार्थ के ही चलते लेखक आवाज नहीं उठा पा रहे हैं। जब तक लेखक के पास कोई सामाजिक उद्देश्य नहीं होगा, वह कुछ करने वाला नहीं है। लेकिन अगर कोई उद्देश्य है तो वो पी.पी.पी. और कॉरपोरेट जैसे माध्यमों की ओर देखेगा। नहीं तो वही प्रकाशक भी सरकारी खरीद के भरोसे रहेगा और लेखक भी रोता रहेगा। बदलाव के लिए तो आन्दोलन ज़रूरी है। आप मंच बनाइए, जमकर राजनीति करिए और सब मिलकर राजनीति करें ऐसा मंच बनाएँ। लोगों तक किताबें नहीं पहुँच पाने की वजह किताबों की बढ़ी हुई कीमतें भी हैं। इस पर नियन्त्रण करना ज़रूरी है।

देखिए इन तीन झूठ के सहारे आज प्रकाशक मुनाफा कमा रहा है कि हिन्दी का पाठक वर्ग कम हो रहा है, किताबें बिक नहीं रही हैं और टीवी, इन्टरनेट से नुकसान पहुँच रहा है। जबकि पेंग्विन ज़ैसे कुछ विदेशी प्रकाशकों ने इन झूठों से पर्दा उठाना शुरू भी कर दिया है। पेंग्विन रॉयल्टी भी दे रहा है और किताबें बेचकर पैसा भी कमा रहा है। बस, उसके भारतीय सलाहकार अपने संकीर्ण हितों के चलते उसका नुकसान न करें!

(बातचीत के आधार पर, **पाखी**, जुलाई, 2012)

समाजवाद-विरोधी "कम्युनिज़्म" और साम्राज्यवादी प्रचार

पहले लगता था कि 'वर्तमान साहित्य' (अंक-14) में बहस के लिए प्रस्तावित डी. प्रेमपति का लेख 'क्या भारत का कम्युनिस्ट आन्दोलन सठिया गया है?' सिर्फ उत्तेजक होने के ध्येय से कामयाब रहा है, लेकिन अंक-16 में उसके स्वागत में छपे पत्रों से लगता है, वह भ्रम फैलाने के उद्देश्य में भी सफल हुआ है।

जिन्हें यह लेख "बहुत पसन्द" आया उनकी डी. प्रेमपति के विचारों से सहमति हो तो भी ऐसे मित्र कुछ कम नहीं हैं जो लेख में गड़बड़ी तो महसूस करते हैं लेकिन ठोस जानकारियों और सबल तर्कों के अभाव में उलझन का शिकार हुए हैं।

मतलब, भारत भारद्वाज को लेख में आक्रामकता खटकती है लेकिन "भारतीय कम्युनिस्ट पार्टी के बिखराव को लेकर गम्भीर चिन्ता" भी महसूस होती है। राजीव सभरवाल "आंशिक असहमति के बावजूद इसे बहुत महत्त्वपूर्ण" मानने की सिफारिश करते हैं। और तो और, स्वयं प्रकाश जैसे जागरूक लेखक कहते हैं, "भारत में वामपन्थ पर जो लेख आपने छापा था, वह बहुत पसन्द आया। यह बहस आगे बढ़नी चाहिए।" इस आवश्यकता का अनुभव करके पत्रिका के औपचारिक निमन्त्रण के बिना भी बहस में दखल देना ज़रूरी समझता हूँ।

डी. प्रेमपति ने अपने लेख की शुरुआत काफी प्रामाणिक दावों के साथ की है। उनका सबसे बड़ा दावा यह है कि "सन् 84 की बात है। मास्को पहुँचा ही था।" पहुँचकर देखे हुए सत्य को कौन झुठला सकता है! वे अकेले होते तो भी सन्देह होता, "कुल पाँच लोगों का यह दल था, जिसमें मेरे सिवा तीन संसद सदस्य और एक वरिष्ठ पत्रकार थे।"

ये संसद सदस्य किस दल के थे, इसे आप सरलता से न जान सकेंगे। लेखक ने एक जगह चुपके से यह सूचना इस तरह दी है—"सत्ताधारी ट्रेड यूनियन से जुड़े संसद सदस्य ने टिप्पणी की...।" भारत में कोई ट्रेड यूनियन सत्ताधारी हो, यह जानकारी मुझे नहीं है। अवश्य ही यह संसद सदस्य सत्ताधारी दल का ट्रेड यूनियन नेता होगा। यानी, पूँजीवादी सत्ता का मज़दूर नेता होगा।

इस सांसद ने जिस घटना पर टिप्पणी की थी, वह मास्को का पहला ही

अनुभव था, "ताज्जुब! सोवियत रूस में भी माँगने वाले पाये जाते हैं।" पहले ही अनुभव से ऐसा धक्का लगा कि नये समाजवादी मानव से आस्था ही डिग गयी! किसी तरह छुटकारा पाकर आगे चले तो 'दूसरे ही दिन' और भयावह सत्य से सामना हुआ—"डालर और रूबल की विनिमय दरों में जो काला बाज़ार देखा" वह तो "सर्वशक्तिमान (ब्रह्म नहीं!) क्रेमलिन" की "सरकारी शह पर ही चलता है।"

इस धक्के ने तो समाजवाद के प्रति अटूट श्रद्धा को ही चकनाचूर कर दिया। फिर क्या था, डी. प्रेमपति अपने दल-बल के साथ ऐसी चीज़ें खोज-खोज कर देखने लगे। यह देखकर तो उनकी यात्रा ही सुफल हो गयी कि "आज बोद्का सोवियत समाज का सबसे संजीदा यथार्थ बना हुआ है।" इस अनुभव में सिर तक डूब कर डी. प्रेमपति ने एक लेख लिखा जिसमें वोद्का और भी संजीदा यथार्थ बन गया है। अब तो 'कम्युनिस्ट' आन्दोलन के सठियाने में सन्देह की कोई गुंजाइश ही न रही।

भिखमंगई, कालाबाज़ारी और शराबखोरी—पूँजीवादी समाज की सारी विकृतियाँ कुछ बढ़े-चढ़े रूप में सोवियत समाज में मौजूद हैं। भला बताइये, पूँजीवादी देशों से समाजवाद किस तरह भिन्न और बेहतर है? समाजवाद और पूँजीवाद में जब कोई भेद ही नहीं है तो समाजवाद के लिए संघर्ष करने की क्या ज़रूरत है?

दूसरे शब्दों में, यह एक तरह की यथास्थितिवादी भावधारा है जिसका प्रचार साम्राज्यवादी देश और उसके पोषित बुद्धिजीवी कई दशकों से करते आ रहे हैं। भारत में सन् 67 के बाद खुद को मार्क्सवादी-लेनिनवादी कहने-कहलाने के शौकीनों का एक बड़ा संगठित दल इस प्रचार अभियान से जुड़ गया है।

यह दल जनता को पराजयवाद और निराशावाद के दलदल में ला पटकना चाहता है ताकि जनता अपने अधिकारों की रक्षा और अन्त में समाजवाद के निर्माण के लिए संघर्ष से दूर चली जाय। ये 'क्रान्तिकारी' वास्तव में उस भारतीय शासक वर्ग की ही मदद करते हैं जो जनता को अपने जनवादी संघर्षों से पीछे ठेलने के लिए सामन्ती अवशेषों और साम्राज्यवादी दबावों से समझौता करके धर्मवाद, सम्प्रदायवाद, भाग्यवाद, अस्तित्ववाद, उपभोक्तावाद और कुलीनतावाद जैसे प्रतिक्रियावादी विचारों-संस्कारों को फैलाने में बड़े मनोयोग से लगा हुआ है।

क्या यह पूछना गलत होगा कि सत्ताधारियों और साम्राज्यवादियों के प्रचार से प्रेमपति जैसे 'मार्क्सवादी-लेनिनवादी' का प्रचार कहाँ अलग ठहरता है? इस प्रचार से जनता को लाभ होता है या उसके दुश्मनों को? समाजवादी रचना न सोवियत संघ में निर्दोष है, न किसी और देश में। लेकिन अपवादों को सामान्य नियम के रूप में "देख" कर प्रेमपति किसकी तरफदारी करते हैं—समाजवाद की या मनुष्यता के सबसे बड़े शत्रु साम्राज्यवाद की?

आप यह न समझें कि मैं मंशा आरोपित कर रहा हूँ। 27वीं पार्टी कांग्रेस में

मिखाइल गोर्वाच्येव ने सोवियत समाज और कम्युनिस्ट पार्टी में विद्यमान कमियों की कड़ी आलोचना की है; आम सुधार—खुलेपन और पुनर्संगठन (ग्लासनोस्त और पेरेस्त्रोइका)—की विराट प्रक्रिया शुरू की है; इस प्रक्रिया के एक छोटे-से विभाग के रूप में वोद्का के विरुद्ध सशक्त अभियान छेड़ा है। इस तरह सारी दुनिया के आगे यह मिसाल पेश की है कि अपनी दुर्बलताओं को स्वीकार करना और उन पर काबू पाने के लिए मनुष्य के सजग विवेक को जगाना—यह साहस सिर्फ समाजवाद में हो सकता है। प्रसिद्ध सोवियत कवि अफानासी फ्रेत की उक्ति को अक्षरशः चरितार्थ करने वाली यह प्रक्रिया हमें विश्वास दिलाती है कि "यद्यपि मनुष्य अमर नहीं है, पर जो कुछ मानवीय है, वह अमर है।"

(अभी हाल ही में अपनी अमरीका यात्रा के दौरान एन बी सी टेलीविज़न पर इंटरव्यू में गोर्वाच्येव ने अमरीका और सोवियत संघ के जीवन का अन्तर बताते हुए कहा था, "राष्ट्रीय आय के स्तर में यह देश प्रति व्यक्ति के आधार पर भी अमरीका से घटकर है। किन्तु सामाजिक गारंटियों की दृष्टि से हमारा समाज आपके समाज से कहीं ऊँचा है।" (1 दिसम्बर, 1987) इसी बातचीत में उन्होंने जनता को सामाजिक गारंटी मुहैया कराने वाली सोवियत कम्युनिस्ट पार्टी के बारे में कहा था, "पार्टी ने आलोचना की आँच को खुद अपने ऊपर झेला है। और यही है जनवाद।")

समाजवाद की शक्ति और आत्मविश्वास का स्रोत यही है कि मनुष्य के हित, विवेक और मूल्यवत्ता का श्रेष्ठतम वाहक समाजवाद है। इसीलिए सोवियत संघ साम्राज्यवादी दलालों की तरह स्मैक (हेरोइन) और एड्स का 'निर्यात' करने वाला देश नहीं है। लेकिन डी. प्रेमपति को इस सबसे कोई सरोकार नहीं है। वे वोद्का में ऐसे डूबे हैं कि उनकी दृष्टि में "वोद्का वजह नहीं, अंजाम है।" आप पूछेंगे, किस चीज़ का अंजाम है? सुनिये,

"तथ्यों की मदद से मैं साबित करने की स्थिति में नहीं हूँ कि सोवियत संघ में अब समाजवाद नहीं रहा अथवा वहाँ किसी खास किस्म का राज्य मोनोपली पूँजीवाद ला दिया गया है। **लेकिन मुझे लगता है** कि सोवियत रूस के सत्ताधारी वर्ग का राजनीतिक चिन्तन अब ऐसे आधार का सूचक बन गया है जो क्रान्तिकारी बदलाव के प्रति उतना प्रतिबद्ध नहीं रहा, जितना लेनिन के युग में था।" इत्यादि। (ज़ोर मेरा)

तथ्यों के अभाव में वोद्का का ही सहारा रह गया है! हालाँकि उन्हें इतना होश है कि वोद्का से समाजवादी निर्माण की विफलता का सम्बन्ध जोड़ना "खासा मज़ाक़ जैसा लग सकता है।" फिर भी उन्होंने यह मज़ाक़ इतनी गम्भीरता से किया है कि उनका मज़ाकिया—मसखरा—व्यक्तित्व छिप जाता है। मज़ाक़ के आगे तथ्य यों भी लाचार हो जाते हैं! यह बात अलग है कि आप उनके मसखरेपन को मार्क्स-एंगेल्स-लेनिन की राह से अलग 'अनुभव की प्रामाणिकता' वाला भावलोक

कहें। लेकिन इस कहा-सुनी के डर से क्या उन्हें जो 'लगता' है, उसे वे साहस के साथ सामने न लायें? तथ्य साथ न हों तो क्या, निर्जीव 'तथ्यों' की कैसी चिन्ता! सत्य तो वह है जिसे आपका मन माने!!

अपने इसी अनुभववादी मनोलोक से डी. प्रेमपति भारत के बारे में फरमाते हैं—सी पी आई (एम) ने हिन्दी क्षेत्र में अपनी धीमी प्रगति का दोष "जनसाधारण की अविकसित चेतना" के मत्थे मढ़कर "छुट्टी पा ली"। तथ्यों की जाँच करके प्रेम पति को यह पता लगाने की क्या ज़रूरत है कि सलकिया पूर्णाधिवेशन में सी पी आई (एम) ने इस बात के लिए अपनी सांगठनिक कमज़ोरियों की खुली और तीखी आलोचना की है। उसने एक कम्युनिस्ट पार्टी की तरह अपनी सीमाओं पर काबू पाने के लिए सचेत प्रयास किया है, इसीलिए धीमी गति से ही सही, हिन्दी क्षेत्र में सी पी आई (एम) की प्रगति आज एक अनुपेक्षणीय सत्य है। सम्भवतः यही कारण है कि अपने लेख में प्रेमपति ने उस पर पूरी-पूरी कृपा की है। उनकी एक और अनुभववादी 'खोज' यह है :

"आज ई.एम.एस. नम्बूदरीपाद बता रहे हैं कि द्वितीय विश्वयुद्ध के दौरान पार्टी ने गलती यह की कि जहाँ फासीवाद-विरोधी मोर्चे में शामिल होना सही था, वहाँ साम्राज्यवाद से गले मिलाना (?) प्रतिक्रान्तिकारी साबित हुआ।...लेकिन इतनी भयंकर गलती क्यों हुई, इसका विश्लेषण न सी पी आई ने किया और न ई एम एस ने। **अरुण शौरी को महज कोसते रहने से क्या फायदा।**"

नंबूदरीपाद ने ऐसा कहाँ कहा है कि कम्युनिस्ट पार्टी साम्राज्यवाद से गले मिल गयी थी? ऐसा कहने वाले कांग्रेसी नेता थे जो 1945-46 में कम्युनिस्टों की बढ़ती से घबराकर झूठे लांछन अभियान पर उतर आये थे। तथ्यों के अभाव में जिस तरह प्रेमपति का अनुभववाद आक्रामक हो उठा है, उसी तरह उनके मसखरेपन ने खालिस झूठ बोलने की छूट भी हासिल कर ली है। "गलती" जैसा मासूम शब्द रखकर कम्युनिस्टों को गद्दार घोषित करने की "शुद्ध" कला हिन्दुस्तान के उन सभी प्रतिक्रियावादी बुद्धिजीवियों के समूहगान में विकसित हुई है जिन्हें आज तक 'सन 42 के गद्दार' की रट के अलावा कम्युनिस्ट विरोधी प्रचार का दूसरा अस्त्र नहीं मिल सका है। इसीलिए इस रट की सुबकियाँ लेने वालों में विश्व बैंक के बदनाम चाकर अरुण शौरी जैसे पीत पत्रकार भी आ जुड़े हैं। अरुण शौरी और प्रेमपति में अन्तर सिर्फ यह है कि अरुण शौरी प्रामाणिक अनुसंधान का दावा करते हैं और प्रेमपति प्रामाणिक अनुभूति का।

ई एम एस ने बार-बार यह लक्षित किया है कि फासीवाद-विरोध पर एकतरफा ज़ोर देना और साम्राज्यवाद-विरोधी संघर्ष को थोड़ी देर के लिए दूसरे स्थान पर रखना गलत था। लेकिन "गलती" के बावजूद कम्युनिस्ट पार्टी साम्राज्यवाद के पीछे

नहीं लग गयी—जैसाकि प्रेमपति के सहयात्री कांग्रेसी नेताओं ने किया : 1946-47 के क्रान्तिकारी जन उभार के समय उन्होंने भारत के विभाजन की शर्त पर मुस्लिम लीग से समझौता करके अंग्रेज़ी हुकूमत को खुश किया और आज़ादी पाने से पहले ही अन्तरिम सरकार बनाकर गद्दी पर बैठ गये! अपनी "गलती" के बावजूद कम्युनिस्ट पार्टी बुद्धिजीवियों और जनता में बदनाम और अलग-थलग नहीं हुई—जैसा कि 1945-46 में उसके नेतृत्व में चले देशव्यापी क्रान्तिकारी संघर्षों ने साबित किया, जिन संघर्षों के भय से अंग्रेज़ों और कांग्रेसियों के 'अहिंसक' हृदय भारत की आज़ादी के लिए द्रवित हो उठे!

लेकिन इन बातों पर ध्यान देना अरुण शौरी और उनके अनुयायी नामुनासिब समझते हैं क्योंकि ये तो "तथ्य" हैं और तथ्य सदैव उनके लक्ष्यों के विपरीत पड़ते हैं। प्रेमपति ने ईएमएस को उतना ही बेझिझक होकर उद्धृत किया है जितना सोवियत संघ के "अनुभव" को। लेकिन आदतन अपने अनुभव को वे तथ्य से पुष्ट करने की ज़हमत मोल नहीं लेते क्योंकि उन्हें वास्तव में ये 'तथ्य' अरुण शौरी की लेखमाला से प्राप्त हुए हैं और इस लेखमाला के बाहर या डी. प्रेमपति की मनोभावनाओं के अतिरिक्त इन "तथ्यों" का कहीं अस्तित्व नहीं है।

(यह अनुभूतिवाद इतना क्रान्तिकारी है कि किसी भी सांसारिक चीज़ का उसे विचार नहीं है। अरुण शौरी जिस एक्सप्रेस समूह के कर्मचारी हैं वहाँ उनकी हमदर्दी मालिकों के पक्ष में और मजदूर वर्ग के विरोध में है। परिस्थिति आने पर उनकी हमदर्दी सक्रिय और आक्रामक भी हो उठती है। एक्सप्रेस समूह के मज़दूरों की हड़ताल को तोड़ने के लिए जैसे सरकार ने राजनीतिक बदले की कार्रवाई का ऐन यही वक्त चुना, वैसे ही अरुण शौरी का हमसाया बनकर डी. प्रेमपति के 'मार्क्सवादी-लेनिनवादी' साथियों ने भी गोयनका-प्रेम की अनुभूति में अपना कुल-शील भुला दिया और मज़दूरों के आमने-सामने मुठभेड़ की स्थिति में जा खड़े हुए! ऐसे 'बुद्धिजीवियों' में कौन 'खोजी' पत्रकार है और कौन कविता की 'लालटेन' जलाये है, यह अन्तर मज़दूर नहीं करता; वह घोषित पक्षधरता से नहीं, व्यवहार से निष्कर्ष निकालता है।)

भारतीय राजनीति में जो भूमिका और उपयोगिता कम्युनिस्ट पार्टी की है, विश्व राजनीति में वही सोवियत संघ की है। डी. प्रेमपति की, सभी कम्युनिस्ट विरोधियों की तरह, इन दोनों पर विशेष कृपा है। झूठ की दौड़ में अरुण शौरी की बराबरी करने की धुन में वे अपने अनुभूति-लोक से एक प्रमाण यह "खोज" लाये हैं कि सोवियत नेतृत्व का "काफी स्पष्ट कहना है कि तीसरी दुनिया के मुल्कों में कम्युनिस्ट पार्टियों की कोई खास ज़रूरत नहीं है।"

इस "तथ्य" से क्या वे हमें यह बताना चाहते हैं कि सोवियत पार्टी का इशारा होते ही भारत का कम्युनिस्ट आन्दोलन अपनी टाट उलट देगा? क्या वे एक

मार्क्सवादी की हैसियत से कम्युनिस्ट अन्तर्राष्ट्रीयतावाद से अपरिचित हैं जो दो सिद्धान्तों को प्राथमिक आधार बनाकर टिका है—पार्टियों के बीच विरादराना सम्बन्ध तथा समानता और मत स्वातंत्र्य? इसी सिद्धान्त से बँधकर वे एक-दूसरे से बातचीत करती हैं, विचारों में परस्पर निकट आती हैं। लेकिन, देश-विदेश की परिस्थितियों के मूल्यांकन में और अपने अस्तित्व में वे पूर्णतः स्वतन्त्र होती हैं। उनका सम्बन्ध दास-स्वामी का नहीं, भाईचारे का होता है।

प्रेमपति ने विस्तार से लिखा है कि सोवियत संघ पूँजीवादी शासकों से व्यापारिक सम्बन्ध गाँठे हुए है और इस सम्बन्ध में पैदा होने वाले निहित स्वार्थ की रक्षा के लिए मिस्र, इंडोनेशिया आदि मुल्कों में कम्युनिस्टों की हत्या के समय सत्ताधारियों को नैतिक मदद दे चुका है।

दुर्भाग्य से प्रेमपति के अनुभूतिवाद की बलवती प्रेरणा ने यहाँ भी वास्तविकता से मुँह चुराया है। वे लेनिन को क्रान्तिकारी मानते हैं। उन्हीं को पढ़ते तो जान जाते कि गैर-समाजवादी देशों से व्यापारिक और राजनीतिक सम्बन्ध के महत्त्व का निरूपण खुद लेनिन ने किया है। सोवियत व्यापार नीति का स्पष्ट और घोषित उद्देश्य है—साम्राज्यवाद-विरोध और परस्पर-लाभ के सिद्धान्त के आधार पर सहयोग।

इसी तरह, प्रेमपति यह भूल गये हैं कि मिस्र, इंडोनेशिया जैसे देशों की हुकूमतें जिस समय कम्युनिस्टों का कत्लेआम कर रही थीं, उस समय वे सोवियत संघ से दूर होकर अमरीकी साम्राज्यवाद के आर्थिक-राजनीतिक हितों की अन्तरंग सहयोगी बन रही थीं। और खुद भारत में आजकल जिस तेज़ी से साम्राज्यवाद-प्रेम का तूफान आया है, उसे कम्प्यूटर क्रान्ति, वेस्टलैंड हेलिकाप्टरों की खरीद, भारतीय 'संस्कृति' के उत्थान और धर्मोन्माद के रूपों में प्रकट होते देखा जा सकता है।

संस्कृति और सूचना-जगत में सरकार से जुड़े हुए और स्वायत्त, दोनों तरह के माध्यमों में साम्राज्य-प्रेम छलका करता है। विश्वविद्यालयों से लेकर सरकारी अफ़सरों के अधीन चलने वाले कला-संस्कृति के ट्रस्टों तक अमरीकी पैसे का फैलाव है। रेडियो और दूरदर्शन प्रसारणों में आज भी ब्रिटिश और अमरीकी स्रोतों से आयी हुई सामग्री की ही भरमार है। नयी दिल्ली में सातवें गुटनिरपेक्ष सम्मेलन के अवसर पर देश के 75 पत्रकारों ने अमरीकी विदेश-विभाग के सूत्रों के प्रस्ताव पर हस्ताक्षर करके गुटनिरपेक्ष आन्दोलन पर अपनी साम्राज्यवाद-विरोधी अन्तर्वस्तु और दिशा छोड़ने के लिए जो दबाव डालना चाहा था, वह निरर्थक या निरुद्देश्य नहीं था। उन पत्रकारों में एक श्री अरुण शौरी ने कम्युनिस्टों के 'ग्रेट बिट्रेयल' पर वह प्रसिद्ध लेखमाला लिखी थी जिसकी गूँज प्रेमपति की अनुभव-तरंगों में सुनायी देती है। इस लेखमाला के बाद, इंडियन एक्सप्रेस में वापस जाने के पहले, अरुण शौरी कुछ दिन 'टाइम्स आफ इंडिया' के सम्पादक मंडल में जिस महत्त्वपूर्ण स्थिति में रहे, वह उन्हीं दिनों

की घटना है, जब प्रेमपति ने यह लेख लिखा था। आशा करनी चाहिए, प्रेमपति का भगीरथ प्रयत्न निष्काम ही होगा!

सारे संसार में सोवियत संघ को मुजरिम की तरह पेश करने वाले प्रेमपति भारत में साम्राज्यवादी साज़िशों और उनसे उत्पन्न खतरों के प्रति चुप्पी साधे हुए हैं। वे यह भी छिपा ले गये हैं कि भारत समेत दुनिया भर के देशों में थोड़ी भी स्वतन्त्र नीति पर चलने वाले पूँजीवादी जनतन्त्रों को तहस-नहस करने का कुचक्र अमरीकी साम्राज्यवाद से अवश्य और अवश्य सम्बद्ध रहता है। उन्होंने यह भी नहीं देखा कि राजनीतिक हिंसा और आतंकवाद के सहारे टिका साम्राज्यवाद हमारे आसपास ही भंडारनायके से लेकर मुजीबुर्रहमान तक और भुट्टो से लेकर इंदिरा गाँधी तक के खून से किस तरह लथपथ है। हथियारों की होड़, विश्वयुद्ध की तैयारी, यहूदीवाद-नस्लवाद का समर्थन, हिंसा-तोड़फोड़ के ज़रिये स्वाधीन देशों को धमकाना-दबाना, स्वाधीनता आन्दोलनों को कुचल देना और संसार के सभी धर्मपरायण तानाशाहों को निरंकुश मदद देना—साम्राज्यवाद के ये करतब और मंसूबे भी प्रेमपति की दिव्य-दृष्टि से ओझल रहते हैं। वोद्का जैसे 'संजीदा यथार्थ' के आगे इन तुच्छ समस्याओं की क्या बिसात! सचमुच प्रेमपति का मसखरापन बेजोड़ है!!

शुक्र है कि चिली में हिंसा और दमन का, ग्रेनाडा पर अमरीकी हमले का श्रेय उन्होंने सोवियत संघ को नहीं दिया! यहाँ मसखरेपन से चूक जाने का कारण शायद यह है कि ये घटनाएँ अभी ताज़ा हैं। या, यह देखकर वे संयम बरत गये हों कि ग्रेनाडा गें अभी-अभी सारी दुनिया ने अमरीका और ब्रिटिश कामन वेल्थ के कुछ सदस्यों को नंगा देखा है। यह ध्यान रखना चाहिए कि ग्रेनाडा के टापू पर उपद्रव फैलाकर अमरीका को परोक्ष दावत देने वाले वे "वामपन्थी" अवसरवादी थे जिनकी भाषा से डी. प्रेमपति की ज़बान बहुत मिलती-जुलती है।

हम यह नहीं कहते कि सोवियत संघ ने गलतियाँ नहीं कीं। देशी मोर्चे पर 1961 से गलतियों के स्रोत उद्घाटित करके सोवियत पार्टी ने अपनी 27वीं कांग्रेस में समाजवाद को अधिक निर्दोष बनाने की दिशा में नये संकल्प का परिचय दिया है। अन्तर्राष्ट्रीय मोर्चे पर तीसरी दुनिया के गैर-कम्युनिस्ट सत्ताधारियों की साम्राज्यवाद-विरोधी सम्भावनाओं के आकलन में उसने कहीं-कहीं गलतियाँ की हैं। ऐसी गलतियाँ भारत के सम्बन्ध में भी हुई हैं।

लेकिन वह अपनी भूल किस तरह सुधारता है, उसे नज़रअंदाज़ करके पवित्रतावादी-अनुभववादी तर्क से वार करना बेहद उद्देश्यपूर्ण जान पड़ता है। क्या प्रेमपति को यह भी याद दिलाना होगा कि अभी हाल में, कांग्रेस शताब्दी के मौके पर सोवियत पार्टी का एक प्रतिनिधिमंडल आया था। इसके नेता थे प्रसिद्ध दार्शनिक जी. अफनास्येव, जो 'मार्क्सवादी दर्शन' जैसी विश्वविद्यालय पुस्तक के रचयिता भी

हैं और सोवियत पार्टी के मुख्यपत्र 'प्राबदा' के सम्पादक भी। वापसी में दिल्ली की अपनी एक प्रेस कान्फ्रेंस में उन्होंने दो-टूक शब्दों में घोषणा की :

"भारत में हमारी बिरादराना पार्टी है और वह है कम्युनिस्ट पार्टी। भारतीय शासन के साम्राज्यवाद-विरोधी रुख से हमारी मैत्री है। लेकिन, हम, कम्युनिस्ट पार्टी के सदस्य, अपने महासचिव को कामरेड गोर्वाच्येव कहते हैं जबकि आपके प्रधानमन्त्री (राजीव गाँधी) उन्हें मिस्टर गोर्वाच्येव कहते हैं।"

क्या इस अन्तर को हमें भूल जाना चाहिए? अफनास्येव की बात को अधिक विस्तृत रूप में, प्रामाणिक और सैद्धांतिक स्तर पर सोवियत पार्टी की 27वीं कांग्रेस की दस्तावेज़ों में देखा जा सकता है। बार-बार पूँजीवादी देशों में काम कर रही कम्युनिस्ट पार्टियों की कठिनाइयों का, उनके साथ दूरगामी लक्ष्य की समानता पर आधारित सोवियत पार्टी की मैत्री का जो उल्लेख हुआ है, वह इस बात को अकाट्य रूप में सिद्ध कर देता है कि सोवियत संघ तीसरी दुनिया की कम्युनिस्ट पार्टियों को, उसकी भूमिका और औचित्य को किस दृष्टिकोण से देखता है।

इतना ही नहीं, कांग्रेस शताब्दी के मौके पर सोवियत विद्वान अक्लेसांद्र चिचेरोव की पुस्तक प्रकाशित हुई 'जवाहर लाल नेहरू ऐंड इंडियन नेशनल कांग्रेस'। इसमें उन्होंने नेहरू के समाजवादी दौर से लेकर पूँजीवादी सत्ता के नेता बनने तक का विकास ही नहीं दर्शाया है, बल्कि इस विकास यात्रा के पड़ावों में ढुलमुलपन की, उनकी पूँजीवादी नीतियों की भी स्पष्ट आलोचना की है। नेहरू कांग्रेस के वामपन्थी गुट के नेता थे। उनके विकास का सम्बन्ध स्वाधीनता आन्दोलन के उतार-चढ़ाव और उसमें कांग्रेस की भूमिका से है। स्वाधीनता आन्दोलन के दौरान और बाद को कांग्रेसी नेतृत्व के ढुलमुलपन और अवसरवाद की भी इस पुस्तक में पर्याय आलोचना की गयी है।

इससे भी तीसरी दुनिया के गैर-कम्युनिस्ट सत्ताधारियों के बारे में ही सोवियत रवैया स्पष्ट नहीं होता बल्कि उन देशों में कम्युनिस्ट पार्टियों की आवश्यकता और भूमिका के बारे में भी रोशनी पड़ती है। सम्भव है, उनके विचारों से हम शत-प्रतिशत सहमत न हों, हम अपनी आलोचना में अधिक विस्तृत और आक्रामक हों, पर हम अपना स्वतन्त्र विश्लेषण और मूल्यांकन कर सकते हैं, उससे हमें किसने रोका है? खुद सोवियत विद्वानों के बीच भी ऐसे प्रश्नों पर तीव्र और स्पष्ट मतभेद है। चिचेरोव के समान्तर उल्यानोव्स्की का स्मरण कर लेना पर्याप्त होगा। असम्भव नहीं है कि विद्वानों के बीच इस मतभेद का कुछ सम्बन्ध नेतृत्व में दृष्टिकोणों की भिन्नता से हो।

कांग्रेस शताब्दी से कई साल पहले प्रो. पूरी खारिन ने 'फंडामेंटल्स ऑफ डाइलेक्टिक्स' पुस्तक में पंजाब आदि पश्चिमी प्रान्तों में चलायी गयी "हरित क्रान्ति" का ठोस उदाहरण देकर समझाया है कि भारत जैसे विकासशील देश में

सामन्त-विरोधी भूमि सुधार लागू किये बिना पूँजीवादी सम्बन्ध और प्रणाली थोपने तथा आधुनिकीकरण करने से गाँव के गरीब तबाह होकर बेसहारा बनते जाते हैं।

प्रेमपति चाहें तो अमरीकी प्रचार सामग्री के अलावा अन्य स्रोतों से भी अपना अनुभव लोक समृद्ध कर सकते हैं। तब उन्हें यह भी समझ में आयेगा कि इन बेसहारा लोगों की नयी फौज पश्चिमी क्षेत्रों में, खासकर पंजाब में, जिस तेज़ी से पनपी है, उससे खालिस्तान समस्या का सम्बन्ध है या नहीं। इन बेसहारा लोगों के असन्तोष को आतंकवाद की ओर मोड़ने वालों में उन व्यापारियों की भूमिका सबसे महत्त्वपूर्ण है जो एक्सपोर्ट-इम्पोर्ट के धन्धे में अमरीका आदि देशों से दलाली का पैसा खाते हैं। यह ध्यान देने लायक है कि हरित क्रान्ति और 'यंग इंटरप्रोन्योर्स' के नाम पर एक्सपोर्ट-इम्पोर्ट के धन्धे का विस्फोट—ये दोनों क्रान्तियाँ पंजाब में ही की गयीं जो पाकिस्तानी सीमा से जुड़ा है।

भारतीय शासक वर्ग इस तरह के कार्य जितना देशी पूँजीवाद को संकट से उबारने के लिए करता है, उतना ही साम्राज्यवादी दबाव के कारण भी करता है। भारत को दी जाने वाली आर्थिक सहायता का "दबाव" डालकर भारत को "कम्युनिज़्म की विभीषिका" से बचाने के लिए तथा अपनी "स्वतन्त्र विदेश नीति से हटने" को बाध्य करने के लिए सुविचारित प्रयत्य आइज़नहावर प्रशासन के काल से ही ज़ारी है।

स्पष्ट ही, यह दबाव सिर्फ आर्थिक विकास में परिलक्षित नहीं होता। वेल्टलैंड हेलीकाप्टर की निरर्थक खरीद के लिए ब्रिटिश दबाव, वनविकास के नाम पर धरती को बंजर बनाने वाले युकिलिप्टस के जंगल लगाने के लिए विश्व बैंक का दबाव, देश के भीतर आतंकवाद उकसाने और इस कार्य में पड़ोसी देशों के शासक वर्गों का हर प्रकार से उपयोग करके भारत को स्वतन्त्र रास्ते से डगमगा देने का दबाव, अपने कृत्य को उचित ठहराने के लिए अन्तर्राष्ट्रीय सम्मेलनों में 'रीजनल नेशनैलिटी' और 'ट्राइबल कांशसनेस' (क्षेत्रीय राष्ट्रवाद और आदिम कवाइली चेतना) आदि को गौरवान्वित करके भारतीय बुद्धिजीवियों में पश्चिमी हितों के प्रति अनुकूलता पैदा करने वाला सांस्कृतिक दबाव—ऐसे बहुत से रूप हैं साम्राज्यवादी दबाव के जिन्हें इस समय हमारा देश झेल रहा है।

इन दबावों को निरस्त करने के लिए जनशक्ति को जाग्रत और संगठित करना ज़रूरी है। यह कार्य अपनी तमाम सीमाओं के भीतर वामपन्थ ही कर रहा है। कांग्रेसी सरकार इस मामले को प्रशासनिक स्तर पर ही सुलझा लेना चाहती है—और इस प्रशासन में विदेशी एजेंट किस तरह भरे हैं, इसका रहस्योद्‌घाटन रोज़-रोज़ होता जाता है।

सरकार इस परिस्थिति का सामना करने में जिस तरह जनता की भूमिका के प्रति उदासीन है, उसी तरह वामपक्ष के प्रति भी है। विपक्ष में उसे भारतीय जनता पार्टी

के सिवा कोई दल दिखता ही नहीं क्योंकि भाजपा ही उसके हिन्दू इरादों के अनुकूल त्रिशूलधारी सेवाएँ तैयार कर रही है; क्योंकि भाजपा ही सरकारी सुर की संगत देते हुए अशांत प्रदेशों के सैनिक समाधान के रास्ते की माँग कर रही है; क्योंकि भाजपा ही देशव्यापी स्तर पर हिन्दूवाद का झंडा उठा कर जनता को विभाजित करने और उसके जनवादी संघर्षों को कुचल देने में सरकारी नीति की सहायता कर सकती है। यह "सांस्कृतिक" नीति भी साम्राज्यवाद से मेल-मिलाप का फल है।

ऐसी स्थिति में वामपक्ष पर, खासकर कम्युनिस्ट पार्टी पर हमला करते हुए प्रेमपतियों का आगमन बहुत से कहे-अनकहे पक्ष उजागर कर देता है। यही कारण है कि वे अन्तराष्ट्रीय मामलों में साम्राज्यवाद को बेदाग छोड़कर सोवियत संघ को हमले का लक्ष्य बनाते हैं। और अपने इस "मज़ाक़" में वे न सिर्फ़ तीसरी दुनिया के देशों के प्रति सोवियत रवैये के बारे में झूठ बोलते हैं, बल्कि स्वाधीनता आन्दोलनों को प्रेरणा और सहायता देने में, नवस्वाधीन देशों की प्रगति और सुरक्षा में सोवियत भूमिका को भी अँधेरे में ठेल देते हैं।

उन्हें समाजवादी देशों को दी गयी बिरादराना सोवियत सहायता भी नहीं दिखायी देती—न चीन की क्रान्ति में सोवियत सहायता दिखती है, न क्यूबा की अस्तित्व रक्षा में उसकी भूमिका; न वियतनाम के शूरता भरे संग्राम में सोवियत हिस्सेदारी के दर्शन होते हैं, न कोरिया के निर्माण में उसकी शिरकत के; न अफगानिस्तान के संकट में सोवियत भाईचारा प्रत्यक्ष होता है, न साम्राज्यवादी कुचक्र के खिलाफ पोलिश जनता के साथ उसकी भागीदारी का ही अनुभव होता है!

दुनिया में जहाँ भी समाजवाद आया या बचा रहा, वहाँ किसी-न-किसी रूप में सोवियत संघ की हिस्सेदारी भी रही। इस कार्य में अमरीकी साम्राज्यवाद के साथ उसका अन्तर्विरोध भी रहा। इसलिए अपनी तामा आन्तरिक सीमाओं और विकृतियों के बावजूद विश्व की शान्ति और प्रगति में सोवियत संघ की गौरवशाली भूमिका रही है।

यह सब न देखना-दिखाना संयोग नहीं है। दरअसल, सोवियत संघ की यह भूमिका साम्राज्यवाद को फूटी आँख नहीं सुहाती और इन्हीं आँखों की ज्योति लेकर विश्वदर्शन करने वाले प्रेमपति और उनके सहयात्री अनोखे सिद्धान्त गढ़ते हैं। ऐसा ही एक सिद्धान्त है समाजवादी देश में "राज्य मोनोपनी पूँजीवाद" की स्थापना! पूँजीवाद वर्ग-विभक्त समाज है। इसलिए सोवियत संघ में वर्ग-विग्रह की "खोज" ज़रूरी है। प्रेमपति अनुभूति-लोक से "खोज" लाये कि वहाँ एक वर्ग है "नौकरशाही" और दूसरा है श्रमिक जो राजनीतिक चेतना से शून्य होकर वोद्का के महासागर में डुबकियाँ लगा रहा है! शायद वोद्क के ही कारण सोवियत संघ ने इतनी प्रगति कर ली है कि 1917 में "कम्युनिज़्म को धकेल बाहर करने" (रोल बैक कम्युनिज़्म) का

हौसला रखने वाले साम्राज्यवादी आज 1987 (अब '88) में अपनी तमाम शरारतों के बावजूद उससे शस्त्र परिसीमन वार्ता के लिए विवश हो जाते हैं!

मार्क्सवाद का प्रारम्भिक विद्यार्थी भी यह जानता है कि वर्ग-विरोध उत्पादन की प्रक्रिया में तभी उत्पन्न होते हैं जब उत्पादन के साधनों पर श्रम करने वाले और हों तथा उन साधनों पर मिल्कियत किसी और की हो। नौकरशाही कितनी भी सुदृढ़ क्यों न हो, वह स्वतन्त्र वर्ग नहीं होती; समाज में जिस वर्ग का वर्चस्व है, उसके हितों की रक्षा करने का निमित्त भर होती है। नौकरशाही की जो भी विकृतियाँ हों, उनका कुप्रभाव वर्ग-शासन को पलट नहीं सकता, हानि चाहे पहुँचाये।[1]

स्वभावतः जब तक समाज में पूँजीपतियों का एकाधिकार न हो तब तक राजसत्ता खुद एकाधिकारी पूँजीवाद का चरित्र नहीं धारण कर सकती क्योंकि राजसत्ता स्वयं निरपेक्ष और पूर्ण स्वायत्त संगठन न होकर समाज के वर्ग-सन्तुलन को व्यक्त करने वाला तन्त्र है। अपने अनुभूतिवाद को उचित ठहराने के लिए प्रेमपति भले यह सिद्धान्त पेश करें कि "यदा-कदा स्वयं अधिरचना (राजसत्ता, कानून, राजनीति, विज्ञान आदि–अ.ति.) भित्ति पर हावी हो जाती हैं।" लेकिन मार्क्सवाद के अनुसार, अधिरचना की अपने आर्थिक आधार से निरपेक्ष और स्वतन्त्र सत्ता या गतिविधि नहीं होती; अधिरचना आर्थिक आधार को प्रभावित जरूर करती है लेकिन उस पर हावी नहीं होती क्योंकि वह खुद आर्थिक आधार की उपज है और इसलिए वह अन्ततोगत्वा अपने आधार के अनुरूप ही रहने को बाध्य है।

भौतिक आधार को चेतना के अधीन लाकर प्रेमपति ने मार्क्सवादी विज्ञान को भाववादी "दार्शनिकता" से ओतप्रोत कर दिया है। उन्होंने भौतिकवादी दर्शन में अनुभववादी **संशोधन** कर दिया है!!

इस क्रान्तिकारी चिन्तन को "सृजनात्मक" व्यवहार में उतारने वाले क्रान्तिवीर भारत के कम्युनिस्ट आन्दोलन में नया अध्याय जोड़ रहे हैं। इन क्रान्तिवीरों की छिटपुट गतिविधियों को अद्वितीय-अनुपम बनाकर पेश करते हुए प्रेमपति ने लिखा है, "जो बिहार में हो रहा है वह मार्क्सवाद की सृजनात्मक व्याख्या है और इसी वजह से हिन्दी जनमानस आज पहली बार क्रान्तिवीरों की पदचाप सुन रहा है।"

नक्सलवादी कहे जाने वाले ये क्रान्तिवीर बिहार के गाँवों में भूमिहीनों के नाम पर वर्ण-संघर्ष संगठित कर रहे हैं और व्यक्तिगत आतंक के सहारे राजसत्ता को

---

1. इस शासन को पलटने का काम किया पार्टी के अंदर विसर्जनवादियों की फौज ने, जो वामपन्थी स्वर अपनाकर राजनीतिक सत्ता के शीर्ष पर पहुँची और भीतर घात करने के बाद उसके विरोधी बन गये तथा समाजवाद को तहस-नहस करने लगे। इसके लिए अमरीका से पैसा भी वसूल रहे हैं।

पलट देना चाहते हैं। इस तरह, सवर्ण-अवर्ण के आधार पर गाँव के गरीबों में फूट डाल रहे हैं तथा ज़मींदारों और उनके हितों के रक्षक सरकारी तन्त्र को दावतनामा दे रहे हैं कि वह आये और जनवादी प्रतिरोधों को भी कुचल डाले, जनता पर पुलिस-प्रशासन-ज़मींदार का निर्मम, पाशविक दमन तेज़ कर दे—ठीक वैसे, जैसे ग्रेनाडा में!

अवश्य ही यह मार्क्सवाद का 'सृजनात्मक' विकास है! हम प्रेमपति के आभारी हैं कि 'वर्तमान साहित्य' के पन्नों पर उपस्थित होते समय उन्होंने वर्णवादी शूरवीरों के पदचाप से उड़ी धूल का चन्दन-टीका लगाकर अपने राजनीतिक कुलशील का परिचय दे दिया है। हमें उनका और भी आभारी होना चाहिए कि उन्होंने कांग्रेसी नेताओं से लेकर अरुण शौरी तक, अपने सभी रंग के सहयात्रियों से अपने अनुभूति-लोक का सम्बन्ध जताकर हम सब का उपकार किया है।

जनसंस्कृति मंच : दशानन का एक मुखड़ा

साल भर हुआ, 25-27 अक्तूबर 1985 के बीच दिल्ली के एक सभागार में, शासकवर्ग के 'निरंकुश रवैये' के विरुद्ध पूर्णतः वैधानिक रूप में, बड़े धूमधाम से ज़िन्दाबाद के नारों और 'तालियों की गड़गड़ाहट' के साथ, जनसंस्कृति मंच 'अस्तित्व में' आ गया था। (**जनसंस्कृति, लखनऊ,** जून 86, पृ. 4)

प्रगतिशील लेखक संघ (प्रलेसं) और जनवादी लेखक संघ (जलेसं) नाम के दो संगठन मौजूद थे। फिर भी नये मंच की ज़रूरत पड़ी। मंच के नेता मैनेजर पांडेय समझते हैं कि प्रलेसं और जलेसं प्रगतिशील और जनवादी लेखकों के व्यापक संगठन न होकर क्रमशः भारतीय कम्युनिस्ट पार्टी और भारत को कम्युनिस्ट पार्टी (मार्क्सवादी) के लेखक संगठन हैं। (**कदम-4,** पृ. 24) दोनों पार्टियाँ चूँकि शासक वर्ग की खुली या ढँकी सहायक हैं, इसलिए दोनों लेखक संघ भी उसे 'सहयोग' देते हैं। (**जनसंस्कृति,** जून 86, पृ. 16) सच्ची क्रान्तिकारिता का पूर्ण अभाव है!

प्रलेसं और जलेसं कम्युनिस्ट पार्टियों के लेखक मंच हों, न हों, यह स्पष्ट है कि जनसंस्कृति मंच का सम्बन्ध गुट-गुटांतरों में बँटे हुए नक्सलपंथियों से है। मंच के नेता इसे छिपाते भी नहीं हैं। 'घोषणापत्र' में आज़ादी के बाद की परिस्थितियों का मूल्यांकन करते हुए स्पष्ट कर दिया गया है कि 1967 में 'नक्सलवादी' क्रान्ति की जो 'जनभावना' उबाल पर थी, वह पलक झपकते 'देश के विभिन्न हिस्सों में जंगल की आग की तरह फैल गयी और जिसने इस व्यवस्था की जड़ें हिला दीं।' (उप. पृ. 15)

इस आग में क्रान्ति के परवाने खुद भी न जल जाते तो व्यवस्था ढह गयी होती। व्यवस्था ढह जाती तो संघर्ष किससे करते? इसलिए जो हुआ, सौभाग्य से अच्छा ही हुआ! लेकिन, कुछ ही दिन बीते थे कि व्यवस्था धीरे-धीरे 'हावी' होने लगी। राजनीति में तो जड़ें हिल गयी थीं, इसलिए उसने संस्कृति को अपनी छाया में ले लिया, 'जब हम आज अपने समाज पर हावी संस्कृति की ओर नज़र दौड़ाते हैं, तो पाते हैं कि वह महज शासक वर्ग के हितों की सेवा करती है।' (उप. पृ. 14)

क्रान्तिकारी लोग हर परिस्थिति से सही शिक्षा लेते हैं। 1967 के क्रान्तिकारी

भी धूल झाड़ते हुए उठ खड़े हुए और संस्कृति के मैदान में शासक वर्ग से लोहा लेने उतर पड़े।

मार्क्स-एंगेल्स कहते थे कि साहित्य-संस्कृति वगैरह अपने सामाजिक-आर्थिक प्रक्रियाओं द्वारा ही निर्धारित होते हैं। 'क्रान्तिकारियों' ने अपनी तात्कालिक ज़रूरत के अनुसार मार्क्स-एंगेल्स की समझ में यह रचनात्मक विकास कर दिया कि 'कला, साहित्य और संस्कृति के विकास पर ही आर्थिक, राजनीतिक बदलाव और राष्ट्रीय गौरव निर्भर करता है।' (श्री राणाप्रताप, उप. पृ. 37)

पता नहीं आदिमानव असभ्य दशा से निकलकर सभ्य दशा में कैसे पहुँचा होगा क्योंकि तब उसके पास सामाजिक बदलाव लाने के लिए साहित्य-संस्कृति का आधार था ही नहीं, इन्हें उसने सभ्य होने के साथ अर्जित किया! हाँ, विकास-यात्रा की यह गुत्थी कुछ-कुछ 'जनसंस्कृति' के सलाहकार सम्पादक डॉ. अवधेश प्रधान ने सुलझायी है :

'वाल्मीकि हमारे आदिकवि हैं और हम उनके वंशज। कवि से पहले वे एक लुटेरे थे।...होठों पर कविता की बजाय मारो-काटो की ललकार थी...वह लूटते-पाटते और हत्या करते थे।' (अप्रैल-जून 85, पृ. 13)

वंशजों ने आदि पुरुष से ऐसा तादात्म्य स्थापित किया मानो 67 से 85 के बीच इतिहास ने खुद को दोहराया हो! लेकिन इस बार यह आवृत्ति ट्रैजिक हैं या कॉमिक, इसका निर्णय कठिन है।

भावना का विस्फोट

सुसंस्कृत होने के बाद भी पुराने अभ्यास सरलता से नहीं छूटते, नया ज्ञान भले उदित होता है। ऐसा ही एक ज्ञानोदय हुआ कि संस्कृति की राह राजनीति की तरह सीधी सपाट नहीं है कि चलते चले जाइये, बल्कि शासक वर्गों से 'जुड़े हुए संस्कृतिकर्मी बहुत ज़्यादा संगठित हैं।' (उप. पृ. 3) इसलिए पहले से ज़्यादा ज़रूरी है कि जनसंस्कृति के प्रतिनिधि अनेक छोटे-छोटे गुटों में विभक्त रहें! शासक वर्ग कितनों को कहाँ-कहाँ दबोचेगा! इसी को संस्कृति में गुरिल्ला-युद्ध की रणनीति कहते हैं। यह रणनीति बड़ी क्रान्तिकारी होती है। इसमें भावना हिलोरें लेती रहती है। कब क्या उलटफेर हो जायेगा, कहना कठिन है।

मसलन, एक कहता है, पिछली स्थितियों वाले क्षेत्रों में (और देश के अधिकांश क्षेत्र ऐसे ही हैं) 'लोगों को अभी यह समझने की ज़रूरत है कि जो जीवन वे जी रहे हैं, वह वास्तव में जीने लायक नहीं है।' (गुरशरण सिंह, जनसंस्कृति, जून 86, पृ. 7) दूसरा कल्पना करता है कि उसने लोगों को इतना समझा दिया है कि 'ले मशालें चल पड़े हैं लोग मेरे गाँव के!' (उप. पृ. 3)

एक लिखता है, 'नामीबिया की जनता दक्षिण अफ्रीका के औपनिवेशिक शासन से मुक्ति के लिए 1966 से सशस्त्र संघर्ष चला रही है।' मगर, अपने क्रान्तिकारी उबाल में उसके संघर्ष को तुच्छ ठहराते हुए दूसरा कहता है, 'तुझको हक है, अब उठा हथियार ओ नामीबिया।' (उप. अप्रैल-जून 85, पृ. 10)

कहीं-कहीं तो परिभाषाएँ और धारणाएँ भी उलट-पुलट गयी हैं। सामाजिक-आर्थिक आधार से साहित्य संस्कृति के सम्बन्ध की मिसाल ऊपर आपने देखी। 'घोषणापत्र' में भी विनोद की ऐसी सामग्री कम नहीं है। कहीं आपको शासक वर्गों की निरंकुशता के दर्शन होंगे, कहीं 'शासक गिरोह' के! (उप. जून 80, पृ. 15)

वर्ग और गिरोह का भेदभाव शायद इसलिए मिट गया है कि राजनीति में जड़ें हिल जाने से शासक वर्ग 'गिरोह' बनकर रह गया है और संस्कृति में हावी होने के नाते संगठित रूप में है। इसलिए यह उलटबाँसी नहीं, 'क्रान्तिकारी भावना' है! चूँकि आर्थिक-राजनीतिक बदलाव निर्भर है संस्कृति पर, इसलिए शासक 'गिरोह' को पछाड़ देने से भी तब क्या फायदा जब तक संस्कृति की रणभूमि में उसे न पछाड़ें। यह दूसरा ज्ञानोदय है!

क्रान्तिकारी ज्ञानोदय के इस अटूट क्रम में उन 'जनवादियों' पर क्रोध आना उचित ही है जो 'इन बुरी परिस्थितियों के खिलाफ संगठित होकर खड़ा होने के लिए नहीं, बल्कि साहित्य के नये रूपों के अन्वेषण पर ज़ोर दे रहे हैं।' (राणाप्रताप, उप. पृ. 40)

कितनी पवित्र 'भावना' है! परिस्थितियाँ कहती हैं संगठित होकर खड़े हो जाओ, कलम उठाकर 'मारो-काटो की ललकार' मचा दो ('गोली दागो पोस्टर'!) और 'जनवादी' लेखक कहते हैं कलात्मक विविधता और सुरुचि का परिचय दो! इससे ज़्यादा व्यवस्था-पोषक बात क्या हो सकती है! ऐसे लोगों से मेल-मिलाप? राम-राम! 'क्रान्तिकारी' बन्धुओं की पवित्र भावना रत्ती भर अपवित्रता नहीं बर्दाश्त करती।

एक मिसाल काफी होगी।

डॉ. अवधेश प्रधान ने देखा कि भारत की शासन-सत्ता 'नेहरू सरकार' के समय से ही 'फासिस्ट चेहरे की पहचान' कराती रही है, उसका यह चेहरा 'आपातकाल के दिनों में खुलकर सामने आ गया।' (उप. अप्रैल-जून 85, पृ. 15) डी. प्रेमपति ने भी अनुभव किया कि 'हमारे देश में जो फासिज़्म आ रहा है' उसका सबूत है भोपाल गैसकांड। (उप., पृ. 10)

भारतीय सत्ता फासिस्ट है—इस 'सिद्धान्त' पर दोनों में मैत्री हुई। उन्होंने मिलजुलकर मंच की स्थापना की। ऐसी भागीदारी को प्रोत्साहन देने के लिए घोषणापत्र में लिखा गया कि 'जनसंस्कृति मंच किसी राजनीतिक संगठन का घटक नहीं है।' (उप. जून 86, पृ. 18)

मंच स्थापित हो गया तो मतभेद उभरने लगे। डॉ. प्रधान के यहाँ फासिज़्म कायम है नेहरूयुग से, प्रेमपति के यहाँ अभी वह 'आ रहा है।' यह सूक्ष्म मतभेद इतना बढ़ा कि मंच बने देर न हुई, मैत्री भंग हो गयी। इस तरह, सिद्धान्तनिष्ठ परिपक्वता से छोटे-छोटे गुट संगठित शासक वर्ग को परास्त कर रहे हैं। बताइए, क्रान्तिकारी भावना के बिना ऐसे चमत्कार सम्भव हैं? अगर आपको इन मित्रों की सफलता में सन्देह हो तो खुद को टुटपुंजिया सन्देहवाद से उबरिए और कमाल देखिए।

'घोषणापत्र' के शुरू में तरह-तरह के 'सामन्ती संस्कृति के रूपों' के साथ बहुमुखी 'औपनिवेशिक-पूँजीवादी संस्कृति' का 'अपवित्र गठबन्धन' इतना दृढ़ है कि शासक वर्ग की संस्कृति 'हावी' है। (उप. पृ. 14) थोड़ा आगे चलकर क्रान्तिकारी भावना ने कहा, 'छू-मन्तर!' और यह सारा तामझाम धराशायी हो गया। शासक वर्ग 'नये सिरे से सामन्ती तथा औपनिवेशिक-पूँजीवादी मूल्यों के बिखरते सूत्र जोड़ने' और 'अपने को सांस्कृतिक क्षेत्र में पुनर्गठित' करने में लग गया! (उप. पृ., 16-17)

ऐसे चमत्कारों का सिलसिला अनन्त है।

पवित्र तालमेल

जहाँ मंच के नेतागण सत्ता के प्रभुत्व से ऐसा चमत्कारी खेल खेल रहे हों, वहाँ साहित्य में नये रूपों की बात अवश्य ही प्रतिक्रियावादी है! बात आखिर रूप की ही है न! रूपवान लोग रूप की चिन्ता नहीं करते। चिन्ता करे वह जिसका रूप बिगड़ गया है। आपने 'रूपवाद' न कहा, 'नया रूप' कहा। क्या अन्तर है! इसीलिए सात्विक क्रोध से ललकार कर गोरख पांडेय ने कहा, 'कुछ लोग प्रगति व जनवाद के नाम पर शासक वर्ग के इस सांस्कृतिक हमले में सहयोग दे रहे हैं।' (उप., पृ. 9)

चूँकि संस्कृति की राह सरल नहीं है, सभी से एक साथ लड़ना सम्भव नहीं है, इसलिए यहाँ संयुक्त मोर्चा बनाना पड़ता है। मोर्चे के लिए साथी चुनना हँसी-खेल नहीं है—खासकर तब, जब भावना की शुद्धता एकमात्र कसौटी हो!

इस सिलसिले में 'क्रान्तिकारी' रणनीति निर्धारित करते हुए मंच का घोषणापत्र कहता है, चूँकि 'प्रगतिशील लेखक संघ ने शासक वर्ग को सहयोग देना अपना प्रमुख लक्ष्य बनाया', इसलिए उसके बारे में भ्रम की गुंजाइश नहीं है; जनवादी लेखक संघ प्रच्छन्न रूप में 'शासक वर्ग की ज़रूरत' पूरी करता है, इसलिए वह कहीं अधिक खतरनाक है। (उप., पृ. 16)

इस सैद्धांतिक आधार पर व्यावहारिक दाँवपेंच निकालते हुए मंच के सशस्वी नेता मैनेजर पांडे ने सुझाया, 'प्रलेसं के साथ दूसरे वामपन्थी बुद्धिजीवियों के तालमेल की गुंजाइश है भी तो जलेसं के साथ ऐसी बात नहीं है।' (**कदम-4**, पृ. 24)

जलेसं के विरुद्ध इस तरह का तालमेल जवाहरलाल नेहरू विश्वविद्यालय के

हिन्दी विभाग की विशेष परिस्थितियों में और भी अपरिहार्य हो जाता है। तालमेल का क्रियान्वित रूप देखा गया ज. सं. मंच के स्थापना सम्मेलन में। कविवर श्री केदारनाथ सिंह स्वागताध्यक्ष बनाये गये। वे प्रलेसं के महत्त्वपूर्ण सदस्य हैं—लखनऊ के स्वर्ण जयन्ती समारोह में उन्होंने एक सत्र का संचालन भी किया था। यहाँ, सद्भावना का उत्तर सद्भावना से देते हुए उन्होंने अत्यन्त 'विश्वास' के साथ कहा, 'मैं यह मानकर चलता हूँ कि हमारा यह मंच—जनसंस्कृति मंच—इस तरह का वृहत्तर मंच बन सकेगा।' (जनसंस्कृति, जून 86, पृ. 6)

श्री सिंह जे. एन. यू. गुट के उन प्रगतिशीलों में हैं जो शासक वर्ग से सहयोग ही नहीं करता, इस सहयोग के अनुपात में साम्राज्यवाद के प्रति ढुलमुल रुख भी अपनाता है। यह गुट लखनऊ में स्वर्ण जयन्ती मनाने के लिए कांग्रेस सरकार से दो लाख रुपये की सहयोग राशि लेता है और भारत भवन (भोपाल) के कार्यक्रमों में शामिल होकर अमरीका की यात्रा करने में भी नहीं झिझकता। यह गुट मध्य प्रदेश प्रलेसं के उस प्रस्ताव को भी ठेंगा दिखाता है जिसमें प्रलेसं के सभी सदस्यों से अपील की गयी है कि वे फोर्ड फाउंडेशन की धनराशि से कार्यक्रम चलाने वाले भारत भवन का बहिष्कार करें।

ज. सं. मंच के नेता इस गुट के साथ मज़े में तालमेल बिठाते हैं। यह तालमेल शासक वर्ग के विरुद्ध कितना है, जलेसं के विरुद्ध कितना, इस पर आप विचार करें। जैसे मंच में सम्मिलित विभिन्न घटकों की एकता का कोई सैद्धांतिक या वैचारिक आधार नहीं है, वैसे ही इस तालमेल का कोई सकारात्मक आधार नहीं है। नकारात्मक आधार पर कायम एकता और मैत्री अवसरवाद से अलग नहीं है। मंच के नेता प्रलेसं को घोर सत्ता समर्थक बताकर उससे एकता कायम करते हैं, इससे यह स्पष्ट होता है कि वामपन्थी अवसरवाद और दक्षिणपन्थी संशोधनवाद एक सिक्के के दो पहलू हैं, वे चाहे राजनीति में हों या संस्कृति में।

साम्राज्यवादी रणनीति

वर्तमान भारतीय जीवन का प्रधान सत्य है साम्राज्यवाद का दबाव। राजनीति ही नहीं, संस्कृति की भी मुख्य समस्याएँ और अन्तर्विरोध आज साम्राज्यवाद के सन्दर्भ में ही परिभाषित होते हैं। इस दबाव के आगे सत्ताधारी-वर्ग कमोवेश घुटने टेकता है; तरह-तरह की साम्प्रदायिक, वर्णवादी, जातिवादी, भाषावादी शक्तियाँ साम्राज्यवाद का खेल खेलती हैं; और सबसे बढ़कर कम्युनिस्ट आन्दोलन के वाममार्गी और दक्षिणमार्गी अवसरवादी उसके प्रति उदासीनता का, कभी-कभी सहयोग का रास्ता अपनाते हैं।

आप यह न समझें कि हमारे 'वाम' मार्गी भावनावादी अपनी क्रान्तिकारिता से डिग गये हैं। क्रान्तिकारिता का लक्षण है—पल भर के लिए भी लक्ष्य को धुँधला न

होने देना। भारत की सत्ता 'फासिस्ट' है, उसे जो सहायता देगा, वे उसके विरुद्ध हैं; जो उसे उखाड़ने में मदद दे—जैसे साम्राज्यवादी शक्तियाँ, विशेषकर अमरीका—वे उसके साथ हैं। 'दुश्मन का दुश्मन मेरा दोस्त' वाली नीति समझिए।

मंच के कुनबे में कुछ लोग ऐसे भी हैं जिनके गले यह नीति पूरी तरह नहीं उतरती। ऐसे लोगों ने लखनऊ में सुझाव दिया था कि घोषणापत्र में 'रूस के अलावा संस्कृति के क्षेत्र में अन्य साम्राज्यवादियों के प्रभाव का भी उल्लेख होना चाहिए।' (गोरख पांडेय द्वारा सम्मेलन में प्रस्तुत रिपोर्ट, **जनसंस्कृति,** जून 86, पृ. 12)

हालाँकि 'उल्लेख' मात्र काफी नहीं है, पर 'रूस' के अलावा 'अन्य साम्राज्यवादियों' का उल्लेख तक न करना काफी अर्थपूर्ण है। यह रवैया उक्त सुझाव के बाद बदल गया हो, ऐसी बात नहीं। भोपाल गैसकांड के बाद मंच के नेताओं ने जो लम्बे-लम्बे उद्‌गार निकाले उनमें कहीं भारत की 'फासिस्ट' सत्ता की पहचान कर ली गयी, कहीं सोवियत संघ को अपराधी के रूप में खोज निकाला गया, पर किसी को यह याद न आया कि अमरीकी कम्पनी यूनियन कार्बाइड भारत जैसे विकासशील देशों के जोखिम पर उन विषैले पदार्थों का उत्पादन करती है जिनका निर्यात घातक हथियार बनाने वाली साम्राज्यवादी देशों की कम्पनियों को किया जाता है। यह विवेक दिया उन्हीं 'जनवादी' लेखकों ने जो 'नये रूप' के प्रति सजग हैं! राजेश जोशी ने 'झींगुर' कविता में भोपाल गैसकांड की विनाशलीला के अनुभव से वृहत्तर सन्दर्भों की ओर बढ़ते हुए विश्वयुद्ध की सजीव आशंका को बड़े मार्मिक ढंग से चित्रित किया है—

कभी भी खत्म हो सकती है यह दुनिया।
खत्म हो सकता है किसी भी पल
सारा जीवन।
खत्म हो जाये जब सारा जीवन
तब भी बचे रहेंगे झींगुर।
उन पर कोई असर नहीं होगा किसी बम का। (**मिट्टी का चेहरा,** पृ. 15)

यह रचनाशीलता अगर 'रूपवादी' है तो भी 'मारो-काटो की ललकार' वाली क्रान्ति की अपेक्षा अधिक प्रासंगिक और समकालीन है क्योंकि यह हमारे जीवन के अन्तर्विरोध और संकट को रचनात्मक स्तर पर परिभाषित करती है। लेकिन साम्राज्यवादी नीतियों में रंगे-पगे हमारे 'वाम' मार्गियों को इस सबसे क्या लेना-देना! उनके लिए 'परमाणु युद्ध के भावी विनाश पर सर धुनना' देश में चल रहे अत्याचार से मुँह चुराने का पर्याय है! (अवधेश प्रधान, **जनसंस्कृति,** अप्रैल-जून 85, पृ. 18) इसी तरह, लंदन-रिटर्न महान क्रान्तिकारी नीलाभ ने भी खासा मौलिक सूत्र निकाला है:

'जब-जब उन्नत तकनीक विकास की प्रक्रिया से न उभरकर ऊपर से आरोपित की जाती है, तब-तब ऐसी ही विकृतियों को जन्म देती है।...इसीलिए, कोयला खदानों

में रूस से लाकर लगायी मशीन—जिसका आविष्कार मनुष्य को गुलामी से छुटकारा दिलाने के लिए हुआ था—अन्ततः कोयला मज़दूरों को और भी ज़्यादा गुलाम बनाने के लिए शोषक वर्ग द्वारा इस्तेमाल की जाती है।' (उप., पृ. 32-33)

यही हाल रहा तो इस बार नीलाभ को अमरीका में पुरस्कार मिलेगा! आपने मशीनों में ऐसा विवेक पहले देखा था कि शोषण की मशीनें और होती हैं, आज़ादी की मशीनें और? अगर एक ही मशीन का एक जगह आज़ादी के लिए और दूसरी जगह शोषण के लिए 'इस्तेमाल' हो जाता है तो इससे मशीनों की विशेषता प्रकट होती है या सामाजिक प्रणाली और उत्पादन सम्बन्धों की?

वास्तव में यहाँ दार्शनिक अन्दाज में नीलाभ वही चिर-परिचित रटंत दोहरा रहे हैं कि सोवियत संघ भारत जैसे विकासशील देशों की मदद करके उनके पूँजीवादी शासकों को बल पहुँचाता है। इन 'वाम' मार्गी ज्ञानियों के बोधजगत में इस बात की समायी नहीं है कि साम्राज्यवाद भी एक बहुत सक्रिय और आक्रामक शक्ति है, जिससे समाजवादी जगत का ही नहीं, विकासशील देशों का भी अन्तर्विरोध है। ये ज्ञानी-जन विश्व की परस्पर-विरोधी शक्तियों में बदलते सन्तुलन से अपने देश की स्थिति में आने वाले परिवर्तनों को भी अस्वीकार करते हैं और उस रेकार्ड की तरह बजा करते हैं जिसमें सुई बार-बार एक ही शब्द पर लौट आती है।

इनकी यह बीमारी इतनी बढ़ चुकी है कि ये सही दिशा में सोच ही नहीं सकते। उदाहरण के लिए, जहाँ प्रधानमन्त्री श्रीमती इंदिरा गाँधी की हत्या ने साम्राज्यवाद के साथ हमारे जीवन के अन्तर्विरोधों को एकबारगी अनावृत्त और तीव्र कर दिया, यहाँ मंच के नेता अवधेश प्रधान ने यह सम्मति दी कि वे 'अपनी ही साम्प्रदायिक नीतियों का शिकार हो गयी।' (**नयी संस्कृति,** पटना, जनवरी-मार्च 85, पृ. 6) पुनः, '...खुद प्रधानमन्त्री अपनी ही तलवारबाज़ी का शिकार हो गयीं।' (**जनसंस्कृति,** अप्रैल-जून 85, पृ. 16)

तात्पर्य यह कि न तो अमरीकी खुफिया विभाग ने इंदिरा गाँधी की हत्या के परिणामों का हत्यापूर्व अध्ययन कराया, न आपरेशन ब्रह्मपुत्र और अन्य षड्यन्त्रों द्वारा 'भारत के विखंडन' की कोई योजना बनायी; और न ही वह भारत को चारों ओर शत्रुतापूर्ण शासनों से घेरकर कोई दखलंदाज़ी करता है, न तरह-तरह के प्रतिक्रियावादी आन्दोलनों से उसका कोई सम्बन्ध है! सीधी-सादी राजनीति है—इन्दिरा गाँधी ने आत्महत्या की!! बेचारा साम्राज्यवाद बेवज्ह इस झगड़े में घसीटा जा रहा है!!!

खुलकर साम्राज्यवाद की हिमायत करना सम्भव नहीं है। इसलिए उसे बहस से दूर रखकर 'वाम' मार्गी चिन्तक उसकी रक्षा करते हैं।

इंदिरा गाँधी साम्राज्यवादी षड्यन्त्र के तहत मारी गयीं, इसलिए भारत की दोनों कम्युनिस्ट पार्टियों ने अपने झंडे झुका दिये। केदारनाथ अग्रवाल ने उनकी मृत्यु पर

कविता लिखी और नागार्जुन ने उनकी शहादत के प्रति सम्मान व्यक्त किया। परन्तु देशभक्ति की इस समूची परम्परा पर कीचड़ उछालते हुए (इनसे और उम्मीद भी क्या की जा सकती है!) अवधेश प्रधान ने फरमाया, 'शोक में केवल लाल झंडा ही नहीं झुका, कुछ मूर्धन्य साहित्यकार भी झुक गये।' नागार्जुन से कुछ सहयोग पाते रहने के कारण उन पर विशेष कृपा करके प्रधान ने आगे कहा, 'आपातकाल का सारा सन्ताप भूलकर नागार्जुन बोले...जीवन भर जिसे तानाशाह कहा, वह लोकतन्त्र की वेदी पर शहीद हो गयी।' इत्यादि। (उप. पृ., 17)

यह नागार्जुन के समझने की चीज़ है कि अपनी साम्राज्य-विरोधी देशभक्ति पर, अपनी जनवादी आस्था पर थूकने वाले 'वाम' मार्गियों के साथ वे कितने दिन पटरी बिठाये रख सकते हैं।

यहाँ यह समझ लेना चाहिए कि जिस तरह आपातकाल ने यह समझा दिया था कि जनवाद के लिए लड़ाई समाजवाद को लड़ाई का अभिन्न अंग हैं, उसी तरह इंदिरा गाँधी की हत्या ने यह समझा दिया है कि अपनी आज़ादी और देश की एकता-अखंडता की रक्षा के लिए साम्राज्यवाद-विरोधी लड़ाई समाजवाद और जनवाद की लड़ाई का अभिन्न अंग है।

इस सच्चाई से मुँह चुराने वाले 'वाम' मार्गी नेता साम्राज्यवाद-विरोधी संघर्ष की धारणा का ही मज़ाक़ उड़ाते हैं। नीलाभ और प्रधान के सुर की संगत देते हुए, जे. एन. यू. और 'आलोचना' की अनुशासित योजना को अमल में उतारते हुए मैनेजर पांडेय राष्ट्रवाद का दामन पकड़ते हैं। वे 'सी. पी आई और सी पी एम' के साथ रामबिलास शर्मा को भी शामिल करके कहते हैं कि 'आजकल राष्ट्रीय सन्दर्भ में प्रगतिशील होने से ज़्यादा आसान है अन्तर्राष्ट्रीय सन्दर्भ में प्रगतिशील होना।' यह सरकार से 'जल्दी लाभ' पाने का गुर है। (**आलोचना**-77, अप्रैल-जून 86, पृ. 113)

राष्ट्रीय प्रश्नों को इस तरह पेश करना कि साम्राज्यवाद की करतूतें और योजनाएँ पर्दे के पीछे हो जायें, यह 'राष्ट्रीय' वाममार्गियों की बहसों और दलीलों का सार तत्त्व है। ये राष्ट्रवादी सरकार-विरोध की लफ़्फ़ाज़ी में साम्राज्यवाद को लुप्त कर देते हैं और सारा आक्रमण केन्द्रित कर देते हैं कम्युनिस्टों पर। केदार-नागार्जुन-रामविलास की समूची **प्रगतिशील परम्परा** को वे इसी 'राष्ट्रीय' सिद्धान्त की कसौटी पर ठुकराते हैं।

यह संयोग की बात नहीं है कि इस पवित्र सुकृत्य में अवधेश प्रधान और मैनेजर पांडेय से लेकर नामवर सिंह और नन्दकिशोर नवल तक एक ही पक्ष में खड़े हैं और उस पक्ष के रहनुमा हैं फोर्ड फाउंडेशन के ब्रह्मास्त्र से सुसज्जित, म. प्र. सरकार के क़वच से मंडित भारत-भवन के पुरोहित अशोक वाजपेयी! संस्कृति के क्षेत्र में साम्राज्यवादी घुसपैठ का जीवंत उदाहरण है यह पवित्र 'तालमेल'।

जातियों का आत्मनिर्णय

संस्कृति के क्षेत्र में घुसपैठ का मौका साम्राज्यवाद को इसलिए मिलता है कि कांग्रेसी साम्राज्यविरोध सुसंगत नहीं है। उसकी साम्राज्यविरोधी राजनीति सुसंगत इसलिए नहीं है कि वह साम्राज्यवाद से अपने आर्थिक सम्बन्ध दिनोदिन घनिष्ठ करती जाती है। इससे अमल में यह असंगति उत्पन्न होती है कि कांग्रेसी नेता जनता की स्वतन्त्र साम्राज्यविरोधी गतिविधि को दबाते हैं, उसे साम्राज्यविरोधी संघर्ष से अलग रखते हैं और सारा मसला प्रशासन के स्तर तक सीमित रखते हैं।

पर, जनता इन सीमाओं को सदा से तोड़ती रही है। कम्युनिस्ट पार्टी जनता की इस साम्राज्यविरोधी चेतना का भी प्रतिनिधि है। आज की भारतीय परिस्थिति में, जब साम्राज्यवाद हमारे देश को अस्थिर करके फौजी तानाशाही थोपने या टुकड़े-टुकड़े में बाँटकर अपनी कठपुतलियाँ बैठाने की नीति पर चल रहा हो, पूँजीवादी राजसत्ता की नेता के रूप में इंदिरा गाँधी की हत्या इसी कुचक्र का अंग हो, तब यह भूल जाना न प्रगतिशीलता है, न जनता की तरफदारी, कि भारत की जनता का ही नहीं, शासक वर्गों का भी साम्राज्यवाद से हित-टकराव है।

सरकार की साम्राज्यविरोधी भूमिका से सिर्फ शासक वर्गों को नहीं, जनता को भी लाभ होता है। भारत विदेश-नीति में सामान्यतः साम्राज्यविरोधी रुख अपनाता है; देशी प्रश्नों पर वह साम्राज्यवादी पूँजी पर ही निर्भर नहीं है, देशी पूँजीवाद के विकास को भी बढ़ावा देता है। इन चीज़ों से साम्राज्य-शिरोमणि अमरीका को बड़ी ठेस पहुँचती है। जिनके मर्म भारत की जनता से नहीं जुड़े हैं, उन्हें इस ठेस से बड़ी मार्मिक पीड़ा होती है। हमारे 'वाम' मार्गी क्रान्तिकारी ऐसे ही लोग हैं। वे देश की जनता को यह सीखने से रोकते हैं कि साम्राज्यविरोधी संघर्ष को देश की स्वाधीनता और एकता से जोड़कर देखना अनिवार्य है।

कम्युनिस्ट पार्टी हो या नागार्जुन-केदार-रामविलास हों अथवा जनवादी लेखक संघ हो, सुसंगत साम्राज्यविरोधी नीति पर चलने के नाते वे 'वाम' मार्गियों के आक्रमण का लक्ष्य हैं। ये 'वाममार्गी' जानते हैं कि साम्राज्यवाद से भारतीय शासक वर्गों का भी अन्तर्विरोध है। कभी-कभी वे दबी ज़बान साम्राज्यवादी शक्तियों का 'उल्लेख' भी करते हैं। पर वह सोवियत संघ और भारतीय सत्ता के उल्लेखों से इतना दबा-ढँका रहता है कि उस पर सरलता से ध्यान नहीं जाता। कारण साफ है। ये विचारक खुद साम्राज्यवाद से लड़ने के बजाय उसके सहयोग से सत्ता हथिया लेने का सपना देखते हैं। यह भूल जाते हैं कि साम्राज्यवाद की कुशल और समर्थ रणनीति में लेनिन के ये 'वामपन्थी बच्चे' चाबी का खिलौना बनकर रह जाते हैं।

इनकी दयनीयता सबसे अधिक तब उजागर होती है जब ये फूटवादी-आतंकवादी आन्दोलनों से हमदर्दी जताते हुए अपनी परमप्रिय 'राष्ट्रीय' एकता का उपहास करते

हैं। इस सिलसिले में अवधेश प्रधान ने मैनेजर पांडेय के भी कान काट लिए हैं, 'हर जगह सिखों ने सरकार की 'राष्ट्रीय एकता' के हाथों अपने को असुरक्षित पाया है।' (**नयी संस्कृति,** जन-85, पृ. 7)

तर्क यह है कि सरकार साम्प्रदायिक है और 'राष्ट्रीय एकता' का नारा देती है, इसलिए यह नारा ही साम्प्रदायिकता का पर्याय है। इससे परिणाम यह निकला कि सरकारी छल का जवाब क्रान्तिकारी छल से दो—विषस्यविषमौषधम्! इस 'क्रान्तिकारी' नीति के अनुसार सभी सिखों को धर्मोन्माद की परिधि में खींचते हुए डॉ. प्रधान ने ललकारा, 'जब हमारा जनतन्त्र इतना धर्मनिरपेक्ष है तो फिर सिखों की धार्मिक माँगें इतने दिनों तक क्यों अटका रखी गयीं?' (उप.)

धार्मिक माँगें पूरी होने से पंजाब-समस्या हल होने वाली न थी, यह अब तक साबित हो चुका है। कारण यह कि हरित क्रान्ति में तबाह किसानों की जीवनदशा में कोई सुधार नहीं हुआ; इन बेसहारा लोगों के असन्तोष को आतंकवाद की ओर मोड़ने वाला भौतिक आधार—एक्सपोर्ट-इम्पोर्ट के धन्धे में अमरीका, ब्रिटेन, फ्रांस आदि से दलाली खाने वाला टुटपुंजियाँ वर्ग—छिन्न-भिन्न नहीं हुआ; पाकिस्तान ही नहीं, अमरीका में भी आतंकवाद की शिक्षा देने वाले कानूनी विद्यालय बन्द नहीं हुए। सरकारी नीति की विफलता ने वह भूमि तैयार की जिस पर अलगाववाद और आतंकवाद की फसल उगाने साम्राज्यवाद के एजेंट दौड़ आये।

लेकिन इन वास्तविकताओं से डॉ. प्रधान और उनके 'वर्ग' और 'गिरोह' के सदस्यों का क्या लेना-देना? उनका लक्ष्य है सरकार की 'राष्ट्रीय एकता' की धार को कुंद करके सिख, गोरखा, मिजो, नागा आदि जातियों को स्वतन्त्र करना। सम्भव है, छोटे-छोटे राज्यों में वे साम्राज्यवाद को घुसने से रोक दें और झटपट क्रान्ति सम्पन्न कर लें! अलगाववाद और गुरिल्ला युद्ध का तालमेल करके क्रान्ति लाने का यह सपना नया नहीं है। '67 की क्रान्ति के विफल होने के बाद से ही उसे अभिव्यक्ति मिलती रही है। पहले-पहल धूमिल ने 'नक्शे के भीतर लाल कलम से जगह घेरकर अपने घायल कबूतरों को फिर से उड़ना' सिखाया था। इधर, साम्राज्यवाद की सक्रिय आक्रामकता से बल पाकर यह सपना फिर जागा है। मंच के स्थापना सम्मेलन में इस नीति की घोषणा करते हुए प्रवासी नेपाली संघ के गिरिराज भंडारी ने कहा, "भारत के विभिन्न जगहों से जो जनशक्ति की आवाज उठ रही है, वह निश्चित रूप से सफल होगी।" (**जनसंस्कृति,** जून 86, पृ. 2)

इनका साथ निभाते हुए डॉ. प्रधान ने यह सिद्धान्त प्रतिपादित किया कि 'अगर आप राष्ट्रीयताओं (जातियों—नेशनैलिटीज़) के आत्मनिर्णय' के अधिकार को व्यापक जनवाद की अवधारण को, ताक पर रख देंगे और जन आन्दोलनों का जनता के दृष्टिकोण से विश्लेषण न कर 'राष्ट्रीय एकता' वगैरह के नाम पर शासक

वर्ग के नज़रिये से, कानून और व्यवस्था के नज़रिये से देखेंगे (व्याकरण की छुट्टी है!) तो फिर तमाम जनगण अपराधी नज़र आयेंगे, उत्पीड़ित राष्ट्रीयताएँ (जातियाँ) अलगाववादी नज़र आयेंगी, धार्मिक अल्पसंख्यक कट्टर साम्प्रदायिक नज़र आयेंगे... और आप राष्ट्रीय एकता की ज़िम्मेदारी जनता के हाथों से छीनकर निरंकुशशाही के हाथों में सौंप देंगे...।' (उप., अप्रैल-जून 85, पृ. 18)

प्रधानजी के वक्तव्य से स्पष्ट होता है कि भारत में राष्ट्रीय एकता को खतरा शासक वर्ग से नहीं है। यह सच है कि पूँजीपति वर्ग अपना अखिल भारतीय विराट बाज़ार बचाये रखने के क्षुद्र स्वार्थ से ही सही, राष्ट्रीय एकता छिन्न-भिन्न होने देना नहीं चाहेगा। हर वर्ग अपने हितों के अनुसार चलता है। भारत पर आज जो विखंडन का खतरा है वह साम्राज्यवादी साज़िश का फल है, साम्राज्यवादी दबाव के आगे अपने बाज़ार की रक्षा—पूँजीपति वर्ग का हित है। क्रान्तिकारी दबाव की स्थिति में उसका हित वही न होगा जो आज है। तब वह छोटे से छोटे भूखंड पर भी प्राणरक्षा का प्रयत्न करेगा—और देश की एकता तोड़ देने में न हिचकेगा। साम्राज्यवाद के साथ पूँजीपति वर्ग से अधिक तीव्र और अमिट विरोध श्रमिक जनता के हितों का है। '46-'47 में भारत की जनता ने साम्राज्यवाद के आगे समर्पण न किया था; उस समय के घटना चक्र से जनता को लाभ न हुआ था। इसलिए राष्ट्रीय एकता की रक्षा का दायित्व पूँजीपति वर्ग के कन्धों पर नहीं, श्रमिक जनता के कन्धों पर है।

लेनिन के सुझाव

जो 'क्रान्तिकारी' श्रमिक जनता के हितों को दरकिनार करके राष्ट्रीय एकता और स्वाधीनता को पूँजीवर्ग के हितों से जोड़ देते हैं, वे साम्राज्यवाद के कुचक्रों में ही क्रान्ति का दावानल देखते हैं। यह भावनावाद की अत्यन्त विकृत परिणति है। अपनी विकृति को छिपाने के लिए वे और भी विकृत ढंग से लेनिन की शब्दावली चुराकर बाँग देते हैं—'जातियों का आत्मनिर्णय'! यह भुला देते हैं कि लेनिन ने जातियों का आत्मनिर्णय सिर्फ उन्हीं परिस्थितियों में माना है जहाँ साम्राज्यवाद ने दूसरे देश के जनगण को दबाने या अपने देश के श्रमिकों को बहकाने के लिए उत्पीड़न कायम कर रखा है।

आयरलैंड के लोगों की आज़ादी इसलिए ज़रूरी है कि वह 'अंग्रेज़ श्रमिकों के समाजवादी आन्दोलन के हित में' है। (**पूर्व में राष्ट्रीय स्वतन्त्रता का आन्दोलन,** पृ. 130) इंगलैंड ने भारतवासियों को उनकी मर्जी के विरुद्ध गुलाम बनाया, भारत की आज़ादी भारत के श्रमिकों और इंगलैंड के श्रमिकों के हित में है। सोवियत संघ में बहुसंख्यक रूसी जाति साम्राज्यवादी ज़ार की अगुवाई में दूसरी जातियों को दबाती थी। इन तीनों परिस्थितियों में एक पक्ष साम्राज्यवाद है। आत्मनिर्णय की माँग सिर्फ

साम्राज्यवाद-विरोधी संघर्ष के रूप में मान्य है। इसे सभी परिस्थितियों पर यन्त्रवत लागू करना 'मार्क्सवाद के सिद्धान्तों को और आमतौर पर समाजवाद के सिद्धान्तों को तिलांजलि' दे देना है क्योंकि 'समाजवाद के हितों का स्थान आत्मनिर्णय के अधिकार के हितों के स्थान से ऊँचा है।' (**क्रान्तिकारी लफ़्फ़ाज़ी,** लेनिन, पृ. 14)

आत्मनिर्णय को ऊँचा स्थान देकर 'पूँजीपति और ज़मींदार' मज़दूरों की अन्तर्राष्ट्रीय बिरादरी को 'भंग करने का प्रयास' करते हैं। (**पूर्व में स्वाधीनता,** पृ. 96) इसलिए, सोवियत संघ जैसी परिस्थितियों में भी, जहाँ एक जाति उत्पीड़क थी, उत्पीड़ित जाति के सामाजिक जनवादियों को लेनिन ने सलाह दी थी कि 'इस या उस राष्ट्रीय बुर्जुआ के साथ मिलकर' वे 'जनता और जनवाद के हितों से गद्दारी' न करें, बल्कि 'उत्पीड़ित जातियों के श्रमिकों की एकता पर सबसे अधिक ध्यान दें।' (उप. पृ. 154) लेनिन की दृष्टि में यह बेहद साफ़ था कि 'सबसे मुश्किल और सबसे ज़रूरी काम है 'उत्पीड़क और उत्पीड़ित जातियों के श्रमिकों के वर्ग-संघर्ष को 'एकाकार कर देना।' (उप., पृ. 160) इस एकीकरण से मज़दूर वर्ग में अन्तर्राष्ट्रीय भावनाएँ उत्पन्न होती हैं। (उप. पृ. 244) वह जातियों के दृष्टिकोण से उबरकर वर्ग के दृष्टिकोण से देखना शुरू करता है। यह काम बुद्धिजीवियों के लिए बहुत ही कठिन है।

भारत में जातीय उत्पीड़न नगण्य है। शासक वर्ग की नीतियाँ वर्ग उत्पीड़न और क्षेत्रीय असन्तुलन को जन्म देती हैं। यह उनकी चारित्रिक विशेषता है, इस विशेषता का सम्बन्ध जातीय उत्पीड़न के उसूलों से नहीं है। यहाँ एक जाति उत्पीड़न करती हो, दूसरी जाति उत्पीड़ित होती हो, ऐसा नहीं है। घीशिंग गोरखा मज़दूरों के विरुद्ध चायबागान-मालिकों का साथ देते हैं, यह इसका उदाहरण है। भारत में जैसे पूँजीपति किसी एक जाति के नहीं हैं और सब मिलकर जनता का एक जैसा शोषण करते हैं, वैसे ही श्रमिक किसी एक जाति के नहीं हैं, सभी जातियों के श्रमिक प्रायः एक जैसी जीवन दशाओं में काम करते हैं। यहाँ 'आत्मनिर्णय' की माँग का अर्थ है विभिन्न जातियों के श्रमिकों की एकता तोड़ देना और भारत के विखंडन की साम्राज्यवादी नीति की मदद करना।

इसलिए आज की परिस्थिति में जनसंस्कृति और जनवाद की एक ही कसौटी है—आप अपने व्यवहार में भारत की जनता के पक्ष में हैं या जनता के सबसे बड़े दुश्मन साम्राज्यवाद के पक्ष में। भारत का शासक वर्ग जनता के हितों को रक्षा नहीं कर सकता, वह भारत की एकता-अखंडता बनाये रखने में भी अक्षम है। वह गुटनिरपेक्ष आन्दोलन में तीसरी दुनिया के स्वाधीनता संग्रामों में साम्राज्यवाद विरोधी भूमिका अदा करता है, यह सच है। साम्राज्यवाद इसी से नाखुश होकर उसे उखाड़ने की कोशिश करता है और हमारे 'वाममार्गी' क्रान्तिकारी उसके इसी दाँवपेंच का हिस्सा

बनते हैं। लेकिन शासक वर्ग साम्राज्यवाद से अपने अन्तर्विरोधों को समझौतावादी ढंग से सुलझाता है—वह बहुराष्ट्रीय कम्पनियों को दावत देता है, उनसे कर्ज़ लेकर अपने संकट से उबरने का प्रयास करता है। इस प्रयास में वह उनकी शर्तों के आगे झुकता है। फलतः एक ओर इस संकट में और भी ज़्यादा फँसता जाता है और दूसरी ओर अधिकाधिक जनविरोधी नीतियाँ अपनाता है। साम्राज्यवाद की राजनीतिक (और सांस्कृतिक) घुसपैठ का स्रोत है उसकी आर्थिक घुसपैठ।

इस दुश्चक्र को तभी तोड़ा जा सकता है जब इस शासक वर्ग को हटाकर जनवादी लोकगणराज्य की स्थापना हो! तभी श्रमिक जनता की एकता और भारत की स्वाधीनता, सम्प्रभुता और अखंडता बचायी जा सकती है। और तभी सच्चे अर्थों में जनसंस्कृति का विकास किया जा सकता है। यह काम साम्राज्यवाद के दक्षिण-'वाम' एजेंट नहीं कर सकते, वे चाहे जो मुखौटा पहनकर आयें।

त्रॉत्स्कीवादी भाव-दृष्टि के खतरे[1]

इधर जबसे साहित्य में जनवाद की चर्चा संघबद्ध रूप में होने लगी है तबसे कुछ अति उत्साही लोग 'प्रगतिशील' और 'जनवाद' में विरोध-भाव का प्रतिपादन करने लगे हैं। ये अति-उत्साहीजन अपने महत्त्व की आकांक्षा से इस तरह पीड़ित रहते हैं कि साहित्य में सांस्कृतिक चुनौतियों को आँख से ओझल कर देते हैं; मनगढ़ंत चीज़ों को स्फीत और अतिरंजित करके खुद को साहित्य का धर्मध्वजी मानने के गौरव से दबे जाते हैं। ये उत्साहीजन मुद्दई सुस्त और गवाह चुस्त वाले मुहावरे को इस तरह सार्थक करते हैं कि आप आश्चर्यचकित रह जायें।

इस तरह की प्रवृत्ति की एक मिसाल है राजकुमार सैनी की पुस्तक **'साहित्य स्रष्टा निराला'** पर रीझ कर **'जनयुग'** में लिखी हुई किन्हीं अग्निमित्र की समीक्षा और दूसरी मिसाल है **'अभिप्राय-2'** में छपी टिप्पणी 'समकालीन जनवादी कविता के नये आयाम'। अग्निमित्र सैनी की आलोचना भी करते हैं। एक तो इसलिए कि सैनी 'प्रगतिशील' और 'जनवाद' को बिना किसी भेद-भाव के बेहिचक इस्तेमाल करते हैं। अग्निमित्र कहते हैं, आजकल दोनों में खटक गयी है, इसलिए "सैनीजी अगर 'जनवाद' की जगह 'प्रगतिशील' शब्द लिखते तो अधिक बेहतर रहता।" दूसरे इसलिए कि सैनी "अपने विश्लेषण और मूल्यांकन को रामविलास जी से अलग और **'मौलिक' दिखाने**" का प्रयास करते हैं। (**जनयुग,** 16. 5. 1982) सैनी की भक्ति अभी सिद्धावस्था को प्राप्त नहीं हुई है। इसलिए वे गलत या सही अपना भी सोचने का अभ्यास करते हैं। नामवर सिंह इस बहस में आते ही नहीं, वरना सम्भव था, सैनी साहित्य से ही खदेड़ दिये जाते। बहरहाल, सैनी को रामविलास से अलग या 'मौलिक' दिखने के सन्देह के कारण और प्रगतिशील एवं जनवाद में विरोध न मानने के कारण अग्निमित्र का कोपभाजन बनना पड़ा। रामविलास ने 'कथन'—13

---

1. अभिप्राय-4 में डॉ. शंभुनाथ का लेख बहस के लिए प्रकाशित किया गया था। डॉ. राजेन्द्रकुमार (सम्पादक) ने पूर्वग्रह-रहित विचार विमर्श के लिए लेख के साथ उसके लेखक का नाम प्रकाशित नहीं किया था।

(**जुलाई-अगस्त,** 1982) के अपने साक्षात्कार में 'जनवादी लेखक की हैसियत से' कुछ कार्यभार बतायें हैं। (पृ. 41) रामविलास की मजाल देखिये, खुद को जनवादी मानकर सांस्कृतिक समस्या हल करने चल पड़े हैं! क्या अग्निमित्र भक्ति बन्द करके उन्हें भी भेदभाव की सलाह देंगे?

अपनी समीक्षा में अग्निमित्र ने बार-बार 'प्रगतिशील' को सामाजिक-ऐतिहासिक अवधारणा और 'जनवाद' को अवैज्ञानिक और भ्रामक विचार सिद्ध करने का प्रयास किया है। इस प्रयास में उनकी उत्तेजना का 'चर्मोत्कर्ष' उनके 'चरमोत्कर्ष' में बदल गया है। इसके विपरीत 'अभिप्राय' में टिप्पणीकार 'प्रगतिशील' शब्द को भी अछूत समझता है। इस भावना से प्रेरित होकर वह छायावाद के बाद हिन्दी की प्रगतिशील कविता और नागार्जुन-केदार प्रभृति कवियों के संघर्ष को अस्वीकार करने का हौसला दिखाता है। बात आरोपित न लगे इसलिए 'नये आयाम' वाली टिप्पणी से आवश्यक अंश उद्धृत किये देता हूँ :

> 'कभी छायावादी काव्यांदोलन ने सामन्तवाद-साम्राज्यवाद-विरोधी भूमिका के कारण अपनी सीमाओं में जनवादी परम्परा का विकास किया था। निराला ने कविता की धारा को बदलकर रख दिया। उनके बाद मुक्तिबोध दूसरे साहित्यकार थे जिन्होंने उपनिवेशवादी संस्कृति के यथार्थों को पहचाना और अभिव्यक्ति का खतरा उठा कर व्यक्त किया। उनके लिए जनवाद सिर्फ सामन्तवाद-विरोधी दृष्टिकोण नहीं था, बल्कि एक पूँजीवाद-विरोधी दृष्टिकोण भी था।' (**अभिप्राय-2,** पृष्ठ 27)

इस तर्क-पद्धति के अन्तर्विरोधों को समझ लेना चाहिए। छायावाद सामन्तवाद और साम्राज्यवाद के विरोध की भूमिका अदा कर रहा था। उसने अपनी सीमाओं में रहकर जनवाद को विकसित किया। निराला ने कविता की धारा को बदलकर रख दिया—क्या वे छायावाद से बाहर के कवि थे? उन्होंने छायावाद की सामन्तवाद-साम्राज्यवाद-विरोधी धारा को बदला या पहले की रीतिवादी धारा को, यह स्पष्ट नहीं होता। सन्देह होता है कि उन्होंने छायावाद की उक्त धारा को ही बदल दिया। लेकिन अगले वाक्य से पता चलता है कि मुक्तिबोध से पहले अकेले निराला थे (छायावाद के अन्य कवि नहीं!) जिन्होंने उपनिवेशवादी संस्कृति के यथार्थों को पहचाना, उसे व्यक्त करने में खतरों का सामना किया। इस दृष्टि से उनके बाद मुक्तिबोध दूसरे कवि थे। बीच में ऐसा कोई कवि नहीं हुआ जिसने उपनिवेशवादी संस्कृति के यथार्थों को पहचाना हो, सामन्तवाद और पूँजीवाद के विरुद्ध संगत दृष्टिकोण अपनाकर जनता के मूल्यों को आस्थापूर्वक—खतरे झेलते हुए—व्यक्त किया हो। नागार्जुन-केदार में ऐसा संगत दृष्टिकोण और खतरों से खेलने का यह साहस कहाँ है! इसी प्रसंग में एक अन्य उद्धरण देखिये :

"जनवादी कविता ने इतिहासबोध से भी अपने को जोड़ा है जो छायावाद के बाद क्रमशः समाप्त होता जा रहा था और अकविता तो इतिहासहंता बन गयी थी।" (पृ. 31)

इस तर्क के अनुसार इतिहासबोध जनवाद में निहित नहीं है, उससे अलग चीज़ है। इसीलिए जनवाद को इतिहासबोध से जोड़ने की ज़रूरत हुई। उसने यह काम इस खूबी से किया कि प्रगतिशील कविता दरकिनार हो गयी, जनवाद ने सीधे छलाँग लगायी छायावाद की गोद में! कारण यह कि थोड़ा-बहुत इतिहासबोध छायावाद में था। छायावाद के साथ ही वह भी लुप्त होने लगा। इस लोपक्रिया की चरम परिणति हुई इतिहासहंता अकविता में। दूसरे शब्दों में, अकविता अगर इतिहासहंता है तो यह आकस्मिक नहीं है। यह क्रम छायावाद के बाद ही शुरू हो गया था। उत्तरछायावादी कवियों ने इतिहासबोध को थोड़ा-सा लुप्त किया। प्रगतिवाद ने इतिहासहनन की इस प्रक्रिया को और आगे बढ़ाया। प्रयोगवाद-नयी कविता कुछ और आगे बढ़ी। अकविता ने इस परम्परा को उसकी मंज़िल पर पहुँचा दिया। नागार्जुन ने बौद्ध भिक्षुणी में गौतम बुद्ध के प्रति आकर्षण का भाव दिखाया। उसके आकर्षण का कारण था मातृत्व की भूख। (**युगधारा,** पृ. 16) एक अकवि हैं—जगदीश चतुर्वेदी। वे प्रिया में या माँ-बहन में कोई अन्तर नहीं देखते। इन्हें "कम उम्र की लड़कियाँ बेहद पसन्द हैं।" (**इतिहासहंता,** पृ. 68) सम्भव है आप नागार्जुन और 'इतिहासहंता' में अन्तर देखें। लेकिन यह टिप्पणीकार दोनों को एक परम्परा का अंग मानता है, यह उसके इतिहासबोध का "मौलिक" पक्ष है।

प्रगतिशील कवियों के संघर्ष और उपलब्धियों को स्वीकार करना एक बात है। उन्हें अकविता की इतिहास-विरोधी प्रवृत्तियों का जनक या पूर्वज कहना दूसरी बात है। टिप्पणीकार अकविता के पापों के लिए प्रकारांतर से प्रगतिशील कवियों को दोषी ठहराता है। यह काम वह जनवादी कविता में उत्पन्न अद्वितीय इतिहास-बोध के नाम पर करता है।

अग्निमित्र नामधारी 'प्रगतिशील' लेखक जनवाद-विरोध के नाम पर समकालीन रचनाशीलता को अस्वीकार करता है। 'अभिप्राय-2' का टिप्पणीकार जनवाद के नाम पर अपनी समृद्ध प्रगतिशील परम्परा पर लांछन लगाता है। दोनों मूलतः एक ही काम करते हैं—समकालीन सन्दर्भ और क्रान्तिकारी परम्परा में विरोध का प्रतिपादन। ये अति-उत्साहीजन विचार करें कि इस कार्य में वे त्रॉत्स्की की विचारधारा का कितना सांस्कृतिक अनुवाद कर रहे हैं।

'अभिप्राय' का टिप्पणीकार अपनी परम्परा से इतना बिदकता है कि समकालीन जीवन की समस्याओं के साक्षात्कार के लिए भी "**परम्परा से टकराहट**" को अनिवार्य मानता है। परम्परा से आधुनिकता की टकराहट को वह "समकालीनता के बोध का

विकास" करने की शर्त मानते हुए कहता है, "यह टकराहट जितने अधिक स्तरों पर फैली, अमानवीयता के वस्तुगत साक्षात्कार में उतनी ही समग्रता आयी"। (पृ. 30) अगर आधुनिकता परम्परा से न टकराती तो अमानवीयता का उसका साक्षात्कार अधूरा या एकांगी रह जाता, उसमें समग्रता न आती! सम्भव है समकालीन जीवन की अमानवीयता के लिए भी परम्परा ही ज़िम्मेदार हो!

यह टिप्पणीकार जिस दृष्टि से प्रगतिशील साहित्य का निषेध करता है उसी दृष्टि से वर्तमान अमानवीयता के लिए परम्परा को ज़िम्मेदार ठहराता है। इसीलिए अमानवीयता के वस्तुगत साक्षात्कार में समग्रता लाने के लिए अधिक से अधिक स्तरों पर परम्परा से टकराने की आवश्यकता बताता है। यह स्थिति द्वन्द्वात्मकता के अस्वीकार पर आधारित है। इसीलिए प्रश्न वर्तमान से सम्बद्ध हों या परम्परा से, वह एकतरफा रुख अपनाता है। वह चीज़ों की जटिलता या द्वन्द्वात्मकता को समझने में असमर्थ रहता है। उदाहरण के लिए, उसकी मान्यता है कि जब सामन्तवाद था तब "समाज में दलित अथवा शोषित कृषक को 'व्यक्ति' नहीं समझा जाता था", बाद में जब पूँजीवाद आया तब भी "व्यक्ति के 'आत्म' को कोई विकासशील भूमिका" नहीं दी गयी। नतीज़ा यह कि "व्यक्ति की आत्मसत्ता का हर दौर में विरूपण हुआ।" (पृ. 29)

सामन्ती और पूँजीवादी समाज में भी कोई जनवादी मूल्य उत्पन्न हो सकता है, टिप्पणीकार इसे नहीं मानता। जिस समाज में श्रमिक जनता 'व्यक्ति' न हो, हो भी तो उसके 'आत्म' की कोई भूमिका न हो, उसमें जनवादी मूल्य कहाँ से आयेंगे! स्वभावतः समस्त परम्परा का निषेध करने के अलावा कोई चारा नहीं है! टिप्पणीकार सामन्ती या पूँजीवादी समाज में श्रमिक जनता के सांस्कृतिक प्रयासों को अस्वीकार करता है। उसका यह इतिहासबोध श्रमजीवी जनता की ही नहीं, मानवजाति की प्रगतिशील उपलब्धियों का निषेध करने वाले त्रॉत्स्कीवाद का रूपांतरण है।

त्रॉत्स्की के विचारों की विशेषता यह है कि वे एक तरफ क्रान्तिकारी लफ़्फ़ाज़ी का सहारा लेकर श्रमजीवी जनता को उसके अतीत से काट देने और उसे गुमराह करने की कोशिश करते थे तथा दूसरी तरफ जनता की निराशा, निष्क्रियता का अतिरंजित चित्र खींचकर उसके हौसले को पस्त करने और उसे अपने भविष्य की रचना के संघर्ष से विमुख करने की कोशिश करते थे। उनके इन प्रयत्नों का महत्त्व पश्चिमी देश बखूबी समझते हैं।

टिप्पणीकार के विचारों में त्रॉत्स्कीवाद का प्रभाव जानने के लिए प्रगतिशील साहित्य, परम्परा और इतिहास के प्रति उसके विचारों के साथ जनता की वर्तमान अवस्था के प्रति उनके विचारों की तुलना करें। औद्योगिक समूहों के उदय और राजनीतिक संगठनों के अधःपतन का गरीब देशवासियों पर यह प्रभाव पड़ा कि

"राजनीति से उनका मन उचटने लगा। अपनी असीम शक्ति पर उनका विश्वास डोलने लगा। लोग अनुभव करने लगे कि उनकी खुशियों का निरन्तर लोप हो रहा है। यांत्रिक और भ्रष्ट व्यवस्था ने उन्हें दबोच लिया है और पूरे परिवेश में एक खास किस्म की अमानवीयता भर दी है।" (पृ. 28-29)

इस राजनीतिक जड़ता को खत्म करने में जनवाद का जो दायित्व था, वह राजनीति में भले पूरा न हुआ हो, साहित्य में पूरा हुआ है, "इस परिप्रेक्ष्य में कविता के भाव-केन्द्र से अमूर्त 'मानव' हटा है और 'साधारण जनता' ने स्थान बनाया है।" (पृ. 29) यह साधारण जनता उसके अनुसार श्रमजीवी जनता है। यानी समस्या है राजनीति की; उसे हल किया जनवादी कविता ने। जब राजनीति इतनी निकम्मी हो तो जनता का मन उचाट क्यों न हो!

बुद्धिजीवी टिप्पणीकार यह देखने की कोशिश नहीं करता कि डाँवाँडोल विश्वास और उचाट मन वाला सत्य किस वर्ग का है—अवशिष्ट सामन्ती और पूँजीवादी शोषण एवं विकृतियों के खिलाफ़ (संगठन और वैचारिक क्षमता के अनुरूप) लगातार कमोवेश संघर्ष चलाने वाले मज़दूर-किसानों का या वैचारिक अदूरदर्शिता और सांस्कृतिक रिक्तता से ग्रस्त शहरी मध्यवर्ग का? मध्यवर्गीय जीवन में फैलती हुई व्यापक संवेदनहीनता को लक्ष्य करके उसी वर्ग के कवि दुष्यन्त कुमार ने कई साल पहले लिखा था :

> इस शहर में वो कोई बारात हो या वारदात,
> अब किसी भी बात पर खुलती नहीं हैं खिड़कियाँ।

इस संवेदनहीनता का कारण है वैचारिक अदूरदर्शिता, आत्मबद्ध भावुकता और सांस्कृतिक रिक्तता। टिप्पणीकार समाज में विभिन्न वर्गों की भौतिक और वैचारिक स्थिति को, समकालीन साहित्य में उनकी वस्तुगत भूमिका को समझने-समझाने के कार्य से बचकर सामान्य निष्कर्ष देने की उतावली दिखाता है।

त्रॉत्स्कीवाद से प्रभावित भावदृष्टि की विशेषता यह है कि किसी भी सवाल पर वह समकालीन जनवादी कविता में दिखायी देने वाली परस्पर-विरोधी प्रवृत्तियों का सामाजिक कारण न बताकर सभी को औचित्य प्रदान करता है। इस तरह स्वयं गहरे अन्तर्विरोध का शिकार होता है। वह कविता के भावकेन्द्र में साधारण जनता की प्रतिष्ठा भी करता है और उस पर मध्यवर्गीय संस्कार तोड़ न पाने का आरोप भी लगाता है : "आज की जनवादी कविता मध्यवर्गीय संस्कारों से मुक्त नहीं है।" (पृ. 28) लेख के आरम्भ में उसने पाब्लो नेरूदा का यह वाक्य उद्धृत किया है कि "मध्यवर्ग एक ऐसी कविता की माँग करता है जो यथार्थ से अधिकाधिक विमुख हो"। (पृ. 27)

साधारण जनता अपनी "क्रान्तिकारी चेतना" से कविता में यथार्थवाद को विकसित करती है; मध्यवर्ग यथार्थ से विमुख कला की फरमाइश करता है। समकालीन जनवादी

कविता के केन्द्र में साधारण जनता भले हो, किन्तु कविता अभी मध्यवर्गीय संस्कारों से मुक्त नहीं है—यह चमत्कार कैसे सम्भव है इसे टिप्पणीकार ही जाने। जो बात सबके लिए प्रकट होती है, वह यह कि मध्य-वर्गीय संस्कारों से ग्रस्त होने के नाते जनवादी कविता यथार्थ से विमुख है। इस तरह, परम्परा के निषेध से चल कर यह टिप्पणीकार समकालीन रचनाशीलता के निषेध तक पहुँचता है।

अपनी गैर-द्वन्द्वात्मक दृष्टि के कारण टिप्पणीकार इस तथ्य को नहीं देख पाता कि जनवादी कविता के कौन-से तत्त्व श्रमजीवी जनता से जुड़े हैं, और कौन से तत्त्व मध्यवर्ग से; मध्यवर्ग से जुड़े तत्त्वों में कहीं कोई जनवादी अन्तर्वस्तु है या उसका एकांतिक अभाव है? इतना ही नहीं, एक जगह वह श्रमजीवी जनता को भारतीय सत्ता के विरुद्ध, 'जनतांत्रिक संघर्ष के द्वारा नयी क्रान्तिकारी चेतना' पैदा करने वाला 'विश्वासपुंज' कहता है (पृ. 29) और दूसरी जगह खुद जनता के विचलित विश्वास और पराजित मनोभूमि का चित्र खींचकर उसमें अनास्था जगाता है। (पृ. 28) यह काम वह जानबूझ कर करता है या अनजाने में, यह अलग बात है। मुख्य बात यह है कि उसकी टिप्पणी द्वन्द्वात्मक विवेक से रहित होने की सूचना देती है; उसमें गहरे अन्तर्विरोध हैं; उस पर त्रॉत्स्कीवादी विचारों की छाप है, उसकी भावदृष्टि निराशापरक और पराजयवादी है।

इस तरह के भ्रामक आधार पर न समकालीन जनवादी कविता को समझा जा सकता है और न किसी सार्थक बहस की शुरुआत की जा सकती है। बेहतर होता कि यह टिप्पणीकार उलझे हुए सिद्धान्तों की जगह रचनात्मक साहित्य के ठोस उदाहरणों से समकालीन जनवादी कविता पर राय प्रकट करता। सम्भव है, इससे वह अपनी भ्रान्तियों को थोड़ा-बहुत समझ पाता और नहीं तो, बहस के अमूर्त-सिद्धान्तों की जगह कम से कम सृजनात्मक साहित्य सम्बन्धी निष्कर्ष सामने होते।

खंड–2 : विकास

हिन्दी की पहली कहानी

हिन्दी की 'पहली' कहानी को लेकर तीन मुद्दों पर विचार-विमर्श केन्द्रित रहा है। कालक्रम; मौलिक विषय-वस्तु; और कहानी का आधुनिक स्वरूप। इनमें एक बात से दूसरी बात का खण्डन आसानी से हो जाता है। मसलन इंशाअल्ला खाँ की 'रानी केतकी की कहानी' (1803) खड़ी बोली के ठाठ और 'कहानी' नाम के बावजूद चमत्कारिक घटनाओं और वस्तु-वर्णन की पारम्परिक शैली के कारण आधुनिक अर्थ में कहानी नहीं कही जा सकती। किशोरीलाल गोस्वामी की कहानी 'प्रणयिनी-परिणय' (1887) सात 'निष्कों' में कही गयी है और 'उपन्यास' नाम से प्रकाशित हुई है इसलिए विद्वान उसे 'कहानी' मानने को तैयार नहीं हैं; और उन्हीं की 'इन्दुमती' (1900) भारतीय राजपूतों की कथा का आधार लेकर लिखी गयी है लेकिन उसकी मूलकथा पर शेक्सपीयर के 'टेंपेस्ट' की छाया देखी गयी है इसलिए वह भी पहली 'मौलिक' कहानी नहीं मानी जाती। कभी-कभी कहानी की अविरल परम्परा की शुरुआत को प्रस्थान-बिन्दु मानकर जयशंकर प्रसाद की 'ग्राम' (1911) से और कभी-कभी नयी कहानी की संवेदना और शिल्प का ढाँचा मिलने के नाते चन्द्रधर शर्मा गुलेरी की 'उसने कहा था' (1915) से हिन्दी कहानी का आरम्भ स्वीकार किया गया है।

सारांश यह कि पहली कहानी के निर्णय का कोई एक सर्वमान्य आधार नहीं है और इसलिए किसी एक कहानी को पहली कहानी मानने की सर्वसम्मत राय भी नहीं है। स्वभावतः बहुत-सी कहानियाँ 'पहली कहानी' के आसन पर प्रतिष्ठित और अपदस्थ की गयी हैं। उनमें ज़्यादा चर्चित और विवादग्रस्त कहानियाँ इस प्रकार हैं—

एक ज़मींदार का दृष्टान्त	(1871)	रेवरेंड जे. न्यूटन
प्रणयिनी-परिणय	(1887)	किशोरीलाल गोस्वामी
छली अरब की कथा	(1893)	अज्ञात (सम्भवतः लोककथा)
सुभाषित रत्न	(1900)	माधवराव सप्रे
इन्दुमती	(1900)	किशोरीलाल गोस्वामी
मन की चंचलता	(1900)	माधवप्रसाद मिश्र
एक टोकरी भर मिट्टी	(1901)	माधवराव सप्रे

ग्यारह वर्ष का समय	(1903)	रामचन्द्र शुक्ल
दुलाईवाली	(1907)	बंगमहिला राजेन्द्रबाला घोष
राखीबन्द भाई	(1907)	वृन्दावन लाल वर्मा
ग्राम	(1911)	जयशंकर 'प्रसाद'
सुखमय जीवन	(1911)	चन्द्रधर शर्मा 'गुलेरी'
रक्षाबन्धन	(1913)	विश्वम्भरनाथ शर्मा 'कौशिक'
उसने कहा था	(1915)	चन्द्रधर शर्मा 'गुलेरी'

इन कहानियों के अलावा यदा-कदा प्रेमचन्द की 'पंच परमेश्वर', गंगाप्रसाद श्रीवास्तव की 'पिकनिक', राधिकारमण प्रसाद सिंह की 'कानों में कंगना', ज्वाला प्रसाद शर्मा की 'विधवा' और 'तस्कर' जैसी कहानियों की चर्चा भी सुनाई देती है।

ऐसी अराजक स्थिति न दूसरी भारतीय भाषाओं में है, न दूसरे आधुनिक साहित्यों में है।

हिन्दी में भी इस बात पर बहस नहीं होती कि पहला गीत या पहला काव्य कौन-सा है? या, कम-से-कम पहला आधुनिक गीत या कविता कौन-सी है? शायद इससे दो बातें पता चलती हैं। पारम्परिक विधाओं को लेकर 'पहले' या 'आधुनिक' रूपान्तरण का प्रश्न हमारी चिन्ता का विषय ज़्यादा नहीं है। और कहानी एक समर्थ माध्यम है इसलिए उसके सूत्रपात का विषय हमें अधिक विचारणीय और उत्तेजक मालूम होता है।

इतनी ढेर-सी कहानियों को लेकर, इतने लम्बे समय से, और इतने तर्कों के साथ इस विषय पर विचार-विमर्श हुआ है कि उन सबकी समीक्षा न तो यहाँ सम्भव है और न वांछनीय। कुछ खास-खास तथ्यों और तर्कों पर ध्यान देना पर्याप्त है।

षड्यन्त्र सिद्धान्त

हिन्दी में एक षड्यन्त्र-सिद्धान्त प्रचलित है। उसके अनुसार साहित्यिक निर्णय और मूल्यांकन न्याय-बुद्धि से नहीं किये जाते बल्कि षड्यन्त्र के तहत और ताकत के बल पर किये जाते हैं। माधवराव सप्रे की कहानी 'एक टोकरी भर मिट्टी' को पहली कहानी के रूप में प्रस्तावित करते हुए देवीप्रसाद वर्मा ने इसी षड्यन्त्र-सिद्धान्त का सहारा लिया है। (**सारिका,** फरवरी 1968) वे मानते हैं कि सप्रे जी की इस कहानी को आचार्य महावीर प्रसाद द्विवेदी और आचार्य रामचन्द्र शुक्ल के षड्यन्त्र के कारण पहली कहानी का गौरव पद नहीं मिला। उनके ही शब्दों में "प्रस्तुत कहानी में यदि हम दोष ढूँढ़ें तो उसका एकमात्र दोष यह है कि उक्त कहानी 'सरस्वती' में न छपकर 'छत्तीसगढ़ मित्र' में प्रकाशित हुई। क्योंकि स्व. सप्रे जी आचार्य शुक्ल या द्विवेदी जी के न तो कृपापात्र थे और न अन्य साहित्यकारों की तरह उनके इंगित

पर 'शुकपाठ' करते थे बल्कि किसी सीमा तक उनके स्वस्थ विरोधी के रूप में थे। सम्भवतः यही कारण है कि 'एक टोकरी मिट्टी' उसी लामबन्दी का शिकार हो गयी।" (**पहली कहानी,** सं. कमलेश्वर, 1985, पृ. 15-16)

शुक्ल जी से और विद्वान भी असहमत हैं। पर वे 'वर्मा सम्प्रदाय' की तरह षड्यन्त्र-सिद्धान्त के समर्थक नहीं हैं। डॉ. बच्चन सिंह न शुक्ल जी की तरह 'इन्दुमती' को पहली कहानी मानते हैं, न देवीप्रसाद वर्मा की तरह 'एक टोकरी भर मिट्टी' को। वे किशोरीलाल गोस्वामी की दूसरी रचना 'प्रणयिनी-परिणय' को यह स्थान देते हैं। शुक्ल जी के बारे में उन्होंने यह संयत विचार प्रकट किया है कि "'एक टोकरी भर मिट्टी' को आचार्य शुक्ल ने या तो देखा नहीं होगा अथवा उसे कहानी की कोटि में रखना उचित नहीं समझा होगा।" (उप., पृ. 16) पहली बात का समाधान नयी खोजों से हो सकता था, जिसका प्रयास वर्मा जी और बच्चन सिंह दोनों ने किया। दूसरी बात कहानी की धारणा पर बहस से हल हो सकती थी।

बच्चन सिंह ने 'प्रणयिनी परिणय' के पक्ष में तर्क दिये हैं। हालाँकि विद्वानों ने इस कहानी पर दो आपत्तियाँ की हैं। एक यह कि उसकी भाषा तत्सम-प्रधान है, दूसरी यह कि एक लेखक ने उसे 'उपन्यास' माना है। लेकिन यह तथ्य सर्वविदित है कि हिन्दी कथा साहित्य के प्रारम्भिक दौर में कहानी और उपन्यास की अलग-अलग धारणाओं में अस्पष्टता थी। 'प्रणयिनी परिणय' उपन्यास नाम से छपी थी और बालकृष्ण भट्ट का उपन्यास 'नूतन ब्रह्मचारी' कहानी नाम से। बच्चन सिंह के अनुसार "सन् 1850 से 1900 और इसके बाद तक कथा साहित्य (फिक्शन) को उपन्यास कहने का चलन था।" (उप., पृ. 39) इसीलिए आगे जब विधाओं की अवधारणा परिभाषित हुई तब 'कहानी' का निर्णय करते समय 'नूतन ब्रह्मचारी' पर विचार नहीं होता, लेकिन 'प्रणयिनी परिणय' पर होता है, बल्कि होना चाहिए। कहानी के विधान में एक निर्णायक घटना, एक मूल प्रेरणा या एक केन्द्रीय भाव या संवेदना आवश्यक होती है। यह विशेषता 'प्रणयिनी परिणय' में है।

डॉ. खगेन्द्र ठाकुर शुक्ल जी से असहमत हैं और वर्मा जी से सहमत हैं। पहली बार उन्होंने 'एक टोकरी भर मिट्टी' के पक्ष में मज़बूत तर्क दिये हैं। लेकिन षड्यन्त्र-सिद्धान्त के बारे में उनकी धारणा यह है कि "यदि रामचन्द्र शुक्ल ने हिन्दी की पहली कहानी का निर्णय करते समय 'कानों में कंगना' (राधिकारमण प्रसाद सिंह), 'ग्राम' (जयशंकर प्रसाद), 'ग्यारह वर्ष का समय' (स्वयं रामचन्द्र शुक्ल) और 'दुलाई वाली' (बंग महिला) पर ही विचार किया तो यह समझना गलत नहीं होगा कि इससे पहले लिखी गयी कहानियाँ उनकी नज़र से नहीं गुज़री थीं।" (**कथादेश,** जून 1999)

खुद देवीप्रसाद वर्मा ने आगे चलकर सप्रे जी की कहानी 'सुभाषित रत्न' की प्रस्तावना की। उसके साथ 'एक विवेचन' भी प्रस्तुत किया जिसमें अंग्रेज़ों के हृदय

में 'कूट-कूट कर' भरे हुए 'राष्ट्रवाद' का तर्क रखते हुए बताया कि "जनवरी सन् 1900 में 'सुभाषित रत्न' शीर्षक कहानी छपी, जिसमें संस्कृत श्लोकों का चयन अपने कथानक को प्रमाणिक एवं बल देने के लिए किया गया है। कथानक पूर्णतः स्वतन्त्र है।" (**पहली कहानी,** पृ. 44-45) और अन्त में यह निष्कर्ष दिया है कि "इससे हमारे कथन की पुष्टि ही मिलती है कि 'एक टोकरी भर मिट्‌टी' हिन्दी की प्रथम मौलिक कहानी है।" (प. क., 45-46) कालक्रम से देखें तो 'एक टोकरी भर मिट्‌टी' अप्रेल 1901 की कहानी है और 'सुभाषित रत्न' जनवरी, 1900 की। मौलिकता की दृष्टि से भी 'सुभाषित रत्न' का कथानक "पूर्णतः स्वतन्त्र" है। परन्तु वर्मा जी उसे "प्रथम मौलिक कहानी" होने का गौरव नहीं देते! इसका कारण क्या है? वर्मा जी के अनुसार, 'एक टोकरी भर मिट्‌टी' कहानी में "सातवें दशक में कहानी का जो स्वरूप आज हमारे सम्मुख हैं, उसके सभी बीज इस कहानी में स्पष्ट हैं। ...नयी कहानी के सबल पक्षधर कमलेश्वर की वाणी किसी सीमा तक प्रस्तुत कहानी में मिलती है।" (उप., पृ. 14)

अगर ऐसी बात थी तो उसे पहली 'आधुनिक' कहानी कहना चाहिए था, पहली 'मौलिक' कहानी नहीं। समसामयिक कहानी का 'स्वरूप' अगर अतीत की कहानी में, वह भी 'पहली' ही कहानी में, देखना था तो राजेन्द्र यादव और विजयमोहन सिंह की तरह गुलेरी जी की 'उसने कहा था' पर बात करना अधिक समीचीन होता। विजयमोहन सिंह ने उसे "हिन्दी की प्रथम आधुनिक कहानी" का दर्जा देते हुए लिखा है कि उसमें "दशकों बाद आने वाली अनेक प्राविधिक प्रवृत्तियों के स्रोत ढूँढ़े जा सकते हैं।" (**आज की कहानी,** 1983, पृ. 11; 15) यह बात बहुत गलत भी नहीं है। किशोर-प्रेम का रोमाण्टिक ताना-बाना और युद्ध की पृष्ठभूमि, इस तनाव से निर्मित 'उसने कहा था' की पूरी संवेदना बहुत आधुनिक और अभिव्यंजक रूप में सामने आती है। फ्लैशबैक की तकनीक और वर्णन एवं चित्रण का अन्तर, ऐसी अनेक विशेषताएँ सचमुच उसे 'आधुनिक' कहानी का पूर्वरूप सिद्ध करती हैं। विजयमोहन सिंह ने 'पहली' कहानी का झगड़ा न पालकर ठीक ही किया। इस दृष्टि से उनकी बात सार्थक भी है। लेकिन वर्मा जी 'पहली कहानी' का निर्णय भी करना चाहते हैं और उसी में सातवें दशक की कहानी का 'स्वरूप' भी पा लेना चाहते हैं। इन सभी लक्ष्यों को सिद्ध करने का अकेला रामबाण उनके हाथ यह लगा कि उसमें 'कमलेश्वर की वाणी' मिलती है! फिर भी षड्यन्त्र का आरोप आ. शुक्ल पर!!

विधा का स्वरूप

शुरू में कहानी और उपन्यास का अन्तर साफ न होने का कारण यह था कि आधुनिक जीवन के दबाव से प्रबन्ध काव्य और कथा साहित्य के कथानक में तो

अलगाव आया, लेकिन कथासाहित्य में विधाओं की प्रकृति निश्चित नहीं हुई थी। प्रबन्ध काव्य में कथानक का स्वरूप भाव पर आधारित था और कथा साहित्य में कथानक का निर्माण मनुष्य और परिस्थिति के द्वन्द्व से होता था। इसलिए भाव की जगह घटना उसका नियामक बनी। शुरू में उपन्यास और कहानी दोनों ही घटना प्रधान होते थे। आगे चलकर उपन्यास में मनुष्य और परिस्थिति के द्वन्द्व का चित्रण निर्णायक हुआ। यह चित्रण प्रेमचन्द-अमृतलाल नागर-रेणु-नागार्जुन-असगर वजाहत की तरह यथार्थवादी भी हो सकता था, जैनेन्द्र-इलाचन्द्र जोशी-अज्ञेय-कृष्ण बलदेव वैद-विनोद शुक्ल की तरह आत्मपरक भी हो सकता था। कहानी धीरे-धीरे इस द्वन्द्व के संवेदनात्मक प्रभाव के चित्रण की ओर अग्रसर हुई। तब उसका स्वतन्त्र, आधुनिक स्वरूप निर्मित हुआ। इसलिए कहानी 'घटनाप्रधान' से 'चरित्रप्रधान' और 'भावप्रधान' की ओर आयी। अपने आधुनिक और वर्तमान रूप में कहानी संवेदना प्रधान होती है, जिसमें घटना, चरित्र, आदर्श और भाव सभी का अस्तित्व होते हुए भी संवेदना में उनका विलय हो जाता है।

कहानी के विकास की यह प्रक्रिया केवल अन्तःप्रकृति के स्तर पर नहीं, संगठन के स्तर पर भी दिखाई देती है। रामविलास शर्मा ने हिन्दी निबन्ध के विकास का अध्ययन करते समय लिखा है कि भारतेन्दु युग में "निबन्ध का रूप और आकार सभी अस्थिर था परन्तु इसीलिए कहानी से लेकर गम्भीर चिन्तन तक का माध्यम वह बन सका।" (**भारतेन्दु युग और हिन्दी भाषा की विकास-परम्परा,** पृ. 70) आज बहुत-सी कहानियों में, विशेषतः उदयप्रकाश के यहाँ, निबन्धात्मकता का समावेश देखकर कुछ लोगों को उलझन होती है। यह प्रवृत्ति देखकर खगेन्द्र ठाकुर को भी भारतेन्दु युग की, विशेषतः राजा शिवप्रसाद सितारेहिन्द की, याद आई। 'टेपचू' और 'राजा भोज का सपना', दोनों में ही 'कहानीपन ज़्यादा' है, इसलिए खगेन्द्र जी यह निष्कर्ष निकालते हैं कि "हिन्दी कहानी का बीज तो भारतेन्दु युग में ही बोया गया, हाँ, कहानी का बिरवा मिट्टी फोड़ कर निकला उन्नीसवीं (शताब्दी) के खत्म होते-होते और बीसवीं सदी के आँख खोलते ही। 'टोकरी भर मिट्टी' हिन्दी कहानी का पहला मज़बूत कदम है।" (**कथादेश,** जून 1999)

कलात्मक संगठन का रूप इस बात पर निर्भर होता है कि उसमें किस प्रकार का यथार्थ या अनुभव संगठित किया गया है। भारतेन्दु युग के निबन्ध अगर कहानी की सीमा रेखा में भी प्रवेश कर जाते हैं तो इसका कारण यह है कि पारम्परिक अनुभव और बोध के ढाँचे से निकलकर नये औपनिवेशिक यथार्थ को रचना में अभिव्यक्त करने की कोशिश उस युग के कलात्मक ढाँचे को जन्म देती है। उसी तरह आज की कहानी अगर निबन्ध को भी आत्मसात् करती दिखती है तो इसका कारण यह है कि नयी भूमण्डलीकृत वास्तविकताएँ समाज की स्थापित संस्थाओं और संरचनाओं

को तोड़ रही हैं और यथार्थ की इस प्रक्रिया को व्यक्त करने वाला कलात्मक संगठन भी अपने स्थापित स्वरूप को लचीला बना रहा है।

पहली कहानी का निर्णय करते समय यह तथ्य ध्यान में रखना पड़ेगा कि विधाओं की प्रकृति यथार्थ और उसके बोध के साथ विकासमान रहती है। इसीलिए अनेक विद्वानों ने 'पहली' कहानी का निर्णय करने की अपेक्षा कहानी के विकास की प्रक्रिया और दिशा को समझना अधिक उपयुक्त माना है। जिन विद्वानों ने विकास-प्रक्रिया से ज़्यादा 'पहली' कहानी के निर्णय पर ज़ोर दिया है, उन्होंने कथाशिल्प के सम्बन्ध में नयी कहानी की, बल्कि सातवें दशक की कसौटियाँ ज़्यादा अपनायी हैं और यह भुला दिया है कि 'पहली' कहानी निबन्ध से निकलकर स्वतन्त्र विधा के रूप में एकाएक उसी शिखर तक नहीं पहुँची होगी। यह प्रवृत्ति आज की कसौटियाँ अतीत पर लागू करती है और अतीत को जगाने या मिटाने के अतिवाद का परिचय देती है। इसीलिए बहस सहसा 'एक टोकरी भर मिट्टी' से लेकर 'उसने कहा था' तक खिंचती आई है। इन कहानियों के रचनात्मक दृष्टिकोण और मूल्यवत्ता में सन्देह नहीं। लेकिन 'उसने कहा था' जैसी कहानी क्या किसी कथा-परम्परा के बिना सहसा जन्म ले सकती है? खुद 'टोकरी भर मिट्टी' जैसी कहानी भी बिना किसी कथा-परम्परा के सम्भव है? क्या उस परम्परा को मिटाकर 'पहली' कहानी तय हो सकती है?

समस्या यह है कि विकास-प्रक्रिया के आधार पर भी एक राय नहीं बनती। जो बात सर्वसम्मत है, वह यह है कि आरम्भिक कहानियाँ अंग्रेज़ी, बंगला, संस्कृत और लोक-साहित्य को स्रोत बनाकर लिखी गयी हैं। दूसरे, आधुनिक भाव बोध का और उसी के साथ कहानी के स्वरूप का क्रमिक विकास हुआ है। 'कहानी' नाम से पहली रचना इंशा की 'रानी केतकी की कहानी' ही मिलती है, जिसमें मध्यकालीन रोमांस के साथ-साथ अन्धविश्वास का खण्डन और मानव प्रेम भी है। उदैभान और उसके माता-पिता को हिरनों के झुण्ड में खोजने में लिए गुरु महेन्दर गिर की चिट्ठी पाकर देवराज इन्द्र "सब सिंहासन समेटकर आ पहुँचे" और फिर बारात तक वहीं रहे। (**रानी केतकी की कहानी,** सं. श्यामसुन्दर दास, सं. 2022 वि., पृ. 23) केतकी से विवाह का प्रस्ताव लेकर उदैभान के पिता सूरजभान का दूत जो ब्राह्मण "सुभ घड़ी देखकर हड़बड़ी से गया था, उस पर बुरी घड़ी पड़ी।" (पृ. 9) वह बन्दी बना लिया गया। इन बातों के कारण आचार्य हजारी प्रसाद द्विवेदी ने इसमें "आधुनिक कहानी कला का आभास' ठीक ही देखा है। (**हिन्दी साहित्य का उद्भव और विकास,** पृ. 22) कथा के प्रसंगों और विवरणों के प्रति इंशा की सतर्कता ऐसी है कि जब उदैभान से विवाह के लिए केतकी के माता-पिता चलने लगते हैं, तब "वह ब्राह्मण जो अँधेरी कोठरी में मुँदा पड़ा था, उसको भी साथ ले लिया।" (**रानी केतकी,** पृ. 26-27) इसलिए डॉ. लक्ष्मी नारायण लाल उसे पहली कहानी न मानकर भी

"प्रथम कथात्मक मौलिक रचना" स्वीकार करते हैं। (**हिन्दी कहानियों का शिल्पविधि का विकास,** 1960, पृ. 37)

कुल मिलाकर यहाँ हम पुराने ढाँचे के भीतर ढलती हुई नयी संवेदना के स्पष्ट चिह्न और 'कहानी' का पूर्वाभास देख पाते हैं। इंशा की 'कहानी' न 'छली अरब की कथा' जैसा 'किस्सा' है, न 'उपन्यास'। सबसे बड़ी बात है 'हिन्दी' के प्रति सजगता। क्रियारूपों की अस्थिरता के बावजूद इंशा "बाहर की बोली और गँवारी" (पृ. 2), यानी अरबी-फारसी और ब्रज-अवधी से अलग, भाषा की जातीय प्रकृति के प्रति सुलझा हुआ नज़रिया प्रदर्शित करते हैं। आधुनिक हिन्दी भाषा के बिना आधुनिक हिन्दी कहानी का अस्तित्व सम्भव नहीं था।

जितनी मध्यकालीनता इंशा की कहानी में है, उतनी छः दशक बाद भारतेन्दु युग में भी है और एक सदी बाद सप्रे या गोस्वामी में भी है। दृश्य-चित्रण में कम, संवदेना में अधिक। लेकिन इस कहानी के बाद एक सदी तक विद्वानों को कहानी नहीं दिखती। 'पहली' कहानी 1900 या 1901 ई. में प्रकट होती है और धारावाहिक परम्परा 1911 में 'ग्राम' (प्रसाद) से शुरू होती है। औरों की क्या कहें, खुद उपेन्द्रनाथ 'अश्क' ही 'दुलाईवाली' को 'पहली वास्तविक कहानी' मानने के बाद 'ग्राम' से ही 'हिन्दी कहानी का वास्तविक उत्थान' बताते हैं। (**हिन्दी कहानी : एक अन्तरंग परिचय,** 1967, पृ. 41) इससे एक बात तो साफ हो जाती है कि 'पहली' कहानी और 'वास्तविक' शुरुआत के बीच दस-पाँच साल का फासला है। क्या यह सम्भव नहीं कि इंशा की 'कहानी' और 'दुलाईवाली' के बीच जो कथात्मक रचनाएँ हैं, उनमें कहानी का स्वरूप कहीं कम-कहीं ज़्यादा निखरता हुआ दिखे और उनमें सचमुच 'कहानी' भी हो, जिससे धारावाहिक परम्परा चाहे न शुरू हुई हो, पर कहानी का अस्तित्व पता चलता हो?

कलाक्रम और कहानी कला

कालक्रम और कहानी कला की दृष्टि से रैवरेंड जे. न्यूटन की कहानी 'ज़मींदार का दृष्टान्त' पर विचार करना ज़रूरी है। उसे या तो खोजकर्ताओं ने देखा नहीं या उस पर विचार करना ज़रूरी नहीं समझा क्योंकि वह सिर्फ एक ईसाई धर्मप्रचारक की पुस्तिका के रूप में प्रकाशित हुई थी। यह कहानी भारतेन्दु युग में, 1871 में, साहित्यकर्मियों के समाज से बाहर मठों-सम्प्रदायों में लिखी जा रही रचनाओं का उदाहरण है। लेकिन कहानी में सीधे-सीधे, किसी धर्म का प्रचार या उल्लेख नहीं है। डॉ. वेदप्रकाश अमिताभ ने 'शिलाखंड' (1976) के आधार पर अपनी पुस्तक के 'परिशिष्ट' में इसे उद्धृत किया है। (**हिन्दी कहानी के सौ वर्ष,** 1998, पृ. 279-284)

'शिलाखंड को यह कहानी श्री कृष्णचन्द्र खेमका से प्राप्त हुई थी। मैंने इस

बारे में खेमका जी से जानकारी प्राप्त की तो उन्होंने बताया कि ईसाइयों की एक पुस्तिका के रूप में 'ज़मींदार का दृष्टान्त, द स्टोरी ऑफ ए ज़मींदार, ऑर, लैंडलॉर्ड ऐंड हिज टेनेंट्स' नाम से (लुधियाना, प्रथम संस्करण, 1871, पृ. सं. 42) प्रकाशित हुई थी। उसका पुनर्मुद्रण 1909 में 'नॉर्थ इण्डिया क्रिश्चियन ट्रैक्ट ऐंड बुक सोसाइटी' से हुआ, जिसकी प्रति खेमकाजी ने नागरी प्रचारिणी सभा काशी में देखी। (सं. 272. 2.63) यही प्रति 'इण्डिया ऑफिस लाइब्रेरी लन्दन' में है, जिसके सूचीपत्र में लेखक का नाम रैवरेंड जे. न्यूटन दिया हुआ है।

यदि हिन्दी कहानी की मौलिकता का आधार यह नहीं है कि उसका लेखक हिन्दू हो या कम-से-कम ईसाई न हो तो खेमकाजी की इस खोज से 'पहली' कहानी का विवाद सुलझ सकता है। 'ज़मींदार का दृष्टान्त' की भाषा, विषयवस्तु, संरचना आदि सभी कुछ कहानी की कसौटी पर खरी उतरती है। उसके तीन दशक बाद आने वाली कहानियाँ—इन्दुमती, टोकरी भर मिट्टी, ग्यारह वर्ष का समय और दुलाई वाली—सभी सुखान्त हैं, 'ज़मींदार का दृष्टान्त' को सीधे-सीधे सुखान्त या दुःखान्त नहीं कहा जा सकता। बाकी सभी कहानियों में एक प्रकार का आदर्शवाद है, जो 'ज़मींदार का दृष्टान्त' में भी है। उसकी भाषा 'प्रणयिनी-परिणय' या 'ग्यारह वर्ष का समय' की तरह तत्सम-प्रधान न होकर 'रानी केतकी' और दुलाईवाली' के निकट, बोलचाल के ठाठ पर है। उसके कथानक और प्रस्तुति में घुमावदार कुतूहल-बिन्दु नहीं है, वह अपेक्षाकृत सरल रेखा में चलती है। इस दृष्टि से वह 'ग्यारह वर्ष का समय', 'दुलाईवाली' ही नहीं, 'प्रणयिनी-परिणय' से भी ज़्यादा 'एक टोकरी भर मिट्टी' के निकट पड़ती है। लेकिन यथार्थ-चित्रण की दृष्टि से स्थितियों और सम्बन्धों के तनाव, मानव गतिविधियों और प्रतिक्रियाओं का वैविध्य 'ज़मींदार का दृष्टान्त' में और कहानियों से ज़्यादा है।

इस बात पर विचार करना चाहिए।

'ज़मींदार का दृष्टान्त' में किसान-ज़मींदार सम्बन्धों का तनाव, ज़मींदार का शोषण और उसकी धूर्तता, किसानों की अबोधता तथा एक महाजन की नेकदिली और निस्वार्थता का चित्रण है। महाजन उस ज़मींदार का मित्र है लेकिन वह किसानों को मदद करके ज़मींदार के ऋण से मुक्ति दिलाना चाहता है। जो किसान अब तक के अनुभव के नाते सन्देह करते हैं, वे अन्त में तबाह होते हैं; जो अत्यन्त निर्धन हैं, वे महाजन की मदद से देनदारी चुकाकर चैन की साँस लेते हैं। यदि यहाँ 'उद्देश्य' के कारण इसे 'कहानी' मानने में आपत्ति हो तो विचार कीजिए, सप्रे जी, गोस्वामी जी, शुक्ल जी, सभी की कहानियाँ सोद्देश्य हैं। केवल बंगमहिला की कहानी पारम्परिक अर्थ में उद्देश्यपूर्ण न होकर सिर्फ मनोरंजन के लिए लिखी गयी है। लेकिन वहाँ भी अन्य कहानियों की तरह अन्त में रहस्योद्घाटन है और वह भी सुखान्त है।

किसानों ने ज़मींदार की उगाही नहीं दी बल्कि "निश्चिन्त और निर्भय होकर आज्ञा उल्लंघन किया।" इंशा के यहाँ 'नाचती गाती बजाती' और 'मचातियाँ अंगड़ातियाँ जम्हातियाँ' दोनों क्रियारूप एक ही वाक्य में मिलते हैं। (पृ. 28) न्यूटन के यहाँ 'किई' उससे अधिक स्थिर और 'की' के नज़दीक है। अवज्ञा से ज़मींदार को क्रोध आया लेकिन दण्ड देने से पहले उसने महीने भर का समय और दिया। उसके बाद बैल खोलने और घर गिराने की सज़ा मुकर्रर की। ज़मींदार-किसान सम्बन्धों का तनाव मूलतः आर्थिक है, इसलिए सज़ा भी सम्पत्ति पर हमले के रूप में है। आर्थिक तनाव और ज़मींदारी का बोध 'टोकरी भर मिट्टी' से अधिक ज़ोरदार ढंग से चित्रित हुआ है।

ज़मींदार की घोषणा का असर किसानों पर एक जैसा नहीं हुआ। कुछ घबराते हैं, कुछ कोरी धमकी समझते हैं, कुछ डरते हैं पर उधार लेकर उगाही देने में असमर्थ हैं क्योंकि "जिनके पास अपनी उगाही का रुपया भरने को न था तिनके पास कर्ज़ देने को कहाँ से आये।" किसानों की यह दरिद्रता ज़मींदारी शोषण ('उगाही') का नतीज़ा है, यह बात न्यूटन की कहानी में सप्रे जी की कहानी से अधिक साफ है। यह लूट अंग्रेज़ी राज के भारत की तस्वीर है, इसका संकेत सप्रे जी की कहानी में भी नहीं है, न्यूटन तो खैर ईसाई धर्म प्रचारक ही थे। यह पृष्ठभूमि सांकेतिक रूप में 'दुलाई वाली' और 'उसने कहा था' में ही झलकती है। इसलिए खगेन्द्र जी 'टोकरी भर मिट्टी' में "ब्रिटिश भारत के समाज" की जो दरिद्रता देखते हैं, उसमें औपनिवेशिक शोषण से ग्रस्त जो "तीसरी दुनिया का यथार्थ" देखते हैं, वह व्याख्यापेक्ष है और उस व्याख्या की गुंजाइश 'ज़मींदार का दृष्टान्त' में भी है।

किसानों पर न तो ज़मींदार की चेतावनी का असर एक जैसा हुआ, न उस चेतावनी के प्रति उनका व्यवहार एक जैसा रहा। कुछ किसान 'प्रशंसा' द्वारा, कुछ 'विनती और स्तुति' द्वारा, कुछ माटी की मूरत बनाकर पूजा-खुशामद द्वारा और कुछ 'जान-पहचान' निकालकर 'सेवा' द्वारा बच निकलने का उपाय ढूँढ़ते हैं। यह शोषण में पिसते हुए असंगठित समाज की भरी-पूरी सच्ची तस्वीर है। लेकिन ज़मींदार भी एक ही घाघ है। ऊपर से शान्त रहकर भी वह किसानों को समझा देता है कि "मैं तो सोने-चाँदी को इनसे (पूजा-खुशामद से) अधिक चाहता हूँ।" वह अपने आर्थिक हितों के प्रति अबोध और असंगठित किसानों से अधिक सजग है। इसलिए जब किसान उससे कहते हैं कि जो आपकी प्रभुता न माने, हम उसका सिर काट लायें, तब वह इत्मीनान से उन्हें समझाता है कि "जब तुम मेरे ऋणियों को मार डालोगे तो कर कौन देगा। मरा हुआ बैल घास नहीं खाता।...जब मैं एक बार इस रीति से सठों का वध करूँ तो पीछे मेरी प्रजा होने का कौन अभिलाषी होगा। ...क्या तुम लोग अपना कर दे चुके।" ज़मींदार का यह रूप सप्रे जी के आदर्शवाद से दूर, प्रेमचन्द के शातिर ज़मींदारों के नज़दीक है।

मोहलत की अवधि के बीस दिन बीत गये। ज़मींदार का एक महाजन मित्र आया। उसने पूरा हाल सुना तो वह 'दयावन्त' किसानों से मिलने के लिए उत्सुक हुआ। वह जानना चाहता है कि किसान दरिद्रता के कारण रुपये नहीं दे रहे हैं या निश्चिन्तता के कारण। उसने पाया कि "विवाह-बारात और नाच-तमाशे" में किसानों के रुपये बरबाद हो रहे हैं। यह एकांगी तस्वीर है, लेकिन ऐसी सामाजिक बुराइयों और आडम्बरप्रियता की आलोचना प्रेमचन्द के बाद हिन्दी कहानी में बराबर हुई है। महाजन अपनी अपार सम्पदा से उन किसानों का क्लेश दूर करने का ऐलान करता है। लेकिन दूध के जले किसान छाछ भी फूँककर पीते हैं। वे सोचते हैं कि ज़मींदार की अधीनता से छूटकर वे महाजन की अधीनता में जीवनभर के लिए फँस जायेंगे। कुछ दूसरे कम स्वाधीनचेता किसान इस सदाशयता में भी धोखे की आशंका अनुभव करते हैं। तीसरी ओर वे हैं तो इसमें भी ज़मींदार की ही चाल देखते हैं। कुछ गरीब और निर्बल किसान भी हैं जो महाजन की सहायता लेते हैं। उन्होंने "जाति-बिरादरी की धमकियों" का डर भूलकर "उद्धार पाया" और रुपया बेबाक न करने वालों ने "बहुत मार खाई और बन्दीगृह में डाले गये"। आखिर उन्हें पछताना पड़ा।

यथार्थवाद और आधुनिकता

अगर 'टोकरी भर मिट्टी' में ज़मींदार के हृदय में यह विश्वास आधुनिक विचार का प्रतिलोम नहीं है कि वह द्रवित होकर बदल जायेगा तो 'ज़मींदार का दृष्टान्त' में भी एक व्यापारी के हृदय की करुणा में यह विश्वास आधुनिकता के विरुद्ध नहीं होना चाहिए कि वह किसानों को ज़मींदार के ऋण से छुटकारा दिलाने के लिए मुफ्त सहायता करता है। या तो दोनों बातें मध्यकालीन और आदर्शवादी हैं क्योंकि उनका स्रोत सुधारवाद ही है, या फिर दोनों बातें विश्वसनीय और आधुनिक हैं। 1901 की तुलना में 1871 में ऐसी चेतना के लिए ज़्यादा कारण थे। न्यूटन अमरीकी पादरी थे; आधुनिक साहित्य के प्रणेता और 'स्वत्व निज भारत गहे' के क्रान्तिकारी स्वप्नद्रष्टा भारतेन्दु में भी—और बंगाल में राजा राममोहन राय जैसे नवजागरण के अग्रदूत तक में—अंग्रेज़ी राज की सदाशयता में विश्वास पूरी तरह खत्म नहीं हुआ था। न्यूटन अगर ईसाई धर्म प्रचारक थे तो माधवराव सप्रे एक राजकुमार के निजी शिक्षक थे। आगे चलकर सप्रे जी हिन्दी की सेवा करते हैं, न्यूटन धर्म की। लेकिन आधुनिक साहित्य और साहित्यरूपों के विकास में साहित्येतर प्रेरणाओं की भूमिका से इन्कार नहीं किया जा सकता।

'इन्दुमती' तो अब विचार-विमर्श के बाहर है, लेकिन वह प्रेम और प्रतिशोध की कथा है। जंगल में इन्दुमती को कभी अपने बूढ़े पिता के अलावा किसी पुरुष का साक्षात्कार नहीं हुआ था। राजकुमार चन्द्रशेखर को देखकर उसमें प्रेम की अबूझ

भावना पैदा हो गयी। अन्त में जब बूढ़े को पता चलता है कि उसकी दुर्गति के ज़िम्मेदार इब्राहिम को चन्द्रशेखर ने मारा है, तब उनके प्रेम की परीक्षा लेकर वह उनकी शादी कर देता है। आक्रान्ता से प्रतिशोध और निर्वासन की यह कथा अंग्रेज़ी राज के सन्दर्भ में अधिक लागू होती है। लेकिन गोस्वामी जी का 'उपन्यास' 'प्रणयिनी परिणय' इसकी अपेक्षा भारतेन्दु युग की चेतना के अधिक करीब है। इसमें भी प्रेम की शक्ति और मित्रता का आदर्श प्रस्तुत किया गया है। उसमें राजकर्मचारियों के 'लालच' से लेकर 'राजनीति की पॉलिसी' तक बहुत-सा तत्कालीन सन्दर्भ मौजूद है। लेकिन 'राजा करै सो न्याय सदाई' वाला व्यंग्य यहाँ नहीं है, बल्कि मारशास्त्री का पूरा वृत्तान्त सुनकर "राजा ने आश्वासनपूर्वक हँसकर कहा कि कुछ सन्देह मत करो।" और अन्त भला सो सब भला। न्यूटन की कहानी में न 'प्रणयिनी परिणय' जैसे संकेत हैं, न 'इन्दुमती' जैसी प्रतीकात्मकता है। उसमें किसान जीवन का चित्रण है और उस दृष्टि से वह 'एक टोकरी भर मिट्टी' से अधिक भरा-पूरा जीवन-चित्र है।

इन्हीं कहानियों की तरह 'दुलाई वाली' में विशुद्ध मनोरंजन का उद्देश्य सामने रखने पर भी उसमें पारिवारिक सम्बन्धों के पेंच और मित्रों की छेड़छाड़ के अलावा हास्य-व्यंग्य के माध्यम से 'स्वदेशी' का सिद्धान्त पेश किया गया है, "नवल कट्टर स्वदेशी हुए हैं न?...नाहक बिलायती चीज़ मोल लेकर क्यों रुपये की बरबादी की जाए? देशी लेने से भी दाम लगेगा सही, पर रहेगा तो देश ही में।" यह स्वदेशी-भाव गाँधी जी के पहले का है। इसलिए महत्त्वपूर्ण है। यह भाव न सप्रे जी की कहानी में है, न न्यूटन की। लेकिन आर्थिक चेतना जैसी दबी हुई 'दुलाई वाली' में है, उससे अधिक उभरी हुई वह 'टोकरी भर मिट्टी' में है और 'ज़मींदार का दृष्टान्त' में भी है। 'उसने कहा था' इन सभी कहानियों से अधिक आधुनिक है, पहले विश्वयुद्ध की पृष्ठभूमि के नाते वह 'दुलाई वाली' के स्वदेशी की तरह अंग्रेज़ी राज का संकेत भी करती है, लेकिन आर्थिक चेतना उसमें इन तीनों कहानियों के मुकाबले नगण्य है। 'बाज़ार' का कोई संवेदनात्मक आशय कम-से-कम आर्थिक चेतना की दृष्टि से नहीं है।

'ग्यारह वर्ष का समय' अन्य सभी कहानियों से ज़्यादा रोमांचक है। प्रकटतः वह और कहानियों से ज़्यादा निरुद्देश्य भी है। कहानी का वाचक और उसका एकान्तवासी मित्र घूमते-घूमते जंगल में भटक जाते हैं। चाँदनी रात में एक पुराने टीले से वह एक खण्डहर देखते हैं। उसमें किसी श्वेतवसना नारी मूर्ति को जाते हुए भी देखते हैं। भूत-प्रेत का भ्रम पैदा करने वाला रोमांचक वातावरण और दोनों साहसी मित्र! आखिर, पता चलता है कि वह स्त्री विपदा की मारी, अपने सम्मान की रक्षा करते हुए ग्यारह वर्ष से उसी खण्डहर में रहती है और वह वाचक के मित्र की अनदेखी पत्नी है। "आज इतने दिनों के उपरान्त मेरे मित्र का गुप्त रहस्य प्रकाशित हुआ। उस रात्रि को मैं अपने मित्र के खण्डहर में अतिथि रहा। सवेरा होते

ही हम सब लोग प्रसन्नचित्त नगर में आये।" प्रकटतः अन्त तक कोई 'उद्देश्य' नहीं दिखता। हालाँकि प्रेम और विवाह के सम्बन्धों का आदर्शवाद कहानी की प्रेरणा है। चित्रण-शैली में प्रकृति के साथ समाज के स्पष्ट संकेत हैं। पावस की जरावस्था के कारण "ऊपर से किसी प्रकार के अत्याचार की सम्भावना न थी।" यह ऋतु उदार है, "दीन कृषकों को अन्नदान और सूर्यताप-तप्त पृथ्वी को वस्त्रदान देकर यश का भागी होता है।" इतना ही नहीं, "इसे तो कवियों की 'कौंसिल' से 'रायबहादुर' की उपाधि मिलनी चाहिए।" ऐसे स्थलों पर 'आचार्य' रामचन्द्र शुक्ल से अधिक भारतेन्दु-युगीन गद्य-शैली की झलक मिलती है। यह शैली 'दुलाई वाली' के अलावा दूसरी किसी 'पहली' कहानी में नहीं मिलती।

सप्रे और न्यूटन की कहानियाँ इन सभी की अपेक्षा आपस में नज़दीक हैं। दोनों किसानों के संघर्ष और ज़मींदारों के शोषण पर लिखी गयी हैं। 'टोकरी भर मिट्टी' में एक बुढ़िया की झोपड़ी छिनने और उसके द्वारा 'प्रार्थना' करने पर मिट्टी से भरी टोकरी न उठा पाने के कारण व्यथित होकर ज़मींदार द्वारा झोपड़ी वापस कर दिये जाने की कथा है। बुढ़िया का यह कथन व्यंजनाओं से भरा है कि "महाराज नाराज़ न हों, आपसे तो एक टोकरी भर मिट्टी नहीं उठाई जाती और इस झोंपड़ी में तो हज़ारों टोकरियाँ मिट्टी पड़ी हैं। उसका भार आप जनमभर क्योंकर उठा सकेंगे?" ऐसी प्रखर चेतना 'ज़मींदार का दृष्टान्त' में नहीं है। यह 1901 की चेतना है; 1871 में इसकी सम्भावना नहीं थी। सन् 1901 में ज़मींदार कांग्रेस में आने लगे थे, बल्कि प्रभावशाली हो गये थे, 1871 में अभी कांग्रेस का जन्म तक नहीं हुआ था। ज़मींदारों की इस 'देशभक्ति' से सप्रे जी का परिचय राजकुमार के निजी शिक्षक के रूप में हुआ होगा। यह आश्चर्य करने की बात नहीं है कि गाँधी जी के आने से पहले सप्रे जी ने अत्याचार का अन्त करने के लिए बुढ़िया के कथन के बाद ज़मींदार का 'पश्चात्ताप' दिखाया है। बल्कि यह अधिक स्वाभाविक है क्योंकि गाँधी जी के बाद साधारण लोग, किसान भी, राष्ट्रीय आन्दोलन और काँग्रेस से जुड़े। तब हृदय-परिवर्तन की चेतना अपना अर्थ खोने लगी—गाँधी जी के सुधारवाद के बावजूद।

न्यूटन की कहानी में ज़मींदार पछतावा नहीं करता। वह साम-दाम-दण्ड से अपना रुपया वसूलता है। ज़मींदार वर्ग की यह अधिक सच्ची तस्वीर है। पश्चिम की जिस नयी रोशनी से भारत में आधुनिकता का सम्बन्ध जोड़ा जाता है, न्यूटन उसी के बीच से आये थे। वे उन्नीसवीं सदी के उत्तरार्ध के भारतीय समाज में पुराने ज़मींदार वर्ग और नये महाजनों के बीच पेचीदा सम्बन्ध देख रहे थे। महाजन अपनी 'सदाशयता' से और अकूत सम्पत्ति के बल पर किसानों को ज़मींदार की अधीनता से खींचकर अपनी ओर कर रहा है। दोनों के वर्ग-हितों में यह तनाव अभी निर्णायक नहीं हुआ है, बल्कि वह किसान-ज़मींदार सम्बन्धों के तनाव का लाभ उठाता है,

'सदाशयता' इसी का रूप है। लेकिन वह ज़मींदार का मित्र भी है। ब्रिटिश राज में कमज़ोर महाजन और शक्तिशाली सामन्तवर्ग की मित्रता कायम हुई, आज़ादी के पचास साल बाद यह शक्ति-सन्तुलन बदल जाने के बाद भी उनकी मित्रता कायम है।

'एक टोकरी भर मिट्टी' में अन्त तक आकर हृदय-परिवर्तन के साथ तनाव खत्म हो जाता है। 'उसने कहा था' को छोड़कर बाकी चर्चित कहानियों में यही प्रवृत्ति है। 'ज़मींदार का दृष्टान्त' में नसीहत ज़रूर है लेकिन तनाव खत्म नहीं होता। ऋण चुकाने वाले किसान "अपने-अपने काम में मन लगा परिश्रम का आनन्द" पाते हैं और ऋण न चुकाने वाले संशयालु किसान "बहुत दिन लों अपनी मूर्खता के कारण पछताते रहे हैं।" जैसे महाजन से सहायता लेने वाले किसान सबसे निर्धन और लाचार थे—वही दासता या धर्मान्तरण के पहले शिकार भी होते हैं—वैसे ही दूसरे किसानों की संशयालुता उनके सुदीर्घ अनुभव की उपज थी। किसी 'दयावन्त' की सदाशयता से उनके दुःख दूर होंगे, यह विश्वास उनके अनुभव से नहीं फूटता। इसलिए न्यूटन की नसीहत के बावजूद कहानी का यथार्थ अपना एक और अर्थ-संकेत करता रहता है। इस दृष्टि से, न्यूटन की कहानी में सन्देश और यथार्थ के बीच भी तनाव है, जो उसकी सम्भावना को शेष नहीं होने देता, बल्कि लेखक की इच्छा से परे वह कल्पित सत्य और सामाजिक सत्य का अन्तर्विरोध प्रतिबिम्बित करता है।

सप्रे जी की कहानी बहुत संक्षिप्त है और उसमें दो पात्रों को 'क्लोज अप' में चित्रित किया गया है। न्यूटन की कहानी में किसी चरित्र पर ध्यान केन्द्रित नहीं है बल्कि समस्या के इर्द-गिर्द किसानों की विभिन्न प्रतिक्रियाएँ चित्रित की गयी हैं। इसलिए चरित्रों का विकास नहीं दिखता। लेकिन चरित्रों की ज़्यादा जटिल परतें खुलती हैं। जिस 'ज़मींदार' का दृष्टान्त है, उसकी धूर्तता, बेमुरव्वती और हितचेतना की तहें एक-पर-एक उद्‌घाटित होती हैं। दूसरे चरित्र और घटनाएँ उस ज़मींदार की 'उगाही' से पैदा होने वाली समस्या को उभारती हैं। केन्द्रीय चरित्र की दृष्टि से ज़मींदार का ऐसा सूक्ष्म और सजीव चित्रण, उसके शोषण का यथार्थवादी अंकन और उसके मनोविज्ञान का उद्‌घाटन, प्रेमचन्द से पहले नहीं मिलता। यहाँ 'क्लोज अप' में ज़मींदार है, बाकी पात्र वातावरण और परिस्थिति का निर्माण करते हैं।

विषयवस्तु, सामाजिक चेतना, ऐतिहासिक यथार्थबोध, वर्गों के सम्बन्ध और तनाव, आधुनिक आर्थिक चेतना, कलात्मक विन्यास, किसी भी दृष्टि से देखें, न्यूटन की कहानी को 'कहानी' न मानने का कोई कारण नहीं है। वह प्रेमचन्द-युग की कहानियों से कला और संवेदना में बहुत पीछे है, लेकिन 'रानी केतकी' से ही नहीं, बीसवीं सदी के प्रवेश के समय लिखी गयी अन्य 'पहली' कहानियों से भी बहुत आगे है। अपनी आरम्भिक सरलता के रहने पर भी उसमें कहानी का आभास नहीं, कहानी का स्वरूप विद्यमान है।

अगर अविरल परम्परा के सूत्रपात को 'पहली' कहानी की शर्त नहीं मानना है, अगर लेखक की पृष्ठभूमि को कसौटी नहीं बनाना है, अगर 'नयी कहानी' की संरचना नहीं खोजनी है, तब 1871 से पहले किसी दूसरी कहानी के मिलने तक, रैवरेड जे. न्यूटन की 'ज़मींदार का दृष्टान्त' ही पहली कहानी सिद्ध होती है। यों भी, 'एक टोकरी भर मिट्टी' से पहले सप्रे जी की ही 'सुभाषित रत्न' है; गोस्वामी जी की 'प्रणयिनी-परिणय' है।

प्रेमचन्द और हरिजन समस्या

प्रेमचन्द का महत्त्व यह है कि वे समस्याओं को अनेक कोणों से देखते थे। इसलिए वह समस्या के मूल कारणों तक पहुँच कर उसकी सम्पूर्ण जटिलताओं और उसके निदान के व्यावहारिक मार्ग को आसानी से समझ लेते थे। हरिजन समस्या पर उन्होंने जो विचार किया वह इसका अपवाद नहीं है।

प्रेमचन्द के इस गुण का सम्बन्ध उनकी प्रखर यथार्थ-दृष्टि से था। वह हरिजन समस्या पर विचार करते समय उसके ऐतिहासिक परिप्रेक्ष्य को आँख से ओझल नहीं होने देते। इसीलिए वह इस समस्या को एकांततः नैतिक न मानकर एक गम्भीर सामाजिक, आर्थिक और राजनीतिक चुनौती के रूप में ग्रहण करते थे।

जाति व्यवस्था कृषि पर आधारित सामन्ती समाज के श्रम विभाजन का परिणाम है। भारतीय जातिवाद की मौलिकता यह है कि उसने छुआछूत की विकृति का रूप धारण कर लिया। धर्म मध्ययुग की सामाजिक चेतना है, अतः जाति-व्यवस्था और उसकी विकृति को धार्मिक-विधान से भी जोड़ दिया गया।

जातिप्रथा से संघर्ष

औद्योगिक विकास के साथ वंश-परम्परा पर आधारित श्रम-विभाजन टूटता है। इस ऐतिहासिक दबाव में जातिप्रथा का टूटना स्वाभाविक है। प्रेमचन्द यह जानते थे कि कारखाने की एक छत के नीचे काम करने वाले मज़दूरों में छुआछूत अपने आप टूट जाता है। किन्तु सामन्ती बन्धनों से जकड़े गाँवों में यह भेदभाव संस्कारों के स्तर पर काफी समय तक बना रहता है।

इस सन्दर्भ में देखने पर हम प्रेमचन्द के क्रान्तिकारी कार्य को आसानी से समझ सकते हैं। नयी सामाजिक ज़रूरतों के अनुरूप, रूढ़ जातिप्रथा की पाशविकताओं के विरुद्ध प्रेमचन्द ने अपनी रचना में जो समझौताविहीन संघर्ष किया वह उनकी मानवीय करुणा और वैज्ञानिक अन्तर्दृष्टि का सबूत है।

प्रेमचन्द के अधिकांश हरिजन पात्र अत्यन्त गरीब हैं। वे सामाजिक दृष्टि से तिरस्कृत हैं और सांस्कृतिक दृष्टि से अँधेरे में पड़े हैं। 'कर्मभूमि' में उनकी स्थिति का विवरण इस प्रकार है :

"बेचारे एक तो गरीब, ऋण के बोझ से दबे हुए, दूसरे मूर्ख, न कायदा जानें न कानून। महंतजी जितना चाहे इजाफा करें, जब चाहें बेदखल करें, किसी में बोलने का साहस न था। अक्सर खेतों का लगान इतना बढ़ गया था कि सारी उपज लगान के बराबर भी न पहुँचती थी, किन्तु लोग भाग्य को रोकर, भूखे-नंगे रह कर कुत्तों की मौत मर कर, खेत जोतते थे।"

कैसी भी दुर्दशा क्यों न हो, मुँह बन्द किये सहते जाने और फिर भी जी तोड़ परिश्रम करते जाने वाले प्रेमचन्द के हरिजन पात्र उनके समय की वास्तविकता का ज्ञान कराते हैं। सामाजिक स्तर पर हरिजन-समस्या के सुधार के लिए प्रयत्न अवश्य हो रहे थे। किन्तु छुआछूत सचमुच टूट रहा है, प्रेमचन्द का अनुभव भी इसकी गवाही नहीं देता था।

हरिजनों के पृथक निर्वाचन कानून के खिलाफ दिसम्बर 1932 में गाँधी के अनशन और सार्वजनिक मन्दिरों में हरिजनों के प्रवेश के अधिकार से सम्बन्धित श्री सुब्बारायन के बिल पर हुए ऐतिहासिक विवाद आदि के बावजूद सवर्ण जातियाँ हरिजनों के साथ गले मिलने को तैयार न थीं। वे यह देखकर तिलमिला उठती थीं कि अछूत जातियाँ उनकी बराबरी में खड़ी होना चाहती हैं, उनके मन्दिरों में घुस कर देवताओं को अपवित्र करना चाहती हैं, उनके साथ एक पाँत में बैठ कर खाने की फरमाइश करती हैं।

अर्थात, हरिजनों की सामाजिक एकता की माँग एक तरफ और कुलीनों का बद्धमूल अहंकार दूसरी तरफ—इस स्थिति में प्रेमचन्द हरिजनों के न्यायसंगत ध्येय के साथ हो जाते हैं। उनकी सहभागिता का सबसे प्रेरक पक्ष यह है कि वे हरिजनों के दृष्टिकोण से उनकी समस्या पर विचार करते हैं। यह संयोग की बात नहीं है कि प्रेमचन्द की ज़्यादातर कहानियों में इस समस्या को अन्य जातियों से कायम होने वाले उनके सम्बन्धों के माध्यम से परखा गया है।

'ठाकुर का कुआँ' में जोखू बीमार है। हर जाति के अलग-अलग कुएँ हैं। हरिजनों को छोड़कर शेष तीनों—पंडित, ठाकुर और साहू—में अधिक रोक-टोक नहीं है। हरिजनों के कुएँ में कोई जीव गिर कर मर गया। पानी सड़ गया। सड़ा पानी देने से जोखू की जान जा सकती है। गंगी दूसरे कुएँ से पानी लाना चाहती है। जोखू मना करता है :

"हाथ पाँव तुड़वा आयेगी और कुछ न होगा। बैठ चुपके से। ब्राह्मण देवता आशीर्वाद देंगे, ठाकुर लाठी मारेंगे, साहू जी एक के चार लेंगे। गरीबों का दुख-दर्द कौन समझता है। हम तो मर भी जाते हैं, तो कोई दुआर पर झाँकने नहीं आता, कन्धा देना तो बड़ी बात है। ऐसे लोग कुएँ से पानी भरने देंगे?"

यह छोटा-सा प्रश्न इतने बड़े समाज से टकराता है। नतीज़ा यह कि "गंगी का विद्रोही दिल रिवाजी पाबंदियों और मजबूरियों पर चोटें करने लगा।" प्रश्न की चोट

रिवाजी पाबंदियों पर पड़ती है और तथाकथित 'ऊँचे' लोगों के जाल-फरेबी और पाखंडी चेहरों को उधेड़ देती है।

इतना ही नहीं, कहानी का एक और मार्मिक पहलू है उसमें अन्तर्निहित व्यंग्य। गंगी जब ठाकुर के कुएँ के पास पहुँचती है तो उनके दरवाजे पर बेफिक्रों की जमात देखती है। "मैदानी बहादुरी का ज़माना रहा न मौका! कानूनी बहादुरी की बातें हो रही थीं। कितनी होशियारी से ठाकुर ने थानेदार को एक मुकदमे में रिश्वत दे दी और निकल गये। कितनी अक्लमन्दी से एक मार्के के मुकदमे की नकल ले आये।" इत्यादि।

जब मैदान किसी तरह खाली होता है और गंगी पानी खींचती है, तभी ठाकुर का दरवाजा खुलता है। "शेर का मुँह भी इतना भयानक न होगा।" गंगी के हाथ से रस्सी छूट जाती है और वह भागती हुई घर पहुँचती है। देखती है जोखू लोटा मुँह से लगाये सड़ा पानी पी रहा है। उस शौर्य के आगे इस विवशता को तौलिये। रिवाजी पाबन्दियों का पाशविक चेहरा खुद-ब-खुद उजागर हो जायेगा।

सामाजिक यातना और राष्ट्रीयता

हरिजनों की स्थिति से विचार करने के नाते प्रेमचन्द उनकी सामाजिक यातना को बेहद तल्खी से व्यक्त करते हैं। 'सद्‌गति' का दुखी चमार घासीराम पंडित का बेगार करते-करते दम तोड़ देता है। पंडिताने के लोगों को उसकी मृत्यु पर दुःख और पंडित के आचरण पर क्रोध नहीं है। जैसे आये दिन की बात हो। उनकी चिन्ता यह है कि "चमार की लाश के पास से होकर पानी भरने कौन जाय।" यह वृत्ति अपने चरम रूप में तब व्यक्त होती है जब पंडिताइन लाश से उठती दुर्गन्ध का जिक्र करती हैं और पंडित कहते हैं, "चमार था ससुरा कि नहीं। साध-असाधि किसी का विचार है इन सब को।"

अपने घिनौने कार्य पर कितने मुग्ध हैं ये लोग! प्रेमचन्द खुद बिना कुछ कहे, स्थितियों के संयोजन द्वारा 'उच्च' वर्णों की अमानवीयता और अछूतों की निरीह विवशता व्यंजित करते हैं। इस प्रकार, एक साथ व्यंग्य और करुणा की सृष्टि करते हैं।

इसका यह आशय नहीं कि हरिजनों की कमज़ोरियों को वह नज़रअन्दाज़ करते हैं। उनकी अनेक सांस्कृतिक कुप्रवृत्तियों, धार्मिक अन्धविश्वासों आदि पर प्रेमचन्द बार-बार प्रहार करते हैं। किन्तु वे उनकी बुनियादी ईमानदारी और मानवीय सम्भावनाओं को स्वीकार करके चलते हैं। वे मानते हैं कि सामाजिक भेदभाव, आर्थिक विरोध, धार्मिक पाखंड आदि को मिटा दीजिए तो देखिये, हरिजन भी आपकी ही भाँति इंसान हैं।

यही बुनियादी दृष्टिकोण है जिसके कारण प्रेमचन्द सामन्ती व्यवस्था और मूल्यों की अमानवीय प्रकृति का उद्‌घाटन करते हुए हरिजनों के बीच से अपने आदर्श चरित्रों की रचना करते हैं। 'शूद्रा' की गौण सच्चरित्रता और पातिव्रत्य का आदर्श

है, 'मन्दिर' की बूढ़ी सुखिया देवताओं को भी दुर्लभ मातृप्रेम का आदर्श है। 'मन्त्र' कहानी में शूद्रों का मार्गदर्शन करने गये पंडित लीलाधर चौबे (हिन्दू सभा के नेता) को खुद अछूत लोग इंसान बनने की प्रेरणा देते हैं।

सदियों से उपेक्षित अछूतों में मनुष्यता की अन्तर्निहित शक्ति को उभार कर प्रेमचन्द ने अपने मानवीय दृष्टिकोण का परिचय दिया। उनका यह दृष्टिकोण साम्राज्यवाद-विरोधी राष्ट्रीय जागरण के काल में विकसित हुआ। अपने एक लम्बे सम्पादकीय में पुरातनपन्थी-कुलीनतावादी अन्धकार का खंडन करते हुए उन्होंने लिखा :

"यह कौन नहीं जानता कि जातिभेद और राष्ट्रीयता दोनों में अमृत और विष का अन्तर है। ...राष्ट्रवाद ऐसे उपजीवी समाज को घातक समझता है, और समाजवाद में तो उसका स्थान है ही नहीं। और हम जिस राष्ट्रीयता का स्वप्न देख रहे हैं उसमें तो जन्मगत वर्णों की गन्ध तक न होगी। वह हमारे श्रमिकों और किसानों का साम्राज्य होगा, जिसमें न कोई ब्राह्मण होगा, न हरिजन, न कायस्थ, न क्षत्रिय। उसमें सभी भारतवासी होंगे, सभी ब्राह्मण होंगे या सभी हरिजन होंगे।" (**जागरण,** 8.1.1932)

प्रेमचन्द का यह जनवादी राष्ट्रवाद साम्प्रदायिक और पूँजीवादी राष्ट्रवाद से कोसों दूर है। उनके लिए राष्ट्रीयता एक सांस्कृतिक अवधारणा है। धर्म राष्ट्रवाद का आधार नहीं है। वे हिन्दुओं की कट्टरताओं और विकृतियों को बखूबी समझते थे। वे यह भी समझते थे कि इस्लाम में छुआछूत का विधान नहीं है। किन्तु इस्लाम एक धार्मिक पन्थ है, जबकि हिन्दू धर्म एक धर्म न होकर अनेक धार्मिक पन्थों का समुच्चय—एक जीवन-विधि है। जीवन-विधि का आधार धर्म की जगह सांस्कृतिक मूल्य होते हैं। इसलिए वह हरिजनोद्धार के प्रश्न को धार्मिक रंग देने के खिलाफ थे। उनका दृष्टिकोण हिन्दू सभा के नाम पंडित लीलाधर चौबे के पत्र से स्पष्ट हो जाता है। चौबे जी लिखते हैं :

"रुपया, रुपया, रुपया! जितना भेज सकें भेजिये। ...तबलीग जितना खर्च कर रही है, उसका आधा भी मुझे मिल जाय तो हिन्दू धर्म की पताका फहराने लगे। केवल व्याख्यानों से काम न चलेगा। आशीसों से कोई ज़िन्दा नहीं रहता।"

यह कमी पूरी करते हैं 'उदार' थैलीशाह! सामन्ती-महाजनी और धार्मिक स्वार्थों की इस मिली-भगत को प्रेमचन्द जनता के सामने लाते हैं। इतने जटिल प्रश्न को इस खूबी से सुलझाने का सामर्थ्य प्रेमचन्द के अलावा कम में ही देखने में आता है! आजकल के हरिजन सताओ अभियान, हिन्दू-मुस्लिम दंगों और सीमावर्ती प्रान्तों के पृथकतावादी आन्दोलनों पर समान रूप से प्रकाश डालने वाला यह सूत्र प्रेमचन्द की दूरदृष्टि और समाजवादी विचारधारा का परिणाम है। उसकी वैचारिक अन्तर्दृष्टि की प्रखरता इस बात से और भी परखी जा सकती है कि सामन्ती मूल्यों के विरुद्ध उन्होंने जो संघर्ष चलाया उसकी आधार-भूमि पूँजीवादी न होकर यथार्थवादी है।

'ब्रह्म का स्वाँग' पूँजीवादी दृष्टि के खोखलेपन को बड़ी खूबी से सामने लाती है। वृन्दा का पति सम्पन्न वकील है। वह जाति-पाँति का विरोधी और "राष्ट्रीय ऐक्य का अनुरागी" है। वृंदा के संस्कार दूसरे हैं। वह इसे 'अधोगति' मानती है। एक दिन विवाद हो गया। पति ने समझाया, "जिस प्रकार सूर्य का प्रकाश अलग-अलग घरों में जाकर भिन्न नहीं हो जाता, उसी प्रकार ईश्वर की महान आत्मा पृथक-पृथक जीवों में प्रविष्ट होकर विभिन्न नहीं होती...।"

वृंदा की आत्मा में ज्योति उत्पन्न हो गयी। अब वह अमीरी-गरीबी, छूत-अछूत का भेद भुला कर सबको गले लगाती है। पतिदेव फिर परेशान हैं। एक दिन एक चमार अपने ज़मींदार पर नालिश करने आया। "निस्सन्देह ज़मींदार ने उसके साथ ज़्यादती की थी, लेकिन वकीलों का काम मुफ्त में मुकदमे दायर करना नहीं। फिर एक चमार के पीछे एक बड़े ज़मींदार से बैर करूँ!" इस तरह की घटनाएँ रोज होने लगीं। वृंदा एक बात कहती तो पति दूसरी। कारण यह कि वृंदा सिद्धान्त और व्यावहार की एकता का पालन करती है, उसके स्वामी के लिए "प्रत्येक सिद्धान्त का व्यावहारिक रूप कुछ और ही होता है।"

यह अन्तर्विरोध उग्र होता है। वृंदा सामाजिक भेदभाव और अन्याय का सम्बन्ध आर्थिक अन्तर्विरोधों से जोड़ती है। वह राष्ट्रीयता की सच्ची हिफाज़त के लिए इस भेद को मिटाना आवश्यक समझती है।

लेकिन उसका पति "स्वप्न में भी कल्पना नहीं करता कि हम मज़दूरों या सेवा-वृत्तिधारियों को समता का स्थान देंगे।" वह राजनीति और साम्य, "दोनों सिद्धान्तों की मुक्ति-कंठ से प्रशंसा" करने, "अपने पक्ष को सिद्ध करने में उनसे सहायता" लेने के पक्षपाती हैं, किन्तु व्यवहार में "उनका उपयोग करना असम्भव है।"

सिद्धान्त और व्यवहार के द्वैत पर आधारित यह बुर्जुआ नैतिकता "आत्मा की व्यापकता को" व्यवहार में लाकर "संसार में साम्य का राज्य" कायम करने से डरती है। और वृंदा को इस स्वाँग से घृणा है।

स्पष्ट है कि प्रेमचन्द सामाजिक जीवन की जटिल प्रक्रियाओं को वस्तुगत सन्दर्भों में देखते थे। इसलिए वह कलात्मक स्तर पर उनकी चुनौतियों का जिस सफलता से निर्वाह करते थे, वह अन्यत्र दुर्लभ है। वे सिद्धान्त और व्यवहार में एकरूपता के अनुयायी थे। इसलिए उनका मानववाद अत्यन्त गम्भीर, प्रखर और वैज्ञानिक है। वर्तमान जीवन की इस उग्र समस्या का समाधान सुधारवादी, भाववादी धरातल पर न खोजकर प्रेमचन्द आर्थिक समानता और सामाजिक न्याय पर आधारित समाजवादी व्यवस्था में खोजते हैं।

(**मुक्ति संघर्ष**, प्रेमचन्द शताब्दी विशेषांक, 17 जुलाई, 1980)

प्रेमचन्द, रंगभूमि और अस्मिता-विमर्श

संयुक्त राष्ट्र अधिवेशन में सितम्बर 2006 के जिस भाषण में वेनेज़ुएला के राष्ट्रपति ह्यूगो शावेज़ ने नोम चॉम्स्की की पुस्तक 'हेज़ेमनी ऑर सर्वाइवल' की चर्चा की थी, उसके बाद दो हफ्तों तक वह पुस्तक 'बेस्ट सेलर' बनी रही। ह्यूगो शावेज़ आज साम्राज्यवाद-विरोधी नेताओं में प्रमुख हैं और नोम चॉम्स्की साम्राज्यवाद विरोधी विचारकों में प्रमुख हैं। शावेज़ की लोकप्रियता और उनके माध्यम से चॉम्स्की की लोकप्रियता इस बात का उदाहरण है कि दुनिया में साम्राज्यवाद-विरोधी चेतना की ज़बर्दस्त लोकप्रियता मौजूद है। प्रेमचन्द सुसंगत साम्राज्यवाद-विरोधी लेखक हैं। उनकी लोकप्रियता का आधार यही साम्राज्यवाद-विरोधी चेतना है। इस दृष्टि से हम प्रेमचन्द को, केवल उनके समय के सन्दर्भ में नहीं, आज के समय के सन्दर्भ में भी प्रासंगिक पाते हैं।

प्रेमचन्द का रचनात्मक साहित्य और चॉम्स्की का विचारपरक साहित्य इस बात का उदाहरण है कि साम्राज्यवाद-विरोधी चेतना पूँजीवाद-विरोधी चेतना से जुड़ जाती है। संयोग से न प्रेमचन्द मार्क्सवादी थे, न चॉम्स्की हैं, लेकिन मार्क्सवाद के नज़दीक दोनों हैं। साम्राज्यवाद-विरोधी चेतना के पूँजीवाद-विरोधी चेतना में बदलने का कारण यह है कि अन्तर्राष्ट्रीय स्तर पर साम्राज्यवाद और राष्ट्रीय सीमाओं के भीतर सामाजिक स्तर पर पूँजीवाद अपने विशेषाधिकारों की रक्षा का प्रयत्न करते हैं। स्वाधीनता का संघर्ष इन विशेषाधिकारों को चुनौती देता है। इसलिए विशेषाधिकारों के विरोध की चेतना अन्तर्राष्ट्रीय स्तर पर समता और बन्धुत्व की चेतना तक पहुँचती है। स्वभावतः साम्राज्य-विरोधी चेतना प्रकारांतर से सामाजिक परिवर्तन की चेतना का हिस्सा बन जाती है।

विरोध की रणनीति

संयोग की बात नहीं है कि विशेषाधिकारी लोगों द्वारा प्रेमचन्द का विरोध पहले भी किया जाता रहा है, आज भी किया जा रहा है। एक ज़माने में ज्योति प्रसाद मिश्र 'निर्मल' जी ने प्रेमचन्द को ब्राह्मण-विरोधी कहा था। निर्मलजी खुद रीतिवादी-रसवादी

साहित्य के समर्थक थे। रीतिवादी साहित्य सामन्ती अधिकारों की रक्षा का विचार प्रस्तावित करता है। यही बात आज भी दिखायी देती है। इन्हीं कारणों से प्रेमचन्द के विरोधियों में दो तरह के लोग हैं। एक, हिन्दूवादी जो प्रेमचन्द के समर्थक बनकर उनका विरोध करते हैं, दूसरे, दलितवादी जो प्रेमचन्द पर आक्रमण करके उनका विरोध करते हैं।

प्रेमचन्द को ब्राह्मणविरोधी या दलितविरोधी मानने वाले तरह-तरह के विचारक समाज में विशेषाधिकारों की रक्षा का प्रयत्न करते हैं, विशेषाधिकारों के विरोध में संघर्ष नहीं करते। डॉ. धर्मवीर, जो प्रेमचन्द के विरोधी हैं, स्वयं आई. ए. एस. अधिकारी हैं। अगर प्रेमचन्द के जन्म को उनकी चेतना का नियामक बनाया जा सकता है कि कायस्थ थे इसलिए उन्होंने ब्राह्मणों का विरोध किया और दलितों को लांछित किया, तो सामाजिक-आर्थिक हैसियत भी चेतना के निर्धारण में महत्त्वपूर्ण भूमिका निभा सकती है और डॉ. धर्मवीर आई. ए. एस. अफ़सर के रूप में विशेषाधिकारी वर्ग की चेतना से प्रेमचन्द पर आक्रमण करने में कोई कठिनाई महसूस नहीं करते। इसके दो प्रमाण हैं।

पहला, डॉ. धर्मवीर ने प्रेमचन्द के साहित्य को नहीं, चरित्र को आक्रमण का विषय बनाया है। एक और आई. ए. एस. अधिकारी के. विक्रम सिंह हैं, उन्होंने भी 'जनसत्ता' के अपने स्तम्भ में प्रेमचन्द के साहित्य को नहीं, चरित्र को विषय बनाकर आक्रमण किया है। नयी आई. ए. एस. लॉबी ने प्रेमचन्द के साहित्य की महान उपलब्धियों को तिरस्कृत और लांछित करने की यह रणनीति हिन्दूवादी-प्रतिक्रियावादी विचारकों से ली है। डॉ. कमल किशोर गोयनका ने भी प्रेमचन्द को पाखंडी, झूठा, दहेज-प्रथा का समर्थक, भूत-प्रेत में विश्वास करने वाला और सूदखोर वगैरह जाने क्या-क्या सिद्ध किया। इस तरह उन्होंने भी प्रेमचन्द के चरित्र को मूल्यांकन का आधार बनाया। हिन्दूवासियों की उस रणनीति को अपनाकर प्रेमचन्द की 125वीं जयन्ती पर नये आई. ए. एस. अधिकारी वर्ग ने आक्रमण के दूसरे मुद्दे प्रस्तावित किये हैं।

दूसरा प्रमाण यह है कि घनघोर ब्राह्मणविरोधी और दलित धर्म के प्रस्तावक डॉधर्मवीर एक अन्य आई. ए. एस. अधिकारी को गौरवान्वित करते हुए लिखते हैं—'अशोक बनाम वाजपेयी'; और उन्हें यहाँ जाति-विशेष में जन्म के कारण चेतना का कोई दोष नहीं दिखायी देता। अशोक वाजपेयी खुद भी आई. ए. एस. अफ़सर रहे हैं, वे कुलीनतावादी विचारों के प्रचारक और विशेषाधिकारों के समर्थक रहे हैं। इससे स्पष्ट होता है कि साहित्य के मूल्यांकन में जाति नहीं, वर्ग की चेतना कितनी निर्णायक है। स्वभावतः प्रेमचन्द के विरोधी प्रेमचन्द के सही होने का प्रमाण पुनः प्रस्तुत करते हैं।

'विमर्श' और मूल्यांकन

आज अस्मिता-विमर्श के नाम पर प्रेमचन्द को खलनायक बनाते समय हमें इस वर्गीय सारतत्त्व एवं चेतना को ध्यान में रखना चाहिए। वर्गीय बोध का सम्बन्ध साम्राज्यवाद विरोधी चेतना से है। यह बात प्रेमचन्द के साहित्य के लिए भी सही है और प्रेमचन्द के विरोधियों का आकलन करते हुए भी प्रमाणित होती है। इस सम्बन्ध में हमें यह भी ध्यान रखना चाहिए कि स्वयं 'विमर्श' सामाजिक, ऐतिहासिक सार व्यंजित करते हैं। कोई भी विमर्श किसी भी सामाजिक-ऐतिहासिक स्थिति में पैदा नहीं हो सकता। जाति का विमर्श मध्यकालीन समाज में पैदा नहीं हुआ था जब वह सामाजिक व्यवस्था के रूप में हावी था। वह पैदा हुआ उत्तर आधुनिक समाज में, जब विकास की नयी शक्तियाँ जाति के आधार को छिन्न-भिन्न कर रही थीं।

इससे पता चलता है कि नयी परिस्थितियों में पूँजीवाद या वृद्ध पूँजीवाद ने सामाजिक विषमता के जितने रूप मौजूद थे, उन्हें बहस का मुद्दा बनाया और विषमता से पीड़ित समुदायों में एक विशेषाधिकारी वर्ग पैदा किया। कोंडलिज़ा राइस के अमरीकी विदेशी मन्त्री बन जाने से अमरीकी समाज में रंगभेदवाद और नस्लवाद समाप्त नहीं हो गये। संयुक्त राष्ट्र संघ ने अभी 2006 के एक सर्वेक्षण में इस तथ्य पर प्रकाश डाला है कि संसार में सबसे ज़्यादा नस्लवादी समाज अमरीका और उसके बाद ब्रिटेन है। अश्वेत अमरीकी महिला कोंडलिज़ा राइस के विदेश मन्त्री बन जाने से यह तो साबित होता है कि अश्वेत अमरीकियों का एक तबका सत्ता संरचना में हिस्सेदार बन गया है, लेकिन यह साबित नहीं होता कि अश्वेतों का बहुसंख्यक भाग भेदभाव का शिकार नहीं रह गया है। ठीक उसी प्रकार भारतीय समाज में दलितों का एक हिस्सा विशेषाधिकारी, सत्ताधारी वर्ग में शामिल कर लिया गया और शेष दलित उत्पीड़न एवं वंचना का शिकार बने रहे। इसलिए भूमण्डलीकरण विषमता नहीं मिटाता। सामन्ती समाज के उत्पीड़ित समुदायों को वह सार्वजनिक न्याय नहीं देता। इसके विपरीत पीड़ित समुदायों के एक हिस्से को सुविधाएँ देता है और सत्ता में भागीदार बनाता है। इस तरह सत्ताधारी वर्ग में हर समुदाय के लोग, सत्ता वंचित जनसाधारण में हर समुदाय के लोग—यह एक नया वर्ग-विभाजन पैदा करता है, लेकिन इसे वर्ग-विभाजन कहने से रोकने का प्रयत्न भी करता है।

इस तरह हम देखते हैं कि दलित-विमर्श मुख्यतः दलितों के अभिजात वर्ग का विमर्श है। उसमें भी जो अधिक अभिजात हैं, वे दलित धर्म की प्रस्तावना करते हैं। प्रेमचन्द दलित-प्रश्न पर इस तरह विचार नहीं करते। प्रेमचन्द के दलित मूल रूप से श्रमिक हैं। 'कायाकल्प' की सुमन अपने पति से कहती है कि तुम अपने को अन्नदाता समझते हो, जहाँ मजूरी करूँगी, वहीं पेट भर लूँगी। 'गबन' की जालपा भी

श्रम करके रोज़ी कमाने की बात करती है। 'गोदान' की धनिया श्रम से आजीविका कमाने की बात करती है। प्रेमचन्द के सभी चरित्र, विशेषकर दलित चरित्र श्रमिक हैं और इस तरह उनकी दलित अस्मिता उनकी श्रमिक अस्मिता भी है। इस अर्थ में प्रेमचन्द सामाजिक-आर्थिक चेतना के कथाकार हैं। आज का दलित विमर्श आर्थिक वास्तविकता को ओझल करके केवल सामाजिक वास्तविकता को अस्मिता के रूप में परिभाषित करता है जबकि कोई भी सामाजिक अस्तित्व आर्थिक सम्बन्धों से निरपेक्ष रूप में सम्भव ही नहीं है। इस मायने में दलितों में ही धर्मवादी चिन्तन से अलग चिन्तन विकसित हुआ है। परिणामस्वरूप प्रेमचन्द पर जब 'सामन्त का मुंशी' कहकर आक्रमण हुआ या 'रंगभूमि' को दलित विरोधी कहकर जलाया गया, तब बड़ी संख्या में दलित लेखकों ने ही इस तरह के प्रयत्नों का विरोध किया। इससे पता चलता है कि हिन्दी के दलित लेखकों में कम-से-कम एक और चेतना विकसित हो रही है, जिसका प्रमाण सामाजिक-आर्थिक चेतना के रूप में दिखाई पड़ता है।

प्रेमचन्द स्वतन्त्रता-संग्राम के लेखक थे इसलिए लक्ष्य के रूप में उनका बल स्वाधीनता पर और रणनीति के रूप में संघर्ष पर था। आजकल के विमर्शों के वर्चस्ववादी स्वर से प्रेमचन्द का यह दृष्टिकोण टकराता है। इसलिए सत्तावादी विमर्शकार प्रेमचन्द पर प्रहार करने के लिए कारण नहीं, बहाना खोजते हैं और मनगढ़ंत आरोप लगाते हैं। डॉ. धर्मवीर ने 'क़फ़न' की आलोचना करते समय अपने मन से आरोप गढ़ दिया कि बुधिया के पेट में ज़मींदार का जो बच्चा था, वह प्रेमचन्द का था! प्रेमचन्द ने रखैल रखी थी, तह रखैल बुधिया थी। अगर कोई दलित लेखिका (जैसे अनिता भारती) प्रेमचन्द का समर्थन करती है तो वह इस ज़ारकर्म को सही ठहराती है, वह दलित स्त्रियों को रखैल बनाये जाने में कोई बुराई नहीं देखती है! प्रेमचन्द से भी ज़्यादा अनिता भारती के लिए अश्लील भाषा का प्रयोग करते हुए डॉ. धर्मवीर ने सभी सवर्णों को रखैल रखने वाला और सभी दलित महिलाओं को रखैल बना दिया। इस प्रकार का सामन्यीकरण दलित-स्त्रियों के लिए भी सम्मानजनक नहीं है। लेकिन डॉ. धर्मवीर का 'दलित-धर्म' दूसरे सामन्ती तत्त्वों और व्यवहार-प्रणालियों की तरह स्त्रियों की यौनिकता को नियन्त्रण में रखना चाहता है।

एक बात यह भी है कि विमर्शकार सत्ता में जगह पाने का या फिर और अधिक भागीदारी पाने का प्रयत्न करते हैं। प्रेमचन्द स्थापित सत्ता को बदलकर जनतांत्रिक सत्ता स्थापित करने का संघर्ष करते हैं। इसलिए दोनों के चिन्तन की प्रेरक भावनाएँ अलग-अलग हैं। दूसरे शब्दों में कहा जाये तो दोनों के सौन्दर्यशास्त्र का आधार अलग-अलग है। प्रेमचन्द ने सौन्दर्य की कसौटी बदलने की बात की थी। दलित लेखक नये सौन्दर्यशास्त्र की बात करते हैं। लेकिन दलित सौन्दर्यशास्त्र का मूलभाव आक्रोश है जो मूलतः निष्क्रिय और दिशाहीन भाव है। प्रेमचन्द का मूल भाव था

घृणा जो मूलतः सक्रिय और सोद्‌देश्य है, क्योंकि आक्रोश में शत्रु अस्पष्ट होता है जबकि घृणा में शत्रु स्पष्ट होता है। प्रेमचन्द ने जीवन और साहित्य में घृणा का स्थान निर्धारित करते हुए निबन्ध लिखा था।

हम अगर स्वतन्त्रता आन्दोलन और उसमें संघर्ष की चेतना का दृष्टिकोण हटाकर देखेंगे तो प्रेमचन्द और समकालीन लेखकों का फ़र्क स्पष्ट नहीं होगा। 'रंगभूमि' का नायक सूरदास, प्रेमचन्द के शब्दों में, 'अन्धा, भिखारी, चमार' है। अन्धा यानी प्राकृतिक दृष्टि से हीन, भिखारी यानी आर्थिक दृष्टि से हीन और चमार यानी सामाजिक दृष्टि से हीन। जो प्राकृतिक, आर्थिक और सामाजिक, सभी दृष्टियों से हीन है और इस रूप में पराधीन भारत की जनता का सच्चा प्रतिनिधि है, वही सूरदास संघर्ष की परिस्थितियों में इस दृढ़ता से व्यवहार करता है कि इतिहास का महानायक बन जाता है। इतने बड़े नायक या तो हावर्ड फास्ट के उपन्यास 'स्पार्टाकस' में दिखायी देते हैं या तोल्सतोय के 'युद्ध और शान्ति' में। इतिहास के निर्णायक संघर्ष में वही सबसे जुझारू भूमिका अदा कर सकता है जो सबसे अधिक पीड़ित, शोषित, वंचित है। साथ ही हम देखते हैं कि जहाँ भी जो पीड़ित, शोषित, वंचित हैं तथा संघर्ष कर रहा है, वही प्रेमचन्द का नायक है।

इस कसौटी पर देखें तो 'क़फ़न' के घीसू-माधव प्रेमचन्द को क्यों पसन्द नहीं हैं, यह हमारी समझ में आता है। वे दलित हैं लेकिन श्रम नहीं करते, संघर्ष नहीं करते। उनके माध्यम से प्रेमचन्द नये महाजनी समाज की तीखी आलोचना करते हैं कि उसने श्रम करने वाले मनुष्यों को विमानवीकृत करना शुरू कर दिया है। 'रंगभूमि' और 'क़फ़न' से अलग उदाहरण है 'ठाकुर का कुआँ'। इसमें उस स्थिति का चित्रण है, जब संघर्ष नहीं हो रहा है। प्रेमचन्द के अनुसार 'गंगी का विद्रोही दिल' यथास्थिति को स्वीकार करने को तैयार नहीं है। जोखू सड़ा हुआ पानी पियेगा तो और बीमार पड़ जायेगा। गंगी का विद्रोही दिल उसे ठाकुर के कुएँ से साफ पानी लेने के लिए प्रेरित करता है। लेकिन वह पानी ला नहीं पाती। जब संघर्ष नहीं है तब विद्रोह की व्यक्तिगत आकांक्षाएँ निष्फल होती हैं और जब संघर्ष की स्थिति होती है तब व्यक्तिगत इच्छा न रहने पर भी संघर्ष व्यक्ति को रूपान्तरित कर देता है। प्रेमचन्द दलित-प्रश्न को इतिहास के इस व्यापक सन्दर्भ में उपस्थित करके एक नया दृष्टिकोण प्रस्तावित करते हैं। इस लिहाज से हम कहें तो विमर्श का प्रत्युत्तर है संघर्ष और संघर्ष का निषेध है विमर्श।

अस्मिता और सम्बद्धता

हमें इस बात पर भी ध्यान देना चाहिए कि अस्मिता (Identity) में सम्बद्धता (Relationship) का निषेध है। सम्बद्धता हमें समाज की दिशा में ले जाती है जबकि

अस्मिता वैयक्तिकता की दिशा में ले जाती है। इसलिए प्रेमचन्द अगर साम्राज्यवाद के मुकाबले उत्पीड़ितों का विराट संघर्ष पेश करते हैं तो विमर्श पूँजी की सार्वभौमिकता के मुकाबले विखण्डित अस्मिताओं की आत्मपरक रणनीति प्रस्तावित करती है। हम देखते हैं कि दोनों में समाज और मनुष्य के पहचान की धारणा अलग-अलग है। प्रेमचन्द के यहाँ मनुष्य की पहचान राष्ट्र, जाति (नेशनैलिटी), वर्ग के रूप में होती है तो अस्मिता-विमर्श में लिंग, समुदाय (कम्युनिटी), धर्म के रूप में। प्रेमचन्द अस्मिता का नहीं, सम्बन्ध का चित्रण करते हैं। उनके चित्रण का औचित्य यह है कि मनुष्य का विकास सम्बन्ध के दो स्तरों का जटिल विन्यास है। पहला स्तर आर्थिक है और दूसरा स्तर सामाजिक और मानवीय। जब मनुष्य औज़ारों के सहारे उत्पादन करता है तब वास्तव में प्रकृति से ही नया रिश्ता नहीं कायम करता, अपने सहचर मनुष्यों से भी नया सम्बन्ध बनाता है और यही उत्पादन के क्रम में बनने वाला आर्थिक रिश्ता है। चूँकि मनुष्य ही उत्पादन करने वाला अकेला प्राणी है इसलिए मनुष्य ही परिवार जैसी संस्था का विकास भी करता है। दूसरे प्राणी उत्पादन नहीं करते, उनमें परिवार की संस्था का विकास भी नहीं होता। ज़्यादा-से-ज़्यादा कुछ प्राणियों में, युग्म-साहचर्य की प्रवृत्ति मिलती है। किन्तु परिवार में सम्बन्धों का स्थायी ताना-बाना है, वह मनुष्य के अलावा किसी प्राणी में नहीं मिलता। अपने इन सम्बन्धों के आधार पर मनुष्य साहचर्य का नया अनुभव करता है।[1]

हमारा सारा सामाजिक, मानवीय अथवा व्यक्तिगत अस्तित्व इन दो तरह के सम्बन्धों के तंजाल से निर्मित होता है। इसीलिए हम देखते हैं कि प्रेमचन्द के यहाँ आर्थिक और सामाजिक सम्बन्धों की परस्परता है। इसका एक उदाहरण हमने देखा कि प्रेमचन्द के यहाँ दलित चरित्र अपने श्रमिक अस्तित्व में प्रकट होते हैं। दूसरा उदाहरण हम ले सकते हैं कि सम्पत्तिशील और समर्थ ही निर्धन और निर्बल की सम्पत्ति हथियाता है, स्त्री हथियाता है। जो स्त्री हथियाई जाती है, वह सम्पत्तिशील नहीं होती, निर्धन होती है, कमज़ोर होती है। 'घसियारिन' कहानी इस पर भरपूर रोशनी डालती है। घसियारिन ठाकुर से यही कहती है कि मैं गरीब हूँ और तुम धनी हो, तुम ताकतवर हो और मैं निर्बल हूँ, इसलिए तुम मुझे हथियाना चाहते हो; लेकिन तुम कल्पना करो कि इसी तरह मेरा पति तुम्हारी पत्नी से प्रणय-निवेदन करे तो...? इस प्रकार, ठाकुर को नयी चुनौती मिलती है। फिर क्रमशः उस ठाकुर में

---

1. अक्सर देखा जाता है कि आर्थिक संसाधनों की प्रकृति परिवार का स्वरूप तय करती है। अचल भूसम्पत्ति वाले सामन्ती समाज में पति-पत्नी का साथ भी जन्म-जन्मान्तर का होता था। आवारा पूँजी के उत्तर-औद्योगिक समाज में अविवाहित जोड़ों का अस्तित्व प्रकट हो गया है, जिसमें टिकाऊपन किसी चमत्कार से कम नहीं है।

भारी परिवर्तन होता है। आर्थिक और मानवीय सम्बन्धों की यह जटिल परस्परता प्रेमचन्द के चित्रण को गहराई प्रदान करती है।

दलित प्रश्न के कुछ पहलुओं पर प्रेमचन्द का दृष्टिकोण आज के दलितों के बहुत नज़दीक पड़ता है क्योंकि विमर्श वास्तव में सत्तावादी विचार है। प्रेमचन्द की प्रसिद्ध कहानी 'मन्त्र' में हिन्दूभाई पं. लीलाधर चौबे से एक दलित कहता है कि "आप हमसे मांस खाने के कारण घिनाते हैं लेकिन गोमांस खाने वालों के आगे नाक रगड़ते हैं इसलिए न कि वे आपसे बलवान हैं। हम भी आज राजा हो जाएँ तो आप हमारे सामने हाथ बाँधे खड़े होंगे।" यह सत्ता-विमर्श का जीता-जागता उदाहरण है। विदेशी आक्रमणकारी बनकर मुसलमान भारत आये और उन्होंने यहाँ सत्ता स्थापित कर ली, तब हिन्दू राजाओं के प्रशंसक मुसलमान राजाओं के प्रशंसक बन गये। वे दिल्ली के मुसलमान शासकों को अपने ईश्वर के बराबर लाकर ऐलान करने लगे— 'दिल्लीश्वरो वा जगदीश्वरो!' यही बात इन ब्राह्मणों के आधुनिक वंशजों पर भी लागू होती है। 'मन्त्र' कहानी के दलित की तरह 'दूध का दाम' कहानी का मंगल अपने मालिक के लड़के सुरेश से प्रश्न करता है कि "मैं हमेशा घोड़ा ही रहूँगा या सवारी भी करूँगा?" मंगल के माध्यम से मानो दलित समाज इतिहास से यह प्रश्न कर रहा है कि मैं घोड़ा ही रहूँगा या सवारी भी करूँगा!

स्पष्ट है कि सत्ता-विमर्श का मूल स्वर दलित चरित्रों के माध्यम से प्रेमचन्द के यहाँ बारंबार प्रकट हुआ है। इसलिए नये विचारों और विवादों के सन्दर्भ में प्रेमचन्द को देखते समय घिसे-पिटे तथ्यों और बनी-बनायी दृष्टि से काम नहीं चल सकता। सबसे महत्त्वपूर्ण बात यह है कि प्रेमचन्द सफलता और चकाचौंध को नहीं, संघर्ष और प्रयत्नपक्ष को महत्त्वपूर्ण समझते थे। जब आचार्य रामचन्द्र शुक्ल साधनावस्था को सिद्धावस्था से अधिक महत्त्वपूर्ण मान रहे थे, तब प्रेमचन्द संघर्ष को सफलता से और प्रयत्न को चकाचौंध से अधिक महत्त्वपूर्ण मान रहे थे। यही नयी कसौटी उनके लिए सौन्दर्यशास्त्र की नयी कसौटी थी जो उन्हें स्वाधीनता आन्दोलन के इतिहास ने दी थी। प्रेमचन्द इस कसौटी पर सबसे ज़्यादा खरे सिद्ध होते हैं क्योंकि उन्होंने अमर विषयों और स्थायी भावों के बजाय समकालीन इतिहास को साहित्य की विषय-वस्तु बनाने की जद्दोजहद सबसे ज़्यादा की।

दोराहे पर दलित-विमर्श

जो समाज श्रम को उसका उचित मूल्य और सम्मान नहीं देता, उसे बनाये रखकर क्या दलित या श्रमिक का सम्मान पाया जा सकता है? इसके दो उत्तर हो सकते हैं। पहला, उस समाज को बनाये रखकर और उस सत्ता में भागीदार बनकर हम उस अन्याय से मुक्ति पा सकते हैं। समकालीन दलित-विमर्श का प्रभावशाली हिस्सा

इसी रास्ते पर चलता है। दूसरा रास्ता प्रेमचन्द का था कि उस समाज को यानी समाज के विषमतापूर्ण सम्बन्धों को बनाये रखकर सबको सम्मान नहीं दिया जा सकता इसलिए सत्ता में थोड़ी-सी भागीदारी दलित-समस्या का समाधान नहीं है। आज जो सत्ता-विमर्श वाले दलित हैं, वे जुझारूपन में नहीं, यथास्थितिवाद में विश्वास करते हैं। इस दृष्टि से वे घीसू-माधव के वंशज हैं। घीसू-माधव न श्रम करते हैं, न संघर्ष; इसलिए वे अपनी सम्भावना खो चुके हैं। वे यथास्थिति से एकमेक हो गये हैं, परिवर्तन की दिशा में भौतिक या मानसिक किसी प्रकार का योगदान नहीं करते। इस घीसू-माधव को दलित समाज का प्रतिनिधि चरित्र बना देने वाले दलित-धर्मवादी भी, ऐसा लगता है, अपनी सम्भावना खो चुके हैं, यथास्थिति से एकमेक हो गये हैं।

सत्तावादी दलित-विमर्श की मुश्किल यह है कि वह सामाजिक सम्बन्धों में परिवर्तन नहीं करना चाहता, केवल जाति के उत्पीड़न को विचार का विषय बनाकर प्रस्तावित करता है। इसीलिए हम पाते हैं कि पहले सवर्ण बनाम दलित, फिर दलितों में भी उपजातियाँ और अब उपजातियों में वर्चस्व और अधीनस्थता (डॉमिनेशन और सबार्डिनेशन) का सम्बन्ध—एक अनवरत विखंडन की प्रक्रिया घटित हो रही है। इनमें जो उत्पीड़ित है (जैसे सवर्ण के मुकाबले दलित या जाटव के मुकाबले वाल्मीकि या ऐसे ही अन्य-अन्य उपभेद), वह अपनी 'अस्मिता' उत्पीड़क के मुकाबले में परिभाषित करता है। यानी, एक दलित जो उपजाति में अधिक नीचे है, वह ऊपरवाले उपजातीय-दलित से उत्पीड़ित महसूस करता है। इस तरह हम पाते हैं कि वर्चस्व और दासता की अनन्त शृंखला चलती रहती है।

आज के भूमण्डलीकरण में साम्राज्यवाद की संरचना से लेकर, जिसका विश्लेषण पॉल स्वीजी ने किया था, भारतीय समाज में वर्ण और जाति की संरचना तक वर्चस्व और दासता की यह अनन्त शृंखला निहित है। इनमें एक संरचना दूसरी संरचना की मदद करती है। ठीक उसी तरह जैसे 'गोदान' में जो अन्तर्राष्ट्रीय बैंकपति हैं, जिनके एजेंट के रूप में खन्ना काम करते हैं; आर्थिक हितों में उनसे बिलकुल भिन्न, ठेठ सामन्ती चरित्र है अमरपाल सिंह का, वे भी उस तन्त्र से जुड़े हुए हैं। ये उच्च वर्ग के लोग हैं, सामन्त और पूँजीपति। गाँव में झिंगुरी सिंह और सहुआइन हैं, खुद गोबर शहर में आकर एक समय छोटी-मोटी महाजनी करता है, ये सभी निचले स्तर पर उन अन्तर्राष्ट्रीय महाजनों के प्रतिनिधि हैं। यहाँ तक कि पुराने पुरोहित मातादीन ब्राह्मण भी हैं, महाजन भी हैं; वे होरी की ज़मीन के मालिक भी बन जाते हैं और मरते समय होरी से गोदान भी लेते हैं।

इस तरह हम देखते हैं कि पूरी सामन्ती-संरचना (आर्थिक, सामाजिक, सांस्कृतिक, मानसिक सभी) और पूँजीवादी संरचना मिलकर एक जटिल तन्त्र बनाती हैं। अन्तर्राष्ट्रीय स्तर से ग्रामीण स्तर तक, यानी वैश्विक स्तर से स्थानीय स्तर तक

एक ही संरचना की विभिन्न परतें दिखायी देती हैं। ठीक यही बात भूमण्डलीकरण में और दलित-विमर्श की जातिगत-संरचना में भी दिखायी देती है। इसलिए मेरा प्रस्ताव यह है कि अगर उत्पीड़न हमारी समस्या है तो हम वर्चस्व और दासता की इस तह-दर-तह वाली अनन्त शृंखला को तोड़ने की कोशिश करेंगे। प्रेमचन्द इस काम में हमारे सहायक हैं। अगर सत्ता में जगह बनाने का प्रश्न हमारे लिए मुख्य है, अगर तह-दर-तह चलने वाली वर्चस्व और दासता की संरचना से हमने अपने हित जोड़ लिए हैं, तो प्रेमचन्द को अपना शत्रु मानेंगे।

स्वाधीनता आन्दोलन के दिनों में अँग्रेज़ों की देन औपनिवेशिक संरचना और विकास की परिस्थितियों के चलते सामन्तवाद और उदीयमान पूँजीवाद का गठबन्धन हो गया। इसलिए राष्ट्रीय आन्दोलन की प्रगतिशील चेतना और धर्म की मध्यकालीन चेतना में भी गठबन्धन दिखायी देता है। स्वतन्त्रता आन्दोलन के प्रमुख नेता महात्मा गाँधी को सर्वाधिक समर्थन और आर्थिक सहयोग देने वाले सेठ बिड़ला मन्दिर बनवाने वाले सबसे बड़े सेठ भी हैं। इसी प्रक्रिया के स्थानीय प्रतिनिधि दातादीन हैं। भूमण्डलीकरण के आर्थिक हित और धार्मिक रूढ़िवाद का गठबन्धन अन्तर्राष्ट्रीय स्तर पर है। ठीक उसी तरह कि जो नवधनाढ्य हो वही सबसे ज़्यादा भगवती जागरण करवाता है। इसी प्रकार, दलितों में भी जो सत्ता के नज़दीक हैं, वे दलित-धर्म के संस्थापक बन गये।

समाज का एक वर्ग यदि दलित है तो इतिहास की माँग है कि उसका दलितपन मिटे। समाज का एक वर्ग अत्याचारी है तो इतिहास की आवश्यकता है कि उसका अत्याचारी रूप मिटे। यानी वर्चस्व और दासता, उत्पीड़न और उत्पीड़ित का भेद समाप्त हो। इसके बजाय उत्पीड़ितों के एक हिस्से को उत्पीड़न करने वालों में शामिल करने की 'रणनीति' अपनायी जा रही है। इसलिए दलित-विमर्श अभी 'फ्रैक्चर्ड' है। वह विखण्डित इसलिए है कि उत्पीड़न मिटाने की दिशा में सचेत नहीं है बल्कि उत्पीड़न करने वाले समुदाय का हिस्सा बनने के प्रति सचेत है। अच्छी बात यह है कि आज दलित-विमर्श का एक मज़बूत स्वर इस वर्चस्ववादी धारा से दूर होकर नयी सम्भावना का द्वार खोल रहा है। यहाँ प्रेमचन्द उसके मददगार हैं।

डॉ. अम्बेडकर ने महाड़ आन्दोलन 1927 में शुरू किया। 'मनुस्मृति' जलाने की कार्रवाई से कुछ दलित विचारकों ने 'रंगभूमि' जलाने को उचित ठहराया। लेकिन खुद अम्बेडकर ने दुबारा किसी पुस्तक को जलाने का प्रयोग नहीं किया। जैसे भगतसिंह ने एक विशेष परिस्थिति में एसेम्बली में बम फोड़ा और 'बम का दर्शन' लिखकर बताया कि बम का प्रयोग कोई दर्शन नहीं है। ठीक इसी तरह किसी पुस्तक को जलाना रणनीति नहीं हो सकती। प्रेमचन्द 1927 से पहले 'रंगभूमि' लिख चुके थे। अम्बेडकर के प्रवेश से पहले अपने यश के कई कीर्तिमान स्थापित कर चुके थे।

1927 में लिखित 'मन्दिर' कहानी में प्रेमचन्द ने यह दिखाया था कि जिस दिन दलितों ने मन्दिर में प्रवेश किया, उस दिन सबसे अधिक चढ़ावा आया। इस तरह, मन्दिर-प्रवेश से पुजारियों की आय बढ़ती है लेकिन दलितों को लाभ नहीं होता।

समकालीनता की अन्तर्वस्तु

प्रेमचन्द गाँधी जी और अम्बेडकर दोनों के सुधारवाद से असहमत थे। आज एक समुदाय के लिए अम्बेडकर परम पूज्य हैं लेकिन प्रेमचन्द के समय अम्बेडकर उनके समकालीन थे। प्रेमचन्द अम्बेडकर और गाँधी से संवाद करते हैं। इतिहास के इस विशद फलक पर घटनाओं का मूल्यांकन करते समय प्रेमचन्द किसी भी समकालीन विचारक या मनीषी से आतंकित नहीं होते बल्कि कुछ मायनों में बहुत-सी घटनाएँ जो राजनीति की विषयवस्तु बाद में बनती हैं, प्रेमचन्द के यहाँ साहित्य की विषय-वस्तु पहले बनती हैं। इस सम्बन्ध में फ्रांसीसी समीक्षक काथरीन थोमा ने आलोचना (अंक 51-52, अक्टूबर 1979, मार्च 1980) में कहा था कि अपने कथा-साहित्य में प्रेमचन्द घटनाओं को ठीक उस समय तौल रहे थे जब वे घटनाएँ घटित हो रही थीं और उनके उपन्यास यह संकेत दे रहे थे कि कुछ दिनों बाद गाँधीजी इसे राजनीति में उठाने वाले हैं। अर्थात गाँधीजी ने अपनी राजनीति में जिन घटनाओं को आगे चलकर अपनी विषय वस्तु बनाया, प्रेमचन्द ने उसे उनसे पहले विषय-वस्तु बनाया। और इस तरह हम देखते हैं कि समकालीन इतिहास को प्रेमचन्द अपने कथानक में बदल रहे थे। गाँधीजी और आम्बेडकर उस समकालीन इतिहास को अपनी राजनीति में बदल रहे थे। इसलिए कोई किसी का समर्थक और विरोधी नहीं; वे एक इतिहास के अलग-अलग प्रतिनिधि थे तथा इतिहास की अलग-अलग धाराओं को अभिव्यक्त कर रहे थे।

इतिहास के इस विकास के परिप्रेक्ष्य में देखने पर प्रेमचन्द नयी तरह से सामने आते हैं। 'सेवासदन' में पारिवारिक सम्बन्ध की विषमता से लेकर 'गोदान' में सामाजिक सम्बन्ध की विषमता तक प्रेमचन्द का विकास एक सुसंगत दिशा में होता है और इन सभी जगहों पर प्रेमचन्द आर्थिक और मानवीय सम्बन्धों के जटिल ताने-बाने को हमेशा केन्द्र में रखते हैं।

आज डॉ. धर्मवीर और चन्द्रभान प्रसाद यह सिद्ध करने में कसर नहीं छोड़ते कि अंग्रेज़ी तथा ब्रिटिश राज दलितों के लिए उपयोगी था। और उसी प्रकार भूमण्डलीकरण और अमरीकी प्रभाव दलितों के लिए अनिवार्य है। इस तरह वे पुराने साम्राज्यवाद और नये साम्राज्यवाद के हिमायती बनकर सामने आते हैं। लेकिन दलितों के भीतर इस तरह के साम्राज्यपरस्त चिन्तन का तीव्र विरोध मुखर हो रहा है। ईश गंगानिया ने 'रंगभूमि' वाले विवाद में प्रश्न उठाया था कि तत्कालीन दलितों की दो

माँगें थीं–(1) स्वराज, तथा (2) समाज की मुख्यधारा में शामिल होना। इसके बाद उन्होंने स्पष्ट शब्दों में लिखा है कि–"इसलिए अंग्रेज़ों के प्रति हमदर्दी का सवाल नहीं था।" डॉ. अम्बेडकर आवेश, आक्रोश की स्थिति में कभी-कभी अंग्रेज़ी राज की प्रशंसा करते हुए दिखायी देते हैं लेकिन वे अछूतों के श्रमिक अस्तित्व पर बल देते हुए शोषण को दलितों की सबसे बड़ी समस्या बताते हैं। यह शोषण पूँजीवाद भी करता है, सामन्तवाद भी करता है, साम्राज्यवाद भी करता है। इसलिए अम्बेडकर के विचारों में प्रायः अन्तर्विरोध दिखायी देता है जो तत्कालीन इतिहास और उनकी स्थिति के कारण स्वाभाविक था।

हमें उन अन्तर्विरोधों में नकारात्मक चीज़ों से प्रेरित होने के बजाय उनके क्रान्तिकारी और सकारात्मक पक्षों से आज के चिन्तन का विकास करना चाहिए। कँवल भारती, डॉ. तेज सिंह, ईश गंगानिया, अनिता भारती, डॉ. विमल थोराट ने इस दिशा में प्रयास किया है। खुद अनिता भारती ने 'रंगभूमि' के प्रसंग में लिखा है, जिसे बहुत से पुरुष, विशेषकर सत्तावादी पुरुष, कभी देख नहीं सकते कि–

(1) "दलित सूरदास के साथ सोफिया, इन्दु, रानी जाह्नवी और सुभागी के साथ पूरा महिला वर्ग जुड़ता है।"

(2) इस तरह उत्पीड़ितों की नयी एकता का संकेत मिलता है जिसका स्वप्न स्वयं प्रेमचन्द देखते हैं। एक दूसरी महत्त्वपूर्ण बात अनिता भारती ने कही है कि–"एक असहाय दलित की ज़मीन हड़पने के लिए धर्म के ठेकेदार, राजा, महाराजा, उद्योगपति और सरकार (अंग्रेज़) मिल जाते हैं।" इस प्रकार आप देखेंगे कि एक असहाय दलित की ज़मीन हड़पने वाले ये सभी एक पक्ष है। सूरदास, इन्दु, जाह्नवी, सुभागी–ये एक पक्ष हैं।

इस विभाजन की व्याख्या क्या सिर्फ जाति के तत्त्व से की जा सकती है? क्या इतिहास के संघर्ष को सिर्फ जाति के प्रश्न में अन्तर्निहित कर देना दृष्टि को संकीर्ण बना देना नहीं है? 'रंगभूमि' में सूरदास की मृत्यु के बाद प्रीतिभोज होता है जिसमें छूत-अछूत साथ बैठकर खाते हैं। अनिता भारती ने उल्लेख किया है कि बाबा साहब भी प्रेमचन्द की भाँति जातीय और अन्तर्जातीय भोज को अत्यन्त महत्त्व देते थे। इन जातीय और अन्तर्जातीय भोजों के द्वारा संस्कारों की कट्टरता तोड़ने में मदद मिलती है। लेकिन यह एकमात्र रास्ता नहीं है। प्रेमचन्द ने सूर के द्वारा यह भी सन्देश दिया है कि आने वाले समय में किसान, मज़दूर और सिपाही आपस में एकता के सूत्र में बँधेंगे। जब किसानों के झोपड़े गिराये जाते हैं तब जो मज़दूर आये थे वे दुगनी-तिगनी मज़दूरी पर भी झोपड़ी गिराने से इंकार कर देते हैं। जो बाहर के मज़दूर लाये जाते हैं, वे भी तनाव देखकर रातों-रात भाग जाते हैं। मज़दूरों में किसानों के प्रति अन्याय का बोध जागृत होता है, यही नहीं इन्द्रदत्त की शहादत

के बाद पुलिस भी किसानों पर गोली चलाने से मना कर देती है। प्रेमचन्द ने लिखा है कि—"पुलिस के इतिहास में एक नूतन युग की सूचना है।"

गाँधीजी ने इस तरह की अवज्ञा को अनुचित बताया था क्योंकि उनके अनुसार मुझे भी इस देश की बागडोर सम्भालनी होगी, तब मैं फ़ौज और पुलिस को अवज्ञा की अनुमति नहीं दे सकता। लेकिन 1924 में प्रेमचन्द पुलिस की इस अवज्ञा का चित्रण कर रहे थे और इस तरह किसान, मज़दूर और सिपाही के बीच नयी एकता का सूत्रपात होता है। साथ ही प्रेमचन्द यह सम्भावना भी देख रहे हैं कि छूत-अछूत एक साथ बैठकर भोज कर रहे हैं। इस तरह वर्णवादी कट्टरता को टूटता हुआ देख रहे हैं। संघर्ष की परिस्थितियों में जाति-पाँति की वर्णवादी कट्टरता टूटती है और हितों के आधार पर नयी एकता की चेतना जन्म लेती है। प्रेमचन्द 'रंगभूमि' में इसका संकेत भर करते हैं क्योंकि तब तक उनके इतिहास ने इसके दृश्य नहीं दिये थे।

रंगभूमि और जातिवादी भाषा

'रंगभूमि' पर प्रमुख आरोप यह है कि उसमें जातिसूचक शब्दों का उपयोग अपमानजनक रूप में हुआ है। इसलिए जिन जगहों पर जातिसूचक शब्दों का प्रयोग किया गया है, उनके उदाहरण द्वारा प्रेमचन्द की दृष्टि को व्याख्यायित करने का प्रयत्न आवश्यक हो जाता है। ताहिर अली जान सेवक के चमड़े के गोदाम में गुमाश्ता है। ज़ाहिर है वहाँ मरे हुए जानवरों का चमड़ा लेकर बहुत से श्रमिक आते होंगे। प्रेमचन्द ने 'चमार' का उपयोग 'रंगभूमि' में किया है क्योंकि जब 'रंगभूमि' लिखी गयी थी तब तक यह शब्द असंवैधानिक नहीं बनाया गया था। उन्होंने साधारण चमार, चमारों के चौधरी और ताहिर अली के परस्पर सम्बन्ध का बड़ा सजीव दृश्य उपस्थित किया है। मैं दो उद्धरण प्रस्तुत करना चाहता हूँ। पहला है—"यही वह समय था जब ताहिर अली को अपने गौरव का कुछ आनन्द मिलता था। इस वक्त उन्हें अपने महत्त्व का हल्का-सा नशा हो जाता था। एक चमार द्वार पर झाड़ू लगाता, एक पानी भरता, एक उनका तख्त साफ करता। किसी को साग-भाजी लाने के लिए बाज़ार भेज देते। इतने आदमियों को अपनी सेवा में तत्पर देखकर उन्हें मालूम होता था कि मैं भी कुछ हूँ।"

जिस समाज में श्रम लेना सम्मान का और श्रम करना असम्मान का विषय है, उसमें ताहिर अली जैसे निम्न मध्यवर्गीय चरित्र, जो वास्तव में जॉन सेवक के चाकर हैं और आर्थिक दृष्टि से भी दलितों के नज़दीक हैं, उस समय गौरवान्वित महसूस करते हैं, वह भी जब कुछ श्रमिक तरह-तरह से उनकी सेवा करते हैं। प्रेमचन्द ने इस गौरव की मिथ्या चेतना को ताहिर अली की पारिवारिक हालत दिखाकर स्पष्ट किया है। ताहिर अली अपने घर की ज़रूरतें पूरी नहीं कर सकते और उस स्थिति

में उन्हें गबन के आरोप में जेल जाना पड़ता है। ठीक यही चेतना 'नशा' कहानी में आती है, जहाँ बीर नामक चरित्र उस ज़मींदार के लड़के का दोस्त है, वह नशे में रहता है, बड़प्पन के नशे में, जिसे प्रेमचन्द तोड़ते हैं।

दूसरी तरफ ताहिर के परिवार वाले बड़े फ़िजूल खर्च हैं। उन्होंने जगधर से मिठाइयाँ खाई हैं, जगधर पैसे माँगने आता है। वह अपनी दीनता और विवशता का रोना रोता है और ताहिर अली अपनी विवशता का। प्रेमचन्द लिखते हैं—''चमारों के चौधरी को ताहिर अली पर दया आ गयी। ताहिर अली से बोला, 'मुंशीजी मेरा पावना इन्हीं को दे दीजिए। मुझे दो-चार दिन में दे दीजियेगा'।'' यहाँ चमारों के चौधरी का जो सहृदय और परदुखकातर चरित्र प्रेमचन्द ने दिखाया है, यह चमार जाति की निन्दा और अपमान है या उसकी सहृदयता और उदारता का चित्रण? प्रेमचन्द जाति को निन्दा और अपमान के लिए कहीं भी इस्तेमाल नहीं करते बल्कि श्रम करने वालों में मनुष्यता के उदात्त गुणों का पोषण होते हुए दिखाते हैं तथा उच्चवर्गीय लोगों में नैतिकता का विघटन एवं चरित्र का पतन दिखाते हैं। अमरकांत, विनय सिंह, प्रभुसेवक ऐसे जीते-जागते उदाहरण हैं।

आज जो जाति-विमर्श के भीतर उपजातीय विमर्श फैल रहा है, यह कोई नया तथ्य नहीं है। विमर्श के रूप में कोई नयी समस्या हो सकती है। लेकिन तथ्य के रूप में वह पहले भी विद्यमान था। भैरों पासी है, सूरदास चमार है। आप कई मौकों पर देखते हैं कि दलितों के भीतर उपजातियों में ऊँचे-नीचे की भावना प्रकट होती है। सुभागी जब चली जाती है तब भैरों को आपत्ति इसी बात की होती है कि वह मुझसे नीचे की जाति के साथ भाग गयी, किसी उच्च वर्गवाले के साथ नहीं। औरत का भागना उसके लिए अपमान का विषय नहीं है। इससे बड़ी जहालत और क्या हो सकती है। जाति का दुराग्रह, ऊँच-नीच का दुराग्रह मनुष्यता विरोधी विचार है, इसका संकेत प्रेमचन्द कर देते हैं। इसी तरह भैरों, बजरंगी और सूर में मिठुआ को मारने के सवाल पर जब बहस चलती है तो प्रसंगवश एक टिप्पणी यह आती है कि—"दारोगाजी की गालियाँ खाते हैं तो क्या डोमड़ों की भी खाएँ?" यानी गाली तो खानी है लेकिन अपने से ऊपर वालों की, नीचे वालों की नहीं। गाली न खानी पड़े, ऐसा प्रयत्न नहीं करना है। ऐसा प्रयत्न सूरदास करता है। इससे आप समझ सकते हैं कि प्रेमचन्द चेतना के अनेक स्तर एक साथ देखते हैं। इसलिए उनके सामाजिक चित्रण की तरह उनका मनोवैज्ञानिक चित्रण भी गहरा होता है।

विमर्श का स्त्री-पक्ष

प्रेमचन्द के यहाँ दलित-प्रश्न के ही समान स्त्री-प्रश्न भी बहुत महत्त्वपूर्ण है। सच पूछा जाए तो आज के समाज के जो तीन प्रमुख जनतांत्रिक प्रश्न हैं, दलित, स्त्री

और अल्पसंख्यक, इन तीनों दृष्टियों से प्रेमचन्द हमारे लिए शिक्षक का काम कर सकते हैं। डॉ. धर्मवीर की अशोभनीय टिप्पणियों के प्रत्युत्तर में दलित-स्त्रियों ने सक्रिय प्रतिरोध करके स्त्री-आत्मसम्मान की ही रक्षा नहीं की, प्रेमचन्द की घोषणा का विकास भी किया क्योंकि प्रेमचन्द अपने समय के ऐसे महत्त्वपूर्ण लेखक थे जिन्होंने स्त्री-सम्मान के लिए 'खून की नदी बहाने' की बार-बार घोषणा की। इस मायने में उनके सहचर केवल निराला ही हैं, जिनकी चमेली को ज़मींदार के कारिंदे छेड़ते हैं तो वह तो ललकारती ही है, उसका प्रेमी भी ठाकुर के लठैतों को खेत में पटककर मारता है। इस तरह दलित अपने सम्मान के लिए ज़मींदारों और सवर्णों से संघर्ष करने लगते हैं, स्त्री सम्मान के लिए वे ताकत को चुनौती देने लगते हैं। प्रेमचन्द और निराला इस मायने में दलित-स्त्रीवादियों के वास्तविक मार्गदर्शक दिखायी पड़ते हैं।

स्त्री-विमर्श की दो प्रमुख धाराएँ हैं। एक धारा जिसके प्रतिनिधि हिन्दी के कौवों में कई 'हंस' हैं और वे देह-विमर्श को ही स्त्री-विमर्श समझते हैं; जबकि एक वैकल्पिक स्त्री-विमर्श पश्चिमी समाज में और भारतीय समाज में भी है, जिसकी शुरुआत अपनी देह पर स्त्री के अधिकार से होती है लेकिन यह शुरुआत है, अन्त नहीं। सवाल है कि देह की राजनीति स्त्री-विमर्श है या सम्बन्धों के पुनर्गठन का प्रयत्न? प्रेमचन्द आर्थिक और मानवीय सम्बन्धों के जटिल ताने-बाने पर आधारित चित्रण करते हैं। इसलिए वे केवल सोच और संस्कार पर आक्रमण करके तृप्त नहीं हो पाते। वे सोच और संस्कार को निर्मित करने वाले सम्बन्धों और सामाजिक घटनाओं पर आक्रमण करते हैं। उनकी दृष्टि अधिक गहरी है। राच बात यह है कि जैसी स्त्रियाँ प्रेमचन्द ने रची हैं, वैसी स्त्रियाँ बहुत-सी विमर्शकार स्त्रियों में, जो 'हंसों' के पीछे फिरने वाली हंसिनियाँ हैं, उनके यहाँ आप नहीं देख पायेंगे। एक सुमन, एक जालपा, एक धनिया, सभी स्त्रीवादी रचनाकारों के चरित्रों पर भारी पड़ेंगी। इस मायने में प्रेमचन्द के सही उत्तराधिकारी यशपाल हैं, जिनके यहाँ स्त्री ही सामाजिक-मूल्यांकन की कसौटी बनाई गयी है।

प्रेमचन्द स्त्री और दलित के बारे में स्वयं क्या सोचते हैं, इसके प्रमाण उनके साहित्य में पर्याप्त मात्रा में मिलते हैं। 'रंगभूमि' से ही उदाहरण लें तो उसमें प्रेमचन्द अपने विचारों को व्यक्त करने के लिए सूरदास को नहीं इन्दु को चुनते हैं। सूरदास प्रेमचन्द के 'कैरेक्टर' (चरित्र) हैं। 'कैरेक्टर' को 'क्रिएटर' समझ लेना सबसे बड़ी भूल है। ऐसा विमर्शकारों के यहाँ तो सम्भव है जो अपने ही जीवन पर साहित्य रचते हैं और इसीलिए आत्मकथा उनकी एकमात्र विधा होकर रह गयी है। इस बात से गम्भीर दलित रचनाकार और चिन्तक परेशान हैं। वे दलित कविता, कहानी, नाटक की आवश्यकता महसूस करते हैं। 'रंगभूमि' उपन्यास की मुख्य समस्या है सिगरेट का कारखाना खुलना और सूरदास की ज़मीन का अधिग्रहण। इस प्रश्न पर

प्रेमचन्द अपना दृष्टिकोण सूरदास के शब्दों में नहीं, इन्दु के शब्दों में पेश करते हैं, जो अपने पति महेन्द्र सिंह से बात करते समय कहती है कि–"हमारे अपने बंगले का घेरा 5 बीघे से ज़्यादा है। हमारे दादाजी के बंगले का घेरा तो पूरा एक गाँव है, खुद सेवक साहब के बंगले में इतनी फालतू ज़मीन पड़ी है। इनमें से कोई ज़मीन लेकर वे कारखाना खोल दें। उन्हें सूरदास की ही ज़मीन क्यों चाहिए क्योंकि निर्बल है और उसकी ज़मीन पर गाँव के पशु चरते हैं।" यानी एक तरफ किसान-विरोधी औद्योगिक क्रान्ति है तो दूसरी तरफ सामन्त-विरोधी औद्योगिक नीति; प्रेमचन्द औद्योगिक क्रान्ति के विरोधी नहीं बल्कि किसान विरोधी औद्योगिक क्रान्ति के विरोधी थे। औद्योगिक क्रान्ति प्रेमचन्द के लिए इतिहास का नियम तो है लेकिन वे 'इतिहास के नियम' को पिछड़े समाज के विशेषाधिकारी वर्गों के विरुद्ध भी नियम में बदलना चाहते हैं और इस तरह किसान के पक्ष में खड़े होकर उसका समर्थन करते हैं, न कि उद्योग-धन्धों का विरोध।

अपना विचार उन्होंने इन्दु के माध्यम से रखा है इसलिए इन्दु बहुत दूर तक प्रेमचन्द के विचारों का वहन करती है। स्त्री-पुरुष सम्बन्ध के बारे में इन्दु का दृष्टिकोण ठेठ भारतीय और आधुनिक-क्रान्तिकारी है। जब रानी जाह्नवी इन्दु को पातिव्रत का उपदेश देती है तब इन्दु कहती है कि "मैं बँध गयी, वह मुक्त हैं।" पुरुष मुक्त है, स्त्री बँध गयी है। दोनों के लिए न समान बन्धन है, न मुक्ति। मानवीय सम्बन्धों में मुक्ति और बन्धन की इस विषमता से इन्दु की चेतना परिचालित होती है। परिणामस्वरूप इन्दु इस निष्कर्ष तक पहुँचती है कि "मैं पहले मनुष्य हूँ। पत्नी, माता, बहन, बेटी पीछे।" मैं पहले मनुष्य हूँ–क्या स्त्री-विमर्श का यही सारतत्त्व नहीं है? एक स्त्री जब मनुष्य के रूप में अपनी अस्मिता की माँग करती है, तब वास्तव में 'मैं बँध गयी, वह मुक्त हैं'–इस विषमता के खिलाफ संघर्ष करती है। इसलिए यह संघर्ष सम्बन्धों के पुनर्गठन का सम्बन्ध बन जाता है, केवल देह की राजनीति का नहीं। यहाँ भी संघर्ष और पुनर्गठन प्रेमचन्द का दृष्टिकोण है, केवल 'विमर्श' नहीं।

संयोग है कि दलित-धर्म-संस्थापकों और दूसरे विशेषाधिकारी वर्गों द्वारा आज जब प्रेमचन्द पर आक्रमण शुरू हुआ, तब उसका प्रतिरोध करने में दलित स्त्रियाँ सबसे आगे आयीं। जैसे अश्वेत अस्मिता के साथ अश्वेत स्त्रीवाद (ब्लैक फ़ेमिनिज़्म) है, उसी तरह दलित-विमर्श के साथ दलित स्त्रीवाद है। इन दलित स्त्रीवादियों ने समाज में अन्याय को अपना प्रमुख मुद्दा बनाया है। इनके लिए 'अस्मिता' पर्याप्त और अन्तिम सत्य नहीं है, एक संघर्ष का प्रस्थान बिन्दु है, जिसकी परिणति समाज के रूपान्तरण में होती है। यहाँ प्रेमचन्द उनके सहायक बनकर उभरते हैं।

गाँधीवाद और सामाजिक परिवर्तन

प्रेमचन्द स्वाधीनता आन्दोलन के रचनाकार थे और गाँधीजी उस आन्दोलन के प्रणेता। दोनों समकालीन थे और इतिहास की एक ही प्रक्रिया के अंग थे। इसलिए उनमें अनेक बिन्दुओं पर समानता दिख जाती है। लेकिन गाँधीजी के विचारधारात्मक और भावनात्मक स्रोत वही नहीं थे जो प्रेमचन्द के थे। दोनों के अनुभव की दुनिया और चिन्तन के ढाँचे में बहुत फ़र्क है। इस प्रश्न पर विचार करते समय हमें गाँधीजी के राजनीतिक दर्शन और व्यावहारिक कार्यक्रम के बीच द्वन्द्वात्मक सम्बन्ध मानकर देखना चाहिए और प्रेमचन्द से गाँधीवाद के सम्बन्ध को एकांगी प्रभाव के रूप में न देखकर दो समकालीन विचारकों में संवाद मानकर देखना चाहिए।

भगतसिंह ने अपनी मृत्यु से पहले गाँधीजी का मूल्यांकन करते हुए लिखा था कि अपने अहिंसावाद के कारण गाँधीजी क्रान्ति को बाधित करते हैं लेकिन जनान्दोलनों के माध्यम से वे क्रान्तिकारियों के सबसे नज़दीक पहुँचते हैं। अर्थात् गाँधीजी के राजनीतिक दर्शन का सारतत्त्व प्रतिक्रान्ति के नज़दीक जाता है जहाँ वर्ग-सहयोग और समझौते के लिए सम्भावना बनी रहती है। उनका राजनीतिक कार्यक्रम जनान्दोलनों पर निर्भर है। इसलिए गाँधीजी की भूमिका के चलते राष्ट्रीय आन्दोलन ने बहुत विराट्-जन-आन्दोलन का रूप लिया। असहयोग, सत्याग्रह, भारत छोड़ो—इन सबकी यही मौलिक विशेषता है। जितने बड़े पैमाने पर जनता इनमें शामिल हुई उतने बड़े पैमाने पर किसी और आन्दोलन में नहीं हुई। जन-आन्दोलन की यही कार्रवाई उन्हें क्रान्तिकारियों के नज़दीक पहुँचाती है। इस दृष्टि से गाँधीजी की राजनीतिक भूमिका वर्ग-चरित्र में पूँजीवादी है लेकिन सामाजिक दृष्टि से जनवादी है। उनका सबसे बड़ा महत्त्व जनता की भूमिका पहचानने में है।

इस दृष्टि से गाँधीजी और प्रेमचन्द में समानता दिखायी देती है। लेकिन यह समानता गाँधीवाद के प्रभाव के रूप में ही लक्षित की जाये, यह तर्कसंगत नहीं है। इसका निहितार्थ यह है कि गाँधीजी और प्रेमचन्द दोनों व्यक्तिवादी क्रान्तिकारिता को अस्वीकार करते थे, इससे भिन्न जन-संगठन और जन-सक्रियता का महत्त्व पहचानते थे। प्रेमचन्द ने गाँधीजी से भी पहले जनता की भूमिका, सक्रियता और संगठन की भूमिका को पहचानना। उनके 'कायाकल्प' जैसे प्रारम्भिक उपन्यास में भी यह बात देखी जा सकती है। जहाँ तक जनता की पहचान और परिभाषा का प्रश्न है, गाँधीजी के लिए भी भारतीय जनता का अर्थ मूलतः किसान जनता था। इसका कारण यही था कि किसान औपनिवेशिक भारत की मुख्य शक्ति था। गाँधीजी और प्रेमचन्द अगर राजनीति और साहित्य में यथार्थवादी थे तो उन्हें किसान की इस प्राथमिकता और भारत के सन्दर्भ में किसान की भूगिका को रागझना ही था।

आज भी प्रेमचन्द, गाँधीजी और समकालीन भारत के बीच सम्बन्ध के जो भी सूत्र तलाशे जा सकते हैं, उनकी पृष्ठभूमि में किसान अनिवार्य रूप से मौजूद होगा। इसीलिए डॉ. रामविलास शर्मा ने, पूरनचन्द्र जोशी ने, बी. टी. रणदिवे और सुरेन्द्र चौधरी आदि जिन विचारकों ने प्रेमचन्द पर बात की है, उन्होंने किसान समस्या को प्रेमचन्द और समकालीन भारत के बीच सम्बन्ध का आधार बनाया है। 'रंगभूमि' के सन्दर्भ में हम देखते हैं कि प्रेमचन्द किसान के पक्ष में खड़े होते हैं। वे औद्योगिक क्रान्ति का विरोध नहीं करते लेकिन उस उद्योग-धन्धे की स्थापना के समय पैदा होने वाले संघर्ष में किसान का पक्ष लेते हैं क्योंकि किसान भारत का सबसे शोषित स्तर था। दूसरे शब्दों में कहा जाय तो प्रेमचन्द सामाजिक रूपांतरण को एक व्यापक कार्यक्रम के रूप में देखते थे जहाँ औद्योगिक क्रान्ति और कृषि क्रान्ति का सामंजस्य हो। दोनों एक-दूसरे के विरोध में न हों। इसलिए वे किसान, मज़दूर और सिपाही मोर्चे की परिकल्पना का संकेत करते हैं।

जहाँ तक मज़दूर वर्ग का सवाल है, गाँधीजी स्वाधीनता आन्दोलन में मज़दूरों की संगठित और सक्रिय भूमिका का पक्ष नहीं लेते, इसलिए उन्होंने किसानों के आन्दोलन तो चलाये लेकिन मज़दूरों की किसी माँग को स्वाधीनता आन्दोलन में शामिल नहीं किया। सम्भवतः इसका कारण यह था कि उदीयमान पूँजीपति वर्ग अभी बहुत समर्थ नहीं था और मज़दूर आन्दोलन की माँग उठाने पर उदीयमान पूँजीपति वर्ग से संघर्ष की स्थितियाँ पैदा हो सकती थीं। गाँधीजी इस रणनीति का समर्थन नहीं करते थे। किसान की कृषि सम्बन्धी माँगों को तो गाँधीजी ने उठाया, नीम का, नमक का, आन्दोलन तो उन्होंने चलाया लेकिन किसानों की आर्थिक माँगें नहीं उठाईं, लगानबन्दी का आन्दोलन गाँधीजी ने नहीं चलाया। इस प्रकार, किसानों की रोज़ी-रोटी की माँग को उन्होंने कृषि की सुविधाओं की माँग से जोड़ा लेकिन आर्थिक माँग में नहीं बदलने दिया जिससे ज़मींदारों, ताल्लुकदारों, सामन्तों से किसानों का संघर्ष तीव्र हो सकता था।

इस दृष्टिकोण से देखा जाये तो उन्होंने किसानों के बारे में जो रणनीति अपनायी उसी को और बढ़-चढ़कर मज़दूरों के बारे में अपनाया। लेकिन प्रेमचन्द यह देख रहे थे कि किसान का बेटा ही तबाह होकर मज़दूर बनता है। होरी का बेटा गोबर श्रमिक बनता है। 'रंगभूमि' में भी पाण्डेपुर के बहुत से लोग महसूस करने लगते हैं कि जॉन सेवक ने उन्हें जो दिलासा दी थी कि उनका कारोबार बढ़ जायेगा, उनका लाभ होगा, वे सारे आश्वासन झूठे सिद्ध हुए और अब वे बर्बाद होकर पुतलीघर में मजूरी करने की बात सोचने लगे हैं। जगधर कहता है कि—"पुतलीघर में मजूरी कर लेंगे।" जो कल तक किसान थे या किसानी तन्त्र से जुड़े हुए थे, अब वे मज़दूर में बदल रहे थे। औद्योगिक सभ्यता के साथ यह एक नयी वस्तुस्थिति जन्म लेती है।

किसान का ही बेटा मज़दूर है लेकिन औपनिवेशिक भारत में पूँजीवाद का विकास जिस तरह हो रहा था, उसकी विशेषता यह थी कि ज़मींदारों की ज़मीन छीनने और बड़ी-बड़ी ज़मींदारियाँ तोड़ने के बजाय छोटे किसानों को बर्बाद करके उद्योग-धन्धों का विकास किया जा रहा था। छोटे किसानों की ज़मीनें छीनकर, किसानों को बर्बाद करके उन्हें श्रमिक मिल सकते थे लेकिन ज़मींदारों की ज़मीन को किसानों में बाँटने से उन्हें अपने औद्योगिक उत्पादन की खपत के लिए बाज़ार मिल सकता था। औपनिवेशिक पूँजीवाद के लिए अपने ही हितों में इस सम्भावना को चरितार्थ करना सम्भव नहीं था। इसीलिए हम देखते हैं कि औपनिवेशिक भारत में विकसित होने वाला भारतीय पूँजीवाद अपने आरम्भ से ही संकट में घिरा हुआ है। कारखानों में बनने वाले माल को बिकने के लिए बाज़ार चाहिए और बाज़ार में खरीदारी करने के लिए ग्राहक चाहिए। ग्राहक वही होगा जिसके पास पैसा होगा। अगर कृषि-क्रान्ति नहीं की गयी, भूमि-सुधार नहीं किया गया, जमींदारियाँ नहीं तोड़ी गयीं तो आबादी के बहुत बड़े भाग में क्रयशक्ति का अभाव होगा। औपनिवेशिक भारत में 80% से अधिक आबादी खेतिहर आबादी थी। वह औद्योगिक माल का ग्राहक नहीं बन सकती थी। ऐसे में औद्योगिक विकास आरम्भ से ही संकट में होगा। जैसा फ्रांस और इंग्लैंड में नहीं था। लेकिन औपनिवेशिक भारत में यह परिस्थिति थी।

इसी का दूसरा पक्ष यह है कि यहाँ का कमज़ोर और सामन्तों से गठजोड़ करने वाला और औपनिवेशिक सत्ता पर निर्भर रहने वाला पूँजीपति वर्ग सामाजिक नीतियाँ इस तरह लागू करता है कि किसान और मज़दूर दोनों एक-दूसरे को अपना शत्रु समझें और वह दोनों को अपना शिकार बनाए। जॉन सेवक किसान की ज़मीन छीनते हैं अपना कारखाना बनाने के लिए। किसान का घर छीनते हैं मज़दूरों को बसाने के लिए। किसान का घर छीनकर मज़दूरों को बसाया जाए तो किसान मज़दूरों को अपना शत्रु समझेंगे। जबकि किसान का ही बेटा मज़दूर है। खुद किसान ही उन्मूलित होकर मज़दूर बना। इस तरह श्रम करने वाले वर्ग एक-दूसरे से शत्रु के रूप में व्यवहार करेंगे और दोनों से लाभ उठाने की स्थिति में औद्योगिक पूँजीपति होंगे। किसान कच्चा माल पैदा करेगा जिसे खरीदकर उसका शोषण करना उद्योगपति का पहला काम होगा। उस कच्चे माल को कारखाने में पक्के माल में मज़दूर बदलेगा और वहाँ मज़दूरी और उत्पादित वस्तु के दाम के बीच भारी फासला रखकर जो 'अतिरिक्त मूल्य' पैदा होगा वही पूँजीपति वर्ग का मुनाफा होगा। कच्चे माल के स्तर पर किसान का शोषण और उत्पादित माल में अतिरिक्त मूल्य पैदा करके मज़दूर का शोषण। इस प्रकार शोषण की दोहरी प्रक्रिया का मूलाधार पूँजीपति हैं। प्रेमचन्द इन दोनों बातों को बड़ी गहराई से देख रहे थे। इसीलिए उन्होंने मज़दूरों के प्रति या नये उभरते हुए मज़दूर वर्ग के प्रति अपनी आशंका के बावजूद किसान मज़दूर में

एकता का एक सूत्र उभरता हुआ चित्रित किया है। यही वह बिन्दु है जहाँ प्रेमचन्द गाँधीवाद से बिल्कुल दूर खड़े हो जाते हैं।

सत्याग्रह और किसान आन्दोलन

प्रेमचन्द और गाँधीवाद का सम्बन्ध देखने के लिए हमें गाँधीजी की कार्यनीति और 'रंगभूमि' में उभरने वाली प्रेमचन्द की कार्यनीति का सम्बन्ध भी पहचानना चाहिए। जिस चरित्र पर गाँधीवाद का सर्वाधिक प्रभाव माना जाता है वह सूरदास है, लेकिन वह गाँधीजी की तरह निष्क्रिय प्रतिरोध का उदाहरण प्रस्तुत नहीं करता। इसके विपरीत अधिक सक्रिय संघर्ष के भीतर से ही अन्धे भिखारी सूरदास का एक विराट् ऐतिहासिक महानायक के रूप में पुनर्जन्म होता है। गाँधीजी दमन का सामना करने के लिए दमन में शामिल न होने को ही पर्याप्त समझते थे लेकिन सूरदास दमन का सामना करने के लिए दमन से मुठभेड़ के रास्ते पर अग्रसर होता है। यह सच है कि सूरदास के संघर्ष में जनता के व्यापक हित सम्मिलित हैं। इसीलिए अनेक स्तरों पर उसका संघर्ष व्यापक जन-आन्दोलन के रूप में विकसित होता है। संघर्ष का व्यापक जन-आन्दोलन में बदल जाना सूरदास और गाँधीजी के सम्बन्ध का आधार हो सकता है। लेकिन जहाँ भी व्यापक जन-आन्दोलन हुए वहाँ गाँधीवाद का ही प्रभाव समझना व्यावहारिक दृष्टि से ठीक नहीं है क्योंकि सहजानन्द सरस्वती का किसान आन्दोलन गाँधीवाद से बहुत अलग था, बाबा रामचन्द्र का किसान आन्दोलन गाँधीवाद से अलग था। ये सभी आन्दोलन बड़े जन-आन्दोलन के रूप में विकसित हुए थे।

प्रेमचन्द गाँधीजी की तरह अपने समकालीन इतिहास से परिचालित हो रहे थे लेकिन सम्भवतया उसके साथ-साथ इतिहास की परम्परा से भी बहुत कुछ सीख रहे थे। प्रेमचन्द सम्भवतया उसी ढंग से नहीं सीख रहे थे जिस ढंग से गाँधीजी। इसका उदाहरण सिर्फ निष्क्रिय प्रतिरोध और सक्रिय संघर्ष का फर्क नहीं है। इसकी पहचान इस बात से भी होती है कि सूरदास हृदयपरिवर्तन और क्षमा में कम विश्वास करता हुआ दिखायी पड़ता है। सुभागी प्रकरण में घीसू और विद्याधर को सूरदास दण्ड दिलाता है। इसी प्रकार मिठुआ तक को जेल भिजवाने में उसे कोई परेशानी नहीं होती। इसलिए क्षमा के माध्यम से हृदयपरिवर्तन सम्भव कराना सूरदास की नीति प्रतीत नहीं होती।

प्रेमचन्द के यहाँ अक्सर हम देखते हैं कि किसी एक चरित्र को प्रेमचन्द न तो अपने युग का प्रतिनिधि बनाते हैं और न अपने विचारों का। विजयदेव नारायण साही ने 'गोदान' के बारे में बात करते हुए कहा था कि 'होरी के साथ मेहता को जोड़ देने पर नया मनुष्य पैदा होगा।' डॉ. नित्यानन्द तिवारी ने इस बात में एक और तथ्य जोड़ा जो शायद बात को पूरा करने के लिए अनिवार्य था कि "होरी के

साथ गोबर और मेहता को जोड़ने से आज का मनुष्य पैदा होगा।” होरी उस समाज व्यवस्था का प्रतीक है जो मिट रही है। इसलिए होरी के चरित्र के बहुत से गुण ऐसे हैं जो उस समाज-व्यवस्था के साथ मिट रहे हैं। गोबर आधुनिक पूँजीवादी समाज का चरित्र है और मज़दूर है। इसलिए होरी के संघर्ष, नैतिकता के साथ, आधुनिक राजनीतिक चेतना से सम्पन्न गोबर और वैज्ञानिक विश्व-दृष्टि से सम्पन्न दार्शनिक प्रो. मेहता को मिलाने से नया मनुष्य पैदा होता है।

इसी प्रकार 'रंगभूमि' में भी हम प्रेमचन्द की योजना देख सकते हैं। यहाँ सूरदास के साथ इन्दु और वीरपाल को मिलाने से पूरा पहिया बनता है। आने वाले समय का मनुष्य इन तीनों को मिलाकर ही बन सकता है क्योंकि सूरदास परिस्थितियों से समझौता नहीं करता, उसे एक विशेष ढंग से समझता है, सूरदास की वह समझ उसके धार्मिक-नैतिक विश्वासों से निर्धारित होती है जबकि इन्दु की समझ सम्बन्धों की विषमता से प्रेरित होती है इसलिए अधिक आधुनिक और सामाजिक है। प्रेमचन्द सिर्फ नैतिक, धार्मिक समझ को आधुनिक मनुष्य के लिए पर्याप्त नहीं मानते हैं! अकारण नहीं है कि पुराने समाज के जो भी प्रतिनिधि चरित्र हैं, एक-दूसरे के विरोधी होते हुए भी इस उपन्यास में सभी मरते हैं। जैसे औद्योगिक सभ्यता के साथ सामन्ती समाज मरता है, वैसे ही उस सामन्ती समाज के प्रतिनिधि चरित्र मरते हैं। वे चाहे महेन्द्र सिंह हो या सूरदास। इसी प्रकार वीरपाल जो अत्यन्त उज्ज्वल चरित्र है, उसकी व्यावहारिक नीति सूरदास की कार्यनीति से बिल्कुल अलग है। वह आतंकवादी समझा जाता है जबकि अत्यन्त जनप्रिय और जुझारू है। अपने गाँव के ज़मींदार से एक विधवा स्त्री की रक्षा करने के प्रयास में उसे संघर्ष में उलझना पड़ता है। ज़मींदार की ताकत के आगे लाचार होना पड़ता है और प्रतिशोध के लिए उसे डाकू बनना पड़ता है। सामन्तवाद के विघटनकाल में इस तरह के बहुत से डाकू पैदा हुए जो अत्याचारियों पर आक्रमण करते थे और निर्बलों को संरक्षण देते थे, उनकी सहायता करते थे। वीरपाल इस तरह का चरित्र है।

सच पूछिए तो वीरपाल गाँधीवाद का प्रतिवाद है। गाँधीवाद के प्रतिनिधि विनय सिंह दिखायी पड़ते हैं। 'रंगभूमि' के विनय सिंह की परिणति प्रेमचन्द की दृष्टि में सुधारवादी नरमदली गाँधीवाद की परिणति है, जो मूलतः समझौता-परस्ती पर और वर्ग-सहयोग पर निर्भर करता है। उसकी आलोचना विनय सिंह के माध्यम से प्रेमचन्द ने प्रस्तुत की है। दो संवादों को आमने-सामने रखें तो इस बात को हम अधिक स्पष्ट ढंग से समझ सकते हैं। विनय सिंह लगभग गाँधीजी की प्रणाली का उपयोग करते हुए कहते हैं—“रोग का अन्त करने के लिए रोगी का अन्त बुद्धि संगत या न्यायसंगत नहीं है।” इसका उत्तर वीरपाल देता है—“व्याघ्र जैसे हिंसक पशु सेवा से वशीभूत हो सकते हैं, स्वार्थ को कोई दैवीयशक्ति परास्त नहीं कर सकती

है।" व्याघ्र की हिंसावृत्ति जैविक है लेकिन स्वार्थ की हिंसावृत्ति सभ्यता की देन है। इसलिए सेवा से व्याघ्र को वश में कर सकते हैं लेकिन स्वार्थ को नहीं। गाँधीजी की कार्यनीति पर इससे बड़ी टिप्पणी नहीं हो सकती।

विनय सिंह और वीरपाल एकदम विरोधी चरित्र हैं। इनका विरोध उपन्यास में लगातार तीव्र होता जाता है। जो महातपस्वी और सेवादल के महासेवक कर्मठ कार्यकर्ता विनय सिंह थे वे जनविरोधी, जनता की घृणा के पात्र में बदल जाते हैं और वीरपाल आतंकवादी समझा जाता है लेकिन जनता द्वारा सम्मानित चरित्र है। इससे गाँधीवाद के बारे में प्रेमचन्द का दृष्टिकोण हमारे सामने स्पष्ट हो जाता है। वीरपाल विनय सिंह का विकल्प है, इसलिए मैंने कहा गाँधीवाद का विकल्प है। वीरपाल के वंशज प्रेमचन्द के दूसरे उपन्यासों में भी मिलते हैं। प्रेमचन्द के यहाँ जैसे विनय सिंह के वंशज अमरकान्त मिलते हैं, महेन्द्र सिंह के वंशज अमरपाल सिंह मिलते हैं वैसे ही वीरपाल के वंशज 'कर्मभूमि' और 'मंगलसूत्र' में मिलते हैं। 'कर्मभूमि' का यह वाक्य जिसे रामविलास जी ने भी उद्धृत किया है, मैं उसे यहाँ उद्धृत करना चाहता हूँ कि—"हृदयपरिवर्तन में अत्याचार का प्रतिकार करने की शक्ति है यह सिद्धान्त भ्रांतिपूर्ण सिद्ध हो चुका है।" यहाँ तो सीधे गाँधीजी के मूल सिद्धान्त—हृदयपरिवर्तन—को ही निशाना बनाया गया है। इसी प्रकार 'मंगलसूत्र' में प्रेमचन्द लिखते हैं—"मनुष्यों में मनुष्य बनना पड़ेगा, दरिन्दों के बीच उनसे लड़ने के लिए हथियार बाँधना पड़ेगा।"

'रंगभूमि', 'कर्मभूमि', 'मंगलसूत्र' में प्रेमचन्द की विचारधारा एक सुसंगत दिशा में आगे बढ़ती हुई दिखायी देती है। 'रंगभूमि' से 'मंगलसूत्र' तक विकास इस दृष्टि से लक्षित होता है कि 'रंगभूमि' में वीरपाल का चरित्र उज्ज्वल है लेकिन अभी उसके संघर्ष का तौर-तरीका व्यापक नहीं हुआ है। इसलिए उसे डाकू की तरह समाज बहिष्कृत होकर जीवन बिताते हुए संघर्ष करना पड़ता है। लेकिन 'मंगलसूत्र' तक आते-आते वीरपाल का रास्ता भी मान्य हो जाता है और उसके द्वारा अपनाया गया संघर्ष का तरीका व्यापक रूप ग्रहण कर लेता है। इस तरह हम देखते हैं कि समाज में आने वाले परिवर्तनों के साथ प्रेमचन्द अपने आदर्श को व्यावहारिक-क्रियात्मक का रूप लेते हुए चित्रित करते हैं। सन् 1924 में रामप्रसाद बिस्मिल का संघर्ष भी अभी सामने नहीं आया था लेकिन सन् 1936 में भगत सिंह को फाँसी हो चुकी थी और क्रान्तिकारियों की लोकप्रियता अपने चरम शिखर पर थी। सन् 1936 में प्रगतिशील लेखक संघ का गठन हुआ था जिसकी अध्यक्षता स्वयं प्रेमचन्द ने की थी। अखिल भारतीय छात्र फेडरेशन और अखिल भारतीय किसान सभा का गठन भी इसी वर्ष हुआ था।

उपसंहार

इस प्रकार, वामपन्थी-क्रान्तिकारी नेतृत्व में छात्रों, किसानों, लेखकों के संगठन जन्म ले रहे थे। प्रेमचन्द इस नयी सामाजिक, राजनीतिक, ऐतिहासिक स्थिति को अपने उपन्यास के माध्यम से प्रतिध्वनित कर रहे थे। इसलिए वे यथार्थ के साथ हैं, इतिहास के साथ हैं, किसी विचार-दर्शन से जड़ता के साथ चिपके हुए नहीं हैं। प्रेमचन्द और गाँधीजी में समान्तरता दिखायी पड़ती है क्योंकि दोनों एक ही इतिहास की उपज हैं। प्रेमचन्द अपने समय के जिस सामाजिक जीवन को औपन्यासिक कथानक में बदल रहे थे, गाँधीजी उसी सामाजिक जीवन को राजनीतिक कार्यक्रम में बदल रहे थे। इसलिए दोनों में सम्बन्ध है, अनुकरण नहीं।

अपने समय की चुनौतियों को जनता के हितों की कसौटी पर कसकर प्रेमचन्द ने राजनीतिक, सामाजिक और सौन्दर्यशास्त्रीय प्रश्नों का जो समाधान निकाला, वह अपनी अग्रगामिता के कारण तब भी मार्गदर्शक था, आज भी है। न केवल ऐतिहासिक सन्दर्भ बदल गये हैं, बल्कि सांस्कृतिक-बोध और जीवन-प्रसंग भी बदल गये हैं। फिर भी प्रेमचन्द हमें अपने नज़दीक लगते हैं क्योंकि उन्होंने जिन समस्याओं को उठाया था, वे और विकराल रूप में उपस्थित हैं; उन्होंने जो दृष्टिकोण अपनाया था, वह और अधिक महत्त्वपूर्ण हो गया है; उन्होंने जो दिशा सुझायी थी, वह ऐतिहासिक अनिवार्यता का रूप लेती जा रही है। प्रेमचन्द की शक्ति इस बात में है कि उनके रचनात्मक दृष्टिकोण से ही हम इनकी प्रासंगिकता का अनुभव नहीं करते, उनके विरोध की रणनीति और इस विरोध की वर्गीय अन्तर्वस्तु से भी उनकी प्रासंगिकता सिद्ध होती है।

छायावादोत्तर हिन्दी कविता और आन्दोलन

सन् 1930 के बाद राजनीति में गाँधीवाद के समानान्तर क्रान्तिकारी विकल्पों की खोज और साहित्य में नये यथार्थवाद से प्रेरित प्रगतिशील आन्दोलन की शुरुआत, ये दोनों प्रक्रियाएँ लगभग साथ-साथ आगे बढ़ीं। दक्षिण अफ्रीका में नस्लभेद और रंगभेद के विरुद्ध अपने संघर्ष में मज़दूर वर्ग की राजनीतिक भूमिका का इस्तेमाल करने वाले महात्मा गाँधी भारतीय स्वाधीनता आन्दोलन में मज़दूर वर्ग की भूमिका अस्वीकार कर रहे थे, यह उनका सत्याग्रह था। विश्व की परिस्थितियों और तबाह किसानों की चेतना में आये परिवर्तनों के दबाव में भारतीय बुद्धिजीवी निष्क्रिय प्रतिरोध के सत्य से अपने को बाँध पाने में असमर्थ अनुभव करने लगे थे। कांग्रेस के भीतर और बाहर समाजवादी विचारों का प्रभाव बढ़ रहा था, वामपन्थ की ओर अग्रसर विभिन्न प्रकार के सांगठनिक प्रभाव तेज़ हो रहे थे और क्रान्तिकारी गतिविधियों द्वारा स्वाधीनता संग्राम को अहिंसात्मक उपायों के बाहर भी फैलाया जा रहा था, सचेत राजनीतिक लक्ष्य के साथ छात्रों, बुद्धिजीवियों, किसानों और मज़दूरों के संगठन कायम किये जा रहे थे।

उन बदलती हुई परिस्थितियों के साथ-साथ साहित्य के स्वर में भी स्पष्ट परिवर्तन सुनायी देता है। प्रगतिवाद जिस नये यथार्थवाद को लेकर पदार्पण कर रहा था, उसे तत्कालीन परिस्थितियों से काटकर समझा ही नहीं जा सकता। फासिस्ट-विरोधी विश्वव्यापी आन्दोलन, साम्राज्य विरोधी एशियाई जागरण और कांग्रेसीनीति—अहिंसावाद, सुधारवाद, समझौतावाद—से भिन्न भारतीय स्वाधीनता की क्रान्तिकारी नीति—इस पृष्ठभूमि में देश और दुनिया के राजनीतिक मंच पर जनता का और काव्य परिदृश्य में राजनीति का जितना गहरा प्रवेश सन् 1930 के बाद हुआ वैसा पहले नहीं हुआ था। भारतेंदु युग के प्रयासों ने यहाँ नवजीवन पाया। छायावादी कवि निराला 'मर्हेगू महँगा रहा' वाले स्वर में उपस्थित हुए। नये कवियों की वाणी ने मानो निराला का साथ देते हुए पूरे हिन्दी काव्य की धारा ही बदल दी।

क्रान्तिकारी यथार्थवाद

कविता का स्वर और स्वरूप ही नहीं बदला, वस्तुतः पूरी संवेदना ही बदल गयी थी तथा यथार्थवाद केवल सीधे राजनीतिक विषयों तक सीमित न था। जिसे अक्सर अधिक सूक्ष्म स्तर कहा जाता है, वहाँ तक उसका असर पहुँचा। रचनात्मक दृष्टि और काव्य की संरचना में यह परिवर्तन आश्चर्यजनक रूप में परिलक्षित होता है। निराला की श्रेष्ठ कृति 'राम की शक्ति-पूजा' इसका अनुपम उदाहरण है। 'अन्याय जिधर, हैं उधर शक्ति'—यह लिखकर निराला केवल दैवीशक्तियों से अपने मोहभंग की सूचना नहीं दे रहे थे, और न केवल मिथक को आधुनिक भावबोध में रूपांतरित करके छायावाद से यथार्थवाद की भूमि पर पदार्पण कर रहे थे। ऐसा यथार्थवाद पहले भी उनके काव्य में प्रकट हो चुका था। वेदांती निराला को यह 'अध्यात्म फल' प्राप्त हुआ था—'जब कड़ी मारें पड़ीं दिल हिल गया।' 'राम की शक्तिपूजा' में उनका यथार्थवादी दृष्टिकोण शक्ति के वैकल्पिक स्रोतों की खोज में अधिक सक्रिय और तत्पर दिखायी देता है। 'सामने खड़ा जो यह भूधर'—उसके आधार पर निराला शक्ति की मौलिक कल्पना करते हैं। यह कल्पना काफी कुछ स्वाधीनता आन्दोलन में क्रान्तिकारी मोड़ पर आधारित थी। इसलिए 'शक्ति' केवल दुर्गा का नहीं, तत्कालीन राजसत्ता का भी संकेत बन जाती है।

जिस समय निराला लौकिक शक्ति को अपने संघर्ष का प्रेरणास्रोत और दर्शन का आधार बनाकर नये यथार्थवाद की भूमि पर बढ़ रहे थे, उस समय केदारनाथ अग्रवाल 'मेड़ पर इस खेत को बैठा अकेला' लौकिक संसार की सुन्दरता और सार्थकता के गीत गा रहे थे। चारों ओर फैली केन किनारे को रेती पर पाँव पसार कर बैठे अपने आपको भी तटस्थ होकर देख रहे थे—'रेती पर ही पाँव पसारे बैठा हूँ इस केन किनारे।' छायावाद के लिए यह स्वर अपरिचित था। व्यथा, दुख, करुणा, आँसू आदि का छायावादी काव्य पर काफी असर है, लेकिन उस सारी भावुकता पर काल्पनिक परिस्थितियाँ हावी हैं; इसलिए दुख का चमत्कारवाद, पीड़ा का सुखवाद उसकी विशेषता है। वास्तविक जीवन-संघर्ष लेकर 1935-36 के दौर में ही नागार्जुन घोषणा करते हैं—'जो नहीं सके पूर्णकाम, उनको प्रणाम।' यह भावबोध छायावादी भावुकता से अलग, नये क्रान्तिकारी आन्दोलन से गहरी सहानुभूति का परिचय देता है। उल्लेखनीय है कि निराला आदि की क्रान्तिकारी परम्परा को अग्रसर करने में अब तक जो कवि महत्त्वपूर्ण भूमिका निभा रहे हैं, उनमें केदारनाथ अग्रवाल और नागार्जुन अग्रणी हैं।

सारांश यह कि छायावाद के पलायनवादी-चमत्कार प्रेमी पक्ष से अलग हटकर खुद छायावाद का रीतिवाद-विरोधी, सबल और प्रगतिशील पक्ष उस नये यथार्थवाद से

अनुप्राणित था जिसने प्रगतिशील आन्दोलन के साथ अपना स्वरूप निर्धारित किया। इस दृष्टि से छायावाद और प्रगतिवाद में वैसा वैरभाव नहीं है जैसा पिछले पचास साल से हिन्दी आलोचना की एक धारा बराबर प्रचार करती है। छायावाद नये उभरते मध्यवर्ग का काव्य था; स्वाधीनता आन्दोलन के संक्रमण-बिन्दु पर उन छायावादी कवियों ने अपना प्रगतिशील पक्ष अधिक निखारा जिन्हें भारत के किसानों से गहरा लगाव था। प्रगतिशील साहित्य श्रमिक जनता के सांस्कृतिक दृष्टिकोण का समर्थक था। सन् 1930 के बाद वाले दशक में आये हुए कवियों में से जो अपना सम्बन्ध भावबोध के स्तर पर किसानों से जोड़ सके, वे यथार्थवाद की दिशा में आगे बढ़े; जो नहीं जोड़ सके उनकी भावधारा पतनोन्मुख होकर उत्तर-छायावादी रूमानियत में परिणत हुई। बहुत से लोग इस उत्तरछायावाद को मस्ती और फक्कड़पन की संज्ञा देकर मानवता का सहज विकास बतलाते हैं; उनके विचार-गुरु उत्तर-छायावाद के 'सहज मानव' से परवर्ती कविता के 'लघुमानव' का निर्माण करते हैं।

जिस तरह छोटे समूहों की आतंकवादी कार्रवाइयों से जनसंगठनों तक क्रान्तिकारी आन्दोलन की नीति विकसित हुई, उसी तरह अराजक भावबोध से यथार्थवाद तक प्रगतिशील कविता का विकास हुआ। आरम्भ में भावुकतापरक रुझान बहुत व्यापक थे। नयी प्रवृत्तियों को, जनता की नयी सक्रियता और चेतना को हृदयंगम करके इतनी जल्दी अपनी रचनात्मक संवेदना का अंग बना पाना मध्यवर्गीय कवि के लिए सरल न था। स्वभावतः एक अभिभूत और आक्रान्त मनोदशा प्रकट होती है जो बहुत दूर तक उत्तर-छायावादी भावुकता की सहचरी जैसी है। असन्तुलित भावावेश, तीनों लोक भस्म कर देने वाला क्रान्तिवाद, इस महानाशवाद के समर्थन में जोशीले राजनीतिक भाषण, जनता के नाम पर कलाहीन और छिछला पद्य, राजनीति की ही तरह सामाजिक मर्यादा और व्यक्तिगत नैतिकता के मामले में भी असंयत, अनियन्त्रित प्रवृत्तियाँ—यह सब आरम्भिक प्रगतिवाद में काफी प्रभावशाली है। ये प्रवृत्तियाँ पूरी तरह लुप्त कभी नहीं हुईं। अंचल सरीखे 'मनोवैज्ञानिक' कवि और यशपाल सरीखे 'क्रान्तिकारी' कथाकार उस क्षेत्र में काफी बढ़े-चढ़े हैं। खुद प्रयोगवाद के जनक श्रीयुत् अज्ञेय ने अपने क्रान्तिकारी दौर में, जब प्रगतिवाद अपनी उठान पर था, टेसू से कहलाया—'न सही क्षयग्रस्त नगर में, इस वनखंडी में आग लगा दूँ।' भाव प्रक्रिया जनवादी न बने और दृष्टिकोण विद्रोही हो जाए तो अराजक स्वर पैदा होते हैं। आगे भी गोली-बारूद-माँस-मज्जा वाली क्रान्तिकारिता घटी नहीं है क्योंकि जनता से अलगाव और अपनी खयाली दुनिया में डूबे रहने को प्रवृत्ति की दूर करने का प्रयास एक हद से अधिक नहीं हुआ है।

प्रगतिवाद के साथ जिस नये यथार्थवाद की बात की जाती है, उसका पुराने यथार्थवाद से क्या अन्तर है? पुराना यथार्थवाद इहलौकिक दृष्टिकोण अपनाकर भी

दर्शनिक स्तर पर भाववाद से अलग न था; सामाजिक दृष्टिकोण में प्रगतिशील होते हुए भी एक सीमा तक नियतिवाद के प्रभाव में था। प्रगतिवाद जिन परिस्थितियों की देन था उनमें विश्वस्तर पर जनता की नयी जागरूकता के दर्शन होते हैं; खुद भारतवर्ष में–अपने प्रत्यक्ष अनुभव-क्षेत्र में–जनता की ऐसी विशाल सक्रियता सामने आती है कि भाववाद के नकारात्मक प्रभावों और नियतिवाद के रूपों से उबर कर यथार्थवाद की दिशा में सुसंगत विकास सम्भव हुआ। अकारण नहीं है कि नेमिचन्द जैन, जो आगे चलकर साहित्य में 'तथाकथित सामाजिक चेतना' के विरोधी हो गये, उस ज़माने में सोचा करते थे, "योजनाबद्ध लेखन कार्य" (Planned activity in writing) के द्वारा "युगनिर्माण करना (Create or mane eprochs) बेदह महत्त्वपूर्ण है"; ''किसी भी ऐरी-गैरी चीज़ पर अव्यवस्थित लेखन करने से न युगनिर्माण होता है, न उसका विशेष मूल्य होता है"। (**पाया पत्र तुम्हारा,** मुक्तिबोध के नाम 22-8-43 का पत्र, पृ. 39) इतिहास के साथ-साथ साहित्य के कदम भी सचेत क्रान्तिकारी दिशा में बढ़ रहे थे।

स्वाधीनता संग्राम में क्रान्तिकारी तौर-तरीकों का उपयोग सन् 1930 के बाद पहली बार नहीं हुआ था। लगभग तीन चौथाई सदी पहले 'गदर' में भारतवासी सत्याग्रह, सविनय अवज्ञा, गोलमेज़ सम्मेलनों के बजाय सैनिकों, किसानों और नौजवानों की जनवादी एकता के आधार पर ऐसे तौर-तरीके अपना चुके थे। सामन्त वर्ग की फूट और क्षेत्रीय भावनाओं का लाभ उठाकर अंग्रेज़ सन् 57 का दमन करने में सफल हो गये। परन्तु उस संघर्ष के कई अप्रत्याशित नतीजे निकले। कम्पनी शासन की जगह महारानी विक्टोरिया का शासन स्थापित होने और अन्य उपनिवेशों की तुलना में भारत के लिए अधिक रियायतें घोषित होने के पीछे उस संग्राम का बहुत बड़ा योगदान था। मार्क्स-एंगेल्स 'भारत के प्रथम स्वाधीनता 'संग्राम' का गहन और विस्तृत अध्ययन कर रहे थे; वे पहले सोचते थे भारतवर्ष एशियाई उत्पादन प्रणाली (विश्वव्यापी प्राकृतिक अर्थतन्त्र) पर आधारित "ग्राम समाजों का देश" है परन्तु उन्होंने अपनी पुरानी धारणाएँ छोड़कर भारत के वाणिज्य, उत्पादन-विनिमय आदि के विकसित अर्थतन्त्र पर नये सिरे से विचार किया। नया क्रान्तिकारी उभार सन् 57 की परम्परा से दृढ़ सम्बन्ध जोड़ता था। लेकिन वह स्वाधीनता आन्दोलन का अकेला या प्रधान मंच न था। प्रधान मंच कांग्रेस ही थी जिसका नेतृत्व और संचालन गाँधी जी की नीति से होता था।

इस नये स्वाधीनता संग्राम से पुराने स्वाधीनता संग्राम का बहुत बड़ा अन्तर यह था कि पहले का नेतृत्व मुख्यतः किसान कर रहे थे, दूसरे का पूँजीपति; पहले का क्रूर दमन हुआ, दूसरे को 'रघुपति राघव राज़ाराम' की कृपा से बिना खून-खराबे के आज़ादी मिल गयी; पहला हिन्दू-मुस्लिम, किसानों-सिपाहियों और नौजवानों के

एकताबद्ध संगठन के आधार पर चला, दूसरे के प्रथम चरण में ही 'असहयोग' खत्म होते-होते (1922) भयंकर हिन्दू-मुस्लिम दंगों की लहर चली; पहले का दमन होने के बाद भी साम्प्रदायिक समस्या का अस्तित्व तक न था, दूसरे के दौरान साम्प्रदायिक हिंसा की तलवार से देश को टुकड़े-टुकड़े करके साह बने हुए अंग्रेज़ बड़ी शान से वापस वले गये; पहले के बाद राष्ट्रीय गौरव और जातीय सम्मान की भावना ने जनता का पुनर्जागरण किया, दूसरे के बाद अंग्रेज़ी भाषा और अमरीकी संस्कृति के नीचे दबकर भारतीय भाषाओं की प्रगति और जनता की सांस्कृतिक जागरूकता कुंठित हो रही है। भारतेन्दु युग से प्रगतिवाद तक साहित्य पर पहले संग्राम का विकासमान प्रभाव देखा जा सकता है, प्रयोगवाद से लेकर अकविता आदि 'किसिम-किसिम की कविता' तक दूसरे का ह्रासमान प्रभाव भी आँखों के सामने हैं।

तार-सप्तक की भूमिका

जो विद्वान साहित्य की सामाजिक पृष्ठभूमि स्वीकार करते हैं और प्रयोगवाद की शुरुआत 'तार-सप्तक' से मानते हैं, उनके चिन्तन पर आश्चर्य होता है। वे काफी हद तक अज्ञेय आदि के इस प्रचार से ग्रस्त जान पड़ते हैं कि 'प्रगतिवाद राजनीतिक बिल्ला है'। इसलिए 'राहों के अन्वेषी' उन्हें 'प्रयोगवादी' दिखायी देते हैं। इस दृष्टिकोण की तमाम असंगतियाँ अगर एक साथ देखनी हों तो डॉ. सुधीश पचौरी का शोधग्रन्थ 'नयी कविता का वैचारिक आधार' सबसे अच्छा उदाहरण है। इस विषय पर यह नवीनतम कार्य है। सुधीश ने 'लगे हाथ गहराई से' (पृ. 19) विचार करके लाखों बार कही गयी इस बात को मौलिक बना दिया है कि प्रयोगवाद की शुरुआत 1943 में 'तार-सप्तक' के प्रकाशन से हुई। वे एक ओर प्रयोगवाद-नयी कविता को प्रगतिवाद का विरोधी मानते हैं, दूसरी ओर यह बताते हैं कि 'तार-सप्तक' के अधिकांश कवि मार्क्सवाद से प्रभावित हैं, और तीसरी ओर यह भी कहते हैं कि प्रगतिशील लेखक संघ अलग-थलग हुआ 1947 के बाद 'यह आज़ादी झूठी है' का नारा देने के कारण। 'तार-सप्तक' 1942 में आयोजित फासिस्ट-विरोधी सम्मेलन (जिसके संयोजक भी अज्ञेय थे) की पृष्ठभूमि से सम्बद्ध है, एक साँस में सुधीश इसका जिक्र करते हैं, दूसरी साँस में बताते हैं कि दूसरे महायुद्ध के बाद (अर्थात् 1945 के बाद) दुनिया भर में मार्क्सवाद के विकल्प की खोज शुरू हुई, प्रयोगवाद-नयी कविता इस शीतयुद्ध का परिणाम है।

ये सभी बातें एक-दूसरे की विरोधी हैं और बहुत पहले से कही जाती हैं। इन बातों का सारांश यह है कि प्रगतिवाद का कोई महत्त्वपूर्ण साहित्यिक अवदान नहीं है; प्रगतिवाद मज़दूर-किसान की बात करता है और कवि मध्यवर्ग से आते हैं, उनके लिए मज़दूर-किसान की संवेदनाएँ अनुभूति का विषय न होने से झूठी (या

अप्रामाणिक) हैं; प्रयोगवाद मध्यवर्गीय अनुभवों-कुण्ठाओं आदि को स्वाभाविक रूप में चित्रित करता है, इसलिए मार्क्सवाद ने भी हिन्दी कविता को थोड़ा-बहुत जो योग दिया है वह प्रयोगवाद में आकर। जिस प्रयोगवादी या 'नये' कवि में सारे रुझान (वस्तुतः अन्तर्विरोध) एकत्रित हैं, उसका नाम है मुक्तिबोध। अकारण नहीं है कि नामवर सिंह ने 'कविता के नये प्रतिमान' में केन्द्रीय पुरुष बनाया है मुक्तिबोध को और उनसे भी बढ़कर सुधीश ने मुक्तिबोध को लगभग स्वतःप्रमाण मानकर 'नयी कविता का वैचारिक आधार' प्रस्तुत किया है।

यह बात भली प्रकार समझ लेनी चाहिए कि हिन्दी में प्रयोगवाद की चर्चा शुरू ही 1947 के बाद हुई। 'तार-सप्तक' से भी उसका सम्बन्ध उसी समय जोड़ा गया। चूँकि प्रयोगवाद के जनक अज्ञेय थे और वे 'तार-सप्तक' के सम्पादक भी थे इसलिए 'तार-सप्तक' से प्रयोगवाद का सम्बन्ध जोड़ देने में विशेष कठिनाई नहीं महसूस हुई। लेकिन यह बात सर्वविदित है कि 'तार-सप्तक' में अज्ञेय को छोड़कर शेष छः कवि मार्क्सवाद से सीधे जुड़े हुए थे। रामविलास शर्मा और मुक्तिबोध ही शोषक सभ्यता के विरुद्ध जनसंस्कृति का पक्ष लेकर कविता न लिख रहे थे, नेमिचन्द जैन भी 'शोषित दल' के उठते बल का गीत गा रहे थे। भारतभूषण अग्रवाल भी तन्मय होकर 'सर्वहारा का सहारा विजय का विश्वास' व्यक्त कर रहे थे। प्रभाकर माचवे की स्थिति उन दिनों यह थी कि पेड़-पत्तों में भी 'पढ़ रहा हूँ लाल परचम की विजय'। गिरिजा कुमार माथुर के प्रगतिशील होने में 53-54 तक सन्देह का कोई अवकाश नहीं है। खुद अज्ञेय प्रगतिशील लेखक संघ के साथ सक्रिय तौर पर जुड़े थे। 19-20 मई 1942 को दिल्ली में प्रगतिशील लेखक संघ ने जो फासिज़्म-विरोधी सम्मेलन किया था, उसके लिए अपने निमन्त्रण-पत्र के अन्त में महामन्त्री अब्दुल अलीम ने लिखा था :

> "कृपया अपने दिल्ली पहुँचने के समय और दिन से श्री स. ही. वात्स्यायन 'अज्ञेय' (पो. बाक्स नं. 62, दिल्ली) को सूचित करें ताकि वे आपके स्वागत और रहने का प्रबन्ध कर सकें।" (उद्धृत, डा. रामविलास शर्मा, **रूप तरंग और प्रगतिशील कविता की वैचारिक पृष्ठभूमि**, पृ. 157)

यही नहीं, मध्य प्रदेश से नेमिचन्द जैन को अपनी सहायता के लिए विशेष रूप से बुलाते हुए अज्ञेय ने लिखा था, "यहाँ मई के मध्य में एक ऑल इण्डिया पी. डब्ल्यू. (ए.) कान्फ्रेन्स हो रही है।...जितनी जल्दी हो सके आइये—यहाँ काम करने वाले थोड़े होंगे और काम है बहुत।" स्वागताध्यक्ष के रूप में अज्ञेय ने सम्मेलन में घोषणा की थी, "फासिज़्म संगठित प्रतिक्रियावादी शक्तियों का पर्याय है। हमारे इस सम्मेलन को उसके खिलाफ अपने दृढ़ निश्चय का ऐलान करना चाहिए। आइए हम निश्चय करें कि उसके खिलाफ कारण और प्रगति की हम उन तमाम शक्तियों का

उपयोग करेंगे जिन्हें हमारे सांस्कृतिक रिनेसाँ (पुनर्जागरण) ने पैदा किया है।" (उद्धृत उप. पृ. 158) इसी सम्मेलन के दौरान "संयुक्त कविता के प्रकाशन की योजना से अज्ञेय का परिचय हुआ था।" (उप., पृ. 159)

अज्ञेय इन दिनों एम. एन. रॉय के 'रेडिकल ह्यूमनिज़्म' के प्रभाव में थे। उनकी क्रान्तिकारिता रॉयवाद का परिणाम थी। रॉय खुद को मार्क्सवादी मानते थे। उनकी विचारधारा के प्रभाव से अज्ञेय भी मार्क्सवाद के नज़दीक आये थे। फासिज़्म-विरोधी सम्मेलन में अज्ञेय की महत्त्वपूर्ण भूमिका इस निकटता का सूचक है। 'तार-सप्तक' इस पृष्ठभूमि से सम्बन्धित था। इसलिए वह प्रगतिशील लेखकों के फासिज़्म विरोधी संघर्ष की प्रतिध्वनि था, प्रयोगवाद का प्रस्थान-बिन्दु नहीं।

नयी कविता के सिद्धान्तकार और प्रयोगवाद के विरोधी डॉ. नामवर सिंह ने भी 'तार-सप्तक' को 1937-38 के दौरान हमारे प्रगतिशील 'जीवन्त परिवर्तन की उपज' बताया है और लिखा है, "तथ्य है कि हिन्दी कविता को उस समय जो कवि नया मोड़ देने का प्रयास कर रहे थे, वे चाहे 'तार-सप्तक' में संकलित हुए हों या उससे बाहर रहे हों, सभी किसी-न-किसी रूप में उस प्रगतिशील चेतना से अपने-आपको सम्बद्ध अनुभव करते थे। उल्लेखनीय है कि स्वयं 'तार-सप्तक' की योजना भी दिल्ली के जिस 'अखिल भारतीय लेखक सम्मेलन' (1942) के दौरान बनी, वह वस्तुतः प्रगतिशील लेखक संघ का ही आयोजन था।" (**कविता के नये प्रतिमान,** पृ. 79 और 81) योजना सम्मेलन के दौरान नहीं बनी थी, पूर्व-निर्धारित योजना से अज्ञेय का परिचय उस दौरान हुआ था। किन्तु यह बात नामवर सिंह ने ठीक कही है कि 'तार-सप्तक' का सम्बन्ध प्रगतिशील भावधारा से है।

तार-सप्तक के दौर में नेमिचन्द जैन और मुक्तिबोध के बीच जो पत्र-व्यवहार हुआ, वह अत्यन्त महत्त्वपूर्ण है। उससे न सिर्फ उनके अन्तर्मंथन की वास्तविक झलक मिलती है, बल्कि यह भी समझ में आता है कि वे कौन-सी नयी मनोवृत्तियाँ हैं जो विशेष परिस्थिति में 'राहों के अन्वेषण' को सम्भव बनाती हैं और भिन्न परिस्थितियों में प्रयोगवाद—नयी कविता का पक्षपोषण करती हैं। नेमि जी और मुक्तिबोध दोनों का बाह्य परिवेश और मानसिक परिवेश के अन्योन्य सम्बन्ध पर अत्यधिक बल है। उनके आगे प्रगतिवाद का व्यक्तिवादी विकल्प नहीं है। नेमि जी संगठित लेखन की योजना बनाते हैं ताकि युगनिर्माण हो सके। इसके बिना (बाह्य परिवेश को बदले बिना) आन्तरिक समस्याओं का वस्तुगत समाधान नहीं हो सकता। (देखिए **पाया पत्र तुम्हारा,** पृ. 39) प्रयोगवादी अन्तर्मुखता, आत्मसम्बोधन और आत्मसम्मोहन से अलग यह स्वर नेमि जी की कविता में भी था—'फड़फड़ाती हैं अभी बाँहें कि अपने मार्ग के अवरोध सारे तोड़ दूँ!' परिवेश से सम्बद्ध होने के नाते मध्यवर्गीय मन अपनी कमज़ोरी से ऊपर उठकर जनता के बल को अपने उदात्त संकल्प में

परिणत करता है। मुक्तिबोध भी 'आत्मग्रस्तता' को लिए हुए 'समाज के व्यापकतर छोर' छूते हैं। व्यापक परिवेश से सम्बन्धित मन का विश्वास है—पूँजीवादी समाज की अवश्यम्भावी मृत्यु; और मध्यवर्गीय मन की कमज़ोरी का रूप है—'मैं अपने से सम्मोहित, मन मेरा डूबा निज में ही।' आत्मसम्मोहन से निकलकर जनता की शक्ति से अपने आन्तरिक परिवेश को रूपांतरित-संस्कारित करने का संघर्ष मध्यवर्ग के कवियों का आत्मसंघर्ष था। यह परिदृश्य नेमि जी और मुक्तिबोध के माध्यम से अच्छी तरह समझ में आता है।

स्पष्ट है कि राहों के अन्वेषण का अर्थ था मध्यवर्गीय बुद्धिजीवियों द्वारा सामाजिक प्रगति और श्रमिक जनता के अनुकूल अपने कायाकल्प का संघर्ष। यह संघर्ष बहुत कुछ अकेले का भी है और एक-जैसे लोगों का सम्मिलित संघर्ष भी। इसीलिए संवेदना का आत्मगत धरातल और अन्तरंग, आत्मीय स्वर रचनाकार की सामाजिक दृष्टि और यथार्थवादी रुझान के साथ घुल-मिल कर इस तरह अभिव्यक्त हुआ है कि क्रान्ति मचा देने वाले कोरस से अधिक प्रामाणिक लगता है। कुंठावाद-पीड़ावाद के बजाय मध्यवर्ग की वास्तविक कुंठाओं-पीड़ाओं आदि का व्यापक जनतान्त्रिक प्रक्रिया में समाधान खोजने वाले लेखकों का यह आत्मसंघर्ष उनके फासिज़्मविरोधी संघर्ष के अनुकूल था।

प्रयोगवाद की शुरुआत

विनम्रतापूर्वक मैं यह बात दोहराना चाहता हूँ कि प्रयोगवाद का आरम्भ 1943 में 'तार-सप्तक' के प्रकाशन से नहीं, 1947 में स्वाधीनता-प्राप्ति की परिस्थिति से जुड़ा है। सन् 1945 में दूसरे महायुद्ध की समाप्ति पर अंग्रेज़ों ने कम्युनिस्ट पार्टी के बढ़ते प्रभाव को नियंत्रित करने के लिए उस पर हमले शुरू किये। महायुद्ध खत्म होते ही शीतयुद्ध की शुरुआत हुई, बड़ी साम्राज्यवादी शक्तियाँ उसका संचालन कर रही थीं। जेल से छूटकर कांग्रेस के नेताओं ने अंग्रेज़ों के हमले का नैतिक आधार तैयार किया। पं. जवाहर लाल नेहरू ने जेलयात्रा के बाद 1945 में ही मुम्बई की अपनी पहली प्रेस-कांफ्रेंस में कम्युनिस्टों को 'देशद्रोही' बताया—तब से आज तक रह-रह कर पूँजीवादी नेता और बुद्धिजीवी इसकी सुबकियाँ लेते रहते हैं। 1945 में कम्युनिस्ट पार्टी संघर्ष की राह पर थी; अंग्रेजों और कांग्रेसियों के कम्युनिस्ट-विरोधी अभियान में दोनों के निहित स्वार्थ एक बिदु पर मिलते थे। 1946 में नौसैनिक विद्रोह और उससे सम्बद्ध देशव्यापी क्रान्तिकारी लहर का नेतृत्व कम्युनिस्ट कर रहे थे और अंग्रेज़ साम्प्रदायिक दंगों की तैयारी कर रहे थे। कांग्रेसी नेता हताश होकर समझौते की तैयारी कर रहे थे—विभाजन की शर्त पर हो तो भी। गाँधी विभाजन के पक्ष में नहीं थे, किन्तु आल इंडिया कांग्रेस कमेटी में उन्होंने भी अपना वोट

बँटवारे के पक्ष में दिया था। (दे. **'भारत में अंग्रेज़ी राज और मार्क्सवाद'**, भाग-2, डॉ. रामविलास शर्मा, पृ. 524) अंग्रेजों के दबाव में साम्प्रदायिकता के आगे समर्पण करके खून-खराबे और बँटवारे की ज़मीन बनाने वाले कांग्रेसी नेता यह सब शान्ति और अहिंसा के नाम पर कर रहे थे।

राजनीति की इस शान्ति-अहिंसा से साहित्य भी प्रेरित हुआ। अज्ञेय ने कहा—साहित्य की एकमात्र या मुख्य प्रेरणा संघर्ष नहीं है। नेमिचन्द जैन ने अनुभव किया—बाहर से अधिक हलचल भीतर है। मुक्तिबोध को भी ज्योति प्राप्त हुई—प्रगतिवाद नपुंसक और काल्पनिक है। अपने सहचर-मित्र नेमिचन्द जैन को उन्होंने बताया (23.6.45)—मैं प्रगतिवाद के ढलान से आधुनिकतावाद की समतल भूमि पर आ गया हूँ; यह साहित्य-भूमि 'कलात्मक रूप से मानवीय' है! (**मुक्तिबोध रचनावली,** भाग-6, पेपरबेक, पृ. 215-16) भीतरी हलचल में नेमिचन्द जैन ने भी तथाकथित सामाजिकता के छद्म रूप का अनुभव कर लिया था। 1945-46 के दौर में अनेक रचनाकार ऐसा 'आन्तरिक' दबाव अनुभव करने लगे कि 'अन्तर्मुख दिशाएँ दीर्घ और गहन होने लगीं', आत्मसंघर्ष ज़ोर पकड़ने लगा, प्रगति और सामाजिकता बनावटी लगने लगी। अज्ञेय से बढ़कर मुक्तिबोध-नेमिचन्द जैन ने मार्क्सवाद की अपूर्णता और प्रगतिवाद के एकांगीपन का जैसा अनुभव किया, वैसा पहले नहीं किया था।

प्रयोगवाद के अनुभवों और सिद्धान्तों की रचना करने का श्रेय अज्ञेय को नहीं है। उन्हें सिर्फ इस बात का श्रेय है कि 1943 में जैसे उन्होंने फासिज़्म-विरोधी व्यापक सरोकारों को 'तार-सप्तक' के माध्यम से प्रस्तुत किया था, वैसी ही 1946-47 में इस नये अनुभव-लोक को 'प्रतीक' का मंच दिया। प्रयोगवाद के भाव और विचार अज्ञेय से अधिक नेमिचन्द जैन और मुक्तिबोध के यहाँ फूल-फल रहे थे। प्रयोगवाद के रूप में प्रगतिवाद का जो व्यक्तिवादी विकल्प उपस्थित हुआ, उसने यथार्थ के अन्तर्मुखी धरातल खोजे, वाह्य परिवेश से रचनाकार के आन्तरिक उद्वेलन को अलग किया; संकल्प और विश्वास का पुराना स्वर डूब गया। 'मुझे पुकारती हुई पुकार खो गयी कहीं।' यह मुक्तिबोध की अनुभूति है।

सांस्कृतिक विकास की इस प्रक्रिया को प्रगतिशील लेखक संघ के विसर्जनवादियों से अपूर्व सहायता मिली। विसर्जनवाद की खूबी यह होती है कि किसी न किसी बहाने वह शत्रु वर्ग के प्रति नरम और समझौतावादी रवैया अपनाता है तथा श्रमिक जनता के प्रश्न पर कुठाराघात करता है। सोवियत संघ और पूर्वी यूरोप का वर्तमान घटनाचक्र इस प्रवृत्ति के उदाहरण हैं। चीन जैसे देशों में भी विसर्जनवादी धाराएँ मौजूद हैं, जहाँ अमरीकी पूँजी ने पार्टी के भीतर और बाहर निहित स्वार्थ के गुट उत्पन्न किये हैं। अंग्रेज़ी राज की प्रगतिशील भूमिका वाले सज्जाद ज़हीर, मुल्कराज

आनन्द, शिवदान सिंह चौहान आदि प्रगतिशील साहित्यान्दोलन में विसर्जनवादियों के सिरमौर थे। प्रगतिवाद के जन्मकाल से ही वे सम्पूर्ण भारतीय परम्परा को तिरस्कृत करते आये हैं–अंग्रेज़ों के आने से पहले की सभ्यता-संस्कृति पिछड़ी हुई, पराङ्मुख और प्रतिक्रियावादी है, अंग्रेजों का विरोध करके जो राष्ट्रीय और जनवादी संस्कृति रची गयी वह भी नगण्य और मूल्यहीन है। प्रेमचन्द, निराला, रामचन्द्र शुक्ल और उनके युग–छायावाद–का जो मूल्यांकन इन्होंने प्रस्तुत किया, उसे हिन्दी लेखक अस्वीकार कर चुके हैं लेकिन इससे विसर्जनवाद की सांस्कृतिक भूमिका ज़रूर उद्घाटित होती है।

दुर्भाग्य से सज्जाद ज़हीर नहीं रहे, चौहान की साहित्यिक गतिविधियाँ भूमिगत हो गयीं, मुल्कराज आनन्द कभी-कभी अस्तित्व जताते हैं। 'टाइम्स ऑफ-इण्डिया' (26-5-1990) में उत्तर-प्रदेश के अंग्रेज़ी-विरोधी विवाद में देशीभाषा के समर्थकों को 'कठमुल्ला' (शावनिष्ट) और अंग्रेज़ी को राष्ट्रीयता, प्रगति वगैरह का ध्वजधाहक बताकर भारतीय जनता से अपना प्रेम उन्होंने फिर प्रदर्शित किया है। थोड़े दिन पहले उर्दू-विवाद उठने पर प्रगतिशील लेखक संघ का समर्थन तो था ही, जनवादी लेखक संघ ने इस प्रश्न पर लगभग नेतृत्व किया था। यह लिखते हुए कष्ट होता है कि उत्तर-प्रदेश में हिन्दी-उर्दू सहित देशी भाषाओं के पक्ष में और अंग्रेज़ी के प्रभुत्व को कम करने की दिशा में जो कार्य आरम्भ हुआ है, उस पर वामपन्थी लेखक संगठनों ने अब तक कोई राय व्यक्त नहीं की।

इस स्थिति में यदि साम्प्रदायिक दल लाभ उठायें और हिन्दी के हिमायती बनकर प्रस्तुत हों तो आश्चर्य न करना चाहिए। यह पुराने विसर्जनवाद का अवशेष है जो अल्पसंख्यकों के जनवादी हितों के समर्थन और तुष्टिकरण के बीच का फर्क धुँधला करता है तथा अल्पसंख्यक-बहुसंख्यक सभी प्रकार की श्रमिक-जनता की वास्तविक, जनवादी समस्याओं के प्रति उदासीन बनाता है। अकारण नहीं है कि आज जो विद्वान विसर्जनवाद के प्रभाव में हैं, वे पुराने प्रगतिशील आन्दोलन का मूल्यांकन करते समय सज्जाद ज़हीर, मुल्कराज, आनन्द, शिवदान सिंह चौहान, अमृतराय की विसर्जनवादी प्रवृत्ति का समर्थन करते हैं और रामविलास शर्मा, केदारनाथ अग्रवाल, नागार्जुन, चन्द्रबली सिंह के संघर्ष को 'संकीर्णतावाद' की संज्ञा देते हैं।

जैसे आज की परिस्थितियों में जनवादी आन्दोलन की भ्रान्तिपूर्ण समझ से प्रतिक्रियावादी शक्तियाँ लाभ उठाती हैं वैसे ही 1947 के आस-पास प्र.ले.स. के नेतृत्व में–विसर्जनवादी प्रभाव से प्रयोगवाद के पूँजीवादी मंच ने लाभ उठाया। ये 'प्रगतिवादी' विचारक अंग्रेज़ी राज की प्रगतिशीलता के बाद नेहरू की क्रान्तिकारिता पर फ़िदा थे और नवनिर्माण में हाथ बँटाने के लिए प्र.ले.स. के विघटन तक का सुझाव दे रहे थे। उनके कार्य का महत्त्व तब समझ में आयेगा जब यह ध्यान रखें कि

आज़ाद भारत के सत्ताधारियों ने प्रगतिशील लेखकों का सम्मान लाठी-गोली-जेल से किया था। चौहान आदि के लेखों में तो अज्ञेय और उनकी व्यक्तिवादी-नवरहस्यवादी काव्य-प्रवृत्ति के लिए समर्थन का भाव छिपा भी न रहता था। इस तरह, पूँजीवादी सत्ता द्वारा प्रगतिशील लेखकों के दमन, ढुलमुल लेखकों द्वारा पक्ष-परिवर्तन और विसर्जनवादियों द्वारा भीतरघात की "स्वाधीन" पृष्ठभूमि में प्रयोगवाद हिन्दी काव्यक्षेत्र में अवतरित हुआ।

सन् 1943 और सन् 1947 की परिस्थितियों का अन्तर समझने में लक्ष्मीकान्त वर्मा की यह स्वीकृति बड़ी सहायक है कि कम्युनिस्ट पार्टी और उसके साहित्यिक मंच प्र. ले. सं. के प्रयत्नों के कारण यह अनिवार्य था कि हिन्दी के साहित्यकार स्वयं को प्रतिष्ठित और प्रमाणित करने के लिए किसी-न-किसी रूप में प्र. ले. सं. से अपना सम्बन्ध जोड़ें। (**कल्पना,** जून 1967) आलोचना करते हुए ही सही, इतने खुले शब्दों में यह स्वीकार करने वाले सम्भवतः वे अकेले व्यक्ति हैं। 1947 के आसपास जब परिस्थितियाँ बदलने लगीं तब मध्यवर्गीय लेखकों का ढुलमुलापन भी प्रकट होने लगा। फिर भी 1953 तक प्रयोगवाद के लिए निर्विघ्न मैदान नहीं था। उसे कदम-कदम पर प्रगतिशील आन्दोलन और जनता के सांस्कृतिक संघर्षों से लोहा लेना पड़ता था। प्रगतिवाद के समानान्तर एक वैकल्पिक पूँजीवादी मंच निर्मित करने की महत्तर आकांक्षा से प्रेरित अज्ञेय की गतिविधियाँ इसका प्रमाण हैं। जब नेमिचन्द जैन, मुक्तिबोध और चौहान-परम्परा के लेखक प्रयोगवाद की ओर दौड़ रहे थे, तब अज्ञेय बहुत धीरे-धीरे सावधानी से कदम बढ़ा रहे थे। जून 1947 के 'हंस' में भारत भूषण अग्रवाल से बातचीत में उनके ये शब्द गौर से पढ़ने लायक हैं कि "प्रगतिवादी नहीं; किन्तु—प्रगतिशील, हाँ...साधारणतया द्वन्द्वात्मक भौतिकवाद का साहित्य पर थोक आरोप ही प्रगति का 'वाद' समझा जाता है, द्वन्द्व का सिद्धान्त मैं मानता हूँ (लेकिन उसे मानने के लिए किसी संस्था की सदस्यता मुझे आवश्यक नहीं जान पड़ती।)"[1]

अज्ञेय का उक्त कथन उद्धृत करके डॉ. रामविलास शर्मा ने लिखा है, "अज्ञेय बहुत सावधानी से आगे बढ़ रहे थे। प्रगतिशील साहित्यिक आन्दोलन से वह अपना पुराना सम्बन्ध एक झटके में न खत्म कर देना चाहते थे।" (**रूपतरंग और प्रगतिशील कविता की वैचारिक पृष्ठभूमि,** पृ. 243) वे शक्तिशाली प्रगतिशील आन्दोलन के मध्यवर्गीय लेखकों को आकृष्ट करके प्रयोगवाद के मंच पर ले जाने के प्रति अत्यधिक समेत थे। वे यह समझते थे कि सीधे-विरोध का रवैया सफलता में अड़चनें पैदा कर सकता था, विरोध-पक्ष को सतर्क और संगठित कर दे सकता था।

प्रगतिवाद के विरोधियों को मनोवांछित सफलता मिली 1953 के बाद, जब कम्युनिस्ट पार्टी ने प्र. ले. स. के समापन का निश्चय कर लिया। लेखकों के विरोध

के कारण औपचारिक रूप से प्र. ले. स. को भंग करना सम्भव नहीं हुआ, परन्तु उसकी सारी गतिविधियाँ मृतप्राय हो गयीं, नाममात्र का संगठन बाकी रह गया। मान्यता-प्रतिष्ठा के लिए जो लेखक दो मोर्चों में विभाजित थे, विसर्जनवाद की सफलता ने उन्हें निर्विकल्प छोड़ दिया, उनके आगे एकमात्र रास्ता बचा प्रयोगवाद का। प्रयोगवाद ने भी खुद को नयी कविता के रूप में पुनर्व्यवस्थित किया। 'प्रगति' और 'प्रयोग' के कल्पित कगार गिराये गये। पुराने ढुलमुल मध्यवर्गीय लेखक और तरुण कवि नयी कविता की ओर आकृष्ट हुए।

नयी कविता के सिद्धान्त

प्रयोगवाद और नयी कविता के आचार्यों में जो व्यक्तिवादी कलह दिखायी देती है, उसके पीछे आन्दोलन की नयी रणनीति का प्रश्न भी है। अज्ञेय नवरहस्यवाद की ओर बढ़ चुके थे और क्रमशः यथार्थ ('तथ्य') का खण्डन करके आत्मगत 'सत्य' को ही अद्वितीय अनुभूति-प्रसंग के रूप में प्रतिष्ठित कर रहे थे। वे समझते थे कि प्रगतिवाद के विघटन के बाद यथार्थवाद से दूर हटने वाले लेखकों को नवरहस्यवाद के रूप में एक वैकल्पिक विचारधारा देकर ही नये मंच पर संगठित किया जाना श्रेयस्कर है। उनके आगे पन्त से लेकर दिनकर तक विभिन्न उदाहरण थे जो या तो वस्तुज्ञान से ऊबकर अपने मन की दुनिया में क्रान्तिकारी (अरविन्दावादी) समन्वय स्थापित कर रहे थे, या जन असन्तोष को संसदवादी खोल में समाविष्ट करते हुए नये प्रकार के अध्यात्म (कामाध्यात्म) का प्रतिपादन कर रहे थे।

नयी कविता के सिद्धान्तकार इस बात से सहमत थे कि सारी कसौटियाँ भाववादी दर्शन की परिधि में ही हों, लेकिन 'यथार्थ' के प्रश्न पर उनका दाँव-पेंच अज्ञेय से भिन्न था। लक्ष्मीकान्त वर्मा ने *नयी कविता के प्रतिमान* में 'यथार्थ' का जो जाप किया है वह इस अन्तर को स्पष्ट करने के लिए पर्याप्त है। वे 'कटुता, विद्रूपता और कठोरता' जैसे आधुनिक जीवन-मूल्यों के प्रति 'आस्था' की बात करते हैं (पृ. 31) क्योंकि "यथार्थ के साथ पलायन की निष्क्रियता नहीं, उसकी स्वीकृति ही अनिवार्य है।" (पृ. 83) न पलायन की निष्क्रियता, न परिवर्तन की सक्रियता, केवल उसकी स्वीकृति! 'नये' कवि यह समझते हैं कि स्वाधीन भारत के कठोर अनुभव-प्रसंगों को पूरी तरह झुठलाकर लेखकों को आकर्षित करना सम्भव नहीं है। वे स्वयं इस 'यथार्थ' के विरोध में न थे, बल्कि उसे औचित्य प्रदान कर रहे थे, "प्रगतिवादी इस कठोर सत्य द्वारा करुणा की नकाब गढ़ता है।...किन्तु नयी कविता का काव्य-बोध एवं उसका सौन्दर्य उसको औचित्य प्रदान करता है।" (पृ. 81) इसलिए, 'नया' कवि यथार्थ के साथ रचनाकार के अन्योन्य घात-प्रतिघातात्मक सम्बन्ध के स्थान पर यथार्थ को स्थितिपरक सत्ता में बदल देता है। यह स्थितिपरक 'यथार्थ' भाववाद

के बाहर नहीं है। स्वयं लक्ष्मीकान्त वर्मा ने कवि के लिए "आदर्श और सामाजिक चेतना के स्तर" को अस्वीकार किया है और "वैयक्तिक दृष्टि, स्वानुभूति की दृष्टि अथवा देशकाल के साथ आत्मदर्शन की दृष्टि" को अनिवार्य बताया है। (पृ. 39) ऐसे विचार प्रायः सभी 'नये' कवियों-समीक्षकों के यहाँ भरे पड़े हैं, लक्ष्मीकान्त वर्मा का महत्त्व यह है कि विजय देवनारायण साही ने उन्हें नयी कविता के गुणों-दुर्गुणों का 'सम्पूर्ण प्रतिनिधि' माना है।

कहने की जरूरत नहीं कि भाववाद के दायरे में 'यथार्थ' की स्वीकृति का कोई वास्तविक अर्थ नहीं है, सिवा इसके कि बिखरते हुए प्रगतिशील आन्दोलन की पृष्ठभूमि में पुराने-नये लेखकों को 'नये' मंच पर संगठित करके पूँजीवादी सत्ता का औचित्य-स्थापन किया जाय। ध्यान खींचने वाली बात यह है कि अधिकांश 'नये' कवि और सिद्धान्तकार डॉ. राम मनोहर लोहिया के समाजवाद का साहित्य में रूपान्तर कर रहे थे। लोहिया नेहरू और कांग्रेस के कट्टर विरोधी बनकर प्रस्तुत होते थे। विद्रोह की स्थिर मुद्रा—शाश्वत प्रतिपक्ष!—लोहियावादी राजनीति और संस्कृति की विशेषता थी। विद्रोह और विरोध की स्थितिपरक मुद्रा तथा यथार्थ की स्थितिपरक सत्ता का परस्पर-सम्बन्ध बहुत साफ है। इस काव्य-दृष्टि से पूँजीवादी शासन-व्यवस्था का वैसे ही कोई मौलिक अन्तर्विरोध न था, जैसे आत्मग्रस्तता और आत्मसंघर्ष का। दोनों ही कवि को बाह्य संघर्ष से, सामाजिक दायित्व से और वैकल्पिक प्रयत्नों से अलग हटाते थे। संक्षेप में, नयी कविता का सारतत्त्व था—व्यवहार में पूँजीवादी सत्ता की औचित्य-स्थापना और सिद्धान्त में विरोध की मुद्रा!

नयी कविता आन्दोलन पर इस रणनीति का असर हुआ। अधिकांश लेखक-कवि उसकी ओर झुके। जनता से कटे बुद्धिजीवियों की यह स्वाभाविक परिणति थी। नागार्जुन-केदार-त्रिलोचन-रामविलास शर्मा-चन्द्रबली सिंह जैसे थोड़े-से लेखक इस प्रचार से अलग रहकर लगभग एकान्त-साधना के स्तर पर जनवादी संस्कृति के लिए संघर्ष करते रहे; वे जनता से कितने गहरे भावात्मक रूप में जुड़े थे, इसे समझना कठिन नहीं है। जो लोग जनता से प्रेम को शुद्धतावाद और संकीर्णतावाद कहते हैं, उनके पुरखे प्रगतिशील आन्दोलन के वे विसर्जनवादी थे जिन्होंने पूँजीवादी सांस्कृतिक आक्रमण तेज़ होने पर प्रगतिवाद और प्रगतिशील में भेद करना, नेहरू के नवनिर्माण में सहायता करना और प्रयोगवाद-नयी कविता के प्रति समर्पणवादी रवैया अपनाना शुरू किया। यह अज्ञेय या वर्मा-साही दल की वैसे ही विजय थी, जैसे कम्युनिस्ट आन्दोलन में नेहरूवाद का प्रभाव पूँजीवादी-राजनीति की विजय थी।

सामाजिक चेतना के मुकाबले आत्मदर्शन की भूमिका पर ज़ोर देकर नयी कविता ने एक नये प्रकार का रूमानी मनोभाव और कुलीनतावादी दम्भ पैदा किया। कवि 'भीड़' से कुछ अलग उच्चात्मा है। वह विशिष्ट प्राणी है इसलिए तमाम लघुमानवों

का दायित्व उस पर है। वह 'भीड़' का विवेक बनकर अपना दायित्व निबाह सकता है लेकिन 'भीड़' खुद को मुक्त नहीं करना चाहती है, वह 'बजबजाती' हुई दुनिया में ही आत्मतुष्ट रहती है। इसीलिए 'महामानव' पैदा होते हैं। जो हिटलर हों या स्तालिन, मूलतः निरंकुश तानाशाह होते हैं। तानाशाही का जन्म जनता के अविवेक से होता है, किन्तु दायित्ववान कलाकार अपनी पंगुता के कारण पापबोध से ग्रस्त हो जाता है।

इस सारी तर्क-प्रणाली को जिस विचारधारा में औचित्य प्राप्त हुआ, वह था अस्तित्ववाद। धर्मवीर भारती का 'अन्धायुग' नयी कविता के अस्तित्ववादी नज़रिये को बड़ी खूबी से प्रस्तुत करता है। दायें से बायें और बायें से दायें घूमने की नियति से बँधे दो पहरेदार राज्य-व्यवस्था के सारे उलटफेर से अप्रभावित, अपनी चेतना के अँधेरे में बन्द हैं। वे जनसाधारण का प्रतीक और भारती के विचारों के वाहक हैं। उनके माध्यम से भारती सत्ता-परिवर्तन के बाद जनता में व्याप्त निराशा और मोहभंग को एक विशेष दार्शनिक प्रणाली में अन्तर्भुक्त करने का प्रयास करते हैं। इस प्रयास की खूबी यह है कि भारती स्वाधीन भारत के पूँजीवादी शासकों से मोहभंग की प्रक्रिया को जनतांत्रिक दिशा में विकसित न करके साम्राज्यवादी शासकों की सेवा में लगाते हैं और जनता की सबसे पिछड़ी चेतना के प्रवक्ता बनकर पहरेदारों का यह विचार प्रस्तुत करते हैं—

इससे तो अच्छे पहले के शासक थे
अन्धे थे लेकिन शासन तो करते थे।

इनके लिए मनुष्य टूटा हुआ पहिया है, इतिहास और प्रगति सब झूठे हैं क्योंकि वे भी मनुष्य की अन्तरात्मा को रिक्त और खण्डित करते हैं, उसे लघुमानव में बदल देते हैं।

दिलचस्प बात यह है कि भारती ने प्रकटतः 'लघुमानव' का विरोध किया था और उसकी कसौटी पर छायावाद के बाद के साहित्य को पुनर्व्याख्यायित करने का काम साही ने किया था। नयी कविता के सिद्धान्तकारों पर अस्तित्ववाद की जिस शाखा का विशेष असर पड़ा, वह सार्त्र से नहीं नीत्शे से सम्बन्धित थी। नीत्शे के अतिमानव (स्वभावतः उसके प्रतिरूप के तौर पर साधारण या लघु-मानव) वाली धारणा को लागू करते समय 'ईश्वर' की कल्पना (जैसी कि भारती के यहाँ है) या 'वैष्णवता' का अनुरोध (जैसा कि साही के यहाँ है) जोड़ दिया गया। इस तरह अस्तित्ववाद का भारतीयकरण भी हो गया और सिद्धान्तकारों का मौलिक अवदान भी। इनमें साही का महत्त्व अधिक दूरगामी हुआ क्योंकि उन्होंने पश्चिमी विचार-स्फुलिंगों को 'समाजवाद' की लोहियापन्थी विचार-प्रणाली में इस तरह घुला-मिला दिया कि 'जब-जब होहिं धरम की होनी', तब-तब उनकी प्रासंगिकता बड़ी तीव्रता से अनुभव की जाती है।

साही की स्थापनाओं का महत्त्व उसके समकालीन आलोचक नामवर सिंह ने तो

पहचाना ही था, आजकल के कुलीनतावादी काव्य-नेता भी पहचान रहे हैं। अशोक वाजपेयी ने हाल ही में लिखा है, 'विजयदेव नारायण साही ने बुद्धि और नीति के एक अर्थदायी संयोजन के रूप में ''बौद्धिक सघनता' की बात की थी...क्या हमारे समय का सबसे महत्त्वपूर्ण और विचारोत्तेजक साहित्य इसी नैतिक विवेक और प्रश्नाकुलता से नहीं उपजा है?...जहाँ नैतिक विजन शिथिल और बौद्धिक सघनता का अभाव हो, वहाँ 'इन्नोवशन' भी नहीं हो सकता।" (**संडे ऑब्जर्वर,** 3 जून 1970) साही ने तो छायावाद से नयी कविता तक के साहित्य का मूल्यांकन किया था, वाजपेयीजी ने आज के साहित्य को उनकी विवेक-परम्परा से जोड़ दिया है। ऐसे में साही के विचारों की समीक्षा करना सिर्फ इतिहास की नहीं, समकालीनता की दृष्टि से भी आवश्यक है।

साहित्य का लोहियावाद

साही ने हिन्दी भाषा और विशेषतः उत्तर प्रदेश की सन्तुलित और समन्वयकारी प्रकृति के साथ स्वाधीनता आन्दोलन और साहित्य को मिलाकर उस 'युगभूमि' (मिलियू) का निर्माण किया था जिसकी कथा न कही गयी थी और न हिन्दी आलोचना का हाल देखते हुए कहे जाने की आशा थी! (**छठवाँ दशक,** पृ. 273)

यह युगभूमि कैसी है?

"उत्तर प्रदेश की—या साधारणतः हिन्दी भाषा की—प्रवृत्ति कुल मिलाकर संयम की अधिक है, वेग के साथ बन्धन को तोड़कर बहा ले जाने की कम।...ऐसा नहीं है कि इस बीसवीं सदी में ही महावीर प्रसाद द्विवेदी, मैथिलीशरण गुप्त, रामचन्द्र शुक्ल जैसे ऊपर से कठोर और भीतर से अंकुर की तरह मुलायम लोग हुए हों। तुलसीदास तो मध्ययुग के दयानन्द सरस्वती हैं ही, विभोरावस्था को पहुँचे हुए सूरदास भी कालिदास की तरह कृष्णलीला को सिर्फ देखते ही हैं, चैतन्य की तरह आत्मविस्मृत नहीं हो जाते।...कहने में जैसा भी विरोधाभास लगे लेकिन प्रेमचन्द की आँखें कालिदास के अधिक निकट हैं। होशोहवास की दुरुस्ती की एक सीमा है जिसके बाहर छायावादी कवि निराला और प्रसाद भी कदम नहीं रखना चाहते।... जैसा कि उस युग में स्वाभाविक था, महत् का आकर्षण, आज़ादी के आकर्षण की तरह दो धाराओं में होकर बहता था : नैतिक और शाक्त। इतिहास के विभिन्न संयोगों में से यह भी है कि इन दोनों विद्युत-तरंगों के परस्पर सन्तुलन का नाटक भी आधुनिक हिन्दी के जन्म-केन्द्र वाराणसी में खेला गया और उसके प्रतीकात्मक पात्र थे प्रेमचन्द और प्रसाद।...

"प्रसाद-प्रेमचन्द की युगभूमि को मैंने संघर्ष या द्वन्द्व न कहकर सन्तुलन का नाटक इसलिए कहा कि वस्तुतः वह चरम द्वन्द्व था भी नहीं, और उस युग की मानसिक अवस्था में हो भी नहीं सकता था।" (उप., पृ. 271-73)

साही के लम्बे निबन्ध में 'संयम'; 'सन्तुलन' के साथ 'सामंजस्य', 'शमनोन्मुख द्वन्द्व' जैसी पदावली भी यत्र-तत्र विद्यमान है। 'सन्तुलन के नाटक' की राजनीतिक पृष्ठभूमि गाँधी जी और उनके जीवन-दर्शन से सम्बन्धित थी। गाँधी जी की सर्वप्रमुख विशेषता इस प्रकार है—

"वस्तुतः मेटाफिज़िकल तत्व तो गाँधीजी ही की शैली में वर्तमान है...उपन्यासकार की कलाकृति की तरह गाँधीजी का मनुष्य इतिहास के भीतर भी है, इतिहास के बाहर भी, कालबद्ध भी है, कालातीत भी।" (उप., पृ. 266-67)

सन् 1857 के 'गदर' से लेकर 1946 के नोसैनिक विद्रोह तक, स्वाधीनता आन्दोलन की समूची क्रान्तिकारी परम्परा को किनारे ठेलते हुए साही ने मेटाफिज़िक्स और उपन्यासकार की कला के सहारे जिस युगभूमि का निर्माण किया है, उसमें द्वन्द्व या संघर्ष नहीं, सन्तुलन का नाटक दिखता है। ऐसा नहीं कि द्वन्द्व उस युग में था ही नहीं, "यह सही है कि हिन्दुस्तान एक क्रान्ति की अवस्था से गुज़र रहा था और देश भर में मार्क्सवाद-गाँधीवाद का द्वन्द्व भी चल रहा था।" (पृ. 299) लेकिन इस सत्य को झुठलाकर साही जो दृश्य पटल उपस्थित करते हैं, उसमें उनके अपने आग्रहों का गाढ़ा रंग चढ़ा है। गाँधी जी की शैली को 'मेटाफिज़िकल तत्व' में बदलकर वे खुद गाँधी जी के विचार और राजनीति के अन्तर्विरोधों पर परदा डाल देते हैं। एक ओर गाँधी जी का क्रान्तिकारी पक्ष—उनका साम्राज्य-विरोधी, लोकप्रेरक रूप, और दूसरी ओर गाँधीवाद का पूँजीवादी, समझौता-परस्त पहलू—साही के लिए दोनों अप्रासंगिक हो जाते हैं। बच रहता है गाँधीजी का विराट, चमत्कारी व्यक्तित्व, जिसके आगे सारे द्वन्द्व, सारे अन्तर्विरोध शमित हो जाते हैं। कहने की ज़रूरत नहीं कि यह एक प्रकार की समन्वयवादी व्याख्या का प्रयास है जिसका स्वभाव गाँधीवाद से भी अधिक मध्ययुगीन है।

जितना विराट गाँधीजी का व्यक्तित्व था, उतना ही 'समाजवादी' राजनीति उससे अभिभूत थी। विराट-पूजा की इससे अच्छी मिसाल और क्या होगी। "गाँधी जी के जीवन तक कांग्रेस सोशलिस्ट पार्टी मार्क्सवादी रही और कांग्रेस में शामिल रही। फिर जैसे ही सोशलिस्टों ने कांग्रेस छोड़ा, वैसे ही उनका चिन्तन गाँधीवाद के निकटतर होता जाता है—द्वन्द्वात्मक चिन्तन का स्थान सरल चिन्तन लेता जाता है।" (पृ. 310) इस समन्वयवाद का स्रोत है व्यक्ति-पूजा की सामन्ती प्रवृत्ति, जिसे नयी कविता के विचारक भारतीयता का पर्याय मानते हैं।

राजनीतिक दृष्टि जितना ही गाँधी जी से अभिभूत थी उतना ही मार्मिक था उनसे मोहभंग का अनुभव। जवाहरलाल नेहरू गाँधी जी के अत्यन्त निकट थे। भगतसिंह की फाँसी और गणेश शंकर विद्यार्थी की हत्या से दो हफ़्ते पहले 5 मार्च, 1931 को गाँधी-इरविन समझौता हुआ। नेहरूजी ने 'आत्मकथा' में लिखा, "...मेरे

हृदय में विराट रिक्तता आ गयी, मानो कोई बहुमूल्य वस्तु सदा के लिए विलुप्त हो गयी।" साही की राय में, "यह विराट रिक्तता सिर्फ नेहरू की नहीं, उस युग में पूरे देश की केन्द्रीय समस्या है" जिसका समाधान खोजते हुए हिन्दी कविता 'साधारण मानव' का निर्माण करती है। (पृ. 282) स्वाधीनता आन्दोलन में क्रान्तिकारी धारा का विकास और कवियों द्वारा गाँधीवाद के विकल्पों की खोज—इस सारे परिदृश्य को व्यर्थ मानकर नेहरू की अनुभूति में साही पूरे युग और जनता की मनोभावना समाहित कर देते हैं। 'विराट' की उपासना में जनता के प्रति हिकारत की यह पूँजीवादी—बल्कि सामन्ती—मनोवृत्ति है। जैसे लोहिया की राजनीति नेहरू से आक्रान्त है, वैसे ही साही की संस्कृति है। इसे व्यक्ति-पूजा का औंधा-रूप समझिये।

नेहरू की 'रिक्तता' वैसी निर्गुण न थी जैसी साही के पराभौतिक चिन्तन में प्रतीत होती है। यह गाँधीजी की समझौतावादी नीति से मोहभंग का परिणाम थी। जनता लड़ रही थी और विकल्प खोज रही थी, पूँजीवादी नेता 'रिक्तता' अनुभव कर रहे थे। उन्हें नीत्शे के महामानव का अघोषित प्रतिरूप बनाकर साही स्वाधीन भारत में समाजवादी संस्कृति की सेवा कर रहे थे या तत्कालीन राजसत्ता की? सच बात तो यह है कि लोहियावादी राजनीति और संस्कृति नेहरू युग की प्रगतिशील आकांक्षाओं को नहीं, बल्कि उसके समझौतावादी, प्रतिक्रियावादी पक्ष को प्रतिबिम्बित करती है। पूँजीवादी नेतृत्व ने सामन्तवाद से जो समझौता किया, उसका प्रतिफलन यह था कि 'समाजवादी' विचारक बातें तो आधुनिकता की करते थे, लेकिन भारतीय समाज की व्याख्या वर्गों के आधार पर नहीं, जाति-बिरादरी (वर्ण-व्यवस्था) के आधार पर करते थे। कुछ जातियों को प्रगतिशील और कुछ को प्रतिक्रियावादी मानकर वे सारे गरीबों की एकता भंग करते थे और साहित्य-संस्कृति को इस वर्ण-विवेचन का उपकरण बनाते थे। लोहिया नेहरू की तरह अंग्रेज़ी राज की प्रगतिशील भूमिका नहीं मानते थे। लेकिन यह धारणा भारत को जिस जड़, अपरिवर्तनशील और जाति-बिरादरी में बँटे समाज के रूप में देखती थी, वह नेहरू लोहिया की मान्यताओं में एक जैसी थी। भारतीय समाज के प्रति यह जड़तावादी दृष्टिकोण अंग्रेज़ सामाज्यवादियों द्वारा प्रचारित किया गया था, इसे सब जानते हैं।

जड़तावादी इतिहास-दृष्टि ऐतिहासिक नियतिवाद पर आधारित है। साही की मौलिकता इस बात में है कि उन्होंने आधुनिक भारतीय जीवन और साहित्य पर ऐतिहासिक नियतिवाद को लागू किया है। गाँधी या नेहरू में कोई आन्तरिक द्वन्द्व न थे, उनमें पारस्परिक टकराहट का भी प्रश्न न था, सब कुछ 'शमनोमुख द्वन्द्व' की ओर अग्रसर है, इसलिए सारा युग ही सन्तुलन का नाटक है। तात्पर्य यह कि सब कुछ वैसा ही हुआ जैसा हो सकता था। इस तरह, इतिहास को 'स्थिति' या 'तथ्य' में बदल कर साही सिर्फ उसकी संगति या औचित्य की स्थापना करते है, जिसमें

अन्तर्विरोध नहीं है इसलिए विकल्पों की सम्भावना भी नहीं है। यदि सब कुछ वैसा ही हुआ, जैसा हो सकता था तो आगे भी वही होगा जो हो सकता है। (होइहै वही जो राम रचि राखा!) साही इसे 'विवशता' कहना पसन्द करते हैं। यह विवशता इतिहास को—स्वभावतः मनुष्य के निर्णय और कर्त्तव्य को—विकल्पहीनता की स्थिति में ला पटकती है। इस तरह इतिहास-दर्शन ऐतिहासिक नियतिवाद में बदल जाता है।

यदि आप इतिहास को सन्तुलन-सामंजस्य न मानें, एक-दूसरे से टकराती हुई परस्पर-विरोधी अन्तर्धाराओं की तात्विक विकास-यात्रा मानें तो दृश्यपट पर विकल्प भी उभरेंगे, विकल्पों के साथ अतीत की तस्वीर ही नहीं बदलेगी, भविष्य का रास्ता भी बदलेगा—मनुष्य उन विकल्पों में चुनने और त्यागने का दायित्व भी निबाहेगा। इसीलिए, मनुष्य के सचेत कर्तृत्व में विश्वास रखने वाला मार्क्सवाद नियतिवाद का विरोधी है, और लघुमानववाद मूलतः नियतिवाद है। कहने की ज़रूरत नहीं कि विराट-पूजा, वर्ण विवेचन आदि की तरह यह ऐतिहासिक नियतिवाद भी रूढ़िवादी मनोभूमि की उपज है।

ऐतिहासिक नियतिवाद और अस्तित्ववाद का सम्बन्ध-सूत्र जिस मान्यता से सर्वाधिक स्पष्ट होता है, वह है मनुष्य को विघटित, विभाजित और विवश मानना। साही के अनुसार, एक ओर 'कामायनी' के मनु की 'अपराजेय विवशता' और दूसरी ओर 'गलतफहमी का शिकार बनने के बाद युद्ध, क्रान्ति, विप्लव', फलतः 'जड़ और चेतन के बीच की कड़ी की तरह' मनु टूटकर मूर्छित हो जाते हैं; "उस टूटे हुए आदमी की खोज यहाँ से आरम्भ होती है। वह उस विराट रिक्तता को देखता है जो गहरे कहीं श्रद्धा में भी है और इड़ा में भी और अपने पराजित विश्वजन को भी देखता है।" (पृ. 294) पराजय और विभाजन का बोध इतना गहरा था कि छठे दशक में नयी कविता के आने पर—"आज के साहित्य की मनोभूमि की प्रथम अनुभूति यही है कि अन्तःसत्य और बहिर्सत्य के बीच एक विशाल खाई है जो पाटे नहीं पटती।" (पृ. 267) पक्ष-परिवर्तन करते समय नेमिचन्द जैन ने या 'अन्धायुग' अवतरित करते समय धर्मवीर भारती ने जो अनुभव किया था, वह इससे कहाँ तक अलग है? सभी की मूल दिशा एक थी, मूल आशय समान थे, पदावली भिन्न-भिन्न थी, यह चिन्तन और चुनाव की 'स्वतन्त्रता' थी।

विसर्जनवादी सहयोग

स्पष्ट है कि 'सन्तुलन का नाटक' जैसा स्वाधीन भारत और नयी कविता में खेला जा रहा था, वैसा स्वाधीनता-आन्दोलन और छायावाद में सम्भव न था। इस नाटक में गाँधी-रूपी महामानव और अस्तित्ववादी लघुमानव का, सामन्ती वृत्तियों और साम्राज्यवादी विचारों का, वर्ण-व्यवस्था और समाजवाद का, आधुनिकता और रहस्यवाद का सन्तुलन कायम किया जा रहा था। यह 'सन्तुलन' भारतीय जीवन और समाज

में उतना न था, जितना 'नये' कवियों के उद्देश्य और विश्वास में था। कुल मिलाकर, 'सन्तुलन' के इस नाटक से नवस्वाधीन पूँजीवाद की आत्मनिर्भरता, गुटनिरपेक्षता आदि नीतियों का सामंजस्य बिठाना असम्भव जान पड़ता है। नयी कविता मूलतः समझौतापरस्त पूँजीवाद का सांस्कृतिक दर्पण है। उसमें प्रगतिशील अन्तर्धाराएँ भी थीं, इस बात से इंकार नहीं, किन्तु वह भारत के श्रमजीवियों और किसानों से दूर पूँजीवादी-भूस्वामी वर्गों का मोर्चा थी।

नयी कविता का स्वाभाविक दर्शन अस्तित्ववाद था। वह समाज के लिए निजी दायित्व पर बल देता था। मुक्तिबोध 'आत्मग्रस्तता' को लिए हुए समाज के व्यापक छोर छूते थे। भारती-साही से भिन्न, वे मार्क्सवाद के समर्थक थे। शोषकवर्ग की सर्वशक्तिमान राजसत्ता का दार्शनिक प्रत्युत्तर देने के लिए वे दीन-हीन-असंगठित जनता की ओर से रहस्यवादी स्रोतों को टटोलकर नये-से-नये प्रतीक और वैचारिक घटक लाते थे। इस तरह, मार्क्सवाद के साथ अस्तित्ववाद और रहस्यवाद को मिलाकर वे नयी कविता के भीतर इस बात के लिए 'आत्मसंघर्ष' कर रहे थे कि उसकी निम्नमध्यवर्गीय धारा को प्रगतिशील मोड़ दिया जाय। उन्होंने नयी कविता के उच्चमध्यवर्गीय पक्ष को शीतयुद्ध से जोड़कर लिखा था कि आज़ादी के बाद अवसरवाद, भ्रष्टाचार, स्वार्थपरता की पृष्ठभूमि में पुराने प्रगतिवाद पर ज़ोरदार हमले हुए और नये-नये सिद्धान्त गढ़े गये। वे खुद इन 'नये' सिद्धान्तों के साथ-साथ 'पुराने' प्रगतिवाद से भी लड़ रहे थे। पुराना प्रगतिवाद स्तालिनवादी था, नयी प्रगतिशीलता आग्नेश्का सोनी के देश पोलैंड में फूल-फल रही थी जिसने यूगोस्लाविया के बाद सर्वाधिक अमरीकी सहयोग लेकर समाजवाद-निर्माण का रास्ता अपनाया।

मुक्तिबोध की इस सुलझी हुई सांस्कृतिक दृष्टि का महत्त्व तब किसी ने नहीं पहचाना। उस पर ध्यान गया 1962 में भारत-चीन संघर्ष के बाद। प्र. ले. सं. के विसर्जनवादियों को विधिवत सफलता मिली 1953 में, पर वे 1950 के बाद से ही सक्रिय थे। 1951 में प्र. ले. सं. के समानान्तर बनारस में तरुण लेखक संगठन नामवर सिंह की प्रेरणा से चलता था। लखनऊ-दिल्ली में भी प्रगतिशील लेखकों के सहयोग से ऐसे संगठन सक्रिय थे। 1954 के बाद इन सभी ने नयी कविता का विकास करने और उसे प्रगतिशील विषयवस्तु देने में बड़ा परिश्रम किया। इस श्रम-प्रक्रिया में अकस्मात मुक्तिबोध का महत्त्व प्रकट हुआ। 'प्रगतिशील वस्तु और प्रयोगवादी रूप' के सामंजस्य का प्रस्ताव रखने के एक दशक बाद, 1964 में नामवर सिंह ने 'एक साहित्यिक की डायरी' की समीक्षा की, "काफ्का के पाठक मुक्तिबोध में निश्चय ही आधुनिक भावबोध के इस महत्त्वपूर्ण 'अर्थ-स्वप्न' का अनुभव किये बिना न रहेंगे।" (**वाद-विवाद-संवाद**, पृ. 14) आगे काफ्काई आधुनिकताबोध ही दोस्तोएव्स्की का 'अंडरग्राउंड मैन' बनकर 'तिलिस्मी खोह' में जा बैठा! (**कविता के नये प्रतिमान**, पृ. 212)

संयोग से काफ्काई आधुनिकता वाली समीक्षा लिखे जाने के बाद और इलाहाबाद की एक गोष्ठी में पढ़े जाने के पहले मुक्तिबोध का देहांत हो गया। ऐसा भावात्मक वातावरण बना कि मुक्तिबोध को नयी कविता में केन्द्रीय स्थान दिलाने का अभियान बड़ा शक्तिशाली हो गया। 1968 में **'कविता के नये प्रतिमान'** ने आधुनिकतावाद की प्रतिष्ठा के लिए मुक्तिबोध को केन्द्र में रखकर 'प्रगति और प्रयोग की कल्पित कगारें' तोड़ गिरायीं। प्रगति और प्रयोग की कगारों को कल्पित मानकर तोड़ा इसलिए गया कि नयी कविता में अस्तित्ववादी और गैर-अस्तित्ववादी काव्य-प्रवृत्तियों के बीच सामंजस्य स्थापित हो सके। इन प्रयासों पर किसी अस्तित्ववादी को आपत्ति न हो सकती थी। दिलचस्प बात है कि मुक्तिबोध-साही-नामवर सिंह के रामविलास शर्मा-विरोधी उत्साह में ग़ज़ब की समानता है।

साही ने छायावादी 'शिशु-आस्था' के विपरीत उत्तरछायावादी 'सहज मानव' से नयी कविता के 'लघुमानव' को जोड़ा। प्रगतिवादी रामविलास शर्मा से लेकर अकवि श्याम परमार सक जो लोग नयी कविता को उत्तर-छायावादी भावबोध की अगली कड़ी मानते हैं, वे वस्तुतः साही की स्थापना को उचित महत्त्व देते हैं। सर्वोचित महत्त्व नामवर सिंह देते हैं हालाँकि **कविता के नये प्रतिमान** में छायावाद-विरोधी जोश के चलते 'मस्ती और फक्कड़पन' की उत्तर-छायावादी विशेषताओं पर उनका ध्यान वैसा न गया था। इन कसौटियों पर मध्ययुग से आधुनिकयुग तक की साहित्य-परम्परा का मूल्यांकन करके **दूसरी परम्परा की खोज** में उन्होंने यह कमी पूरी कर दी है।

नयी कविता विचार के धरातल पर प्रधानतः अस्तित्ववाद से प्रभावित थी—विवादी स्वर उसमें मौजूद थे; भावबोध में यह उत्तर-छायावाद से बँधी थी—यथार्थवादी अन्तर्धाराएँ क्षीण रूप में उससे टकराती रहती थीं। इन गौण प्रवृत्तियों से नयी कविता का विकास निर्धारित न होता था। फलतः आगे चलकर वह शीतयुद्ध की साम्राज्यवादी रणनीति से सीधे-सीधे जुड़ गयी। मुक्तिबोध का सकारात्मक पक्ष यह था कि अपनी वैचारिक भ्रांतियों और असंगतियों के बावजूद वे शीतयुद्ध के प्रति यथाशक्ति समझौताहीन रुख अपनाते रहे। उनकी चिन्तनधारा मोटे तौर पर नेहरू के इर्द-गिर्द घूमती थी—मुस्लिम लीग से समझौता करके माउंटबेटन योजना क्रियान्वित करने वाले नेहरू नहीं, समाजवाद के प्रति हमदर्दी रखने वाले प्रगतिशील भारत के स्वप्नद्रष्टा नेहरू। मुक्तिबोध के मित्र साही की चिन्तनधारा नेहरू की प्रगतिशीलता का निषेध करती थी, वह गाँधी की भी क्रान्तिकारी भूमिका नज़रंदाज करती थी; किन्तु 'समाजवादी' राजनीतिज्ञों की भाँति नेहरू के मुकाबले गाँधीवाद से तालमेल बिठाती थी। नेहरू के लिए पूँजीवाद के साथ उत्पन्न वैज्ञानिक मिज़ाज का अत्यधिक महत्त्व था, गाँधी के लिए 'रघुपति राघव राजा राम' वाली भारतीयता का; नेहरू आत्मनिर्भरता और गुटनिरपेक्षता के समर्थक थे, गाँधी कुटीर उद्योग और

खुदमुख़्तारी के। क्या इसे सिर्फ संयोग कहेंगे कि अमरीकी संस्थाओं की मदद से चलने वाले जितने प्रतिष्ठान गाँधी का उपयोग करते हैं, उतने किसी और स्वाधीनता सेनानी का नहीं? गाँधी का नाम लेकर साम्राज्यवाद की सेवा करना 'समाजवादियों' की रणनीति का महत्त्वपूर्ण अंश था।

आज इस अवसरवादी संस्कृति के फूलने-फलने का नया चरण है। 'पेरेस्त्रोइका' के शुभारम्भ के बाद दोबारा प्रतिक्रियावादियों और प्रगतिशीलों का मिलन-बिन्दु गाँधीवाद बन रहा हे। गोर्वाच्योव के लिए विश्वशान्ति 'अहिंसा' में बदल गयी है और अमरीका से सम्बन्ध बढ़ाने की उतावली में वे न सिर्फ राष्ट्रीय हितों की बलि दे रहे हैं, बल्कि सर्वहारा वर्ग की उपलब्धियों को ठुकराते हुए 1991 के आरम्भ से बाज़ार-अर्थतन्त्र के निर्माण की भव्ययोजना भी प्रस्तुत कर रहे हैं। विश्वराजनीति के मंच पर सन्तुलन का जो नाटक खेला जा रहा है, उससे कोई देश अछूता नहीं है। हमारे देश के बुद्धिजीवियों में पेरस्त्रोइका के जितने पक्षधर हैं, उनके लिए नेहरूवाद की अपेक्षा गाँधीवाद अधिक प्रासंगिक होता जा रहा है। प्रगति-प्रयोग की सारी कल्पनाएँ ध्वस्त हो रही हैं; इतिहाकसारों में 'मार्क्सवादी' इरफ़ान हबीब से लेकर प्रतिक्रियावादी सुधीर चन्द्र तक, साहित्यकारों में पुरानी पीढ़ी के नामवर सिंह से लेकर लक्ष्मीकांत वर्मा तक और नयी पीढ़ी में उदयप्रकाश से लेकर नन्दकिशोर आचार्य तक, सभी के लिए अकस्मात गाँधीवाद की प्रासंगिकता उजागर हो उठी है।

नयी कविता का केन्द्र तीर्थराज इलाहाबाद था। पावन संगम-भूमि। पिछले दिनों यहाँ सन्तुलन के नाटक वाला जोश ऐसा उमड़ा कि 'जनवादी' कथाकार मार्कण्डेय, शेखर जोशी, दूधनाथ सिंह वगैरह 'कविता की वापसी' वाले अशोक वाजपेयी के स्वागत में मालाएँ लिए दौड़ गये! (कहुँ पट, कहुँ निषंग, कहुँ तीरा!) इससे पहले इसी गुट ने इलाहाबाद में नामवर सिंह की जी भर प्रतिष्ठा की थी। इस तरह, 'प्रगतिशील' आन्दोलन के जे. एन. यू. गुट से लेकर 'जनवादी' आन्दोलन के इलाहाबाद गुट तक अवसरवाद की जो आँधी बह रही है, उससे उड़े हुए तिनके साहित्य गगन में यहाँ-वहाँ दिखायी देते हैं। यह बात ध्यान खींचे बिना नहीं रहती कि खुद को नेहरूवाद के वैज्ञानिक और प्रगतिशील पक्ष से जोड़ने वाले यथार्थवादी कथाकार अमरकांत पहले की तरह अब भी अवसरवादी होड़ से अलग बने हुए हैं।

इतिहास खुद को दुहराता है या नहीं, पर उसके सूत्र आपस में जुड़े रहते हैं। नयी कविता के अधिकांश कवि–शमशेर जैसे अपवादों को छोड़कर–अस्तित्ववाद से प्रभावित थे। अस्तित्ववाद खुद कोई व्यवस्थित विचारधारा न थी। नीत्शे से सार्त्र तक उसमें अनेक परस्पर विरोधी रुझान अन्तर्निहित हैं। नयी कविता के दौर में राजनीति और साहित्य के भीतर जो 'सन्तुलन' विकसित हुए वे न तो अराजकतावाद को मर्यादित करते थे और न ही देश की जनता या बुद्धिजीवियों में बढ़ते हुए असन्तोष

का समाधान प्रस्तुत करते थे। अस्तित्ववादी प्रभाव ने व्यक्तित्व को अन्तर्मुखी बताकर परिवेश से काट दिया, फिर आन्तरिक ऊहापोह में, मन की दुर्बलता, घुटन, पराजय में ही जीवन-सत्य की प्रतिष्ठा करके समाज विरोधी परिणति का द्वार खोल दिया। नये कवि का भाववादी मन निगूढ़, कुंठित वृत्तियों से त्रस्त होकर अध्यात्म और रहस्य की शरण में गया–'आँगन के पार द्वार'। स्वयं मुक्तिबोध मार्क्सवाद की सीमाएँ लाँघते चले गये–"वे मार्क्सवाद के साथ रहस्यवाद के समन्वय का प्रयत्न नहीं करते बल्कि मार्क्सवादी जीवन-दृष्टि के सहारे उन दोनों की सीमाओं का अतिक्रमण करते हैं।" (**कविता के नये प्रतिमान,** पृ. 259) दोनों की सीमाएँ–अर्थात् रहस्यवाद की ही नहीं, मार्क्सवाद की भी! सीमा लाँघ कर वे कहाँ पहुँचे?

अकविता की मनोभूमि

अस्तित्ववाद ने सामाजिकता के लिए निजी दायित्व की जो आन्तरिक, भाववादी कसौटी प्रदान की थी, उसकी परिणति घोर व्यक्तिवाद में ही हो सकती थी। 'नयी कविता' की व्यक्तिवादी धारा में जो आन्तरिक टकराहटें, क्षुद्रतापूर्ण 'सिद्धान्तवादी' बहसें सुनाई पड़ती हैं, वे इस बात का उदाहरण हैं कि चरम व्यक्तिवाद आत्मनिषेध की राह पर जाता है। हत्या से उपजकर आत्महत्या की ओर बढ़ना सारे पूँजीवादी दर्शन और काव्य की विशेषता है। श्रीकान्त वर्मा ने उस दौर की सारी खूबियाँ भर कर यह काव्यशास्त्र दिया था–

"मैं बकता वही हूँ/कविताएँ/ईजाद करता हूँ/गाली/फिर उसे बुदबुदाता हूँ।"

अकविता की भावभूमि यही है। कहने को तो अकवियों ने सारी पूर्ववर्ती काव्य परम्परा का, खासकर नयी कविता का, तीखा विरोध किया, किन्तु यह वैसा ही था जैसे पुत्र अपने पिता से बिगड़कर गाली बके। डॉ. चंचल चौहान ने उचित कहा है कि अकविता की संवेदना नयी कविता की "लगभग अन्तिम हासोन्मुख परिणति थी।" (**जनवादी समीक्षा,** पृ. 176) अकविता को नयी कविता से जोड़ने का काम **काफी स्पष्ट शब्दों में** खुद डॉ. श्याम परमार ने भी किया है, "तथाकथित नयी कविता जहाँ 'अकविता' की स्थिति से विलग होती है उस बिन्दु को पिन पाइंट नहीं किया जा सकता।" (**अकविता और कला सन्दर्भ,** पृ. 10-11)

जैसे नयी कविता की परिणति श्रीकांत वर्मा में झलकती थी और उनकी विशेषता थी "आस्था और विश्वास, साहस और संकल्प, आशा और उत्साह की बातें करने के बाद जीवन की निरुद्देश्यता, संकल्पहीनता और अनास्था का राग" अलापना (डॉ. रामविलास शर्मा, **नयी कविता और अस्तित्ववाद,** पृ. 27); वैसे ही अकविता की भावभूमि का सबसे व्यापक प्रतिनिधित्व राजकमल चौधरी करते थे और उनकी विशेषता थी यथार्थ को दो रूपों में देखना और दिखाना, दोनों रूप उनके ही उस

व्यक्ति को उद्घाटित करते हैं, जो अपने एक रूप में जीना तो चाहता है, मगर दूसरे रूप में सबका सब कुछ विध्वंस देखना चाहता है।.यह दोनों रूप वर्तमान के सम्पूर्ण विघटन से ही प्रेरित होकर विस्फोट हुए हैं। (केदनारनाथ अग्रवाल, 'लहर' राजकमल मूल्यांकन अंक, दिसम्बर (1967)—जनवरी 1968, पृ. 64)

सच पूछा जाय तो अकविता के आसपास उपजी सभी काव्य-प्रवृत्तियाँ कमोवेश एक ही संवेदनात्मक भावभूमि के इर्द-गिर्द घूमती हैं। एक तीखी दिशाहीन छटपटाहट, अन्ध-आवेश उस दौर की मानसिकता का लक्षण है जिस दौर में अकविता, भूखी-नंगी-अभिशप्त-विक्षिप्त पीढ़ियाँ, नवगीत और 'गुरिल्ला कविता' का जन्म हुआ। ('गुरिल्ला कविता' नाम डॉ. विश्वम्भरनाथ उपाध्याय का दिया है; जिसे लेकर वे आग्रहशील हैं—दे. **समकालीन कविता की भूमिका**, सं—वि. ना. उपाध्याय, मंजुल उपाध्याय, मैकमिलन, पृ. 24) ऐसा लगता है मानो भीतर की जलधारा ऊपर के शिलाखंड को भेदकर निकलने में असमर्थ हो गयी है, और भीतर ही उमड़-घुमड़कर विनाश का दृश्य रच रही है। इसीलिए 'मुक्ति-प्रसंग' वास्तव में मृत्यु प्रसंग बन जाता है।

राजकमल उस दौर का प्रतिनिधित्व करते हैं, इसका यह मतलब नहीं कि सभी कवि उनकी तरह बेचैनी और अकुलाहट से भरे हैं। अधिकांश कवि नपुंसक व्याकुलता में कैसे प्रतीत होते हैं—गगन भेदी उबाल के भीतर असहाय, खोखले और अकर्मण्य; राजकमल में विध्वंस की ही सही, बड़ी उत्कट शक्ति भरी हुई है। अन्य कवि रघुवीर सहाय की 'नारी बेचारी है...अन्त में चित है' वाली रमणीय साधना में डूबे रहे, राजकमल भविष्य का कोई चित्र न होते हुए भी वर्तमान को ध्वस्त करते रहे। कैलाश बाजपेयी की यह आत्स्वीकृति अधिकतर अकवियों पर बड़ी सटीक लागू होती है—

दरअसल हम बहुत बड़े ढोंगी थे/अपने ज़माने के
नफ़रत भी करते थे सत्ता से/कायल थे/पूँछ भी हिलाने के।

लेकिन राजकमल की बेचैनी और अकुलाहट एक ऐसी खोज भरी प्रक्रिया बन गयी, जिसमें उस दौर के तीखे अन्तर्विरोधों, अन्धवृत्तियों और विकास के सूत्रों को प्रतिबिंबित होते हुए देखा जा सकता है। अकारण नहीं है कि कम्युनिस्टों की गाली देने के 'धर्म' से शुरू करके राजकमल ने अन्त किया बिहार की कम्युनिस्ट पार्टी की सदस्यता के लिए आवेदन करने के बाद।

राजकमल की यह परिणति यथार्थ के साथ उनकी भाव प्रक्रिया के गहन सम्बन्ध का आभास देती है, जबकि अकविता प्रधानतः नयी कविता की भाववादी परिपाटी से अलग नहीं हटी। डॉ. श्याम परमार की स्थापना है, "अकविता वास्तविक कविता की प्रतीति है, क्योंकि उसकी दृष्टि का वास्तविक सत्य प्रगट सत्य से भिन्न है।" **अकविता और कला सन्दर्भ**, पृ. 25) वास्तविक सत्य प्रकट सत्य से अलग है, आत्मगत

है। **'निषेध'** (सं. जगदीश चतुर्वेदी) की समीक्षा करते हुए डॉ. हरीश पाठक ने इसकी पुष्टि की "ये कवि निषेध की मुद्रा में अपने संकट बोध को वास्तव का जामा पहना रहे हैं।" (**आधुनिक हिन्दी कविता,** सं.–जगदीश चतुर्वेदी, मैकमिलन, पृ. 172) 'वास्तव' का बोध नहीं, 'बोध' को वास्तव का जामा पहनाना! यह यथार्थ और बोध का द्वन्द्वात्मक सम्बन्ध न होकर भाववादी सम्बन्ध है। इसीलिए माँ-बहन-पत्नी-वेश्या में (वास्तविक) अन्तर तो है, पर 'इतिहास हंता' को वह 'दिखता' नहीं!

अपने इसी 'बोध' को वास्तव का जामा पहनाने के लिए वह आकाश-पाताल एक कर देता है। कोई किसी के 'कन्धे, बाल और सतीत्व द्वार' छीनकर 'एक नया शरीर, एक नयी गन्ध' खोजने चल पड़ता है (जगदीश चतुर्वेदी), तो कोई रुककर 'बलात्कार' के दिनों का 'तमाशा' देखने लगता है (चन्द्रकांत देवताले)। कुछ अकवयित्रियाँ यौन-शोषण को प्रोत्साहित करने में नारी-मुक्ति की चरितार्थता समझती हैं–'काँपती टाँगों के बीच दंशित झाड़ियों ने ढँक लिया है सारे देश को।' (मोना गुलाटी) उनकी मूल्यहीन चेतना अकवियों के सामन्ती मिज़ाज की आधुनिकता को पश्चिमी रंगत देती है! राजकमल की खूबी यह है, जैसा शिवकुटीलाल वर्मा ने लिखा है कि 'मुक्ति प्रसंग' में देह की राजनीति से लेकर मानसिक और नैतिक मूल्यों की राजनीति तक, सबकी चर्चा है। (**लहर,** पृ. 73) लोकतन्त्र के पूँजीवादी स्वरूप से लेकर अणुबम और यन्त्रीकरण की संस्कृति तक, एक विशेष प्रवृत्ति पर राजकमल के व्यंग्य-बाण सधे हैं। इसीलिए उनकी बेचैनी अभिव्यक्ति की एक सामाजिक भूमिका और दिशा खोजने में सक्रिय है, जब कि अधिकांश अकवि "किसी भी कुंठित और ग्रस्त सामाजिक विचारधारा में विश्वास नहीं" रखते (**प्रारम्भ,** सं. जगदीश चतुर्वेदी, भूमिका) यही नहीं, 'कुकुरमुत्ता' में निराला "शोषित शोषक के परे जाकर एक नयी काव्य-व्यवस्था का निर्माण" करते हैं, जहाँ शोषित "कुकुरमुत्ते का खुलकर मज़ाक़ उड़ाना", सम्भव है; यहीं से "कविता में पफक्कड़पन को शुरुआत" होती है। (जगदीश चतुर्वेदी, **आधुनिक हिन्दी कविता,** आलेख पृष्ठ ix-x) निराला का फक्कड़पन संघर्ष की देन था–'मरण को जिसने वरा है, उसी ने जीवन भरा है।' अकवि जीवन को सार्थक बनाने की चिन्ता नहीं करते। इसलिए "जल्द-जल्द पैर बढ़ाओ, आओ, आओ!" जैसा आह्वान करने की जगह वे शोषकों के साथ-साथ शोषितों का भी तिरस्कार करते हैं और विकृतियों को व्यवहार में उतार कर निरर्थकता का विस्तार करते हैं।

अकविता की यह प्रवृत्ति बहुत कुछ उनके सामाजिक परिवेश पर आधारित है। गोविन्दराय ने (**'अकविता'** : 1967 में "22 22 शब्द") शीर्षक अपने सम्पादकीय में 1959 की घटनाओं को "अकविता के जन्म के लिए पूरी-पूरी तरह ज़िम्मेदार" ठहराया है। (पृ. 19) उस 'अस्पष्ट राजनीतिक स्थिति' में अकवि तटस्थ बने रहे क्योंकि "अधिकांश अकविता वाले शासकीय सेवाओं में हैं।" (पृ. 21) उन्नतिशील

औद्योगिक समाज और वैज्ञानिक प्रगति ने बोध कराया कि "आदमी अपनी सुविधाओं की समस्त चीज़ें स्वयं निर्मित करता है और हर साधन-सम्पन्न लोगों की उपलब्धियाँ—समाज की इस खाई में गिर पड़ने का त्रास अकविता में है।" उनमें इस खाई में निकल पाने का न तो आत्मविश्वास है और न संकल्प। अनियंत्रित भोगवाद इसी मानसिकता की उपज है।

केदारनाथ अग्रवाल ने 'मुक्ति प्रसंग' के सन्दर्भ में एक बड़ी मूल्यवान बात कही है, "परिवेश का बदलना विध्वंस से भी होता है। लेकिन विध्वंस का सहारा वही व्यक्ति लेता है, जो अपने परिवेश पर काबू पाने में असमर्थ होता है।" (**लहर**, पृ. 65)

परिवेश पर काबू पाने की असमर्थता, राजनीतिक तटस्थता (और दिशाहीनता), विद्रोह और संकट-बोध की अनिर्दिष्टता—स्वाधीन भारत में शिक्षित मध्य वर्ग की ये सांस्कृतिक उपलब्धियाँ थीं। 'नवनिर्माण' की लहर में समाजवादी भारत का सपना बिखर गया था, जनता को प्रेरित करने वाला कोई लक्ष्य देश के आगे न था। समाज के भीतर वर्गों की, क्षेत्रों और गाँव-शहर की खाई चौड़ी हो रही थी। एक तरफ पूँजी, राजनीति और प्रशासन की शक्ति का केन्द्रीकरण, दूसरी तरफ तबाही, भुखमरी, बेकारी से त्रस्त किसान, श्रमिक और मध्यवर्गीय लोग-बाग। पड़ोसी देशों के साथ सशस्त्र तनाव के कारण संकट और असन्तोष में बढ़ोतरी ही हुई। टूटता बिखरता वामपन्थी आन्दोलन जनता को संगठित करने और क्रान्तिकारी नेतृत्व देने में असमर्थ-प्राय था। इस परिस्थिति में सारी घुटन, वेदना, असन्तोष को वाणी दी छात्र-संघर्ष ने, जो बहुत कुछ स्वतःस्फूर्त दिखता था; छात्रों के पास कोई वैकल्पिक जनवादी कार्यक्रम न था। असन्तोष की अभिव्यक्ति सकारात्मक थी; पर नेतृत्व और दिशा से रहित भी थी।

साठोत्तरी काव्य-प्रवृत्तियाँ—अकविता, विद्रोही कविता और नवगीत—पूँजीवादी समाज का दिशाहीन विरोध करती हैं; उनमें संकट-बोध तीव्र है किन्तु विकल्प अत्यन्त अस्पष्ट। विकल्प की अस्पष्टता वर्तमान-बोध को अस्पष्ट और विकृत करती है। इस दौर की सभी प्रवृत्तियों में भावी समाज की ही नहीं, वर्तमान शत्रु की भी पहचान नहीं है। अकविता में "व्यवस्था की भयावहता के बीच अजनबी लोगों से लड़ने की तैयारी करती हुई कुछ लोगों की दुनिया है।" (डॉ. हरीश पाठक, **आधुनिक हिन्दी कविता**, पृ. 172; 'निषेध' की समीक्षा) विद्रोही या गुरिल्ला कविता में 'एक अति-अतिरंजित आवेश' है जो 'राजनीतिक मोर्चा' तो बाँधता है, पर उसका "लक्ष्य कोई ठोस शत्रु नहीं है; न केवल कोई एक 'व्यवस्था' है।" (विजय मोहन सिंह, उप. पृ. 126; 'संसद के सड़क तक' की समीक्षा) नवगीत का जुझारूपन भी "अनपेक्षित के प्रति" ही है जो उसे बाकी दोनों धाराओं से जोड़ देता है। (माहेश्वर तिवारी, **'नवभारत'** रायपुर 6.3.1975)

साठोत्तरी काव्य-प्रवृत्तियों का दिशाहीन "विद्रोह" अपने पलायनवादी स्वभाव और चिढ़े हुए आक्रोश की मुद्रा में वस्तुतः सामन्ती मनोवृत्ति का द्योतक है। स्वाधीन भारत के शासकों ने जन संघर्षों के मुकाबले सामन्त वर्ग को प्रश्रय देना—1947 में पहले जूनागढ़ के राजा के खिलाफ फिर हैदराबाद के निजाम के खिलाफ जन संघर्षों को कुचलना—और पूँजीवादी हितों के मुकाबले संगठित सामन्तवाद को कमज़ोर करना—पहले ज़मींदारी उन्मूलन, फिर राजाओं के प्रिवीपर्स का अन्त करना, अपनी नीति का लक्ष्य बनाना। इस दोमुँहेपन का कारण था सामन्तवाद के संस्थागत रूप पर चोट करके उसे पूँजीवाद की सेवा में लगाना। इसीलिए भूमि सुधार कानून कभी लागू न किये गये; बारम्बार सामन्तवाद से समझौता करके उसे पुनर्जीवन दिया गया। सन् साठ के आस-पास से उभरने वाले जन असन्तोष को सकारात्मक अन्तर्वस्तु प्रदान करने वाली जनवादी शक्तियों की कमज़ोरी का सबसे अधिक फायदा इन्हीं सामन्ती शक्तियों ने उठाया। 1967 की संविद सरकारों में राजा-रजवाड़ों की स्वतन्त्र पार्टी और हिन्दू सम्प्रदायवाद का प्रवक्ता भारतीय जनसंघ साथ-साथ थे। समाजवादी और कम्युनिष्ट आन्दोलन की कुछ शाखाएँ भी इस गठबन्धन में शामिल हो गयी थीं। प्रतिक्रियावादी शक्तियों से वामपक्ष के राजनीतिक गठजोड़ ने जनता को विभ्रम से निकलने में मदद नहीं पहुँचायी।

अकविता की विधिवत् शुरुआत जगदीश चतुर्वेदी द्वारा सम्पादित 'प्रारम्भ' (1963) से मानी जाती है। 'प्रारम्भ' के 14 में से एक भी कवि महानगर में न जन्मा था। लेकिन दस अकेले दिल्ली गें आ बसे थे। पूँजीवादी संकट-बोध से उत्पन्न मनोवृत्तियों ने उसे 'इतिहासहंता' बनाया, उसके विक्षोभ की आत्मघाती दिशाहीनता ने मरणासन्न संस्कारों को पुनर्जागृत किया। औद्योगिक विकास, शहरी सभ्यता, शोषित जनसाधारण और स्त्री के सम्मान के प्रश्नों पर अकवियों का रुख सामन्ती अहम्मन्यता से भरा हुआ है।

गुरिल्ला कविता और नवगीत

अकविता के अराजक गर्भ से विद्रोही या नक्सलवादी कविता का प्रादुर्भाव हुआ। उक्त सभी प्रश्नों पर उसका रुख भी अकविता से भिन्न नहीं है। धूमिल के सम्बन्ध में विजय मोहन सिंह ने ठीक लक्ष्य किया था कि समकालीन राजनीति के प्रति आवेश, आसपास के मानव-समुदाय के प्रति घृणा और स्त्री के प्रति आक्रामकता के मामले में धूमिल का दृष्टिकोण "एक सामन्तवादी संवेदना की उपज है' (**आधुनिक हिन्दी कविता,** पृ. 139) यह बात आज़मा कर देखी जा सकती है कि अधिकांश नक्सलवादी कवि सिर्फ़ अपने दृष्टिकोण में नहीं, सामाजिक आधार में भी सामन्त वर्ग से सम्बन्धित हैं। हिन्दी के अलाया, तेलुगू के नक्सलवादी कवि वरवरराव, जो

'भूखी' या 'नंगी' पीढ़ी के समानधर्मा 'दिगम्बर कवलु' (1965) में शामिल थे, ''एक सामन्त परिवार में पैदा हुए,'' ''जिसने राष्ट्रीय आन्दोलन के दौरान समाज सुधार के मूल्य सीख लिए थे।'' (**जनसत्ता,** 22.4.90) नक्सलवादी प्रभाव के पारस से सुधारवादी चेतना क्रान्तिधर्मी हो उठी!

गुरिल्ला कवियों की थोड़ी-बहुत भूमिका इस बात में है कि भविष्य के प्रति वे वैसे निराशा प्रेमी नहीं हैं, जैसे अकवि हैं। **'निषेध'** में संकलित दो कवियों के उदाहरण से यह अन्तर साफ हो जायेगा। मुद्राराक्षस के लिए 'पाँच हज़ार बरस' की साधना के बाद बड़ी मुश्किल से अँधेरा आया, ''अँधेरे के बाद/और कुछ नहीं आया'', लेकिन इस अँधेरे में छटपटाते हुए कुमार विकल पूछते हैं—

''जाऊँ/तो किस आग की नदी के पास जाऊँ/
कौन-सा सूर्य-द्वार खटखटाऊँ।''

अराजक विद्रोह के बीच से उभरता यह स्वर हिन्दी कविता के जनवादी विकास की पृष्ठभूमि रखने में योगदान करता है। अकविता से जनवादी कविता तक विकास करने वाले समर्थ कवि हैं इब्वार रब्बी।

इस बात से आश्चर्य न होना चाहिए कि सामन्ती भावभूमि पर आसीन सभी गुरिल्ला और अकवि अमरीकी यूरोपीय जीवन चर्या से उद्भूत हिप्पियों, क्रोधियों से, वीटनिकों के आदर्श से आकृष्ट होते हैं। दुनिया भर की लूट पर टिके शक्तिशाली साम्राज्यवाद की आन्तरिक व्यवस्था में अपनी कोई प्रभावकारी भूमिका न पाकर जो युवक 'विद्रोही' बन रहे थे, 'व्यवस्था' का तिरस्कार करते-करते प्रेम से लेकर नशाखोरी तक इतने 'उन्मुक्त' हो गये कि व्यवस्था को इनसे कोई भय नहीं रह गया था। वे उस व्यवस्था को ही औचित्य प्रदान करते थे इसलिए उससे संरक्षण पाते थे। हिन्दी के विक्षुब्ध कवियों का व्यवस्था-विरोध भी ऐसा ही था। पूँजीवादी विकास के दबाव से अपना परम्परागत रूप छोड़ने के लिए बाध्य सामन्ती शक्तियों की ऐतिहासिक नियति उन्हें भी (ऊपरी रंग-ढंग में) इसी तरह के 'सांस्कृतिक' आचरण की ओर ढेलती थी। उन्हें अपने आदर्श साम्राज्यवादी देशों की उच्छिष्ट प्रवृत्तियों में ही मिल सकते थे।

आन्दोलन के रूप में नवगीत की भूमिका को इसी सन्दर्भ में ठीक-ठीक समझा जा सकता है। नवगीत का प्रथम संकेत 1958 में **'गीतांगिनी'** (सं. राजेन्द्र प्रसाद सिंह) के प्रकाशन से मिला; उसकी व्यवस्थित स्थापना **'कविता–'64'** (सं. ओम प्रभाकर) से हुई। लोकप्रियता, सम्प्रेषण, परम्परा से जुड़ाव, ग्राम्यांचलों की जनता के दुःख-दर्द आदि को लेकर नवगीत का आग्रह विक्षुब्ध काव्य का प्रतिवाद करता-सा लगता है। अनेक समानताओं के रहते हुए भी साठोत्तरी कविता के अन्य रुझानों से नवगीत का अन्तर इस बात में है कि उसने मनुष्य की साधारण संवेदनाओं को न तो कुंठित किया और न इतना उत्तेजित कि वह निष्क्रिय हो जाय। नवगीत के

संवेदनात्मक आग्रह अक्सर विकृत भावुकता से प्रभावित होते हैं, किन्तु उसका एक बढ़ा भाग मनुष्य के सहज और आदिम संवेगों को लेकर चलता है। इसलिए उसके अन्तर्विरोधों का स्वरूप भी अलग है। माहेश्वर तिवारी का गीत है—

धूप में जब भी जले हैं पाँव, घर की याद आयी।

रमेश रंजक ने इस कोमल-भावुक संवेदना का प्रतिवाद किया—

धूप में जब भी जले हैं पाँव, सीना तन गया है
और आदमकद हमारा जिस्म लोहा बन गया है।

वही कारण है कि विक्षुब्ध विद्रोही कविता की अपेक्षा नवगीतकारों ने कमोवेश अधिक सजगता के साथ जनवादी भावधारा को हृदयंगम किया। उसके विकास की सीमाएँ बहुत कुछ विधागत हैं और बहुत कुछ परिस्थितिगत।

सत्तर के बाद देश की राजनीति में एक सचेत हलचल शुरू हुई। संकटग्रस्त पूँजीवाद को नवजीवन देने के प्रश्न पर कांग्रेस विभाजित हो चुकी थी; इन्दिरा गाँधी के नेतृत्व में एक दल प्रगतिशील नारों के साथ आगे आया। प्रगतिवादी कवि नागार्जुन ने अपने दीर्घ अनुभव के आलोक में उसे 'जनयुग की सतरंगी छलना' कहकर सही स्थिति प्रकट की। बंगाल में बाममोर्चे की चुनौती ने जनता की हताशा को एक आशावादी सम्बल प्रदान किया। प्रगतिशीलता का आडम्बर छोड़कर इन्दिरा सरकार ने भयंकर दमन चक्र चलाया, और प्रतिक्रियावादी शक्तियों ने सम्पूर्ण क्रान्ति का मंच गठित किया। राजनीतिक हलचल ने जनता के बड़े भाग को सक्रिय कर दिया। इस दौर में हिन्दी कविता एक नये जनवादी तेवर के साथ उभरी और लम्बी गुमनामी के बाद प्रगतिशील कवियों के संघर्षमय स्वर पर जनमानस का ध्यान गया।

आपातकालीन अनुभवों ने तरुण कवियों की मुखर अभिव्यक्ति को सांकेतिकता की ओर मोड़ा। प्रकृति के सुन्दर, कोमल प्रतीकों की, जीवन के अबोध, निरीह पक्षों की बाढ़-सी आ गयी। शुरू-शुरू में कलात्मक प्रयोगों की एकरूपता के भीतर जनवादी और जनवाद विरोधी आधारों को अलगाने का प्रयास बहुत बुद्धिमत्तापूर्ण नहीं माना गया। कुलीनतावादी ही नहीं, मार्क्सवादी चिन्तक भी अभिव्यक्ति भंगिमा के स्वागत में वैचारिक अन्तर्विरोध भूल गये। कला ने परिवर्तन की ज्योति धुँधली कर दी।

नये अन्तर्द्वन्द्व

सन् 1980 में 'भक्तिन का बाना' पहनकर श्रीमती इन्दिरा गाँधी की वापसी और छायावादी उपमानों से सज-सँवरकर 'कविता की वापसी' लगभग साथ-साथ हुई। सामाजिक जीवन के अन्तविरोधों और वर्ग-संघर्ष की अभिव्यक्तियों के फलस्वरूप काव्य-प्रतीकों पर टिकी एकता स्थायी न हो सकती थी। कुलीनतावादी और जनवादी प्रवृत्तियों का अन्तर जल्दी ही समझ में आने लगा। नया जनवादी आन्दोलन उन

कवियों से प्रेरणा लेकर उभरा जो प्रयोगवाद-नयी कविता के दौर में भी अपने पाँव मज़बूती से जनता के बीच जमाये हुए थे। राजेश जोशी ने केदारनाथ अग्रवाल की 'दुरूह सहजता' को अपने कविकर्म के लिए चुनौती माना और अरुण कमल ने नागार्जुन की यथार्थवादी काव्य-आत्मा से तारतम्य जोड़ा। केदार-नागार्जुन-त्रिलोचन जैसे कवि हिन्दी की मुख्यधारा के लिए सहसा प्रासंगिक हो गये।

अशोक वाजपेयी ने सरकारी संरक्षण में और विदेशी सहायता से काव्य और कलाओं के उद्धार का बहुत बड़ा अभियान संगठित किया। उन्होंने 'कविता की वापसी' को नयी कविता के अधूरे कार्य पूरे करने की चेष्टा से जोड़ा। (**पूर्वग्रह**—39-40, 1980) उनकी प्रेरणा से गद्य-पद्य की जो धारा बही, उससे फिर सिद्ध हुआ कि वर्ग विभक्त समाज की सांस्कृतिक प्रक्रियाओं के चलते मृत्यु और देह का अकवितावादी राग मरा नहीं है; ह्रासोन्मुख वर्गों के लेखक उसे अपनी आत्मा में जिलाये हुए हैं। उनकी आत्मा का नवीनतम दर्पण 'तत्पुरुष' है। यह पुरुष कहीं मृत्यु की 'दस्तक' सुनता है—हरी पत्ती, सन्तों और अजन्मे दोहे आदि के बाद अन्त में (दरवाजे पर दस्तक) नीरव मृत्यु की (पृ. 12); और कहीं 'मृत्यु की ओर' खिसकते हुए सोचता है—'एक अदृश्य जाल में समेटकर ले जाता है काल/सबको/पर कोई/उसकी ओर जाता नहीं है' (पृ. 79)। न चाहते हुए भी मृत्यु की दारुण सच्चाई देहराग की ओर प्रेरित करती है। कहीं भुजाएँ उठाकर जंघाएँ तोड़ते, उरोजों से कुसुमित होते हुए 'पत्थर से केलि करता है पत्थर' (पृ. 114-15), कहीं पत्थर पिघल जाता है—'पानी के मन में/उसके तन के/अनेक संस्मरण हैं।' (पृ. 123)

मनुष्य के साथ तो 'केलि के बाद' उदासी और आलस्य में वस्त्र भूल जाने की समस्या है, (पृ. 98) दूसरे जीव और भी प्राकृतिक आनन्द लेते हैं—वनस्पतियों के 'नीचे धीरे-धीरे केलिरत कीड़ों की पंक्तियाँ थीं' (पृ. 117)। कविता में तो प्रतीक-रूपक की बाधाएँ होती है, गद्य में अभिव्यंजना अधिक सीधी रहती है। कृष्ण बलदेव वेद के सद्यः प्रकाशित उपन्यास **'काला-कोलाज'** में मृत्यु और देह के राग और ऊँचे उठ गये हैं। कहीं ऊँचे घर के एक बाथटब (नहाने के टब) में लेटे हुए ताबूत में लेटे होने की अनुभूति होती है (पृ. 290) और कहीं आत्मीय पारिवारिक वातावरण का आभास देते हुए थुलथुल औरत नायक की जाँघ के बीच आटा गूँथती है। (पृ. 193)

मरणराग और देहराग एक-दूसरे में घुल-मिलकर ही आते हैं क्योंकि पतनोन्मुख सभ्यता विकृत भोग में ही अपना त्रास झुठलाती है।

प्रगतिशील साहित्य की भर्त्सना करने में कुलीनतावादी दल का साथ बहुत-से स्वनामधन्य मार्क्सवादी भी देते हैं। उनके प्रभाव में जीने वाली समकालीन कविता का एक प्रभावशाली अंश जनवादी और कुलीनतावादी प्रवृत्तियों के बीच द्विविधाग्रस्त दिखता है। उसकी यह दुविधा नगरीय परिवेश और मध्यवर्गीय जीवन के द्वन्द्व का परिणाम

है। वैचारिक स्तर पर सामाजिक संकट उसे वामपन्थ की ओर ठेलता है और कलात्मक स्तर पर जनसाधारण की वास्तविक जीवन स्थितियों से अपरिचय तकनीक-कौशल की ओर। जनता के जीवन-प्रसंगों से सच्चा परिचय और सहानुभूति न होने से वे अपनी काव्यवस्तु और संवेदनाएँ संचार साधनों से या आंतरिक ऊहापोह से ग्रहण करते हैं। विषयवस्तु अमूर्त और आत्मगत होने से उनकी कविता एक चकाचौंध, एक आश्चर्यलोक में जीती है। काव्यात्मक अन्तर्रचना इस हद तक अनिर्दिष्ट होती है कि केदारनाथ सिंह को अनुभवपूर्वक लिखना पड़ा, ''मेरी कविता का पाठक कहाँ और कौन है, इसे मैं ठीक-ठाक नहीं जानता...। हिन्दी-भाषा समाज में जो एक छोटी-सी दुनिया है, जिसे खूब पढ़े-लिखे लोगों की दुनिया कहते हैं, कहीं वहीं होना चाहिए आज के पाठक को''; वह 'अज्ञातव्य-कुलशील है और हाशिये पर' है, ''कुल मिलाकर वहाँ भी उसकी स्थिति सन्देहों से परे नहीं है।'' पाठक की सत्ता का बोध 'रचना की भाषा और उसके टोन' को निर्धारित करता है। (**सण्डे ऑब्जर्वर,** 10 जून, 1990)

यह बात केदरानाथ सिंह से भी बढ़कर प्रयाग शुक्ल, भगवत, रावत, मंगलेश डबराल, असद ज़ैदी जैसे कवियों पर लागू होती है। श्री सिंह का पाठक, 'किसी जादुई छिद्र से चुपचाप' उनके रचनाकर्म को देखता है; वह कभी-कभी कॉल-बेल बजा देता है या पल भर को ग्रामीण कार्यकर्ता भी बन जाता है। किंतु उनकी बिडम्बना पर सोचिए, जिनका अन्य लोगों से तादात्म्य 'सिर्फ फोन पर सिर्फ दूर ही से सिर्फ दिल्ली में सम्भव है!' (असद ज़ैदी, **पहल-37**) जनता और कवि की दूरी कम करने वाली प्रेरणाएँ अत्यन्त क्षीण हैं इसलिए पाठक अनिर्दिष्ट है। भाषा और टोन ही नहीं, वस्तु और भाव भी पाठक की सत्ता से अनुकूलित होते हैं। समकालीन कविता का यह सम्भावना-युक्त अंश यथार्थपरक संवेदनाओं और प्रत्यक्ष इंन्द्रियबोधों के अभाव में नीरस गद्य में बदलता जा रहा है।

इनसे अलग, कुछ दूसरे कवि हैं जो नये चमत्कार-प्रेम में उलझ गये हैं। देवी प्रसाद मिश्र ने शुरुआत की थी **'आस्था की कविताएँ'** (स.—रमन मिश्र, इलाहाबाद) से, लेकिन जल्द ही उनकी कविता सन्दर्भ-ज्ञान के बोझ से दब गयी। अपनी धर्मनिरपेक्षता और इतिहास ज्ञान का परिचय देते हुए उन्होंने 'मुसलमान' कविता लिखी है जिसमें यह मार्मिक तथ्य उद्‌घाटित किया है कि—

> वे घोड़ों के साथ सोते थे
> और चट्टानों पर वीर्य बिखेर देते थे
> निर्माण के लिए वे बेचैन थे (**आलोचना-91**)

प्रश्न उठता है कि यह कौन सी ऐतिहासिक वस्तु है जो अपनी अभिव्यक्ति के लिए देवी प्रसाद मिश्र को संवेदना में छटपटा रही थी? जनता की वास्तविक ज़मीन छोड़कर जो कवि पुराकथा—इतिहास आदि से शोधपूर्ण तथ्य लाकर काव्य-संगठन

करते हैं, वे इसी प्रकार की निरर्थकता में जा फँसते हैं। दिलचस्प यह है कि बहुत-से बुद्धिजीवी इस प्रलाप को धर्मनिरपेक्षता और कला दोनों का उदाहरण मानते हैं।

सामर्थ्यवान कवियों की विषमगति इस स्वयंस्फूर्ततावादी भ्रम को उजागर कर देती है कि मध्यवर्ग खुद-व-खुद क्रान्तिकारी हो जायेगा। जो मध्यवर्ग 1947 से पहले प्रगतिवाद की ओर और 1953 के बाद नयी कविता की ओर सहज ही खिंच गया, उसका ढुलमुल स्वभाव आज भी बदला नहीं है। सामाजिक संकट या जन आन्दोलन के दबाव से उसमें प्रगतिशील रुझान उत्पन्न होते हैं—1974-75 या 1983-84 के आसपास उभरे स्वर इसका उदाहरण हैं। लेकिन मज़दूर-किसानों के सुदृढ़ मोर्चे के बिना, क्रान्तिकारी नेतृत्व के अभाव में वह खुद ही जनवाद की राह पर आगे न बढ़ता जायेगा। थोड़ी-बहुत गतिविधि और संवेदनशीलता का आभास देने के बाद वह व्यवस्था के भीतर अपनी संगति तलाशने लगता है।

आज उपभोक्तावाद का सर्वाधिक शिकार कौन है? बैंक-बीमा-शेयर बचत के रूप में पूँजीवादी अर्थतन्त्र की लपेट में सर्वाधिक कौन सा वर्ग है? नये-नये उत्पादों का लक्ष्य कौन-सा सामाजिक तबका है? पिछले एक दशक में कपड़ा और चीनी की मिलें बन्द हुई हैं, मारुति और पेप्सी कोला का बाज़ार सरगर्म हुआ है। सारे अर्थतन्त्र की चकाचौंध मध्यवर्ग को खींचने के लिए है। समाज में सबसे अधिक शिक्षित और मुखर होने के नाते मध्यवर्ग जिस पक्ष में होगा, जनचेतना को उसी ओर मोड़ने में महत्त्वपूर्ण भूमिका अदा करेगा। बाज़ारतन्त्र के आंतरिक खोखलेपन को भरने के लिए धर्मवादी और सांप्रदायिक उन्माद का प्रसार—यह सारा मानवीय सन्दर्भ आज देश की राजनीति से लेकर साहित्य-संस्कृति तक प्रकार भेद से देखा जा सकता है।

सामाजिक-सांस्कृतिक जीवन को प्रतिक्रियावाद की ओर मोड़ने में मध्यवर्गी-सुधारवादी राजनीति की भूमिक सबसे ज़्यादा है। एक तरफ नयी आर्थिक नीति और दूसरी तरफ भारतीय 'संस्कृति' का उत्थान, एक तरफ शाहबानो के मामले में तलाक़ के बाद गुज़ारा भत्ता देने के सवाल पर उच्चतम न्यायालय के प्रगतिशील निर्णय को निरस्त करके कठपुतलों के हाथ मज़बूत करने वाला अध्यादेश और दूसरी तरफ दशकों से शान्त पड़े राममन्दिर मुद्दे को पुनर्जीवित करने के लिए अयोध्या में मन्दिर का ताला खुलवाने का निर्देश—ये परस्पर-विरोधी दिखने वाले कार्यकलाप केन्द्र की काँग्रेसी सत्ता के ही हैं। इनके परिणामस्वरूप राजनीति का रुख ही दक्षिणपन्थ की ओर वहीं मुड़ा है, समाज में भी हिंसा और भय का वातावरण बना है। फ़िल्म, टेलीविज़न और साहित्य पर भी इस बदलाव का दबाव परिलक्षित होने लगा है।

इस परिस्थिति में कोई भी नया कवि नागार्जुन-केदार जैसा समर्थ यथार्थवाद लेकर, पूरे देश की जनता से तादात्म्य स्थापित करने की क्षमता के साथ उभरता नहीं दिखता, यह सच है। परंतु सचेत इच्छाशक्ति के साथ इन ऐतिहासिक सीमाओं

से उबरने का प्रयत्न करने वाले जो कवि सृजनरत हैं, उनके संघर्ष का मूल्य घटाकर आँकना अन्याय होगा। आलोक धन्वा की नयी कविताओं में पटना जैसे शहर की नागरिक आत्मीयता और सजीवता के दर्शन होते हैं; अरुण कमल की रचनाएँ राजनीतिक और सामाजिक जीवन के अपराधीकरण के विरुद्ध तीखी घृणा लेकर तथा दुःख झेलते, संघर्ष करते लोगों के प्रति हार्दिक सहानुभूति से भरी हुई सामने आयी हैं; इब्बार-रब्बी न सिर्फ मध्यवर्गीय अनुभवों से साधारण लोगों के दुखों-मुसीबतों का अनुमान करते हैं, बल्कि दूर-दराज़ के लोगों में घुल-मिल कर, प्रत्यक्ष अनुभव द्वारा भी अपनी संवेदना का विस्तार करते हैं; राजेश जोशी के अनुभव, चिन्तन और प्रयोग का दायरा सबसे विस्तृत है, वे अपनी प्रिया के 'सपने में जाने का यात्रा-वृत्तांत' भी लिख सकते हैं और बालश्रमिकों की कठिन दैनिक यात्रा का वृत्तान्त भी। उनके लिए यह सहज सम्भव हुआ कि भोपाल गैस दुर्घटना को विश्वयुद्ध की तैयारी से जोड़कर देख भी सकें और उसे अपनी रचनात्मक युक्ति में रचा-बसा भी सकें।

आस्था के कवियों में देवीप्रसाद के साथी थे बद्री नारायण। वे अपनी काव्य-वस्तु पुस्तकों से या कल्पना से नहीं लाते। इसलिए भावुकता और चकाचौंध का इस्तेमाल भी नहीं करते। केदार जैसी अन्तरंग, आत्मीय अनुभूतियों से सिक्त करके जीवन के मार्मिक अनुभव-प्रसंगों को उपस्थित करते हैं। इसलिए लोकसंस्कृति की शक्ति का उपयोग करते हैं और प्रकृति के साथ-साथ परम्परा का भी समर्थ बोध प्रकट करते हैं।

इन सभी के साथ-साथ अनेक दूसरे कवि भी नयी अनुभूतियाँ लिए हुए काव्यक्षेत्र में सक्रिय हैं। वे न सिर्फ अपनी संवेदनाओं के विस्तार द्वारा, बल्कि विभिन्न स्थानीय रंगों से भी हिन्दी कविता का यथार्थवादी पथ प्रशस्त कर रहे हैं। विनोददास, लीलाधर मंडलोई, ऋतुराज, स्वप्निल श्रीवास्तव, संजय चतुर्वेदी, प्रगति सक्सेना, केशव तिवारी, नासिर अहमद सिकन्दर, श्रीप्रकाश शुक्ल, जितेन्द्र श्रीवास्तव, वसन्त त्रिपाठी, नीलेश रघुवंशी, राजीव सभरवाल, कृष्ण कल्पित, जैसे कवियों में छोटी ही दुनिया भूमिका सही, पर अनुभव की विशिष्टता झलकती है। घनघोर साम्प्रदायिक दहशत, रूढ़िवाद, आतंकवाद से भरी वर्तमान परिस्थितियों में निराशावादी और हताश मनोवृत्तियों के लिए बहुत अधिक अवकाश है। जो कवि सहज मानव-संवेदनाओं से, जनता के यथार्थ जीवन से जिस अनुपात में तारतम्य बनाये हुए हैं, वे उसी अनुपात में जीवित रह सकते हैं—सफ़दर हाशमी या पाश की तरह जीना पड़े तो भी। जो कवि अपनी अन्तर्वृत्तियों को साधे हुए, अपनी सहानुभूति का विस्तार कर रहे हैं, वे विनाशकारी शक्तियों के आक्रामक प्रसार के विरुद्ध अपना स्वर ऊँचा उठा रहे हैं। वे अपने सहधर्मियों-सहयात्रियों को चेतावनी दे रहे हैं कि इस संकट के समय जो लोग अपना कर्तव्य निबाहने से चूक जायेंगे, 'वे मारे जायेंगे।'

कविता की जनवादी परम्परा

हाल ही में श्री स्वामीशरण स्वामी ने अपने 'जन साहित्य मंच' की ओर से एक संकलन प्रकाशित किया है, 'आठवें दशक के सशक्त जनवादी कवि और प्रतिबद्ध कविताएँ।' इसमें नये-पुराने 155 कवियों की चुनी हुई कविताओं को स्थान दिया गया है। इन रचनाओं का सृजन-काल 1920 से 1980 के बीच फैला हुआ है। संकलन का उद्देश्य स्पष्ट करते हुए आरम्भ में स्वामी जी ने अपनी टिप्पणी में लिखा है, "आठवें दशक को इस संकलन में शीर्षांकित किया गया है। लेकिन जनवादी कविता की विकासमान प्रक्रिया से काट कर नहीं"। (पृ. 5) इसलिए इन 155 समकालीन कवियों में निराला, नागार्जुन समेत 34 बुजुर्ग कवियों को भी उन्होंने शामिल किया है। इस तरह, छायावाद, प्रगतिवाद से लेकर आज तक की प्रगतिशील रचनाशीलता को एक मंच पर उपस्थित करके स्वामी जी ने जनवादी कविता को एक व्यापक दृश्यफलक प्रदान करने की कोशिश की है। स्वामी जी का अनुमान है कि अग्रज कवियों में कुछ ऐसे भी हैं "जिनकी कविताओं से सम्भवतः आप पहली बार परिचित हो रहे हों" (पृ. 5) इसी तरह नये कवियों में भी अनेक ऐसे हैं जिनकी रचनाएँ सम्भवतः पहली बार इसी संकलन में छपी हों।

स्वामी जी का यह संकलन तीन सौ पृष्ठों से अधिक का है। यह पन्द्रह रुपये में वितरित किया जा रहा है। यों यह दाम छापने के लिए है। वितरण के लिए वास्तविक दाम है सिर्फ दस रुपया। जनवादी लेखक संघ की दिल्ली समिति के अधिवेशन के अवसर पर स्वामी जी स्वयं घूम-घूम कर अपना यह संकलन वितरित कर रहे थे और जहाँ तक मेरी जानकारी है, सभी से दस रुपये ले रहे थे। उनकी आरम्भिक टिप्पणी के अन्तिम भाग में एक अपील है जिससे पता चलता है कि संकलन "सिर्फ लागत मूल्य पर ही" वितरित किया जा रहा है। आजकल जब साठ-सत्तर पृष्ठ के काव्य-संकलन बीस रुपये से कम में न मिलते हों, तब तीन सौ से अधिक पृष्ठों के इस संकलन को सिर्फ दस या पन्द्रह रुपये में सुलभ करना कितना बड़ा काम है, इसकी कल्पना असम्भव नहीं है।

पुस्तकों के दाम का सम्बन्ध सिर्फ उनके स्तर से होता हो, ऐसी बात नहीं है।

दाम का सम्बन्ध पुस्तक के उद्देश्य से भी होता है। स्वामी जी का उद्देश्य साफ है। वे कविता को "सिर्फ बुद्धिजीवियों और बुद्धिजीवियों के भी एक बहुत छोटे-से हिस्से ...कविता से जुड़े कवियों तक ही सीमित" नहीं रखना चाहते। वे मज़दूरों को भी इस प्रक्रिया में सम्मिलित करना चाहते हैं। उन्होंने इसी उद्देश्य से 'जन साहित्य मंच' की स्थापना की थी और इस बड़े आयोजन से पहले 'सर्वहारा के समूहगान', 'क्रान्तिकारी समूहगान' और 'जुझारू कविताएँ' नाम से तीन छोटे-छोटे संकलन प्रकाशित करके एक-एक रुपये में वितरित किये थे। कविता केवल कवियों या बुद्धिजीवियों के लिए सुरक्षित रहे, इस कुलीन संस्कार के खिलाफ स्वामी जी लगातार लड़ रहे हैं। उनकी इस लड़ाई का महत्त्व इसी से सिद्ध है कि कॉफी हाउस में शनीचरी मंडल के अनेक जनवादी लेखक भी स्वामी जी का उपहास करते हैं। इन भद्रजनों के उपहास की चिन्ता न करके स्वामी जी पूरी ईमानदारी और लगन से अपने कार्य को आगे बढ़ा रहे हैं। वे कविता को थोड़े से बुद्धिजीवियों की सम्भ्रान्त और संकीर्ण रुचि से बाहर लाकर ''भ्रष्ट बाज़ारू संस्कृति के विकल्प के तौर पर एक प्रेरणादायक स्वस्थ जन-संस्कृति की खोज करते हुए जन-आन्दोलनकारी" भूमिका प्रदान करने की कोशिश कर रहे हैं। उनकी इस कोशिश को सन्देह की नज़र से देखने वाले लेखक उनकी धुन और ईमानदारी को नकचढ़ेपन से देखते हैं। स्वामी जी कविता को श्रमिक जनता में ले जाने के अपने संकल्प से उरो एक व्यापक जनाधार से जोड़ रहे हैं, यह बात इन समझदार लोगों के लिए असह्य है।

स्वामी जी को इस कार्य में मुख्य प्रेरणा नागार्जुन से मिली है। इसलिए यह संकलन नागार्जुन को समर्पित भी है। स्वामी जी कविता को उसके जनवादी आधार से जोड़ने के लिए संघर्षरत हैं। इसलिए संकलन अकेले नागार्जुन को समर्पित करना उन्हें नहीं जँचा। उन्होंने नागार्जुन के साथ-साथ उन सभी लोगों को यह संकलन समर्पित किया है जो सांस्कृतिक मोर्चे पर जनवादी आन्दोलन से जुड़े हुए हैं। नागार्जुन जनवादी आन्दोलन की भावना को व्यक्त करने वाले प्रतिमान हैं, इसलिए जनवादी आन्दोलन के प्रतिनिधि के रूप में उनके नाम को रखा गया है। आप चाहें तो यों भी कह सकते हैं कि इस संकलन के ज़रिए समकालीन जनवादी कविता का जो चित्र या चरित्र उभारा गया है, उसके केन्द्र में हैं कवि नागार्जुन। अपनी सम्पादकीय टिप्पणी में स्वामी जी जहाँ बुद्धिजीवियों के संकीर्ण दायरे से कविता को बाहर लाकर मेहनतकशों से जोड़ने, उन्हें जगाने और संघर्ष की प्रेरणा देने की बात कहते हैं, वहाँ वे यह बताना नहीं भूलते कि जन-आन्दोलन से जुड़ने के लिए कविता को छन्दबद्ध होना पड़ेगा और "बाबा नागार्जुन ने छन्दोबद्ध कविता की ज़रूरत पर बार-बार ज़ोर देकर आठवें दशक के अनेक जनवादी कवियों को इस ओर प्रेरित किया है"। (पृ. 7) इसके साथ ही नागार्जुन के बारे में जो अन्य सामग्री है, वह है नागार्जुन से

एक साक्षात्कार, नागार्जुन पर श्री कर्ण सिंह चौहान के लेख के अंश और अन्त में पृ. 304 पर प्रकाशित 'जन साहित्य मंच' सम्बन्धी सूचना के साथ 'प्रेरक गुरू गुरूः कवि नागार्जुन' शीर्षक देकर डॉ. रामविलास शर्मा का अत्यन्त सारगर्भित उद्धरण।

डॉ. रामविलास शर्मा के उद्धरण की मुख्य स्थापनाओं से स्वामी जी के विचारों का मेल है। रामविलास के कथन में दो मुख्य बातें हैं। पहली, नागार्जुन उन सभी मज़दूर-किसान-मध्यवर्ग के कवियों के प्रेरक और गुरु हैं जो समाजवाद के लिए लड़ने वाली संगठित श्रमिक जनता से अपना नाता जोड़ते हैं। दूसरी, समकालीन सांस्कृतिक द्वन्द्व मुख्यतः दो धाराओं के बीच है जिसमें एक तरफ है कविता की जनवादी धारा जिसके प्रेरक और गुरु हैं नागार्जुन तथा दूसरी तरफ है नयी कविता आदि की समाज विमुख धारा जिसकी प्रेरणा का मुख्य स्रोत है अस्तित्ववाद। पहली बात स्वामी जी के उपर्युक्त कथन में देखी जा सकती है तथा वे बताते हैं कि नागार्जुन अपनी कविताओं से ही नहीं, खुद भी तरुण कवियों को प्रेरित करते हैं। दूसरी बात उसी वाक्य के अन्तिम टुकड़े में व्यक्त होती है जहाँ वे जनवादी कविताओं की व्यापक लोकप्रियता के आगे अस्तित्ववादियों द्वारा बगलें झाँकने, उनकी 'अस्मिता' को लकवा मार जाने की बात करते हैं। (पृ. 7)

साधारण जनता में लोकप्रिय कला की परंपरा नागार्जुन से जुड़ती है, तरह-तरह की व्यक्तिवादी प्रवृत्तियों से रचनात्मक टक्कर लेने की क्षमता इसी धारा में है, यह सही है। इसका कारण यह है कि इस धारा ने मज़दूर-किसानों को अपनी संवेदना की ही नहीं, कला की भी कसौटी माना है। इसलिए इस धारा ने कला में आभिजात्यवाद को परास्त किया है, उसे उसके वास्तविक जनवादी आधार पर खड़ा किया है।

यह आशय नहीं कि कला में लोकप्रियता को महत्त्व देने वाले सभी कवि कलात्मक दृष्टि से भी श्रेष्ठ हैं। लोकप्रियता भी कई तरह की होती है, यह बात प्रगतिवाद के ज़माने में जितनी लागू होती थी, उतनी ही आज भी होती है। नागार्जुन से भिन्न एक लोकप्रियता वह है जो मंच पर वीत्कार-फूत्कार के रूप में दिखायी देती है। स्वामी जी के संकलन में इस तरह की 'लोकप्रिय' कविताओं की कमी नहीं है। श्री रामकुमार कृषक अपने सैद्धान्तिक रूप में "जनपक्षीय संघर्षों में कविता की सक्रिय हिस्सेदारी" कायम करने का प्रयास करते हुए लिखते हैं, "जनवादी कविता के सन्दर्भों में गीत अथवा छन्द के प्रति मेरा आग्रह अतिरिक्त तो है, पर अकारण और निरर्थक नहीं है।" "गीत" में यह आग्रह इस रूप में ढलता है :

थैलीशाही—सत्ताशाह/सत्ताशाही—थैलीशाह
नौकरशाही—सत्ताशाह/सत्ताशाही—नौकरशाह इत्यादि। (पृ. 85)

सम्भव है देश की राजनीति में 'मार्क्सवाद' की तरह हिन्दी के गीतों में यह अनोखा सौंदर्यबोध भी नक्सलपन्थ के प्रभाव से उत्पन्न हुआ हो। बहरहाल, छन्द में लिखी हुई

हर तुकबन्दी या नारेबाज़ी गीत या कविता हो, यह ज़रूरी नहीं है। यह और भी ज़रूरी नहीं है कि नागार्जुन की परंपरा से आशय कविता को छन्द और गीत बनाने से ही हो। नागार्जुन केवल छन्द में कविता रखते हों, ऐसी बात नहीं है। स्वामी जी के इसी संकलन में 'काश क्रान्तियाँ इतनी आसानी से हुआ करतीं!' कविता छन्दबद्ध नहीं है।

नागार्जुन का महत्त्व इस बात में है कि वे विचार से कविता नहीं उत्पन्न करते। उनके पास गाँव और शहर की जनता से अपने प्रत्यक्ष सम्पर्क के आधार पर अनुभवों की विपुल सम्पदा है। आसपास घटने वाली घटनाएँ उनके अनुभव संवेदन से जुड़कर उन्हें एक तार्किक निष्कर्ष पर पहुँचाती हैं। यह निष्कर्ष बौद्धिक चिन्तन पर उतना निर्भर नहीं है जितना सहज अन्तःप्रेरणा पर। इसीलिए उनकी राजनीतिक विचारधारा में उतार-चढ़ाव दिखायी देता है, किन्तु उनका कृतित्व अविचल रूप से जनवादी है। इसका कारण है जनता से उनका अटूट सम्बन्ध, उसके संघर्षों और उद्देश्यों में, उसकी शक्ति और विजय में उनकी अडिग आस्था। उन्होंने अपने अध्ययन-मनन से विवेक अर्जित किया है। जन-संघर्ष की आँच में तप कर इस विवेक में नयी कान्ति आयी है। श्रमिक जनता से उनका अन्तरंग परिचय उन्हें सांस्कृतिक भरापूरापन प्रदान करता है। इससे उनके काव्य में अद्भुत जिंदादिली आयी है, उनमें व्यंग्य और परिहास की कला उत्कर्ष पर पहुँची है। उनकी सहज अन्तःप्रेरणाओं और कलात्मक प्रतिक्रियाओं का इस बात से गहरा सम्बन्ध है कि कौन-सी चीज़ जनता के हितों के साथ वैसा समीकरण बना रही है, उन चीज़ों के प्रति जनता की प्रतिक्रिया क्या और कैसी है। इसीलिए वे सामान्यतः अपनी प्रत्यक्ष राजनीतिक कविताओं में भी नारेबाज़ी से बच जाते हैं, और अत्यन्त सरलता से जटिल परिस्थितियों पर सुलझा हुआ समर्थ व्यंग्य कर पाते हैं। वे बहुधा स्थूल विवरणों को ही आंतरिक तर्क से बाँध कर कविता में इस तरह रख देते हैं कि उनमें सन्निहित अर्धध्वनियों के काव्यात्मक धरातल तक जन-सामान्य सहज ही पहुँच जाता है। 'नदियाँ बदला ले ही लेंगी' कविता में तानाशाही के वास्तविक खतरे पर नागार्जुन जो व्यंग्य करते हैं, उसकी काव्यात्मक शक्ति का कारण यह है कि वे सामाजिक अराजकता, जनता के दमन और हिंसा की परिस्थिति को अपनी कविता के ज़रिए दूसरों की संवेदना का हिस्सा बनाते हैं और घर में घुस कर काव्य-साधना करने वालों को बाहर आकर सच्चाई से परिचित होने की हितकारी सलाह देते हैं—

> "इस होली में भूमिहीन की किस्मत का भुट्टा सिंकता है
> खेतों में बन्दूके उगतीं, टके सेर तो बम बिकता है
> क्रान्ति पास है, क्रान्ति दूर है, बुद्धू तुझको क्या दिखता है
> आ तेरे को सैर कराऊँ घर में घुस कर क्या लिखता है।" (पृ. 38)

शहर के बुद्धिजीवियों के लिए आसान नहीं है कि वे नागार्जुन की वास्तविक

शक्ति के स्रोतों को पहचान सकें। श्री कर्ण सिंह चौहान अपने लेख में नागार्जुन की समकालीनता का रहस्य बताते हुए लिखते हैं, "कितनी ही भाषाओं के पत्र-पत्रिकाएँ वे एक सिरे से घोखते हैं। रोज कई समाचारों और पंक्तियों पर उनकी नज़र ठहर-ठहर जाती हुई। वे पंक्तियों के बीच में भी पढ़ते हैं और सामान्य अर्थों के पीछे बड़े सन्दर्भों को भी साकार कर देख लेते हैं।...वे उसे या तो यथातथ्य वर्णनात्मकता में, या व्यंग्य में या चुनौती और आक्रमण की भाषा और मुहावरों में ढाल रहे होते हैं। जब से उन्होंने लिखना शुरू किया तब से आज तक यह उनकी रचना का धर्म बना हुआ है। (पृ. 289) जब से नागार्जुन ने लिखना शुरू किया तब से आज तक विभिन्न भाषाओं के पत्र-पत्रिकाओं का काव्यानुवाद करते चले आ रहे हैं। यह किसी घर-घुसना कवि की पहचान हो सकती है, 'यात्री' नागार्जुन की कतई नहीं। वे अखबार की पंक्तियों में विचरण करने के बजाय भूमिहीनों के बीच सैर करने को ललकारने वाले कवि हैं। नागार्जुन देख कर और अनुभव करके लिखते हैं, जबकि अखबारी कवि सुन कर और पढ़ कर :

> "तुम्हारे यहाँ फिर इंकलाब की खबर/मैंने सुनी है/
> सुनी है मैंने तुम्हारे आज़ाद होने की बात (पृ. 210)

ये पंक्तियाँ कवि विजेंद्र की हैं जिसमें वे अफगान दोस्तों को संबोधित करते हैं। विजेन्द्र को सुनहले डालर के 'खूनी पंजे' के खिलाफ बोलने वालों की आवाज़ 'कठपुतली के डोरे से खिंची आवाज़' मालूम पड़ती है। (पृ. 211) यह 'कलाकौशल' अनुभूति की रिक्तता से उपजा है।

नागार्जुन और उनकी परम्परा के कवियों के लिए जनता ऊर्जा का स्रोत है, इतिहास का चरितनायक है। यदि इसी को वे कठपुतलों की हैसियत में उतार दें तो उनकी कविता का जादू ही समाप्त हो जाय। इसलिए यह ज़रूरी है कि घोषित जनवादी और संवेदना से विचार तक जनवादी दृष्टि को आत्मसात कर लेने वाले जनवादी के बीच विवेक किया जाय। स्वामी जी की काफी हद तक सर्वसंग्रहवादी दृष्टि के कारण यह संकलन ऐसे विवेक में सहायक नहीं हो पाता।

जनता के प्रति विजेन्द्र से बहुत मिलते-जुलते विचार हैं डॉ. रणजीत के। वे शोषण की विषमता इस दृष्टि से देखते हैं कि उन्हें श्रमिक वर्ग चाँदी की ज़ंजीरों में जकड़ा दिखायी देता है–'यहाँ पसीने के पैरों में चाँदी की जंजीरें हैं।' यह जनता परम्परा से ही लोभी और निकम्मी है–' यह ऋषियों की भूमि घुली है भंग यहाँ के पानी में।' (पृ. 68) इस स्थिति में कवि सिर्फ अपने विवेक पर भरोसा कर सकता है। अपने इसी 'विवेक' के बल पर डॉ. रणजीत सच्चे अर्थों में अकवि और शुद्ध व्याख्याता बन गये हैं। वे सत्ताधारियों को ललकारते हैं कि तुम चाहे वामपंथियों को सत्ता में शामिल कर लो या खुद वामपन्थी बन जाओ–

'पर एक वाम ऐसा है/जो हमेशा तुम्हारे वाम रहेगा/
...मैं उसी के साथ हूँ।' (पृ. 69)

कम्युनिस्ट पार्टी का एक दल जब सत्ता से सहयोग करना चाहता था तब उसमें दक्षिण वाम का भेद उत्पन्न हो गया। आगे चल कर कुछ लोगों ने और 'वाम' विचार अपनाया : संशोधनवाद और नव-संशोधनवाद के खिलाफ हथियारबन्द संघर्ष चलाया। जब उसमें भी अनेक मत-मतांतर, गुट-गुटांतर बने तब चिर वामपन्थी रणजीत और भी वाम गति को प्राप्त हुए, इन मतवादों—गुटवादों से त्रस्त होकर समाजवादी देशों के विरुद्ध 'मानवीय अर्थवत्ता' की तलाश करते हुए सेठाश्रयी 'धर्मयुग' की गोद में जा बैठे। जनता को हेय समझने वाले 'जनवादियों' को 'भला-भला' कहकर बढ़ावा देने से क्रान्तिकारी उद्देश्यों को क्षति पहुँचती है।

नागार्जुन की परंपरा का आशय है जनता और उसकी संघर्षशील परम्परा के प्रति सम्मानजनक दृष्टिकोण अपनाना। यह तभी सम्भव है जब आप जनता को प्यार करते हों, उसके दुश्मनों से नफ़रत करते हों, उसके सुख-दुख के परिचय रखते हों, उसके अतीत को गौरवशाली मानते हों और उसके भविष्य में आस्था रखते हों। इब्बार रब्बी की एक कविता है झुग्गी वालों का गीत। गीत में न छन्द है, न लय। कविता झुग्गी वालों की तरफ कवि का बयान है। फिर भी उसमें शक्ति है। ऐसा क्यों? यह जानने के लिए कविता की कुछ पंक्तियाँ देखिए :

"हम पचीस साल से दरवाजे पर खड़े हैं/किरायेदार अंदर पसरे पड़े हैं/ तुमने कहा था—'आओ, इस किरायेदार को निकालें/तुम्हारा मकान तुम्हें मिलेगा'/हम उनसे भिड़े, नब्बे साल तक लड़े/और निकाल कर ही माने/ जब उसका सामान जा रहा था—तुम्हारा आ रहा था/हम उसका बिस्तर लाद रहे थे—तुम्हारा ढो रहे थे...। हम पच्चीस साल से वहीं के वहीं खड़े हैं/अपने ही सीने में खूँटे की तरह गड़े हैं। हम मातृभाषा में खीझ रहे हैं/ तुम अंग्रेज़ी में मुस्करा रहे हो," इत्यादि। (पृ. 171)

सन् 1947 की आज़ादी भारत के राजनीतिक जीवन में अत्यन्त महत्त्वपूर्ण घटना है। यह घटना सन् 1857 में आरम्भ हुए जनता के स्वाधीनता संग्राम की परिणति है। किन्तु जिस जनता के स्वाधीनता संग्राम पर सवार होकर कांग्रेस गद्दी पर आ बैठी, उसी से घृणा करने लगी। हाल यह है कि स्वदेशी के ये समर्थक आज़ादी की चौथाई सदी बाद भी (उसके भी दस साल बाद) स्वदेशी भाषा तक का इस्तेमाल नहीं सीख पाये। कांग्रेसी नेताओं ने अंग्रेजों से समझौता किया, राजनीति में 'कामनवेल्थ' में शामिल हुए, अर्थनीति में 'स्टर्लिंग एरिया' से बँधे। उनकी यह उदारता अंग्रेज़ी उदारता का फल था, अंग्रेजों ने 1947 में आज़ादी देने से पहले 1946 में कांग्रेस को गद्दी दे दी थी। इस छोटे से गीत में रब्बी ने बखूबी दिखा दिया है कि कांग्रेसी

नेता अपने तौर-तरीकों में, अपनी सामाजिक और सांस्कृतिक नीतियों में विदेशी हुकूमत की परम्परा को ही आगे बढ़ा रहे हैं। उनकी नीतियों के सुफल से देश के मज़दूर किसान निम्न मध्यवर्ग आज भी सम्मान और आश्वस्तता का जीवन नहीं जी पाते। यह सही है कि रब्बी को अभी अपनी भाषा और व्यंजना क्षमता को और भी माँजना है। कहीं-कहीं कविता के गठन में दुरूहता आती है, उसे दूर करके अपनी स्वाभाविक अभिव्यक्ति को उत्कर्ष पर पहुँचाना है। किन्तु यह कम महत्त्वपूर्ण नहीं है कि वे जनता को कठपुतली समझ कर उससे दूर रहने के बजाय उसके प्रति सम्मान का भाव रखते हैं और खुद को उसके साथ कतारबन्द करते हैं, उन्हें अपने कवि होने का निरपेक्ष एहसास है। इसीलिए उनकी रचना में क्रान्तिकारी विचारधारा उनके सामाजिक दायित्व-बोध से बँध कर प्रकट होती है।

इसके ठीक विपरीत स्थिति है कुमारेंद्र पारसनाथ सिंह की। वे भावुकतापूर्ण उद्गारों को ही काव्य बना देते हैं। उनकी कविता 'उट्ठो' को पढ़िए, नागार्जुन की 'हरिजन गाथा' खुद-ब-खुद याद आयेगी; दोनों कविताओं में कुछ लोगों को आग में ज़िन्दा झोंक दिया जाता है। और इसी के बाद जनवादी संवेदना और विवेक की अग्निपरीक्षा होती है। दोनों में एक अनाम शिशु आता है। नागार्जुन उसे 'कलुआ' कहते हैं, ''अग्निपुत्र'' बताते हैं; कुमारेंद्र उसके नाम को लेकर भी उलझ गये हैं। वे माटी, राख और खून के गहरे रिश्ते को भी नाम नहीं दे पाते। वे हज़ारों-लाखों-करोड़ों को एक-संकल्प होकर उठने को ललकारते हैं। लेकिन अपने भावावेश के कारण कोई संकल्प नहीं दे पाते। (पृ. 72) यह जनवाद नहीं, दिशाहीन अराजकतावाद है। लेकिन बाबा का अग्निपुत्र 'खान खोदने वाले सौ-सौ मज़दूरों के बीच' पलने और युग की आँचों में फौलादी साँचों-सा ढलने भेज दिया जाता है। बाबा को पता है कि वह सबके सुख में सुखी और सबके दुःख में दुःखी रहने वाला होगा, हिंसा और अहिंसा दोनों बहनें उसे प्यार करेंगी, वह निम्नवर्ग का नायक होगा, और ''उस कलुए की तदबीरों से शोषण की बुनियाद हिलेगी।'' इतना ही नहीं, सभी ''दलित माओं के सब बच्चे अब बागी होंगे।'

शोषण और उत्पीड़न के इस वर्तमान समाज के विरुद्ध जो नया समाज कायम किया जायेगा, उसकी पहली मंज़िल जनवादी क्रान्ति की मंज़िल होगी। निराला जी ने 'जल्द जल्द पैर बढ़ाओ' कविता में जनवादी क्रान्ति की दिशा और उसके कार्यभार की स्पष्ट रूपरेखा खींची थी। अमीरों की हवेली में किसानों की पाठशाला बना कर धोबी-पासी-चमार-तेली जैसी पिछड़ी जातियों के सांस्कृतिक अँधेरे का ताला खोल कर सबको एक पाठ पढ़ाने का सुझाव, सेठ जी की हस्ती कमज़ोर करके किसानों का बैंक खोलने का प्रस्ताव, सारी सम्पत्ति और आपत्ति को सारे देश के ज़िम्मे देने का विचार और जनता को उस जातीय वेश में ढालने

का आह्वान जो काँटे को काँटे से कढ़ाने में विश्वास करता है—यह है जनवादी क्रान्ति की मूल दिशा।

जहाँ दिशाबोध लुप्त हो और कविता का काव्यगुण अगोचर हो, वहाँ जनवादी या प्रतिबद्ध कविता की खोज करना आश्चर्यजनक मेधा का द्योतक है। जनवादी कविता में जनवाद और कविता दोनों समान रूप से महत्त्वपूर्ण हैं। अगर ''यह उफान फिर यह नहीं सोचता कि उसे किस ओर जाना है'' (पृ. 118) या सोचने के नाम पर इंकलाब की माला जपता है ''हमारा आज एकमात्र काम इंकलाब है'' (पृ. 85) तो वह जिस नतीजे पर पहुँचेगा वह यही होगा कि :

> 'जो हाथ तेरे हाथ से जुदा हैं उनको काट दे
> ज़रूरतन ज़मीन को सरों से दोस्त पाट दे...' (पृ. 79)

अगर कुछ मध्यवर्गीय कवियों ने इन्हीं को मज़दूर-किसान की वाणी समझ कर इस तरह के 'अजूबे तजुर्बों' के विरुद्ध 'तहकीकात' (पृ. 65) के लिए अकविता की शरण ली हो तो आश्चर्य नहीं। इस 'तहकीकात' में जो वस्तुएँ राजीव सक्सेना के हाथ लगती हैं, उनका विवरण उन्हीं के शब्दों में सुनिए :

> 'मौके की तेज़ तर्राट तफतीश और तलाशी में/कुछ खुर्रांट एक नग्नता सूँघते हैं/ उनके हाथ लगते हैं वेतनभोगी मासिक धर्म से/प्राप्त कुछ बेशर्म चीथड़े इस घर में' (पृ. 67)

ये कवि घोषित जनवादी हैं। इनके यहाँ जनवाद और कविता दोनों पनाह माँगते हैं। जो लोग अपने जनवादी करार दिये जाने पर खुद भी अचंभा ही करेंगे, उनकी स्थिति क्या है? ललित कला को गलित कला के स्तर पर पहुँचाते हुए बलबीर त्यागी माँ-बाप के सम्मान का यह तरीका सिखाते हैं :

> 'रात भर/ एक अजगर/फुत्कारता हुआ माँ के/मांस को खाता रहता है।
> और नौ महीने बाद माँ के पीप से एक कुलबुलाता कीड़ा प्रगट होता है।
> जिसे मेरा भाई होने का नाम दिया जाता है।' (पृ. 217)

आधुनिक साहित्य में रसवाद का चाहे जितना विरोध हुआ हो, लेकिन वीभत्स रस का यह अनुपम उदाहरण देकर त्यागीजी ने अपनी विशेष योग्यता प्रकट की है। इस प्रयोग की मौलिकता दो बातों में है। एक तो इसमें वीभत्स का आधार बनाया गया है संयोग शृंगार को, दूसरे इस शृंगार-वर्णन के लिए चुना गया है विपरीत-वात्सल्य को। सूरदास ने माता-पिता की दृष्टि से बाल वर्णन किया था, यहाँ सन्तान की दृष्टि से माता-पिता के शृंगार-दृश्य का चित्रण हुआ है!!

डॉ. बलदेव वंशी चरण सिंह की अर्थनीति का काव्यानुवाद प्रस्तुत करते हैं—जब ''अक्लमन्द हाथों द्वारा लहलहा सकती है खेतों की सभ्यता'' तब ''सवाल यह है कि हुनरमन्द हाथों द्वारा यह मिट्टी खेतों को सूना कर ईंट-दीवार-इमारत वाली सभ्यता

को क्योंकर करती रहे आबाद!" (पृ. 219) डॉ. नरेन्द्र मोहन इस नगर-विरोधी भावधारा को रहस्यवाद की तरफ मोड़ देते हैं। बचपन में सम्भवतः भारत-विभाजन के कारण लाहौर की रावी नदी छूटी थी। बाद में यमुना छूटी तो नहीं पर लापता हो गयी। इसके पहले कि आप बात को उसके सही सन्दर्भ में—विभाजन के पीछे अंग्रेज़ों द्वारा भड़कायी गयी और हिन्दू-मुस्लिम सम्प्रदायवाद द्वारा भुनायी गयी साम्प्रदायिकता के सन्दर्भ में—पकड़ें, कवि तत्परता से निष्कर्ष दे देता है : "इन्तज़ार और रफ्तार के बीच स्तब्ध शहर के एहसास से क्या नदी मर चुकी है?" (पृ. 221)

गलत सवाल उठाना या सवाल को गलत परिप्रेक्ष्य में उठाना संस्कृति के ही नहीं, राजनीति के क्षेत्र में भी प्रतिक्रियावादियों का करतब है। किन्तु इन सबको प्रतिबद्ध जनवादी कविता की एक ही धारा के अंग के रूप में शामिल करना घटिया किस्म का सर्वसंग्रहवाद है। इस सर्वसंग्रहवाद का घटियापन इस बात से और सिद्ध होता है कि जहाँ बलवीर त्यागी, बलदेव वंशी, नरेंद्र मोहन, राजीव सक्सेना सरीखे कवि शामिल किये गये हैं, वहीं दिनकर, नवीन, रामविलास, गिरिजाकुमार माथुर, बलभद्र दीक्षित 'पढ़ीस', विश्वनाथ त्रिपाठी आदि प्रमुख प्रगतिशील कवियों को छोड़ दिया गया है। तरुण कवियों में अरुण कमल, उदय प्रकाश, विष्णु नागर आदि कई चर्चित जनवादी कवि अनुपस्थित हैं।

अकविता आदि की विकृत प्रवृत्तियों को देखते हुए यहाँ उल्लेखनीय यह है कि छायावाद तक रचना कर्म की जो ऐतिहासिक सन्दर्भवत्ता अक्षुण्ण थी, वह बाद के एक खास श्रेणी के कवियों में कायम नहीं रही। ऐसे लोग ऐतिहासिक सन्दर्भ और सामाजिक संस्पर्श से विच्छिन्न होते गये। उन्होंने खास तौर पर अमरीका तथा अन्य पश्चिमी देशों के साहित्य से संवेदनात्मक और वैचारिक सम्बन्ध सेतु कायम करके ऐसी रचनाएँ प्रस्तुत कीं जिनमें मात्र प्रातिभासिक संवेदनशीलता मिलती है। छायावाद के स्वाभाविक विकास के क्रम में प्रगतिशील-जनवादी काव्य की जो धारा प्रवाहित हुई, उसके साथ संवेदनाओं के मायावी आभास की इस ह्रासोन्मुख धारा को जोड़ देना भ्रांतिजन्य और भ्रांतिजनक दोनों ही है। आज से कुछ वर्ष पूर्व इन पतनशील रुझानों की भारत-यात्रा के बारे में चारूमित्र ने अत्यन्त सूझ-बूझ से भरी हुई यह बात कही थी कि "जिस तरह आज़ादी के बाद भारत में साम्राज्यवादी देशों से विदेशी पूँजी आयी उसी तरह साम्राज्यवाद को पोषित करने वाला पश्चिमी देशों का पतनशील साहित्य भी आया। हम पहले ही कह चुके हैं कि भारत के शासक वर्ग और सेठाश्रयी पत्रिकाओं ने इस पतनशील प्रगति-विरोधी साहित्य के प्रचार-प्रसार में पूर्ण योग दिया। इनका उद्देश्य इस अविकसित देश में एक सांस्कृतिक विभ्रम पैदा करना था।" (**वाम कविता,** सम्पादक : ललित शुक्ल 1978, पृ. 127)

स्वामी जी के संकलन में जहाँ इस तरह के विकृत मूल्यों से प्रभावित साहित्य

का अभाव नहीं है, वहीं इन प्रवृत्तियों से टक्कर लेती हुई सच्ची जनवादी धारा का प्रतिनिधित्व करने वाली कविताओं की भी कमी नहीं है। शबाब मेरठी बिना भावुकता के जनता से अपना प्रेम व्यक्त करते हैं:

> वो ज़िन्दगी है, मुहब्बत है, आग है, क्या है
> जो सो रही है सड़क पर शराबियों की तरह (पृ. 164)

शोषक समाज की एक विशेषता यह होती है कि उसमें मनुष्य के हाथ और दिमाग के बीच खाई उत्पन्न हो जाती है। नतीज़ा यह कि शारीरिक श्रम करने वाले और होते हैं, बौद्धिक और सांस्कृतिक कार्य करने वाले और। भक्ति-आन्दोलन ने हमारे देश में पहली बार किसानों, चर्मकारों, जुलाहों, नाइयों, छोटे व्यापारियों आदि अपने पुरुषार्थ की कमाई खाने वालों को बड़े पैमाने पर बौद्धिक और सांस्कृतिक कार्य से जोड़ कर इस खाई को पाटने की दिशा में क्रान्तिकारी भूमिका अदा की थी। स्वामी जी के संकलन में शील, सुदर्शन चक्र, पुरुषोत्तम प्रतीक, अनिल जनविजय आदि कई ऐसे कवि हैं जो कमोवेश अवधि तक किसी न किसी रूप में शारीरिक श्रम से जुड़े रहे हैं। संकलन में ऐसे अनेक कवि हैं जिनका नाम कम परिचित है। परिचित- अपरिचित इन सभी कवियों के नामों के साथ यदि उनके व्यवसाय का परिचय दिया जाता तो यह जानना सम्भव होता कि जनवादी काव्यान्दोलन में श्रमिक जीवन की परिस्थितियों से आने वाले कवि कितने हैं, उनकी कला मध्यवर्ग से आने वाले कवियों से कहाँ और किस रूप में भिन्न है। कवियों के व्यक्तिगत जीवन और उनकी कलात्मक विशेषताओं के बारे में आपसी जानकारी जितनी अधिक होगी, जनवादी आन्दोलन उतना ही संगठित और शक्तिशाली बनेगा। कला में श्रमजीवी कवियों की भागीदारी जितनी बढ़ेगी, कविता का जनवादी आधार उतना ही दृढ़ होगा, उसका चरित्र उतना ही संघर्षशील होगा, उसकी कला में उतना ही निखार आयेगा। एक गढ़वाली कवि नेत्रसिंह असवाल ने कला में श्रम के मूल्यों का महत्त्व इन शब्दों में बताया है—

> मैं चाहता हूँ—/ कि मेरे देश का हर व्यक्ति कवि हो/ और हर कवि के काँधे पर हल हो/तब कविता पर कोई भूत नहीं चढ़ पायेगा। (पृ. 120)

जब तक कला श्रमजीवी वर्ग के मूल्यों से नहीं जुड़ेगी तब तक कलाकार गण कविता में ही "मुक्ति" खोजेंगे :

> मुक्ति का जब कोई रास्ता नहीं मिला/ मैं लिखने बैठ गया।.../ यह जानते हुए कि लिखने से कुछ नहीं होगा...(पृ. 64)

केदारनाथ सिंह की यह उधेड़बुन अकेले उनकी नहीं है, उन सबकी है जो अपने मनोरम संसार में डूबे हुए कभी-कभी बेचैन होते हैं, लेकिन किसानों-मज़दूरों से भौतिक और मानसिक दूरी के कारण कोई रास्ता नहीं पाते। जिन कवियों ने इस व्यावहारिक ग्रन्थि को तोड़ने का प्रयास किया है, उनके काव्य में संशय और निरर्थकता का यह

भूत नहीं चढ़ पाता। इस भूत को भगाने का तरीका तन्त्र-मन्त्र-योग साधना सरीखी आत्मगत पद्धतियों में न खोज कर श्रमिक जीवन की परिस्थितियों से भागीदारी कायम करके खोजेंगे तो महेश्वर की तरह अमानवीय शोषण के बीच रोज-ब-रोज ढलते हुए मज़दूर वर्ग में मुक्ति की वास्तविक सम्भावना दिखाई देगी—

मिल के पहियों की खराद चढ़ पुख्ता हुई जवानी
साँचों लगी ढालने विप्लव की इस्पात-कहानी
चले हिरावल काल के/ युग की सुर्ख मशाल-से
धुआँ इबारत चिमनी लिखती राजदखल का नारा
बदल रही है रस्म ज़िन्दगी, तोड़ ज़ुल्म की कारा...(पृ. 107)

सुन्दर काव्यात्मक लगने वाले उपकरणों से रची हुई आजकल की बहुत-सी कविताओं से यह स्वर कितना अलग है! ओज और पौरुष से भरी इस तरह की कविताओं में प्रगतिवादी दौर की परम्परा का विकास देखा जा सकता है। ऐसी कविताएँ जनता के मनोबल को दृढ़ करती हैं, उसकी संघर्ष-चेतना को आगे बढ़ाती हैं और श्रम के मूल्यों में विश्वास जगाकर उसकी नैतिक चेतना को ऊँचा उठाती हैं। इस तरह कुलीनतावाद की पतनशील भावधारा का सक्रिय प्रतिकार करती हैं। केदारनाथ अग्रवाल ने औद्योगिक मज़दूर वर्ग को आधार बना कर जो कविताएँ लिखी थीं वे मनुष्य की शक्ति और सामर्थ्य को जगाती हैं, अन्धविश्वास को भगाती हैं, उद्योग-धन्धों के साथ-साथ सभ्यता और संस्कृति के विकास और निर्माण में भी श्रमिकों की भूमिका को उभारती हैं, उन्हें शोषण की वर्तमान स्थिति और अपनी क्रान्तिकारी सम्भावनाओं के बारे में सचेत करती हैं, औरों को श्रमिक वर्ग की विचारधारा और उसके नेतृत्व का महत्त्व बताती हैं। इस तरह की कविताओं की शक्ति का बीज कवि की विचारधारा के साथ-साथ श्रमिक जनता के प्रति उसकी गहरी आस्था में छिपा रहता है। जहाँ न ऐसी आस्था है और न जन-जीवन का विशेष परिचय, वहाँ कभी "जनता की जनवादी क्रान्ति ज़िन्दाबाद"...(पृ. 82) मार्का नारेबाज़ी के दर्शन होते हैं और कभी लहूप्रधान भावावेश के। (पृ. 96) इनके अनुसार भारतीय जनता के शत्रु सामन्तवाद और पूँजीवाद नहीं हैं, बल्कि "सामन्ती पूँजीवाद"(!) है। (पृ. 97) इन भावविभोर क्रान्तिकारियों की भुजाएँ जोश में इस तरह फड़कती हैं कि "कुर्सी को झकझोरेंगे जब संसद को दहलायेंगे" (पृ. 138) तभी कुछ होगा, भले ही यह आतंकवाद संसदीय ढाँचे को तहस-नहस करने पर उतारू पूँजीवादी शासन की राजनीति को मज़बूत करे।

कहने की ज़रूरत नहीं कि साहित्य में विभिन्न वर्गों की भूमिका और उनके संस्कार होते हैं। वे एक-दूसरे को प्रभावित करते हैं। जनवादी धारा के कवियों की मुख्य समस्या है शोषक-संस्कृति के प्रभावों को निर्मूल करके श्रमजीवी जनता की स्वस्थ संस्कृति का विकास करना। जनवादी काव्य के मूल्यों को साकार करने वाले

कवियों में सभी मज़दूर-किसान के विचारों और संस्कारों को अंगीकार कर चुके हों ऐसी बात नहीं है। इसलिए मध्यवर्ग की प्रगतिशीलता जाँचने का एकमात्र तरीका है यह देखना कि उसके भाव-विचार श्रमिक जनता के लिए कितने हितकर हैं; उसके इंद्रियबोध और संस्कार कहाँ तक स्वस्थ हैं; शोषकवर्गीय प्रभावों से वे कितनी दूर हैं। जहाँ श्रमजीवी जनता के साथ वास्तविक हिस्सेदारी की भावना न होगी, प्रदर्शन का उत्साह और जनवादी दिखने की लालसा होगी, वहाँ तरह-तरह की विकृतियाँ जनवाद का भेस धारण करके प्रकट होंगी। श्रमजीवी जनता से निकट सम्बन्ध कायम करके जो काव्य रचा जायेगा वह नारों और मुहावरों से बच कर श्रेष्ठ कला बनेगी। कलाकारिता का लक्षण न राजनीति मात्र का परित्याग है और न मात्र राजनीति। स्वामी जी के संकलन में प्रकाशित अधिकतर रचनाएँ राजनीति से प्रत्यक्ष सम्बन्ध रखती हैं। इनमें जो रचनाएँ कविताएँ भी हैं वे इसलिए कि उनमें जनता की मनोवृत्तियों के दर्शन होते हैं; जनता के साथ कवियों के सरोकार का पता चलता है। इन कविताओं में जनता की वर्तमान दारुण अवस्था को उसकी क्रान्तिकारी परम्परा और मानवीय सम्भावनाओं के बीच रख कर चित्रित किया गया है। मनुष्य को काल के तीनों आयामों में देखना और इस त्रिकाल-बोध के साथ सामाजिक वस्तु-विधान को काव्य का अंग बनाना—यह क्षणवादियों से पृथक जनवादी दृष्टि के लिए ही सम्भव है। जो कवि कविता में मुक्ति खोजते हैं या कविता में ही क्रान्ति करते हैं, जो कवि कविता से तात्कालिक लक्ष्य साधने के चाव में गलदश्रु भावुकता या अखबारबाज़ी के फँस जाते हैं, वे इस त्रिकाल बोध से शून्य हैं।

जनवादी कविता की संवेदना का आधार है श्रमजीवी जनता और उसकी विचारधारा से अटूट रिश्ता, इसलिए वह राजनीति और सामयिकता के प्रभाव से बच कर नहीं चल सकती। वह इतिहास की जिस दृष्टि से अपनी काव्य-संवेदना को रूपायित करती है वह श्रमिक जनता के साथ उसकी गहन हमदर्दी और सक्रिय हिस्सेदारी की भावना पर निर्भर है। इसलिए वह व्यावहारिक जीवन की सामान्य समस्याओं से आँखें नहीं चुराती; राजनीतिक विश्वबोध को नारेबाज़ी नहीं बताती; और सामयिकता के नाम पर अखबार का उल्था भी नहीं करती। इन कविताओं की परम्परा पर नज़र डालें तो पायेंगे कि वास्तविक जीवन की समस्याएँ कितने व्यापक स्तर पर जनवादी चिन्ता का अनिवार्य अंग बनती रही हैं।

आज़ादी के दौरान गाँधीवादी समझे जाने वाले कवि वंशीधर शुक्ल ने संकल्प लिया कि "जहाँ तलक न लक्ष्य पूर्ण हो समर करेंगे हम"। (पृ. 55) इस समर में जनता की भूमिका का महत्त्व पहचान कर जन-जागरण के लिए उन्होंने लोकजीवन की व्यापकतर समस्याओं के साथ-साथ प्रभात-फेरी आदि लोक-प्रचलित शैलियों में भी गीत लिखे। इनमें से कुछ गीत आज भी लोगों की ज़बान पर हैं :

(1) उठो सोने वालो सवेरा हुआ है।
वतन के फकीरों का फेरा हुआ है ॥

(2) कदम-कदम बढ़ाये जा, खुशी के गीत गाये जा।
ये ज़िन्दगी है कौम की, तू कौम पै लुटाये जा ॥ (पृ. 55)

मुकुट बिहारी सरोज ने नागार्जुन, केदार, रामविलास की तरह अत्यन्त समर्थ राजनीतिक व्यंग्य लिखे। प्रभुता के घर जन्मे और समारोहों में पाले हुए अवतारी इंसान ऐसे हैं कि जो–

दंतकथाओं के उद्‌गम का पानी रखते हैं
पूँजीवादी तन में मन भूदानी रखते हैं...
ये जो कहें प्रमाण, करें जो कुछ प्रतिमान बने,
इनने जब-जब चाहा तब-तब नये विधान बने...इत्यादि (पृ. 62)

युवा कवियों में सुरेन्द्र श्लेष ने छुआछूत की अमानुषिकता पर गहरी वेदना से लिखा :

मैं माटी का पूत रे भैया तू माटी का पूत रे।
पता नहीं कब कैसे मेरा भाई हुआ अछूत रे ॥ (पृ. 123)

साम्प्रदायिक दंगों की पृष्ठभूमि में शमशेर ने "मजहब यानी धर्म" को अपने ही खून से रूप सँवारते हुए दिखाया :

मौसम न था होली का, फिर भी वो रंग खिला
तर हो के हर जवान पुकारा है, आह आह (पृ. 45)

ओम रायजादा ने पिछड़ी स्त्रियों पर जुल्म की घटनाओं पर टिप्पणी की :

कल जिस अछूत लड़की को बहशियों ने लूटा।
उस तन में पल रहा है हिन्दोस्ताँ हमारा ॥ (पृ. 144)

मोतियाबिन्द से पीड़ित माशो की माँ टमाटर बेचती है। उसके मनोभावों में झाँक कर अशोक चक्रधर ने पाया :

सुतली की तराजू पर/ बेटी के दहेज-सा/ एक-एक बढ़ाती है
टमाटर/...गाहक की तुष्टी होय/...इतने चढ़ाती है टमाटर
कि/टमाटर का पल्ला ज़मीन छूता है/ उसका ही बूता है... (पृ. 160)

फिर भी दहेज को लेकर हत्याएँ होती हैं। अशोक ने ग्राहक-बिक्रेता में इस समस्या को उपस्थित करके उसके पीछे की व्यावसायिक मनोवृत्ति उजागर कर दी है। इन दहेज प्रेमियों को मनोवांछित धन न मिलने पर उनकी स्त्रियाँ स्टोव में जल जाती हैं। डॉ. अश्वघोष ने क्षोभ के साथ देखा कल जो औरतें स्टोव में जल मरी थीं, आज उन्हें अखबार खा गया है। (पृ. 147)

कृष्णराज कृष्ण ने 'रसिया' पर आधारित ब्रजगीत में ग्रामीण शोषण पर टिप्पणी की–

हमकूँ ताँसै बीच बजरिया छोरा धन्ना भाई को।
छोरा धन्ना भाई को कि नाती निपट कसाई को॥
माल मार के गढ़ी हवेली/ ले बेगार न देवै धेली
राम करै यापे परै कोप वा गंगा माई को॥ (पृ. 265)

रवीन्द्र भारती ने इन ग्रामीण गरीबों के घर की हालत जानने की कोशिश की–

हाथ का कौर, जिसे माताएँ अपने बच्चों के लिए/ पुचकारते हुए उठाती हैं, यह बाबू का कौर है/ यह दादी का कौर है, यह मेरा कौर है/ कितने लोगों का कौर खिला कर माताएँ सोतीं हैं खाली पेट../ अपने बच्चों के सपने में/ मेरे गाँव के बच्चे होश सम्भालते ही लग जाते हैं कौर की जुगाड़ में (पृ. 232)

जनता की दुरवस्थाओं से बेखबर शासकों की बेशर्मी पर धनंजय सिंह की राय है:

अब नकाबों के चढ़ाने की ज़रूरत ही नहीं
इस कदर विश्वास का मौसम है मेरे देश में (पृ. 155)

ये बेशर्म शासक साहित्य पर भी हमला करते हैं। साहित्य इस हमले के खिलाफ मौजूदा हालात बदलने की प्रेरणा भी देता है और मनुष्य के सुन्दर सपने को जिलाये भी रखता है। दुष्यन्त कुमार इस स्थिति का बयान करते हैं :

तेरा निजाम है सिल दे ज़बान शायर की।
ये एहतियात ज़रूरी है इस बहर के लिए॥
जिएँ तो अपने बगीचे में गुलमोहर के तले।
मरें तो गैर की गलियों में गुलमोहन के लिए॥ (पृ. 77)

रमेश रंजक व्यवस्था के इस ढाँचे को जंगल के रूपक में पेश करते हैं :

हवा धूल में बटमारीपन, छाया की तासीर गरम
सरमायादारों के कपड़े पहने घूम रहा मौसम
नद्‌दी नालों की ज़ंजीरें, हरियल टहनीदार नियम
न्यायाधीश पहाड़ मौन हैं, खा-पीकर रिश्वती रकम
सत्ता के जंगल की पत्ती-पत्ती बेईमान है। (पृ. 81)

यह जंगली व्यवस्था मज़दूर-किसान-निम्न मध्यवर्ग के लोगों को ही सताती हो, ऐसी बात नहीं है। वह इतनी बेहया है कि संसदीय जनवाद के क-ख-ग का पाठ भूल कर तरह-तरह के उद्यमों से बुद्धिजीवियों की अभिव्यक्ति की स्वतन्त्रता पर भी हमला कर रही है। इसलिए बुद्धिजीवी अगर अपने इस मूल अधिकार को बचाना चाहते हैं तो उन्हें वर्तमान परिस्थिति को सांगोपांग पहचानना पड़ेगा। उन्हें यह समझना पड़ेगा

कि जनता के हितों पर होने वाले आक्रमण का उनके अपने हितों पर होने वाले आक्रमणों से अलगाव नहीं है। इस विवेक से सम्पन्न होकर उन्हें खुद को साहित्यिक वायु मंडल से बाहर लाना पड़ेगा। और खुद को गाँव और शहर की शोषित, पीड़ित, संघर्षरत जनता से जोड़ना पड़ेगा। इस जुड़ाव के बिना वे न अपने अधिकारों को बचा पायेंगे और न ही अपनी संवेदना के सीमित दायरे को विस्तृत कर सकेंगे।

जिन कवियों ने परिस्थिति की विभीषिका ताड़ कर खुद को इस दिशा में गतिशील किया है, उनके काव्य के सौन्दर्य में भी निखार आया है, उनकी कला ऊब-खीझ-कुढ़न, गालीबाज़ी-नारेबाज़ी आदि से बच कर उत्कर्ष पर पहुँची है और उनकी विचारधारा में छोटे-छोटे भटकावों के बावजूद आमतौर पर सन्तुलन और संगति आयी है। इससे सभी कलाकारों को यह सीख मिलती है कि जनता से जुड़ने पर कलात्मक विशिष्टता का क्षय नहीं होता। कलाकार की विशिष्टता या अद्वितीयता के नाम पर प्रचलित भावदृष्टियाँ कला और जीवन में विरोध दिखाती हैं। इस बारे में संकलन के लिए विशेष लेख में श्री सुधीश पचौरी ने लिखा है कि "ऐसी सौन्दर्य दृष्टि जो सौन्दर्य को जीवनोपयोगी नहीं मानती, ऐसी सांस्कृतिक प्रक्रिया से घबराती है, जिससे उसकी विशिष्टता नष्ट होती हो।" (पृ. 294) 'ऐसी-ऐसी' की पुनरावृत्ति से भाषा लड़खड़ा रही है लेकिन बात कुछ ठीक है।

जिस सांस्कृतिक प्रक्रिया से विशिष्टवादी लेखक घबराते हैं, वह जन-साधारण के जीवन से जुड़ी है। यह जन-साधारण की सांस्कृतिक प्रक्रियाओं की शक्ति और विशिष्टवादियों की आन्तरिक कमज़ोरी का द्योतक है कि रचनाकार के अहंकार के विस्फोट से उत्तम कला का उद्गम मानने वाले विशिष्टतावादी लेखक "प्रतिभाहीन" और "क्षमताहीन" जन-साधारण से घबराते हैं। जनवादी साहित्य जनता में, उसके हितों और उद्देश्यों में, उसके संघर्ष और विजय में भरोसा रखता है। उसे इन विशिष्टतावादियों की परवाह नहीं करनी है, वरन इनसे रचनात्मक टक्कर लेनी है। श्रमजीवी जन-समुदाय की आस्था से अनुप्राणित होकर जनवादी कविता निराशा-कुंठा-घुटन-पराजय आदि मूल्यों तक नहीं ले जाती। उसके काव्य में फ़ैज़ अहमद फ़ैज़ की भाँति उद्दाम आशावाद का यह स्वर गूँजता है–

अब टूट गिरेंगी ज़ंजीरें अब ज़िन्दानों की ख़ैर नहीं
जो दरिया झूम के उट्ठे हैं, तिनकों से न टाले जायेंगे। (पृ. 34)

संक्षेप में, स्वामी जी का यह संकलन जनवादी कविता की परम्परा को उसकी शक्ति और सीमा के साथ प्रस्तुत करता है। अपनी सर्वसंग्रहवादी दृष्टि के नाते चयन में स्वामी जी गम्भीर असंगतियों के शिकार हुए हैं। फिर भी, इतने परिमाण में जनवादी कविता को उन्होंने साधारण पाठकों के लिए सुलभ बनाने का दायित्व सम्भाला है, इसलिए वे बधाई के पात्र हैं।

क्रान्तिकारी शील और वर्तमान दुनिया

लगभग अस्सी वर्ष की अवस्था में हिन्दी के प्रगतिशील जनकवि और आन्दोलन धर्मी नाटककार मन्नू लाल शील का 23 नवम्बर, 1994 को अपने गृहनगर कानपुर में देहान्त हो गया। 'झंडा ऊँचा रहे हमारा' वाली राष्ट्रीयता का और 'देश हमारा, धरती अपनी' वाले क्रान्तिकारी जनवाद का स्वर उत्तर भारत के प्रथम औद्योगिक नगर कानपुर से ही उठा था और यह शील के मित्रों के कंठ से मुखरित हुआ था। आज हम उपयोगितावाद के ज्वार से घिरते जा रहे हैं। उसमें शील की बच्चे जैसी सरलता सिर्फ याद ही नहीं आयेगी। वह हमें संस्कारित भी करती रहेगी बाज़ारूपन के इस दौर में शील जैसे कवि जितने उपेक्षित होते जा रहे हैं उनका साहित्य हमारे लिए उतना ही प्रासंगिक और महत्त्वपूर्ण भी होता जा रहा है।

इसमें सन्देह नहीं कि स्वाधीनता के बाद आन्दोलनों का ज्यों-ज्यों बिखराव हुआ, त्यों-त्यों शील जैसे कवि की आन्तरिक प्रेरणा के स्रोत क्षीण होते गये, फिर भी अपनी अडिग आस्था, अपनी अटूट निष्ठा और अपने जनतान्त्रिक सहज बोध के कारण शील उस राह पर आगे बढ़ते रहे जिसे उन्होंने स्वाधीनता आन्दोलन के दौर में अपने संघर्षपूर्ण जीवन में धीरे-धीरे चुना था। शील 'चर्खाशाला' से निकल कर 'कर्मवाची शब्द' की मंज़िल तक पहुँचे थे। श्रमिक जनता—मजदूर और किसान—से गहरा लगाव, वामपन्थी राजनीति से, विशेषतः कम्युनिष्ट आन्दोलन से, उनका सक्रिय सम्बन्ध और बुद्धि विलास का एकान्त अभाव—शील के व्यक्तित्व और साहित्य के ये ऐसे गुण हैं जो उन्हें विशेष मूल्यवान बना देते हैं। बिखराव और अवसरवाद की विश्व-व्यापी आँधी में भी जिन्होंने अपने पाँव नहीं डगमगाने दिये उनमें शील का नाम भी है।

शील जन कवि थे। उनकी कविताएँ और नाटक जन आन्दोलनों के साथ विकसित हुए थे। जन आन्दोलन और साहित्य दोनों शील के सन्दर्भ में एक-दूसरे को लगातार बल पहुँचाते रहे हैं। पृथ्वीराज कपूर ने खुद ही लिखा था कि शील के 'किसान' जैसे नाटकों के बिना पृथ्वी थियेटर की कल्पना भी नहीं हो सकती थी। शील का साहित्य जन आन्दोलनों से प्रेरित होता था। बदले में उनके नाटक जन आन्दोलनों को शक्ति पहुँचाते थे। 'देश हमारा धरती अपनी, हम धरती के लाल/नया

संसार बसायेंगे, नया इंसान बनायेंगे', जैसे उनके गीत लाखों की सभा को बाँध लेते थे (**शील पंचशती,** पृष्ठ 42)। इस बात पर खासतौर पर ध्यान जाता है कि शील को अपने लम्बे सााहित्यिक जीवन में जनता ने सम्मानित किया, प्रगतिशील और जनवादी सांस्कृतिक संस्थाओं ने सम्मानित किया, लेकिन किसी सरकारी साहित्यिक संस्था ने उन्हें कवि नहीं माना—वह चाहे केन्द्र की हो या प्रान्त की, 'सत्ताधारी दल' की हो या 'विपक्ष' की और डालमिया-बिड़ला-मोदी जैसे सेठों की भव्य पुरस्कार समितियों ने भी शील का अस्तित्व स्वीकार नहीं किया। शील ने मेरे कहने पर इस वर्ष के शुरू में आठ पृष्ठों में अपनी जीवनी का सारांश भेजा था। उसमें एक 'शील सम्मान' की सूची भी है। 1966 से 1993 तक शील को जो 13 सम्मान मिले हैं वे सभी अव्यावसायिक और गैर-सरकारी संस्थाओं के ही हैं। एक सम्मान कानपुर विश्वविद्यालय का भी है। शील साहित्य के प्रेमी कौन हैं और विरोधी कौन, यह तथ्य एक साहित्यिक विवेक भी देता है, एक मानवीयता का सृजन भी करता है।

आज के सांस्कृतिक माहौल में शील के प्रति उपेक्षा का सरकार-पोषित और सेठाश्रयी नजरिया इतना व्यापक हो गया है कि दिल्ली जैसे साहित्यकार बहुल नगर में 3 दिसम्बर को जनवादी लेखक संघ द्वारा आयोजित शोक सभा में भी मुश्किल से 25 लोग उपस्थित हुए और उनमें से ऐसे लोग एक सिरे से अनुपस्थित रहे जो अपने को ही हिन्दी की वर्तमान कविता समझते हैं। दूसरों को कवि मानने न मानने का एकाधिकार सुरक्षित रखते हैं। इन लोगों को अपनी 'व्यस्तताओं' में शील के लिए शोक का क्षण निकालने की भी फुर्सत न मिली। घटिया दर्जे का कवि यदि बड़ा सरकारी अफ़सर हो तो उसके द्वार पर कतार लगाने के लिए 'साहित्यिक' अवकाश उन्हें खूब मिल जाता है। उपभोक्तावाद और उपयोगितावाद की विजय का गर्व शील जैसे कवियों की उपेक्षा से ही सम्पन्न बनता है।

ठीक भी है जिस समय अपनी मालवाही संस्कृति की दिग्विजय का झंडा लहराते हुए दुनिया की बहुराष्ट्रीय कम्पनियाँ भारत को विराट कूड़ेदान में बदल रही हैं, उस समय मनुष्य के श्रम का जयघोष करने वालों के लिए कितनों को फुर्सत मिलती है? जिस समय मालवाही संस्कृति के प्रतीक चिह्न अंकित करते हुए लड़कियों के शरीर की विश्व प्रतियोगिताओं में भारतीय सौन्दर्य को पुरस्कृत किया जा रहा हो उस समय मज़दूर कवि के कलाहीन-भावावेग की ओर ध्यान देने से क्या फायदा! लेकिन शायद यही कारण है कि इस समय शील को याद करना पक्षधरता की नहीं, सौन्दर्य की नयी, वैकल्पिक दृष्टि की खोज के लिए बहुत महत्त्वपूर्ण हो जाता है। उल्लेखनीय है कि जून 1994 में भारत की सबसे दीर्घजीवी प्रान्तीय सरकार—पश्चिम बंगाल की वाममोर्चा सरकार के तहत पश्चिम बंगाल हिन्दी अकादमी ने इसराइल के साथ शील को सम्मानित करके इस दिशा में पहलकदमी की थी। यह शील को

मिला अकेला सरकारी सम्मान था और यह एक अहिन्दी भाषी प्रदेश की सरकार ने दिया था। और बड़े सेठाश्रयी या सरकारी पुरस्कारों की तुलना में उसकी राशि जितनी ही नगण्य थी, शील के गौरव की दृष्टि से यह पुरस्कार उतना ही सम्मानप्रद था।

शील वामपक्ष के साथ अन्त तक जुड़े रहे। उनकी मृत्यु के बाद यह सुझाने वाले भी निकल पड़े कि अस्पताल में पड़े शील की पार्टी ने भी उपेक्षा की और शील इसके नाते गहरे मोहभंग के शिकार हुए। किसी के जीते जी ऐसे तत्त्वदर्शी न उसके प्रति अपना मानवीय कर्तव्य प्रदर्शित करते हैं न साहित्यिक कर्तव्य, लेकिन किसी के मरते ही उसके 'मोहभंग' की गहराइयाँ नापने लगते हैं। शील का जीवन इस छद्म करुणा और पाखंड का सजीव प्रतिवाद था। वामपक्ष के प्रति अपनी निष्ठा के साथ शील अपनी रचनाओं के माध्यम से उस वैकल्पिक सौन्दर्य-दृष्टि के निर्माणए के लिए सदैव प्रयत्नरत रहे जो श्रमिक जनता और राजनीतिक आन्दोलनों के परिप्रेक्ष्य में साहित्य का मूल्य पहचाने। दिसम्बर, 1950 में शील ने जिन्दगी का नया गीत गाया:

यह युगों-युगों का मानव श्रम, यह युगों-युगों की काव्य कला।
यह वाल्मीकि का सृष्टि स्रोत, यह कालिदास की शकुन्तला।
यह परम्परा के क्रम विकास, रामायण, गीता, श्रुति पुराण।
टैगोर, गोर्की, तुलसी का, साहित्य जिन्दगी का प्रमाण।...
है छिपी सम्पदा खोज रही, रोशनी सिंदूरी माँग भरे।
कर रही किसानों की काया, सब ऊसर-बंजर हरे-भरे।
है शान्त प्रफुल्लित फैल रहा, रचनात्मक श्रम का नव विहान...

(लावा और फूल)

'अमीरी और विलासिता' की जगह श्रम के मूल्यों को साहित्य में प्रतिष्ठित करने का संघर्ष शील ने कभी मद्धम नहीं पड़ने दिया। अक्टूबर 1983 में 'लाल पंखों वाली चिड़िया' एक नयी दुनिया का सपना लेकर आयी–

हमारी कविता की दुनिया
आदमीयत के अहसास के विश्वास की दुनिया है।
यह दुनिया, यह साँचे में ढली कायनात–आदमी के हाथों की कूबत का
खूबसूरत सबूत है।
हमारे लिए दुनिया का कोई देश-विदेश नहीं।

(**लाल पंखों वाली चिड़िया,** पृ. 35)

शील के लिए श्रम की भूमिका केवल कर्म और जीविका तक सीमित नहीं है। वह मनुष्य की सम्पूर्ण रचनात्मक शक्ति है। उनके लिए युगों-युगों का मानव श्रम और युगों-युगों की काव्य कला एक-दूसरे से असम्बद्ध नहीं हैं। 'किसानों की काया' ऊसर-बंजर को हरा-भरा करती है और टैगोर-गोर्की-तुलसी का साहित्य भरी-पूरी

जिन्दगी का प्रमाण देता है। इसीलिए वे सिन्दूरी रोशनी में 'रचनात्मक श्रम का नव विहान' फैलता हुआ देखते हैं। उनके लिए कविता की दुनिया और आदमी की दुनिया, दोनों ही 'आदमी के हाथों की कूबत का खूबसूरत सबूत' हैं। जो मनुष्य अपने श्रम से भौतिक सृजन करता है वही अपने अनुभव और कल्पना से सौन्दर्य सृजन भी करता है। इसीलिए उनके साहित्य में 'लावा और फूल' शुरू से साथ रहे हैं। शील के नाटकों में भी मजदूर और किसान के साथ नयी चेतना के लेखक मिलेंगे।

श्रम और सौन्दर्य की एकता का प्रगतिवादी चिन्तन शील के दृष्टिकोण का स्थायी अंग बन गया और इसीलिए उनके साहित्य में जीवन-वस्तु की बहुत अधिक व्याप्ति है। खुद शील के जीवन और अनुभव में बहुत अधिक व्याप्ति है, जिसकी झलक उनकी अच्छी कविताओं में मिलती है। और इन कविताओं की विविधता आश्चर्य में डाल देती है। शील की रचनाशीलता कर्ममय जीवन और सक्रिय राजनीति के दो तटों के बीच प्रवाहित होती है। वे किसान हैं और मज़दूर भी; 'चर्खाशाला' के गाँधीवादी देशभक्त भी हैं और क्रान्तिकारी कम्युनिस्ट भी; गाँव में सड़क बनाने के लिए जमींदार-विरोधी जन-संगठनकर्ता भी हैं और बम्बई में फ़िल्म के कलाकार भी। उनका परवर्ती जीवन अधिकांशतः औद्योगिक नगर कानपुर में बीता है। इसलिए उनके शब्द भी 'कर्मवाची' हैं और उनके सुदृढ़ विश्वास भी 'लाल पंखों वाली चिड़िया' बनकर प्रकट होते हैं। सौन्दर्य की इस बदली हुई दृष्टि के कारण शील की कविता को अवकाश-भोगी रुचियों से ग्रस्त हृदय नहीं अपना सकता।

इधर जबसे समाजवाद को अमरीकी विश्व व्यवस्था में 'पुनर्गठित' करने का अभियान तेज हुआ, तबसे अनेक मार्क्सवादी 'भूतपूर्व' हो गये और अपनी-अपनी निष्ठा बदलकर अगली सदी में जाने की तैयारी करने लगे। इनमें से कुछ लोग 'देह के आखेट' को गौरव मंडित करते हैं और इस बात पर चटखारे लेते हैं कि आखिर एक विश्व सुन्दरी से मार्क्सवाद को क्या खतरा हो सकता है। शील की कर्ममयता अन्धी शक्ति नहीं है। वे संवेदनशील कवि हैं। लगभग डेढ़ दशक पहले मानो इस नयी चाल का पूर्वानुमान करके उन्होंने लिखा था कि व्यवस्था के घाव में मरहम लगाने वाले 'बहुत से साथी पीछे छूट गये हैं', मज़े में हैं। (लाल पंखों वाली चिड़िया, पृ. 82) उत्तर आधुनिकता की यही पहचान है कि हम समझते हैं आगे जा रहे हैं लेकिन पहुँच जाते हैं बहुत पीछे! पूँजीवादी व्यवस्था और उपभोक्तावादी संस्कृति को उचित ठहराने वाले साथी 'मज़े' में हैं। इस संस्कृति की यह विशेषता है कि सुसंगत रूप में वह श्रम की उपेक्षा करती है, अपने सुखभोग में लिप्त करती है, सुख को नितान्त तात्कालिक और वस्तु निर्भर बनाती है, इसके लिए आवश्यक संवेदनहीनता विकसित करती है और हमारी ढीठ अचेतनता से अपने मुनाफे और शासन का उद्देश्य पूरा करती है।

शील जैसे कवि न निष्ठा बदलते हैं, न 'देह के आखेट' के मजे लूटते हैं क्योंकि जनता से घुल-मिल कर रहते हैं। अपनी 'आर्थिक स्थिति' के चलते शील बम्बई की फिल्म इंडस्ट्री में 'चेहरा बेच चुके हैं'। वे पूँजीवादी संस्कृति की 'लुभावनी बाजारू मुस्कान' से अच्छी तरह परिचित हैं। (**लाल पंखों वाली चिड़िया,** पृ. 21) लेकिन उन्होंने 'ईंटों के बोझ से दबी मुस्कान' की शक्ति और निर्मलता को बड़ी सहानुभूति से देखा है। वह उन्हें अधिक आत्मीय लगती है। दो तरह की मुस्कानों में जो फर्क है वह आज की दुनिया का सांस्कृतिक अन्तर्विरोध है। अपनी परिभाषित आत्मीयता के नाते शील मालवाही उपभोक्ता संस्कृति के खोखलेपन को बड़ी सरलता से पहचान लेते हैं। और इस सांस्कृतिक अन्तर्विरोध को झुठलाने के लिए संचार-माध्यमों की आड़ न लेकर विचारधारा और चिन्तन की भूमिका को भी इसी वास्तविकता के आधार पर परखते हैं।

देशी श्रम परदेशी पूँजी, यह कैसा बँधुआ चिन्तन।
प्रजातन्त्र के ही आँगन में होगा, पैशाचिक नर्तन।

(उपर्युक्त, पृ. 55, 56)

राजनीति हो या संस्कृति-चिन्तन हो या सौन्दर्य, शील के लिए उसकी एक ही कसौटी है—मनुष्य का श्रम। शील के लिए श्रम अचेतन शक्ति नहीं है—भूख जीवन की प्रकृति है, कर्म जीवन की प्रगति है। (कर्मवाची शब्द है ये, पृष्ठ 14) प्रगति मनुष्य के कर्म से होने वाला दिशावाची विकास है। श्रम की इस भूमिका को अपनी कविता का सौन्दर्य-बोध बनाकर शील मनुष्य को भी अचेतन शक्ति नहीं रहने देते—आदमी घोड़ा नहीं/घोड़ा समय है/शक्ति से लगाम थामो...(**लाल पंखों**..., पृ. 78) जो साथी मज़े में रहने के लिए मालवाही संस्कृति का घोड़ा बन जाते हैं वे मनुष्य के मूल गुण को ही तिरस्कृत कर देते हैं। वे अगर शील का और सारे प्रगतिशील साहित्य का अवमूलल्यन करते हैं तो इसमें आश्चर्य की बात नहीं है।

शील के राजनीतिक चिन्तन, यथार्थ बोध और सौन्दर्य दृष्टि में भीतरी एकता है। जहाँ उनके काव्य में इन विविध स्तरों का सामंजस्य हो जाता है, वहाँ कलापूर्ण भाव-चित्र सामने आते हैं। ऐसी कविताएँ शील के यहाँ पर्याप्त हैं, हालाँकि वे बिखरी हुई हैं और दूसरे साथी कवियों की तुलना में इनका अनुपात काफी विषम है। प्रगतिशील आलोचकों का एक दल शुरू से ही पूँजीवादी संस्कृति के प्रति नरम रहा है। शिवदान सिंह चौहान से लेकर नन्दकिशोर नवल तक प्रगतिशील आलोचना की एक दूसरी ही परम्परा रही है जो नागार्जुन और शील जैसे 'छोटे-मोटे कवियों' को कभी राजनीति के नाम पर, कभी कला के नाम पर खारिज करती आई है। अब तो उपभोक्तावादी संस्कृति भी साहित्य के मूल्यांकन को प्रभावित करने लगी है। इस प्रभाव के कारण हिन्दी समीक्षा ने यह विकास किया है कि जाने-माने कवियों को

विकलांग बनाया जाने लगा है। शमशेर कवि नहीं हैं, यह कहने का साहस कोई नहीं करता। शायद इसलिए कि अब भी शमशेर की बहुत सी कविताएँ समझ में नहीं आतीं। इसलिए शमशेर के मार्क्सवाद को, श्रमजीवियों से उनकी हमदर्दी को उनके कवि-व्यक्तित्व से काटकर अगल किया जा रहा है और उन्हें सिर्फ प्रेम और सौन्दर्य का कवि सिद्ध किया जा रहा है। शील को कवि मानने से इंकार करना और शमशेर को मार्क्सवादी मानने से इंकार करना एक ही पूँजीवादी साहित्य-दृष्टि से दो पहलू हैं।

शमशेर और शील दोनों प्रगतिशील आन्दोलन की देन हैं। शमशेर के कलात्मक विवेक पर शायद ही किसी को सन्देह हो। हरियश राय ने शमशेर के अन्तिम दिनों में उनसे एक बातचीत की भी जो विदिशा से **उत्तर संवाद** में प्रकाशित हुई है। (अक्टूबर-दिसम्बर, 1993) शील की कविताओं में विचारधारा की भूमिका पर हरियश के प्रश्न का उत्तर देते हुए शमशेर ने कहा कि "लेकिन वह (शील) कवि है सच्चा। बहुत सच्चा कवि है। कुछ कविताओं में वह बेजोड़ है... सच्चे कवि में विचारों का होना अनिवार्य है।" (पृ. 104) ऐसा नहीं कि प्रश्न हुआ और शिष्टाचार में शमशेर ने यह कह दिया। उनका बहुचर्चित लेख है 'सामाजिक साम्य और रचना का माध्यम'। इसमें उन्होंने प्रगतिशील कवियों के प्रसंग में शील की चर्चा की है। प्रेम संवेदना के बारे में केदार के स्वस्थ भाव का उल्लेख करते हुए वे कहते हैं, "कुछ बाद के कवियों में शील और रामविलास के यहाँ हम यही स्वस्थ ढंग देखते हैं। शील शुरू से ही मजदूर आन्दोलन में थे और रामविलास अखाड़े के पहलवान और निराला की संगत में रहने वाले।" (**कुछ और गद्य कविताएँ,** पृ. 13)

मज़दूर आन्दोलन से जुड़े होने के कारण कवि-रूप में शील के साथ रियायत होनी चाहिए, ऐसा दयावान रुख न अपना कर शमशेर शील को कला की उसी कसौटी पर कसते हैं जिस कसौटी पर केदार, नागार्जुन, मुक्तिबोध को कसते हैं। विचारधारा, भावबोध और गम्भीर तैयारी–कला की इन तीनों कसौटियों पर कविता को परखते हुए शमशेर कहते हैं, "शील ने जनता से जुड़कर शक्ति प्राप्त की लेकिन भाषा तत्त्व का अध्ययन कम किया, जिसके कारण उनकी भी कविता इस पक्ष में कमजोर पड़ी।" (उप. 15) यहाँ 'उनकी भी' से स्पष्ट है कि दूसरे कवियों के साथ ही शील का विवेचन हुआ है। इसी तरह विषय के प्रयोग को सामान्यतः 'पलायन' मानते हुए शमशेर लिखते हैं, "लेकिन नागार्जुन, शील और मुक्तिबोध जब उसका प्रयोग करते हैं तो वह एक प्रगतिशील प्रयोग होता है।" (उप.)

शील की कला प्रगतिशील साहित्य का अटूट अंग है। उसे पूँजीवादी कला की कसौटी पर कसने के बजाय प्रगतिशील कवियों की कला के सन्दर्भ में ही देखना चाहिए, यह विवेक शमशेर के पास था। शमशेर ऊँचे दर्जे के कलाकार थे और प्रगतिशील साहित्य से गहरा लगाव रखते थे। इसलिए उन्होंने शील की उपेक्षा नहीं

की, उन्हें उनके सही सन्दर्भ में देखा और उनकी खूबियों या कमियों का निदर्शन करते हुए हीन-ग्रन्थि का परिचय नहीं दिया। शमशेर ने जन आन्दोलन से शील की कविता का सम्बन्ध देखते हुए उनका महत्त्व बताया कि आरम्भ में छायावादी ढंग की रचनाएँ करने वाले शील ने मजदूर आन्दोलन से जुड़ने के बाद नयी जरूरतों के अनुसार छन्द विधान या 'पैटर्न' को भीतर से बदला। (उप. पृ. 14) इसीलिए बहुत से कमज़ोर अंश भी उनकी कविता में आते रहे। शील और नरेन्द्र शर्मा दोनों प्रगतिशील आन्दोलन से जुड़े लेकिन शील जुड़े रहे, नरेन्द्र शर्मा उनसे अलग रहकर दूसरी दिशा में चले गये। दोनों में अन्तर था—"नरेन्द्र शर्मा केवल वैचारिक स्तर पर जुड़े थे, जबकि शील सामाजिक और कर्म के स्तर पर भी प्रगतिशील आन्दोलन से जुड़े थे।" (उप.)

शमशेर के इन वाक्यों से स्पष्ट है कि विचार, भावना, कर्म सभी स्तरों पर श्रमजीवी जनता और उसकी संस्कृति से जुड़े हुए कलाकार की निष्ठा परिवर्तित नहीं होती है। शील उन प्रगतिशील लेखकों में हैं जो सर्वतो-भावेन श्रमजीवी उद्देश्यों के प्रति समर्पित रहे हैं। उन्होंने अपने साहित्य से और अपने व्यवहार से उस आन्दोलन को आगे बढ़ाने में महत्त्वपूर्ण भूमिका निभायी है। सन् 1930 के गाँधीवादी शील द्वितीय महायुद्ध के समय अँग्रेज़ी जेलों में कम्युनिस्ट बने। इस आन्दोलन में उन्हें अपनी और अपने देश तथा जनता की समस्याओं का हल दिखाई दिया। स्वाधीनता के बाद शील कांग्रेसी जेलों में भी रहे। पहले आज़ादी के लिए लड़ने के नाते वे जेल गये, आज़ादी के बाद जनवाद के लिए लड़ने के नाते जेल गये। 1953 54 के बाद जब प्रगतिशील आन्दोलन बिखरा और आधुनिकतावाद, अस्तित्ववाद का ज़ोर बढ़ा, तब केदार-नागार्जुन-त्रिलोचन की तरह घनघोर उपेक्षा सहकर भी शील अपने पथ पर चलते रहे। 8वें दशक में जनता की नयी हलचल शुरू होने पर साहित्य में भी उसकी प्रतिध्वनियाँ गूँजी। तब प्रगतिशील आन्दोलन की क्रान्तिकारी विरासत से नयी पीढ़ी को जोड़ने वालों में शील अग्रणी थे। वे जनवादी लेखक संघ के संगठनकर्ताओं में हैं। आयु के अन्तिम क्षणों में मृत्यु शय्या पर भी अपने कष्ट और संघर्ष के बावजूद शील अडिग आस्था के साथ सृजनरत रहे।

संघर्ष और जीवन की चर्चा करते हुए शील के कष्टों को भुला नहीं देना चाहिए। वे अपनी राजनीति और साहित्य के माध्यम से जिस दुनिया के लिए संघर्ष करते रहे वह आज बिखराव और संकट की दिशा में है। जन आन्दोलन और विचारधारा—शील साहित्य की ये दो महत्त्वपूर्ण प्रेरणाएँ हैं। दुनिया की बदली हुई चाल जिस संसार की रचना कर रही है, उसका शील के सपनों से तीखा विरोध है। इस संसार में मनुष्य की नहीं, वस्तुओं की महत्ता है। दुनिया की चाल और अपने सपनों के बीच विपरीतता की इस अवस्था में शील बारम्बार अपनी भूमिका पहचानने और अपने

विश्वासों को बनाये रखने के आत्मसंघर्ष से गुज़रते रहे। एक संवेदनशील व्यक्ति की तरह इस अन्तर्विरोध का पूर्वाभास करके 15 अगस्त, 1976 को, जो संयोग से उनका जन्मदिन भी था, शील ने लिखा–

> जिस दिन के लिए–/जीवन अर्पित संघर्ष छेड़ रखा था/अब–/उसकी तलाश में लगा हूँ/पैरों के अँगूठे के बल खड़े/दायाँ हाथ माथे पर लगा/दूर-दूर तक देखता हूँ/चाँद, मंगल, शुक्र की परिक्रमाएँ/शोध–कहीं भी/वह दिन नहीं दिखायी देता। (**कर्मवाची शब्द है ये,** पृ. 23)

वह दिन लगातार दूर होता जा रहा है क्योंकि 'देशी श्रम परदेशी पूँजी' के मिश्रण में बन्धुआ चिन्तन अमर बेल की तरह फैल रहा है। 1983 में अपने जन्मदिन पर शील ने फिर लिखा–

> सोचा नहीं कभी आयु की-आय की,
> रक्त में राष्ट्र का तेज अगोरे।
> मानव मुक्ति की युक्ति विशेष से
> पूरने हैं अभी कार्य अधूरे।
> आज का विश्व विषाद का विश्व है,
> तोड़ने होंगे विकास कंगूरे। (**लाल पंखों...,** पृ. 94)

तब से अब तक विषाद के कंगूरों की छाया और लम्बी हुई है। पूरे करने वाले सभी काम अधूरे छूट रहे हैं। शील की कविता में उनका आत्मसंघर्ष और अटूट विश्वास बड़ी मार्मिकता के साथ सुरक्षित है। अधूरे कार्यों के अनुभव के बाद शील ने 1985 में 'कविता' लिखी–

> कविता, कभी-कभी/झरनों-सी झरती है।/कभी फूट पड़ती है।
> वेगवती नदी-सी-/प्रवाह कालबद्ध करती...(**लाल पंखों...,** पृ. 84)

काल के जिस घोड़े की लगाम मनुष्य नहीं थाम सका कविता में अपनी कल्पना से शील उस प्रवाह को कालबद्ध करते हैं। अचेतन गति को सचेत दिशा में परिवर्तित करते हैं। इसीलिए कविता 'जीवन की ऋचा है' (1990, **लाल पंखों...,** पृ. 88) शील का यह संघर्ष उनकी कविता के माध्यम से बहुत दिनों तक प्रेरणा देता रहेगा। शील के साहित्य में बहुत उतार-चढ़ाव हैं। विचारधारा और कल्पना की बड़ी उलझी भूमिकाएँ हैं। कला का स्तर भी हर जगह समान नहीं है, भावना और निष्ठा में संयम का अनुपात भी विषम है। फिर भी जैसे-जैसे दुनिया की चाल विपरीत दिशा में गयी, वैसे-वैसे शील आन्तरिक ऊर्जा संगठित करके संघर्ष के लिए तत्पर हुए। शील के सारे साहित्य पर ध्यान देने से स्पष्ट होता है कि या तो जनता की सक्रिय भूमिका के समय उनका ओज भरा स्वर अपने उत्कर्ष पर पहुँचता है–'देश हमारा, धरती अपनी, हम धरती के लाल, नया संसार बसाएँगे, नया इंसान बनाएँगे',

या फिर विपरीत परिस्थितियों में उनकी निष्ठा उनकी ऊर्जा को प्रतिरोधात्मक ढंग से सक्रिय करती है—कविता प्रवाह कालबद्ध करती है। दोनों स्थितियों में शील आत्मसमर्पण-धर्मियों से बहुत दूर रहते हैं।

शील का संघर्ष एक रचनाकार का संघर्ष है—एक ऐसे लेखक का जो मजदूर है और बहुसंख्यक किसान जनता से गहरी सहानुभूति रखता है। उनका साहित्य श्रमिक जनता के सौन्दर्य बोध को अभिव्यक्त करता है और जनता अपने साहित्यकार को सम्मानित करती है, यह शील के काव्य की विजय है। किन्तु अकादमियों, परिषदों, भवनों और पीठ वगैरह की ही तरह प्रकाशकों द्वारा भी शील का साहित्य बहुत कुछ बहिष्कृत है। उससे किसी व्यावसायिक लाभ की सम्भावना नहीं है। मेरे पास भी शील की दो पांडुलिपियाँ रखी हैं—'यौवन पर्व' और 'युगापेक्षी कविताएँ'। देह के आखेट के समय में शील के 'यौवन पर्व' को कौन पूछता है! कविताएँ अब 'मुखापेक्षी' हो रही हैं, और शील अब भी उन्हें 'युगापेक्षी' बनाये हुए हैं। उन्हें उपेक्षा से कौन रोक सकता है!

अपने साहित्य के, विशेषतः अपनी कविताओं के, प्रकाशन को लेकर शील पिछले डेढ़-दो साल से बहुत-व्यग्र थे। उन्होंने अपने अनेक लेखक और प्रकाशक मित्रों से बात की। 5 जून, 1994 के पत्र में उन्होंने लिखा, "यदि कोई प्रकाशक नहीं मिलता तो स्वयं 'लावा और फूल' से लेकर अपने सम्पूर्ण काव्य साहित्य के प्रकाशन की स्वयं व्यवस्था करने की स्थिति बनायी है।...अब मेरे सामने रॉयल्टी का प्रश्न नहीं, प्रकाशन हो। 80 पूरे होने को हैं—कविताएँ, नाटक, कहानियाँ, स्मरण तथा लेखों के अलग-अलग कई संकलन हैं।" अस्पताल से भी इस आशय के पत्र बारम्बार आते रहे।

सोवियत संघ में समाजवादी निर्माण की समस्याएँ और साहित्य

एक विकसित समाजवादी देश का जीवन और साहित्य हू-ब-हू उन्हीं समस्याओं का सामना नहीं करता जिनसे हम परिचित और अभ्यस्त हैं। सोवियत संघ विश्व का पहला समाजवादी देश है और समाजवादी निर्माण का एक चरण पूरा कर लेने के बाद अब वह अपेक्षाकृत उन्नत चरण की ओर बढ़ रहा है। यह स्वाभाविक है कि सामाजिक जीवन और सांस्कृतिक विकास को लेकर वहाँ उन मुद्दों पर वाद-विवाद न होता हो जिनकी हम भारतवासी सहज कल्पना कर सकते हैं—कुछ अपने दैनंदिन अनुभव के कारण और कुछ जाने-अनजाने साम्राज्यवादी प्रचार के वशीभूत होकर। लेकिन, आज नहीं कल, भारत में भी समाजवाद की रचना होगी, तब हमें कमोवेश उस तरह की समस्याओं से निपटना पड़ेगा। उस समय सोवियत संघ के इन सामाजिक और सांस्कृतिक अनुभवों की हमारे लिए भी प्रासंगिकता होगी।

पिछले डेढ़-दो दशकों से सोवियत साहित्य में, खासकर कथा-साहित्य में, जो तीव्र विवाद उभरा है वह सामाजिक परिस्थितियों के करवट बदलने की अवस्था में जन्म लेने वाला स्वाभाविक विवाद है। इस प्रकार के वाद-विवाद और हलचल किसी भी जीवंत संस्कृति के अनिवार्य लक्षण हैं। सच है कि यह विवाद कभी-कभी जीवन के विशिष्ट अनुभवों और दृष्टिकोणों के प्रति इतने तीखेपन से व्यक्त होता है कि असहिष्णुता की सीमा छूता हुआ जान पड़ता है। इससे एक ओर समाजवादी विकास के नये चरण में प्रवेश करने के साथ-साथ सोवियत जन-जीवन में उठने वाली नयी चुनौतियों और समस्याओं का पता चलता है और दूसरी ओर यह स्पष्ट होता है कि सोवियत लेखकों को खुल कर बहस करने, अपने आलोचनात्मक दृष्टिकोण और विचारों को व्यक्त करने की कितनी स्वतन्त्रता है। तात्पर्य यह कि समकालीन सोवियत साहित्य की जीवन्त गतिविधि समाज की वास्तविक समस्याओं के चुनाव में ही नहीं, सामाजिक विकास और सांस्कृतिक पुनर्गठन के प्रति भिन्न-भिन्न दृष्टिकोणों के तीव्र पारस्परिक टकराव में भी व्यक्त होती है। इस परिस्थिति में, यह

खुद ही स्पष्ट हो जाता है कि सरकारी आदेश या पार्टी नियन्त्रण पर अपनी रुचि या इच्छा के विरुद्ध किसी सर्वमान्य नीति के अधीन एकरस, नीरस रचना करते जाने आदि की बातें सोद्देश्य मिथ्या प्रचार से अधिक कुछ नहीं हैं।

सोवियत संघ के समाजवादी रचनाकारों के बीच टकराव का स्रोत उस ऐतिहासिक संग्राम में निहित है जिसका एक धरातल विकास के नये चरण की समस्याओं के फलस्वरूप गाँव और शहर के बीच दिखायी देता है। गाँव और शहर के बीच विज्ञान और प्रविधि के विस्तार पर आधारित नयी सभ्यता के प्रसार के कारण जीवन-मरण का संग्राम छिड़ा हुआ है। सामाजिक जीवन का यह संघर्ष साहित्य में भी प्रतिबिम्बित होता है। समकालीन सोवियत साहित्य में दो तरह के भौतिक परिवेश और मनोजगत को व्यक्त करने वाले आग्रह इतने प्रत्यक्ष रूप में दिखायी देते हैं कि साहित्य के आलोचक पिछले दो दशकों के कथा-लेखन में ग्रामकथा (या, आंचलिक रचना) और शहरी उपन्यास की दो भिन्न प्रवृत्तियाँ लक्षित करते हैं। (दे. **डिमांडिंग लिटरेचर : सोवियत लिटरेचर ऑफ़ दि सेवेंटीज़ ऐंड अर्ली एटीज,** बोरिस पान्किन, पृ. 10) यह सही है कि सारे समकालीन सोवियत साहित्य को इन दो प्रवृत्तियों में नहीं बाँटा जा सकता और न ही उन दोनों प्रवृत्तियों के बीच सुस्पष्ट और सुपरिभाषित सीमारेखा है। फिर भी वे "निश्चित तौर पर साहित्य समीक्षकों की कल्पना से नहीं उपजे हैं। ...आज तो उनका अस्तित्व साहित्यिक जीवन नहीं, सामाजिक जीवन से भी अभिन्न रूप में जुड़ा हुआ है।" (उप, पृ. 12)

दूसरे महायुद्ध के बाद ध्वस्त देश के पुनर्निर्माण के लिए आबादी के संकट और प्रविधि के पिछड़ेपन की परिस्थितियों में सामूहिक फार्मिंग (कल्खोज़) का जो अभियान चला, उसका युग अब बीत रहा है। अधिक उन्नत प्रविधि की सहायता से सरकारी फार्मिंग के युग में प्रवेश करते हुए खेती का ही नहीं, गाँवों के परम्परागत रूप का भी कायापलट हो रहा है। गाँव भी प्रगति की दौड़ में बराबरी के साझीदार बन रहे हैं। इस नवनिर्माण और रूपान्तरण की भव्य तस्वीर उपस्थित करते हुए वयोवृद्ध ग्रामकथाकार फ्योदोर अब्रामोव ने पुनर्निर्माण के अनुभवों पर लिखे अपने वृहद उपन्यास के तीसरे भाग **द हाउस** में लिखा है, "पिछले कुछ सालों में यहाँ, पेकाशिनो में, ये सारी चीज़ें उठ खड़ी हुई हैं...आरामिल, गल्लामिल, बिजलीघर, कारखाने...ये सब के सब; गैरेज, अनाज सुखाने की शालाएँ, मालगोदाम..." इत्यादि। बस इसके साथ पेकाशिनो के सामूहिक फार्म को सरकारी फार्म विभाग में तब्दील कर दिया गया जिससे खेतिहर श्रमिकों के लिए पक्की नगद मजूरी की व्यवस्था सम्भव हुई, भूमि के अपने टुकड़े के अनुपात में आमदनी का बन्दोबस्त पुराना हुआ, इतना ही नहीं, काम के बीच आराम और फुर्सत का समय भी बढ़ गया। **द हाउस** का नायक मिख़ाइल इस बात पर कुछ-कुछ चिन्तित दिखायी देता है कि "बोआई चल रही हो

या नहीं, फसल का समय हो या न हो, शनिवार के रोज़ ज्यों ही घड़ी में बारह बजते हैं, सबका घर जाने का वक्त हो जाता है।"

कुछ-कुछ ऐसी ही स्थिति वलेन्तीन रस्पूतिन के उपन्यास **द लास्ट डेड लाइन** में है (जिसका हिन्दी अनुवाद **अन्तिम घड़ी** नाम से 1985 में प्रकाशित हुआ है)। संयोग से यहाँ भी उपन्यास का नायक मिखाइल नामक व्यक्ति ही है। वोद्का-अनुष्ठान के बीच वह अपने बड़े भाई इल्या से बताता है कि "चारों तरफ मशीनें लगी हैं, तकनीक का ज़माना है।...याद है, कल्खोज़ (सरकारी खेती) (वस्तुतः सामूहिक खेती—अ.ति.) में हम कैसे रहते थे?...मेरा मतलब है, सम्बन्ध कितने अच्छे थे, सुख-दुख का साथ था। सच्चा सहकार था। पर अब सबको अपनी-अपनी पड़ी है। कर भी क्या सकते हैं...अपने लोग चले गये, बाहर के लोग आकर बस गये। अपने ही गाँव में अब बहुतों को जानता भी नहीं हूँ। मानो मैं स्वयं अजनबी बन गया हूँ, किसी अपरिचित बस्ती में चला आया हूँ।"

सामूहिक खेती वाले अनुभव-लोक में रमा हुआ मिखाइल यहाँ रस्पूतिन का चरित-नायक है। वह मशीनों के व्यवहार से क्षुब्ध है। किन्तु जब इल्या मशीनों के इस्तेमाल से आराम मिलने और श्रम हल्का होने की बात कहता है तब मिखाइल निरुत्तर हो जाता है। किन्तु, गाँवों के बदलते हुए स्वरूप के मामले में इल्या के पास कोई जवाब नहीं है। अब्रामोव की तरह रस्पूतिन भी यह समझते हैं कि न मशीनों का प्रयोग रुक सकता है और न गाँवों के परम्परागत रूप की रक्षा हो सकती है। वे न तो गाँवों के पिछड़े हुए पुराने रूप की रक्षा के लिए चिन्तित हैं और न ही पूँजीवादी "मानवतावादी" विचारकों की तरह मशीनों के प्रयोग पर सिर धुनते हैं। उनका दृष्टिकोण समाजवादी, क्रान्तिकारी विचारों पर निर्भर है। इसलिए वे खुद अपने चरित-नायक मिखाइल की चेतना से बँध कर नहीं रह सकते।

इसका एक अन्य उदाहरण रस्पूतिन का ही एक अन्य उपन्यास **फेयरवेल टु मेत्योरा** है। दार्या पावेल की माँ हैं और आन्द्रेई पावेल का बेटा। दार्या और पावेल मिल कर आन्द्रेई की परीक्षा लेते हैं कि उसका अनुभवहीन, किताबी ज्ञान उसके दृष्टिकोण में किस हद तक रच-बस गया है। आन्द्रेई अपने गाँव को बेहद प्यार करता है और साथ ही गाँवों के आधुनिकीकरण को अनिवार्य मानता है। "छोटी बच्ची की तरह" अपनी दादी को "चिढ़ाते हुए" वह कहता है कि मेत्योरा "हमारा अपना है, हमारे परिवार के सदस्य की तरह;" लेकिन "हमें बिजली की ज़रूरत है...हमारा मेत्योरा बिजली बनाने जा रहा है, अब यह लोगों के कुछ काम आयेगा।" उसकी स्पष्ट राय है कि मनुष्य प्रकृति का स्वामी है और मनुष्य द्वारा अर्जित प्रविधि सर्वशक्तिमान। उसकी बातें सुन कर पावेल अत्यन्त सुचिन्तित उत्तर देता है, "मैं और तुम इस पर बात नहीं कर रहे हैं कि बिजलीघर ज़रूरी है या नहीं। इस बारे में दो राय नहीं हो

सकती।" उल्लेख करने की बात यह है कि यहाँ रस्पूतिन का चरित-नायक आन्द्रेई नहीं है, बल्कि दार्या है, जिसका दृष्टिकोण इतना भिन्न है कि आन्द्रेई ये सब बातें उन्हें "चिढ़ाते" हुए कहता है।

स्पष्ट है कि ग्राम लेखक नये विकासकार्य के, आधुनिकीकरण के विरोधी नहीं हैं। उनके चरित-नायकों का रुझान आधुनिकीकरण के अनुकूल हो या प्रतिकूल, वे लेखकों की विचारधारा के निर्जीव और यान्त्रिक प्रतीक या प्रवक्ता नहीं हैं। अब्रामोव का मिखाइल नवनिर्माण में सक्रिय हिस्सेदारी करता है और रस्पूतिन का आन्द्रेई इस निर्माण का पक्का सहयात्री है। इसलिए अब्रामोव हों या रस्पूतिन, उनकी विचारधारा अपने चरित-नायकों की सीमाओं से बँधी हुई नहीं है, वह यथार्थ के विकासशील रूपों और मानव-सम्बन्धों के सजीव घात-प्रतिघात में परिलक्षित होती है। मुख्य बात है सोवियत ग्रामकथाकारों का यह अनुभव कि विकास के आगामी चरण के साथ-साथ गाँवों का अस्तित्व ही खतरे में पड़ गया है—अर्थात्, न सिर्फ गाँवों का पिछड़ापन और अलगाव दूर हो रहा है, बल्कि गाँव और शहर का भेद बनाये रखने वाले लक्षण भी मिट रहे हैं। गाँवों के अस्तित्व पर आये इस संकट को जितनी तीव्रता से रस्पूतिन उभारते हैं, उतनी तीव्रता से न अब्रामोव उभारते हैं, न अन्य आंचलिक कथाकार। **'द लास्ट डेडलाइन'** की बूढ़ी आन्ना क्रान्ति के बाद की पीढ़ी की प्रतिनिधि रूसी किसान स्त्री हैं। उनकी मृत्यु उनकी पीढ़ी और उनके युग के समापन का प्रतीक है। खुद आन्ना यह अनुभव करती हैं और अपनी सखी मिरोनिखा से मृत्यु के एक दिन पहले कहती हैं कि "पुराने दिनों की हम दो बुढ़ियाएँ ही दुनिया में रह गयी हैं। और नहीं है। हमारे बाद बूढ़ी औरतें भी दूसरी तरह की आयेंगी—पढ़ी-लिखी, समझदार ... अब तो और ज़माना आ रहा है, हमारा ज़माना नहीं रहा।" यही बात **'फेयरवेल टु मेत्योरा'** में अधिक भव्य प्रतीक के माध्यम से अधिक विस्तृत धरातल पर व्यंजित की गयी है। बिजली पैदा करने के लिए बाँध का बनना ज़रूरी है, किन्तु बाँध बन जाने के बाद वहाँ रहने वाले लोग विस्थापित हो जाते हैं। (हिन्दी में वीरेन्द्र जैन भारतीय समाज-व्यवस्था के ढाँचे में विकास और विस्थापन की ऐसी समस्याओं को कुशल ढंग से चित्रित कर रहे हैं।)

रस्पूतिन के ये दोनों उपन्यास ग्रामकथाओं (या आंचलिक उपन्यासों) में अपना विशिष्ट स्थान इस अर्थ में रखते हैं कि इनमें समाजवादी निर्माण के पिछले चरण से उन्नत, वर्तमान, चरण में प्रवेश के संक्रमणकाल की कथा बड़े मार्मिक और सांकेतिक ढंग से लिखी है। अनेक लेखक जहाँ शहर और गाँव के रहन-सहन, संस्कारों-विचारों आदि में कहीं मार्मिक और कहीं आग्रहपूर्ण तुलना करके रह जाते हैं, वहीं रस्पूतिन उस ऐतिहासिक दृश्य-परिवर्तन को मूर्त करते हैं जिसमें एक युग का पटाक्षेप हो रहा है, दूसरे युग का पदार्पण हो रहा है। इस दृष्टि से, खुद रस्पूतिन का **'फेयरवेल**

टु मेत्योरा' उपन्यास **'द लास्ट डेडलाइन'** से आगे बढ़ा हुआ है। यहाँ समाजवादी व्यवस्था के भीतर उभरती समस्याओं में संकट के बीज अंकुरित होते दिखायी देते हैं। समृद्धि, तबाही, विकास, अजनबीपन, शराबखोरी—परस्पर विरोधी प्रवृत्तियों से लोगों की घुटन और असन्तोष का चेतावनी भरा परिचय मिलता है।

यहाँ कुछ जोखिम उठाते हुए भी यह कहना आवश्यक है कि नौजवान लेखक रस्पूतिन इस ऐतिहासिक दृश्य परिवर्तन के गाथाकार के रूप में फ्योदोर अब्रामोव जैसे अपने अग्रज, अनुभवी और वयोवृद्ध लेखकों की तुलना में भी विशिष्ट हैं। अब्रामोव जैसी अनुभवों की विविधता, कलात्मक तटस्थता और विराट कथानक बाँधने की क्षमता अभी रस्पूतिन में नहीं है। फिर भी, रस्पूतिन अपने उपन्यासों में मिटती हुई ग्रामीण सभ्यता के विघटन की—उसकी अनिवार्य, दारुण, ऐतिहासिक नियति की—पीड़ादायक, मार्मिक गाथा लिखने के नाते एक ऐसे ट्रेजडी लेखक के रूप में हमारे सामने आते हैं जिसमें ऐतिहासिक घटनाक्रम के नाटकीय क्षणों को पहचानने की असाधारण क्षमता है।

यह सही है कि इन दो कृतियों में रस्पूतिन जितनी आशा से भविष्य के प्रति देखते हैं, उससे कहीं अधिक ममता और पीड़ा में मिटती हुई सभ्यता का चित्र खींचते हैं। इसीलिए अपने चरित्रों के मामले में, खासकर अपने आरंभिक उपन्यास **द लास्ट डेडलाइन** में, पक्षपात के शिकार होते हैं। पुराने अनुभव लोक में जीने वाला, पत्नी और माँ से बदसलूकी करने वाला, शराब के नशे में डूबा रहने वाला मिखाइल अपने जन्मस्थान—गाँव और "पैतृक घर"—से जुड़े रहने के कारण उनका आदर्श पात्र बनता है। लेकिन पढ़ी-लिखी, सुसंस्कृत, परिश्रमी और अनुभवी ल्यूस्या शहर चली जाने के कारण लेखक की सहृदयता से भी दूर ही रहती है; उसके चित्रण में लेखक ने खुद अपने कलात्मक संयम की भी चिन्ता छोड़ दी है। जिन स्थलों पर—ल्यूस्या की अपनी स्मृतियों के माध्यम से—ग्रामीण बचपन का प्रसंग है, उन्हें छोड़ कर, शहरी ल्यूस्या किसी के मन में प्रेम और आदर नहीं जगाती—सिर्फ आतंकित करती है :

1. "ल्यूस्या का जीवन कुछ भिन्न था, माँ के लिए अबूझ और अपरिचित... ल्यूस्या की उपस्थिति में बूढ़ी माँ अपने को रोकने का प्रयत्न कर रही थीं कि कोई ऐसी बात न कहें या करें जिससे बेटी को क्रोध आ जाय।"

2. "...उसे अपने और वार्वारा के बीच सगी बहन होने के कारण कोई विशेष निकटता नहीं अनुभव हो रही थी...वह खुद अपने पर क्षुब्ध थी कि अपने भाई-बहनों के साथ दिल से घुल-मिल भी नहीं पाती..." इत्यादि।

मिखाइल के साथ तो उसका व्यवहार और भी अप्रत्याशित है। मिखाइल ने कभी माँ से मज़ाक़ किया था कि हमारे देश में सिर्फ सत्तर साल जीने की इजाजत है। मृत्युशय्या पर पड़ी अस्सी वर्षीया माँ क्षोभ के साथ यह बात याद करती है।

ल्यूस्या पहले तो माँ को समझाती है कि उसका मतलब था, हमारे देश में लोगों की औसत आयु सत्तर साल है। लेकिन फिर अकस्मात उसका पारा चढ़ जाता है, "यह तो निरा छिछलापन है, घोर नीचता है। अम्माँ को इस तरह चिढ़ाने का अधिकार तुझे किसने दिया?"

अब्रामोव अपने चरित्रों के साथ—क्या ग्रामीण और क्या शहरी—ऐसा असंयत व्यवहार नहीं करते। 'अलका' कहानी की तरुणी अलका कई मानों में ल्यूस्या से मिलती-जुलती है। वह भी गाँव में बचपन बिताने के बाद शहर जाकर रहती है। वहाँ अपने जैसों को खोजती है। भगदड़ और यान्त्रिक जीवन के बीच उसे न वह वायुमंडल मिलता है, न वैसे सहज, सरल, आत्मीय लोगों का समाज। लेकिन ल्यूस्या और अलका में एक बड़ा अन्तर भी है। अलका अपने ग्रामीण वातावरण के प्रति अनुरक्त है। ल्यूस्या गाँव के जीवन से विरक्त हो चुकी है। चरित्रों का यह अन्तर वस्तुतः दोनों लेखकों के मनःजगत का अन्तर है। अब्रामोव इतिहास की निर्मम गति को समझते हैं किन्तु उन चरित्रों का चुनाव करते हैं जो शहर में रह कर भी मानसिक स्तर पर अपने ग्रामीण मूल के प्रति अनुरक्त, कुछ-कुछ सम्मोहित, हैं। इसका उदाहरण खुद उनकी विशद-गाथा का चरितनायक मिखाइल भी है जो नवनिर्माण का सक्रिय हिस्सेदार है और साथ-साथ मिट्टी और घास की गन्ध के प्रति इस तरह "नास्टेल्जिक" है कि "नौजवान घोड़े की तरह" ललक कर घास की गन्ध में साँस लेता है और लोटता है। रस्पूतिन उनके बाद के अनुभव संसार के रचनाकार माने जायेंगे जिनके आगे शहर में रहते हुए ग्रामीण अतीत के प्रति सम्मोहन बनाये रखना असम्भव हो गया है। इस अर्थ में, रस्पूतिन का मनोलोक अधिक निर्मम परिस्थिति से टकराता है जहाँ शहरी जीवन गाँव से निर्ममतापूर्वक विच्छिन्न हो चुका है और गाँवों का अस्तित्व ही विनाश के कगार पर खड़ा है। इसका उदाहरण ल्यूस्या है जो मिखाइल से मनमुटाव हो जाने पर मरणासन्न माँ के कहने से भी नहीं रुकती और उसके (तथा साथ-साथ वार्वारा और इल्या के) चले जाने के बाद माँ का देहान्त हो जाता है।

यही कारण है कि अब्रामोव के चरित्र, अलका, पेलाजेया और मिखाइल, खुद टूटते हैं और रस्पूतिन के चरित्र खुद नहीं टूटते, वे ल्यूस्या की भाँति (लेखक की अभिरुचि या इच्छा के विपरीत) निर्मम चुनाव करते हैं। जो चरित्र पुराने सम्बन्धों के मनोजगत में ही रखते हैं, वे बूढ़ी माँ आन्ना की तरह मृत्यु की ओर अग्रसर हैं। अब्रामोव की रचनाशीलता शोकगीत के अधिक निकट पहुँचती है और रस्पूतिन की चेतना ट्रेजिडी के निकट। इसी फर्क के कारण अब्रामोव जैसा अनुभव-वैविध्य और कलात्मक संयम—शहरी जीवन के सूक्ष्म और दैनंदिन विवरणों का विस्तृत ज्ञान और अपने चरित्रों के साथ भावुकतारहित बर्ताव करने वाली अपेक्षित तटस्थता न

होते हुए भी रस्पूतिन के उपन्यासों में विषाद की छाया अब्रामोव की तुलना में कहीं अधिक गहरी है। **द लास्ट डेडलाइन** में ही मृत्यु को लेकर इतनी बार और इतना अधिक लिखा गया है कि वह अपने आप एक अर्थवत्ता धारण करने लगता है। सभी बेटे-बेटियाँ बूढ़ी आन्ना की मृत्यु का इन्तज़ार कर रहे हैं; खुद आन्ना मृत्यु के बारे में इस तरह सोचती हैं कि लगता है मृत्यु से उनकी बातचीत होती है और "किसी कोने में खड़ी मृत्यु उनकी विवेकपूर्ण फुसफुसाहट" सुन कर आह भरती है; इतना ही नहीं, वहाँ एकत्र सभी चेहरों पर ऐसा त्रास छा जाता है "मानो मृत्यु ने उन सबके चेहरे पहचान लिए हों और अब कभी उन्हें भूलेगी नहीं।" आन्ना वस्तुतः उसी संस्कृति का प्रतीक हैं जिसकी अधिक भव्य और मार्मिक व्यंजना मेत्योरा के रूप में हुई है।

इसका यह अर्थ हर्गिज़ नहीं है कि अब्रामोव गाँवों की मिटती हुई हस्ती के प्रति उदासीन हैं, या चरित्रों की करुण परिणति की आड़ में इस सत्य से आँख चुराते हैं। उनके यहाँ भी टूटती हुई ग्रामसभ्यता की इतनी तीव्र व्यथा है कि अनेक रूसी आलोचकों को उनमें "एक के बाद दूसरा विषादपूर्ण चित्र" उपस्थित करने का दोष दिखायी देता है। **"द हाउस"** में वे दिखाते हैं कि "मैदानी इलाके नहीं बचे, पेकाशिनो की विस्तृत क्वाँरी धरती नहीं बची, और उसके साथ ही पेकाशिनो का इतिहास भी नहीं बचा" इत्यादि। किन्तु, अब्रामोव और रस्पूतिन के संवेदन-संसार में जो अन्तर है, उसके परिणामस्वरूप रस्पूतिन वाली विषादपूर्ण गहरी वेदना अब्रामोव की रचनाओं में सर्वत्र छायी हुई नहीं दिखायी देती। अब्रामोव में एक ओर प्राचीन के विघटन का शोक है तो दूसरी ओर नवनिर्माण का उत्साहपूर्ण स्वागत भी है। रस्पूतिन में नये का विरोध तो नहीं है, परन्तु अस्ताचल युग के प्रति करुण ममता अवश्य है। ये दोनों वास्तव में एक विकासमान राष्ट के सामाजिक मन की दो ऐतिहासिक दशाएँ हैं। एक में युद्धोत्तर काल के नवनिर्माण की भावधारा नियामक है, दूसरे में एक नयी करवट के साथ पिछली अवस्था के मिटने का आर्तनाद निर्णायक है।

अब्रामोव और रस्पूतिन की प्रवृत्तियों का यह मूल अन्तर युद्ध के दिनों की पृष्ठभूमि पर लिखे उनके उपन्यासों में भी झलकता है। अब्रामोव ने अपने उपन्यास **ब्रदर्स ऐंड सिस्टर्स** में जनता की एकता, उत्साह और उत्सर्ग भावना का चित्रण किया है। उनके पात्र जनता के उस आत्मविश्वास को व्यंजित करते हैं जो युद्ध के दिनों में विजयी होकर युद्ध समाप्त करने और अपने पिछले, बल्कि उनसे बेहतर, दिनों को वापस लौटाने की भावना में व्यक्त हो रहा था। रस्पूतिन ने अपने उपन्यास **लिव ऐंड रिमेम्बर** (1983 में प्रकाशित हिन्दी अनुवाद **भुलाये न भूले**) में जनता के आत्मविश्वास, उनकी प्रबल देशभक्ति और त्याग-परायणता को तो चित्रित किया ही है, किन्तु मुख्य कथा चुनी है एक ऐसे भगोड़े सैनिक आन्द्रेई गुस्कोव की पत्नी नास्तेना और उसकी सन्तान के सामाजिक अपमान और वेदना की, जो बिना कोई

अपराध किये भी अपराधी हैं। अपने गाँव वालों के सुख-दुःख की हिस्सेदार सरल, स्नेही नास्तेना देखती है कि किसी का पति युद्ध में मारा गया है, किसी का पति पूर्णतः क्षत-विक्षत और अपंग होकर लौटा है। लेकिन उसका पति सही-सलामत लौट आया है—शूरवीर की तरह नहीं, बल्कि गद्दार और अपराधी की तरह। आखिरकार कोई रास्ता न बचने पर वह आत्महत्या कर लेती है। इस तरह, वह आन्द्रेई के कृत्य का और भी तीखा, गहरा असर पाठक के हृदय पर डाल देती है।

यहाँ रस्पूतिन ने भगोड़ों और गद्दारों को "हीरो" बना कर सोल्झेनित्सिन की तरह अपने रूसी होने के दुर्भाग्य पर विलाप नहीं किया है। उन्होंने निरपराध नास्तेना की विवश आत्महत्या दिखा कर भगोड़ों की कुत्सित, आपराधिक भूमिका के प्रति तीव्र घृणा जगायी है। आन्द्रेई के ही समान एक भगोड़ा सैनिक **द लास्ट डेडलाइन** में भी प्रकट होता है जो बचपन में ल्यूस्या को जंगल में मिला था और गर्मी में कनटोप पहने हुए अधिक भयानक लग रहा था। यहाँ यह उल्लेख करना अप्रासंगिक न होगा कि रस्पूतिन की देशभक्ति का उचित सम्मान करते हुए उनके **लिव ऐंड रिमेम्बर** उपन्यास को साहित्य का राज्य पुरस्कार प्रदान किया गया था। किन्तु लक्ष्य करने की बात यह है कि यहाँ भी अब्रामोव से भिन्न, रस्पूतिन का झुकाव यथार्थ के एक त्रासद क्षण को, एक ट्रेजिक घटना-प्रसंग को अंकित करने की ओर है।

यह जानी-मानी बात है कि समाजवादी यथार्थवाद जीवन के सच्चाई भरे चित्रण से भिन्न नहीं है। अभी हाल ही में प्रकाशित अपनी पुस्तक **सोशलिस्ट लिटरेचर्सः प्रॉब्लम्स ऑफ़ डेवलपमेन्ट** में दिमित्री मार्कोव ने पुनः स्पष्ट किया है कि "मैं समाजवादी यथार्थवाद को जीवन के अंकन की ऐतिहासिक दृष्टि से उन्मुक्त व्यवस्था मानता हूँ।" (अंग्रेज़ी संस्करण की भूमिका, पृ. 7) और भी, "समाजवादी यथार्थवाद के सौन्दर्यात्मक ढाँचे की कसौटी है कलात्मक यथार्थ"। (उप., पृ. 150-51) समाजवादी विकास की नयी ऐतिहासिक चुनौतियों के बारे में प्रतिलोम—मिटती हुई सभ्यता के प्रति ममतापूर्ण—रुख अपनाने के बावजूद एक समाजवादी लेखक के रूप में रस्पूतिन की खूबियाँ दिखाते हुए बोरिस पान्किन ने फेयरवेल टु मेत्योरा के प्रसंग में लिखा है कि चरित्र जीवन के सच्चे चरित्र हैं, उनकी "कथा जीवन की सच्ची कथा है जिसे आसानी से पहचाना जा सकता है। पत्रकार रस्पूतिन उसे, उसके एक-एक विवरण को अच्छी तरह जानते हैं, और लेखक रस्पूतिन ने उसे सच्चाई और गहराई से चित्रित किया है।" साथ ही, रस्पूतिन के दृष्टिकोण से असहमति व्यक्त करते हुए पान्किन लिखते हैं, "यह समझाना उनका उद्देश्य जान पड़ता है कि पुराने, स्थापित जीवन में किसी तरह का परिवर्तन विफल होने के लिए अभिशप्त है।" (**डिमांडिंग लिटरेचर,** पृ. 96-97) यह मूल्यांकन थोड़ा अतिरंजित लगता है।

अपने दृष्टिकोण की असंगतियों के रहते हुए भी रस्पूतिन एक समाजवादी-

यथार्थवादी लेखक हैं। इसका रहस्य यह है कि वे समाजवादी विकास की नयी मंज़िल पर उभरने वाली चुनौतियों को सजग होकर उठाते हैं। हंगेरियाई लेखक बेला कोपेज़ी ने समाजवादी यथार्थवाद को "एक ऐसी ऐतिहासिक कोटि के रूप में व्याख्यायित" करने की अनिवार्यता पर बल दिया है "जो समाजवादी निर्माण के साथ-साथ परिवतर्तित और विकसित होती है।" (**लिटरेचर इन दि चेंजिंग वर्ल्ड,** पृ. 68) इस दृष्टि से, अब्रामोव, रस्पूतिन या अन्य सोवियत ग्राम कथाकारों की रचनाएँ, उनके वैचारिक अन्तर्विरोध और तीखी आलोचनात्मक बहसें अपने यथार्थवादी सारतत्त्व में समाजवाद के विकास की वर्तमान अवस्था से अभिन्न रूप में जुड़ी हुई हैं। यहाँ मार्कोव के उस कथन का निहितार्थ आसानी से समझ में आ सकता है जिसमें वे समाजवादी यथार्थवाद को जीवन के अंकन की "उन्मुक्त व्यवस्था" कहते हैं। कदम-कदम पर समाजवाद की भर्त्सना में ही "सच्ची" उन्मुक्तता और स्वतन्त्रता अनुभव करने वाले विचारकों की रुचियाँ यहाँ अतृप्त रह जायें, तो यह स्वाभाविक ही है। सोवियत संघ के समाजवादी रचनाकारों की वैचारिक बहसें विरोधी उद्देश्यों के लिए नहीं, बल्कि समाजवाद को अधिक निर्दोष और सर्वांगपूर्ण बनाने के ध्येय से चलने वाली रचनात्मक बहसें हैं। ग्रामसमाज के अस्तित्व पर ही जो संकट है, उसे देखते हुए आंचलिक रचनाकारों के दृष्टिकोण में कभी-कभी प्रकट होने वाली उग्रता और असहिष्णुता का कारण जाना जा सकता है। रस्पूतिन की कलात्मक सीमाएँ इसी कारण से निष्पन्न हुई हैं।

इस विवाद का सारतत्त्व, जैसा कि सोवियत लेखकों की छठी कांग्रेस में खुद वरिष्ठ आंचलिक लेखक फ्योदोर अब्रामोव ने लक्षित किया था, यह है कि "गाँव अन्तिम साँसें ले रहे हैं, अपने ग्रामीण इलाकों के प्रतिनिधि मनुष्यों को हम विशेष, तीखे ध्यान से देख रहे हैं"। रूसी गाँवों ने जिस आध्यात्मिक सम्पदा को—जिन आत्मिक अनुभवों और नैतिक सम्भावनाओं को—अर्जित किया है, उन्हें पुनर्निर्माण के तकाज़ों के सन्दर्भ में, मौजूदा सरोकारों के साथ देखने की ज़रूरत है क्योंकि "गाँवों की हरे-भरेपन से उत्पन्न खुशहाली वर्तमान शहरी जीवन के भले में कुछ योगदान कर सकती है।"

गाँवों ने हरे-भरेपन से उत्पन्न यह खुशहाली जिन कठिन परिस्थितियों में अर्जित की है, उन्हें भूल कर नयी सभ्यता और संस्कृति का उचित विकास नहीं हो सकता। युद्धोत्तर काल के पुनर्निर्माण के अनुभवों पर लिखे अपने विशद उपन्यास के पहले भाग **टू विंटर्स ऐंड थ्री समर्स** में अब्रामोव बताते हैं कि उसका नायक मिखाइल सन् 1942 में मोर्चे पर था; "चिन्ता मत करो," मिखाइल ने कहा, "मैं 1942 से ही कठिन परिस्थितियों में गाड़ी चलाता आया हूँ।" पल भर रुक कर उसने तिमोफेई की आँखों में देखा और अपनी बात अधिक साफ़ करते हुए बोला, "इसी साल

खबर मिली थी कि मेरे पिता की मृत्यु हो गयी है।" युद्ध के बाद उसकी माँ खेत में अनाज की कटाई करते हुए मृत्यु का शिकार बनीं। उसे कठिन परिस्थितियों में भी धैर्य न खोकर श्रम करने का संस्कार अपने माता-पिता से मिला है। रस्पूतिन के **द लास्ट डेडलाइन** का मिखाइल गाँव छोड़ कर जिन तीन वर्षों में बाहर रहता है, वे फौज के दिन थे। उसका बड़ा भाई इल्या भी फौज में ट्रेनिंग पाता है, लेकिन युद्ध समाप्त हो जाने के कारण मोर्चे पर नहीं जाता। लेकिन अन्य तीन भाई "युद्ध का शिकार हुए थे"। उसके पिता को भी "श्रमसेना में लिया गया था" जहाँ बीमार पड़ने के बाद उनकी मृत्यु हुई। मृत्युशय्या पर पड़ी आन्ना अपने जीवन की इन सभी विपत्तियों को याद करती हैं और अपने वर्तमान हाल पर क्षोभ से भर कर मृत्यु की कामना करती हैं क्योंकि उनकी सन्तानें उनके समझाने-बुझाने पर भी आपस में नहीं निभा सकीं और उन्हें अकेला छोड़ कर अपने-अपने ठिकानों को लौट गयीं। कठिन दिनों का संघर्षपूर्ण अतीत और राहत के दिनों का विघटित होता वर्तमान—यही बिन्दु है जो आन्ना को और उनके साथ मिटते एक युग को अत्यन्त त्रासद मोड़ पर ला खड़ा करता है। यहाँ लेखक अपने पाठकों से पुराने दिनों के लिए भावुक सम्मोहन की माँग नहीं करता; वह अपने पूर्वजों के संघर्षों और बलिदानों के लिए सम्मान की माँग करता है जिसके बिना इल्या या ल्यूस्या आज इस वैभवपूर्ण स्थिति में कदापि न हो सकते थे। इस सारी कुर्बानी और संघर्ष को भूलकर जो विकास होगा वह नैतिक धरातल पर तुच्छतापूर्ण नतीजों को ही जन्म देगा। खुद इस बारे में सोवियत लेखकों ने जैसी निर्भीक रचनाएँ की हैं, वे समाजवाद के अन्तर्गत उद्भूत सांस्कृतिक वातावरण का अकाट्य प्रमाण हैं।

फेयरवेल टु मेत्योरा में पावेल आन्द्रेई से कहते हैं, "मैं यह कह रहा हूँ कि यहाँ (गाँव में) भी किसी को काम करने के लिए रहना चाहिए।" सभी को शहर की ओर नहीं भागना चाहिए। लेकिन नयी शिक्षा-दीक्षा इस बारे में उतनी सचेत नहीं जान पड़ती। परिणामस्वरूप लोग-बाग शहरों की ओर मुखातिब हैं, गाँव का जीवन छिन्न-भिन्न हो रहा है, आधुनिकीकरण की प्रक्रिया गाँवों के अस्तित्व और इतिहास को ही मिटा रही है। अब्रामोव के **टू विंटर्स ऐंड थ्री समर्स** के आधार पर कहें तो, नयी सभ्यता, पिछले, कठिन दिनों में गाढ़ी मेहनत से कमाई हुई "हरी-भरी खुशियों" पर, पिनेजा और सिनेल्गा की घाटियों पर, जंगलों और मैदानों में नाशकारी हमले कर रही हैं। गाँव की प्रकृति और मानव-सम्बन्धों से टूट कर शहर में आ बसने वाले लोग या तो अलका की तरह नैराश्यपूर्ण विघटन के शिकार होते हैं या ल्यूस्या की तरह माँ के पुनर्जीवित हो उठने पर क्षुब्ध होकर सोचते हैं कि उन्हें मरना नहीं था तो व्यर्थ ही यहाँ क्यों बुलाया...इत्यादि। इतना ही नहीं, यूरी कज़ाकोव की कहानी **रोटी की गन्ध** (यामा, जनवरी 1985) में दूस्या को जब गाँव से माँ के निधन का तार

मिलता है तो वह उदास होकर पति के साथ शराब पीकर सो रहती है। गाँव इसलिए नहीं जाती कि "वहाँ तो अभी बहुत ठंड है...जो भी बचा-खुचा रहा होगा, रिश्तेदार ले गये होंगे।" गर्मियों में भेजे मीशा का पत्र पाकर वह झटपट गाँव चली जाती है क्योंकि "नानी का मकान और सामान सुरक्षित पड़ा है" जिसे दूस्या को बेचना है।

सचेत नैतिक प्रशिक्षण के प्रति लापरवाह नयी शिक्षा-दीक्षा में ढले हुए सभी लोग ध्येयनिष्ठ, जागरूक और कठिन साधना करने वाले नहीं हो सकते। अपने अनुभवों की विशदता के अनुरूप ही इस प्रश्न पर भी अब्रामोव ने बड़ा मार्मिक प्रकाश डाला है। **टू विंटर्स ऐंड थ्री समर्स** में मिखाइल की मुलाकात येगोर्शा से होती है जो जीवन की समूची पद्धति में उसका प्रतिलोम है। मिखाइल हाल ही में जिला पार्टी केन्द्र से सामूहिक फार्म पर आया है और येगोर्शा ने भी अभी-अभी ट्रैक्टर ड्राइवर के रूप में योग्यता हासिल करके काम शुरू किया है। मिखाइल स्वभाव से विनम्र, कठिन से कठिन काम करने को तत्पर, अपने साथियों और गाँव वालों को अत्यन्त प्रिय, छोटी से छोटी अनीति का असह्य क्षोभ से विरोध करने वाला आदर्शवादी तरुण है। उसका आदर्शवाद इतना कट्टर है कि जब युद्ध के दिनों में मिखाइल के भाई-बहनों को भूख से बचाने के लिए तपी-तपायी महिला आन्ना प्रयास्लिना सामूहिक फार्म की कटाई में से एक छोटे थैले में अनाज भरकर लाती हैं तो वह हिल उठता है। फार्म की अध्यक्षा अनफिसा पैत्रोवना के पास जाकर पूछता है, "मैं यहाँ किसलिए हूँ? ये चीज़ें होंगी तो मैं यहाँ कैसे रह सकूँगा?" इत्यादि। परन्तु येगोर्शा "पानी में लकड़ी के कुंदे की तरह बहने" वाला अवसरवादी, महत्त्वाकांक्षी और बड़बोला युवक है। कहीं किसी महत्त्वपूर्ण स्थान पर छोटा-मोटा काम कर लेने के बाद वह वर्षों डींग हाँकते हुए आत्मविज्ञापन करता फिरता है कि "जब मैंने जिला पार्टी कमेटी के लिए काम किया था...।" इत्यादि। यह सब निष्फल होता हो, ऐसा नहीं है। येगोर्शा की प्रशंसा में अखबार में लेख छपता है जिसमें उसे "बचपन से ही सदा प्रकाशित शब्द पर विश्वास करने वाला" बताया जाता है। येगोर्शा अपवाद नहीं है। तावोस्की भी उसी तरह का है। निर्माणकर्ता के तीस वर्षों में फैले अपने सक्रिय अनुभव-काल में मिखाइल को अनेक ऐसे नौकरशाह और नफ़ाखोर मिलते हैं, जो खुद मिखाइल की बहन लिज़ावेता के शब्दों में, उसके साथ "इस धरती पर मरने के लिए नहीं बने हैं"। इस तरह के खट्टे-मीठे अनुभवों के बीच से गुज़रते हुए उपन्यास के तीसरे भाग तक पहुँचते-पहुँचते निःस्वार्थ मिखाइल "अपनी सफलता की आत्मतुष्ट मस्ती में भी कभी-कभी रूखा और कठोर हो उठता है।"

कहने की ज़रूरत नहीं कि ल्यूस्या, येगोर्शा, दूस्या जैसे अनेक पात्रों की सृष्टि करके सोवियत ग्राम कथाकारों ने उस निर्मम, भावनारहित और स्वार्थपूर्ण "संस्कृति" पर चोट की है जो मनुष्यों के आपसी रागात्मक सम्बन्ध टूटने से समाजवादी

व्यवस्था के भीतर उत्पन्न हो रही है। इस समस्या का कुछ सम्बन्ध शहरी जीवन की परिस्थितियों से भी है, इसमें सन्देह नहीं। विश्व युद्ध से ध्वस्त राष्ट्र के "पुनर्जन्म" (जैसा कि दिवंगत सोवियत नेता लियोनिद ब्रेझनेव ने अपने संस्मरणों में कहा है) के दौरान अनगिनत नेक चरित्रों के साथ-साथ येगोर्शा और तोवार्स्की जैसे लोग भी फले-फूले हैं जिनके विरुद्ध पिछले दिनों भ्रष्टाचार-उन्मूलन अभियान में सोवियत राजसत्ता ने दंडात्मक कार्रवाइयाँ की हैं। अब्रामोव जैसे लेखकों ने अपनी कृतियों में ऐसे चरित्रों की निर्भीक आलोचना करके समाजवाद के अन्तर्गत लेखकीय स्वतन्त्रता का ही परिचय नहीं दिया, बल्कि रूसी जनता को इन अवसरवादियों से आगाह करके अपनी देशभक्ति का कर्तव्य भी निबाहा।

साथ ही, उन्होंने उस पनपते हुए अविवेक की भी कड़ी आलोचना की है जिसके कारण पेकाशिनो के मैदानों और खेतों के साथ-साथ "उसका इतिहास भी लुप्त हो रहा है।" इसलिए सोवियत ग्रामकथाकारों की समस्या को इस रूप में देखना उपयुक्त होगा कि एक ओर गाँवों का पिछड़ापन दूर करके उनके आधुनिक रूपांतरण का प्रश्न है और दूसरी ओर भाईचारे पर आधारित संस्कृति के उन सजीव, मानवीय और रागात्मक मूल्यों की रक्षा का प्रश्न है जिन्हें सामूहिकता के दौर में गाँव वालों ने मिल कर विकसित किया था। नयी सभ्यता न सिर्फ पिछड़ेपन का नाश कर रही है, बल्कि बहुधा आधुनिकीकरण की अपनी धुन में उन कुर्बानियों, अनुभवों और मूल्यों के प्रति उदासीनता या उपेक्षा और तिरस्कार का रुख प्रदर्शित कर रही है जिनके बिना यह नयी सभ्यता अवतरित न हो सकती थी। किन्तु जो प्रवृत्तियाँ सोवियत समाजवाद को गम्भीर संकट में डाल सकती हैं। समाजवाद मानव-सम्बन्धों को बेहतर बनाने की प्रणाली है। जिस विकास में मानव-सम्बन्ध ही क्षतिग्रस्त हों, वह किसी गम्भीर रोग का लक्षण है, जिसे सोवियत कथाकारों ने भली-भाँति देखा है।

यहाँ यह ज़ोर देकर कहने की ज़रूरत है कि पुराने समाज के विघटन का चित्र खींचते हुए अब्रामोव या रस्पूतिन नकचढ़ेपन के साथ आधुनिकीकरण का या आधुनिक दृष्टिकोण का विरोध नहीं करते। वे अपनी कृतियों में अपने पूर्ववर्तियों के उत्सर्ग को आदरपूर्वक याद करके यह ज़ाहिर करते हैं कि उनके प्रति उदासीनता, उपेक्षा या तिरस्कार का अर्थ है, अपनी प्रगति की राह में गड्ढे खोदना। वे अपने पूर्ववर्तियों द्वारा अर्जित गुणों को जीवन की परिस्थितियों, संघर्षों और सम्बन्धों के बीच चित्रित करते हैं और जनता को सचेत करते हैं कि इन गुणों की रक्षा करना उसका अनिवार्य और पुनीत कर्तव्य है। उनके चरित्रों का विकास और व्यवहार यह स्पष्ट करता है कि समाजवादी जगत आधुनिकता की उन विकृतियों से मुक्त है जिन्हें पूँजीवादी देशों की संस्कृति में बड़े शान से विज्ञापित किया जाता है। सोवियत समाज की समस्याएँ इस तरह की हैं जिन पर कम्युनिस्ट नैतिकता के सजग प्रशिक्षण द्वारा काबू पाया जा

सकता है। कारण यह कि सोवियत समाज में गलाकाट सामाजिक प्रतिस्पर्धा से पैदा होने वाले क्षुद्र स्वार्थों और विकृतियों का भौतिक आधार मिट चुका है।

अपनी रचनाओं में सोवियत लेखक यह दिखाते हैं कि विश्व युद्ध में रूसी गाँवों ने भी वैसा ही त्याग और संघर्ष किया था जैसा शहरी आबादी ने। **ब्रदर्स ऐंड सिस्टर्स, टू विंटर्स ऐंड थ्री ऐंड समर्स, लिव ऐंड रिमेम्बर** जैसे उपन्यास यह सजीव तस्वीर खड़ी करते हैं कि व्यवहारतः प्रत्येक रूसी किसान ने अपने परिवार के कम-से-कम एक सदस्य की कुर्बानी अवश्य दी है। संचार साधनों और विकास की पिछड़ी दशा को देखते हुए किसानों के संघर्ष और उपलब्धियों का मूल्य बहुत बढ़ जाता है। युद्ध शुरू होने पर सोवियत संघ औद्योगिक दृष्टि से शत्रुदेश जर्मनी और मित्रदेश ब्रिटेन के समान उन्नत न था। वहाँ के मज़दूरों और सैनिकों के साथ मिल कर किसानों ने युद्ध और निर्माण के मोर्चों पर जो संघर्ष चलाया, उसके अभाव में सोवियत संघ की विजय और युद्धोत्तर "पुनर्जन्म" की प्रक्रियाएँ सम्पन्न न हो सकती थीं। सौभाग्य से, सोवियत संघ के समाजवादी जीवन में लेखकों को निष्कुंठ आलोचना की खुली स्वतन्त्रता है; ये लेखक अपनी स्वतन्त्रता का पूरी ज़िम्मेदारी से उपयोग करते हैं। जड़ यथार्थ में फँसने की जगह वे गतिशील धारा को, उसके अन्तःस्पंदनों को पहचान रहे हैं और साहित्य की इस मशाल की रोशनी में सोवियत समाजवादी नेतृत्व अपने देश की नैतिक दुर्बलताओं पर विजय पाने के लिए जागरूक सक्रियता का परिचय दे रहा है।

विक्टोरियाई नैतिकता से पलायन

प्रेमचन्द के समकालीन ब्रिटिश कथाकार डी. एच. लारेंस (1885-1930) का अन्तिम उपन्यास **'लेडी चैटर्लीज़ लवर'** सम्भवतः बीसवीं सदी का सबसे विवादास्पद उपन्यास था। प्रेम, नैतिकता, व्यभिचार, अमरता जैसे प्रश्नों को लेकर काफी हौसले से लेकिन उतनी ही उलझन के साथ लारेंस ने यह उपन्यास लिखा था। इसीलिए उसका लेखन चार वर्ष—1924 से 1928—तक चलता रहा। उसके तीन प्रारूप तैयार हुए। तीसरा प्रारूप **'लेडी चैटर्लीज़ लवर'** 1928 में लारेंस के सामने प्रकाशित हो गया था। लेकिन बाद में यह ज़रूरी पाया गया कि उसके दोनों पिछले प्रारूप भी प्रकाशित किये जायें क्योंकि सभी प्रारूपों में विषयवस्तु के विश्लेषण से लेकर चरित्र के निर्माण तक काफी अन्तर था। इस अन्तर के कारण तीनों का प्रभाव और सन्देश भी बहुत कुछ बदल जाता था। 1944 में, लारेंस की मृत्यु के लगभग डेढ़ दशक बाद **'द फर्स्ट लेडी चैटर्ली'** का प्रकाशन हुआ, जिसमें चरित्र और कथानक का विकास शायद **'लेडी चैटर्लीज़ लवर'** जैसा नहीं था, फिर भी उसमें लारेंस की अवधारणा अपेक्षाकृत अधिक स्वाभाविक रूप में व्यक्त हुई थी। संयोग से, हिन्दी में संवाद प्रकाशन, मेरठ ने इसी पहले प्रारूप का युगांक धीर द्वारा किया गया बेहद सुन्दर अनुवाद प्रकाशित किया है। इसके लिए युगांक और आलोक श्रीवास्तव दोनों बधाई के पात्र हैं।

'द फर्स्ट लेडी चैटर्ली' की भूमिका में लारेंस की पत्नी फ्रेडा लारेंस ने कहा था कि "एक इंगलिशमैन, एक न्यू इंग्लैंडर ही इस तरह का उपन्यास लिख सकता था।" यह बात न अतिरंजित है, न दर्पोक्तिपूर्ण। उसमें सच्चाई है। फ्रांसीसियों में विवाहेतर गुप्त प्रेम-सम्बन्ध का और अमरीकियों में चट शादी-पट तलाक का प्रचलन है। लेकिन अंग्रेज़ों के लिए वैवाहिक सम्बन्ध "एक ईश्वरीय सम्बन्ध होता है।" यह धार्मिक पवित्रता की अवधारणा विश्वविजेता इंगलैंड के श्रेष्ठताबोध और विक्टोरियाई नैतिकतावाद का परिणाम था। लेडी चैटर्ली की कथा इसी बिन्दु पर प्रहार करती है। वह लौकिकता और अमरता को ही नहीं, नैतिकता और मानवीयता को भी जीवन की वास्तविक स्थितियों में परखने का आग्रह करती है। वास्तविक स्थितियाँ चरित्रों के गुण और सम्बन्ध से तो बनती ही हैं, सामाजिक परिस्थितियों और शक्तियों के

परस्पर घात-प्रतिघात से भी बनती हैं। एक बड़े रचनाकार की तरह लारेंस ने प्रकटतः विवाह और विवाहेतर सम्बन्ध (प्रेम और बेवफाई) की घटना को युद्धोत्तर इंग्लैंड के सामाजिक और वर्गीय अन्तर्द्वन्द्व की पृष्ठभूमि से जोड़कर व्यापक अर्थवत्ता प्रदान कर दी है। वास्तव में, यह अर्थवत्ता उनकी रचनात्मक अवधारणा में ही मौजूद है।

'लेडी' और 'चैटर्ली' दोनों उपाधियाँ हैं, नाम नहीं। सम्भ्रान्त वर्ग, मालिकों और शासकों के वर्ग की। 'लार्ड' और 'सर' जैसी उपाधियों से नीचे की। उपन्यास में जिस लेडी चैटर्ली की कथा है उसका नाम है कांस्टेंस। प्रथम विश्व युद्ध के दौरान एक दुर्घटना में उसके पति क्लिफोर्ड का कमर से नीचे का हिस्सा बेकार हो गया था। वह न अपने पाँव पर खड़ा हो सकता है, न प्रजनन की क्षमता रखता है। उसका यह बंजरपन इंगलिश शासक वर्ग की ऐतिहासिक सम्भावनाहीनता का प्रतीक है। कांस्टेंस इसे सृजनहीनता कहती है। एक पत्नी के रूप में कांस्टेंस के लिए यह दोहरी यातना है कि क्लिफोर्ड अक्षम है और फिर भी उस पर अपना नियन्त्रण रखना चाहता है। लेडी की हैसियत में सन्तुष्ट रहने वाली कांस्टेंस के भीतर क्लिफोर्ड की आंटी लेडी ईवा रोलेस्टोन और नर्स मिसेज़ बोल्टन के कारण स्त्री सुलभ नैसर्गिक इच्छाएँ जागती हैं। वह पार्किन से प्रेम करती है और गर्भ धारण करती है। पार्किन क्लिफोर्ड का नौकर है—उसके जंगल का रखवाला। वैवाहिक नैतिकता का यह उल्लंघन इस उपन्यास पर उठने वाले विवाद का कारण है। लेकिन तत्कालीन अंग्रेज़ी मानसिकता को ज़्यादा गहरी ठेस शासक-वर्ग के बंजरपन और स्वार्थलिप्सा के चित्रण से लगी थी। इंगलिश शासक वर्ग की यह आलोचना 19वीं शताब्दी के क्रान्तिकारी स्वच्छन्दतावादी रचनाकारों की परम्परा का विकास था।

लारेंस खुद भी इंगलिशमैन थे। इंगलिश जेंट्लमैन नहीं, इंगलिश कामनमैन। कुछ-कुछ प्रेमचन्द की तरह। प्रेमचन्द संघर्षशील राष्ट्र के लेखक थे। उनके पास कुलीन वर्ग का लेखक बनने के अवसर कम थे। लारेंस के पास ऐसे अवसर अधिक थे। फिर भी उन्होंने सचेत रूप में उन अवसरों को ठुकराया। साधारण लोगों से उनकी हमदर्दी उनके उपन्यासों को अद्‌भुत ऊर्जा देती है। लेडी चैटर्ली की कथा में भी ओलिवर पार्किन और उसके मित्र बिल ट्यूसन के परिवार का वर्णन अत्यन्त सजीव है। क्लिफोर्ड के शिष्ट, शालीन, औपचारिक वातावरण की तुलना में शेफील्ड की मज़दूर बस्ती का, पार्किन-ट्यूसर आदि का वातावरण कहीं अधिक मानवीय, ज़िन्दादिल और सहज है।

प्रेमचन्द और लारेंस की कथा में दो बातें मिलती-जुलती हैं। पहली यह कि दोनों का कथानक साधारण जन के नज़रिये से निर्मित होता है। दूसरी यह कि अपने सभी पात्रों के साथ दोनों ही लेखक पूरी हमदर्दी रखते हैं। **'द फर्स्ट लेडी चैटर्ली'** की कहानी एक कुलीन परिवार से सम्बन्धित है लेकिन उसे स्त्री के नज़रिये से—कांस्टेंस

के नज़रिये से—देखा गया है। साथ ही, कांस्टेंस सहित सभी पात्रों को गैर-कुलीन नज़रिये से परखा गया है। इसलिए उसका कथानक स्पष्ट नहीं है। अनावश्यक उलझाव न होने पर भी कथा की संवेदना जटिल है। लेकिन उसकी मानवीय सारवस्तु 'इंगलिशमैन' की सीमा के परे एक सार्वभौम प्रभाव अर्जित कर लेती है।

कांस्टेंस कुलीन वातावरण में एक उपेक्षित, यातनापूर्ण अस्तित्व है। अपनी स्थिति के नाते इस वातावरण से और अपने कुलीन वर्ग से क्रमशः क्षोभ, मोहभंग और विद्रोह के माध्यम से उसकी निजता, उसकी वैयक्तिक सार्थकता चरितार्थ होती है। वह 'लेडी' और 'चैटर्ली' की हैसियत छोड़कर पार्किन के साथ उसके श्रमिक वर्गीय परिवेश में रहने का निश्चय करती है। कांस्टेंस के इस रूपान्तरण के लिए किसी चरित्र को लारेंस खलनायक नहीं बनाते। वे क्लिफोर्ड और पार्किन दोनों को पूरी तटस्थता, आत्मीयता और विश्वसनीयता के साथ चित्रित करते हैं। इसलिए कांस्टेंस का मोहभंग कोई वैयक्तिक प्रक्रिया या प्रतिक्रिया न रह कर व्यापक, वर्गीय अभिप्राय ग्रहण कर लेती है। अकारण नहीं है कि ऊपरी तौर पर प्रेम और यौन सम्बन्धों के इस कथानक में वर्गों की और वर्गीय संस्कारों-दृष्टिकोणों की चर्चा बार-बार आती है, सेवक और स्वामी वर्गों की परस्पर-घृणा और अधिकार-चेतना का द्वन्द्व भी स्पष्ट तौर पर उभरता है।

सम्भव है, युद्धोत्तर इंग्लैंड की उलझन भरी परिस्थितियों में लारेंस का राजनीतिक दृष्टिकोण प्रेमचन्द की तरह प्रगतिशील न रह गया हो। प्रेमचन्द आर्यसमाजी थे, क्रमशः वामपन्थ की ओर गये। लारेंस वामपन्थी थे, कहा जाता है कि वे क्रमशः वामपन्थ से दूर गये। फ्रेडा लारेंस के अनुसार, उन्होंने कम्युनिज़्म और फ़ासिज़्म दोनों का प्रभाव लिया और दोनों की सीमाओं का परित्याग करके "विशुद्ध मानवीय दृष्टिकोण" अपनाया। लेकिन लेडी चैटर्ली का कथानक इस बात की गवाही नहीं देता। यह सही है कि जिस तरह प्रेमचन्द ने जॉन सेवक या राजा अमरपाल सिंह का चित्रण व्यक्तिगत राग-द्वेष से नहीं किया है बल्कि व्यक्तिगत स्तर पर सहानुभूतिपूर्ण रुख अपनाते हुए उनका सजीव व्यक्तित्व खड़ा किया है, साथ ही उनकी समाज-विरोधी और अमानवीय प्रवृत्तियों का सम्बन्ध उनके वर्ग-आचरण से जोड़ा है, उसी तरह लारेंस ने भी क्लिफोर्ड के चित्रण में व्यक्तिगत सहानुभूति और वर्गीय पक्षधरता का नज़रिया अपनाया है। लेकिन इसमें कहीं भी फ़ासिस्ट-प्रभाव नहीं दिखायी देता। क्लिफोर्ड खनिकों को दबाकर काम कराने के लिए एक नये प्रकार की दास-प्रथा की आवश्यकता बताता है लेकिन उसके नज़रिये से कांस्टेंस ही सहमत नहीं होती! इसे भी युद्धोत्तर परिस्थिति का द्वन्द्व माना जा सकता है, लारेंस के विचारों पर फ़ासिस्ट प्रभाव नहीं।

'द फर्स्ट लेडी चैटर्ली' के कलाकार डंकन फोर्ब्स को अंशतः रचनाकार का प्रतिरूप मान सकते हैं। उसके सामने सभी पात्र अपने रहस्य खोल देते हैं और वह

सभी के प्रति खुला व्यवहार रखता है। कांस्टेंस का गर्भ पार्किन से है, यह बात उसने क्लिफोर्ड को नहीं बतायी लेकिन डंकन को बता दी। पार्किन कम्युनिस्ट पार्टी की ओर से इकाई के सेक्रेटरी के रूप में काम कर रहा है, यह बात उसने कांस्टेंस को नहीं बतायी, लेकिन डंकन को बता दी। घटना-विन्यास, चरित्रों के संवेदनात्मक पहलू और कथानक के विभिन्न स्तरों की आंतरिक संगति की दृष्टियों से डंकन की संक्षिप्त-सी भूमिका अत्यन्त महत्त्वपूर्ण है। प्रेम, विवाह और यौन सम्बन्धों की कथा, वर्गों के परस्पर सम्बन्ध और द्वन्द्व की कथा, युद्धोत्तर इंग्लैंड में राजनीतिक विकल्पों की कथा—उपन्यास के कथानक में निहित इन तीनों संस्तरों को डंकन ही एकसूत्रता प्रदान करता है।

पार्किन समझता है कि डंकन और कांस्टेंस दोनों क्लिफोर्ड के वर्ग के होकर भी अलग तरह के हैं, अपने वर्ग से कटे हुए, बेपरवाह और बेखौफ। डंकन उसकी रूढ़ धारणा का खंडन करते हुए कहता है कि तुम भी अपने वर्ग के लोगों जैसे नहीं हो, बेपरवाह और बेखौफ हो; वास्तव में हमारे जैसे लोग (यानी डंकन, कांस्टेंस, पार्किन और कांस्टेंस की बहन हिल्डा जैसे लोग) किसी एक वर्ग में फिट नहीं होते इसलिए उन्हें एक प्रकार से "वर्गहीन व्यक्ति" कहा जा सकता है। डंकन के इस विचार में लेखक के "मानवीय दृष्टिकोण" की झलक मिल सकती है। लेकिन उसके द्वारा मानवीय दृष्टिकोण में फ़ासिस्ट प्रभाव (व्यक्ति या विचार) के लिए जगह नहीं है; मज़दूर वर्ग और कम्युनिस्ट चरित्र के लिए जगह है। इस दृष्टि से वह मानवीय है—वर्गीय कट्टरता का अस्वीकार और वर्गहीन मनुष्यता का अनुसंधान!

यहाँ आकर लेडी चैटर्ली की कथा व्यापक प्रेम की वास्तविक कथा बन जाती है। एक तरफ स्त्री-पुरुष सम्बन्ध, दूसरी तरफ आर्थिक-वर्गीय सम्बन्ध, मनुष्य को समाज बनाने वाले सम्बन्धों के दोनों धरातल लेडी चैटर्ली के कथानक में गुँथे हुए हैं। इसीलिए राजनीति उसका अनिवार्य अंग है। मूल कथानक स्त्री की नैसर्गिक आकांक्षाओं, शारीरिकता और अमरता जैसे प्रश्नों से सम्बद्ध है इसलिए राजनीति का चित्रण बहुत प्रासंगिक न होता। लेकिन युद्धोत्तर इंग्लैंड के लिए ही नहीं, आधुनिक समाज में मानवीय जीवन के संगठनात्मक पक्ष के लिए राजनीति की भूमिका अनिवार्य है। इसलिए डंकन के माध्यम से लारेंस ने अपना रुख ज़ाहिर किया है। डंकन कहता है कि युद्ध के बाद उसे डिमोक्रेसी से घृणा हो गयी थी, अब एरिस्टोक्रैसी भी अनुपयुक्त जान पड़ती है; "ज़रूरत एक ऐसी व्यवस्था की है जो मनुष्य को मनुष्य के साथ जोड़ सके...।" बेसक, इस व्यवस्था को यहाँ कोई नाम नहीं दिया गया है। प्रथम विश्व युद्ध के बाद वह इंग्लैंड तो क्या, पश्चिमी यूरोप के लिए भी अव्यावहारिक सम्भावना होती। फिर भी, पूँजीवादी जनतन्त्र और कुलीनतन्त्र से मोहभंग, तथा वर्गहीन व्यक्तित्व की तलाश के ज़रिए कुछ संकेत अवश्य किया गया है।

आर्थिक और राजनीतिक पृष्ठभूमि से प्रेम-विवाह-यौनिकता की मूलकथा का गहरा सम्बन्ध है। बल्कि प्रेम-विवाह-यौनिकता की कथा के प्रवाह में क्रमशः आर्थिक और राजनीतिक परिदृश्य उपस्थित होता है। पार्किन युद्धकाल में क्लिफोर्ड का मातहत था। यहाँ भी वह उसका वनरक्षक है। वेतनभोगी कर्मचारी। नौकर, श्रमिक। कांस्टेंस उसके मालिक की पत्नी है। उनका यौन-आकर्षण स्थायी सम्बन्ध नहीं बन सकता। उसके बहुत-से कारण हैं। सबसे बड़ा कारण यह है कि पार्किन जेंट्लमैन नहीं बन सकता और कांस्टेंस मामूली औरत नहीं बन सकती। अशरीरी पति के अमरत्व की चाह और शरीर की स्वतन्त्र इच्छा की पूर्ति के बीच कांस्टेंस गहरा अन्तर्द्वन्द्व झेलती है। उसका अन्तर्द्वन्द्व बेहद जटिल और वास्तविक है। एक तरफ क्लिफोर्ड की नपुंसकता, दूसरी तरफ पार्किन का नैसर्गिक पुंसत्व, एक तरफ क्लिफोर्ड का ठंडा दमन और वर्चस्व, दूसरी तरफ पार्किन के लिए सच्ची और अनायास चाहत—कांस्टेंस लम्बे समय इस उलझन में रहती है। वह दोनों पुरुषों को अधूरा मानती है। उन्हें मिलाकर एक सम्पूर्ण मानवीय व्यक्तित्व की तलाश करना चाहती है।

कांस्टेंस के अन्तर्द्वन्द्व का कारण सिर्फ शरीर का अपना स्वतन्त्र अस्तित्व नहीं है। उस शरीर के अस्तित्व का सम्बन्ध जीवन की मूलवृत्ति से है। प्रायः क्षुधा और काम को जीवन की मूलवृत्ति समझा जाता है। दोनों अन्ततः भोग और स्वार्थ में परिणत होते हैं। लारेंस की नज़र में जीवन की मूलवृत्ति—सबसे गहरा प्राकृतिक संवेग—आत्म संरक्षण है। क्षुधा और काम आत्म-संरक्षण के इसी संवेग की व्यक्तिगत और प्रजातिगत अभिव्यक्तियाँ हैं। आत्म-संरक्षण के इसी संवेग के कारण बहुत समय तक कांस्टेंस नपुंसक पति के साथ रहती है, उसे छोड़ने की कल्पना भी नहीं करती। जैसे-जैसे उसका गर्भ उसके भावात्मक अस्तित्व को प्रभावित करता है, वैसे-वैसे वह अपने अन्तर्द्वन्द्व से उबरकर एक निर्णय पर पहुँचती है। जिस पार्किन को उसने प्राकृतिक जड़ता—विशुद्ध शरीर—के रूप में पाया था, उसमें वह क्रमशः जिजीविषा, परिश्रम, पुंसत्व की महक पाती है। वह उसकी नैसर्गिक ही नहीं, मानवीय आवश्यकता भी बन जाता है। दिनकर जी ने 'उर्वशी' में कहा था, 'देह प्रेम की जन्मभूमि है, पर उसके विचरण को, सारी लीलाभूमि नहीं सीमित है रुधिर-त्वचा तक।' अदेह से देह तक पहुँचना एक रहस्यवादी परिकल्पना है, देह से अदेह—उदात्त—तक पहुँचना एक मानवीय सम्भावना है। इसलिए दैहिकता आत्मिक जगत का माध्यम है।

वर्ग की अवधारणा को लारेंस यांत्रिक रूप में स्वीकार नहीं करते। समाज में वर्गीय घृणा के संस्कार हैं। वे उनसे आँख नहीं चुराते। लेकिन उन संस्कारों में अपने को जकड़ने नहीं देते। खनिक और चैटर्ली दो वर्ग हैं। खनिकों के मन में चैटर्लियों के लिए कोई सम्मान नहीं है। चैटर्ली भी खनिकों को सन्देह और घृणा से देखते हैं। क्लिफोर्ड चैटर्ली है। खदानों का मालिक। पार्किन खनिक बस्ती का है।

क्लिफोर्ड-दम्पति की निजी नर्स मिसेज़ बोल्टन भी एक खनिक–टेड बोल्टन–की विधवा हैं। खान दुर्घटना में टेड की मृत्यु के बाद मालिकों की कुटिलता के चलते वे सभी मालिकों से घृणा करती हैं। क्लिफोर्ड से भी। क्लिफोर्ड न स्त्री है, न बच्चा। वह 'पुरुष' है–भले नपुंसक हो। मज़दूरों के साथ उसका मालिक और नौकर का सम्बन्ध है। कांस्टेंस स्त्री है। वह इस सम्बन्ध को एक सीमा से ज़्यादा स्वीकार नहीं करती। शायद इसलिए कि मज़दूर के यहाँ उसकी पत्नी शरीर का हिस्सा होती है लेकिन वह क्लिफोर्ड की सम्पत्ति का हिस्सा है। दाम्पत्य-सम्बन्ध आखिर सम्पत्ति-सम्बन्धों से निरपेक्ष नहीं होते। इस प्रकार, स्त्री का अस्तित्व सम्पत्ति की अचल सत्ता जैसी होकर अपनी मानवीयता खो देता है। कांस्टेंस का विद्रोह इसी मानवीयता की प्राप्ति है।

क्लिफोर्ड के पास आकर अपनी वस्तुगत स्थिति के प्रति वह सजग होने लगी है। क्लिफोर्ड के स्वामी-भाव को वह चुनौती देती है। ऐसे कई मौके आते हैं। मिसेज़ बोल्टन क्लिफोर्ड की बहुत अच्छी देखभाल करती हैं। वह कांस्टेंस से बताता है कि उन्हें पता रहता है कि उसे कब क्या चाहिए। इस पर कांस्टेंस उसे हतप्रभ करने वाला सवाल पूछती है कि क्या उसे भी पता रहता है कि मिसेज़ बोल्टन को क्या चाहिए, वह क्या सोचती हैं? मालिक-नौकर से अलग मनुष्य-मनुष्य के सम्बन्ध की यह चेतना वर्ग की कट्टरता का अतिक्रमण है। खुद मिसेज़ बोल्टन कांस्टेंस को शत्रु वर्ग की नज़र से नहीं, स्त्री की नज़र से देखती हैं। इसलिए उसकी हर सम्भव मदद करती हैं। स्त्री-विमर्श के उदय से बहुत पहले स्त्री-अस्मिता का नज़रिया अपनाना लारेंस को तत्कालीन भद्रवर्गीय लेखकों से बहुत आगे खड़ा करता है।

कांस्टेंस की बहन हिल्डा कुछ अधिक स्त्रीवादी है। वह कांस्टेंस और मिसेज़ बोल्टन की तरह स्त्री-पुरुष सम्बन्ध में विश्वास नहीं करती। उसके लिए पुरुषों के बिना जीवन अधिक सहज और सामान्य है। वह विवाह को एक भूल मानती है जिसमें दो में से एक को अपनी भावनाओं का हनन करना पड़ता है। वह सभी पुरुषों को एक जैसा मानती है क्योंकि वे अपनी आदत और नया कुछ न सोच पाने के कारण स्त्रियों में वही सब खोजते हैं जिससे बुरी तरह ऊबे रहते हैं। स्वभावतः स्त्रियों की निजता के संसार में पुरुष के लिए जगह नहीं है। कांस्टेंस और हिल्डा के माध्यम से लारेंस ने जिन दो प्रवृत्तियों का चित्रण किया है, उनका विकसित रूप समकालीन स्त्रीवादी विमर्श में मौजूद है। एक के लिए स्त्री-पुरुष सम्बन्ध नैसर्गिक है इसलिए उसमें समता और मानवीयता की स्थापना होनी चाहिए। दूसरी प्रवृत्ति के लिए स्त्रियों के पुरुषरहित स्वायत्त संसार की स्थापना होनी चाहिए।

जीवन को आग्रहमुक्त होकर देखने के नाते लारेंस न केवल यथार्थ की जटिलता और बहुस्तरीयता को पहचान लेते हैं बल्कि यथार्थ में अन्तर्निहित उन वैचारिक और सांस्कृतिक रुझानों को भी उभार देते हैं जो आगे चलकर और अधिक प्रासंगिक

हो गये हैं। उनकी संवेदना और रचना-दृष्टि का यह असाधारण गुण है कि जीवन की जटिलता को चित्रित करते समय उनका कथानक उलझकर दुरूह नहीं बनता। सम्प्रेषणीयता उसका बहुत बड़ा गुण है। वह एक सिद्ध कलाकार हैं। जीवन की बहुस्तरीयता और व्याप्ति को उभारने के सामर्थ्य के नाते, वर्तमान के विश्वसनीय चित्र देते हुए तात्कालिकता का अतिक्रमण करने के नाते, युद्धोत्तर इंग्लैंड की परिस्थितियों में निहित मानवीय सार को उद्घाटित करने के नाते लेडी चैटर्ली का कथानक आज भी प्रासंगिक है। एक कलाकार के रूप में इसे लारेंस की सार्थकता माना जायेगा।

खंड-3 : विवाद

प्रगतिशील साहित्य और जनवादी आन्दोलन

कुछ विद्वान क्रान्तिकारी शक्तियों की एकता को सांस्कृतिक विघटन का कारण मानते हैं। खुद को प्रगतिशील कहने वाले एक विद्वान के अनुसार प्रगतिवादी साहित्य का पतन इसलिए हुआ कि : (1) प्रगतिवाद की चेतना राजनीतिक दल और सिद्धान्त के दबाव में थी, (2) एक ही साम्यवादी दल होने से कवियों के पास सोच-समझ कर राजनीतिक पक्षधरता तय करने का अवसर न था।

लिखा है, "सातवें दशक की प्रगतिशील कविता इसलिए अधिक फल-फूल रही है कि वह अधिक प्रखरतापूर्वक राजनीतिक होकर भी निश्चित राजनीतिक दलों और सिद्धान्तों के दबाव में पाँचवें दशक की कविता के मुकाबले अधिक मुक्त है। ...दो-तीन या और भी अधिक अन्तर्राष्ट्रीय और राष्ट्रीय साम्यवादी मतवादों के विकल्प के सामने रहने से नव-युवक प्रगतिशील कवि को अपनी रुझान या रुचि के अनुकूल मतवाद को स्वीकार करने की, हर मुद्दे पर स्वयं सोच कर फैसला करने की जैसी गुंजाइश इस युग में रही वैसी पहले कभी नहीं थी...(रणजीत : **हिन्दी के प्रगतिशील कवि,** पृ. 11)

जब एक दल था तब वह सिद्धान्त का दबाव डालता था और कवि उससे कतराता फिरता था। अब अनेक मतवाद हैं तो कवि पर दबाव नहीं है। चाहा तो किसी से जुड़े। और नहीं, तो कभी इससे जुड़े और कभी उससे। "सोच कर फैसला करने की" ऐसी गुंजाइश पहले कहाँ थी! इतना सुनहला अवसर! भला अब प्रगतिशीलता न फली-फूली तो कब फले-फूलेगी!

'स्वतन्त्रता का वरण' और 'वरण की स्वतन्त्रता' की अस्तित्ववादी तर्क-परम्परा से विकसित यह विचित्र प्रगतिशीलता है। एक तरफ यह साहित्य को राजनीतिक दलबन्दी से मुक्त रखने की सलाह देती है दूसरी तरफ यह प्रस्तावित करती है कि कम्युनिस्ट आन्दोलन जितना टूटे-बिखरेगा, उसका साहित्य उतना ही पल्लवित-पुष्पित होगा।

प्रगतिशील साहित्य आन्दोलन में ऐसी प्रवृत्तियाँ नयी नहीं हैं। एक समय संकीर्णतावाद के विरोध के नाम पर शिवदान सिंह चौहान और उनके अनुयायियों ने पार्टी प्रतिबद्धता को कला के लिए घातक बताया था।

चौहान का तर्क था कि नागार्जुन, केदारनाथ अग्रवाल, रामविलास शर्मा आदि दो-चार छोटे-मोटे कवियों के नाम से प्रगतिवाद प्रचलित है। इन्होंने "कम्युनिस्ट पार्टी की नीति को यथावसर पद्यबद्ध करने" की जो कोशिश की है वह काव्य न होकर नारेबाज़ी की कविताएँ हैं। साहित्यिक अर्थ में लिखी गयी इनकी कविताएँ "अलग से विवेच्य चाहे हों, प्रगतिवाद के अन्तर्गत नहीं आतीं।" (**साहित्य की समस्याएँ,** पृ. 63)

प्रगतिवाद में पार्टी की नीति को पद्यबद्ध किया गया। इतना अस्पृश्य कार्य! तभी तो वह नारेबाज़ी और सामयिकता में फँस कर रह गया। चौहान ने सामयिकता का भी विरोध किया। 'चिरन्तन क्रान्ति' के त्रॉत्स्कीपन्थ का परिणाम यह हुआ कि एक ही साँस में रूसो, वाल्तेयर, शैली, गोर्की आदि सबको खारिज करने लगे। उन्होंने लिखा कि सामयिक उद्देश्य से प्रेरित होकर इन लेखकों ने जो लिखा उसका 'आज कोई साहित्यिक मूल्य न रहा'। (**साहित्य की परख,** पृ. 14)

संकीर्णतावाद के विरोध में उन्होंने स्वयं किस 'उदारतावाद' का परिचय दिया, यह कहने की ज़रूरत नहीं है। बड़ी-बड़ी प्रतिभाओं के प्रभामंडल से चमत्कृत होकर उन्होंने न केवल पार्टी-प्रतिबद्धता का विरोध किया, बल्कि हिन्दी ही नहीं, विश्व साहित्य की प्रगतिशील परम्परा का भी निषेध किया।

रणजीत के चिन्तन की दिशा यही है। रणजीत ने एक कदम आगे बढ़कर क्रान्तिकारी आन्दोलन के बिखराव को जनवादी साहित्य की शक्ति का कारण बताया। चौहान को यह बात न सूझी थी। इसलिए वे केवल प्रगतिशील लेखक संघ को भंग करने की सलाह देकर रह गये थे।

रणजीत के अन्तर्विरोध का कारण है क्रान्तिकारी आन्दोलन और प्रगतिशील साहित्य के अन्तस्सम्बन्धों की भ्रामक समझ। वे यह भूलते हैं कि क्रान्तिकारी चेतना के विकसित और क्रान्तिकारी शक्तियों के संगठित होने से पहले हिन्दुस्तान में सुसंगत रूप से प्रगतिशील साहित्य की रचना सम्भव न थी।

क्रान्तिकारी आन्दोलन और प्रगतिशील साहित्य के सम्बन्ध के बारे में रामविलास शर्मा के इस कथन से बहुत कुछ सीखा जा सकता है : "प्रगतिशील लेखक संघ की नींव डालना इसलिए ज़रूरी था कि संगत रूप से साम्राज्य-विरोधी, सामन्त-विरोधी साहित्य की रचना की जा सके।...इस ऐतिहासिक आवश्यकता को हिन्दुस्तान के मज़दूर वर्ग और उसकी पार्टी ने पूरा किया।" (**प्रगतिशील साहित्य की समस्याएँ,** पृ. 137)

प्रगतिशील साहित्य की शक्ति का अन्दाज़ इससे लगता है कि विरोधी भी स्वयं को प्रमाणित और प्रतिष्ठित करने के लिए उससे जुड़ने और अपने को 'सच्चा प्रगतिशील' कहने पर मजबूर हुए।

इस व्यापक सफलता का कारण था क्रान्तिकारी पार्टी की एकता। प्रगतिवाद के विघटन का कारण भी अनेक कम्युनिस्ट पार्टियों का अभाव न था। उसके कारण

तत्कालीन राजनीतिक और सांस्कृतिक परिस्थितियों में निहित थे। यह संयोग की बात न थी कि जिस समय प्रगतिशील साहित्य विघटन का शिकार हो रहा था उसी समय जनवादी आन्दोलन में भी बिखराव आ रहा था।

1947 में देश में पहली क्रान्ति हुई। इस क्रान्ति से एक वर्ष पूर्व 1946 में ही क्रान्ति के नेता गद्दी पर बैठ चुके थे। गद्दी पर बैठने से एक वर्ष पूर्व' 1945 में कांग्रेस ने व्यापक कम्युनिस्ट विरोधी अभियान चलाया था।

इन घटनाओं का असर यह हुआ कि आज़ादी के बाद अनेक उग्र समाजवादी लेखक समाजवाद-विरोधी हो गये और पूँजीवादी उद्देश्यों के प्रचारक बन गये। प्रगतिशीलों का बर्बर दमन हुआ, जेलें भरी गयीं। इस 'अहिंसात्मक' क्रान्ति की प्रेरणा से प्रगतिशील साहित्य के खिलाफ शीत-युद्ध की साम्राज्यवादी राजनीति आरम्भ हुई।

प्रगतिवाद के भीतरी अवसरवादियों ने शीतयुद्धीय उद्देश्यों को मदद पहुँचाई।

प्रगतिवाद के विघटन के मुख्य कारण यही थे।

आज स्थिति ठीक उल्टी है। पाँचवें दशक में लोग (अपने-अपने कारणों से) प्रगतिशील धारा के खिलाफ जा रहे थे। आज पूँजीवाद की रचनात्मक सम्भावनाएँ नष्ट हो चुकी हैं। जन-विरोधी, भाववादी धाराओं से टूट कर अनेक लेखक प्रगतिशील धारा के साथ आ रहे हैं। इनमें से अधिकांश अपनी वास्तविक रचनात्मकता का परिचय प्रगतिशील साहित्य से जुड़ने पर ही दे सके हैं।

इसके समानान्तर राजनीतिक पटल पर वामपन्थी आन्दोलन की उपेक्षा कर सकना किसी के लिए सम्भव नहीं रह गया है। क्रान्तिकारी आन्दोलन और साहित्य के इस व्यापक प्रभाव का कारण क्या है?

पूँजीवादी विकास का संकट विस्फोटक बिन्दु पर पहुँच रहा है। जनता में असन्तोष है, विकल्प की तलाश है, आत्मविश्वास भी उत्पन्न हो रहा है। किन्तु समर्थ विकल्प और सार्थक दिशा के अभाव में वह ठोस, संगठित शक्ति में नहीं बदल सकी है। ऐसी स्थिति तानाशाही के लिए सबसे अनुकूल होती है। इस बात के लक्षण अब बहुत साफ हो चुके हैं।

खुद को 'राष्ट्रीय' कहने वाले अनेक सांस्कृतिक संघ विदेशों की मदद से पृथकतावादी (राष्ट्र विरोधी) आन्दोलन चला रहे हैं। सरकार जनता में फूट पैदा करने वाली कोशिशों का खुला या गुप्त समर्थन कर रही है। उसका ध्यान जन असन्तोष को कुचलने, पूँजीपति-ज़मींदारों को लाभ पहुँचाने, जनता को सही दिशा और नेतृत्व देकर एक करने के लिए संघर्षरत वामपन्थ की एकता तोड़ने (यह न हो सके तो दमन करने) की ओर ही अधिक है।

वामपन्थी दल इस ऐतिहासिक दबाव को अनुभव कर रहे हैं। उनसे जुड़े साहित्य में भी यह दबाव प्रखरता से व्यक्त हो रहा है। इसका सबूत है आज की

कविता का राजनीतिक स्वर। उसका स्वर कवि धूमिल की नव-रीतिवादी परम्परा से हट कर अधिक प्रत्यक्ष (डाइरेक्ट) हुआ है। उसका प्रत्यक्ष कथन सपाट वक्तव्य न होकर कलात्मक है।

समसामयिक प्रगतिशील कविता जन आकांक्षाओं और राजनीतिक दबावों को अत्यन्त तीव्रता से व्यक्त कर रही है। अधिकांशतः परिचित माध्यमों से अपनी बात को सीधे-सच्चे (बेबाक) तरीके से व्यक्त कर देना इसकी विशेषता है। जनता के चिन्तन में विश्वास और बहुधा प्रगल्भता की जो झलक मिलती है वह इसमें देखी जा सकती है। इसका कारण है लेखक और जनता का सीधा सम्बन्ध और दो-टूक राजनीतिक पक्षधरता।

ज़ाहिर है कि आज के प्रगतिशील साहित्य की शक्ति और प्रभाव का सम्बन्ध उन ऐतिहासिक परिस्थितियों से है जिनके फलस्वरूप आज पूँजीवादी दल टूट-बिखर रहे हैं, दूसरी ओर दल विशेष (बल्कि व्यक्ति विशेष) के नेतृत्व में भारतीय पूँजीवाद तानाशाही की ओर बढ़ रहा है।

आशाजनक पहलू यह है कि शक्तिशाली वामपन्थ के उदय की सम्भावनाएँ अधिक बलवती होती जा रही हैं। इस सम्भावना का स्रोत जनवादी आन्दोलनों में निरन्तर वृद्धि है। उसी के साथ सांस्कृतिक और साहित्यिक स्तर पर जनवादी चेतना अग्रसर हो रही है।

समसामयिक सन्दर्भ में क्रान्तिकारी शक्तियों के विकास और प्रगतिशील साहित्य के विस्तार के बीच जो अधिक सीधा रिश्ता कायम हो रहा है उसका कारण है जीवन की गतिशील स्थितियाँ। यदि ऐसा न होता तो आज का प्रगतिशील साहित्य सामाजिक यथार्थ और जन आकांक्षाओं को व्यापक तौर पर व्यक्त करते हुए सृजनात्मक स्तर पर राजनीतिक प्रतिबद्धता का इतना सफल निर्वाह नहीं कर सकता था। यह बात जिन्हें स्वीकार नहीं है, वे कभी विरोधी बनकर और कभी हितैषी का बाना पहनकर नये जनवादी उभार को भटकाने और तोड़ने का प्रयास कर रहे हैं, किन्तु इन जड़तापर्ण प्रयत्नों से इतिहास की धारा रोकी नहीं जा सकती।

(**मुक्ति संघर्ष**, 29 जून 1980)

जनवाद के विचलन

(डॉ. शम्भु बादल के नाम पत्र : जो प्रकाशित नहीं होने पाया)

प्रिय भाई,

'प्रसंग-1' मिला। पत्रिका को कविता तक सीमित रखने का संकल्प चुनौतीपूर्ण है। आपने हिन्दी की समकालीन कविता के अलावा विभिन्न जनपदीय बोलियों, प्रान्तीय और विदेशी भाषाओं की कविताएँ हिन्दी पाठकों को सुलभ करने का दायित्व लिया है, यह स्वागत योग्य है।

हिन्दी कविताओं के चयन की जो विधि है, उससे समकालीन रचनाशीलता अपनी शक्ति और सीमा की आंशिक ही सही, खासी अच्छी झलक दिखाती है। नागार्जुन, विष्णुचन्द्र शर्मा, ब्रह्माशंकर पांडेय आदि कुछ कवियों के अलावा प्रसंग-1 में अधिकांशतः नये और तरुण कवियों की कविताएँ हैं। इन कविताओं में अस्पष्टता और उलझाव काफी है। किन्तु महत्त्वपूर्ण यह है कि इनसे तरुण कवियों के रचनात्मक संघर्ष और दिशा का आभास होता है। कुछ कविताओं में जहाँ भावों का धुँधलापन कम है, क्रान्तिकारी जोश संयमित है, वहाँ कविता सृजनात्मक शक्ति का परिचय देती है। अजीत चौधरी, अब्दुल बिस्मिल्लाह, अनिल जनविजय आदि की कुछ कविताओं में इस शक्ति की आंशिक झलक देखी जा सकती है।

आपके संकलन से इस तथ्य को बल मिलता है कि अधिकांश तरुण कवि जनवादी धारा के प्रति आकृष्ट हैं। जनवादी साहित्य आज अपने विकास की जिस मंज़िल पर है, वहाँ उसे तरह-तरह की अन्तर्बाह्य चुनौतियों का सामना करना पड़ रहा है। तरुण कवि रचना और विचारधारा के स्तर पर अस्पष्टता और भटकाव से बचें, खुद को अनुभव-समृद्ध करने के लिए जनता की प्राणवान सांस्कृतिक धारा का अंग बन कर अपनी रचनात्मक क्षमताओं का विकास कर सकें, इसके लिए ज़रूरी ये कि वे वामपन्थी साहित्य में छिपी भटकावमूलक प्रवृत्तियों के प्रति सचेत हों। यह भटकाव 'गरमदली' भी हो सकता है, 'नरमदली' भी।

विष्णुचन्द्र शर्मा की एक लम्बी कविता है : 'सपनों का तीसरा संसार'। यह

कविता एक अमरीकी कविमित्रपत्नी क्लेयर को सम्बोधित है। इस कविता में अनेक सशक्त कलात्मक बिम्ब हैं—

> आकाश की नीली छतरी तुम्हारे युवक विश्वास के/आगे झुकती है!/सागर नीली लहरों को/कोई गीत सुना रहा है। (पृ. 12-13)

स्वभावतः यह चित्र अमरीका का है। उस अमरीका का जिसे वाल्ट ह्विटमैन, पॉल रॉब्सन और लोर्का ने अपनी मानवतावादी कल्पनाओं से नीले, पीले या लाल फूलों की तरह सँवारा था। यह अमरीका आज "गुलाबी सपनों में/खुशहाल डर" बन गया है। (पृ. 1) स्पष्ट है कि सशक्त बिंबों में उतने ही प्रखर राजनीतिक सूत्र विद्यमान हैं। कविता का मुख्य सरोकार 'सपनों के तीसरे संसार' से है, इसलिए अकेले अमरीका ही समुद्र तट पर या फूलों के बाग में विश्राम नहीं कर रहा है। यहाँ—

> एक भारत है, आज़ाद सागर से टूटता/वहीं आकाश से गिरता है अमरीका/ टूटते-जुड़ते हैं भारत/अमरीका यहीं। (पृ. 13)

इसी तरह "वियतनाम युद्ध से लौटे युवक" हैं जो "चुहल करने वाले तुम्हारे दोस्त" हैं। (पृ. 7) और साथ ही,

> लड़ता हुआ/आदमी टूटी टाँगों पर खड़ा है/कम्पूचिया में। (पृ. 15)

संक्षेप में, कवि ने अमरीका को केन्द्र में रखकर वर्तमान विश्व की प्रमुख राजनीतिक प्रक्रियाओं पर अपने विचार प्रकट किये हैं।

अगर महान मानवतावादियों की कल्पना का अमरीका ही 'गुलाबी सपनों में खुशहाल डर' बना होता तो कोई बात नहीं थी। विडम्बना यह है कि समाजवादी कहलाने वाले देश और खतरनाक हैं। इसीलिए वियतनाम युद्ध में पशुता की हद पार कर जाने के बाद पराजित होकर वापस लौटे अमरीकी फौजी को कवि चुहलबाज दोस्त बताता है। नाम लेकर सोवियत संघ और वियतनाम को कोसने का साहस उसे नहीं हुआ (हालाँकि ऐसा साहस वह 'तत्काल' दिखा सकता है—"जूता चाट रूस को जाओ, हर गंगे!") फिर भी बिना नाम लिए कवि मुख्य दुश्मन का चेहरा बेनकाब कर देता है (और यही तो कवि की व्यंजनाशक्ति है!)—

> अन्तर्विरोधों में हम-तुम ही नहीं हैं/लाल फूलों का एक नन्हा-सा देश/ आज़ाद होते ही/पड़ोस के नन्हे-से देश को/कुतरता है/इतिहास से डरा हुआ युवक या देश/क्यों बड़ी ताकतों के पीछे/खड़ा हो जाता है/हताश! (पृ. 11)

अगर कम्पूचिया में टूटी टाँगों पर खड़े लड़ाकू आदमी से जोड़कर देखें तो 'लाल फूल' से लेकर 'बड़ी ताकत' तक का सारा प्रतीक-विधान स्पष्ट हो जायेगा। अमरीका में खुशहाल डर गुलाबी सपनों में छिपकर प्रकट होता है। (क्यों न हो, अमरीका आकाश से जो टपका है!) सोवियत संघ और वियतनाम में गुलाबी सपनों का परदा (या मुलम्मा) भी नहीं है। हालाँकि कवि का शब्द 'पॉलिश' है। स्वभावतः

यह सारा संसार अधिक नृशंस और अमानवीय है। इसलिए कवि अपने अमरीकी दोस्तों को सांत्वना देता है कि "अन्तर्विरोधों में हम तुम ही नहीं हैं", वे भी हैं तो खुद को "लाल फूल" या "लाल तारा" समझते हैं!

पता नहीं, इस सुलझी हुई राजनीतिक दृष्टि को व्यक्त करने का संकोच है, या कला का आग्रह, कवि 'सपाटबयानी' से काम न लेकर कहीं बिम्बवाद और प्रतीकवाद का आश्रय लेता है, कहीं परोक्ष संकेतों के ज़रिए कविता को कुतरकर उसमें अपना अर्थ भरता है। अमरीका आकाश से टपका है और सोवियत संघ एक खूँखार व्यवस्था है। बचा तीसरा संसार। यह ध्यान देने योग्य है कि कवि पोल पोत की उस दानवी हुकूमत से गहरी सहानुभूति अनुभव करता है जिसने कम्पूचिया की सत्तर लाख आबादी में से तीस लाख को मौत के घाट उतार दिया था। तथाकथित 'सांस्कृतिक क्रान्ति' के आदर्शों पर चलने वाले पोल पोत के अत्याचारों से कम्पूचियाई जनता के संघर्ष को वियतनाम ने सक्रिय समर्थन दिया। जिन कुसुम-कोमल-कवि-हृदयों को पोल पोत साम्राज्य के पतन से ठेस लगी, वे अब वियतनाम को ''आदमी का ही एक नाम'' (तत्काल) नहीं कहते, बल्कि दानव का एक रूप सिद्ध करते हैं। उनका यह गरमदली रवैया प्रकटतः मानववादी लगता है लेकिन वास्तव में वह समाजवाद की उपलब्धियों में ही नहीं, मानव भविष्य में भी अविश्वास जगाता है।

इस उग्रवाद से भिन्न प्रवृत्ति है उदारवाद की जो जनवादी कला का के विकास में इतनी ही बड़ी बाधा है। यह उदारवाद एक तरफ रचना को व्यक्तिवाद की दिशा में ले जाता है और दूसरी तरफ मरणासन्न वास्तविकता से गहरा गोह प्रकट करता है। दोनों ही स्थितियों में वह जनता और इतिहास से विमुख होकर एक प्रकार के अहंवाद को भड़काता है और 'नेति-नेति' के मौलिक सिद्धान्त में पर्यवसित हो जाता है। कवि केदारनाथ सिंह से अनिल जनविजय, भारत यायावर और बृजमोहन सिंह की बातचीत इसकी एक मिसाल है।

पश्चिम में रूपवादी साहित्य के प्रचारक अक्सर कहते हैं कि कला आदर्श जीवन की वास्तविकता से तत्त्व लेकर उनकी पुनर्रचना करना नहीं, कल्पना के आधार पर गढ़ा गया एक चित्र, एक शब्द है। इस धारणा को केदारनाथ सिंह इन शब्दों में प्रस्तुत करते हैं, ''विचार, अनुभूति, संवेदना–सबका सम्बन्ध शब्द से होता है और कविता शब्द है। शब्द जो कवि के लिए सबसे रहस्यमय वस्तु है। शब्द के माध्यम से ही कविता घटित होती है, जो अपने आपमें एक समर्थ इकाई होता है।'' (पृ. 61)

भाषा का आधार है सामाजिक स्वीकृति। शब्द की इकाई भाषा की प्रक्रिया का अटूट अंग है। यदि शब्द को इस प्रक्रिया से काटकर 'अपने आप में एक समर्थ इकाई' बना दें और फिर रचना-प्रक्रिया में उसे 'कवि के लिए सबसे रहस्यमय वस्तु' में बदल दें तो पाठक के लिए उसकी रहस्यमयता और भी बढ़ जायेगी। इस रहस्यवाद

में जो पाठक शब्दों से नहीं, विषय, भाव या संवेदना से कविता को समझना चाहेगा, वह कवि के आशय तक कैसे पहुँच सकेगा? स्वभावतः कवि को यह शिकायत बनी ही रहेगी कि ''बारिश' कविता को उन्होंने समझा ही नहीं।'' (पृ. 65) या, ''रोटी कविता को विष्णु नागर बिलकुल नहीं समझ पाये।'' (पृ. 66) कई जगह विष्णु खरे भी अर्थ की संगति बिठाने में कठिनाई का जिक्र करते हैं। और तो और किसी ज़माने में नामवर सिंह ने बिम्ब में ही असंगति का निर्देश किया था। इसे रहस्यवाद का ही कमाल जानिये कि साधारण पाठक की कौन कहे, अच्छे-अच्छे कवि, कलावंत और आलोचक भी कविता के मर्म तक नहीं पहुँच पा रहे हैं।

यह रहस्यवाद केदारनाथ सिंह को सर्वनिषेध की ओर ले जाता है। सबसे पहले राजनीति का निषेध है। पश्चिम के पतनशील लेखकों के जाने-पहचाने सूत्र को अपना सिद्धान्त बनाते हुए वे कहते हैं, ''राजनीति में दलगत ढाँचे की अपनी शर्तें होती हैं और कविता प्रकृति से ही मुक्त होती है। कविता अपने आप में ईर्ष्यालु होती है। वह रचयिता का सम्बन्ध अन्यत्र नहीं चाहती, फलतः कविता को काफी समय देना पड़ता है।'' (पृ. 62) इतनी ईर्ष्यालु स्त्रियाँ भी क्या होंगी! यह कविता कवि का पूर्ण समर्पण ले लेती है और खुद मुक्त रहती है। ऐसी स्थिति में बेचारा कवि क्या करे? स्वभावतः उसे समाज से नफ़रत हो जाती है। कविता से समाज को खारिज करते हुए वह कहता है, ''आज की कविता सामाजिक चेतना ने आक्रांत होकर लिखी जा रही है, जो अच्छी बात नहीं है।'' (पृ. 71) अच्छी बात यह है कि कवि न समाज में दखल दे और न समाज कविता में। रहस्यवाद का दामन पकड़ कर केदारनाथ सिंह कहाँ पहुँचे?

विज्ञान सभी तरह के अज्ञान को दूर करता है। वह रहस्यवादियों की भाँति सत्य के एक अंश को 'अपने आप में' पूर्ण और समर्थ न मानकर चीज़ों के अन्योन्याश्रय सम्बन्ध की पहचान करता है। शुरू-शुरू में केदारनाथ सिंह भी अन्योन्याश्रय सम्बन्ध की बात करते थे। अब न जाने क्या हो गया है! मनुष्य के ज्ञान और कर्म को सर्वोच्च महत्ता प्रदान करने वाली वैज्ञानिक चेतना का विकास मार्क्सवाद है। कम्युनिस्ट आन्दोलन और प्रगतिशील लेखकों के संघर्ष ने यह स्थिति तो उत्पन्न ही कर दी है कि मार्क्सवाद का विरोध करके साहित्य में महत्त्व पाना आसान नहीं रह गया है। इसलिए प्रत्येक लेखक मार्क्सवाद की आड़ लेकर उसका विरोध करता है। इस सम्बन्ध में बार-बार दुहराई हुई बात को दुहराते हुए केदरनाथ सिंह ने कहा है :

> ''मार्क्सवाद के साथ विडम्बना यह है कि वह सम्पूर्ण दर्शन है, समग्र चिन्तन! साहित्यिक समीक्षा उसका एक पहलू है। हमारे यहाँ सिर्फ साहित्यिक स्तर पर उसका विकास हुआ है। एक व्यापक दर्शन के रूप

में हमारे यहाँ मार्क्सवाद का विकास नहीं हुआ। यूरोप में बड़े पैमाने पर मार्क्सवादी चिन्तन विकसित हुआ जिसे यूरोपीय कम्युनिज़्म तक कहा जाने लगा।" (पृ. 63)

इस तरह प्रगतिशीलता भी बनी रहती है और व्यावहारिकता भी उपलब्ध हो जाती है! कल्पना कीजिए, मार्क्सवाद सम्पूर्ण दर्शन और समग्र चिन्तन न होता, वह भी बिंबवाद और यथार्थवाद की तरह साहित्यिक सिद्धान्त होता, तब कितनी सुविधा रहती! 'यूरोकम्युनिज़्म' की तरह किसी 'भारतीय' मार्क्सवाद की ज़रूरत न होती। एक सम्पूर्ण दर्शन को अपनी साहित्यिक परम्परा में आत्मसात करने की जटिल चुनौती न आती, 'हमारे यहाँ' भी उसका समुचित साहित्यिक विकास हो पाता और रचनाकारों के लिए अपार सुभीता रहता। अभी तो हाल यह है कि ले-देकर कुल दो मार्क्सवादी चिन्तक हैं—एक रामविलास शर्मा और दूसरे नामवर सिंह। रामविलास शर्मा ने "अपने समय और स्थान के सन्दर्भ में सोचने की चेष्टा की है।" (पृ. 63) ठीक से सोच वह भी नहीं पाये! इसलिए उनसे सहमत होना कठिन है। बचे नामवर सिंह। शुद्ध साहित्यिक मार्क्सवाद की दिशा में उन्हीं का योगदान है, "कविता के नये प्रतिमान में नामवर जी ने कोशिश की है।...अब नामवर जी ने उसे छोड़ दिया है—यह दुर्भाग्यपूर्ण है।" (पृ. 64)

साहित्यिक मार्क्सवाद का इससे बड़ा दुर्भाग्य और क्या होगा कि आशा का एकमात्र ध्रुवतारा उगते ही अस्त हो गया! राजनीतिज्ञों ने 'भारतीय' मार्क्सवाद का विकास नहीं किया, नामवर सिंह ने 'साहित्यिक' मार्क्सवाद का विकास नहीं किया। बेचारा कवि क्या करे? एक ही रास्ता है, 'मूँदहु आँख कतहुँ कोउ नाहीं!' लेकिन मुश्किल यह है कि खुली पलक में भविष्य का डर सताता है, बन्द पलक में अतीत का गौरव जागता है। डर से गौरव अच्छा है। कवि भी आँखें बन्द करके "नष्ट होती हुई वास्तविकता" के सपनों में डूब जाता है। इस रहस्यमय भावदशा में वह एक कविता लिखता है—'धूप में घोड़े पर बहस।' साहित्यिक मार्क्सवाद के अभाव में इसे भी आलोचक नहीं समझ पाये। उसके प्रतीकार्थों को लेकर भाष्यकारों में विवाद ठन गया।

कवि की भावना को इस विवाद से ठेस लगी। वह विवादों से बचना चाहता है। वह इस सीमा तक निर्विवाद रहना चाहता है कि परस्पर-विरोधी स्थापनाएँ करने में भी नहीं हिचकिचाता। एक ओर, उसके लिए "कविता 'रियलिस्टिक' नहीं हो सकती।" (पृ. 60) दूसरी ओर, रियलिस्टिक न होकर भी कविता "जीवन का जितना रूपायन करती है, उतना अन्य कोई विधा नहीं कर पाती।" (पृ. 61) इसी रहस्यवाद के आधार पर वह 'घोड़े' की बहस शांत करते हुए बताता है कि "घोड़ा उस हद तक मुझे आकृष्ट करता है जिस हद तक वह प्रकृति है। वह कोई प्रतीक

नहीं है, सामन्ती या ऐसा अन्य कोई।... घोड़ा नष्ट होती हुई वास्तविकता है, जिस पर अनेक दिशाओं से प्रहार हो रहे हैं। वही नष्ट होती हुई वास्तविकता इस कविता में मेरी चिन्ता है। परेशानी है।'' (पृ. 67)

'घोड़ा' सामन्ती प्रतीक न सही, वह 'नष्ट होती हुई वास्तविकता' तो है! वह अर्थहीन नहीं है। उसे 'प्रकृति' मानना भी कठिन है क्योंकि वह 'धूप' की तरह अनिवार्य नहीं बल्कि उपयोगिता पर आधारित खोज है। कविता की बनावट सुगठित है। आरम्भ में तीन आदमी धूप में बैठकर घोड़े पर बहस करते हैं। तीनों आदमी कवि के विचारों के प्रतिरूप हैं। वे चिंतित हैं, ''घोड़े कम होते जा रहे हैं।'' धूप का क्या अर्थ है, यह कवि ही जाने, क्योंकि न वह 'घोड़े' की तरह 'प्रकृति' है, न 'आँकड़ों' की तरह पूँजीवाद का द्योतक, जो घोड़ों को नष्ट कर रहा है, ''एक दिन आँकड़े उठेंगे/और घोड़ों को नष्ट कर डालेंगे।'' (**ज़मीन पक रही है,** पृ. 85-87) घोड़ा 'प्रकृति' का प्रतीक हो या 'सामन्ती' प्रतीक, लेकिन इतना तो स्पष्ट है कि कवि बाज़ार पर आधारित पूँजीवादी समाज से क्षुब्ध है। क्षोभ का कारण विद्यमान वास्तविकता नहीं, 'नष्ट होती हुई वास्तविकता' है, मनुष्य नहीं, घोड़ा है! केदारनाथ सिंह पूँजीवाद से क्षुब्ध हैं, इसमें सन्देह नहीं और यह शोभ उन्हें प्रगतिशीलों की पाँत में खड़ा करता है; लेकिन उनके क्षोभ का विषय वर्तमान उत्पीड़न के बजाय अतीत का परिदृश्य है, यह बात उन्हें पराङ्मुखता और रहस्यमयता की शरण लेने के लिए विवश करती है।

आज भारतीय जनता बुनियादी सामाजिक परिवर्तन के लिए कसमसा रही है। उस असन्तोष को भविष्य की दिशा देने के बदले 'नष्ट होती हुई वास्तविकता' की चिन्ता से जोड़ देना प्रगतिशील कवि का नहीं, प्रतिक्रियावादी राजनीति का काम है। केदारनाथ सिंह अपनी प्रगतिशीलता के साथ इस अतीतानुराग का सामंजस्य बिठाने के उपक्रम में अन्तर्विरोधों के शिकार बनते हैं। जनता के सजीव यथार्थ से, उसके दुःख, संघर्ष और क्षमताओं से रागात्मक सम्बन्ध जोड़कर कवि सामाजिक जीवन का और अपनी रचनात्मक सम्भावनाओं का विकास साथ-साथ कर सकता है। लेकिन कुछ लोगों को इस स्थिति से डर लगता है। वे कभी उग्रवादी होकर, कभी उदारवादी होकर जनता के विश्वास को डिगाने और मध्यवर्ग से आने वाले बुद्धिजीवियों को भ्रमित करने का प्रयास करते हैं। समकालीन साहित्य की जनवादी धारा के विकास के लिए ज़रूरी है कि प्रगतिशील रचनाकार इन प्रवृत्तियों से संघर्ष चलायें और अपनी सांस्कृतिक परम्पराओं को जनसंघर्ष के अनुभव से समृद्ध बनायें।

आपातकाल और अभिव्यक्ति की स्वतन्त्रता

('प्रजामित्र' का साहित्य-प्रेम, 1976)

भोपाल से प्रकाशित 'प्रजामित्र' नामक पत्र ''समाचारों और विचारों में श्रेष्ठ हिन्दी का तेजस्वी साप्ताहिक'' है। उसकी वह तेजस्विता आपातस्थिति की घोषणा से पूर्व 'सम्पूर्णक्रान्ति' के समय देखते बनती थी। आज भी उसका तेज़ हरण नहीं होने पाया है। जेपी (जय प्रकाश नारायण) सम्बन्धी समाचार वह खोज-खोज कर छापता है। अभी, 28 जून, 1976 के अंक में जुलाई में सम्भावित 'विनोबा जयप्रकाश-भेंट' की सूचना इसी शीर्षक से दी गयी है। पूरा समाचार इतने बड़े टाइप में है कि पाठक को भ्रम होगा कि कहीं यह समाचार का शीर्षक तो नहीं है!

जेपी-भक्ति के अपने कर्तव्य को मद्देनज़र रखते हुए प्रजामित्र ने अपने इसी अंक में 'पहल' पत्रिका (जबलपुर) के विरोध में पूरे डेढ़ पृष्ठ व्यय किये हैं। जबलपुर के अनेक साहित्यकारों ने 'पहल' पुस्तक को जब्त करने की माँग की है। उनका विचार है कि 'पहल' ने राष्ट्रीय नेताओं को ''राष्ट्रीय बुर्जुआ'' कह कर उनका अपमान किया है। इन तमाम 'साहित्यकारों' ने ''धर्मनिरपेक्षता, समाजवाद और श्रीमती गाँधी के 21 सूत्रीय कार्यक्रम में आस्था रखते हुए'' ही यह माँग की है।

भारतीय कम्युनिस्ट पार्टी ने कांग्रेस तथा अन्य राजनीतिक पार्टियों का दो-टूक मूल्यांकन किया है और बताया है कि किन पार्टियों के पीछे कौन सी शक्तियाँ सक्रिय हैं। जो लोग इस मूल्यांकन से सर्वथा अपरिचित हैं उन्हें ऐसा लग सकता है कि राष्ट्रीय बुर्जुआ कहने से कांग्रेस या राष्ट्रीय नेताओं का अपमान होता है।

जिन्हें राष्ट्रीय पूँजीपति कहा जाता है, वे पूँजीपति वर्ग का ऐसा हिस्सा हैं जो साम्राज्यवाद के या किसी भी प्रकार की विदेशी पूँजी के दलाल नहीं होते तथा स्वतन्त्र राष्ट्रीय अर्थनीति का विकास करते हैं। इसलिए सम्राज्यवाद-विरोधी मोर्चे पर वे मज़दूर वर्ग के अच्छे मित्र बन सकते हैं। वे पूँजीपति वर्ग के सबसे प्रतिक्रियावादी तबकों का भी विरोध करते हैं, जिनमें दलाल पूँजीपति वर्ग प्रमुख है। अतः वह फ़ासिस्ट विरोधी चरित्र भी रखता है। किन्तु है वह पूँजीपति वर्ग का ही शासन; देश में विकासमान उद्योग और जनता का ह्रासमान जीवन स्तर, यह अन्तर्विरोध इस बात का सूचक है।

राष्ट्रीय पूँजीवाद न मज़दूर वर्ग का शासन है, न इसका भ्रम ही पालना चाहिए। सामन्तविरोधी मोर्चे पर उसके साथ किसानों का संयुक्त मोर्चा क़ायम हो सकता है किन्तु दूसरी तरफ वह मज़दूरों के अधिकार सीमित भी रखता है। इसका यह मतलब नहीं कि वह जनतन्त्र को पूर्णतः समाप्त कर देता है। वह पूँजीपतियों के गैर-इज़ारेदार समूहों के साथ ही साथ समय-समय पर इज़ारेदार समूहों को भी छूटें देता है तथा मज़दूरों को भी रियायत देने के साथ-साथ वंचित भी करता है। मैनजमेंट में भागीदारी और बोनस कटौती के परस्पर-विरोधी अध्यादेश इस बात की पुष्टि करते हैं। यही नहीं, पूँजीवाद आर्थिक शक्तियों को केन्द्रित करता है और इज़ारेदारी की दिशा में बढ़ता है। राजसत्ता तटस्थ नहीं रहती। आर्थिक एकाधिकार के हितों का टकराव जब किसान-मज़दूर-मध्यवर्ग और छोटे पूँजीपतियों के साथ बढ़ता है तब उन अन्तर्विरोधों को सन्तुलित रखने या दबाये रखने के लिए, आर्थिक एकाधिकार को कायम रखने के लिए सत्ता का एकाधिकार ज़रूरी हो जाता है। ऐसी स्थितियों में जनतन्त्र को सीमित करने या स्थगित करने के प्रयास दिखायी देते हैं। एमरजेंसी जैसी घटना से यह स्पष्ट होता है जिसके साथ 'सीमित तानाशाही' का सिद्धान्त भी दिया गया है।

इस प्रकार, पूँजीपति वर्ग के गम्भीरतम अन्तर्विरोधों का असर राष्ट्रीय बुर्जुआ की शासन सत्ता पर भी देखा जा सकता है।

इसमें कोई सन्देह नहीं कि भारत का पूँजीपति वर्ग अन्य देशों के पूँजीपति वर्ग की अपेक्षा अधिक प्रगतिशील है। इसका एक उदाहरण हाल ही में संविधान की प्रस्तावना में जोड़े गये "धर्मनिरपेक्षता" और "समाजवाद" शब्द हैं। अगर ये केवल पवित्र शब्द बनकर न रह जायें! कम्युनिस्ट पार्टी इसका स्वागत करती है। इसका यह आशय नहीं कि वह वैज्ञानिक समाजवाद के अपने लक्ष्य को त्यागकर समाजवाद की किसी उदारपन्थी अवधारणा को स्वीकार कर रही है।

समाजवाद कैसा भी हो, वह पूँजीपतियों के सभी तबकों को प्रोत्साहन देने वाला भी हो, तो मज़दूरों-किसानों-बुद्धिजीवियों के हितों का दमन नहीं करेगा, इसमें सन्देह नहीं है। वह अधिक से अधिक पूँजीपति और मज़दूर को एक समान न्याय देने की बात कहेगा। लेकिन आज यह स्थिति है कि 'मीसा' (मेंटेनेंस ऑफ इंटरनल सेक्योरिटी ऐक्ट : आंतरिक सुरक्षा अधिनियम) जैसे कानून राजनीतिक प्रतिरोध और जनआन्दोलनों पर प्रतिबन्ध का ही काम करते हैं। बोनस कटौती के खिलाफ भूख- हड़ताल भी बन्द कमरों में करनी पड़ी है। इसलिए कम्युनिस्ट पार्टी संविधान में स्वीकृत "समाजवाद" को वैज्ञानिक रूप देने का प्रयत्न करेगी, उसे शाब्दिक प्रतिबद्धता और सबके प्रति समान-भाव के रूप में अंगीकार नहीं करेगी।

कांग्रेस के भीतर समाजवाद को लेकर हमेशा से ही काफी मतभेद रहे हैं। इसीलिए 1936 में कांग्रेस के लखनऊ अधिवेशन में जवाहर लाल नेहरू ने यह

घोषणा की थी कि "मैं इस शब्द (समाजवाद) का इस्तेमाल वायवीय मानवतावादी तरीके से नहीं बल्कि वैज्ञानिक-आर्थिक मन्तव्य के साथ करता हूँ।" इतना ही नहीं, स्वयं गाँधी जी ने **हरिजन** में अपने अहिंसावाद के बावजूद स्पष्ट रूप में खुद को उन सोशलिस्टों और कम्युनिस्टों में से एक बताया है "जो उत्पादन के साधनों के सार्वजनिक स्वामित्व में विश्वास करते हैं।" (10 दिसंबर, 1938)

उत्पादन साधनों के सार्वजनिक स्वामित्व के अलावा वैज्ञानिक समाजवाद का अर्थ किसानों, बुद्धिजीवियों तथा निम्न-पूँजीवादी समुदायों के साथ संयुक्त मोर्चे के रूप में मज़दूर वर्ग की राजनीतिक सत्ता से भी है। सार्वजनिक स्वामित्व का अर्थ पूँजीवादी समाज के सार्वजनिक क्षेत्र (पब्लिक सेक्टर) से भिन्न है क्योंकि ऐसा सार्वजनिक क्षेत्र पूँजीपतियों के लिए साधन जुटाने वाला, जोखिम उठाने वाला और मुनाफे से दूर रहने वाला होता है। वैज्ञानिक समाजवाद का मूल सिद्धान्त मार्क्स के इस प्रसिद्ध कथन से समझा जा सकता है कि "व्यक्ति द्वारा व्यक्ति का शोषण और राष्ट्र द्वारा राष्ट्र का शोषण" नहीं होगा। इसलिए वह साम्राज्यवाद-विरोधी और राष्ट्रीय स्वायत्तता का समर्थक हो, यह ज़रूरी है। लेकिन हिन्दुस्तान में ऐसे अनेक 'समाजवादी' पाये जाते हैं, जो अमरीकी साम्राज्यवाद के विरुद्ध एक भी शब्द सुनना तो दूर, उससे सहयोग के लिए प्रस्तुत रहते हैं। ऐसे 'समाजवादी' भी हैं जो सामन्ती तथा पूँजीपती वर्ग के सर्वाधिक प्रतिक्रियावादी हलकों के साथ गँठजोड़ करते हैं और "सार्वजनिक स्वामित्व" की बात कौन कहे, सार्वजनिक सम्पत्ति के तोड़-फोड़ की योजना बनाते हैं और डायनामाइट कांड में जेल-यात्रा कर रहे हैं! घर बैठे गढ़ा गया यह "समाजवाद" न मज़दूर वर्ग के हित में है, न देश और मानव-समाज के काम का है।

'पहल' के सम्पादक निस्सन्देह ऐसे छद्म समाजवाद में विश्वास नहीं करते। 'पहल' एक जनवादी तथा प्रगतिशील पत्रिका है। वामपन्थ के भीतर आज दुनिया भर में काफी मतभेद और भटकाव मौजूद हैं। ये मतभेद और भटकाव (भी) 'पहल' में व्यक्त होते रहे हैं। इस दृष्टि से 'पहल'–एक में प्रकाशित सहदेव आर्य का लेख 'साहित्य में राजनीति का खंडित चेहरा' (पृ. 91-95), 'पहल-दो' में प्रकाशित कृष्ण कुमार का लेख 'विचार और पन्थ' (पृ. 100-103) और 'पहल'-सात में प्रकाशित शाकिर अली का लेख 'वर्ण से वर्ग तक की यात्रा का समाजशास्त्र' उल्लेखनीय हैं। इनका स्वर 'पहल' की अन्य सामग्री से काफी अलग है। ऐसे और भी उदाहरण गिनाये जा सकते हैं।

इन उदाहरणों से यह पुष्ट होता है कि साहित्य का स्वर और साहित्यिक पत्रकारिता का चरित्र मूलतः जनतांत्रिक होता है। यह बात भी स्पष्ट होती है कि 'पहल' अपनी प्रतिज्ञा के अनुरूप जनवादी और प्रगतिशील पत्रिका है, किसी पार्टी-विशेष का मंच नहीं, भले ही उसके सम्पादक का सम्बन्ध किसी पार्टी या संगठन से हो। ऐसी किसी

भी पत्रिका में प्रकाशित प्रत्येक लेख से सम्पादकों का सहमत होना हर्गिज़ ज़रूरी नहीं है। वरना विभिन्न लेखों में व्यक्त परस्पर विरोधी विचार सम्पादक के ही विचार मान लिए जायेंगे! यह स्थिति कितनी हास्यास्पद होगी!! और उन विद्वानों की समझ को क्या कहें जो लेख के विचार को सम्पादक के विचार मानकर फैसले करते हैं!!!

चलिए, फिर भी मान लेते हैं कि "'पहल' पत्रिका कम्युनिस्ट पार्टी की पत्रिका है" जैसा कि पहल के एक नियमित 'ग्राहक' श्री विश्वभावन देवलिया का "निष्कर्ष" है। तो प्रश्न उठता है कि 'पहल' के इतने संगठित विरोध के पीछे छिपा हुआ मन्तव्य क्या है? यदि श्री देवलिया पहल के नियमित पाठक की हैसियत से बोलते तो इस इस प्रकार बेसिर-पैर की बातों के लिए गुंजाइश न रहती। श्री देवलिया का उदाहरण यह बताने के लिए काफी है कि कम्युनिज़्म और लोकतन्त्र के विचारों में उतना फासला नहीं है जितना ग्राहक और पाठक की भूमिकाओं में है।

आपातस्थिति का फायदा उठाकर 'पहल' को जब्त करने वाले अन्य साहित्यकारों ने केवल शाकिर अली के लेख को आधार बनाया है। वे इस आशंका से 'पहल'-विरोधी अभियान चला रहे हैं कि और लेख भी इस प्रकार के होंगे। श्री कालिका प्रसाद दीक्षित के अनुसार, "इस लेख में देश के प्रमुख लोगों के आर्थिक और राजनीतिक विचारों का मज़ाक़ उड़ाया गया है।" 'मज़ाक़' का एक उदाहरण है लोहिया के विचारों का विरोध। डॉ. लोहिया के अनुसार, "वर्ण स्थिर वर्ग है और वर्ग ऊपर-नीचे खिसकते वर्ण हैं।" इसका 'मज़ाक़' इन शब्दों में उड़ाया गया है, "आज पिछड़ी जातियों को ऊपर-नीचे खिसकने का मौका देकर हम फ्यूडल व्यवस्था को बनाये रखने का प्रयत्न ही कर रहे हैं, वर्ण को वर्ग में बदल रहे हैं। इस प्रकार यथास्थिति मज़बूत होती है और वर्ग-संघर्ष भोंथरा तथा अमूर्त बनता जाता है।"

सामन्तवाद के विरोध से सामन्ती मनोवृत्ति वालों को कष्ट होना स्वाभाविक ही है। दीक्षित जी के शब्दों में, "लेखकों को सामन्तवाद का पीलिया हो गया है जिसके कारण वह किसी के व्यक्तित्व और किसी की कृति को ठीक तरह से समझने में असमर्थ हैं।" इससे दो खतरे पैदा होते हैं। एक तो इससे "राष्ट्रीय एकता का पथ प्रशस्त नहीं हो सकता।" दूसरे "सांप्रदायिकता को भी प्रोत्साहन मिलता है।" इसलिए बड़े "खेद" के साथ कहना पड़ता है कि "मध्यप्रदेश सरकार का बारबार ध्यानाकर्षण कराने के बावजूद कोई कठोर कदम नहीं उठाती।" एक साहित्यकार के इस व्याकरण पर हिन्दीभाषियों को गर्व होना चाहिए!

आशा करनी चाहिए कि प्रधानमन्त्री के बीस-सूत्री कार्यक्रम के सामन्तवाद-विरोधी सूत्रों से भी ये लोग इतने ही आहत हुए होंगे। उसे भी राष्ट्रीय एकता पर कुठाराघात और साम्प्रदायिकता को प्रोत्साहन देने वाला मानते होंगे। लेकिन मजबूरी यह है कि आपातस्थिति चल रही है! चोर नारि जिमि प्रकट न रोई, बेचारे विलाप तक नहीं

कर सकते। यह सारी कुंठा और कुत्सा 'पहल' विरोधी उन्माद बनकर फूट पड़ी है।

अफसोस की बात है कि 'पहल' विरोधी इस घृणित अभियान में श्री रामेश्वर शुक्ल 'अंचल' भी शरीक हो गये हैं। अपने पूरे इतिहास को मटियामेट करके अंचलजी आज जहाँ खड़े हैं, इससे वे सहानुभूति के तो नहीं, तरस के पात्र अलबत्ता बन जाते हैं। उनके कारण अज्ञात कुल-शील 'साहित्यकारों' को औचित्य मिल जाता है, सो अलग!

ऐसे ही एक अज्ञात 'साहित्यकार' डॉ. कृष्ण वल्लभ जोशी हैं। इनका दृढ़ विश्वास है कि "विश्लेष्य लेख उग्रवामपन्थी तथा संकीर्णतावादी प्रतीत होता है जिसमें भारतीय स्वातंत्र्य-युद्ध को सही मायने में न समझकर राष्ट्रपिता को बुर्जुआ और सामन्तवादी कहना सम्पूर्ण भारतीय प्रगतिशील विचारधारा के प्रति एक प्रतिक्रियावादी दृष्टिकोण है।" भड़ास निकालने की जल्दबाज़ी में श्री जोशी एक ही साँस में उग्रवामपन्थी से प्रतिक्रियावादी तक सब कुछ कह गये हैं और इनमें से किसी भी शब्द के अर्थ या राजनीतिक आशय को जानने की उन्होंने कोई कोशिश नहीं की है।

शाकिर अली ने आखिर ऐसा लिखा क्या है? राष्ट्रीय नेता बल्कि राष्ट्रपिता के लिए उनका कहना है कि "गाँधी का लक्ष्य साम्राज्यवादियों से देश को मुक्त करना था।" देखिए, कैसा अवमूल्यन है! अगर गाँधी बुर्जुआ थे तो क्या बुर्जुआ वर्ग देश की मुक्ति के लिए नहीं लड़ा? लेकिन डॉ. जोशी जैसे साक्षर अशिक्षित न तो राष्ट्रीय बुर्जुआ का अर्थ जानते हैं, न स्वाधीनता आन्दोलन में उसकी भूमिका; राजनीतिक नेताओं और पार्टियों के पीछे सक्रिय वर्गीय और सामाजिक शक्तियों को जानने का सवाल ही नहीं पैदा होता।

इन्हीं के सहोदर भाई डॉ. विजय शुक्ल 'आम आदमी' और 'खास पार्टी' में जन्मजात दुश्मनी सिद्ध करने के लिए 'धर्मयुग' जैसे सेठाश्रयी पत्र के पृष्ठ भर रहे हैं और सेठ-मनभावन बातें कहकर मनोवांछित फल प्राप्त कर रहे हैं। जिस शीघ्रता से गिरगिट अपना रंग बदलते हैं उसी शीघ्रता से भाट अपने स्वामी बदल देते हैं। कल तक 'धर्मयुग' को गाली देनेवाले यही लोग आज 'धर्मयुग' के झंडावरदार बनकर 'पहल' जैसी प्रगतिशील पत्रिका को जब्त करने की माँग उठा रहे हैं। पार्टी विरोध की इनकी राजनीति पार्टी-विहीन जनतन्त्र का रूप लेकर प्रकट होती है। ऐसे श्री विजय शुक्ल का कहना है, "मनुष्य का वस्तु-संसार बहुत सीमित है और अनुभव-संसार बहुत विस्तृत है।" लेकिन दर्शन-शास्त्र की ये गूढ़ बातें समझने के लिए "समय-समय पर बदलने वाली राजनीतिक पार्टियों की सतही दृष्टि" काम नहीं आ सकती। (**धर्मयुग,** 11 जुलाई, 1976, पृ. 27) इस प्रकार, समयातीत- अपरिवर्तनीय दृष्टि से ही मनुष्य को समझा जा सकता है!

खूबी यह है कि अपनी शाश्वत-सनातन "दृष्टि" से ये विचारक एक और

''समसामयिक सन्दर्भों से जुड़कर सुविधा की तलाश'' करते हैं, दूसरी ओर ''संत्रास और कुंठा'' से पीड़ित होते हैं! उनकी समयातीत-अपरिवर्तनीय 'दृष्टि' में ''रचनाधर्मिता का आधार'' 'केवल ऐसा' आम आदमी हो सकता जो वर्गों की सीमा से परे हो, वह न शोषक हो, न शोषित! ऐसा 'आम आदमी' क्षणभंगुर लौकिक संसार में तो मिलने से रहा। यह भी हो सकता है कि 'खास पार्टी' से जुड़े लोगों के अलावा बाकी समाज को 'आम आदमी' मानकर वे वर्तमान पूँजीवाद को ही वर्गहीन समाज के रूप में देख रहे हों! ऐसे मनीषी 'खास पार्टी' के नहीं बल्कि सभी प्रगतिशील शक्तियों के विरोधी होते हैं; वे पूरी फासिस्ट विरोधी समझ के ही विरोधी होते हैं।

इन विचारकों को आपत्ति केवल 'पहल' पर नहीं है, 'पूर्वग्रह' जैसी पत्रिका पर भी है जिसका प्रगतिशील साहित्य से सीधा सम्बन्ध नहीं है बल्कि मध्य प्रदेश शासन से संबंधित होने के कारण जिसमें सभी तरह के लेखक प्रकाशित होते हैं। 'धर्मयुग' में श्री शरद जोशी ने जो लेख लिखा है उसमें 'पूर्वग्रह' के प्रकाशन को लेखकीय स्वतन्त्रता में सरकार का हस्तक्षेप माना है। 'पहल' ने इस दृष्टिकोण की आलोचना करने वाला श्री प्रभाकर चौबे का लेख प्रकाशित किया है। 'लेखकीय स्वतन्त्रता का मकसद' शीर्षक इस लेखक में श्री चौबे ने बताया है कि ''शरद जोशी और धर्मयुग के सम्पादक श्री भारती ने प्रश्न उठाया था कि क्या 'पूर्वग्रह' का प्रकाशन सरकार का लेखकीय स्वतन्त्रता पर आघात नहीं है? उन्होंने कहा—सरकार ने उद्योग और व्यापार की स्वतन्त्रता पर अंकुश लगाया है और अब सरकार लेखन के क्षेत्र में प्रवेश कर लेखकीय स्वतन्त्रता पर भी अंकुश लगा रही है।'' (**पहल-सात,** पृ. 28)

लेखकीय स्वतन्त्रता को व्यापार की स्वतन्त्रता से जोड़कर 'पहल' विरोधी और 'धर्मयुग' समर्थक हुल्लड़बाज़ों ने अपना पूरा वैचारिक कुल-गोत्र उजागर कर दिया है। लेकिन यहाँ उनकी तथाकथित सरकार-भक्ति छू-मन्तर हो गयी है। यह सुविधा का तर्क है कि प्रगतिशील मंच के विरुद्ध पूँजीवादी सत्ता के प्रति भक्ति प्रदर्शित करके प्रतिबन्ध की माँग की जाय और व्यापारी हितों के सवाल पर पूँजीवादी सत्ता को भी अलग रहने की सलाह दी जाय। वे आर्थिक और राजनीतिक क्षेत्र में ही नहीं, सांस्कृतिक क्षेत्र में भी निरंकुशता का समर्थन करते हैं। जनतांत्रिक अधिकार और वातावरण उनके पूँजीपरस्त-सामन्तप्रेमी हृदय को रास नहीं आता। इसलिए 'राष्ट्रीय बुर्जुआ' कहे जाने की आड़ लेकर कोहराम मचाना उनके राजनीतिक विचारों और सामाजिक उद्देश्यों को पूरी तरह स्पष्ट कर देते हैं। इसलिए आज ज़रूरत इस बात की है कि ''साहित्यकारों में मोहन धारिया और चन्द्रशेखर को चुन-चुन कर सामने लाया जाय।'' (**पहल-सात,** पृ. 29)

धर्मयुग-प्रकरण

1. निरपेक्षता और स्थायित्व

पिछले दिनों प्रतिबद्धता का प्रश्न एक बार फिर ज्वलंत बहस का विषय बन गया। नयी-नयी पत्रिकाओं में इस प्रश्न पर बहसें आयोजित की गयीं। पुराने लोगों ने इस सवाल पर दोबारा विचार करना शुरू किया। लेकिन आज भी कुछ लोग यह समझने में असमर्थ हैं कि प्रतिबद्धता मुख्यतः विचारधारा के प्रति होती है।

चिन्तन के क्षेत्र में प्रतिबद्धता का अर्थ ही है किसी वैचारिक व्यवस्था अथवा चिन्तन-पद्धति के प्रति प्रतिबद्धता और यह चिन्तन पद्धति ही विचारधारा है। यह और बात है कि कोई अपनी विचारधारा को विचारधारा कहने से कतराता हो। यह पैंतरा विचारधारा से प्रतिबद्धता मानने वालों के विरुद्ध पत्रिकाओं के पृष्ठ (और अपनी जेबें) भरने में बड़ा कारगर साबित होता है।

26 दिसम्बर, 1976 के 'धर्मयुग' में प्रकाशित की नन्दकिशोर मित्तल का लेख 'कथासृजन में फिसलन के धरातल और स्थायित्व का बिन्दु' इस दृष्टि से विचारणीय है। लेखक ने "सुविधाजनक मतवाद" का खंडन करते हुए अपनी "संवेदनाओं से प्रतिबद्धता" के जिस मुद्दे पर बहस टिकाई है, उसे भी वह कोई स्थायित्व नहीं प्रदान कर सका है। इस प्रकार खुद यह लेख फिसलन का ही शिकार हुआ है। स्थायित्व का बिन्दु खोजना उसके दष्टिकोण से मज़ाक़ होगा।

लेखक कथाकारों से अपील करता है कि वे "निरपेक्ष रहकर घटनाओं को एक मानवीय दृष्टि" दें। सच पूछिये तो निरपेक्षता और मानवीय दृष्टि दो परस्पर-विरोधी अवधारणाएँ हैं। व्यापक मानवीयता अधिकतम (शोषित-पीड़ित) मानव-जाति की पक्षधर होती है। किन्तु निरपेक्ष व्यक्ति शोषक और शोषित के भेद को ही अस्वीकार करता है। उसके अनुसार वास्तविक टकराव दो वर्गों में नहीं, व्यक्ति और समाज में होता है। वह मनुष्य के मानसिक जगत और सजग विचारधारा में वैमनस्य समझता है। स्वयं निरपेक्षतावादी अपने दृष्टिकोण का "आधार" घोषित करता है "कल्पनाशीलता" को। यथार्थ से उसे परहेज़ है।

‘‘कल्पना’’ पर आधारित ‘निरपेक्ष’ दृष्टि मानवता की वास्तविकता से आँख चुराये, इसमें अस्वाभाविक क्या है? इस दृष्टि पर आधारित चिन्तन व्यवस्था (यदि वह है तो) यथार्थ-विरोधी ही होगी। और ‘निरपेक्षता का नारा’ लगाने वाले इस विचारधारा से प्रतिबद्ध हैं, इसमें क्या सन्देह? यह सही है कि इस विचारधारा का भी सम्बन्ध अन्य विचारधाराओं की तरह एक विशेष वर्ग से है। बेशक, यह वर्ग शोषित-पीड़ित लोगों का नहीं है।

शायद इसी ‘‘कल्पनाशील’’ दृष्टिकोण के चलते कल जो पत्र-पत्रिकाएँ और लेखक ‘सम्पूर्णक्रान्ति’ की ‘मुनादी’ पीटते न थकते थे, आपातकाल आते ही अकस्मात परम सरकार-भक्त हो गये। यह फिसलन का परिणाम है या ‘स्थायित्व’ का? पैंतरे बदलने की यह होशियारी क्या सचमुच कल्पनाशीलता ही है? फिर निरपेक्षता की खोल किसलिए?

क्या निरपेक्षता का सम्बन्ध केवल वैचारिक मतवाद से है? यदि ऐसा है तो क्या सभी विचारधाराओं से समान निरपेक्षता बरती जायेगी?

उक्त लेख में जिस मतवाद से सतर्क रहने की ज़रूरत बतायी गयी है, वह है मार्क्सवाद। लिखा है, ‘‘मतवाद तो हमें समझौतों की विकृतियाँ और भ्रष्ट आचरण देता है। हमें पलायनवादी बनाता है। आज अकेले मार्क्सवादी मत के आपस में एक-दूसरे के विरोधी आठ-दस भाष्य हैं। ऐसे में कथाकार किसी एक के भाष्य को क्यों माने?’’

विचारधारा मतवाद है, वह समझौतों की विकृति, भ्रष्ट आचरण और पलायनवाद सिखाता है, ये बातें नयी नहीं हैं। दूसरे विश्वयुद्ध के बाद पश्चिम में विचारधारा-विरोधी मतवादों का जो तूफान आया था, उसी से उड़कर आये हुए ये विचारों के तिनके हैं जिन्हें अनोखी वस्तु समझकर प्रदर्शित करने वाले कुछ बाज़ीगर भारत में अत्यन्त उतावले हो रहे हैं। इनसे यह पूछना असंगत न होगा कि समझौतों और विकृतियों का भ्रष्ट आचरण सिखाने वाला मतवाद क्या उन्हीं लोगों का नहीं है जिनके पास इतना नैतिक साहस भी नहीं कि खुलकर अपने मतवाद को मतवाद कह सकें?

इस मतवाद की एक विशेषता और है। पश्चिम के कुछ बुद्धिजीवियों ने कहा अन्याय और शोषण का आधार सामाजिक-आर्थिक न होकर भौगोलिक है, तो इन्होंने दोहराया, अन्याय का सम्बन्ध ‘‘सामाजिक और आर्थिक’’ हेतुओं से नहीं, अपितु ‘‘भौगोलिक परिस्थितियों’’ से है। यह है इस मतवाद का ‘‘ऐतिहासिक यथार्थ’’।

सम्भवतः इस ‘यथार्थवादी’ दृष्टिकोण के कारण ही मार्क्सवाद-विरोध इन बाज़ीगरों का स्थायी बिन्दु बन गया है। मित्तल मार्क्सवाद से इतना बिदकते हैं कि कोई भी कृति उन्हें तभी पसन्द आती है जब उसके पात्र ‘‘कम से कम मार्क्सवादी नहीं’’ होते।

अपने इस यथार्थ और दायित्व को ‘धर्मयुग’ और उसके लेखक बखूबी समझते

हैं। इसीलिए सामाजिक और आर्थिक उत्पीड़न को झूठा मानकर कथा सृजन की सम्भावना पर विचार करने के बहाने वे अपना राजनीतिक मतवाद थोपने की कोशिश करते हैं। किन्तु उनकी समस्या यह है कि वे इसे भी निरपेक्षता कहना पसन्द करेंगे क्योंकि ''पक्षधर होना उसके कलाकार का विघटन कर देता है।''

अगर यह सब देख-सुनकर किसी को शंका हो कि ''मतवाद से निरपेक्षता'' का नारा स्वयं एक मतवाद है और वह भी काइयाँपन का मतवाद, तो क्या उसकी शंका निर्मूल होगी?

2. पटसन-प्रेस का दिल-बहलाव

'धर्मयुग' एक ऐसी पत्रिका है जिसके अभागे पाठकों को सम्पादक के लिखे अमृत-वचन बहुत कम पढ़ने को मिलते हैं। लेकिन सम्पादकीय की कमी अखरने नहीं पाती। सम्पादक के मत की अभिव्यक्ति के लिए (सम्पादकीय की क्षतिपूर्ति के लिए) प्रायः हर अंक में नन्दकिशोर मित्तल के लेख प्रकाशित कर दिये जाते हैं। यह इसलिए कि पाठक गुमराह न हों।

नन्दकिंशोर मित्तल की विषयवस्तु है प्रगतिशील साहित्य और कम्युनिस्ट विचारधारा को गालियाँ देना। संजय गाँधी भी कम्युनिजस्टों की गालियाँ देते थे लेकिन इसके कारण जब उनकी चतुर्दिक भर्त्सना होने लगी और इंदिरा जी से न रहा गया तो फूट पड़ीं कि संजय की आलोचना उनकी आलोचना का पर्याय है।

मतलब यह कि संजय गाँधी को अधिक प्रामाणिकता प्रदान करने के लिए ही इंदिराज़ी ने उसे अपना पर्याय बना दिया था। (इसका यह मतलब न निकालें कि संजय गाँधी को मैं भी प्रधानमन्त्री नं. 2 कह रहा हूँ।) इसका अर्थ था कि संजय गाँधी उनके एक मुँह हैं। (समाचार और 'आकाशवाणी' के बारे में मैं नहीं कह रहा क्योंकि ये तो हर शासक पार्टी के मुँह होते हैं।) इसलिए संजय गाँधी जो कहें वह इंदिरा जी का ही कहा समझा जाय।

ठीक इसी तरह इस बार स्व. फणीश्वरनाथ रेणु को श्रद्धांजलि देते हुए धर्मयुग के सम्पादक (श्री धर्मवीर भारती) ने साफ ज़ाहिर कर दिया है कि नन्दकिशोर मित्तल जो लिखते हैं उसे सम्पादक का दृष्टिकोण समझा जाय।

मसलन, प्रगतिशीलों से, सम्भवतः उनकी विचारधारा से, उनके ''फासिस्टविरोध'' से, ''हिटलर'' के प्रति उनकी ''घृणा'' से खफा होकर श्री मित्तल 'जी' लिखते हैं, ''स्वातंत्र्योत्तर हिन्दी साहित्य में सबसे ठोस काम तब हुआ, जब...प्रगतिशीलों की दखलंदाज़ी और शोर कम हुआ या थम गया।'' (**धर्मयुग**, 24 अप्रैल, 1977)

इसी अंक में 'रेणु' को श्रद्धांजलि में सम्पादक महोदय ने भी 'फैशनेबुल नारेबाज़ों' के प्रति अपना दृष्टिकोण (पुनः पुनः पुनः) व्यक्त कर दिया है।

आप सोचते होंगे नारेबाज़ी है क्या? क्या वह इतनी घृणास्पद, जघन्य और अपमानजनक है जिसके कारण पूँजीवादी आधुनिकता और हिटलरी पशुता का विरोध करने वाली प्रगतिशील शक्तियाँ भी बदनाम की जा सकती हैं?

दरअसल, नारेबाज़ी हर कविता में है। कोई उसे स्वीकार कर लेता है, और किसी को स्वीकार करने में शर्म आती है। ये शर्मसार लोग 'नारेबाज़ी' कह कर जिस साहित्य को खारिज करना चाहते हैं उसकी शक्ति और प्रभाव से आतंकित ज़रूर हैं। यह तो प्रसिद्ध ही है कि जिससे जितना डर, उस पर उतना गुस्सा।

फिर भी, यह जानने की इच्छा स्वाभाविक है कि सचेत और संगठित होकर प्रगतिशील शक्तियों को कोसने और उनके विरुद्ध अभियान चलाने वाले ये लोग कौन हैं? कौन हैं जो 'तानाशाही' के खिलाफ लड़ने के लिए शरद के चाँद से उजले-धुले पाँव अपनी गोद में धरे निठल्ले बैठे रहते हैं? तानाशाह को नफाखोर-सेठों की 'अपनी सगी माई' और काले बाज़ार को कीचड़-काई कहकर तानाशाही के स्रोत को सामने ला देने वाले 'नारेबाज' नागार्जुन ने संकट की घड़ी में जनता का साथ दिया है या हिटलर और स्तालिन को एक मानकर राजनीति-मात्र के खिलाफ ''किसी वेश्या के कोठे से अपने को बुझाकर'' लौटने वाले बागी श्रीकांत वर्मा ने?

कला को सहज कलात्मक गुणों से सम्पन्न किसने किया है : 'वह समाज के त्रस्त क्षेत्र का मस्त महाजन, गौरव को गोबर-गनेश-सा मारे आसन' की सच्ची तस्वीर देने वाले केदारनाथ अग्रवाल ने या श्रीकांत वर्मा ने, जो हर सुबह और अजनबी बनने से पहले दार्शनिक चिन्तन करते हैं कि ''क्या मैं पड़ा रहा हूँ अपनी स्त्री की जाँघ की दराज़ में?''

यह सलाह 'सौंदर्यवादी' मुक्तिबोध ने नहीं दी है! उन्होंने ज्वलंत सामाजिक यथार्थ को देखा, पूँजीवादी व्यवस्था के अन्तर्विरोधों से पीड़ित हुए और उसकी विकृतियों को उपलब्धि मानने के बजाय उससे घृणा की। उन्हें जितनी व्यथा अपनी मानसिक उलझनों को लेकर थी, उतनी ही पूँजीवादी समाज में पिसती हुई जनता को लेकर भी। इसीलिए 'वह मेहतर मैं नहीं बन पाता' की आत्मग्लानि और 'हड़ताली पोस्टरों' के खिलाफ खुफियागीरी करने वाला 'रजनी के निजी गुप्तचरों' का षड्यन्त्र दोनों उनके यहाँ साथ-साथ मौजूद हैं। वे इस खतरे को समझते थे कि पूँजीवादी शासन कभी भी 'नगर में कर्फ्यू' लगा सकता है, 'सैनिक प्रोसेशन' कर सकता है, कलाकार की हत्या कर सकता है। यह पूँजीवाद कुछ भी कर सकता है। यह फासिस्ट भी बन सकता है।

फासिज़्म को कला, साहित्य और संस्कृति से कितना प्रेम होता है, यह नीत्शे के जर्मन 'महामानव' हिटलर ने सिद्ध कर दिया है, अमरीकी एजेंट पिनोशेत ने भी चिली में साबित कर दिखाया है; आदि-आदि।

फासिज़्म को कामकुंठावादी साहित्य से डर नहीं लगता, बल्कि वह ऐसे साहित्य से लाभ उठाकर जनता की संघर्षचेतना को कुचलता है। उसे डर लगता है जागरूक बनाने वाले साहित्य में। उसे नागार्जुन, केदार, रामविलास, मुक्तिबोध के साहित्य में नारेबाज़ी ही दिखायी देगी। वेश्याओं के दरबानों को सब तरह का संरक्षण देकर प्रगतिशील कवियों के शोर-शराबे के बदले सच्ची कला (या कलावाद) का विकास करके अपने संस्कृति-प्रेम के प्रदर्शन में वह कभी पीछे नहीं रह सकता। इसके सहायकों के भारतीय नेता हैं 'सच्चे' प्रगतिशील अज्ञेय, जिन्होंने पूरी सच्चाई से एक ओर कांग्रेस फॉर कल्चरल फ्रीडम का संगठनकर्ता बनना स्वीकार किया और दूसरी तरफ, भारतीय जनता की असह्य तकलीफों से उदासीन होकर 'उत्तप्त-अभिशप्त' गुहार लगायी—तुम कहाँ हो नारि!

इनके उल्टे, शमशेर 'रूमानी' और 'व्यक्तिवादी' हैं। इसीलिए ग्वालियर के भूखे-नंगे-पीड़ित उन मजूरों के जुलूस पर सहानुभूति से कविता लिखते हैं जिनके खून से सड़क लाल हो गयी थी! इसीलिए संसदीय चुनाव (1977) में दिल्ली के कम्युनिस्ट प्रत्याशी के समर्थन में वे चुनाव सभा संबोधित करते हैं! जी हाँ! शमशेर का यह भी एक व्यक्तित्व है और 'धर्म' के 'युग' में वह व्यक्तित्व असह्य ही समझा जायेगा!! धर्म की सार्थकता तभी है जब वह दमन-उत्पीड़न के जवाब में नारी के लिए त्राहि-त्राहि करना सिखाये, ('सम्भोग से समाधि' में जाना अर्थात 'कगाध्यात्' की साधना करना सिखाये!) संघर्ष की डगर पर आगे बढ़ने के बजाय 'टूटे पहिए' की तरह जड़ बनने की प्रेरणा दे, अपनी देशभक्ति की सिद्धि के लिए अमरीकी संस्थाओं का खुला-छिपा सहायक होकर बुद्धिजीवियों में साम्राज्यवाद के प्रति 'मानवीय' अनुराग जगाये!!!

अब आप समझ ही सकते हैं कि नारेबाज़ों के विरोधी ये 'ठोस' कलाकार किसकी सेवा करते हैं। इनके विचारों की वास्तविक भूमि भारत के बाहर है। पश्चिम में एक ज़ोरदार वैचारिक अभियान चला जिसने विज्ञान और प्रविधि को मनुष्यता का मुख्य शत्रु बताया। इस अभियान के सिद्धान्तकारों ने पूँजीवाद और समाजवाद को समान रूप से औद्योगिक सभ्यता कहकर दोनों का विरोध किया। सम्भव है इसके बाद वे आदिम युगों में लौटने की घोषणा करें! इनकी देख-देखी **धर्मयुग** के पुरोहित भी कलियुग की समस्याओं का मूल स्रोत औद्योगिक सभ्यता ही को बताते हैं। श्री मित्तल 'जी' की 'मौलिक' प्रेरणा से फूटे हुए ये उद्‌गार सुनिये : "इस औद्योगिक सभ्यता ने विवेक, श्रम के उत्पादन और मानवीय संवेदना के बजाय विज्ञापन का और कोरे विज्ञापन का झूठ दिया है।"

'श्रम के उत्पादन' का मित्तलजी के अर्थशास्त्र में क्या अर्थ है, खुदा जाने। लेकिन हम धरती के पामर प्राणी यह देखते हैं कि औद्योगिक सभ्यता में—भारत

जैसे देश में, जिसमें हम रहते हैं—पूँजीपति और मज़दूर दोनों हैं। स्वार्थ के लिए, शुद्ध मुनाफ़े के स्वार्थ के लिए, विज्ञापन और झूठ का साथ लेता है पूँजीपति। वास्तविक उत्पादक—श्रमिक—को दो जून की रोटी भी मयस्सर नहीं होती। रोटी की वास्तविक ज़रूरत से गाफिल करके अपने उपभोक्ता माल की जाली भूख जगाना नफ़ाखोर पूँजीपतियों की विज्ञापन-बाज़ी का मूल आशय है। इसीलिए दोष औद्योगिक सभ्यता मात्र का नहीं है, दोष है औद्योगिक सभ्यता के उस रूप का जिसमें मुनाफ़ाखोर बसते हैं। न रहें मुनाफाखोर, न मुनाफे के लिए विज्ञापन और प्रचार की झूठी दुनिया गढ़ें!

झूठ, छल, प्रवंचना, प्रचार और शोषण-दोहन पूँजीवाद में ही अन्तर्निहित हैं। पूँजीवाद को दोष न देकर, औद्योगिक विकास-मात्र को दोषी कहकर ये विचारक एक ओर देशी पूँजीपतियों को उनके पायों से बरी कर देते हैं और दूसरी ओर जनता को धर्म-युग की ओर वापस मुड़ चलने की नेक सलाह देकर अपने पश्चिमी गुरुओं को भी सन्तुष्ट कर देते हैं! भारत पिछड़ा बना रहे, यहाँ कल-कारखाने न बनें तो जनता का अन्धविश्वास भी कायम रहेगा और साम्राज्यवाद की मंडी बनने की सम्भावना भी बलवती होगी! देखिये, कैसा अमोघ-अस्त्र है यह उद्योग-विरोध! एक तीर से दो नहीं, दस शिकार!![1]

जीवन और साहित्य में भेद करने वाली विचारधाराएँ आज भयानक संकट से गुज़र रही हैं। कारण यह कि जीवन के बिना मनुष्य ही नहीं, साहित्य-कला आदि भी मृत हो जाते हैं। अपने इस संकट से त्रस्त प्रगति-विरोधी, सामन्ती और अन्य प्रकार की प्रतिक्रियावादी विचारधाराएँ अपनी फजीहत और घबराहट पर पर्दा डालनें के लिए सारा दोष मढ़ती हैं या तो औद्योगिक सभ्यता पर या फिर समाजवाद की हिमायत करने वाली प्रगतिशील विचारधारा पर। कारण स्पष्ट है। समाज को पीछे लुढ़का ले जाने की कूबत इन गुबरैलों में नहीं है। वे समाज के विकास की अगली

1. यह लेख 1977 में लिखा गया था। भारत जैसे विकासशील देशों में औद्योगिक विकास के विरोधियों की साम्राज्यवाद-पोषक मंशा पर यहाँ जो कुछ लिखा गया है, उसकी पुष्टि 1984 में पूरी तरह हो गयी। 16 मई, 1984 के 'पैट्रियट' (नयी दिल्ली) में अगरतला से श्री सुजित चक्रवर्ती की एक रिपोर्ट प्रकाशित हुई थी जिसमें बताया गया है कि पश्चिमी धार्मिक संस्थाएँ भारत के उत्तर-पूर्वी क्षेत्र में, अधिकतर मेघालय, त्रिपुरा और मणिपुर में विकास-विरोधी और प्रविधि-विरोधी साहित्य का बड़ी तेज़ी से प्रचार-प्रसार कर रही हैं। इनमें से अनेक संस्थाएँ जनसेवा के कार्यों—अस्पताल, स्कूल आदि के संचालन—की आड़ भी नहीं लेतीं, सीधे 'धार्मिक' प्रचार-प्रसार करती हैं। विकास और प्रविधि का विरोध करने वाले 'धार्मिक' पर्चे बाँटते हुए कुछ लोग पकड़े भी गये हैं।

कड़ी को–समाजवाद को–आने से रोकना अवश्य चाहते हैं। इसलिए समाजवाद और पूँजीवाद को एक जैसी "औद्योगिक सभ्यता" कहकर, जनता पर अन्धविश्वास की चादर डालकर 'छू-मन्तर' के जरिये ये कोई चमत्कार उत्पन्न कर देना चाहते हैं। इन साहित्यप्रेमी धर्मावतारों के अलावा अन्य देवी-देवताओं, या महर्षियों-भगवानों और योगेश्वरों-गुरुओं आदि की जो धार्मिक पलटन शिवजी के बारातियों की तरह बड़े धूमधाम से हमारे सांस्कृतिक जीवन में प्रकट हो रही है, उसका भी पश्चिम की तिज़ारती सभ्यता से प्राण-पण का सम्बन्ध है। आपातकाल की घोषणा के बाद जब से पश्चिम की ओर सरकार की अभिमुखता तेज़ी से बढ़ी है, तब से इन 'संस्कृतिकर्मियों' को शासन की छत्रछाया का आभास भी होने लगा है।

सही चोट करने के बजाय जाली निशाने दिखाना, भूख से उत्पन्न हमारे गुस्से को गुमराह करके गलत जगह इस्तेमाल करना दुनिया भर के प्रतिक्रियावादियों की साज़िश है। इनके सिद्धान्तों का चरित्र क्यों प्रतिक्रियावादी है, यह स्वयं प्रकाशित है। ये एक दुश्मन को पछाड़ने के लिए उससे भी खूँखार दुश्मन को दोस्त बनाने का रास्ता सुझाते हैं। मित्तल जी ने कहा है, "आज की भ्रष्ट और अमानवीय औद्योगिक सभ्यता से, केवल उससे भी खूँखार होकर लड़ा जा सकता है।"

संयुक्त मोर्चे की इस समझदारी के अनुसार ये लोग अगर हिटलर को दोस्त मानते हैं तो इसमें कम्युनिस्टों के लिए कोई अपमानजनक बात नहीं है। अगर और भी आगे बढ़कर ये लोग अपने देशी औद्योगिक विकास के खिलाफ साम्राज्यवाद के खुले सहायक बन जायें तो इसमें भी "गद्दार" कम्युनिस्टों के लिए शर्म की बात न होगी। खुद इन्हीं लजालुओं का कालावादी-देशप्रेम उजागर होगा। फिलहाल, इनके कम्युनिस्ट-द्रोह और प्रगति-विरोध से इनकी हिटलर भक्ति और साम्राज्यवाद-परस्त धार्मिकता का स्वरूप अवश्य प्रकट होता है।

यह समझदारी साहित्य में यथार्थवादी धारा के विरुद्ध मनोविज्ञानवादी धारा के समर्थक के रूप में अभिव्यक्त होती है। फिर चाहे आप भोगे हुए यथार्थ, परिवेश आदि के घिसे-पिटे मुहावरे जितनी बार भी दुहराएँ, आपकी पूरी अन्तर्दृष्टि यथार्थ-विरोधी होगी। यथार्थवादी दृष्टि "दुराग्रह" और "छद्म" ही नज़र आयेगी।

इसलिए प्रगतिशील साहित्य को प्रचार, नारा, शोर आदि कहने का अर्थ है जनजीवन की वास्तविकताओं से आँख चुराना। देशी-विदेशी शोषकों की "मनोवैज्ञानिक" हिमायत करने वाली ऐसी किसी भी समझदारी के प्रति लोग अचेत नहीं हैं। लोग यह जानते हैं कि साहित्य भी उनके न्यायपूर्ण संघर्ष में उनके हाथ एक हथियार है: "पत्थर की सार्थकता कविता बनने में और कविता की सार्थकता पत्थर का टुकड़ा बनने में है।" (विश्वनाथ त्रिपाठी)

जिन ऐयाशों के खिलाफ इन हथियारों का इस्तेमाल होने वाला हो, भय से

यदि वे इन्हें प्रचार, पाखंड, गद्दारी या कुछ भी कहें, समझ में आने लायक बात है।

ऐसी स्थिति में ये लोग नन्दकिशोर मित्तल आदि की भाँति कम्युनिस्टों को गालियाँ देना शुरू कर सकते हैं या फिर भवानीप्रसाद मिश्र की भाँति अपने अहिंसावादी मन को समझाते-बुझाते हुए यह कह सकते हैं कि "फिर पैदा हो जायेंगे हम, क्योंकि हमें पैदा होने के लिए, किसी गर्भ में रहना नहीं पड़ता।"

सच्चाई जो हो, इसमें शक नहीं कि दिल के बहलाने को यह खयाल अच्छा है।

(3) मुखौटा और मौसम

एक जीव होता है गिरगिट। एक 'आदमी' होता है भाट। इन दोनों में काफी साम्य होता है। गिरगिट जिस आसानी से रंग बदलता है, उससे भी कहीं अधिक आसानी से भाट अपने स्वामी बदल देते हैं। ये भाट उस "वेदरकॉक" की तरह होते हैं जिसका अपना कोई रुख नहीं होता। हवा जिधर की होगी उसका मुँह खुद-ब-खुद उधर ही घूम जायेगा। हिन्दी में 'मुँह' नहीं, 'पीठ' घूमती थी—'जैसी बहे बयार, पीठ तब तैसी कीजे!' इस मनोवृत्ति को राजनीति की भाषा में अवसादवाद कहते हैं।

आपात स्थिति की घोषणा से पूर्व सब की सब सेठाश्रयी पत्र-पत्रिकाएँ जे. पी. (जयप्रकाश नारायण) की "सम्पूर्ण क्रान्ति" का गुणगान करती थीं। आपात स्थिति की घोषणा हुई। मौसम बदल गया। 'वेदरकॉक' का रुख भी बदल गया। सबके सब नया कोरस गाने लगे : एमरजेंसी जिंदाबाद! इंदिरा की जय!...वगैरह।

एमरजेंसी में शासक दल ने अत्याचार किये। कम नहीं; बेशुमार। लेकिन ये भाट उस वक्त क्या कर रहे थे? इन्होंने आखिरी दम तक एमरजेंसी की जय बोली। प्रगतिशीलों पर छींटाकशी की। और तो और, इनकी बेशर्मी ने इनका असली चेहरा उजागर कर दिया। फासिस्टों को सबसे अधिक डर कम्युनिस्टों से लगता है। इन तमाम पत्र-पत्रिकाओं ने गला फाड़-फाड़ कर कम्युनिस्ट पार्टी को प्रतिबंधित करने की माँग की।

जीवन की सच्चाई से फासिस्ट भय खाता है। सच्चाई का ज्ञान करने वाला साहित्य उसके इरादों के लिए बारूद होता है। सच्चाई का बयान वाली एक ऐसी ही जनवादी लघु पत्रिका है 'पहल'। 'पहल' के साधन सीमित हैं। पूँजीवादी समाज में हर प्रगतिशील पत्रिका के साधन सीमित होते हैं। 'धर्मयुग' से लेकर 'कादम्बिनी' तक सभी चापलूस पत्र-पत्रिकाओं ने 'पहल' को जब्त करने की माँग करते हुए आसमान सिर पर उठा लिया।

'पहल' का दोष क्या था? यही कि उसमें प्रकाशित एक लेख में गाँधी और नेहरू को "राष्ट्रीय बुर्जुआ" कह दिया गया था! नेहरू खुद को समाजवादी के रूप में कल्पित करते थे, पर इस सच्चाई को भी समझते थे कि वे पूँजीवादी नेता हैं।

उन्होंने यह स्वीकार भी किया है।[1] पर तत्त्वदर्शी ज्ञानी तो वे हैं जिनके लिए बाबा तुलसीदास कह गये हैं—मूँदहु आँख कतहुँ केउ नाँहीं।

ऐसी ही न मालूम कितनी घटनाएँ हुईं जिनसे इनका असली चेहरा सामने आता गया। आज फिर हवा बदल गयी है। इनके छन्द-बन्ध अब नये आश्रयदाताओं के प्रशस्ति-गायन में लग गये हैं।

कोई आश्चर्य नहीं कि रंग बदलने वालों की जमात के प्रतिनिधि की हैसियत से 'धर्मयुग' ने सच्चाई कबूल करते हुए लिखा है, "नये मन्त्रियों के विशाल बंगलों के लॉन और बरामदे सारा दिन उसी चिर-परिचित भीड़ से अटे रहते हैं जैसी कांग्रेसी मन्त्रियों के दरवाज़े पर रहा करती थी।" (28 मई, 1977) आखिर दिल की बात ज़बान पर आ ही जाती है!

लेकिन एक बात अवश्य रेखांकित करने योग्य है। 'धर्मयुग' भले ही मौसम के साथ अपने मुखौटे और अवसर के साथ अपने आश्रयदाता बदलता रहा हो, उसने अन्ध कम्युनिस्ट-विरोध के अपने अहं लक्ष्य को धूमिल नहीं पड़ने दिया है। यह काम वह तब भी निष्ठापूर्वक करता था और अब भी करता है।

कम्युनिस्टों के खिलाफ इन सेठाश्रयी संस्थानों के संगठित विरोध से इतना तो जरूर स्पष्ट हो जाता है कि इनका असली दुश्मन कौन है और ये सबसे अधिक आतंकित किससे हैं। इज़ारेदारों के प्रतिरोध से कम्युनिस्टों का खरापन ही सिद्ध होता है। लेनिन ने कम्युनिस्टों की नैतिकता की जाँच की एक कसौटी यह भी बतायी थी कि अपने वर्ग-शत्रुओं के बीच वे कितनी घृणा पाते हैं। अपने खरेपन के लिए कम्युनिस्ट कार्यकर्ता बधाई के पात्र हैं।

इन पत्रिकाओं की एक और विशेषता है। ये लोग कम्युनिस्ट-विरोधी अभियान के लिए कम्युनिस्ट नेताओं की पुस्तकों से उद्धरण देते हैं। मसलन, अपने 28 मई के ही अंक में 'धर्मयुग' ने सी. पी. आई. को गाली देते हुए एक लेख लिखा है जिसमें डांगे की किसी पुस्तक से यह उद्धृत किया है कि "जैसे-जैसे राष्ट्रीय आन्दोलन कदम-ब-कदम तेज़ रफ्तार से बढ़ रहा था, इन युवा नेताओं ने (कम्युनिस्ट पार्टी के युवा नेताओं ने—अ.ति.) राष्ट्रीय नेताओं को प्रतिक्रान्तिकारी और द्रोही बतलाने की कोशिश की।..." वगैरह।

---

1. 'पहल' के प्रसंग में आरोपों-प्रत्यारोपों से भरे कुहराम पर इस लेखक ने 'अपातस्थिति और अभिव्यक्ति कीह स्वतन्त्रता' के अलावा एक लेख लिखा था, जो इस संकलन में नहीं दिया जा सका। वह लेख 'जनयुग' के सम्पादक श्री एच. के. व्यास को दिया गया था पर उन्होंने यह कहकर छापने से इंकार कर दिया था कि "लेख का स्वर बहुत तीखा और आक्रामक है।" लेख की प्रति श्री व्यास ने कार्यालय में रख ली, लेखक को वापस नहीं दी।

इस उद्धरण की प्रामाणिकता बनाये रखने के लिए लेखक श्री दिनकर सक्रीकर ने पुस्तक का कहीं नामोल्लेख तक नहीं किया। 'पहल'-प्रकरण से कितनी समानता है इस प्रामाणिक खोज की!

इनके गहन अध्ययन और दृष्टिकोण के स्पष्टीकरण के लिए एकाध उदाहरण लें। आज ये एमरजेंसी की घोषणा तक को नाजायज़ बताते हैं। जे. पी. की चापलूसी करते हैं। कम्युनिस्टों को प्रतिबंधित करने के लिए इतिहास के शोध के नाम पर छाती पीटते हैं। राम-नाम की लूट है।

भारतीय कम्युनिस्ट पार्टी ने जे. पी. आन्दोलन का सक्रिय प्रतिरोध किया था। (इस प्रतिरोध के कारण एमरजेंसी लगने पर उसके समर्थन में उसने देर न की। यह विचार करना वह भूल गयी कि एमरजेंसी का अस्त्र पूँजीवादी शासकों के हाथ में अनियन्त्रित अधिकार सौंप देगा।) जगजीवन राम और बहुगुणा आदि जनता पार्टी के वर्तमान नेता आपातकाल की घोषणा को आज भी न्याय-संगत ठहराते हैं। क्या इस प्रकार वे भी जे. पी. आन्दोलन के विरोधी सिद्ध नहीं होते? लेकिन इन सेठ-पोषितों को तो बदला लेना है सिर्फ कम्युनिस्टों से। ये अपने शत्रु और मित्र को बहुत अच्छी तरह पहचानते हैं।

प्रधानमन्त्री मोरार जी ने बम्बई के 'बिरला मातुश्री सभागृह' में ट्रस्टी-शिप पर बोलते हुए अपने व्यक्तित्व पर इन शब्दों में प्रकाश डाला है, "शुरू में सरकारी नौकर था। फिर...उसे (नौकरी को) छोड़ दिया। क्या त्याग था इसमें? एक बड़ा डाकू जब डकैती छोड़ देता है तो क्या आप उसे कहेंगे कि बड़ा त्याग किया आपने?"

जो हो, इस आत्मस्वीकृति पर मन्त्रमुग्ध होने वाला 'धर्मयुद्ध' नेहरू जी की आत्मस्वीकृति को नज़र अन्दाज़ क्यों करता है? ऐसा करने के पीछे खास मकसद है।

इज़ारेदार बिड़ला के सभागृह की शोभा बढ़ाने वाले, सेठ किर्लोस्कर के विमान पर सवार होकर चुनाव-प्रचार करने वाले हमारे ये नेतागण वास्तविक जन-समस्याओं को देख भी पायेंगे या नहीं? सेठों के विमान पर आकाश में उड़ान भरने वाले नेता ज़मीन से जितनी दूर उड़ेंगे उससे उतने ही बेफिक्र भी होंगे। अकारण नहीं है कि अभी से ज़मीन पर बसने वाली यातनाएँ—भूख की, बेकारी की, जातिवाद और साम्प्रदायिकता की, विदेशी कर्ज़ और दखलंदाजी की—इन होनहारों की दृष्टि से ओझल हो रही हैं। इधर नयी सरकार बनी और उधर कीमतें आसमान छूने लगीं, अपराधों की बाढ़ आ गयी, बेलछी में 13 हरिजन ज़िंदा जला दिये गये! अखबारों ने इस घटना की खबर को जान-बूझकर अत्यधिक विलम्ब से छापा, जैसे थानेदारों ने सारी सूचनाओं के रहते हुए अत्यधिक विलम्ब से—घटना हो जाने के बाद—रोकथाम की मुस्तैदी दिखायी! ऐसा क्यों? "स्वतन्त्र पत्रकारिता" की यह आज़ादी किसके

लिए है? प्रशासन की सुरक्षा-व्यवस्था किसके लिए है? असम्भव नहीं है कि लोग कुछ ही दिनों में एमरजेंसी के भयानक अत्याचार भूल जायें।

सेठाश्रयी संस्थानों के आगे सच्चाई को अस्वीकार करने की मजबूरी इसलिए आती है कि वे जिनकी खाते हैं, उनकी बजाते भी हैं। भारतीय संस्कृति में इनकी दृढ़ आस्था है। भारतीय संस्कृति में नमक का बड़ा महत्त्व है। (गाँधी जी के नमक आन्दोलन की बात यहाँ नहीं करूँगा।) गुरु द्रोणाचार्य यह जानते हुए भी कि कौरव अन्यायी हैं, अन्त तक उन्हीं के साथ रहे, क्योंकि उन्होंने कौरवों का नमक खाया था। कौरव अन्याय करते थे; गुरु द्रोणाचार्य अपनी नैतिकता में बँधे होने के कारण उनका साथ देते थे। अजब विवशता थी!

हमारे सेठाश्रयी संस्कृतिकर्मी और नेतागण भी इसी भारतीय नैतिकता के उपासक हैं। मुनाफाखोर रोज़-रोज़ कीमतें बढ़ाते हैं, तालाबन्दी और छँटनी करते हैं। नेतागण उनके खिलाफ कड़ी कार्रवाई की धमकी तो देते हैं, लेकिन कार्रवाई नहीं करते। उन्होंने सेठों का 'नमक' खाया है। वे सेठों के खिलाफ नहीं हो सकते। यह भी अजब विवशता है!

धर्म-युग को साकार करने वाले हमारे बुद्धिजीवी दरबारी भाटों की तरह उनकी हर अदा पर मन्त्रमुग्ध होकर बाह-बाह करते हैं और इन दरबारों से बाहर रहकर जनता के दुःख-दर्द का हिस्सेदार बनने वालों पर कुपित दृष्टि डालकर कहते हैं, हम तुम्हारा चीरहरण कर लेंगे, तुम्हें अपने चौपड में हराकर देशनिकाला दे देंगे! नमक-हलालों का कैसा स्वतन्त्र विवेक है! न विवशता है, न प्रेरणा; शुद्ध आत्मनिर्णय! स्वतन्त्र विवेक! इन सबके प्रवक्ता की हैसियत से प्रधानमन्त्री (मोरारजी) ने कहा है कि "राजनीति सुधरेगी तो धनवानों को भी सुधरना पड़ेगा।"

लेकिन राजनीति सुधरे कैसे? धनवानों के मंच की शोभा बढ़ाने? या उनका 'नमक' खाने की परम्परा त्यागने से? बड़ा डाकू अगर डाका छोड़ दे तो क्या अपने बिरादरों का 'नमक' खाना भी बन्द कर दे? इसलिए, हे धनवानो, हमारे धर्मावतार ने तुम्हें अभयदान दे दिया है, तुम निर्भय होकर विचरण करो!

(जनवरी से जुलाई, 1977 के बीच **'युवावेदी'** में प्रकाशित)

प्रेमचन्द से 'जनवादी' सलूक

कहते हैं, यह कलयुग है। अच्छी बात भी बुरी हो जाती है। लोकतन्त्र के जिन पहरुओं को जनता के हितों की निगरानी करनी चाहिए, वे सेठों की दरबानी करते हैं। अपने को 'जनवादी' कहने वाले लेखक सत्ता के दुलारे बन गये हैं। अपने साथ-साथ प्रेमचन्द को भी उन्होंने घाट लगा दिया है। 2005-06 में प्रेमचन्द की सवा सौवीं जयन्ती मनाने के लिए केन्द्र सरकार के एक मन्त्रालय की सहायता से 'जनवादी' लेखकों ने एक राष्ट्रीय समिति बनाई ताकि प्रेमचन्द के जन्मस्थान पर स्मारक बन सके और देश भर में जन्मशती आयोजन हो सके। समिति में कुछ बड़े-बड़े पहुँचे हुए लेखक हैं; आयोजनों में उनसे छोटे-छोटे लेखक होते हैं। इस समिति ने जितने भी कार्यक्रम किये, सभी विवादों से घिरे रहे। सरकारी पैसा लगा हो और विवाद न हो, यह ज़्यादा हुनर का काम है। 'जनवादी' लेखकों ने भी काजल की कोठरी में घुसकर प्रेमचन्द के उद्धार का बीड़ा उठाया है। यह एक नयी संस्कृति का सूत्रपात है। अब तक होता था कि 'प्रगतिशील' लेखक कांग्रेसी सरकारों के सांस्कृतिक दूत बन कर अपना फैलाव करते थे। प्रेमचन्द की सवा सौवीं जयन्ती पर 'जनवादी' लेखकों ने बाज़ी मार ली। कांग्रेस के नेतृत्व में संयुक्त प्रगतिशील गठबन्धन सरकार को अपने समर्थन की कीमत माकपा भले न वसूल पाये, उसके लेखक वसूल रहे हैं। आखिर प्रेमचन्द ने ही कहा था कि साहित्य राजनीति के आगे चलने वाली मशाल है!

तो इस मशाल ने राह दिखाई और यूपीए सरकार से प्रेमचन्द के नाम पर एक समिति गठित करवाई जिसमें (अब भूतपूर्व) माकपा सांसद और जनवादी लेखक संघ की नेता सरला माहेश्वरी नियुक्त की गयीं। उनके सौजन्य से एक बड़ी समिति बनी जिसमें जलेस के भूतपूर्व और अभूतपूर्व महासचिवों और उपाध्यक्षों की पूरी पलटन खपा दी गयी। अपने बलबूते पर जलेस प्रेमचन्द को याद करता, इसकी न तो फुर्सत रही, न इच्छा। जब से 'जनवादी' लेखकों के संगठन में एक के बजाय दो महासचिव बने हैं तब से उसका सांस्कृतिक कायाकल्प हो गया है। नेताओं को लिखने-पढ़ने से क्या काम! वे सिर्फ नेतृत्व करते हैं, भले ही लेखक संगठन में हों। दैवयोग से प्रेमचन्द की सवा सौवीं जन्मशती ने सरकारी साधनों के चलते 'जनवादी'

लेखक-नेताओं को सक्रिय होने का मौका दे दिया। (उनका 'संघ' भले ही और गहरी नींद सो गया हो!) इन महासचिवों में एक भूतपूर्व 'क्रान्तिकारी' और शिक्षक नेता हैं। वे सरकारी धन से कार्यक्रम आयोजित करने का काफी अनुभव रखते हैं। जिस पब्लिक सेक्टर में उनके साले पदाधिकारी होते हैं, उसके सहयोग से नये-पुराने लेखकों को उपकृत कराने में भी वे सिद्धहस्त हैं। यही सिद्धि प्रेमचन्द की जयन्ती के समय भी काम आयी। जहाँ-जहाँ जन्मशती का आयोजन हुआ, 'अपने' लेखकों को भरपूर उपकृत किया गया—'अपने' की परिभाषा में भरपूर उदारता बरती गयी, संगठन की सीमा तोड़कर 'प्रगतिशील' और 'जनवादी' लेखक ही नहीं, 'जन संस्कृति' के लेखक भी शामिल रहे। शर्त बस एक ही थी। सिद्धहस्त जी का मित्र या कृपापात्र होना। सबसे ज़्यादा ध्यान इस बात का रखा गया कि लोग-बाग पास न आने पायें! भोपाल, बनारस, गोरखपुर, पटना, जहाँ भी आयोजन हुआ, मंच भरा रहा, सभागार खाली। यह नया 'जन-वाद' है!

हिन्दुस्तानी मिज़ाज कुछ-कुछ प्रतिष्ठान-विरोधी है। जिस काम को सरकारी संस्थाएँ अपना लेती हैं, उसमें लोगों की रुचि खत्म होने लगती है। लेकिन हिन्दी लेखकों में प्रतिष्ठान मोह कुछ बढ़ गया है। इसलिए 'जनवादी' लेखक भी जनता के साथ नहीं, प्रतिष्ठान के साथ जुड़ गये हैं, भले जनता उन्हें छोड़कर चली जाए। उन्हें क्या गम है। वे नयी जनता चुन लेंगे। 1980 में प्रेमचन्द की जन्मशती मनाई गयी थी। देश भर में जबर्दस्त उत्साह था। जनवादी लेखक संघ नहीं बना था। जनसंस्कृति मंच का सवाल नहीं था। प्रगतिशील लेखक संघ पहले से सक्रिय था लेकिन उसके असन्तुष्ट लेखक नये संगठन की तैयारी में दोगुने सक्रिय थे। हिन्दी क्षेत्र के लेखकों में व्याप्त स्वतःस्फूर्त उत्साह को प्रगतिशील लेखकों ने (उनमें शामिल जनवादी लेखकों ने भी) मंच प्रदान किया था। जगह-जगह प्रेमचन्द जन्मशती के आयोजन हुए, पत्रिकाओं के विशेषांक निकले। इतने आयोजन और इतने विशेषांक किसी दूसरे लेखक को नसीब नहीं हुए। लेकिन 2005-06 में उसी प्रेमचन्द की 125वीं जयन्ती पर उत्साह का यह वातावरण काफ़ूर हो गया। प्रलेस-जलेस-जसम आदि अस्तित्व में हैं और परस्पर प्रणय-कलह भी करते रहते हैं। पत्रिकाएँ भी 1980 की तुलना में कई गुना ज़्यादा और कई गुना साधनों के साथ निकल रही हैं। छोटी-छोटी संस्थाओं का जाल पूरे देश में फैला है जो बड़े-बड़े संगठनों से ज़्यादा सक्रिय हैं। फिर भी न वैसा उत्साह है, न मूल्यांकन-पुनर्मूल्यांकन का वैसा गम्भीर प्रयत्न। लगता है, उदारीकरण ने प्रेमचन्द की प्रासंगिकता का हरण कर लिया है और उनकी स्मृति को महज औपचारिकता बना दिया है।

क्या सचमुच ऐसा है? उनके देहांत के 60 वर्ष बाद जब उनकी रचनाएँ कॉपीराइट से छूट गयीं, तब उनके इतने संकलन और संस्करण हुए, इतनी ग्रंथावलियाँ निकलीं

कि केवल पुस्तकालय और सरकारी खरीद में उनकी खपत नहीं हो सकती थी। सभी संकलन और सभी संस्करण बिक गये। हर पुस्तक मेले में आज भी प्रेमचन्द 'बेस्ट सेलर' लेखकों में रहते हैं। उनकी सवा सौवीं जयन्ती में 'जनवादी' लेखकों ने इस जनता को छोड़कर अलग राह पकड़ी है। समारोह की पूर्णाहुति दिल्ली में होगी। 29-30 जुलाई, 2006 को। सिद्धहस्त जी के मित्र 'जनवादी' लेखकों के नेता और प्रेमचन्द की 'हंस' के नये संचालक 'हंसालय' को आयोजन का कर्णधार और सूत्रधार बनाया गया है। सुनते हैं, इस समापन के लिए 'हंसालय' को ज़िम्मा मिला है जिससे बहुतों के हृदय ईर्ष्या से जल उठे हैं। मन्त्रालय, हंसालय और जलेस कार्यालय के सम्मिलित प्रयास ने 'वीरबालकवाद' (या 'विश्वासघात') को नयी गरिमा प्रदान की है। 'जनवाद' की इस नयी उपकारी संस्कृति की छत्रछाया में जब दिल्ली का समापन समारोह हो रहा होगा, तब कहीं से प्रेमचन्द आ जाएँ तो क्या सोचेंगे?

विवेक चलाता तीखा-सा रन्दा

आजकल के साहित्यिक विवादों को देखते हुए प्रगतिशील और जनवादी लेखकों के बीच की बहसें बड़ी शिक्षाप्रद मालूम होती हैं। छेड़, चुहल, खिलवाड़ ही नहीं, विचार और स्पष्ट कथन भी आज के विवादों में कुंठा का विषय बन जाता है। मनमानी प्रशंसा सुनने की भावना केवल उत्तर-सोवियत दौर के युवा या वरिष्ठ लेखकों में नहीं है, बुजुर्ग और पूँजीवाद-विरोधी लेखक भी इस मनोवृत्ति से ग्रस्त दिखते हैं। सुनते हैं, अभी 28 जुलाई को बनारस में नामवर सिंह के अस्सीवें जन्मदिन पर जो यशकीर्तन-कार्यक्रम हुआ, उसमें खुद नामवर जी ने उपकृतों को चुन-चुन कर आमन्त्रित किया था। यह बात पच्चीस साल पहले के नामवर सिंह में नहीं हो सकती थी। रामविलास शर्मा में अन्त तक नहीं रही। क्या इसका सम्बन्ध बदले हुए सामाजिक परिदृश्य और विचारधारा के प्रति समर्पण से नहीं है?

दूसरे शब्दों में, आलोचना का स्वरूप कई बातों से निर्धारित होता है। ऐतिहासिक परिस्थितियाँ, उनसे उत्पन्न प्रश्न और आलोचक का भावबोध, विचारधारात्मक रुझान और साहित्यिक-सांस्कृतिक परम्परा, ऐसी अनेक बातें आलोचना ही नहीं, विवाद और बहस का स्वरूप भी निर्धारित करती हैं। प्रगतिशील साहित्य की पृष्ठभूमि में मार्क्सवाद की सक्रिय भूमिका है। खुद मार्क्स और एंगेल्स ने 'पवित्र परिवार', 'दर्शन की दरिद्रता' या 'जर्मन विचारधारा' के आरम्भिक लेखन से लेकर 'ड्यूहरिंग मत-खंडन' जैसे अन्तिम दौर के लेखन तक विवादों के माध्यम से ही एक क्रान्तिकारी दर्शन का निर्माण किया था। इसलिए रामविलास शर्मा और नामवर सिंह के बीच लम्बे समय तक चलने वाले विवादों से हिन्दी आलोचना का समकालीन परिदृश्य निर्मित हुआ है। बेशक, हर जगह या हर समय बहस का स्तर एक-सा रचनात्मक नहीं रहा। इसका उदाहरण रामविलास जी की बरसी पर प्रकाशित नामवर-सम्पादित 'आलोचना' पत्रिका का विशेषांक है। किसी ज़माने में 'वाद विवाद संवाद' की प्रेरणा देने वाले रामविलास को नामवर 'केवल जलती मशाल' कहते थे लेकिन बरसी के मौक़े पर इस जलन को दिल में उतारकर उन्होंने 'इतिहास की शवसाधना' से रामविलास को जोड़ दिया।

इस परिणति या पूर्णाहुति से दो बड़े मार्क्सवादी आलोचकों के बीच चलने वाली लम्बी बहस का अवमूल्यन नहीं होता। 2001 में 'शवसाधना' और 2007 में यशकीर्तन से नामवर जी के वार्धक्य की मनोवृत्तियाँ ज़ाहिर होती हैं, उनके प्रगतिशील दौर की उपलब्धियाँ खारिज नहीं होतीं। इसका एक बड़ा कारण यह है कि इस विवाद में कबीर और तुलसी, रामचन्द्र शुक्ल और हजारी प्रसाद द्विवेदी, केदारनाथ अग्रवाल और मुक्तिबोध जैसे लेखकों के मूल्यांकन को लेकर, भक्ति और छायावाद, प्रगतिशील आन्दोलन—नयी कविता, अन्तर्वस्तु और रूपविधान को लेकर इतनी व्यापक विचार-प्रक्रिया समाविष्ट है कि उसने एक तरफ नये तथ्यों और कसौटियों को उभारा है, दूसरी तरफ एक से अधिक पीढ़ियों की साहित्यिक चेतना को निखारा है। बेशक यह काम इतिहास की सीमाओं में किया है और उन सीमाओं में रामविलास जी की एकान्त-साधना और नामवर जी की दिग्विजयी सक्रियता का भी योगदान है।

हिन्दी के दो शीर्ष विद्वानों के बीच तीन दशक से ज़्यादा चले इस विवाद से कई बातें पता चलती हैं। एक तो यह कि दोनों प्रगतिशील आलोचक थे और उनकी बहसें प्रगतिशील आन्दोलन की भीतरी बहस का उदाहरण हैं। यह बहस मार्क्सवाद को लेकर चलने वाली अन्तर्राष्ट्रीय बहस का अंग है। उदाहरण के लिए, स्तालिनवाद बनाम त्रॉत्स्कीवाद, रूसी मार्क्सवाद बनाम यूरोकम्युनिज़्म इत्यादि। ऐसा लगता है मानो दोनों आलोचक दो विपरीत ध्रुवों के वासी हैं। लेकिन दोनों एक ही चिन्तनधारा के भीतर हैं, इस पर कम ध्यान दिया जाता है। इसलिए प्रेमचन्द, निराला, छायावाद से लेकर अमरीकी साम्राज्यवाद और साम्प्रदायिक फासीवाद तक साहित्य, राजनीति, समाज की अनगिनत समस्याओं पर उनके दृष्टिकोण की समानता को अनदेखा कर दिया जाता है। दूसरी बात यह है कि जितनी तीखी बहसें प्रगतिशील लेखकों में होती हैं, उतनी अन्य लेखकों में नहीं होतीं। कह सकते हैं कि प्रगतिशील लेखक मुष्टिमार्ग पर चलते हैं, प्रगति विरोधी लेखक पुष्टिमार्ग पर! अपने को प्रगतिशील कहने वाले बहुत-से लेखक आज बहस और आलोचना का रास्ता छोड़कर पुष्टिमार्ग के हिमायती हो गये हैं। वे अपनी स्थिति पर विचार करें।

समकालीन साहित्य के लिए रामविलास-नामवर विवाद का सबसे जीवंत अंश मुक्तिबोध का मूल्यांकन है। यहाँ हम दोनों आलोचकों की विचार-पद्धति भी समझते हैं। इस विवाद की जड़ें दो चीज़ों में हैं। पहली, शीतयुद्ध के दिनों में मार्क्सवाद के प्रति निष्ठा; और दूसरी, हिन्दी काव्य-परम्परा में निराला और पन्त का विवाद। रामविलास 1942-43 में मार्क्सवाद के निकट आने के बाद अन्त तक उससे अटूट रूप में जुड़े रहे। सोवियत-विघटन भी उन्हें डिगा नहीं सका। कम्युनिस्ट पार्टी की ओर से संसदीय चुनाव के प्रत्याशी रह चुके नामवर लम्बे समय तक उसके प्रति अडिग नहीं रह सके। खुद मुक्तिबोध के मूल्यांकन में, जहाँ रामविलास ने मध्यवर्गीय मन

के अन्तर्द्वन्द्व का प्रश्न उठाया और मुक्तिबोध की कविताओं, कहानियों, निबन्धों में बार-बार उठने वाली यह समस्या पहचानी कि "मध्य-वर्ग का बुद्धिजीवी सर्वहारा वर्ग से तादात्म्य कैसे स्थापित करे।" वहीं नामवर "आत्मनिर्वासन" और "अस्मिता की खोज" को केन्द्रीय समस्या मानते हैं जिसका "प्रमुख आलम्बन निम्न मध्य वर्ग है" लेकिन जो सम्पूर्ण "आधुनिक मानव की सबसे ज्वलंत समस्या है।" स्पष्टतः रामविलास की वर्गदृष्टि ही अधिक निर्भ्रान्ति नहीं है, मुक्तिबोध के अन्तर्द्वन्द्व की उनकी समझ भी अधिक तथ्य-संगत है।

इस बहस में अस्तित्ववाद, मनोविश्लेषणवाद और रहस्यवाद को लेकर रामविलास ने बहुत-सी बातें स्पष्ट कीं तो व्यक्तित्व-विभाजन और अलगाव को लेकर नामवर ने कई तथ्य उभारे। जिस बात पर दोनों में सहमति दिखायी देती है, वह है 'आत्मपीड़ा' के भीतर से उभरती 'जगतपीड़ा', जो मुक्तिबोध की रचनात्मक ऊर्जा और प्रभावकारिता का स्रोत है। इस आत्मपीड़ा और जगतपीड़ा के परस्पर-सम्बन्ध को लेकर दोनों में तीव्र असहमति है। नामवर उसे मार्क्सवाद का उदाहरण मानते हैं, रामविलास मध्यवर्गीय मन की ताकत और उलझन, जो मार्क्सवाद से असन्तुष्ट है और रहस्यवाद की ओर भागता है। मुक्तिबोध की प्रगतिशील उक्तियाँ सामने लाकर नामवर सिंह उन्हें केदार-नागार्जुन की तरह प्रगतिशील आन्दोलन का प्रतिनिधि नहीं बना सके, उनमें अस्तित्ववाद और रहस्यवाद का असर दिखाकर रामविलास शर्मा उन्हें प्रगति विरोधी नहीं बना सके, यह शायद उनका उद्देश्य भी नहीं था। लेकिन इस विवाद से यह स्पष्ट हो गया कि एक कवि अनेक प्रभावों-अन्तर्विरोधों के भीतर से गुज़रकर अपनी कविता से ही अपनी पहचान बनाता है। आलोचक उसे निखारने के क्रम में विचारों का प्रकाश ज़रूर दे सकता है।

मलबे के मालिक

नयी सभ्यता अनेक रूपों में असर डालती है। वह सामाजिक संगठन और सामाजिक सम्बन्ध बदल देती है। हमारे रहन-सहन और सोचने-विचारने के ढंग भी बदल देती है। अक्सर हम जान भी नहीं पाते कि यह किस चीज़ का असर है। नामवर सिंह ने बनारस में सुमित्रानन्दन पन्त के बारे में जो विवादास्पद वक्तव्य दिया--कि उनके साहित्य का एक-चौथाई कूड़ा है—वह बाज़ारवादी संस्कृति का परिणाम है। यह बात सुनने में अजीब लगती है पर सच्चाई यही है। उपस्थित श्रोताओं को ज़्यादा से ज़्यादा चमत्कृत करना और दैनिक ख़बरों में हेडलाइन बनकर चमकना—यह अभिलाषा आत्मप्रचार या आत्मविज्ञापन की प्रवृत्ति से जन्म लेती है, इसे सभी जानते हैं। इस प्रवृत्ति (या अभिलाषा) के सर्वाधिक शिकार नामवर जी हुए हैं।

अक्सर देखा जाता है—आधुनिक संसार में खासकर देखा जाता है—कि नयी परिस्थितियों के बारे में मोटे तौर पर तीन प्रतिक्रियाएँ होती हैं। एक उनकी जो पूर्ववर्ती स्थितियों से चिपके रहते हैं, वे रूढ़िवादी या आत्मरक्षात्मक रवैया अपनाते हैं और परिवर्तन की तेज़ रफ्तार के सामने दयनीय बनकर रह जाते हैं। दूसरी उनकी जो नयी स्थितियों के वाहक न भी हों तो उसकी अनिवार्यता समझकर उसका स्वागत करते हैं और अपने को उसी के अनुरूप ढाल कर सफलता के रास्ते पर बढ़ चलते हैं। तीसरी उनकी जो सांस्थानिक पुरानी शक्तियों और दुर्दमनीय नयी शक्तियों में बशर्ते तय नहीं कर पाते कि किस ओर रहें! वे दोनों के बीच दुविधा में हों या दोनों से लाभ उठाने की कोशिश करें या दोनों में सन्तुलन करें या कोई भी ऐसा उपाय करें लेकिन (आज बाज़ारवाद के सन्दर्भ में देखा जाए तो) न वे पुरानी 'प्रतिबद्धता' की छूत पूरी तरह मिटा सके और न वर्तमान ग्लैमर का आकर्षण पूरी तरह छोड़ सके, ऐसे लोगों की जो हालत हो सकती है, उसका एक उदाहरण नामवर सिंह हैं।

नामवर जी ने यह बयान तो दे दिया। सभा में उत्तेजना फैल गयी। अखबार में सुर्खियाँ बन गयीं लेकिन बात पन्त जी की थी। लेने के देने पड़ गये। खुद नामवर जी को यह अन्दाज़ नहीं रहा होगा कि मामला अदालत जा पहुँचेगा। दानाँ दुश्मन और नादाँ दोस्त वाली कहावत प्रसिद्ध है। पन्त जी के 'कूड़ा' पर जब विवाद

गहराया तो सदानन्द शाही ने नामवर जी का पक्ष लेकर तुलसीदास के 'कूड़ा' पर ध्यान खींचा। तुलसी साहित्यकार भी हैं और रामकथा के आदर्श भी। धार्मिक भावना यों भी छुई-मुई होती हैं। तुलसी का 'कूड़ा' किसी की भी धार्मिक भावना को ठेस पहुँचा सकता था। तो बनारस के ही एक प्रोफेसर को ठेस लग गयी और मामला अदालत जा पहुँचा।

कहने को तो यह पूरा प्रकरण व्यक्तिगत उत्तरदायित्व, साहित्यिक मूल्यांकन, धार्मिक विश्वास, न्यायिक प्रक्रिया आदि एक सभ्य समाज के सभी अंगों के बीच परस्पर-सम्बन्ध की ओर ध्यान खींचता है लेकिन यह अलग दिशा है, जिस पर स्वतन्त्र रूप में विचार करने की आवश्यकता है। यहाँ तो पन्त जी के बारे में नामवर सिंह के उद्‌गार पर बात हो रही है। इन उद्‌गारों से आहत होने वाले कई तरह के लोग हैं, जो अदालत नहीं गये लेकिन हिन्दी समाज, हिन्दी विभाग को कूड़ाखाना बनाने से लेकर कूड़ामणि—कूड़ारत्न जैसे पुरस्कार स्थापित करने तक अपनी विविधवर्णी कुंठा निकाल रहे हैं, वे भी किसी आहत से कम नहीं हैं। इसीलिए उनमें से किसी ने नामवर जी की कुंठा पर ध्यान नहीं दिया। नामवर जी की कुंठा हैं रामविलास शर्मा। जीवनकाल में जिस रामविलास शर्मा को नामवर जी ने 'केवल जलती मशाल' बनाया था, उनका देहांत होते ही 'शव-साधना' में लग गये थे।

समस्या यह है कि रामविलास जी ने जो महत्त्व लिख कर पाया है, नामवर जी को वह बोलकर पाना है। नागरिक अधिकारों के अत्यन्त सजग और संवेदनशील युग में बोलने की स्वतन्त्रता तो है लेकिन ज़िम्मेदारी का दबाव भी है। उत्तेजनापूर्ण बोलकर हेडलाइन बनाते समय तरह-तरह की आस्थाओं के प्रति सावधानी भी अपेक्षित है। नामवर जी थोड़ा फिसल गये। हालाँकि अस्सी साल की उम्र फिसलने की नहीं है। अगर कोई कहे कि मैं नाहक ही नामवर जी की रामविलास-ग्रन्थि का ज़िक्र कर रहा हूँ तो मैं फौरन मान जाऊँगा। कुंठा में अक्सर आदमी उलटा काम करता है। रामविलास जी ने पन्त के साहित्य की बहुत सख़्त आलोचना की थी। पन्त जी का परवर्ती साहित्य उन दुर्लभ संयोगों में है, जिसे लेकर रामविलास शर्मा और विजयदेव नारायण साही की राय एक थी। फर्क था पन्त के विकल्प को लेकर। रामविलास जी का निर्णय निर्भ्रान्त था और वह निराला के पक्ष में था। साही लघुमानव वाले थे। प्रसाद या अज्ञेय या और कोई, मामला अस्पष्ट था। बहरहाल, कुंठा होती तो नामवर जी पन्त को ऊँचा उठाते (भले निराला को तुच्छ ठहराने का साहस करते या न करते)।

इसलिए बात घूम-फिर कर यहीं पहुँचती है कि बाज़ारवादी समाज ने कई हिन्दी लेखकों को कई-कई रूपों में प्रभावित किया है। नामवर जी पर यह प्रभाव अपने ही ढंग से पड़ा है। मेरी पुस्तक 'प्रगतिशील कविता के सौंदर्य-मूल्य' (1984)

की 'प्रवेशिका' लिखते हुए विश्वनाथ त्रिपाठी ने 'बाराती आलोचकों' की चर्चा की थी। जिसकी जन्मशती होती है, जिसे पुरस्कार मिलता है, उसे श्रेष्ठ बताया जाता है—बरात में दूल्हे को 'वर' कहते हैं। वर माने श्रेष्ठ। महादेवी की जन्मशती थी। उन्हें 'वर' बनाना स्वाभाविक था। बनारस में छायावाद त्रयी से प्रसाद को हटाना असम्भव था। निराला...वे तो किसी के बस में नहीं थे। बचे पन्त। त्रयी ही बननी थी, तो बेचारे पन्त पर कहर बरपाना लाजिमी था। ताली बजी, सन्नाटा हुआ, खबर छपी और मुकदमा हो गया।

इस बारे में कोई सन्देह नहीं है कि 'कूड़ा'—वक्तव्य से ज़्यादा गैर-ज़िम्मेदार और हास्यास्पद कार्य मुकदमा करने का है। भले उनमें क्रिया और प्रतिक्रिया का ही सम्बन्ध हो। इसलिए कि 'आहत' सज्जन किसी सकारात्मक बात से उत्तेजित होकर धन्यवाद या पुरस्कार देने की गरिमा प्रदर्शित न करते। ऐसे लोग दिल के बजाय (जो शायद उनके पास होता भी न हो) 'आस्था' हथेली पर लेकर बैठे रहते हैं ताकि किसी भी चीज़ से छूकर आहत हो जाय और उन्हें तोड़-फोड़, आगज़नी, मुकदमेबाज़ी का सु-अवसर मिल सके। ऐसे में, अपने को प्रगतिशील कहने-समझने वालों की ज़िम्मेदारी और बढ़ जाती है। साहित्य में—चाहे सृजन हो या मूल्यांकन—हम शब्दों का प्रयोग गैर-ज़िम्मेदारी के साथ नहीं कर सकते। कवि निरंकुश होता है लेकिन यह नागरिक अधिकार और नागरिक कानून का ज़माना है। बर्बर या सामन्ती युग की 'निरंकुशता' का आदर्श किसी पर लागू नहीं हो सकता।

पन्त जी का कितना साहित्य 'श्रेष्ठ' है? क्यों है? कहाँ से गड़बड़ी शुरू हुई? अवश्य ही 'पल्लव' और 'ग्राम्या' के बाद। अपनी हर बात को क्षणिक मानकर नित्य-नूतन विचार अपनाने वाले नामवर सिंह 'छायावाद' और 'आधुनिक साहित्य की प्रवृत्तियाँ' में पन्त जी की प्रारंभिक रचनाओं का महत्त्व प्रतिपादित कर चुके हैं। अब भी, एक-चौथाई कूड़ा कहते समय उन्होंने अपनी पुरानी धारणा नहीं छोड़ी है। ज़ाहिर होता है कि छायावादी और प्रगतिवादी दौर बिता लेने के बाद पन्त जी ने जो विचारधारात्मक प्रत्यावर्तन किया, उसके बाद उनका साहित्यिक स्तर गिर गया। यदि ऐसा है तो विशेष विचारधारा से प्रेरित साहित्य 'कूड़ा'! ऐसा वर्गीकरण शायद खुद नामवर जी नहीं करना चाहेंगे वरना उनके अपने ही लेखन में ऐसा विभाजन उठ खड़ा होगा।

अब तो खैर यह ज़हमत भी नहीं रही। अब जो कुछ आता है, वह आलोचक की क़लम से नहीं, 'आलोचक के मुख से' आता है। श्रोता (सहृदय, सम्मुख होते हैं। वक्ता हिट होगा या हूट, यह मुख से आने वाले उद्गार पर निर्भर है। (हिन्दी, दरिद्र हिन्दी, में भी कहावत है कि जुबान ही पान खिलाती है, जुबान ही पनही भी खिलाती है!) बहरहाल, मुख (वक्ता) और सम्मुख (श्रोता) का आदान-प्रदान अत्यन्त

सजीव, मानवीय और तात्कालिक प्रक्रिया है। अभीष्ट प्रभाव के लिए वक्ता को एक पर एक उक्तियाँ कहनी पड़ती हैं। वक्ता अगर नामवर जी के क़द का हो तो बराबर ताली भी बजनी चाहिए। मुश्किल यह हो जाती है कि नामवर जी अपने 'प्रगतिशील' अतीत और ग्लैमरस वर्तमान के बीच या गम्भीर आलोचक और 'लोकप्रिय' वक्ता के बीच सन्तुलन की बारीक रेखा पर चलते-चलते अब फिसलने लगे हैं। कारण जो भी हो, उसे नामवर जी ही समझते होंगे।

सुधीश चौधरी ने पन्त-प्रसाद-निराला के बदले प्रसाद-निराला-महादेवी की त्रयी बनाने की आदत को 'हिन्दुत्ववादी दिमाग' बताया है। यह शायद पहला मौका है जब धर्मनिरपेक्षता की लम्बी पारी के अन्त में नामवर जी पर हिन्दूवादी ही नहीं, 'हिन्दुत्ववादी' का दोष लगा है लेकिन मैं सुधीश पचौरी से अहसहमत हूँ। यह भी नामवर जी की रामविलास ग्रंथि ही है। त्रयी बनाने की यह आदत हिन्दुत्व के आविर्भाव से पुरानी है। यह प्रवृत्ति ऋग्वेद के कवियों की है। तीन देवता, तीन देवियाँ ही नहीं, तीन वर्ण—ब्रह्म-क्षत्र-विशू—ऋग्वेद से सम्बद्ध हैं। ऋग्वेद पर काम करने के नाते रामविलास जी 'शवशाधक' बने थे! त्रयी की वैदिक-परिकल्पना में चीज़ों को ढालकर नामवर जी अवश्य उत्तर-आधुनिक बहुलतावादी नहीं बने होंगे! उन्हें यह भी समझना चाहिए कि कुण्ठित आचरण और मुक्त बाज़ार संस्कृति के बीच सन्तुलन रखना ग्लैमर और प्रगतिशीलता या गम्भीरता और लोकप्रियता के सन्तुलन से ज़्यादा मुश्किल है।

'कूड़ा' वक्तव्य की एक सांस्कृतिक पृष्ठभूमि है। उसका सम्बन्ध सामन्ती मिज़ाज से है। सामन्ती मनोवृत्ति के दो पहलू होते हैं। एक चारणवृत्ति, दूसरी शासनवृत्ति। आलोचक का 'बाराती' बन जाना, हर विमोचन, हर जन्मशती पर (हर मुण्डन नामकरण पर) विरुदगान करना चरणावृत्ति का विकास है। सारी दुनिया को अपने मातहत समझना, जागीर की तरह उद्धत भाव से फतवे देना—महान और कूड़ा में सीधा-सरल-सपाट विभाजन कर देना, उसी सामन्ती मनोवृत्ति का दूसरा पहलू है। हिन्दी के शिरोमणि आलोचक इस मनोवृत्ति से परिचालित होने लगें तो आश्चर्य की क्या बात है? हिन्दी प्रदेश के सांस्कृतिक पिछड़ेपन का रोना नाहक ही नहीं रोया जाता। इस पिछड़ेपन का सम्बन्ध सामन्ती अवशेषों से ही है। यह असर इतना व्यापक है कि बहुत से सम्पादक किस्म के कथाकार एक बहाना मिलते ही पूरे हिन्दी साहित्य को, उसमें भी तुलसी, भारतेन्दु, निराला, रामचन्द्र शुक्ल को खारिज कर देने पर उतारू हो जाते हैं। अपने आगे किसी का महत्त्व सहन न कर पाना सामन्ती अहं का अत्यन्त विकृत रूप है।

आप पूछ सकते हैं कि 'कूड़ा' वक्तव्य को बाज़ारवादी 'संस्कृति' से जोड़ने के बाद सामन्ती मनोवृत्ति से भी जोड़ दिया गया है, दोनों बातें एक साथ कैसे सम्भव

हैं? आप प्रेमचन्द के पात्रों को 'रंगभूमि' (1924) के महेन्द्र प्रताप सिंह से लेकर 'गोदान' (1936) के अमरपाल सिंह तक, देखते आये हैं कि वे सामन्ती हितों को बनाये रखते हुए नये पूँजीवादी विकास में भी साझेदार बन रहे हैं। साम्राज्यवाद के आगे कमज़ोर पूँजीपति वर्ग समझौते के सहारे बढ़ता है। औपनिवेशिक काल में जिस सत्य का साक्षात्कार हमने प्रेमचन्द के साहित्य में किया था, उसी का अगला चरण भूमंडलीकरण के युग में दिखायी देता है। हालाँकि उस यथार्थ का चित्रण करने की जागरूकता कथा-साहित्य में नहीं दिखायी देती, उन लोगों में भी नहीं जो प्रेमचन्द का उत्तराधिकारी बनने का दावा करते हैं। जब समाज की सच्चाइयाँ इतनी पेचीदा हों और साहित्य उन्हें प्रदर्शित न कर रहा हो, तब हर तरह का पाखंड ज़ोर पकड़ता है। सामन्ती मनोवृत्ति और बाज़ारवादी चकाचौंध का आपसी सम्बन्ध सांस्कृतिक पाखंड के आधार पर कायम होता है और उसे बढ़ावा भी देता है। दम्भ, आडंबर, व्यक्तिवाद, स्वार्थलोलुपता को जन-संस्कृति में चाहे बुरा-भला कहा जाय, सामन्ती और बाज़ारवादी संस्कृति का वे अनिवार्य अंग हैं। इसलिए 'श्रेष्ठ' और 'कूड़ा' में, 'महान' और 'तुच्छ' में दुनिया का बँटवारा (संस्कृति और साहित्य का बँटवारा भी) वर्ग-विभाजन न होकर सामन्ती और बाज़ारवादी 'संस्कृतियों' के मिलन-बिन्दु पर उत्पन्न होने वाली चेतना का परिणाम है।

नकचढ़ेपन का एग्मार्क

कवि सर्वेश्वर दयाल सक्सेना की पुस्तक 'जंगल का दर्द' की समीक्षा करते हुए मैंने 1977 में लिखा था, "'जंगल का दर्द' में सारी पीड़ा ताकतवर के दर्प और कमज़ोर के आत्मसन्तोष की विपरीत स्थितियों की वास्तविकता में केन्द्रित है। ताकतवर और कमज़ोर इस जंगल के दो वर्ग हैं तथा दर्प और आत्मसन्तोष के मनोभाव उनके रिश्तों द्वारा उत्पन्न हैं।...ऐसी स्थिति में कवि अपनी इयत्ता उन लोगों में घुला-मिला देना चाहता है जो **भेड़ियों** के खिलाफ मशाल उठाते हैं और इतिहास की इस खूँखार परम्परा से मनुष्य की मुक्ति का सन्देश देते हैं।...मानवीयता को महिमा प्रदान करने के यत्न में कवि ने कहीं भी यह विवेक नहीं त्यागा है कि व्यक्तिगत महत्त्वाकांक्षा दूसरों को छोटा करने से ही पनपती है।" (**युवार्वदी,** नयी दिल्ली, 15 मार्च, 1977)[1]

इस बात को अभी छः साल भी नहीं हुए कि उन्होंने **दिनमास** (15-21 अगस्त, 1982) में 'जनवाद का एगमार्क' शीर्षक लेख में अपना दूसरा ही व्यक्तित्व प्रदर्शित किया है। उनका यह व्यक्तित्व मानवीय संवेदना से भरे, संघर्षशील रुझान वाले सर्वेश्वर से भिन्न, दर्प से भरे, नकचढ़े सर्वेश्वर का है। यह अन्तर्विरोध उनके 'कवि' और 'विचारक' रूपों में है या तब और अब की परिस्थिति में किसी व्यक्त-अव्यक्त कारण से हुए कायाकल्प का सूचक है? अथवा, 'क्रान्तिकारी' सर्वेश्वर को पीछे करके उनका पुराना सुधारवादी रूप उभर आया है, जो मानता था कि परिवर्तन की नहीं, सिर्फ 'मरम्मत' की ज़रूरत है—सिर्फ चूहों के आने का रास्ता बन्द करना काफी है!

जो भी बात हो, उनका यह नया रूप अचम्भे में डालता है। कारण यह कि सन्तुलन और विवेक पर बल देने वाले सर्वेश्वर ने जनवादी आन्दोलन का विरोध करने के लिए घनघोर पूर्वाग्रह, मनगढ़ंत कल्पनाओं और गलत बयानी का ही सहारा लिया है।

---

1. यह समीक्षा 'रचना की परख' (अनन्य प्रकाशन, दिल्ली, 2017) में देखी जा सकती है। (पृ. 11.13)

जनवादी साहित्य के बारे में सर्वेश्वर जी की शिकायतें क्या हैं?

एक शिकायत यह है कि राष्ट्रीय आन्दोलन से निकले "राष्ट्रवाद" की जगह सोवियत संघ से आये "प्रगतिवाद" शब्द को और चीन से आये "जनवाद" शब्द को चलाया गया। दूसरी शिकायत यह है कि जनवादी साहित्यकार अपनी-अपनी पार्टी के, मुख्यतः, भाकपा और माकपा (भारतीय कम्युनिस्ट पार्टी और मार्क्सवादी कम्युनिस्ट पार्टी) के आदेश पर साहित्य रचते हैं। इतना होता तो ग़नीमत थी। रचना का मामला हो या "कवि लेखक तैयार करने और उन पर जनवाद का एगमार्क लगाने" का काम हो, वे सब राजेश्वर राव और ज्योति बसु के आदेशों पर "पार्टीवर्क" करते हैं! तीसरी शिकायत यह है कि इन पार्टी कार्यकर्ताओं के काव्य से यह पता नहीं चलता कि "ये किस पार्टी के लेखक हैं? हाँ, मसलों पर इनकी ख़ामोशी से ज़रूर मालूम हो सकता है कि ये किस पार्टी के लेखक हैं।"

प्रगतिवाद और जनवाद विदेशी शब्द हैं, यह आरोप उतना ही पुराना है, जितना खुद यह साहित्य। इस सूझ-बूझ में सर्वेश्वर जी की मौलिक प्रतिभा नहीं झलकती। यह अवश्य उनकी मौलिक सूझ है कि पार्टी के आदेश पर लिखे गये साहित्य से उसके राजनीतिक कुल-शील का पता नहीं चलता, बल्कि उन विषयों से चलता है जिन पर ये कवि चुप रहते हैं। इस सूझ की मौलिकता यह है कि इससे बहस के लिए जनवादी साहित्य के ठोस उदाहरणों की जगह मनगढ़ंत बातों का सहारा लेने की सुविधा मिल जाती है। सर्वेश्वर जी ने इस सुविधा का बेझिझक होकर इस्तेमाल किया है। मिसाल के लिए, वे लिखते हैं, "रामविलास जी ने मुक्तिबोध को मार्क्सवादी नहीं, पेटी बुर्जुआ लेखक कभी कहा था क्योंकि उनके लेखन से साफ नहीं होता था कि वे किस पार्टी के लेखक हैं।"

सर्वेश्वर जी के तर्क से चलें तो प्रश्न उठेगा, कि मुक्तिबोध अवश्य पार्टी-आदेश से लिखते थे, तभी वे एक तरफ 'मार्क्सवादी' थे और दूसरी तरफ उनके लेखन से पता नहीं चलता था कि किस पार्टी के हैं! लेकिन ऐसे पार्टी आदेश की तो सराहना करनी चाहिए जिसमें निष्ठा की माँग इतनी उदारता लिए हो! फिर, यह भी एक समस्या है कि रामविलास जी मुक्तिबोध से 'पार्टी लाइन' की जो माँग कर रहे थे, यह पार्टी के आदेश पर था या पार्टी नेताओं के विरुद्ध था? सर्वेश्वर जी के ज्ञान का स्रोत क्या है, उनका अनुभव या मुक्तिबोध से मिली सूचना, यह स्पष्ट नहीं होता। वह पार्टी कितनी निकम्मी है जिसके आदेश का पता बाहर तो लग जाता है पर उसके लेखकों को नहीं लगता और वे मनमर्ज़ी से लिखते रहते हैं!

जहाँ तक मुक्तिबोध के सम्बन्ध में रामविलास जी के विचारों का प्रश्न है, तो वे सर्वविदित हैं। रामविलास जी के अनुसार, मुक्तिबोध का व्यक्तित्व विभाजित था, वे सर्वहारा के वर्ग के साथ जुड़ना चाहते थे किन्तु मध्यवर्गीय दुर्बलताओं से ग्रस्त

थे, वे मार्क्सवाद में अडिग विश्वास रखते थे लेकिन अस्तित्ववाद और रहस्यवाद को लेकर उनमें उलझनें थीं; उनका यह आत्मगत संघर्ष जीवन भर बना रहा, जिससे उनकी कला प्रभावित हुई। यह पार्टी वाली बात उन्होंने कहाँ कही है, हिन्दी-समाज के संज्ञान में अब तक नहीं आया है। जो बात कहीं न कही गयी हो, उसे दावे से प्रमाण बना देना अवश्य जनवाद-विरोध का एगमार्क है।

इस तरह, नितांत आत्मगत कसौटी पर सर्वेश्वर जी जनवादी काव्य का विरोध करते हैं। यह विरोध कितना साहित्यिक है और कितना राजनीतिक, इसे सवेश्वर जी के ही शब्दों में सुनिये, "जनवादी कवि लेखक की साहित्यिक स्थिति के बारे में हम अभी कुछ नहीं कह रहे, उनकी राजनीतिक हैसियत के बारे में ही बात कर रहे हैं।" वे आगे फिर कहते हैं, "थोड़ी देर को आप कविता को भूल भी जायें"! कविता को भूल कर राजनीतिक हैसियत के बारे में बात करना—यह है जनवादी साहित्य पर सर्वेश्वर जी के हमले का स्वरूप!!

अकारण नहीं है कि कम्युनिस्ट पार्टियों के आदेश की बात करते समय वे लिखते हैं, "दोनों कम्पनियों के अपने-अपने समीक्षक हैं, अपने-अपने कवि और लेखक हैं।" यह बात अंशतः सही हो सकती है लेकिन एक तो सर्वेश्वर जी 'तीसरी' धारा को भूल गये हैं जो पार्टीगत प्रतिबद्धता के मामले में और उदग्र है, दूसरे कम्युनिस्ट-विरोधियों की साहित्यिक राजनीति पर उन्हें न व्यंग्य सूझता है, न क्रोध आता है। इसलिए 'दोनों कम्पनियों' की चर्चा के पीछे न तो वामपन्थी आन्दोलन के प्रति हमदर्दी काम कर रही है, न कम्युनिस्ट पार्टियों में विभाजन के प्रति चिन्ता। वरना वे इस नतीजे पर न पहुँचते कि आज साहित्य में ही नहीं, राजनीति में भी "मार्क्सवाद नाम की कोई चीज़ नहीं रह गयी है।" ऐसी दिव्य-दृष्टि तो समाजवाद को 'पाप का साम्राज्य' बताने वाली महाशक्ति अमरीका के पास भी नहीं है!

वस्तुतः सर्वेश्वर का उद्देश्य है जनवादी कविता की राजनीतिक और सामाजिक तरफदारी का विरोध करना। इसीलिए वे एक ओर पार्टी पक्षधरता का हौवा खड़ा करते हैं, दूसरी ओर मिथ्याचार और कुतर्क का सहारा लेते हैं। लोग उनकी मंशा पर शक न करें, इसलिए यह सफाई भी पेश करते हैं कि "हम कविता और राजनीति का रिश्ता सुनकर भड़कने वालों में नहीं हैं,...लेकिन यह रिश्ता मज़बूत तो हो, कविता भी दीखे और राजनीति भी।" स्पष्ट है कि उन्हें कविता में राजनीति पर कोई आपत्ति नहीं है। उन्हें आपत्ति है जनवादी कविता की राजनीति पर। इस राजनीति को वे छिपाते नहीं। कम्युनिस्ट आन्दोलन और मार्क्सवाद पर हमला करके वे अपना मन्तव्य उजागर कर देते हैं।

यह काम वे जिस सुविधावादी राजनीति की तरफ से करते हैं, उसके बारे में अलबत्ता एक भी शब्द नहीं बोलते। अपने भरसक उसे गुप्त ही रखते हैं। दत्ता

सामन्त की हड़ताल, अफगानिस्तान पर रूसी हमले, पोलैंड और चेकोस्लोवाकिया की स्थिति पर जनवादी कवियों की खामोशी से सर्वेश्वर जी उनके राजनीतिक कुल-शील का रहस्यभेदन कर लेते हैं। इसमें सन्देह नहीं कि भाषा पर निर्भर साहित्य में चुप्पी भी अर्शवान होती है। लेकिन जिस तरह इन विषयों पर जनवादियों की चुप्पी उनकी राजनीति का भंडाफोड़ कर देती है, क्या उसी तरह बिहार प्रेस बिल, वियतनाम पर अमरीकी हमले, चिली में सीआईए द्वारा खूनी तख्तापलट, निकारागुआ-अल सल्वाडोर में नाटो की खुली दखलंदाज़ी, फिलिस्तीनियों पर इसराइली बर्बरता, अंगोला में अमरीकी बर्बरता वगैरह-वगैरह अनगिनत सवालों पर सर्वेश्वर और उनकी विचार-श्रेणी के लोगों की चुप्पी उनके राजनीतिक कुलशील के बारे में कुछ नहीं कहती?

निस्सन्देह कहती है। और यही आज के साहित्य में दो विश्व-व्यवस्थाओं के टकराहट से उत्पन्न वैचारिक संघर्ष की झाँकी है।

नैतिकता और विवेक

'गोदान' में प्रो. मेहता ने रायसाहब को टोका था, "काश, जितनी बुद्धि आपकी ज़बान में है, उसकी आधी भी आपके मस्तिष्क में होती!" देवदत्त ने (जनसत्ता, 25 अप्रैल, 2007 को) 'लेखक का झूठ' लिखकर जो 'गर्दो-गुबार' निकाला है, उस पर प्रेमचन्द की यही पंक्ति याद आती है। 16 अप्रैल को भोपाल में लेखकों-संस्कृतिकर्मियों ने साम्प्रदायिक फासीवाद को परास्त करने के लिए एक घोषणापत्र ज़ारी किया था। उस पर हस्ताक्षर करने वालों के सम्बन्ध में देवदत्त ने लिखा है कि इनमें से बहुत-से लेखकों ने आपातकाल का समर्थन किया था। वही आज अभिव्यक्ति की रक्षा का आह्वान कर रहे हैं। "लेकिन जो एक बार अभिव्यक्त की स्वतन्त्रता के दमन का स्वागत कर चुका है और आज इस दमन के विरुद्ध गुहार लगाता है, तो सोचने की बात यह बन जाती है कि कहीं ऐसा न हो कि बहुत-से लोग इस गुहार को सुनने से हिचकिचाएँ।" बेशक, ऐसा हो सकता है और मैं देवदत्त से सहमत हूँ कि इससे "विश्वसनीयता" का संकट पैदा हो सकता है।

परन्तु मैं ज़बान की बुद्धि पर सान चढ़ाकर देवदत्त की तरह यह नहीं कह सकता कि ऐसा करना पाप, स्वार्थ और अवसारवाद है। कारण यह कि मैं देवदत्त की तरह खुद को कसौटी मान कर यह माँग नही कर सकता कि आपातकाल में "एक बार" पथच्युत हो जाने वाले लेखक "निश्छल अंन्तःकरण से अपनी गलती पर परिताप" करके और "अपने विचार-परिवर्तन की पृष्ठभूमि स्पष्ट" करके आयें तभी उनका विश्वास किया जा सकता है। देवदत्त का यह तर्क 'पवित्रतावादी' भले न हो, नैतिकतावादी अवश्य है, जिसकी तह में एक निर्भ्रान्त आत्मविश्वास जमा हुआ है कि देवदत्त को सारी दुनिया पर निर्णय देने का स्वयंसिद्ध अधिकार प्राप्त है। लेकिन यह मामूली-सी बात बताने के लिए देवदत्त मुझे क्षमा करेंगे कि विवेक के बिना कोई भी नैतिकता आत्मघाती सिद्ध होती है। अग्रलिखित बिन्दुओं पर विचार करने से यह बात साफ हो जाती है।

घोषणापत्र में आपातकाल का मूल्यांकन इन शब्दों में किया गया है, "कहा जा सकता है कि किसी बड़े संकट के समय अपनी सुरक्षा के लिए भारतीय पूँजीवाद

किस तरह तानाशाही की ओर जा सकता है, इसका वह पहला संकेत था।" जिन लोगों ने इस घोषणापत्र पर हस्ताक्षर किये हैं, ये इस मूल्यांकन से अवश्य सहमत होंगे। अगर पहले उन्होंने आपातकाल का समर्थन भी किया है तो मानना चाहिए कि अब उनका दृष्टिकोण बदल गया है। इसके बाद यह अधिकार किसी व्यक्ति को नहीं है कि वह दूसरों से सफाई या माफीनामे की माँग करे। जिन लेखकों ने आपातकाल का समर्थन किया था, वे मुख्यतः भारतीय कम्युनिस्ट पार्टी से सम्बद्ध थे। भाकपा ने अपनी भूल सुधार ली। उससे जुड़े लेखकों ने भी अपनी भूल सुधार ली। वे अलग से स्पष्टीकरण दें, यह माँग साहित्य में दलगत पक्षधरता पर बहस खड़ी करेगी। घोषणापत्र पर हस्ताक्षर करने वालों में मार्क्सवादी और लोहियावादी, यथार्थवादी और निरपेक्षतावादी, गाँधीवादी और उत्तर-आधुनिकतावादी, हर रंग के लेखक हैं। दलगत पक्षधरता पर उनके विचारों में आकाश-पाताल का अन्तर है। इसके बावजूद वे साम्प्रदायिक फासीवाद को खतरा मानते हैं और उससे संघर्ष के लिए एकजुट हैं। देवदत्त का सुझाव फासीवाद को अलग करके दलगत पक्षधरता पर ही आपस में लड़ पड़ने का मार्ग प्रशस्त करेगा। नैतिक दृष्टि से उनकी माँग भले सही हो, क्या वह विवेकसंगत भी है?

देवदत्त की राय में आपातकाल की तानाशाही "व्यक्तिजन्य" थी जबकि आज का फासीवाद "संस्थागत" है। स्वभावतः यह खतरा "ज़्यादा गम्भीर" है। यों तो आपातकाल का खतरा भी उतना व्यक्तिजन्य न था; आज के फासीवादी खतरे की तरह वह भी पूँजीवादी संकट की उपज था; फिर भी, अगर देवदत्त का तर्क सही है तो मानना पड़ेगा कि छोटी गलती के बारे में भूलसुधार किये बिना भी बड़े खतरे के विरोध में सब एकजुट हो सकते हैं। इसका तर्कसंगत परिणाम यह निकलेगा कि आपातकाल के समर्थक भी फासीवाद-विरोधी मोर्चे में शामिल हो सकते हैं। देवदत्त की विडम्बना यह है कि उनका सहज बोध एक दिशा में चलता है और नैतिक आग्रह दूसरी दिशा में।

दिक्कत यह है कि देवदत्त की तेजस्विता उनके सहजबोध से नहीं बल्कि नैतिक आग्रह से परिचालित होती है। और, नैतिक आग्रह की उत्तेजना में वे तथ्यों को न सिर्फ तोड़ते-मरोड़ते हैं बल्कि गढ़ते भी हैं। घोषणापत्र के हस्ताक्षर-कर्ताओं में आपातकाल के जिन समर्थकों के नाम देखकर उनका "दिमाग थोड़ा सनसनाने लगता है", उनमें मुरली मनोहर प्रसाद सिंह भी हैं, जो पूरे आपातकाल में जेल में थे! देवदत्त की नामावली में इरफान हबीब भी हैं, जिनका उल्लेख घोषणापत्र में नहीं है। हालाँकि इरफान भी आपातकाल के समर्थक नहीं थे। विपिन चन्द्र के एक हवाले से देवदत्त ने घोषणापत्र की विश्वसनीयता को संदिग्ध बनाया है, लेकिन विपिनचन्द्र का नाम घोषणापत्र में है ही नहीं!

ऐसे मनगढ़ंत "तथ्यों" से नैतिक आवेश का प्रदर्शन करना फासीवादियों की रणनीति होती है, फासीवाद-विरोधियों की नहीं। पता नहीं, देवदत्त ने यह तथ्य-सृजन अपनी दिमागी "सनसनाहट" में किया है या सनसनी फैलाने के लिए, लेकिन इससे उनका नैतिक तेज़ ही संदिग्ध बनता है। उनके जैसे सुबुद्ध टिप्पणीकार से यह आशा की जाती है कि सारी बुद्धि ज़बान पर रखकर ही न लिखें; विवेक सिर्फ नैतिक आवेश में नहीं, सहजबोध में भी होता है, वे थोड़ा भरोसा अपने ही सहनबोध पर करें।

(देवदत्त नाम से यह टिप्पणी श्री राजकिशोर ने लिखा थी।)

साहित्यिक विवादों का चरित्र

लेखक कोई संसार से न्यारे प्राणी नहीं हैं, इसलिए बदलते हुए सामाजिक वातावरण का उन पर भी असर पड़ता है। इसमें सन्देह नहीं कि संसार से असन्तुष्ट मानस ही कल्पना में एक और संसार रचता है। यह बात बिल्कुल विरोधी साहित्यिक धाराओं में एक जैसी पाई जाती है। स्वच्छन्दतावादी लेखक कल्पना की सुखद दुनिया बनाते समय वास्तविक संसार के साथ अपने असन्तोष और असामंजस्य को बहुत स्पष्ट रखते हैं। शास्त्रवादी लेखक असन्तोष को नकारात्मक भावना मानते हैं और गेटे के अनुसार, कला दुनिया के साथ सामंजस्य स्थापित करने के लिए होती है। इसी से ज़ाहिर है कि साहित्य यथास्थितिवाद के साथ खुले तौर पर या बहुत दूर तक नहीं चल सकता।

जो लेखक अपने को यथार्थवाद के किसी न किसी रूप से सम्बद्ध मानते हैं, वे सचेत रूप में संसार को बदलने के लिए लिखते हैं। लेकिन इस बात के प्रति बहुत कम लेखक जागरूक होते हैं कि संसार उन्हें भी बदलता है। संचार और बाज़ार की द्वन्द्वात्मकता से निर्मित होता हुआ आज का उदारीकृत-भूमंडलीय विश्व इतनी तेज़ी से बदल रहा है कि लेखक उसे समझने के प्रयत्न में ही चकराया हुआ है; उसे और बदलने की बात तो दूर रही, वह अपनी भूमिका को लेकर ही सन्देह, अनिश्चय, विभ्रम की स्थिति में है। इसका सबसे सीधा और विडम्बनापूर्ण प्रभाव साहित्य में उठने वाले विवादों में दिखाई देता है।

अगर पिछले एक दशक की लघु पत्रिकाओं पर ध्यान दें तो पायेंगे कि जिन साहित्यिक विवादों से कभी हमारी संस्कृति के मूल्यवान रूपों का विकास होता था, आज वही विवाद व्यक्तिगत राग-द्वेष, शत्रुता और अपसंस्कृति के वाहक बनते जा रहे हैं। सम्भवतः इसी चिन्ता के कारण डॉ. शंभुनाथ ने केन्द्रीय हिन्दी संस्थान की ओर से इस बार लघु पत्रिका सम्बन्धी विचार-विमर्श के लिए प्रस्तावित विषयों में एक इसे भी रखा था कि लेखकीय विवादों में एक भिन्न साहित्यिक-संस्कृति की ज़रूरत है। सच पूछा जाए तो इस एक दशक में अनेक नामी-गिरामी पत्रिकाओं ने, अनेक दिग्गज लेखकों-विचारकों-आलोचकों ने अनेक ऐसे विवाद खड़े किये जिन्होंने

उत्तेजना तो पैदा की, विचारों को अपदस्थ कर दिया; चर्चाएँ तो खूब फैलाईं, विवेक को धुँधला कर दिया।

विवादों के वर्तमान रूप से यह पता चलता है कि लेखकों में अपनी ज़िम्मेदारी के प्रति उदासीनता बढ़ी है। उन्हें यह परवाह नहीं रह गयी है कि इन निरर्थक विवादों का युवा पीढ़ी के लिए क्या सन्देश है या उनसे कौन-सी भावी संस्कृति निर्मित हो रही है? बाज़ार व्यवस्था की जिस चकाचौंध से युवा पीढ़ी आकर्षित है, उसका असर वरिष्ठ लेखकों पर भी दिखता है। अनजाने ही वे भी मान चुके हैं कि गम्भीर चर्चा में शायद किसी की दिलचस्पी नहीं बची है, साहित्य का वर्तमान सिर्फ हल्के-फुल्के मनोरंजन से ही बनता है! इस बात को याद करना प्रासंगिक होगा कि अभिरुचियों में यह परिवर्तन पिछले दो दशकों के विकास का परिणाम है। पश्चिमी समाजों ने अपने पुष्ट अनुभव के आधार पर टेलीविज़न को, विज्ञापन-बोझिल स्पांसर-निर्भर टेलीविज़न को, ईडियट बॉक्स (बुद्धू बक्सा या बौड़म बक्सा) कहा था। भारत में दूरदर्शन और मल्टी चैनल का प्रसार होने के बाद पहले मुख्यधारा की पत्रकारिता ने चकाचौंध को संस्कृति बनाकर प्रस्तुत किया, फिर लघुपत्रिका तक उसका असर पहुँचा। इस 'संस्कृति' को हम 'मिर्चीकरण' कह सकते हैं। चटपटापन और उत्तेजना।

इस प्रक्रिया में शिक्षित समुदाय का मानस भी धीरे-धीरे ऐसा प्रभावित हुआ कि उसके लिए भी संस्कृति का अर्थ केवल मनोरंजन रह गया। इस तरह बौद्धिकता को उत्तेजना ने अपदस्थ कर दिया। साहित्यिक पत्रकारिता में, खासतौर पर लेखकीय विवादों में यही स्थिति झलकती है। तथाकथित मुख्यधारा की 'राष्ट्रीय' पत्रकारिता ने जिस अपसंस्कृति को बढ़ावा दिया है, उसके असर से साहित्यिक पत्रकारिता भी नहीं बच सकी। वैकल्पिक संस्कृति रचने का अपना संकल्प भी वह भूल बैठी। सभी पत्रिकाएँ एक बराबर पथभ्रष्ट नहीं हो गयी हैं, सभी विवाद एक जैसे मतिहीन नहीं हो गये हैं, सभी लेखक एक समान बाज़ारवादी नहीं हो गये हैं। फिर भी, इसमें सन्देह नहीं कि विश्वपूँजी के सांस्कृतिक प्रत्याक्रमण में साहित्य का उद्देश्य और मनुष्य की अवधारणा, दोनों पूरी तरह बदल गये हैं।

प्रेमचन्द ने कभी सौन्दर्य की कसौटी बदलने की बात कही थी। तब यह कसौटी अमीरी और विलासिता के ढंग की थी। आज फिर यह कसौटी बदल गयी है। बौद्धिक या शारीरिक श्रम करने वाले, आपसदारी के सम्बन्धों में उलझे हुए जनसाधारण का बिम्ब आज बाज़ार हो या साहित्य, कहीं भी मनुष्य का प्रतिनिधि बिम्ब नहीं है। उदाहरण देने की ज़रूरत नहीं कि पिछले कुछ वर्षों में फिर से भुखमरी झेलने वाले कालाहांडी (उड़ीसा) के मृतकों की संख्या भी अखबारों में नहीं दिखाई देती, जबकि दुनिया के अमीरों की सूची हर हफ्ते-दस दिन में प्रचारित होती रहती है, जो सट्टाबाज़ार की उथल-पुथल के साथ बदलती रहती है! साहित्य में भी होरी, गोबर,

सूरदास, निर्मला, बिल्लेसुर, बलचनमा के चित्र नहीं आते। इन बदली हुई रुचियों का असर साहित्यिक विवादों के स्वरूप पर दिखाई देता है।

बदली हुई कसौटियों ने एक तरफ बाज़ार के लिए अनुकूल खुशहाल मनुष्य को प्रतिष्ठित किया है, जिसकी रुचि किसी गम्भीर चीज़ में नहीं है, हालाँकि उसकी तादाद आबादी का बीस प्रतिशत भी नहीं है, दूसरी तरफ साहित्य का उद्देश्य भी अब समाज में परिवर्तन लाना न होकर सत्ता में जगह पाना हो गया है। दूसरे शब्दों में, राजनीति को रणनीति ने अपदस्थ कर दिया है। वैकल्पिक संस्कृति का प्रश्न अन्यापूर्ण सम्बन्धों के विरोध से जुड़ा हुआ था; लघु पत्रिकाओं की सांस्कृतिक दृष्टि इस प्रतिरोध से निर्मित होती थी। जिन सम्पादकों में अभी यह चेतना बची हुई है, मानो उनकी ओर से लघुपत्रिका सम्मेलन में तीन नवंबर को 'कथन' की युवा सम्पादक संज्ञा ने सुझाव दिया था कि सहयोगी पत्रिकाओं को दूसरी लघु पत्रिकाओं में आने वाले सकारात्मक मुद्दों को अपने मंच से भी उठाना चाहिए।

सम्भव है, इन उपायों और सद्भावों से संकट हल न हो पायें क्योंकि उसके स्रोत वर्तमान विश्व-व्यवस्था में हैं। पूँजी के महायान में लघु पत्रिकाएँ हीनयान के समान हैं, जिनका संकट पूँजी से जुड़ा हुआ है। संसाधनों का अभाव, कुटीर (घरेलू) उद्योग की तरह पत्रिकाओं का संचालन, सिकुड़ता हुआ बौद्धिक बाज़ार, वित्त संस्थाओं (बड़ी पूँजी) द्वारा साहित्य-संस्कृति में बढ़ता हुआ निवेश, अवसरों की वृद्धि और नामी लेखकों की अपेक्षाएँ (यश और पारिश्रमिक सम्बन्धी भी)–ऐसे बहुत-से पहलू मिलकर इस संकट को अधिक गहरा बनाते हैं।

राजनीति के मुद्दे ही नहीं, साहित्य के विवाद भी अपने वर्तमान से आते हैं। हिन्दी के पुराने विवादों को याद करें तो समसामयिक परिदृश्य के लिए सही सीख मिल सकती है। हिन्दी का पहला बड़ा विवाद 'भाषा की अनस्थिरता' को लेकर महावीर प्रसाद द्विवेदी और बालमुकुंद गुप्त के बीच चला था। उसे हम भारतेन्दु युग और द्विवेदी युग के बीच की टकराहट भी कह सकते हैं। इतना लम्बा, इतना प्रखर, इतना ज्ञानगर्भित और इतना चुटीला दूसरा कोई विवाद नहीं रहा। तब से लेकर स्वतन्त्रता के बाद 'राज्याश्रय बनाम सेठाश्रय' के मुद्दे पर प्रगतिशील और प्रयोगवादी लेखकों के बीच चले विवाद तक भाषा, संस्कृति, साहित्यिक मूल्य, लेखकीय पक्षधरता जैसे अनेक विषयों को हम लघु पत्रिकाओं के माध्यम से ही उभरते और सुलझते हुए पाते हैं। इन विवादों के आगे आज लेखकों के आपसी विवाद हों या 'होना-सोना' स्तर के विवाद, इनसे क्षोभ और जुगुप्सा पैदा होती है। कई बार सस्ती लोकप्रियता के लिए रचनाकारों के सम्मान तक से खिलवाड़ करने में संकोच नहीं दिखाई पड़ता। यह सब जिस मूल्यहीन व्यक्तिवाद का परिणाम है, वह स्वयं भूमंडलीय बाज़ारवाद की देन है।

इतिहास कई रूपों में सीख देता है। लांछन और कुत्सा से भरे विवाद पहली बार

प्रगतिशील आन्दोलन के बिखराव के समय चले थे। वह आज़ादी के बाद पूँजीवादी नवनिर्माण का दौर था। बाज़ारवाद के दौर में जब सारी प्रगतिशील संस्कृति बिखर रही है, तब ऐसे विवादों ने और व्यापक रूप ले लिया है। अर्थव्यवस्था की 'उदारता' और मानवमन की अनुदारता में कार्य-कारण सम्बन्ध है! जिन लघु पत्रिकाओं को वैकल्पिक मीडिया का एक साधन बनना था, वे विश्वपूँजी के रथ का शिकार बन रही हैं। बड़े माध्यमों के सांस्कृतिक आक्रमण के अलावा आज स्थिति यह है कि पैसे के बिना नामी लेखक और अच्छी रचनाएँ जरा मुश्किल से सुलभ होती हैं। थोड़े लेखक ही हैं, जो लघु पत्रिकाओं में लिखना अपना धर्म समझते हैं। लघु पत्रिकाएँ नवोदित लेखकों के प्रशिक्षण और प्रचार का मंच बन कर रह गयी हैं।

पत्रकारिता में पूँजी की बढ़ती हुई भूमिका के कारण रंग-बिरंगी (अल्पजीवी) 'बड़ी' पत्रिकाओं की भीड़ बढ़ती जा रही है। लेकिन विचारों के स्तर पर 'मुख्यधारा' की पत्रकारिता में जैसी दरिद्रता है, वैसी शायद पहले कभी नहीं थी। पीड़ित और श्रमजीवी तबकों से हमदर्दी लघु पत्रिकाओं की वैचारिक पूँजी रही है। इसलिए उनमें 'बड़ी' पत्रिकाओं वाला एनजीओवादी रवैया पहले नहीं था। यानी किसी समुदाय की समस्या को मंच देकर अगुआ बन जाना, उसके समाधान से ज़्यादा खुद को उसका प्रतिनिधि बना लेना। लघु पत्रिकाओं की प्रभावकारिता भले सीमित रही हो, लेकिन उनकी ताकत इस बात में रही है कि उत्पीड़ितों से प्रतिबद्धता, संघर्षों में विश्वास, परिवर्तन और विकल्प की सम्भावना को लेकर उनमें कोई दुविधा नहीं थी। पूँजी के सांस्कृतिक हमले का सबसे नकारात्मक असर इसी संकल्पशक्ति पर पड़ा है। परिणामस्वरूप, लघु पत्रिकाएँ भी व्यक्तिगत प्रयत्न के साथ-साथ व्यक्तिगत उद्देश्य में सिमटती दिखती हैं। इस संकट से उबरने के लिए मीडिया के क्षेत्र में बड़ी पूँजी की भूमिका को समझना होगा, लघुपत्रिका आन्दोलन को संगठित करके सकारात्मक लक्ष्यों से जोड़ना होगा और वैकल्पिक मीडिया के प्रयत्नों को पुनर्नियोजित करना होगा।

भाषा बहता नीर

अप्रैल के उत्तरार्ध में जिन दिनों भारतीय मूल की अमरीकी तरुणी काव्या विश्वनाथन की साहित्यिक चोरी का विवाद ज़ोरों पर था, उन्हीं दिनों वरिष्ठ हिन्दी लेखिका कृष्णा सोवती ने एक अंग्रेज़ी दैनिक की संवाददाता से बातचीत में कहा था कि "भाषा लेखकों का यथार्थ छोटे शहरों और गाँवों से आता है। आज हमारी जाति (नेशन) को ज़्यादा सच्चाई से, ज़्यादा सटीकता से और इतनी गहराई से वे ही प्रस्तुत कर रहे हैं। वे अब भी अंग्रेज़ी में लिखने वालों की तुलना में लोकतन्त्र के ज़्यादा नज़दीक हैं।" (**टाइम्स ऑफ इंडिया,** 29 अप्रैल 2006) कस्बों और गाँवों से अपनी रचना-सामग्री चुनकर वर्णन करने वाले भाषा-लेखक इस भूमंडलीय समय में ग्लानि-जर्जर भले होते रहें, पर उनके साहित्य में ही देश की धड़कन और जाति का अवचेतन बोलता है। विश्वभाषा में लिखने वालों का यथार्थ भी 'कहीं वहीं नहीं' के अमूर्त जगत से उत्पन्न होता है। उनके सामने पाठक भी अमूर्त होता है, बल्कि पाठक से ज़्यादा बाज़ार होता है—प्रकाशक, वितरक, रॉयल्टी, बेस्ट सेलर, बुकर...

काव्या विश्वनाथन को भी सबसे ज़्यादा अग्रिम रॉयल्टी पाने का, वह भी सबसे कम उम्र में, गौरव मिला था। दिलचस्प बात यह थी कि **न्यू यॉर्क टाइम्स** के एक पाठक ने लक्षित किया था कि काव्य के उपन्यास 'हाउ ओपल मेहता गॉट किस्ड, गॉट वाइल्ड ऐंड गॉट ए लाइफ' के तीन प्रसंग सोफी किन्सेला के उपन्यास 'कैन यू कीप ए सीक्रेट' से हू-ब-हू मिलते हैं। हिन्दी समाज के पिछड़ेपन पर रोने वाले बुद्धिजीवियों को ख़ैर मनानी चाहिए कि हमारा पाठक या तो इतना पढ़ाकू और सावधान नहीं है, और अगर वह हो भी तो हमारे सम्पादक इतने 'बाज़ारू' नहीं हैं कि ऐसी बातों को तूल दें! फिर, एक अन्तर दोनों की विषयवस्तु में भी है। काव्या की विषयवस्तु एक ऐसी भारतीय अमरीकी लड़की का संघर्ष है जो हार्वर्ड में प्रवेश पाना चाहती है। यह समस्या भारत में उच्च मध्य वर्ग के जीवन की समस्या है। हिन्दी लेखक की समस्या अभी तक न भूमंडलीय हुई है और न भूमंडलीकरण के प्रवाह में शामिल वर्गों से जुड़ी है। हमारे बाज़ारसेवी चिन्तक खेद-प्रकाश कर सकते हैं कि अभी तक हिन्दी लेखक प्रेमचन्द से दबे हैं! कृष्णाजी का वक्तव्य भी ऐसा ही है!

यह फर्क सिर्फ दो भाषा-माध्यमों का नहीं है। वह दो सामाजिक हितों और दृष्टियों का फर्क भी है। भूमंडलीकरण के युग में बेशक भाषा-लेखकों को कबीर के युग की तरह संस्कृत के 'कूपजल' का मुकाबला नहीं करना है, बल्कि अंग्रेज़ी के महायान के सामने अपनी हीनभावना से लड़ते हुए अपने लेखन में अपने समाज का चित्र देना है। अगर मुहावरे में कहा जाये तो अंग्रेज़ी आज 'कूपजल' नहीं बल्कि जलधिजल है, लेकिन भाषा तो अब भी 'बहता नीर' है। भूमंडलीकरण धरती के रास्ते नहीं, गगनमार्ग से आया है—वह साइबर स्पेस की दुनिया है। अंग्रेज़ी भी समाज में ऊपर के लोगों की और ऊपर की तरफ बढ़ने वालों की भाषा है। यह बात हम नहीं भूल सकते कि सभ्यताएँ नदी के किनारे ही बसी थीं। भाषा के बहते नीर में मनुष्य की इतिहास-यात्रा के चिह्न मौजूद हैं। अपनी इस विरासत और खासियत से छूटकर भाषा-साहित्य प्रगति नहीं कर सकता। सौभाग्य से, हिन्दी ही नहीं, भारत की और ज़्यादातर समाजों की लोक भाषाएँ भूमंडलीकरण के दौर में कुछ आग्रह के साथ अपने समाज का जीवन चित्रित कर रही हैं। अकारण नहीं है कि जितने 'विमर्श' उभरे हैं, वे रचनात्मक स्तर पर विभिन्न सामाजिक शक्तियों और हितों को लेकर चलते हैं और सैद्धांतिक स्तर पर उन सामुदायिक हितों और दृष्टिकोणों को ही आदर्शीकृत करते हैं।

यह भी अकारण नहीं है कि ऐसे ज़्यादातर विमर्श गैर अंग्रेज़ी साहित्यों से ही उभर रहे हैं। इससे हिन्दी लेखकों को यह आत्मविश्वास मिल सकता है कि अपने समाज के प्रति अधिक संवेदनशील रहकर वे भी आज के विश्व परिदृश्य में कोई नया सांस्कृतिक पहलू जोड़ सकते हैं। इसके लिए ज़रूरी है कि हम नये विमर्शों को, उनके रचनात्मक साँचों और सैद्धांतिक प्रतिस्थापनाओं को भली भाँति समझें लेकिन अपनी रचना का आदर्श अपने समाज की भीतरी वास्तविकताओं से निर्मित करें। सम्भव है, इससे हमारे बने-बनाये (और सुविधाजनक) मानसिक-साहित्यिक साँचे टूट-बिखर जायें। संक्रमण के हर दौर में बद्ध संस्कारों और दृष्टियों को झटककर ही नयी सच्चाइयों को उभारा जा सकता है। इस संघर्ष (या आत्मसंघर्ष) की कसौटी जनसाधारण है। हमारे भाषा-साहित्य की जीवन्तता का आधार भी यही है कि वह जनसाधारण के जीवन और समस्याओं का विश्लेषण करता है।

इस दृष्टि से हमारा समय बेहद रोचक और चुनौतीपूर्ण है क्योंकि 'भाषा' और 'जातीयता' के प्रश्न भी उलझ गये हैं तथा साहित्यिक प्रगति और निर्णय की कसौटियाँ भी बदल गयी हैं। आज 'भारतीय' की अवधारणा का भाषा और राष्ट्र से क्या सम्बन्ध है? भारतीय भाषाओं के लेखक एक तरफ और अंग्रेज़ी में लिखने वाले भारतीय लेखक दूसरी तरफ; भारत में रहने वाले लेखक एक तरफ और भारतीय मूल के लेखक दूसरी तरफ; प्रवासी लेखकों में अंग्रेज़ी के लेखक एक तरफ, हिन्दी

और अन्य भारतीय भाषाओं में लिखने वाले दूसरी तरफ। इन सभी की विषयवस्तु अलग है, समस्या भी अलग है। मसलन, प्रवासी भारतीय जब हिन्दी में लिखता है तब उसका दृष्टिकोण, लक्ष्य और पाठक वही नहीं रहता जो देश में रहने वाले या बाहर जा बसे अंग्रेज़ी के लेखक का होता है। काव्या की प्रतिभा से इंकार नहीं है लेकिन उसकी समस्या और पाठक वही नहीं हैं जो भाषा-लेखकों के हैं। चकाचौंध भरे बाज़ार में रॉयल्टी और बिक्री के कीर्तिमान बनाने का प्रलोभन भाषा-लेखक के आगे नहीं है। यह फर्क दोनों के दृष्टिकोण में ही नहीं, विषयवस्तु में भी फर्क ला देता है। कोई चाहे तो 'सूटेबल ब्वॉय' और 'कैसी आगी लगाई' (असग़र वज़ाहत) की तुलना करके यह बात समझ सकता है।

क्या होगा अब अस्मिता-विमर्श का

भवानी प्रसाद मिश्र ने अपने खंडकाव्य 'कालजयी' में लिखा था कि 'जब शांति-स्नेह-ममता से थकता है मनुष्य, तब उथल-पुथल की भाषा बकता है मनुष्य।' सम्भव है, बात कहने में सरलीकरण हो, लेकिन उसमें सच्चाई है। मानव-इतिहास का यह अनुभव है कि शांति-स्नेह-ममता और युद्ध-घृणा-उत्पात बारी-बारी से आते हैं। आज की परिस्थिति में बात इस तरह भी कही जा सकती है कि उथल-पुथल से थक कर मनुष्य फिर शांति-सौमनस्य खोज रहा है। पन्द्रहवीं लोकसभा के चुनाव परिणाम आने पर सभी ने माना कि उग्रता, भाषा की हो या तेवर की, दक्षिण की हो या वाम की, जनता को पसन्द नहीं आई। उसने एक तरह का मध्यम मार्ग अपनाया। मध्यम मार्ग के राजनीतिक-आर्थिक सार पर बहस हो सकती है, लेकिन इतना तो प्रकट है कि सत्ताधारी कांग्रेस ने निजी उद्योगों को प्रोत्साहन देने से लेकर ग्रामीण गरीबों को रोज़गार देने तक ऐसा सर्वव्यापी चेहरा अपनाया, जिसने सन्तुलन, सामंजस्य और समरसता का आभास पैदा किया।

इसका एक दूसरा पक्ष भी है। नये युवराज राहुल गाँधी ने कहा कि भारत की जनता ने धर्म और जाति की राजनीति को ठुकरा दिया है। यानी धर्म-जाति-भाषा-क्षेत्र के आधार पर पहचान (अस्मिता) की जो राजनीति पिछले तीन दशक में परवान चढ़ी थी, वह एकाएक ठंडी पड़ती दिखाई देने लगी। हम जानते हैं कि पहचान भले सांस्कृतिक-मनोवैज्ञानिक होती हो, उसका निर्धारण सामाजिक-ऐतिहासिक परिस्थितियों में ही होता है। राजनीति और अर्थव्यवस्था उन परिस्थितियों को मूर्त रूप देने वाला आधार हैं। इसलिए सवाल उठता है कि उग्रताओं को ठुकरा कर अगर जनता ने अस्मिता-राजनीति को धक्का पहुँचाया है तो साहित्य-संस्कृति में अस्मिता-विमर्शों का क्या होगा? अस्मिता की राजनीति करने वालों की तरह बेचारे साहित्यकार किससे शिकायत करेंगे कि 'मतलब निकल गया है तो पहचानते नहीं।' लालू यादव ने संसद में यह शिकायत कांग्रेस से की थी। ज़ाहिर है कि भारत में पूँजीवादी लोकतन्त्र की सबसे पुरानी और घुटी हुई खिलाड़ी कांग्रेस ने अस्मिता की राजनीति का इस्तेमाल किया। क्या साहित्य के अस्मिता-विमर्शों का चरित्र अस्मिता की राजनीति से अलग होगा?

बहरहाल, अस्मिता-विमर्श को लेकर यह सवाल केवल तात्कालिक राजनीति के कारण नहीं उठा। उसका एक व्यापक सन्दर्भ है। आर्थिक भूमंडलीकरण और सांस्कृतिक उत्तर-आधुनिकता की जिन प्रक्रियाओं से राजनीति और साहित्य में अस्मिता-विमर्श उपजा था, वह भी अवसान की ओर है। अमेरिका, कनाडा, आस्ट्रेलिया जैसे उन्नत समाजों में भी आर्थिक मन्दी, राजनीतिक अनिश्चय, नस्लवादी हिंसा की परिस्थितियों ने 'अस्मिता' की जगह सांस्कृतिक बहुलतावाद (मल्टी कल्चरलिज़्म) की माँग तेज़ कर दी है। दोनों में अन्तर है। अस्मिता वर्तमान सत्ता-संरचना को अस्त-व्यस्त करके उसमें अपनी पैठ बनाने की रणनीति है। इसलिए वह 'दूसरों' के वर्चस्व से टकराती है और 'अपनी' सामुदायिक पहचान बनाती है। इस पूरी प्रक्रिया का नाम 'विमर्श' है। उसका प्रेरक भाव अमर्ष है। सांस्कृतिक बहुलतावाद सामाजिक ताने-बाने में अपने लिए बराबर की जगह पाने की माँग है। वह पहचान के स्तर पर भेदभाव, उत्पीड़न और विषमता का अस्वीकार है। उसकी प्रेरणा सभ्य समाज में स्वीकृत मानवाधिकार और न्याय चेतना है।

सांस्कृतिक बहुलतावाद में अस्मिता का तत्त्व इतना ही है कि अश्वेत, एशियाई, हिस्पानीक, नारीवादी, समलिंगी वगैरह अपनी सामुदायिक पहचान बनाते हैं, लेकिन वह अस्मिता की राजनीति की तरह अन्य समुदायों के खिलाफ सक्रिय नहीं होती। उसका आधार सह-अस्तित्व का सिद्धान्त है। भारतीय समाज अपने बहुजातीय- सांस्कृतिक स्वरूप के कारण किसी ज़माने में पश्चिमी सभ्यताओं को अजायबघर लगता था, आज अनेकता में एकता के ऐतिहासिक रचाव के कारण वह सांस्कृतिक- सहअस्तित्व का शिक्षाप्रद उदाहरण बन गया है। इस अनुभव का सार यह है कि अस्मिता और सहअस्तित्व परस्पर विपरीत हैं। एक अलगाव पर निर्भर है, दूसरा सम्बद्धता पर। एक मानववादी अवधारणा के रूप में अस्मिता (आइडेंटिटी) का विचार सम्बद्धता (रिलेशनशिप) के विरोध में, अस्तित्ववाद के साथ, आया था। लेकिन वहाँ विवेक सम्पन्न व्यक्ति था जो समाज (बल्कि संसार) से पीड़ित था, विमर्शवादी अस्मिता समुदाय के रूप में उभरती है, जो वर्चस्व (बल्कि अन्य) से पीड़ित है।

आधुनिकता का इतिहास अगर पूँजीवाद से सम्बद्ध है तो अस्मिता के विकास का दिलचस्प नज़ारा उभरता है। अपनी शैशवावस्था में उदीयमान पूँजीवाद क्रान्तिकारी रोमान लेकर आया, जहाँ नवस्वाधीन व्यक्ति का 'मैं' अपने दुखी भाई की वेदना से संवेदित था, इसलिए अस्मिता को सम्बद्धता के विपरीत जाने की ज़रूरत नहीं थी। युवावस्था में प्रतिष्ठित पूँजीवाद प्रयोगवादी व्यक्तिवाद लेकर आया, जहाँ 'मैं' विवेकपुंज बन कर भीड़ की 'मैलखोरी गन्ध' से दूर चला गया था। अपनी वृद्धावस्था में बहुराष्ट्रीय पूँजीवाद नस्ल, रंग, जाति, धर्म, लिंग, क्षेत्र, भाषा, समुदाय जैसी अस्मिताएँ लेकर आया, जहाँ रचनात्मक भविष्य नहीं रह गया था, संरचनात्मक

पुनर्गठन काफी था, जहाँ विकास और परिवर्तन की जगह मौजूद सत्ता-संरचना के व्यवस्थापन या विखंडन की रणनीतियाँ ही बची थीं।

लेकिन पिछले तीन-चार साल की वैश्विक मन्दी ने इन रणनीतियों की व्यर्थता उजागर कर दी। वर्चस्व और विषमता के प्रति संसार भर में असन्तोष उभर रहा है। भले वह समाजवाद का रूप न ले, रूस-चीन के 'समाजवाद' का हश्र देखते हुए यह उचित ही है, लेकिन वह उग्र पूँजीवादी नीतियों को अस्वीकार ज़रूर कर रहा है। नेहरू का 'मिश्रित अर्थव्यवस्था' का स्वप्न लोकप्रिय हो रहा है। अमेरिका को भी राष्ट्रीयकरण की नीति अपनानी पड़ी है—जनरल मोटर्स और बैंक ऑफ़ अमेरिका सरकार के हाथ में आकर अपना अस्तित्व बचा सके हैं। इसका राजनीतिक प्रतिफलन अमेरिका में बराक ओबामा की विजय और भारत में संयुक्त प्रगतिशील गठबन्धन की विजय है। संस्कृति में इसकी अभिव्यक्ति अस्मिता-विमर्श के अवसान और सांस्कृतिक बहुलतावाद के अभ्युत्थान के रूप में दिख सकती है।

प्रेमचन्द कहते थे कि साहित्य राजनीति के आगे चलने वाली मशाल है। लेकिन अस्मितावादी साहित्य राजनीति का पिछलगुआ साबित होता है। एक तो उसका उन्नयन 1975 के बाद हुआ, जब भाषा और संस्कृति को आधार बना कर विभिन्न क्षेत्रीय 'पहचानें' राजनीति में सक्रिय हुईं—कश्मीर में स्वायत्तता की माँग, पंजाब में खालिस्तानी आतंकवाद, पूर्वोत्तर में क्षेत्रवादी-अलगाववादी आन्दोलन और आखिरकार हिन्दी प्रदेश में मंडल-कमंडल के, यानी 'हिन्दुत्व' के या 'पिछड़ा वर्ग' और 'बहुजन समाज' के चेहरे में अस्मितावादी राजनीति।

दिलचस्प बात यह है कि बुद्धिजीवियों की एक टोली अस्मिता की इस राजनीति को लोकतन्त्र का विस्तार बताती है। बहरहाल, राजनीति की ही तरह साहित्य में भी अस्मितावाद के पीछे अन्याय की वास्तविक पीड़ा और स्थानीय (सामुदायिक) निहित स्वार्थ मिल कर सक्रिय होते हैं। इसलिए विमर्शवादी राजनीति हो या साहित्य, उसमें न्याय की चेतना और वर्चस्व की रणनीति के बीच दुविधा बनी रहती है। इसी दुविधा के कारण उसका विघटन भी होता है। समकालीन दलित लेखन में समतावादी और वर्चस्ववादी धाराओं का अलगाव इसका उदाहरण है।

इक्कीसवीं सदी का पहला दशक बीतते-बीतते भारतीय समाज ने फिर करवट बदली है। वर्तमान चुनाव के विश्लेषण में जिस बात पर ध्यान नहीं दिया गया, वह क्षेत्रीय शक्तियों की राष्ट्रीय आकांक्षा है। तीसरे और चौथे मोर्चों के अवसरवाद की सही आलोचना हुई है, लेकिन उनमें शामिल क्षेत्रीय और अस्मितावादी शक्तियाँ आज भारतीय संघ से अलग होने की नहीं, राष्ट्रीय संसद में जगह पाने की कोशिश में लगी थीं। इसे हमारे लोकतन्त्र की शक्ति मानना चाहिए। यह प्रक्रिया अस्मितावाद के प्रतिकूल और सांस्कृतिक बहुलतावाद के अनुकूल है। साहित्य में

अस्मितावादी विमर्शों के भविष्य पर इसका क्या असर पड़ेगा? ऐसा तो नहीं हो सकता कि समाज एक दिशा में चले और संस्कृति दूसरी दिशा में? ऐसा हो सकता है कि समाज अलगाववाद के रास्ते पर चले और संस्कृति उससे मुठभेड़ करे, भले सफल न हो। ऐसा नहीं हो सकता कि समाज नये सामंजस्य की खोज करे और संस्कृति उससे निर्विकार रहे। इसलिए वर्तमान परिदृश्य में सांस्कृतिक नवजीवन के लिए अस्मितावादी अभिव्यक्तियों का विलीन होना या कम से कम क्षीण होना स्वागत का विषय होगा।

खंड–4 : माध्यम

लघु-पत्रिका : छोटा आन्दोलन : बड़े सरोकार

“आन्दोलन की आवश्यकता हो और आन्दोलन का कोई रूप दिख न रहा हो तो ऐसे समय को बीहड़ ही कहा जा सकता है। इस बीहड़ समय में साहित्यिक आशा की कोई चिन्गारी है तो वह है लघु पत्रिका। वह भी मीडिया है, एक हथियार है। ...बड़े मीडिया के चर्चे में आम आदमी गायब है। पूरे विश्व में मानो आम आदमी का कोई अस्तित्व ही नहीं है। आदमी से पूरी धरती अँटी पड़ी है, लेकिन उसका न कोई वेबसाइट है और न ही कोई चैनल। इस चैनलहीन तथा वेबलेस दुनिया के लिए ही वैकल्पिक मीडिया है लघु पत्रिकाएँ।” (उदय राज, **लघु पत्रिका अभियान,** संख्या–6, अप्रैल 2003, सम्पादकीय)

लघुपत्रिका एक वैकल्पिक मीडिया है। वह दृश्य में भी परिवर्तन का माध्यम है और परिदृश्य में भी। लेकिन हमारे सामाजिक जीवन की तरह सांस्कृतिक जीवन में भी यह वैकल्पिक माध्यम अभी लघु ही है। लघुमानव की तरह नहीं, वामन की तरह। अन्धकार उगलते आकाश के नीचे ‘केवल जलती मशाल’ की तरह। इसलिए वह प्रतिरोध का माध्यम है। जितनी लघु पत्रिकाएँ हैं, और जितनी नयी लघु पत्रिकाएँ रोज़ निकल रही हैं, प्रतिरोध के कण उतने ही विस्तृत हो रहे हैं।

आज इतनी लघु पत्रिकाएँ हैं कि एकाएक सबका नाम गिनाना मुश्किल हो जाय। कोई एक लेखक या साहित्य-प्रेमी सभी लघु पत्रिकाओं को देख पाये, यह बेहद कठिन है। फिर भी, यह स्वागत योग्य है। एक तो इसलिए कि ये पत्रिकाएँ सिर्फ लेखकों के लिए नहीं निकल रही हैं। हर लघु पत्रिका का अपना एक पाठक समुदाय है, छोटा हो या बड़ा। दूसरे इसलिए कि ‘रविवार’, ‘दिनमान’ और ‘चौथी दुनिया’ के बन्द होने से जो जगह खाली हुई थी, उसे मल्टीकलर महापत्रिकाएँ नहीं भर पायीं। हिन्दी भाषी समाज के नये सुबुद्ध पाठक समुदाय के लिए अपनी सांस्कृतिक भूख मिटाने का ज़रिया लघु पत्रिकाएँ ही मालूम होती हैं। लघु पत्रिका आन्दोलन के लिए यह नयी चुनौती और नये कार्यभार का संकेत है।

जिन दो प्रवृत्तियों से सचेत रहने की ज़रूरत है, उन्हें भी ध्यान में रखना पड़ेगा। पिछले दिनों बम्बई के त्रैमासिक पत्र ‘प्रगतिशील आकल्प’ (सं. शोभनाथ

यादव, जनवरी-मार्च और अप्रैल-जून 2003) में ज्ञानरंजन के साक्षात्कार को लेकर 'हंस', 'कथादेश' जैसी मित्र-पत्रिकाओं, 'राष्ट्रीय सहारा', 'जनसत्ता' जैसे बड़े घराने के राष्ट्रीय पत्रों और प्रगतिशील बुद्धिजीवियों से लेकर अफ़सर बुद्धिजीवियों तक एक बहुत बड़ी जमात कुंठापूर्वक सक्रिय हो गयी। यह प्रवृत्ति घातक है। मतभेद, प्रतिवाद, विवाद अवश्य हों पर वे बड़े लक्ष्य और छोटे स्वार्थ का अन्तर न मिटायें। ऐसे अभियान आखिरकार शत्रु-विचारधारा और शत्रु संस्कृति को बल पहुँचाते हैं। यह अभियान इतने सुनियोजित ढंग से चलाया गया कि अन्ततः पहल की तरफ से एक प्रतिवाद ज़ारी करने की नौबत आयी। इस प्रसंग में यह उल्लेखनीय है कि ज्ञानरंजन के मुख्य प्रतिद्वन्द्वी समझे जाने वाले कमला प्रसाद तटस्थ रहे, 'वसुधा' ने इस कुत्सित अभियान में हिस्सा नहीं लिया, खुद अखिलेश, जिन्हें निमित्त बनाकर मुद्राराक्षस ने इस आग में घी डाला था, उन्होंने कोई बयान-बचाव-बकवास नहीं की। इसलिए साहित्यिक सत्ताधीशों के छद्‌म और दुरूद्‌देश्यों से बचकर रचनात्मक कार्य करना लघु पत्रिका का उत्तरदायित्व है।

दूसरी प्रवृत्ति भी इसी से सम्बद्ध है। शुकदेव सिंह नामक एक छद्‌म बुद्धिजीवी ने 'संवेद वाराणसी' पत्रिका (अंक-3, अप्रैल-मई 2003) में ज्ञानरंजन समेत पूरे प्रगतिशील सांस्कृतिक अतीत और वर्तमान पर थूका है। रामचन्द्र शुक्ल, नन्ददुलारे वाजपेयी, रामविलास शर्मा, शिवदान सिंह चौहान, चन्द्रबली सिंह, त्रिलोचन, मैनेजर पांडेय, रवींद्र कालिया, ममता कालिया, विमल कुमार इत्यादि, एक ही अंक में इतने व्यापक आक्रमण का दृश्य है कि विकल्प की बात सोचने वालों को सतर्क हो जाना चाहिए। शुकदेवों का आक्रमण एक निश्चित राजनीति के तहत है, जिसे वे थोड़ा छिपाकर, थोड़ा उभारकर पेश भी करते हैं। यह राजनीति ''बाम झरोखे'' की नहीं, ''राम झरोखे'' की है। 'संवेद वाराणसी' जैसी पत्रिकाएँ लघुपत्रिका आन्दोलन में फूट डालने और विघटन के प्रयत्नों को आरएसएस के संगठन से जोड़ने का उद्‌देश्य लेकर चली हैं। पर इसे संघ-समूह की बदकिस्मती समझिए कि उन्हें शुकदेव नामधारी ऐसा वाहक मिला है जिसके पास साहित्यिक तमीज़ नाम की चीज़ ही नहीं है। अपने सम्पादकीय की भाषा से ही वह सृजनकर्मी समाज को शत्रु बना लेने की योग्यता प्रदर्शित कर चुका है।

लघुपत्रिका जिस आम आदमी के विचार और संवेदना का मंच है, वह बड़े आदमी के बड़े मंच पर अनुपस्थित है। लेकिन उच्चवर्ग की व्यावसायिक और राजनीतिक संस्थाएँ लघु-पत्रिका के वैकल्पिक मंच की ताकत पहचानती हैं। वे 'संवेद वाराणसी' जैसे मूर्खतापूर्ण हस्तक्षेप नहीं करतीं। उनके हस्तक्षेप का एक उदाहरण अगर ज्ञानरंजन-विवाद है तो दूसरा उदाहरण है सरकारी और सेठाश्रयी पत्रिकाओं का नयी सज-धज के साथ उपस्थित होना। ऐसी पत्रिकाएँ भी अपने को ''हिन्दी

में पनप रहे शासक वर्ग के विरुद्ध एक नयी सामाजिक-साहित्यिक शक्ति के रूप में'' पेश करती हैं। (**नया ज्ञानोदय,** अंक-2, मार्च-अप्रैल 2003, सं. प्रभाकर श्रोत्रिय, सम्पादकीय) लेकिन यह भी सच है कि कभी-कभी लघुपत्रिका ''सृजन के सीधे माध्यम की बजाय प्रायोजित माध्यम'' के दबाव में आती हैं। (उप.) ऐसे दबाव ज़्यादातर उन्हीं के आगे या इर्द-गिर्द रहने वालों के आगे आते हैं, जिन्हें भीमसेन त्यागी ने शासकीय संसाधनों से चालित अथवा अदृश्य सूत्रों से पोषित वृहदाकार 'लघु' पत्रिकाएँ कहा है। (**भारतीय लेखक,** वर्ष-1, अंक-2, जनवरी-मार्च 2003, नोएडा) अपनी आलोचनाओं के प्रति विवेकपूर्ण खुलापन रखकर अपनी कमियाँ दूर करना और सांस्कृतिक ध्येय के अनुसार कार्य करना लघुपत्रिका के अपने माध्यम और जीवन की शर्त है।

आम आदमी की संस्कृति और खास आदमी की संस्कृति आज की लघुपत्रिकाओं में अलग-अलग पहचानी जा सकती है। कुछ पत्रिकाएँ केवल ''सृजन'' तक सीमित रहना चाहती हैं। साहित्य तक, और बहुत हुआ तो कथाओं तक। दूसरी बहुत-सी पत्रिकाएँ ज्ञान-चिन्तन के नाना अनुशासनों से अपने पाठक को बावस्ता करती हैं। पहले ढंग की पत्रिकाएँ सृजन को एक पवित्र, रहस्यमय शक्ति की तरह प्रेषित करके एक प्रकार का कूपमंडूक अहंकार पैदा करती हैं। यह कुलीनतावादी मनोवृत्ति है। दूसरे ढंग की पत्रिकाएँ विभिन्न प्रश्नों पर, ज्वलंत राष्ट्रीय–अन्तर्राष्ट्रीय समस्याओं और विमर्शों पर अलग-अलग कोण से ऐसी सामग्री प्रस्तुत करती हैं, जो उनके पाठक को सचेत, विचारशील और आधुनिक बना सकें।

उदाहरण के लिए, **'कथन'** (सं. रमेश उपाध्याय, संज्ञा उपाध्याय) के हर अंक में आयोजित परिचर्चाओं को देखें, जिसका विषयक्षेत्र परिवार की संरचना से साहित्य के भविष्य तक, यूटोपिया की ज़रूरत से व्यक्ति और सामाजिक जीवन की गुणवत्ता तक, सृजनशीलता की पहचान से लेकर विकल्प की सम्भावना तक इतनी व्यापक है कि वह अपने पाठक को कूपमंडूकता के रहस्यलोक से बाहर ला खड़ा करता है। **'उद्भावना'** (सं. अजेय कुमार, नयी दिल्ली) नागार्जुन और कैफी आज़मी पर अंक निकालकर हिन्दी-संस्कृति की सच्ची धर्मनिरपेक्ष पहचान ही कायम नहीं करते, बल्कि बालश्रम, कामकाजी महिलाएँ, स्त्री जीवन पर हिन्दूवादी नियन्त्रण जैसे असंख्य ऐसे विषयों पर भी लगातार अंक निकालते हैं, जिनकी ओर प्रायः ध्यान नहीं जाता लेकिन जिन पर ध्यान दिये बिना हम अपने सांस्कृतिक जीवन को मानवीय नहीं बना सकते। **'कृति संस्कृति संधान'** (सं. सुभाष गाताड़े, दिल्ली), **'समय माजरा'** (सं. हेतु भारद्वाज, जयपुर), **सुधारक** (सं. दिवाकर, नागपुर) जैसी अनेक पत्रिकाओं ने साहित्य से अधिक सामाजिक-सांस्कृतिक प्रश्नों पर विचार-विमर्श के द्वारा अपनी पहचान बनायी है। साहित्यिक पत्रिकाओं में **'पहल'** (सं. ज्ञानरंजन, जबलपुर), **वसुधा** (सं.

कमला प्रसाद, भोपाल), **'तद्भव'** (सं. अखिलेश, लखनऊ), **'आवर्त'** (सं. वीरेशचन्द्र, मुजफ्फरपुर), **'समकालीन सृजन'** (सं. शम्भुनाथ, हावड़ा) जैसी अनेक पत्रिकाएँ हैं, जो नये लेखकों को सामने लाने के अलावा विशुद्ध कलाकेन्द्रित अभिजात नज़रिये को छोड़ने और तोड़ने के कारण सम्मानित हैं।

ऐसी और भी बहुत-सी पत्रिकाएँ हैं, जिनकी विस्तार से चर्चा होनी चाहिए। यहाँ केवल एक बात पर ज़ोर देने की ज़रूरत है कि इन पत्रिकाओं को न तो पहचान का संकट है, न पाठकों का। मिथिलेश्वर ने लिखा है कि **'मित्र'** (आरा) की इतनी व्यापक माँग थी कि ''इस अंक (1) का हमें पुनर्मुद्रण करना पड़ा। पुनर्मुद्रण की प्रतियाँ भी समाप्त हो गयीं।'' (28.4.03 का पत्र) इसलिए लघुपत्रिका के सामने बड़े कार्यभार हैं, बड़ा क्षेत्र है, वैसी ही सम्भावनाएँ हैं। कूटनीति-फूटनीति के दाँव भी हैं लेकिन लेखक तो सजग नागरिक होता है, वह अपने संसार की आलोचना भी करता है और सृजन भी। ज़्यादातर लघुपत्रिकाएँ रचनाकारों के निजी या सम्मिलित प्रयत्न से निकलती हैं। लेखक अगर अपना दायित्व समझ सकता है तो कुलीनतावादी कुचक्र की चालें भी समझ सकता है।

अनेक छोटी-छोटी पत्रिकाएँ कुछ सार्थक और कुछ निरर्थक प्रयत्न के रूप में भी निकल रही हैं। **सृजनपथ** (सं. रंजना श्रीवास्तव 'रंजू', सिलीगुड़ी) में साहित्येतर सामग्री तो बहुत नहीं है, शायद दूरदराज़ के प्रयत्न की सीमाएँ हों, लेकिन उसका दृष्टिकोण सीमित और कुलीनतावादी नहीं है। 'स्त्री चेतना का वैचारिक पहलू और विसंगतियाँ' शीर्षक सम्पादकीय से लेकर 'परम्परावादी कविताओं का भविष्य' (डॉ. रोहिताश अस्थाना) तक बहुत सी सामग्री है जो 'सृजनपथ' का दृष्टिकोण स्पष्ट करती है। (दे. अंक–3, वर्ष 2002) देवेन्द्रनाथ शुक्ल ने 'नामवर सिंह आलोचना का गतिप्रज्ञ विमर्श' में अतिशय उदार सकारात्मक मूल्यांकन करके 'शवपरीक्षा' के बाद की मनोदशा में मल्हम लगाया है। (पृ. 47, 49 और 50) पूरन सरमा ने अत्यन्त सुन्दर व्यंग्य-निबन्ध लिखकर दिल्ली के और दिल्ली संस्कृति के पुरस्कार-चिन्तित लेखकों को तसल्ली दी है। उनके सुझाव से मैं सहमत हूँ कि 'पुष्ट साहित्य पुरस्कार' और 'दुष्ट साहित्य पुरस्कार' शुरू किये जायें ताकि वंचितों से न्याय हो सके। (पृ. 148) यह साहित्य का 'सबाल्टर्न' है।

'आकार' (सं. बसन्त कुमार, परिहार, अहमदाबाद, अप्रैल-मई-जून 2003) देखकर सीख मिलती है। अहमदाबाद से निकलने पर भी उसमें जनसंहार की आहट तक नहीं है। स्वदेश भारती की एक कविता 'भूकम्प' पर है, लेकिन उन्हीं की 'आहत अभियान' शीर्षक लम्बी कविता महाभारत के कर्ण को नायक बनाते समय समसामयिक सन्दर्भ नहीं प्रदान करती। इस सुन्न संस्कृति के बीच अतिक्रान्तिकारी डॉ. विश्वंभर नाथ उपाध्याय भी 'निर्झर' और 'वस्तु और बिंब' जैसी छायावादी

संवेदना के साथ उपस्थित हैं। 'कालबोध' तक में रहस्य-रोमांच के सिवा कुछ नहीं है, 'तथ्य यह है कि मैं स्वयं स्तम्भित हो गया था। और अब सोच रहा हूँ कि कहीं कुछ भी नहीं हुआ था।' (पृ. 27)

श्री हेतु भारद्वाज ने **'मधुमती'** (राजस्थान साहित्य अकादमी, उदयपुर) में 'साहित्य की समझ का संकट' पर परिचर्चा आयोजित की। राज़ाराम भादू ने नवलकिशोर की कुछ सही, कुछ अतिरंजित आलोचना करते हुए ''साहित्य के स्वायत्तावाद'' के प्रति अतिशय सहानुभूति का रवैया अपनाया है। उनके अनुसार भीष्म साहनी, अमरकांत वगैरह से बढ़कर ''सर्वाधिक पाठक'' निर्मल वर्मा के हैं। अशोक वाजपेयी, कृष्ण बलदेव वैद आदि के विवेकवान पाठकों में भरोसा जताने के बाद वे कहते हैं कि ''खतरनाक बात यह है कि अभिव्यक्ति के अधिकार और कलारूपों पर ही कोई आघात करे या संवाद पर सर्वसत्तावाद थोपा जाये।'' (पृ. 10) उदारता के इस दौर में सर्वसत्तावाद के खतरे बताना और 'संवाद' के द्वार खोलना एक आम प्रवृत्ति बनती जा रही हे। संगठित जन आन्दोलन के बिना इस पर काबू पाना कठिन है।

लेखक हो या विचारक, उसके लिए पाठक का नाम लेना आसान है, पाठक की वास्तविक धारणा होना और उसकी राय जानना थोड़ा मुश्किल है। बहुधा सम्पादक की प्रशंसा या सामग्री की प्रशंसा के पत्र ही लघुपत्रिकाओं में छपते हैं। **'दस्तावेज'** (सं. विश्वनाथ प्रसाद तिवारी, गोरखपुर, अंक—96) में पाठकों के पत्र छपे हैं। अंक—91 में तिवारी जी ने आलोचना' के 'शवसाधना' वाले लेख का जवाब दिया था। इन पत्रों से हिन्दी समाज की व्यापक प्रतिक्रिया और आम राय का पता चलता है। सम्भव हो तो लघुपत्रिकाओं को विवेकपूर्वक हिन्दी पाठक की राय का परिचय देना चाहिए।

क्रान्तिकारी आन्दोलन की विरासत पर गौरवपूर्ण लेखन से सम्मानित स्थान बनाने वाले सुधीर विद्यार्थी समसामयिक अपसंस्कृति के रूपों को भी भली-भाँति पहचानते हैं। आज के बाज़ारवादी दौर में बड़ी पूँजी के फिल्म निर्माताओं और उत्तेजनापूर्ण राजनीति करने वालों में भगतसिंह प्रेम के आकस्मिक विस्फोट पर बहुत से लोगों ने लिखा है। सुधीर विद्यार्थी ने ज़्यादा सूझ-बूझ से लिखा है। 'बाज़ार में भगतसिंह' लेख में उनका कहना है, ''भगतसिंह भारतीय सिनेमा को ही नहीं, उन अनेक राजनीतिक पार्टियों को भी अक्सर याद आते रहते हैं, जिन्हें भगतसिंह विचारधारा के विरोध में खड़ा करने की प्रचेष्टा कर रहे हैं।...बॉलीवुड के फिल्म निर्माता करोड़ों रुपया लगाकर व्यवस्था परिवर्तन के लिए सचेत और समर्पित क्रान्तिकारी भगतसिंह को पर्दे पर क्यों प्रस्तुत करना चाहेंगे। ज़ाहिर है कि बाज़ारवाद के इस युग में फिल्म वाले वह सब कुछ बेचना चाहते हैं जो उनके धन्धे में गर्माहट ला सके। फिर चाहे वह सेक्स हो या भगतसिंह।'' (**पहल** : 72, अगस्त-सितम्बर 2002, पृ. 30-31)

साम्प्रदायिकता, आतंकवाद और भूमंडलीकरण के आपसी रिश्तों को अधिक से अधिक सुलझाने की ज़रूरत है। कमला प्रसाद ने 'गरि न जीह मुँह परेउ न कीरा' शीर्षक सम्पादकीय में 'सांस्कृतिक' राष्ट्रवाद की राजनीति और आर्थिक 'उदारीकरण' के परस्पर-सम्बन्धों पर बड़ी चलती भाषा में सटीक टिप्पणियाँ की हैं। हिन्दू और मुस्लिम सम्प्रदायवाद एक-दूसरे के पूरक हैं और दोनों मिलकर अमरीकी साम्राज्यवाद की सेवा करते हैं, भारत और पाकिस्तान के शासकों के कार्यकलाप से यह तथ्य खूब स्पष्ट हो जाता है। दोनों मिलकर कम्युनिस्टों के दमन का साधन बनते हैं। (**वसुधा**, 55, दिसम्बर 2002, पृ. 7) कुछ 'स्वायत्त' बुद्धिजीवी अफगानिस्तान, चिली, चेकोस्लोवाकिया में रूस का "हस्तक्षेप" देखते हैं, "इराक, पाकिस्तान, दक्षिण अफ्रीका, फिलिस्तीन और अब भारत में अमरीकी वर्चस्व और उसका प्रभाव नहीं देखते।" (पृ. 8) इस सूची में वियतनाम, कोरिया, निकारागुआ, इंडोनेशिया जैसे देशों का नाम नहीं छूटना चाहिए था।

वसुधा के इस अंक में 'राधामोहन गोकुलजी का दलित विमर्श' (कर्मेन्दु शिशिर) और 'ज़मींदार विस्कोहर के' (विश्वनाथ त्रिपाठी), भारत के निकट का सजीव-अन्तर्विरोधी परिपार्श्व (चित्रा बेडेकर), इक्कीसवीं सदी की लड़ाइयाँ (जितेन्द्र भाटिया), 'धर्मनिरपेक्षता का अर्थ' (सुधा अरोड़ा) जैसी विभिन्न रुचियों की सामग्री है, जिनका केवल तात्कालिक महत्त्व नहीं है, ज्ञानमीमांसा के सन्दर्भ में भी महत्त्व है। 'अभिनव कदम' (स. चन्द्रदेव राय, जयप्रकाश धूमकेतु, मऊ, वर्ष-5, अंक-6-7, राही मासूम रजा विशेषांक) एक संग्रहणीय दस्तावेज है। कुँवर पाल सिंह ने साम्प्रदायिकता के प्रश्न पर राही का दृष्टिकोण पेश करते हुए लिखा है कि यह भारतीय समाज का कोढ़ है, उसे "हिन्दू कोढ़, मुस्लिम कोढ़ नहीं कहेंगे आप।" (पृ. 18) कमलेश्वर ने राही को सच्चे भारतीय मनुष्य के रूप में पहचानते हुए उनका कथन उद्धृत किया है कि "मेरे पुरखों में गालिब और मीर के साथ सूर, तुलसी और कबीर के नाम भी आते हैं।" (पृ. 225) इसलिए शिवकुमार मित्र ने गंगा से उनके आत्मीय रिश्ते को अच्छी तरह रेखांकित किया है। (पृ. 21) हरियश राय राही के रचनात्मक साहित्य में रचे-बसे इस संस्कार का महत्त्व तब मानते हैं जब हम "सेक्युलरिज्म को एक नारा नहीं बल्कि जीवन की एक शैली" बनायें। (पृ. 359)

निःसन्देह, यह एक कठिन साहस है, लेकिन इसके बिना न हिन्दी साहित्य का भविष्य है, न जनतांत्रिक भारत का। विरासत के प्रति जागरूकता अपने संघर्ष की आस्था से जुड़ी रहती है। लघुपत्रिका से ज़्यादा इस आवश्यकता को दूसरा कोई माध्यम पूरा नहीं करता। **'उद्भावना'** के कैफ़ी आज़मी पर केन्द्रित अंक (वर्ष-19, अंक-63, मार्च-2003) में भीष्म साहनी, विश्वनाथ त्रिपाठी, मुहम्मद हसन, असगर अली इंजीनियर जैसे शीर्षस्थ लेखकों के संस्मरण और विश्लेषण, **'साक्षात्कार'**

(अंक-277-279, जनवरी-मार्च 2003 सं. भगवत रावत, भोपाल) के डॉ. शिवमंगल सिंह 'सुमन' पर एकाग्र अंक में सुमन की सामग्री के अलावा क्रान्तिकुमार जैन, रमेश देव, विजय बहादुर सिंह के लेख, त्रिलोचन नन्द चतुर्वेदी, विश्वनाथ त्रिपाठी, राम कमल राय, कमला प्रसाद, शिवकुमार मिश्र, खगेंद्र ठाकुर आदि के संस्मरण, **भारतीय लेखक** (अंक-2, जनवरी-मार्च 2003) में शेखर जोशी पर प्रस्तुत खंड, ऐसी बहुत सी सामग्री लघुपत्रिका के योगदान का प्रयत्न कही जायेगी। अपनी भाषा और संस्कृति की जातीय परम्परा के बिना अमरबेल जैसा साहित्य पैदा होगा, जो समाज और जनता के काम का तो नहीं होगा, सांस्कृतिक 'उदारीकरण' (या उपनिवेशीकरण) में मददगार भले हो।

अपनी परम्परा के प्रति विध्वंसक रुख अपनाना प्रगतिशीलों का काम नहीं है, वह लुटेरों और अपराधियों का काम है। बाबरी मस्जिद को तोड़ने वाले उनसे अलग नहीं हैं जिन्होंने बामियान में प्राचीन बुद्ध प्रतिमा तोड़ी या बगदाद में एक प्राचीन सभ्यता के ऐतिहासिक संग्रहालय को नष्ट किया। यह संयोग की बात नहीं है कि उन्हीं के शासनकाल में प्रेमचन्द को 12वीं कक्षा के पाठ्यक्रम से निकाल बाहर करने का कुचक्र चलाया गया। मलयाली हिन्दी विद्वान ए. अरविंदाक्षन ने इस घटना से कुछ पहले 'प्रेमचन्द : भारतीय कथाकार' लेख में ''मनुष्य-सापेक्ष दृष्टि'' को संस्कृति की पहचान बताया, ''अयथार्थ और अभिजात स्थितियों की अवास्तविकताओं'' की उपभोक्तवादी चकाचौंध से अलग हाशिये पर मनुष्य के संघर्ष, वेदना, पराजय को प्रेमचन्द की भारतीयता का प्राण बताया; इस साधारण मनुष्य से ''पक्षधरता'' के कारण ही वे बंगला से तेलगु तक, पूरे भारत के विभिन्न कलामाध्यमों के लिए भी ग्राह्य हुए; इसीलिए उनमें स्थानीय रंग और राष्ट्रीय आत्मा का सामंजस्य मिलता है। (**माध्यम,** अप्रैल-जून 2003, पृ. 30-34) ऐसे कथाकार को पढ़ने से रोकने का प्रयत्न असांस्कृतिक और अराष्ट्रीय है।

इस संक्षिप्त चर्चा से हम यह जान सकते हैं कि लघु पत्रिका का परिप्रेक्ष्य और उसके सरोकार व्यापक हैं।

इसी के साथ हम पाते हैं कि समाजवैज्ञानिक विषयों में हिन्दी पाठक की रुचि बढ़ी है लेकिन हिन्दी में उन विषयों का लेखन उस अनुपात में नहीं बढ़ा है। इसलिए ऐसी अधिकांश सामग्री अनुवाद के माध्यम से प्रस्तुत की जाती है। जो थोड़ा-बहुत लेखन हिन्दी में होता है, उसे प्रोत्साहन देने के बजाय जगमगाते नामों से पत्रिका को सम्पन्न करने का रुझान एक बड़ी समस्या है। बाज़ार के दौर में 'बड़े' लेखक भी ब्रांड बन जाते हैं। दिक्कत यह होती है कि पत्रिकाओं में छपने वाले अनुवाद इतने अपठनीय और दुरूह होते हैं कि उनके प्रभाव से नये लेखकों की भाषा भी बिगड़ती है। एजाज़ अहमद के महत्त्वपूर्ण लेख 'इतिहास में उत्तर-आधुनिकता' का

अनुवाद इसका एक उदाहरण है। (**आलोचना,** 10-11) अनुवादजीवी भाषा का फूहड़ उदाहरण है जयरस बानाजी के व्याख्यान 'फासीवाद की सांस्कृतिक राजनीति' में प्रयुक्त ''आभासी जनसंहार'' जैसा पद। (**संधान,** 1, जनवरी-मार्च 2003, पृ. 25) आभासी यहाँ सम्भवतः 'वर्चुअल' के अर्थ में है। हिन्दी में आभास का अर्थ होता है भ्रम, प्रतीति, माया।

छद्म पत्रकारिता केवल शुकदेव सिंह जैसे छद्‌म 'बौद्धिक' ही नहीं करते, तथाकथित 'जनवादी धारा' के प्रवक्ता भी करते हैं। एक है सौमित्र पार्थ। वे 'वाणी' नाम की अनियतकालीन पत्रिका निकालते हैं। अक्टूबर 2002 के अंक में 'नामवर सिंह का नारद मोह' लिखकर उन्होंने सबका ध्यान खींचा था। ('हिन्दी साहित्य की जनवादी धारा' शीर्षक संकलन, पटना, पृ. 130-157) इस लेख में ही नहीं, पूरे संकलन में रामविलास शर्मा की पुस्तकों के अंश प्रस्तुत कर दिये गये हैं। नामवर सिंह तो रामविलास जी की कीर्तिकामिनी से ईर्ष्या-दग्ध थे, सौमित्र पार्थ उस कीर्तिकामिनी के सौदागर हैं। किसी लेखक की सामग्री इस तरह अनधिकार प्रस्तुत करके सस्ती लोकप्रियता पाना लघुपत्रिका के चरित्र और उद्‌देश्य के प्रतिकूल है। इससे न लेखक का भला होता है, न पत्रिका का, न साहित्य का और न लक्ष्य का।

मुद्राराक्षस, अशोक वाजपेयी, राजेन्द्र यादव, नामवर सिंह इत्यादि के कुत्सित अभियान का जवाब देते हुए 'पहल' ने जो वक्तव्य ज़ारी किया है, उसमें लिखा है, ''हमारा दुर्ग अभेद्य नहीं है। कई बार काम के दौरान चूक भी होती है।'' (पृ. 9) काम के दौरान होने वाली चूक सुधर सकती है। छद्‌म और व्यवसाय के कारण होने वाली चूक सायास होती है। दोनों का फर्क समझना लघुपत्रिका की सार्थक भूमिका के लिए ज़रूरी है।

पहचान का संकट और विकल्प

छठे-सातवें दशक का यूरोप 'पहचान' के जिस संकट से घिरा था, 21वीं सदी के प्रथम चरण का भारत उसी संकट का सामना कर रहा है। लेकिन 1960-70 तक उत्तर-आधुनिकता नहीं आयी थी इसलिए यूरोप के साहित्य में अलगाव और अस्तित्व की समस्याएँ हावी थीं। हमारा समसामयिक साहित्य अस्मिता की रणनीति करने लगा है। यूरोप की तरह भारत के साहित्य में भी जो प्रवृत्तियाँ व्यक्त होती हैं, उनका स्रोत सामाजिक जीवन में है। लेकिन पश्चिमी यूरोप, ब्रिटेन-फ्रांस-जर्मनी, औपनिवेशिक दासता के शिकार नहीं थे, बल्कि खुद उपनिवेशवादी शासक थे। भारत जैसे देशों की समस्याएँ—सामाजिक संकट और अन्तर्विरोधों के स्रोत—उस औपनिवेशिक अतीत से भी सम्बद्ध हैं। आज भी भारत जैसे देश साम्राज्यवादी भूमंडलीकरण के प्रेरक नहीं हैं, अनुयायी हैं। स्वभावतः सांस्कृतिक रणनीतियाँ सदैव उनकी आवश्यकता की उपज नहीं होतीं। अपनी जनता से हमारे शासक वर्गों का अलगाव और अन्तर्राष्ट्रीय वित्त-संस्थाओं द्वारा प्रस्तावित सामाजिक-आर्थिक नीतियों का स्वीकार, दोनों घटनाएँ एक-दूसरे को प्रेरित करते हुए समानांतर चल रही हैं।

ऐसे में विकल्प का प्रश्न या तो धुँधला हो गया है या संदिग्ध बना दिया गया है। परिस्थिति यह है कि विकल्प के विचार को ही पिछड़ापन समझ लिया जाता है और जो साहित्य साम्राज्यवाद-विरोधी चेतना का वाहक है, जिस साहित्य में प्रतिरोध की ऊर्जा और विकल्प की बेचैनी है, उसे उपेक्षा और आक्रमण का निशाना बनाया जा रहा है। 'अस्मिता' की रणनीति अपनाकर पुराने साहित्य का नया पाठ तैयार करते समय वैकल्पिक दृष्टिकोण के प्रति अस्वीकार का स्वर अधिक मुखर हो जाता है। यही नहीं, अक्सर गुटबाज़ी और क्षुद्रता के रूप में व्यक्त होने वाले आचरण भी अपने भीतर समसामयिक वैचारिक-सांस्कृतिक टकराहटों की सारवस्तु छिपाये रहते हैं। पिछले दिनों लघु-पत्रिकाओं की बहसों में हम इन प्रवृत्तियों और टकराहटों को भी देखते हैं और विकल्प की खोज के सार्थक प्रयत्नों को भी।

भीष्म जी का प्रयाण

शीर्षस्थ कथाकार भीष्म साहनी (18 अगस्त 1915—11 जुलाई 2003) एक सार्थक, रचनात्मक और प्रेरणाप्रद जीवन जीकर विदा हो गये। उनकी अंत्येष्टि अत्यन्त शान्त ढंग से, पारिवारिक मामले की तरह, सम्पन्न हुई। बहुत गिने-चुने लोगों को खबर हुई। परिवार के जो सदस्य दिल्ली से दूर थे, वे भी अन्त्येष्टि के बाद ही पहुँच सके। साहित्य-संस्कृति से जुड़े अपने वृहत्तर परिवार में भी भीष्म जी उतने ही लोकप्रिय और हरदिल-अजीज़ थे। स्मृति-सभाओं में दिल्ली के लेखकों और साहित्य-प्रेमियों की मौजूदगी से यह बात साफ थी। सम्भव है, ज़्यादातर स्मृति-सभाओं में लोग-बाग वक्ताओं से निराश हुए हों। 'स्टारडम' से दूर रहने वाले भीष्म साहनी की स्मृति में स्टारों की बहार थी।

डॉ. विश्वनाथ त्रिपाठी आज भी पुरानी काट के बने हुए हैं। उन्होंने भीष्म जी को याद करते हुए दूसरी बातों के अलावा इस बात पर बल दिया कि उनके लेखन और आचरण में बहुत समानता थी। नयी चमक-दमक के लेखक जितेन्द्र भाटिया में भी पुरानेपन के संस्कार हैं। उन्होंने कहानियों, उपन्यासों, नाटकों और फिल्मों को याद करते हुए लिखा कि "यह भीष्म जी की गरिमा है कि इन सारी रचनाओं की कथा-भंगिमाओं से लेकर उनकी व्यक्तिगत ज़िन्दगी तक में कहीं किसी तरह का विरोधाभास ढूँढ़ना मुश्किल ही नहीं लगभग असम्भव होगा।" (**कथादेश,** दिल्ली, सम्पादक—हरि नारायण, अगस्त, 2003, पृ. 9) रचना और आचरण में यह अनुकूलता एक सहज मनुष्य के लिए ही सम्भव है लेकिन ऐसी सहजता दुस्साध्य है। आडम्बर की संस्कृति के फैलाव के साथ-साथ यह सहजता और भी कठिन किन्तु और भी ज़रूरी होती जा रही है।

डॉ. नित्यानन्द तिवारी ने 'ढोलक' और 'वाङ्चू' कहानियों का विश्लेषण करके भीष्म जी की कला के विस्तार और कौशल पर प्रकाश डाला तो विजयमोहन सिंह ने साहस के साथ कहा कि "हिन्दी में यदि सचमुच कोई नयी कहानी थी तो उसकी शुरुआत भीष्म साहनी की कहानी 'चीफ की दावत' से मानी जानी चाहिए।" (**सहारा समय,** नोएडा, समूह-सम्पादक-गोविन्द दीक्षित, 26 जुलाई 2003, पृ. 25) हिन्दी पाठक समझते हैं कि नयी कहानी का प्रस्थान 'परिन्दे' को मानने और 'चीफ की दावत' को मानने में क्या अन्तर है। विजय मोहन सिंह की आलोचक दृष्टि अधिक यथार्थोन्मुख और निर्भ्रान्त है। उन्होंने अपनी स्थापना के पहले यह तर्क विकसित किया है कि भीष्म जी अपनी रचनाओं में जीवन को खुली आँखों से 'देखते थे और वे "उस परम्परा के लेखक नहीं थे जो मनुष्य को उसके 'बाहर' से अधिक उसके 'भीतर' तलाश करती है।" इसलिए वे स्थितिमूलक संवेदनाओं के बजाय विकासमूलक अवधारणाओं से जीवन का प्रतिमूर्तन करते हैं।

एक मनुष्य और लेखक के रूप में भीष्म जी की पहचान जिन मूल्यों के आधार पर बनी है, उनमें धर्मनिरपेक्षता का मूल्य प्रमुख है। उनकी कहानी 'अमृतसर आ गया है', और उपन्यास 'तमस' इस दृष्टि से महत्त्वपूर्ण हैं और उन्हें सृजनात्मक कला के रूप में भी हिन्दी की उपलब्धि माना जाता है। लेकिन आज साम्प्रदायिक तत्त्ववाद पूरे सामाजिक जीवन को नष्ट करने पर उतारू है और उसकी शक्ति बहुत बढ़ी हुई है। संयोग ऐसा है कि भीष्म जी का उपन्यास 'तमस' सहसा आक्रमण का निशाना बन गया है। कारण अलग है, पर 'तमस' का विरोध करने वाले अनेक प्रकार के लोग हैं। कथाकार गोविन्द मिश्र को पहले अध्याय के अलावा बाकी उपन्यास में 'किस्सागोई' की शिकायत है (**कथादेश,** अगस्त 2003, पृ. 7) और कथा समीक्षक वीरेंद्र यादव को शिकायत है कि "तमस का विभाजन विमर्श अंग्रेज बनाम हिन्दुस्तानी और साम्प्रदायिक बनाम राष्ट्रवादी का जो द्विविभाजन करता है, वह विभाजन के आंतरिक कारणों की अनदेखी करके उन बाह्य कारकों की दुरभिसन्धि तक सीमित रहता है, जो 'फूट डालो राज करो' की नीति अपनाकर अपनी स्वार्थ सिद्धि करते हैं।" (**तद्भव,** लखनऊ, सं. अखिलेश, अंक-9, अप्रैल 2003, पृ. 24)

सरल शब्दों में, भारत विभाजन के लिए अकेले साम्राज्यवाद को दोषी मानना सीमित दृष्टि का परिचायक है। आंतरिक कारक ज़्यादा महत्त्वपूर्ण हैं। ये आन्तरिक कारक पहले से थे या दो सौ साल के अंग्रेज़ी राज में फूले-फले थे? हिन्दू-मुस्लिम सम्प्रदायवाद अंग्रेज़ी राज के पहले कोई महत्त्वपूर्ण समस्या नहीं थी। 'तद्भव' के इसी अंक में बजरंग बिहारी तिवारी ने 'भारतीय समाज/हिन्दू समाज के भीतरी संघर्षों" को रेखांकित करते हुए वीरेंद्र यादव की ही भाँति "इस समाज की 'व्यापक मौलिक एकता' का ही उद्घाटन" करने वाले राष्ट्रवादी विमर्श की आलोचना की है। (पृ. 100) लेकिन उन्होंने एक पते की बात कही है, "वैसे, हमारी धर्मसत्ता ने अपने शक्ति विमर्श में हिन्दू-मुस्लिम राजसत्ताओं में कोई अन्तर नहीं किया था।" (पृ. 99) यह अन्तर किया अंग्रेज़ी राज ने। पहले के साम्प्रदायिक संघर्ष 'हिन्दू' कहे जाने वाले विभिन्न पन्थों के बीच थे। अंग्रेज़ी राज में यह संघर्ष हिन्दू-मुसलमान के बीच हुआ। 'आन्तरिक'-वादी चिन्तन इस ऐतिहासिक सत्य को सीमित दृष्टि मानता है।

देश का बँटवारा केवल भारत में नहीं हुआ। कोरिया, वियतनाम और जर्मनी में भी हुआ। इन सभी उदाहरणों में विभाजन के लिए निर्णायक एक तत्त्व समान था और वह था साम्राज्यवाद। उत्तर आधुनिक विमर्श की चकाचौंध में साम्राज्यवाद-विरोधी परिप्रेक्ष्य धुँधला हो गया है इसलिए विभिन्न घटनाओं में निहित तर्क शृंखला पर ध्यान देना उचित नहीं समझा जाता। भीष्म जी यथार्थ को अन्तःसम्बद्धता में देखते थे। उदाहरण के लिए, अन्य नये कहानीकारों की तरह वे

भी मध्यवर्ग के लेखक हैं, लेकिन कमलेश्वर-राजेन्द्र यादव-निर्मल वर्मा से भिन्न, भीष्म जी अमरकान्त-शेखर जोशी की तरह मध्यवर्ग को अलग-अलग सामाजिक शक्तियों के सन्दर्भ में चित्रित करते हैं। 'चीफ की दावत' में निम्नमध्यवर्ग को उच्च मध्यवर्ग के सन्दर्भ में रखा गया है और पिकनिक में मध्यवर्ग को निम्नवर्ग के सन्दर्भ में देखा गया है। अन्तस्सम्बन्ध की यही दृष्टि सामाजिक अन्तर्विरोध और साम्राज्यवाद के बारे में भी कार्यरत है।

ऊपर के उदाहरण वैचारिक परिप्रेक्ष्य से सम्बद्ध हैं। लेकिन महात्मा गाँधी अन्तर्राष्ट्रीय हिन्दी विश्वविद्यालय ने दूसरा उदाहरण पेश किया है। वि. वि. ने भीष्म जी पर एक ब्रोशर निकाला है। उसमें एक पृष्ठ कहानियों पर है। कुछ कहानियों के अंश हैं, कुछ सम्मत्तियों के अंश हैं। 'अमृतसर आ गया है' पर विष्णु प्रभाकर और नामवर सिंह की सम्मति है। 'बबली, 'बाङ्चू' और 'चीफ की दावत' नर उद्धृत सम्मति के साथ कोई नाम नहीं है। इनमें 'वाङ्चू' और 'चीफ़ की दावत' वाली सम्मतियाँ राजकुमार सैनी की हैं। (**हिन्दुस्तान,** नयी दिल्ली, सं. मृणाल पांडेय, 16 जुलाई, 2003) इस बात की सम्भावना नहीं है कि सैनी जी ने ब्रोशर से नकल की हो। प्रमाण यह है कि सैनी जी के इस लेख की ज़्यादातर सामग्री उन्हीं के एक पुराने लेख में मौजूद है। (**सारिका**, नयी दिल्ली सं. अवधनारायण मुद्गल, अगस्त 1990, **भीष्म साहनी हीरक जयन्ती अंक,** पृ. 46-47) उक्त दोनों अंश इस लेख में भी ज्यों के त्यों हैं।

यह आश्चर्यजनक है कि विष्णु प्रभाकर और नामवर सिंह की सम्मतियाँ नाम के साथ हैं और सैनी जी की सम्मति बिना नाम के। इससे भी ज़्यादा आश्चर्यजनक यह है कि सैनी जी के दोनों लेखों में जो व्यक्तव्य 'अमृतसर आ गया है' के बारे में लिखा है, उसे हिं. वि. वि. ने 'चीफ की दावत' के प्रसंग में उद्धत किया है। यह सब वि. वि. की किसी शैक्षिक-सांस्कृतिक नीति या राजनीति के तहत है अथवा संचालकों-सम्पादकों की अज्ञानता के कारण, यह कहना मुश्किल है लेकिन इस प्रकार की घटनाएँ क्षुद्र उद्देश्यों के लिए सार्वजनिक साधनों के दुरुपयोग का प्रश्न ज़रूर खड़ा करती हैं। आखिर हिन्दी विश्वविद्यालय जैसी महत्त्वाकांक्षी योजना का एक जेबी संस्था के रूप में कब तक उपयोग होगा?

सैनी जी का दृष्टिकोण स्पष्ट है और उनकी कसौटी खरी है। उन्होंने लिखा है—भीष्म साहनी का "व्यक्तित्व व कृतित्व एस्थेटिक है। उसमें कास्मेटिक तत्व नहीं है।...(जीवन और कला में) उत्तेजना की तुलना में उन्होंने संवेदना को महत्त्व दिया।" (**हिन्दुस्तान,** 16 जुलाई 2003) प्रकारांतर से, यह एक सहज लेखक की साधना का स्वीकार है। हिं.वि.वि. की कार्रवाई इस सहज साधना का विलोम है।

घृणा की संस्कृति

भीष्म जी से उल्टी राह पर चलते हैं गुज़राती कवि राजेन्द्र केशवलाल शाह। ज्ञानपीठ पुरस्कार के बाद वे एकाएक चर्चा में आये। उनकी राय में, "आन्दोलन बाहरी प्रवृत्ति है। कविता का रिश्ता आंतरिक जीवन से होता है।" (**सहारा समय,** 26 जुलाई, 2003, पृ. 5, समर्थ की बातचीत) रचनात्मक अनुभव के रूप में 'बाहरी' और 'आन्तरिक' की सौदर्यशास्त्रीय बहस अपनी जगह; यह विचित्र संयोग है कि निर्मल वर्मा से लेकर राजेन्द्र शाह तक सभी आन्तरिकवादी धर्मनिरपेक्षता का विरोध करते हैं और सम्प्रदायवाद को उचित ठहराते हैं। श्री शाह ने इसी बातचीत में यह विवादास्पद वक्तव्य दिया कि "धर्म सिखाने से नहीं आता। मार खा के आता है। ...गोधरा में उन लोगों ने रेल का डिब्बा जला दिया तो क्या ये लोग बैठे रहेंगे? कैसे आदमी हैं आप?" (उप.)

कहते हैं, राजेन्द्र शाह "प्रेम और प्रकृति का अथक गायक" हैं। (ज्योत्स्ना मिलन, **जनसत्ता,** 27 जुलाई, 2003) गुज़रात के संहार का जैसा आवेशपूर्ण समर्थन उन्होंने किया, वह प्रेम और प्रकृति की उनकी 'आन्तरिक' परिभाषा होगी। क्या यह नहीं सोचना चाहिए कि आन्तरिक के नाम पर हम घृणा के जिन मूल्यों का प्रचार कर रहे हैं, उनका सामाजिक प्रभाव क्या होगा? क्या अपने विश्वास और आचरण के परिणाम से उदासीन रहना घोर पाखंड और उत्तरदायित्वहीनता नहीं है? राजेन्द्र शाह ने अपने भाववादी ढाँचे में लीपा पोती करते हुए यह भी कहा है कि "दोनों मार खाकर सुधरेंगे।" लेकिन यह भी विचारणीय है कि डालमिया-साहू जैन घराने की सांस्कृतिक नीति एक ओर भूमंडलीकरण और निजीकरण की दिशा में अग्रसर है, दूसरी ओर 'आन्तरिकतावादियों' और सम्प्रदायवाद-समर्थकों को पुरस्कृत करने की दिशा में गतिशील है। उदारीकरण और सम्प्रदायवाद में 'आन्तरिक' सम्बन्ध है।

सैद्धान्तिक विमर्श में 'बाह्य' का विरोध और 'आन्तरिक' की कसौटी, रचनात्मक अनुभव में 'बाह्य' का विरोध और 'आन्तरिक' की साखी—दोनों आग्रहों का आपस में क्या सम्बन्ध है? बहरहाल आन्तरिकता के ही तर्क का विस्तार है संगठन-मात्र का विरोध। ये संगठन वामपन्थ के हों तब तो इस विरोध में धार्मिक जोश आ जाता है। 'संवेद वाराणसी' का सम्पादक शुकदेव सिंह नामक व्यक्ति इसका उदाहरण है, "इसी तरह दिनकर, धर्मवीर भारती, नरेश मेहता को भूलते हुए हमने एक ऐसे मन्वंतर में प्रवेश कर लिया है जहाँ रचना से अधिक संगठन महत्त्वपूर्ण होता जा रहा है।" (अंक-4, जून-जुलाई, 2003, पृ. 4) अनिल मिश्र ने सम्पादक के नाम पत्र में प्रशंसा करने के बजाय पत्रिकाओं की समीक्षा में सम्पादक का स्वर अपनाकर कहा है, "संगठन एक सामाजिक आवश्यकता है जिसके पीछे असुरक्षा की भावना रहती है।" (उप., पृ. 81)

ज़ाहिर है, सुरक्षित लोग संगठन-विरोधी होंगे। रचना और रचनाकार का कीर्तन—संगठन-विरोध का एक बहाना है। यह विरोध इतना बढ़ गया है कि अंक-4 में 'पठनीय/विचारणीय' पत्रिकाओं की सूची तक गायब हो गयी है, बदले में 'एक पिता की 25 नसीहतें' दी गयी हैं। इनमें तीसरी नसीहत है, "जो परिचारिका तुम्हारा नाश्ता लेकर आये उसे दिल खोलकर बख़्शीश दो।" (अंक-4, जून-जुलाई, 2003, पृ. 122) मालिक-नौकर का सम्बन्ध खत्म न हो, विषमता के इन्हीं संस्कारों का पालन-पोषण है! यह परिचारिका अवश्य ही 'जन' का हिस्सा होगी, जिसे सम्पादक महाशय 'कमीन, बनिहार, नीच" शब्दों से विभूषित करते हैं। (**संवेद वाराणसी** अंक-3, अप्रैल-मई, 2003, पृ. 5) चौदहवीं नसीहत है, "ऐसे व्यक्ति से सतर्क रहो जिसके पास खोने के लिए कुछ भी नहीं।" (अंक-4, पृ. 122) यह पदावली 'कम्युनिस्ट घोषणापत्र' के अन्त में सर्वहारा की याद दिलाती है। मार्क्स ने लिखा था कि "कम्युनिस्ट क्रान्ति के भय से शासक वर्ग काँपा करें।" शुकदेव नामधारी सम्पादक की सतर्कता दुनिया भर के अत्याचारियों और शोषकों की मानसिकता की अभिव्यक्ति है।

श्रमिकों और उनके पक्षधर लेखकों के संगठन का विरोध इसी सतर्कता का परिणाम है। शुकदेव नामधारी ने तो साहित्यिक सतर्कता-विभाग ही खोल दिया है, जहाँ तथ्य भी गढ़े जाते हैं। चन्द्रबली सिंह का 'साक्षात्कार' इसका एक उदाहरण था। जनवादी लेखक संघ (जलेस), प्रगतिशील लेखक संघ (प्रलेस) और जन संस्कृति मंच (जसम) का विरोध करते समय इसका दूसरा उदाहरण पेश किया गया है। तीनों संगठन वामपन्थ की तीन धाराओं के प्रतिनिधि हैं। ज्ञानी सम्पादक के अनुसार, तीन बनारसी क्षत्रिय—चन्द्रबली सिंह, नामवर सिंह, त्रिलोचन शास्त्री—तीनों संगठनों के "राष्ट्रीय अध्यक्ष" हैं। (अंक-4, पृ. 3) यह तथ्य उस समय पेश किया जा रहा है, जब खुद शुकदेव नामधारी सम्पादक जसम के अध्यक्ष पद से त्रिलोचन के हटने पर वितंडा कर चुका है। अब उसके अध्यक्ष मैनेजर पांडेय हैं। पर वास्तविक तथ्य से इस सतर्क ज्ञानी को क्या लेना-देना!! उसे वामपन्थी संगठनों पर आक्रमण करने और अपने "समूह" के सन्तों से हमदर्दी जताने का मौका चाहिए। वाम-संगठनों का क्षत्रियवाद इतना कठोर है कि "सन्त तोगड़िया को भी पता चले तो बनारस की ओर ताकने की हिम्मत न करें।" (अंक-4, पृ. 3)

यह सहानुभूति-लहर सीबीएसई के पाठ्यक्रम-विवाद में मृदुला सिन्हा तक पहुँचती है। 'आधा गाँव' (राही मासूम रज़ा) के विरुद्ध उठे विवाद से 'ज्यों मेंहदी को रंग' सम्बन्धी विवाद को जोड़ते हुए शालीन-सम्पादक फर्माते हैं, "वे साहित्य के महारथी नहीं थे। सड़क छाप भँडुवे थे। इसी तरह उत्तर बिहार की 'बानी' या रचना या 'कला' के रूप में मशहूर रामवृक्ष बेनीपुरी की पड़ोसन 'मृदुला सिन्हा'

खामखाह के लिए पंगे में फँस गयीं।'' (उप., पृ.-5) कहाँ राही और बेनीपुरी, कहाँ मृदुला और शुकदेव! लेकिन मामला ''वाम झरोखे'' के विरुद्ध ''राम झरोखे'' का है। सम्पादक ने इसी अंक में मृदुला सिन्हा की कहानी 'बात का गोला' छापी है, जिसे पढ़कर पाठक स्वयं उनका साहित्यिक मूल्यांकन कर लेंगे। पर तोगड़िया और मृदुला सिन्हा के प्रति अपने समर्थन से सम्पादक ने यह ज़ाहिर कर दिया है कि त्रिशूल-दीक्षा और साहित्य-शिक्षा, हर जगह संघ ''समूह'' एक योजनाबद्ध कार्रवाई चला रहा है। उनके लिए उचित ही चन्द्रबली सिंह ने ''लेखकीय मुखौटे के पीछे छिपे साम्प्रदायिक फासीवादी चेहरे'' की बात की है और इब्बार रब्बी ने उन्हें ''सवर्ण मानसिकता वाला शैतान बुद्धि विद्वान'' कहा है। (**हंस,** नयी दिल्ली, सं. राजेन्द्र यादव, जुलाई 2003, पृ. 44-45)

प्रेमचन्द-विवाद अभी थम नहीं रहा है। अनियतकालीन पत्रिकाएँ इसमें ज़्यादा शामिल नहीं हुईं। प्रकाशन-अवधि के कारण या विवाद को तात्कालिक मानकर, यह तो पता नहीं। लेकिन विवाद के स्वर और स्वरूप से स्पष्ट है कि यह एक लम्बे सांस्कृतिक-वैचारिक संघर्ष का हिस्सा है। इन पंक्तियों के लेखक ने **'वर्तमान साहित्य'** (गाजियाबाद, सं. विभूति नारायण राय, जून 2003) के अपने स्तम्भ 'दीवान-ए-आम' में टिप्पणी लिखी थी, 'प्रेमचन्द पर तना त्रिशूल'। (पृ. 56-58) प्रत्युत्तर में डॉ. कमलकिशोर गोयनका ने लिखा है, 'प्रेमचन्द को आहत करता हुआ वामपन्थी हँसिया'। (**वर्तमान साहित्य,** जुलाई-अगस्त-सितम्बर, 2003, मन्तव्य, पृ. 4-5) इसी अंक में घोषणा है कि अगला अंक यशपाल विशेषांक होगा, ''उसके बाद कुछ दिनों का विश्राम।'' (सम्पादकीय, पृ. 7) यह विश्राम लम्बा होगा क्योंकि 'रचनाएँ', चन्दा या पुस्तकें न भेजने का आग्रह भी है।

बहरहाल, डॉ. गोयनका के प्रत्युत्तर पर अपेक्षित बहस का मंच यह नहीं है, हालाँकि देवदत्त जैसे प्रखर टिप्पणीकार के हस्तक्षेप के बाद यह ज़रूरी हो गया है। (दै. **जनसत्ता,** 31 अगस्त, 2003) डॉ. गोयनका ने यह निराधार 'तथ्य' प्रस्तुत किया है (ठेठ **संवाद वाराणसी** की शैली में) कि ''मार्क्सवादियों ने दिल्ली विश्वविद्यालय के हिन्दी पाठ्यक्रम के आठ कोर्सों से प्रेमचन्द को निकलवा दिया।'' इस तथ्य को देवदत्त ने बिना पुष्टि किये आँख मूँदकर स्वीकार कर लिया। पर न तो प्रेमचन्द कभी एक साथ आठ कोर्सों से निकाले गये, न कभी कोई मार्क्सवादी दि. वि. वि. के हिन्दी विभाग का अध्यक्ष रहा। एक डॉ. नित्यानन्द तिवारी थे, जो लोहियावादी थे और मार्क्सवादी बने, लेकिन उनके कार्यकाल (1996-99) में पाठ्यक्रम-परिवर्तन नहीं हुआ। पाठ्यक्रम-निर्माण की प्रक्रिया ज़रूर चली, जिसके आधार पर अगले विभागाध्यक्ष और अखिल भारतीय विद्यार्थी परिषद के तत्कालीन अध्यक्ष ने नया पाठ्यक्रम लागू किया। पर संघ परिवारियों को सच्चाई से क्या लेना-देना! यहाँ हम

सिर्फ इतना संकेत करना उपयुक्त समझते हैं कि 'त्रिशूल' और 'हँसिया' दो धाराओं के प्रतीक हैं और उनके बीच प्रेमचन्द के बहाने हमारी राष्ट्रीय सांस्कृतिक धरोहर के लिए एक लम्बे संघर्ष की ज़मीन तैयार हो रही है।

विकल्प की दिशा

'संवेद वाराणसी' का संगठन-विरोधी रवैया पूँजीवाद के प्रतिक्रियावादी हिस्से की मनोवृत्ति का परिचायक है। भूमंडलीकरण के जिस दौर में कर्मचारियों और श्रमिकों के संगठन और आन्दोलन को कुचल देने के लिए पूरी व्यवस्था—सरकार, नौकरशाही, अदालतें, सबके सब—बेहद तत्पर हैं, उस दौर में लेखकों के वामपन्थी संगठन भी बर्दाश्त नहीं किये जा सकते। प्रेमचन्द-विवाद में इन संगठनों ने आपसी मतभेद भूलकर एकता कायम कर ली। यह एकता फासीवादी मनोवृत्ति को खतरनाक लगती है। जनता का पक्ष लेने वालों के लिए यह एकता कितनी महत्त्वपूर्ण है, इसे समझकर कमला प्रसाद ने लेखकों के संयुक्त मोर्चे की आवश्यकता पर बल दिया है। पुरानी भूलों से सीखते हुए, आज की परिस्थिति की जटिलताओं को समझकर ''जनसंघर्ष और आत्मसंघर्ष की कार्यप्रणाली एक साथ विकसित'' करना इस संयुक्त मोर्चे की शर्त है। (**वसुधा,** भोपाल, अंक-56-57, जनवरी-जून 2003, सम्पादकीय) एक ओर केन्द्र सरकार ने भारत को ''वाशिंगटन का उपकेन्द्र बना दिया है,'' (पृ. 7), दूसरी ओर ''योग, अध्यात्म, कर्मकांड और फलित ज्योतिष'' को ही भारतीय संस्कृति का पर्याय बना दिया गया है (पृ. 8), तीसरी ओर लेखक भी एन. जी. ओ. की शैली में ''छोटे-छोटे समूह बनाकर'' सक्रिय हुए हैं। (पृ. 11) सत्ता अपनी भूमिका निभा रही है—''कलाकारों को वृत्ति प्रदान'' करके। (पृ. 10) लेकिन यह वृत्ति है या भृत्ति, यह राज्य के चरित्र और उद्देश्य, समाज के ढाँचे और लेखक की विचारधारा पर निर्भर करता है। इन जटिलताओं के बीच संयुक्त मोर्चे की रणनीति वामपन्थी सांस्कृतिक आन्दोलन के लिए एक चुनौती और कर्तव्य है।

कमला प्रसाद ने सही संकेत किया है कि वामपन्थी आन्दोलन का मूल स्वर राजनीतिक रहा है। लेकिन मार्क्स ''समग्र व्यक्ति, समग्र समाज और समग्र संस्कृति'' का विवेचन करते थे। (पृ. 9) उत्तर आधुनिक यद्धति का एक सुफल वह ज़रूर हुआ है कि जड़ता टूटी है और विभिन्न ज्ञानानुशासनों को जोड़कर देखने की कोशिश शुरू हुई है। आज भूमंडलीकरण और उसके परिणामों पर वैकल्पिक दृष्टिकोण से विचार करते समय यह कोशिश महत्त्वपूर्ण हो जाती है। विकल्प का आधार सामाजिक होगा; राजनीति भी सामाजिक शक्तियों के हित का प्रतिनिधित्व करती है। फीदेल कास्त्रो ने भूमंडलीकरण को 'साम्राज्यवादी भूमंडलीकरण' की संज्ञा दी है। यह पूँजी के वर्चस्व की रणनीति है। उसका विकल्प है श्रम की संस्कृति। रमेश उपाध्याय

और संज्ञा उपाध्याय 'कथन' के माध्यम से इस दिशा में जो गम्भीर प्रयत्न कर रहे हैं, उसका परिचय 'श्रम के भूमंडलीकरण' पर प्रस्तुत विचार-विमर्श से मिलता है। (**कथन,** नयी दिल्ली, अप्रैल, जून 2003) श्रम के भूमंडलीकरण पर हिन्दी में सम्भवतः यह पहली गम्भीर चर्चा है। इसके पहले अर्थशास्त्री प्रो. दीपक नैयर ने 19वीं सदी के औपनिवेशिक संसार में पूँजी के साथ-साथ श्रम के भूमंडलीकरण पर विशद प्रसथापनाएँ दी थीं।

रमेश उपाध्याय ने 'सम्पादकीय' में सही बात उठायी है कि भूमंडलीकरण को वरदान या आपदा मनाने वाले विरोधी ध्रुव उसे एक विकल्पहीन स्थिति बना देते हैं, "जो भाग्यवाद और निराशावाद की ओर ले जाती है।" (पृ. 5) भूमंडलीकरण के साथ यह चिन्तनधारा खूब फूली-फली है और इससे यह भी समझ में आता है कि उदारीकरण के रास्ते पर चलने वाले देशों में रूढ़िवादी-संकीर्णतावादी ज्वार क्यों आता है। पूँजी शुरू से ही राष्ट्रीय सीमाएँ तोड़ती रही है और उसी के साथ श्रम भी राष्ट्रीय सीमाओं का अतिक्रमण करता रहा है। ऐंगल कबीले जर्मनी से ब्रिटेन गये, फिर ये ब्रिटन्स और ऐंगल (अंग्रेज) पूरब में भारत आये और पश्चिम में अमरीका गये। भारत से वे कुली-मजूर लेकर यूरोप ही नहीं, अफ्रीका तक गये; अफ्रीका के लोगों को लेकर अमरीकी महाद्वीप पहुँचे। साम्राज्यवादी सत्ता जिन मज़दूरों को दास बनाकर या 'ऐग्रीमेंट' करके अन्य देशों में ले जाती थी, वे पूँजी के नहीं, श्रम के भूमंडलीकरण का ही प्रमाण उपस्थित करते हैं। ऐसे प्रवासियों को 'डायोस्पोरा' कहते हैं। भारतीय प्रवासी श्रमिकों के वृतांत को लेकर सरला सुन्दरम् का एक अत्यन्त महत्त्वपूर्ण लेख 'कथन' के इस अंक में है। साम्राज्यवादी शासक और फिर देशी सत्ताधारी, उन्हीं के साथ मूलदेश की अनेक संस्थाएँ यह प्रयास करती रहीं कि स्थानीय और प्रवासी आबादी का मेल-मिलाप न हो, उनकी भिन्न-भिन्न पहचान बनी रहे। इसलिए उनकी सांस्कृतिक और वर्गीय पहचान एकता का आधार प्रस्तुत करती है, धार्मिक पहचान भिन्नता का! भिन्नता पर बल देने वाली उत्तर-आधुनिक रणनीति विश्वस्तर पर साम्राज्यवादियों की सेवा करती है और राष्ट्रीय स्तर पर प्रतिक्रियावादियों की। सरला सुन्दरम का लेख इस विषय में अत्यन्त ज्ञानवर्धक सामग्री प्रदान करता है।

सुभाष गाताड़े ने हिन्दुत्व के विदेशी स्रोत पर लेख लिखा है। (**हंस,** जुलाई 2003 पृ. 55-57) लेकिन सरला सुन्दरम ने विदेशों में 'हिन्दुत्व' के सभी स्रोतों पर उल्लेखनीय प्रकाश डाला है। इन स्रोतों में कनाडा, आस्ट्रेलिया, जर्मनी जैसे देशों के विश्वविद्यालयों द्वारा आयोजित अन्तर्राष्ट्रीय सम्मेलनों और वैश्विक विद्वानों द्वारा सम्पन्न अध्ययन भी शामिल हैं। भारत से जो श्रमिक बाहर गये, उनमें ज़्यादातर अब्राह्मण थे। वहाँ रहकर उनका वर्गारोहण हुआ। साथ ही, सामुदायिक संस्कारों के

चलते लोगों की धार्मिक ज़रूरतें पूरी करने के लिए उनमें से अनेक लोग पंडित–पुज़ारी बन गये। जाति-पाँति तो टूटी, लेकिन 'हिन्दुत्व' बना रहा। इन श्रमिकों में वर्गचेतना रोकने और स्थानीय श्रमिकों से एकीकरण न होने देने के लिए इस 'हिन्दुत्व' का इस्तेमाल दोनों और से शोषक वर्ग ने किया। (**कथन,** अप्रैल-जून, 2003, पृ. 53-54)

रमेश उपाध्याय ने संकेत किया है कि वर्तमान दौर में ''भूमंडलीकरण उत्पादक पूँजी का नहीं, बल्कि वित्तीय पूँजी का हो रहा है।'' (पृ. 7) लेकिन श्रम-क्षेत्र में बात उलटी है। हुनरमन्द श्रम को विकसित देश आमन्त्रित करते हैं क्योंकि हुनर सिखाने में काफी खर्च आता है, लेकिन गैर-हुनरमन्द श्रम को आने से रोकते हैं क्योंकि इससे उनके श्रमबाज़ार में बेरोज़गारी का संकट और बढ़ता है। वित्तीय पूँजी का भूमंडलीकरण और बिना लागत वाले सस्ते हुनरमन्द श्रम का आगमन, दोनों प्रक्रियाएँ मुनाफे को बढ़ावा देती हैं। मनोरंजन मोहांति ने उल्लेख किया है कि अकुशल श्रम दुबई जैसे देशों में जाता है जहाँ ''आबादी कम है।'' (पृ. 55)

भूमंडलीकरण का एक नतीज़ा यह है कि भारत के संगठित क्षेत्र में पहले ही कुल श्रमशक्ति का दस प्रतिशत था, अब वह गिरकर आठ प्रतिशत रह गया है। (प्रभु महापात्र, उप., पृ. 68) राज्य की कल्याणकारी अवधारणा बीत गयी है, अब केवल मालिकों के पक्ष में राज्य का हस्तक्षेप मान्य रह गया है। यह अकारण नहीं है कि अब 'हड़ताल कम, तालाबन्दी अधिक' होती है और इस 'कम' हड़ताल पर भी कानूनी प्रतिबन्ध लगाने का प्रयत्न किया जाता है। इसीलिए भूमंडलीकरण को अर्थशास्त्री 'मालिकों की आक्रामकता' पुकारते हैं। नतीज़ा यह है कि श्रम के लिए यह दुनिया फिर से बेगानी और वीरान होती जा रही है। ऐजाज़ अहमद ने सही उल्लेख किया है कि कल्याणकारी राज्य की धारणा खत्म हो जाने से श्रमिकों को मिलने वाला ''नकद वेतन'' ही नहीं, घर, स्वास्थ्य, शिक्षा, सुरक्षा आदि के रूप में मिलने वाला ''सामाजिक वेतन'' भी छिन रहा है। यह घटना विकसित देशों की अपेक्षा कर्ज़दार देशों में ज़्यादा तेज़ी से हो रही है। यही नहीं, श्रम कुशल हो या अकुशल, उसे ''अपने यहाँ बुलाकर काम कराने में खर्च ज़्यादा पड़ता है'' इसलिए अब ''बहुराष्ट्रीय कम्पनियाँ खुद वहाँ चली जाती हैं, जहाँ उन्हें सस्ता श्रम मिलता है और श्रमिकों को सामाजिक वेतन देने की यानी उनके लिए स्कूल, अस्पताल वगैरह खोलने की कोई ज़िम्मेदारी उन पर नहीं होती।'' (पृ. 64-65) ऐसे बहुत-से 'कॉल-सेंटर' मुंबई के बाद दिल्ली और गुड़गाँव में खुले हुए हैं। श्रमिक सोचता है कि बाज़ार ने उसे सुनहरा अवसर दे दिया है!

इन उपायों से मुनाफा तो बढ़ता है लेकिन धनी देशों की सामाजिक समस्याएँ और उलझती हैं। मुकुल शर्मा ने लिखा है कि ''खुद अमीर देशों के अंदर गरीब, तथाकथित अकुशल बेरोज़गार श्रमिकों की बड़ी संख्या है, जो 'पार्ट टाइम', 'लो

पेड', होम वर्कर आदि नामों से जाने जाते हैं।' (पृ. 72) दूसरी तरफ, वे उन देशों के श्रमिकों को शत्रु के रूप में देखते हैं, जहाँ के कुशल श्रमिक उनके बाज़ार में आते हैं या जहाँ पहुँचकर उनके यहाँ की कम्पनियाँ 'कॉल सेंटर' खोलती हैं। इस तरह, पूँजी और श्रम दोनों का भूमंडलीकरण भी होता है और साथ-साथ सामाजिक चेतना में 'राष्ट्रवाद' की पृष्ठभूमि भी तैयार होती हैं। यह संयोग की बात नहीं है कि जातीय घृणा के शिकार भारत-श्रीलंका-बांग्लादेश जैसे पिछड़े समाज ही नहीं, अमरीका जैसा उन्नत समाज भी है, जहाँ नस्लवादी भावनाएँ सभी देशों से ज़्यादा हैं। श्रम के भूमंडलीकरण का सही अर्थ यह होगा कि पूँजी की प्रक्रिया को समझकर सभी देशों के श्रमिकों के एक जैसे हितों की पहचान हो और विश्व 'सामाजिक फोरम' जैसे श्रमिक मंच सामने आएँ ताकि विकल्प की चेतना और शक्ति अपना सही संगठन और आधार पा सके।

बहार विशेषांकों की

'कल के लिए' (बहराइच, सं. जयनारायण) ने तो रामविलास शर्मा और संचार माध्यम पर अपने विशेषांकों के बाद साधारण अंक निकालने शुरू कर दिये। लेकिन **'आलोचना'** (नयी दिल्ली, प्रधान सम्पादक—नामवर सिंह, सं.—परमानन्द श्रीवास्तव) जबसे पुनर्नवा हुई है, तब से प्रायः विशेषांक ही के रूप में निकलती है। 'सहस्राब्दी अंक बारह' (जनवरी-मार्च 2003) 'कविता का भविष्य' (एक) है; स्वभावतः अंक-13, 'कविता का भविष्य' (दो) होगा, जिसे अब तक आ जाना चाहिए था। अंक-12 में 'आलोचना परिदृश्य' के चार लेखों को छोड़कर और 'स्मरण' के अन्तर्गत हावर्ड फास्ट पर गिरीश मिश्र के लेख को छोड़कर शेष सामग्री कविता की समस्याओं से सम्बद्ध है। आलोचना परिदृश्य में नोअम चौम्स्की (किसकी विश्व-व्यवस्था : परस्पर विरोधी विश्व दृष्टियाँ) तथा राजेन्द्र कुमार (आलोचना, इतिहास और समकालीनता) आज की समस्याओं को अलग-अलग सन्दर्भ में गहराई से खोलते हैं। पूरनचन्द्र जोशी (स्थानीयता और राष्ट्रीयता : राहुल-दृष्टि की प्रासंगिकता) समसामयिक विमर्श में एक देसी हस्तक्षेप है।

कविता सम्बन्धी सामग्री में अरुण कमल, राजेश जोशी, परमानन्द श्रीवास्तव, वीरेश चन्द्र और पंकज चतुर्वेदी ने सार्थक वस्तु जोड़ने का प्रयास किया है। पंकज खुद युवा कवि हैं और वे युवकविता की दिक्कतों को ठीक-ठीक रेखांकित करते हैं। प्रगल्भता, स्फीति और आत्म-मुग्धता ही नहीं, ''संशय, अवसाद, चिढ़ और बेचैनी'' भी उनकी मुश्किल है। (पृ. 113) ये मुश्किलें जनसमुदाय से अलगाव और विश्व-प्रक्रिया के अज्ञान से जन्म लेती हैं। पंकज ने इन सीमाओं से जूझने का उपाय किया है। रघुवंश मणि ने ''कुलीनतावादी आग्रहों को समाप्त'' करके विषयवस्तु को समृद्ध

करने पर बल दिया है। (पृ. 41) बाज़ार और प्रौद्योगिकी के स्वामियों के वर्चस्व से लड़ते हुए कविता के "आख्यानात्मक" होते जाने का विवेचन राजेश जोशी ने किया है (पृ. 34) तो अरुण कमल ने 'धर्महीन आध्यात्मिकता" जैसे वाचाल मुहावरे के खतरों का उद्‌घाटन करते हुए कविता के भविष्य को उसकी "प्रतिरोध-शक्ति पर निर्भर" माना है। (पृ. 20-21)

इन्हीं दिनों **'उत्तर प्रदेश'** (लखनऊ, सं. विजय राय, संजय राय, जुलाई 2003) का सम्भावना विशेषांक आया है। कविता, कहानी, उपन्यास-अंश, डायरी, आलोचना और संवाद, प्रायः सभी रूपों में सम्भावनाशील प्रवृत्तियों को रेखांकित करने की परिश्रमपूर्ण कोशिश की गयी है। नये रचनाकारों पर सावधानीपूर्वक विचार होना चाहिए और यह अंक इस कार्य में मदद भी करेगा, संयम से काम लेना भी सिखायेगा। अंक में युवा कवि श्रीप्रकाश शुक्ल की उपस्थिति थोड़ा अधिक उदारतापूर्वक है और शुकदेव सिंह नामक एक व्यक्ति की उपस्थिति निरर्थक या अनर्गल है। बद्रीनारायण ने नयी दृष्टि से कवि, मज़दूर और मध्यवर्ग के अनुभव की समता-भिन्नता पर ध्यान दिया है (पृ. 78), परमानन्दजी ने फासीवाद को आज के सांस्कृतिक जीवन का सबसे बड़ा खतरा बताया है (पृ. 69) और आलोक राय ने सम्पत्तिहीनों द्वारा प्रतीकों के माध्यम से बिखरी ताकतों को इकट्ठा करने और सत्ताधारियों द्वारा महज प्रतीकों की राजनीति करने का अन्तर बहुत साफ ढंग से रेखांकित किया है। (पृ. 80) परमानन्द जी अब हिन्दी के प्रतिष्ठित आलोचक हैं। उन्हें खुद अपने योगदान का जिक्र करने से बचना चाहिए। अपने साक्षात्कार के शुरू में ही उन्होंने 'लहर' के युवा लेखन अंक का हवाला देकर बताया है कि उन्होंने ही "अकविता को प्रयोगवाद के संकीर्ण रूपों का भद्‌दा संस्करण" कथा था। (पृ. 68) यह बात सच है, पर परमानन्द जी के पास आज भी नयी बातें हैं। पुरानी चर्चा और अपना अवदान वार्धक्य के लक्षण हैं, परमानन्दजी अभी वृद्ध नहीं हैं।

'हंस' का बहुप्रतीक्षित विशेषांक 'भारतीय मुसलमान : वर्तमान और भविष्य' (अगस्त 2003, अतिथि सम्पादक—असगर वजाहत) प्रकाशित हो गया है। इस विषय पर एक साथ विभिन्न कोणों से इतनी सामग्री सामने आयी है कि उस पर स्वतन्त्र रूप में विचार करने की आवश्यकता है। असगर ने जिस दृष्टिकोण से अंक की सामग्री जुटायी है, वह यह है कि "हमारे देश की मूल आत्मा साम्प्रदायिक नहीं है। साम्प्रदायिकता को समाप्त करना केवल किसी सम्प्रदाय विशेष के लिए ही नहीं है, बल्कि देश की एकता, अखंडता, समृद्धि के लिए भी अत्यन्त ज़रूरी है।" (पृ. 5) इस उद्‌देश्य के अनुरूप इरफान हबीब, ज़ोया हसन, असगर अली इंजीनियर से लेकर कुँवरपाल सिंह, अजेय कुमार, कँवल भारती तक सभी ने महत्त्वपूर्ण विचार-बिन्दु जोड़े हैं। नेसार अहमद और एस वाई. कुरेशी ने ठोस तथ्यों के आधार पर 'धर्मनिरपेक्ष'

भारत में मुसलमानों के पिछड़ेपन और उनके साथ भेदभाव की तस्वीर रखी है। (दे. पृ. 41-45 और 47-48)

भगतसिंह पर केन्द्रित **'पल प्रतिपल'** का अंक 'क्रान्ति का पुनर्पाठ' भी अत्यन्त महत्त्वपूर्ण सामग्री के लिए स्मरणीय रहेगा। (अंक-63-64, मार्च-जून 2003) वैभव सिंह ने सावरकर-पूजकों की विचारधारा के प्रसंग में भगतसिंह का विवेचन करते हुए ठीक कहा है कि इनके तर्कों से तो ''न केवल अंबेडकर बल्कि भगतसिंह भी हिन्दू राष्ट्र के विरोधी साबित हो जाते हैं।'' (पृ. 254) माफी माँगने वाले 'हिन्दुत्व' के सिद्धान्तकार और फाँसी बढ़ जाने वाले क्रान्ति के मसीहा की राष्ट्रभक्ति में मौलिक अन्तर है। हालाँकि संघ-परिवार सावरकर-पूजक भले हो, वह सावरकरवादी नहीं है। इसका अत्यन्त तथ्यपूर्ण विवेचन अजित हर्षे ने किया है। (**पहल,** जबलपुर सं. ज्ञानरंजन, अंक–74, मई, जून, जुलाई 2003, पृ. 16-18) 'पल-प्रतिपल' में रविभूषण, सुधीर विद्यार्थी और चमनलाल के आलेख भी महत्त्वपूर्ण है। हरिमृदुल ने 'फिल्मी आईने में' भगत सिंह पर समयोचित विचार किया है।

विशेषांकों की कड़ी में 'सन्दर्भ' (सं. सुधीर विद्यार्थी, पीलीभीत, अंक-11, 2002) का निरंकार देव सेवक पर केन्द्रित अंक' प्रकाशित हुआ है। सेवक जी प्रगतिशील कवि थे, फिर बाल लेखक हो गये और एम. एन. राय के 'रेडिकल ह्यूमनिज़्म' के प्रभाव में रहे। अज्ञात-उपेक्षित लेखकों को स्मरण करना आवश्यक है। उसके साथ लेखक के महत्त्व का विचार रखना भी आवश्यक है। सेवक जी क्रान्ति को 'हिंसक' या 'अहिंसक' से अधिक 'सम्पूर्ण' बनाने में विश्वास करते हैं। (पृ. 46) और, यह सम्पूर्ण क्रान्ति बड़ी राजनीतिक कार्रवाइयों से नहीं, ''स्थानीय स्तर पर छोटी-छोटी जनसेवी समितियों के गठन से ही'' राज्यसत्ता को जन-जन तक पहुँचा सकती है। (पृ. 175) 'जनसेवी' संस्थाओं (एन.जी.ओ.) और छोटे-छोटे देवताओं के युग में सेवक जी की प्रासंगिकता स्पष्ट है।

ज़िम्मेदारी और गैर-ज़िम्मेदारी

"'संयुक्त प्रगतिशील गठबन्धन' सरकार को अपने देश की इलेक्ट्रॉनिक मीडिया, अखबार और हिन्दी की साहित्यिक पत्रिकाओं—हंस, पहल, आलोचना, तद्भव, कथादेश, वर्तमान साहित्य, वसुधा, कथाक्रम, संधान आदि का भी कृतज्ञ होना चाहिए कि उनमें से निन्यानबे प्रतिशत ऐसे रहे हैं, जो जनता के बीच बी. जे. पी. दर्शन के खिलाफ माहौल तैयार करते रहे।" (**सृजन संवाद** अंक—3, जुलाई 2004, सम्पादकीय, सम्पादक—ब्रजेश कुमार श्रीवास्तव)

लघु-पत्रिकाओं ने भाजपा के 'सांस्कृतिक' राष्ट्रवाद और 'हिन्दुत्व' के प्रति आम अस्वीकार का रुख अपनाया, इसमें सन्देह नहीं। इसका परिणाम यह हुआ कि साहित्य-संस्कृति से जुड़े लोगों ने मध्य-वर्ग के दूसरे 'बुद्धिजीवियों' की तरह भाजपा के प्रति कोई मोह नहीं दिखाया। राजनीतिक सत्ता के परिवर्तन में लघुपत्रिकाओं की भूमिका चाहे जितनी छोटी रही हो लेकिन वह अत्यन्त महत्त्वपूर्ण और गुणवान रही है। साहित्य और साहित्यिक पत्रकारिता का समकालीन परिदृश्य मूलतः फासीवाद विरोधी है, यह भारतीय लोकतन्त्र के लिए आशा का स्रोत है। जो 'बुद्धिजीवी' सोचते हैं कि सामाजिक घटनाओं के निर्धारण में साहित्य की भूमिका नगण्य होती है, वे राजनीतिक और आर्थिक शक्तियों की भूमिका को अतिरंजित करके देखते हैं और जनता की चेतना को महत्त्वहीन समझते हैं। ऐसे बुद्धिजीवियों को मार्क्स का यह कथन ध्यान में रखना चाहिए कि बौद्धिक हलचलें समाज के भीतर उभरने वाली प्रवृत्तियों का संकेत करती हैं।

ब्रजेश की दी हुई सूची में 'हंस' का महत्त्व कुछ बढ़ा-चढ़ाकर प्रस्तुत हुआ है—उसे पहला स्थान मिला है, 'कल के लिए' जैसी पत्रिका की उपेक्षा हुई है—हालाँकि यह पत्रिका 'कथाक्रम', 'आलोचना' आदि की तुलना में भाजपा-विरोधी अभियान में अधिक मुखर और सक्रिय रही है। ऐसी त्रुटियाँ हो जाया करती हैं। पर 'हंस' की भूमिका गम्भीर विवेचन की अपेक्षा रखती है। इसलिए कि हंस सम्पादक प्रकटतः भाजपा-विरोधी उग्र टिप्पणियाँ करते हैं, साथ ही सांस्कृतिक रुचि को भ्रष्ट और बाज़ारू बनाने का काम भी करते हैं, जो प्रगतिशील शक्तियों के हित में नहीं जाता।

इसकी ताज़ा मिसाल है आत्म-स्वीकृतियाँ 'स्तम्भ', जिसकी कोशिश सम्पादक महोदय 'दशकों' से करते रहे हैं लेकिन कोई 'वीर बालक' (या बलि का बकरा?) नहीं मिला था। आखिरकार राम मिलाये जोड़ी, एक भूतपूर्व 'क्रान्तिकारी' ने बीड़ा उठा लिया! (दे. **हंस,** अक्टूबर 2004, 'मेरे विश्वासघात-1', रामशरण जोशी, पृ. 17-31)

राजेन्द्र यादव ओछी बातें दार्शनिक मुद्रा में बोलते हैं ताकि रुआब पड़े। 'स्तम्भ' की प्रस्तावना करते हुए उन्होंने लिखा है कि "कभी-कभी लगता है, ज़िन्दगी सिर्फ विश्वासघातों का सिलसिला ही है, जो दूसरे हमारे साथ करते हैं हम दूसरों के साथ करते हैं और सबसे अधिक हम अपने साथ या अपनों के साथ करते हैं।"

इससे ज़ाहिर है कि इस स्तम्भ के लिए सबसे उपयुक्त पात्र सम्पादक स्वयं थे।

उन्होंने दूसरा 'वीर बालक' खोजने में नाहक इतने साल गँवाये! एक सम्भावना हो सकती है कि घटिया पोर्नोग्राफी को साहित्य का दर्जा दिलाने के महत् अभियान में राजेन्द्र यादव को नये-नये साथियों की तलाश रहती है। मुश्किल यह है कि यादव जी और उनके सहयोगी रूसो और गाँधी बनने के लिए केवल 'आत्मस्वीकृति' पर ध्यान देते हैं, उनके महान ऐतिहासिक संघर्ष और सामाजिक योगदान को पर्दे की ओट में कर देते हैं।

समापन-पुनर्प्रकाशन

इस बीच **'कसौटी'** (पटना, सं. डॉ. नन्दकिशोर नवल) अपने संकल्प के अनुसार पन्द्रह अंक प्रकाशित होने के बाद बन्द हो गयी। समापन अंक को आधुनिक साहित्य के सदर्भ-ग्रन्थ के रूप में प्रस्तुत किया गया है। सम्पादक ने बीसवीं सदी की कालजयी कृतियों के इस मूल्यांकन में, वर्तमान आलोचना की शक्ति पर भी ध्यान दिया है और कुछ अपने आग्रहों से भी काम लिया है। उसका विचार है कि आज पहले की तुलना में आलोचना 'व्यवस्थित और क्रमबद्ध' न होकर भी 'आलोचनात्मक बोध के विकास' में आगे है। प्रमाण यह है कि "विचारधारा का आग्रह कम हुआ है।... वस्तुपरकता की मात्रा बढ़ी है और पूर्वाग्रह छूट रहे हैं।" अर्थात मार्क्सवाद से हिन्दी आलोचना मुक्त हो गयी है, सांस्कृतिक प्रवृत्तियों में टकराव की जगह सामंजस्य के सूत्र स्थापित होने लगे हैं। सम्पादक की यह विकसित रुचि 'परम्परागत' आलोचना से असन्तुष्ट है लेकिन पूर्वाग्रह छूटने का उदाहरण यह है कि असन्तोष के बावजूद कसौटी के अंक में उसके नमूने मौजूद हैं। 'झूठा सच' पर मधुरेश का लेख "परम्परागत कथालोचना का उदाहरण है" फिर भी संकलित है; 'बूँद और समुद्र' पर रामचन्द्र तिवारी का लेख "परम्परागत शैली की समीक्षा होते हुए भी" स्थान पा सका है। इस उदारता के कुछ ऐसे पहलू भी हैं जिनसे विदग्ध हिन्दी समाज को क्षोभ होगा। इसमें 'उर्वशी' को स्थान दिया गया है। खुद सम्पादक ने अपना पूर्वाग्रह दबाकर

वस्तुनिष्ठता का परिचय दिया है। 'निराला की साहित्य साधना' को भी स्थान दिया गया है। इसी क्रम में सम्पादक अपने पूर्वग्रहों को थोड़ा और ढीला करके नागार्जुन और केदारनाथ अग्रवाल को भी सम्मिलित करता तो यह अंक अधिक प्रातिनिधिक बनता। कविता की जनोन्मुख परम्परा के प्रति विराग का भाव न होता।

दूसरी तरफ 'संवेद वाराणसी' और 'वर्तमान साहित्य' का पुनर्प्रकाशन शुरू हुआ है। 'संवेद' के स्वामी अनिल मिश्र के सम्पादन में उसके नये अंक आये हैं, जिनका पूर्ववर्ती अंकों से पूर्ण विच्छेद है। शुकदेव सिंह नामक जिस व्यक्ति के सम्पादन में 'संवेद' ने हिन्दी में कुत्सापूर्ण पत्रकारिता का कीर्तिमान स्थापित किया था, उसका यह कायाकल्प चुनौतीपूर्ण तो है ही, अधिक दायित्वपूर्ण भी है। वॉल्यूम-1, अंक-1, (जून 2004) और अंक-2 (सितम्बर 2004) को देखकर यह भरोसा हो जाता है कि हिन्दी के लेखकों का इसे सहयोग मिलेगा और नयी टीम पुरानी बदनामी की असुविधाओं के बावजूद सकारात्मक ढंग से पत्रिका को विकसित करने के लिए संघर्षरत है।

'वर्तमान साहित्य' भी अपने पुराने व्यवस्थापकों–सम्पादकों से मुक्त होकर अलीगढ़ से डॉ. कुँवर पाल सिंह और नमिता सिंह के सम्पादन में पुनः आरम्भ हुई है। स्वभावतः उसका कलेवर भी आमूल बदला हुआ है। नमिता सिंह के 'सम्पादकीय' से पत्रिका शुरू होती है, कुँवर पाल सिंह के 'समय संवाद' से खत्म होती है। इतना स्पष्ट है कि नया स्वरूप साम्प्रदायिकता के विरुद्ध सक्रिय मुहिम के रूप में प्रस्तुत हुआ है लेकिन उसे अभी अपनी साहित्यिक पहचान बनानी है। अभी गिनी-चुनी उल्लेखनीय सामग्री ही सामने आ सकी है। मसलन, सितम्बर 2004 के अंक में ओमप्रकाश बाल्मीकि की कहानी मकड़जाल, कलकत्ता के साहित्यिक वातावरण पर शंभुनाथ का लेख और सत्ता समर्थक मीडिया पर जवरीमल्ल पारख का लेख, अक्तूबर अंक में संघ परिवार के नेहरू विरोध पर प्रदीप पन्त का लेख और धार्मिक बर्बरता से तसलीमा के संघर्ष पर सूरज पालीवाल का लेख।

एक खतरे की ओर संकेत करना आवश्यक है। हिन्दी प्रकाशन में प्रूफ की गलतियाँ तो शृंगार की तरह हैं, लेकिन कभी-कभी यह शृंगार फूहड़ ही नहीं, वीभत्स भी हो जाता है। हिन्दी की मनस्वी लेखिका नासिरा शर्मा की पुस्तक-समीक्षा के पहले ही पैराग्राफ में छपा है, "यही नहीं, उन्होंने पश्चिमी एशिया के प्रमुख राजनीतिज्ञों और बुद्धिजीवियों के साथ बलात्कार करके, पत्रकारिता की दुनिया में भी महत्त्वपूर्ण स्थान बनाया है।" (अक्तूबर 2004, पृ. 63) अवश्य ही यहाँ लेखक ने पत्रकारिता में यश कमाने का नया नुस्खा नहीं पेश किया है। 'हंस' में ऐसी 'भूल' होती तो समझ में आता। 'साक्षात्कार' का किसी भी तर्क से 'बलात्कार' होना समझ में नहीं आता। पत्रिका का प्रकाशन प्रेस के लिए तो व्यवसाय है लेकिन कुँवर पाल जी की प्रतिष्ठा दाँव पर लगी है। उन्हें इस सम्बन्ध में कोई अचूक रास्ता निकालना चाहिए।

इसमें सन्देह नहीं कि 'होना-सोना' जैसा विवाद 'वर्तमान साहित्य' के नये स्वरूप में नहीं आ सकता (हालाँकि जो 'भूल' हुई है, वह उसी तरह की है) लेकिन गम्भीर विचारधारात्मक बहसों से पत्रिका को जुड़ना पड़ेगा, जिसकी जागरूकता दोनों अंकों में नहीं दिखायी देती।

कुछ विशेषांक

'कल के लिए' का हिन्दी समाज की सांस्कृतिक स्थितियों से सम्बन्धित विशेषांक चाहे जितना महत्त्वपूर्ण हो, अपनी ही पत्रिका में अपने ही अंक की चर्चा अशोभन प्रतीत होती है।[1] 'हंस' का 'सत्ता विमर्श और दलित' विषय पर केन्द्रित अंक चर्चा के योग्य भले हो, 'विमर्श' की सीमाएँ उसे सार्थक अंक नहीं बनने देतीं। समस्या यह है कि सत्ता की हड़बड़ी ने वस्तुपरक समझ को अपदस्थ कर दिया है। राजेन्द्र यादव को शिकायत है कि "पाँच हज़ार साल के सामन्तवादी भारतीय इतिहास" को बदलने वाली शक्तियाँ सामने नहीं आ रही हैं, खासकर "मुलायम-मायावती संयुक्त गठबन्धन" साकार नहीं हो रहा है। (पृ. 5, अगस्त 2004) लेकिन यह इतिहास-बोध स्पृहणीय है कि भारत का सारा इतिहास—प्रागैतिहासिक काल का इतिहास भी—सामन्तवाद का इतिहास है, जो आज भी ज्यों का त्यों बना हुआ है अर्थात भारत में न सामन्तवाद से पहले कुछ था, न सामन्तवाद के अलावा कुछ है! बीच में थोड़े दिन, अंग्रेज़ी उपनिवेश बनने के बाद ज़रूर "प्रशासन और कानून की दृष्टि में ब्राह्मण और शूद्र दोनों बराबर थे।" और इस बराबरी का एक बड़ा कारण था अंग्रेज़ों का धर्म, "उधर ईसाई धर्म भी इसी समता की बात करता था।" (उप.)

ईसाई 'समतावाद' के कारण यूरोप में एक हज़ार साल का अन्धकारयुग, सामन्तवादी व्यवस्था का उत्कर्षकाल था! ईसाई 'समतावाद' के चलते भूस्वामी और भूदास में या पूँजीपति और मज़दूर में कोई विषमता बाकी न रही! अपनी परम्परा, अपनी संस्कृति, अपने इतिहास और अपनी भाषा को कोसने वाली और दूसरे धर्म-साहित्य-संस्कृति का अनुकरण करने वाली हीनताग्रंथि औपनिवेशिक बुद्धिजीवियों की खास निशानी है। हिन्दी में कुछ लघु पत्रिकाएँ भी इसी मानसिकता का शिकार हैं। 'हंस' और उसके सम्पादक इसके सिरमौर हैं। वे चुन-चुनकर अपनी रुचि के लेखक जमा करते हैं, कुछ लेखक जमघट लगाने के लिए उनकी रुचि से मेल बिठा लेते हैं। किसी ज़माने में 'नक्सलबाड़ी : काठ की हाँड़ी' लिखने वाले तुलसीराम अब बुद्धं शरणं जाकर राजेन्द्र यादव को ही बुद्ध समझ बैठे हैं। उन्हें भी

1. 'लघु-पत्रिका 'स्तम्भ' कल के लिए' (बहराइच) में।

ऋग्वेद के रचनाकाल से ही सिर्फ षड्यन्त्र ही षड्यन्त्र दिखायी देता है। इस दृश्य को आहत चेतना मानकर समझा जा सकता है। लेकिन उसी ऋग्वेद में हज़ार चीज़ें छोड़कर यह खोज निकालना अवश्य ही 'हंस' की पंगत में बैठने के लिए काफी है कि : ऋग्वेद के दसवें मंडल के सूक्त संख्या 86 के छठे मंडल में इंद्राणी कहती है : "मुझसे बढ़कर कोई स्त्री सौभाग्यवती नहीं है, सुपुत्रवती भी नहीं है। मुझसे बढ़कर कोई भी स्त्री पुरुष के पास शरीर को नहीं खिला सकती और न सम्भोग के समय दोनों जंघों को ऊपर उठा सकती है।" सोलहवें मन्त्र में इन्द्राणी पुनः कहती है : "इन्द्र! वह पुरुष मैथुन करने में समर्थ नहीं हो सकता है, जिसका लिंग दोनों जघनों के बीच लेटा रहता है। वही समर्थ हो सकता, जिसके बैठने पर बालों से आच्छादित लिंग फैल जाता है।" (उप., पृ. 60-61)

यह सब न दलित विमर्श है, न सत्ता विमर्श। यह केवल 'हंस' विमर्श है। इस विमर्श की मौलिकता यह है कि ऋग्वेद के अंग्रेज़ी अनुवादक ग्रिफिथ ने जिन मन्त्रों को छोड़ दिया था, उन्हीं को खोज कर प्रस्तुत किया गया है। खोज का कारण उसकी विषयवस्तु है। हंस-विमर्श की खूबी यह है कि भारतीय इतिहास और समाजवादी क्रान्ति के अलावा दुनिया की हर चीज़ श्रेयस्कर है—वह चाहे अंग्रेज़ी गुलामी हो या अमरीकी बाज़ार-व्यवस्था, इस्लाम-ईसाइयत या बौद्धधर्म हो अथवा उत्तर-आधुनिकता। ऐसी "व्यापक" दृष्टि पत्रिका को लोकप्रिय भी बनाती है और सम्पादक को चर्चा में भी रखती है।

इसके बजाय दलित प्रश्न पर बेहतर सामग्री रमणिका गुप्त की 'युद्धरत आम आदमी' में प्रकाशित होती है और 'दलित' साहित्य वार्षिकी (सं. जयप्रकाश कर्दम) भी विचारणीय और संग्रहणीय विषयवस्तु देती है। यही नहीं, 'आलोचना' (इतिहास और स्मृति, सहस्राब्दी अंक सोलह, प्रधान सम्पादक—नामवर सिंह) में एम. वी. नाडकर्णि का लेख 'क्या जाति पद्धति हिन्दू धर्म का अन्तर्भूत तत्त्व है?' अत्यन्त ज्ञानवर्धक है। 'हंस'—विमर्शकारों को यह लेख अवश्य पढ़ना चाहिए ताकि ऐतिहासिक तथ्य और आग्रह का फर्क समझ सकें। परिमला अंबेडकर का अनुवाद कुछ जटिल है, वाक्य गठन मराठी के अनुसार है, फिर भी थोड़ा श्रम करके उसे समझा जा सकता है। नाडकर्णि का दृष्टिकोण यह है कि "इस (जाति) व्यवस्था की बुनियाद में एक उत्पादन की व्यवस्था बनी थी जो जीवन निर्वाहाभिमुख थी और बड़े बाज़ारों की ओर अभिमुख न होकर स्थानीय आधारों पर टिकी थी।" (पृ. 31) अर्थात सामन्ती समाज की भौतिक संरचना और आर्थिक प्रणालियों से एक सामाजिक रूप निष्पन्न हुआ, जिसे हम जाति व्यवस्था कहते हैं। बड़े बाज़ारों के साथ इस व्यवस्था का आधार निट गया है लेकिन समाज में पिछड़ेपन के अवशेष बने हुए हैं। इसलिए उनके संस्कार भी बने हुए हैं। धर्म से जाति व्यवस्था का सीधा सम्बन्ध नहीं है।

इतिहास को 'ब्राह्मण षड्यन्त्र' के रूप में देखना घायल मन का पूर्वाग्रह भले हो, "बहुत ही दिलचस्प तथ्य यह है कि जहाँ वैश्य एवं शूद्र वृत्ति पर संस्थाओं में एवं फील्डों में अधिक संगठित रहे, वहीं ब्राह्मणों में ऐसे किसी संगठनों का अस्तित्व में रहना नहीं पाया जाता।" (पृ. 43) यह बात आज जाति-पंचायतों और वोट-बैंकों के युग में भी कमोवेश सही पायी जाती है।

करणीय और चर्चनीय

समर्थ कथाकार रमेश उपाध्याय और अखिलेश ज़िम्मेदार सम्पादक भी हैं। 'कथन' और 'तद्भव' ऐसी पत्रिकाएँ हैं जिनमें विशेष योजना के साथ हर अंक में कुछ सामग्री प्रस्तुत की जाती है। छिछले प्रचार से सांस्कृतिक जागरूकता का अन्तर पहचानने में इन दो पत्रिकाओं का खास महत्त्व है। 'कथन' का नया अंक (वर्ष-25, अंक-4, पूर्णांक 44, अक्तूबर-दिसम्बर 2004, सम्पादक रमेश उपाध्याय, संज्ञा उपाध्याय) विज्ञान और वैज्ञानिकता पर ध्यान केन्द्रित करता है। 'उपभोक्तावाद और पुनरुत्थानवाद' के गठबन्धन से परिभाषित वर्तमान दौर के लिए इस विषय का महत्त्व स्वतः स्पष्ट है। रमेश उपाध्याय की बातचीत, ब्रेष्ट के 'गैलीलियो' पर संज्ञा की समीक्षा के अलावा जॉन गिलट और मनजीत कुमार की पुस्तक 'साइंस एण्ड द रिट्रीट फ्रॉम रीज़न' पर उत्पल कुमार की प्रस्तुति, सिनेमा और विज्ञान पर जमरीमल्ल पारख का लेख, विज्ञान और जनता के सम्बन्ध पर दिनेश अब्रोल के विचार महत्त्वपूर्ण है। सबसे दिलचस्प है निराला जी का लेख 'विज्ञान और वैज्ञानिक पत्र कला' (जो रचनावली, भाग-6, पृ. 377-82 में है) और एम. पी. परमेश्वर का विशेष लेख 'एक बेहतर कल की उम्मीद'।

परमेश्वर ने इस जटिल और तकनीकी विषय को इतिहास के अनुभव और समाज की ज़रूरत से जोड़कर इतना साधारण बना दिया है कि गम्भीरता खोये बिना पठनीयता आ गयी है। उन्होंने आदिम मानव के कार्य-व्यापार में निहित वैज्ञानिक समझ और विज्ञान की शाखाओं का निदर्शन करते हुए बताया है कि आखेट में शरीर विज्ञान की जानकारी, धनुष-बाण के प्रयोग में गतिविज्ञान की शुरुआत, कंद-मूल-फल के संग्रह में वनस्पति विज्ञान, भाषा के साथ वस्तुओं का अमूर्तीकरण और प्रत्यय-निर्माण, फिर क्रमशः जड़-चेतन का फर्क और ऊर्जा-दिक-काल का बोध, विज्ञान और वैज्ञानिक चेतना का विकास अनवरत प्रक्रिया है। (पृ. 52) विज्ञान की जड़ता और दुराग्रहों का खंडन करते हुए परमेश्वर ने बड़ी सीधी-सादी भाषा में प्रकृति और मनुष्य की अन्योन्य क्रिया को और इस प्रक्रिया में विकसित अनुभव, ज्ञान और चिन्तन को विज्ञान और वैज्ञानिक पद्धति कहा है। इसी प्रकार, वैज्ञानिक रवैये की पहचान है एक आशावाद कि "आने वाला कल आज से बेहतर हो सकता

है लेकिन यह हमारे आज के कार्यों पर निर्भर करता है, जो हम बीते हुए कल के अनुभव के आधार पर ही कर रहे हैं।" (पृ. 56)

इस प्रकार विज्ञान, वैज्ञानिक चेतना, मानव-व्यवहार और इतिहास-बोध सब एक संश्लिष्ट प्रक्रिया का अंग है।

'तद्भव' (अंक-11, अगस्त 2004) में इतनी विविधतापूर्ण सामग्री है कि उसका विवेचन अपने में स्वतन्त्र विषय बन जायेगा। जिस तरह 'सरस्वती' के प्रकाशन की शताब्दी केवल अखिलेश को याद आयी, उसी प्रकार वासुदेवशरण अग्रवाल की शताब्दी भी केवल अखिलेश को याद आयी। उन्होंने इसके योग्य पात्र भगवान सिंह का गवेषणापूर्ण लेख प्रस्तुत किया है। "रंगभूमि" विवाद को लेकर वीरेंन्द्र यादव का लेख सुपठित और विचारोत्तेजक है। रामविलास शर्मा और राजेन्द्र यादव की 'डायरी' से दो भिन्न सांस्कृतिक चरित्रों की झलक उपस्थित होती है (जिसकी तुलना का अवकाश होता तो बात अधिक सजीव होती)। 'समाज' में सुधीर चन्द्र का 'अपना सामना' और 'वृत्तांत' में ममता कालिया का 'कितने शहरों में कितनी बार' दो भिन्न आस्वाद की रचनाएँ हैं। सुधीर चन्द्र का निबन्ध आत्मपरक होते हुए भी इतिहास की करवटों के साथ लोगों की गतिविधि का दृश्य प्रस्तुत करता है, चाहे आज़ादी की घटनाएँ हों या आपातकाल के बाद उसके प्रशंसकों का रातोंरात आलोचक बन जाना हो या फिर गुज़राती 'अस्मिता' और 'शौर्य' के नाम पर बच्चियों से बलात्कार की पशुता हो। ममता जी का निबन्ध अपने आरम्भिक शहरों-मुहल्लों की स्मृतियाँ सँजोते हुए अनुभव के अन्तरंग निजी क्षेत्र में ले जाता है।

हबीब तनवीर के संस्मरण **'विलायत के वाकिये'** से उनके व्यक्तित्व का दुर्लभ गुण सामने आता है—सरसता और तटस्थता का सन्तुलन। उन्होंने अपनी नाट्य-मंडली के लोक कलाकारों के आपसी व्यवहार का—लड़ाई-झगड़े, शराबखोरी, काम की लगन और परिश्रम, सरलता और निष्ठा का—परिचय जिस प्रकार दिया है, उससे चरित्रों के बारे में उनकी सूझ-बूझ स्पष्ट होती है। इसी सूझ-बूझ से उनके नाट्य-प्रयोगों और उपलब्धियों का सम्बन्ध है। अवधेश मिश्र का लेख 'स्त्री प्रतिरोध के पुरालेख' बिलकुल अलग ढंग से महत्त्वपूर्ण है। संस्कृत और हिन्दी काव्य परम्परा में रामकथा के चरित्रों से लोक परम्परा की तुलना करते हुए उन्होंने न केवल सांस्कृतिक विविधता का उद्घाटन किया है, बल्कि यह भी स्पष्ट किया है कि लोक परम्परा में पुरुषसत्ता के वर्चस्व को चुनौती देने की—यातना प्रतिरोध और अस्वीकार की—गम्भीर चेतना मौजूद है। रामकथा की एकल परम्परा का अभाव हमारे सांस्कृतिक जीवन के जनतान्त्रिक स्वरूप का द्योतक है। सांस्कृतिक फासीवाद इसी विविधता को मिटाकर एकमुखी व्याख्या—एकल परम्परा—का निर्माण करता है। यह कार्य प्रतीकीकरण की पद्धति से होता है। इसलिए संस्कृति की जीवंत परम्परा को याद रखना फासीवाद के विरोध का माध्यम है।

'तद्भव' में जीतेन्द्र गुप्ता का लेख 'अहले ज़बान में मर्ज था,..' और 'परख' (सं. कृष्णमोहन, प्रियम अंकित, 10 मई, 2004) में आशुतोष कुमार का लेख 'सवर्ण, भद्रवर्ग, भारतेन्दु और भदेस' पिछली लीक से हटकर भारतेन्दु के मूल्यांकन की कोशिश करते हैं। सम्पादकीय में अखिलेश ने अड्डेबाज़ी, स्टडी सर्किल, घरेलू गोष्ठियों आदि के प्रचलन का अन्त होने पर जो चिन्ता प्रकट की है, उसका थोड़ा स्पष्टीकरण जीतेन्द्र के लेख में होता है। पूँजीवादी समाज के पहले चरण में कॉफी हाउस-क्लब जैसी सार्वजनिक जगहें आती हैं जिनमें बहस की स्वस्थ जनतांत्रिक प्रक्रिया सामने आती है। अखबार और छापेखाने के साथ दूसरे चरण की शुरुआत होती है जहाँ 'जनता की आवाज़' के नाम पर 'दबाव समूहों' का उदय होता है। (पृ. 71) यहीं से 'सत्ता विमर्श' की शुरुआत होती है। जीतेन्द्र के अनुसार, "ध्यान दें तो भारतेन्दु व भारतेन्दु-मंडल के लेखकों का उदय इस दूसरे युग में हुआ।" (उप.)

कहने की ज़रूरत नहीं कि आरम्भिक पूँजीवादी दौर में ऐसे 'दबाव समूह' दलित समुदायों के बजाय उच्चवर्ग और मध्यवर्ग से ही निर्मित होते थे। यह वर्ग सामाजिक वर्चस्व के ढाँचों को तोड़ने या बदलने का हिमायती नहीं होता। लेकिन यथार्थ का यह सिर्फ एक पहलू है। जीतेन्द्र ने 'कविवचन सुधा' में स्त्री शिक्षा के पक्ष में छपे लेख के विरोध में पाठकों की प्रतिक्रिया का और अपने बालविवाह के विरोध में रुकमाबाई के विद्रोह को दबाने के उपायों का विस्तारपूर्वक उल्लेख किया है। इससे परिणाम निकलता है कि "तत्कालीन हिन्दी पट्टी के बौद्धिक वर्ग की सबसे बड़ी समस्या यह थी कि वह एक नयी पितृसत्ता के लिए वैचारिक ज़मीन की स्थापना करे और उसके साथ-साथ वहाँ नयी प्रतिस्थापित हो रही सत्ता से भी अपने विमर्शकारी सम्बन्ध बनाये रखे।" (पृ. 77)

निस्सन्देह, यह निष्कर्ष एकांगी है। मध्यवर्ग या कुलीन वर्ग के भीतर विद्रोह और अस्वीकार की प्रवृत्तियाँ भी हैं और उनका विरोध करने वाली प्रवृत्तियाँ भी हैं। दोनों प्रवृत्तियों में अन्तर्विरोध है और सामाजिक जीवन का गतिशास्त्र इसी द्वन्द्व और संघर्ष से निर्मित होता है, एकपक्षीय ढंग से वर्चस्व की मनोवृत्तियों द्वारा निर्धारित नहीं होता। इस दृष्टि से आशुतोष कुमार का लेख जीतेन्द्र की तरह उत्तर आधुनिक विमर्श से प्रभावित होकर भी अधिक तर्कसंगत है। भारतेन्दु ने भदेस और पैरोडी का यथेष्ट उपयोग किया है। उनका उद्देश्य अपने वर्ग की असंगतियाँ उभारकर उनमें सुधार लाना था, क्रान्ति करना नहीं। इसके लिए 'विकट साहस' की ज़रूरत थी, "हिन्दी और उर्दू में, भारतेन्दु के पहले किसी ने ऐसा साहस नहीं किया था, एक कबीर को छोड़कर। मगर कबीर, भारतेन्दु के समय तक, भद्रवर्ग के साहित्यिक कैनन से बाहर ही रहे। स्वयं भी वे भद्रवर्गीय नहीं थे। भारतेन्दु ने भद्रवर्ग के भीतर

रहते हुए उसकी पारम्परिक सौन्दर्याभिरुचि को तोड़-फोड़ डालने का उद्यम किया था।" (परख-4, पृ. 56) जीतेन्द्र और आशुतोष दोनों नयी पद्धतियों का उपयोग करते हैं और 19वीं सदी की घटनाओं को कुलीन वर्ग के सांस्कृतिक प्रयत्नों के ढाँचे में व्याख्यायित करते हैं। लेकिन जीतेन्द्र के निष्कर्ष पूर्वागृहीत जान पड़ते हैं और आशुतोष अपनी पद्धति के बन्दी नहीं बनते। फिर भी, दोनों लेख गम्भीर विचार-विमर्श की परिधि में आते हैं।

'परख' में प्रियम अंकित ने 'सांस्कृतिक बंजरपन के विरुद्ध' त्रॉत्स्कीवाद को मार्क्सवाद के रूप में प्रस्तावित किया है। न केवल उनका दृष्टिकोण क्रान्तिकारी है बल्कि उनका इतिहासबोध भी क्रान्तिकारी है। अब तक के रूढ़िवादी ज्ञान को तिलांजलि देते हुए वे बताते हैं कि "ट्राट्स्की ने 1917 की अक्तूबर क्रान्ति का नेतृत्व किया था और उसके बाद गृह युद्ध के वर्षों में लाल सेना का संगठन और नेतृत्व किया था।" (पृ. 76) इस तरह, एक ही झटके में लेनिन-स्तालिन सब दूर जा गिरे! शायद त्रॉत्सकी के कारण 1917 की रूसी क्रान्ति सामाजिक साम्राज्यवाद का उदाहरण न रह गयी हो! लेकिन अफसोस, यह ज्ञान उदित हुआ रूस के विखंडन के एक-डेढ़ दशक बाद जब रूसी क्रान्ति की सराहना से कोई डर नहीं है। त्रॉत्सकीवाद ऐसा ही इतिहास-विरोधी इतिहास-दर्शन है, जिसका फायदा क्रान्ति की शक्तियों को नहीं, क्रान्ति विरोधियों को मिलता है। बाज़ारवादी एकध्रुवीय विश्व में त्रॉत्सकीवाद की पैरवी क्रान्ति का सुख और चमत्कार का वैभव साथ-साथ प्रदान करती है।

इससे स्पष्ट है कि साम्प्रदायिकता के खिलाफ ही नहीं, वामपन्थ के भीतर भी **तीखी वैचारिक टकराहटें** हैं और लघुपत्रिकाएँ इन टकराहटों के माध्यम से भी अपने पाठक को **जागरूक** बनाती हैं। नामी-गिरामी पत्रिकाओं के हुजूम में अनेक साधारण पत्रिकाएँ निष्ठा के साथ अपना काम कर रही हैं। 'समय माजरा' (जयपुर, वर्ष-5, अंक-51, सितम्बर, 2004) के सम्पादकीय ने सही ध्यान दिलाया है कि प्रेमचन्द पर 'ब्राह्मण विरोधी' होने का आरोप लगा था, अब 'दलित विरोधी' होने का आरोप लगाकर 'रंगभूमि' जलायी गयी है। (पृ. 3) इससे स्पष्ट है कि 'विमर्श' की रणनीति ने अभिजात दलितों का एक वर्ग उत्पन्न कर दिया है जो परिवर्तनकारी आन्दोलन और दृष्टिकोण को आक्रमण का निशाना बनाता है।

इस यथास्थितिवादी नज़रिये की आलोचना करते-करते डॉ. हेतु भारद्वाज अचानक वामपन्थी "जन संगठनों" की ओर मुड़ गये, जो रंगभूमि-दहन-प्रकरण में "सामान्यतः मौन रहे।" यह आलोचना समझ से परे है क्योंकि मुट्ठीभर पागल दलितों के उपद्रव के समय प्रगतिशील लेखक संघ और जनवादी लेखक संघ क्या करते? उन पर आक्रमण कर देते? क्या यह जवाबी पागलपन न होता? आशावर्धक तथ्य यह है कि दलित लेखकों ने एकस्वर से इस पागलपन का विरोध किया। हेतु जी की यह

सूचना वाकई हैरत में डालने वाली है कि जयपुर में कायस्थ महासभा ने प्रेमचन्द जयन्ती मनायी! (पृ. 4) सत्ता विमर्श अन्ततः जातिवादी रणनीतियों और गिरोहों को ही जन्म दे सकता है।

ज़रूरी विवरण

हावर्ड फास्ट, एडवर्ड सईद और रसूल हमज़ातोव का थोड़े-थोड़े अन्तराल पर निधन हुआ। 'अभिनव कदम' (वर्ष-7, अंक-10, मऊ उ. प्र.) के सम्पादक जयप्रकाश धूमकेतु ने तीनों को एक साथ, एक ही परम्परा में रखकर याद किया है। वे लोकप्रियता, संघर्ष चेतना और न्याय की प्रतिष्ठा के प्रतिमान हैं। संस्कृति की जुझारू परम्परा और अन्तर्राष्ट्रीयतावादी भावना का सम्बन्ध जिस रचना और विचार से है, ये उसी शृंखला की महत्त्वपूर्ण कड़ियाँ हैं। 'सम्प्रेषण' (वर्ष 39, अंक 133, जुलाई-सितम्बर 2004, सं.-चन्द्रभानु भारद्वाज, जयपुर) में वर्तमान उपभोक्तावाद की आलोचना के सन्दर्भ में डॉ. शिवकुमार मिश्र ने सूरदास के भ्रमरगीत प्रकरण की बेहद दिलचस्प व्याख्या पेश की है, "'जोग ठगौरी ब्रज न बिकैहै/यह ब्योपार तिहारो ऊधौ ऐसे ही रहि जैहै।' उपभोक्ता संस्कृति के सम्मोहन में फँसे हमारे नागर जन, हमारे नव-धनाढ्य सूरदास से, उनकी गोपियों से सीखें। जो व्यापारी उनके यहाँ उतरा है, वह भी बड़ा व्यापारी है—बहुराष्ट्रीय कम्पनियों के इज़ारेदार और मुनाफाखोर। उद्धव की तरह बहुत बड़ी खेप के साथ, वे भारत की धरती पर उतरे हैं...इससे हमारा स्वत्व छीनकर वे बदले में हमें दे रहे हैं भोग के साधन। गोपियों की शब्दावली में जो अनाज की 'फटकन' से ज़्यादा कुछ नहीं है...सूर की अपढ़ गोपियाँ उनके इरादों को जान गयी थीं।" (पृ. 62)

नवधनाढ्य वर्ग भले न सही, हमारी अपढ़ जनता अपने सहजबोध से नवउपनिवेशवादी संस्कृति के रूपों को—अमरीकी नुस्खों और साम्प्रदायिक राष्ट्रवाद को—ठुकरा रही है। समकालीन आशावाद का स्रोत इसी लोक-प्रतिरोध में है। यह संयोग की बात नहीं है कि चकाचौंध भरी नयी पद्धतियों से हटकर लोक-प्रतिरोध की सार्थकता को सैद्धान्तिक रूप देने वाला चिन्तन भी आज सशक्त रूप में मौजूद है। 'मीरा की कविता : स्त्री स्वाधीनता का प्रश्न' (डॉ. जीवन सिंह, सम्प्रेषण, 133, पृ. 39-44) और 'प्रतिरोध की लोक संस्कृति' (बद्रीनारायण, 'परख'-4, पृ. 67-71) इस दृष्टि से महत्त्वपूर्ण हैं। जिन्हें पितृसत्ता, वर्चस्व की चेतना और प्रतिरोध के स्तरों के जटिल अन्तर्विरोधों-अन्तस्सम्बन्धों का परिचय पाना हो, वे जीवन सिंह का लेख देखें। बेहद सरल भाषा में उन्होंने बताया है कि "पुरुष भक्तों की तुलना में स्त्री भक्तों का संघर्ष अधिक जटिल और विषम" था, "अवर्ण पुरुष भक्त भी स्त्री भक्तों की तुलना में स्वाधीन थे।" स्त्रीजन्य सामाजिक बन्धन उसे पुरुष के समान स्वाधीन

नहीं होने देते थे, यह उसके अस्तित्व की, स्त्री होने की विडम्बना थी, वे बन्धन पुरुष भक्तों की चेतना में रूढ़िवादी विचारों की तरह जमे हुए थे और वे "स्त्री को मायारूप प्रदान कर" उसकी भर्त्सना करते थे। (पृ. 43-44) तात्पर्य यह कि सामाजिक संरचनाओं की तरह मानसिक संरचनाओं में भी अनेक स्तर और पेंच होते हैं, उनकी इस संश्लिष्ट स्थिति को द्वन्द्वात्मक पद्धति से ही व्याख्यायित किया जा सकता है।

रचनात्मक साहित्य की दृष्टि से कुछ उल्लेखनीय तथ्यों पर ध्यान देना ज़रूरी है। आदिवासी जीवन आज के सौन्दर्य और अनुराग की अनुभूतियाँ नहीं दे रहा है। उन्मूलन और उत्पीड़न से ऐसा आत्मिक हाहाकार उत्पन्न हुआ है, जिसके स्वर कविता की शान्त दुनिया में हलचल भर रहे हैं। सन्ताली कवयित्री निर्मला पुतुल 'जंगल, नदी, पहाड़ और गुमसुम बूढ़ी पृथ्वी का दुःख' अनुभव करके लिखती हैं–'क्या तुमने कभी सुना है–सपनों में चमकती कुल्हाड़ियों के भय से/पेड़ों की चीत्कार...? सुना है कभी/रात के सन्नाटे में अँधेरे से मुँह ढाँप/किस कदर रोती हैं नदियाँ?' (**इन्द्रप्रस्थ भारती,** अप्रैल-जून 2004, सं. नानकचन्द, पृ. 27) और पूर्वोत्तर भारत में, मिज़ोरम की कवयित्री ललथियाँगलिपि जोट 'रक्षा करो' की गुहार लगाती हैं, 'हरियाली से भरे जंगल/गदबदी घास, जिस पर जमा हो हम मनाते थे सोग/ऊँचे-लम्बे दरख़्त जो देते थे हमें साया/वे सब बदल चुके हैं अब नंगे मैदानों में।' (**साक्षात्कार,** 295, जुलाई 2004, अनु. नासिरा शर्मा, पृ. 108)

मिज़ोरम जिस अवस्था में पहुँच गया है, संथाल परगना उसी रास्ते पर है। इसलिए असन्तोष का रूप भी दोनों जगह कुछ अलग है। मिज़ोरम में जंगल की निस्तब्धता ख़तम होती है 'चिंघाड़ती गोलियों की ध्वनि से' और झारखंड में कुल्हाड़ियों से डरे हुए पेड़ों के चीत्कार से। ऐसे अनुभव दूसरे कवि नहीं ला सकते थे। बहुत दिनों बाद 'उद्भावना' में युवाकवि विनय सौरभ की कविताएँ पढ़ने को मिलीं। 'तद्भव' में आशुतोष दुबे की 'रीमिक्स' कविता सामाजिक विषयवस्तु और लोकप्रिय संस्कृति के प्रचलन का सम्बन्ध बेहद कौशल से उद्घाटित करती है, 'उत्तर आधुनिक काल में/अतीत और वर्तमान की गजब मिक्सिंग हुई/हो चुके और हो रहे ये/चीज़ें इस कदर गड्ड-मड्ड हुईं/कि एक ग्लोबल किस्म के बाज़ारकाल में/एक देसी किस्म का भक्तिकाल जा मिला/इससे भक्तजनों को आन्दोलन का कारोबार मिला/अभी यह सब चल ही रहा था/कि ऐन इसके बीच वीरगाथा काल आ कूदा/...पीपल के पीछे/और बेटी के नीचे/रीतिकाल का काँटा चैनल-चैनल गड़ गया.../ पुराण, इतिहास के कपड़े ले भागा/तो इतिहास को जिसने जो चाहा, पहनाया/इससे वर्तमान के लिए एक आदर्श सम्भव हुआ/और एक दिशा मिली/जिसके तहत सब/ पूरब की तरफ मुँह किये/पश्चिम की ओर चलने लगे।' (पृ. 138)

व्यंग्य और विडम्बना की भाषा में आशुतोष ने समकालीन भारतीय जीवन पर

सारगर्भित टिप्पणी की है। इस 'रीमिक्सिंग' में पुराना विश्वास और नयी अभिलाषाएँ गड्ड-मड्ड हैं। कला की सामग्री में भी साहित्य और फिल्मी धुन, राष्ट्रवाद और भूमंडलीकरण, धर्म और बाज़ार सब गड्ड-मड्ड हैं। अच्छी कविताओं के इस क्रम में जौनपुर के लोक कवि 'इजरी के वैद्य जी' या 'बहद बाबा' (रामकुमार उपायाय, 1890-1974) की रचनाएँ। (जनपक्ष, प्रवेशांक, जुलाई-अक्तूबर, 2004, सं. रामसुधार सिंह, अशोक पाठक, वाराणसी) और शकील ग्वालियरी की ग़ज़लों की प्रस्तुति (शेष, पृ. 86-89) भी उल्लेखनीय हैं! बहद बाबा की लोकप्रिय रचनाएँ आज भी ताज़ा हैं—'सजनी वहि देसवा पर गाज गिरै, जवने देस कै किसनवा भिखारी होइगे रे।' शकील साहब की ग़ज़लें बड़ी तल्ख़ी से मौजूदा हालात का अनुभव कराती हैं :

आस्माँ सर पे उठाये हुए फिरता था कभी
और अब सर भी उठाया नहीं जाता मुझसे
सबसे आबाद है ये घर तो सभी का घर है
वो अलग है जो बसाया नहीं जाता मुझसे।

हलचलों का दौर

समाज, राजनीति, साहित्य, जहाँ देखिए हलचल दिखायी देती है। जातिगत विद्वेष और साम्प्रदायिक असहिष्णुता के चलते सामाजिक तनाव उग्र हो रहा है, न्याय-प्रक्रिया से मोह-भंग ने ऐसी अधीरता पैदा कर दी है कि विकलांग लोग भी न्यायाधीश पर हमला करने लगे हैं; जो बेरोज़गार हैं वे आत्महत्याएँ कर रहे हैं, जिन्हें रोज़गार मिल गया है वे औरतों पर अपनी 'मर्दानगी' दिखा रहे हैं। पूरा समाज एक अपाधापी से गुज़र रहा है। राजनीति की हलचलें इसी का परिणाम हैं। सत्ताधारी दल 'आम आदमी का साथ' छोड़ कर अन्तर्राष्ट्रीय वित्त संस्थाओं के हाथ में नाचने के लिए बेचैन हो रहा है, वामपन्थ के दबाव के चलते वह पूरी तरह मनमाफ़िक नहीं चलने पा रहा है। वामपन्थ भी बंगाल-केरल से बाहर निकलने के लिए कसमसा रहा है। विपक्षी दल सत्ता गँवा देने की हताशा में ऐसी अन्तर्कलह से घिरा है कि 'लौह पुरुष' भी अपनी भारतीय जनता पार्टी का अध्यक्ष पद पूरे साल तक नहीं सँभाल सके...

ज़रूरी हस्तक्षेप

साहित्यिक परिदृश्य भी इसका अपवाद नहीं है। भारी हलचलें हैं। यह अलग बात है कि हलचलें सार्थक हैं या निरर्थक। कुछ लोग 'कभी-कभार' विचारधारा पर, स्वभावतः प्रगतिशील विचारधारा पर, आक्रमण करते रहते हैं। प्रगतिशील बन्धु इस आक्रमण पर चुप साधे रहते हैं। अपने को जनवादी कहने वाले कुछ लोग कभी होते-सोते हैं, कभी विश्वासघात करते हैं, बहाना यह कि व्यंग्य कर रहे हैं या आत्मालोचना कर रहे हैं! ऐसी ही 'बहसों' के कारण थोड़े दिन पहले कुछ पत्रिकाओं ने चिन्ता व्यक्त की थी कि हिन्दी में बहसों का स्तर लगातार नीचे गिरता जा रहा है। यह गिरावट वृद्ध पूँजीवाद के उपभोक्तावादी जीवन-मूल्यों का परिणाम है। दूसरे शब्दों में, समाज, राजनीति, साहित्य, हर जगह जैसी आपाधापी, समस्याग्रस्तता और पतनशीलता दिखायी देती है, वह कुछ दुरात्माओं का षड्यन्त्र नहीं है, बल्कि पूँजीवाद के वर्तमान चरण का सांस्कृतिक परिणाम है।

परेशानी तब होती है जब अपने को जनवादी हितों का पैरोकार समझने वाले

इस मूल्यहीनता का आश्रय लेते हैं क्योंकि तब वे इस मूल्यहीनता को भी 'जनवादी' हित और अधिकार के रूप में पेश करते हैं। **'उद्भावना'** (अंक 67, जनवरी 2005, सं. अजेय कुमार) ने 'हंस' में प्रकाशित 'मेरे विश्वासघात' लेखमाला पर एक विस्तृत खंड प्रस्तुत करके ऐसे विवादों पर लगाम का काम किया है। सम्भव है, इस कोशिश में कुछ असन्तुलन भी आ गया हो, कुछ स्वर अधिक तीखे हो गये हों, कुछ अभिव्यक्तियाँ आपत्तिजनक भी हो गयी हों, लेकिन 'स्त्री विमर्श' के नाम पर 'हंस' की मंडली ने जो कुछ कर रखा था, उसका प्रतिवाद करते समय ऐसी अतिरंजनाएँ सम्भव थीं। लेकिन इसकी जैसी प्रतिक्रिया 'हंस' के सम्पादक की हुई, वह आशातीत है।

काफी दार्शनिक मुद्रा में पेश किये गये 'विश्वासघात' का सहसा बन्द हो जाना यह सिद्ध करता है कि गम्भीरतापूर्वक हस्तक्षेप करने का असर होता है। लेकिन यादव जी का क्लेश अन्यत्र प्रकट हो रहा है। मार्च 2005 में (17 से 23) मार्क्सवादी कम्युनिस्ट पार्टी ने दिल्ली में 'हिन्दी क्षेत्र : तकलीफें और मुक्ति के रास्ते' विषय पर संगोष्ठी आयोजित की। सभी जगहों और विधाओं के लोग आये। राजेन्द्र यादव को शिकायत है कि उन्हें नहीं बुलाया गया जबकि वे जनवादी लेखक संघ के उपाध्यक्ष हैं और लोग उनसे पूछते थे! आवेश में उन्होंने माकपा और जलेस को एक साथ करते हुए लिखा है, "मार्च के तीसरे सप्ताह में मार्क्सवादी कम्युनिस्ट पार्टी ने हिन्दी प्रदेश में अपने प्रभाव को केन्द्र में रखकर सम्मेलन किया।...तो ये प्रौढ़-बूढ़े, हिन्दी प्राध्यापक, लगभग गैर-रचनाकार, सवर्ण मर्द बुद्धिजीवी थे जो जनवादी लेखक संघ के मंच से हिन्दी प्रदेश की दशा दिशा पर चिन्तन कर रहे थे।" (**हंस,** मई 2005, पृ. 4 5)

यह प्रक्षेप की अवस्था है, जहाँ भीतर का आवेश बाहर की वास्तविकता को धुँधला कर देता है। राजेन्द्र जी जलेस के उपाध्यक्ष हैं, माकपा के नहीं, इतना तो शायद याद होगा। उनके आवेश का कारण यह है कि "मगर मुझे औपचारिक फोटोस्टेट निमन्त्रण के सिवा इस आयोजन की (फोन पर चंचल चौहान से बातचीत के अलावा) कोई सूचना नहीं थी।" अपने को इतना अपरिहार्य मानना भी प्रक्षेप का एक कारण है। यादव जी को संगोष्ठी समिति के वरिष्ठ सदस्य चंचल चौहान ने 'फोन पर' बताया, 'औपचारिक' निमन्त्रण भी मिला, फिर भी 'कोई सूचना नहीं' थी? या निमन्त्रण 'फोटोस्टेट' होने से वह 'सूचना' की श्रेणी में नहीं आता? या कोई दबी हुई और बात है जो ज़बान पर नहीं आती? यादव जी खुद भी बहुत-से आयोजन करते हैं। बहुतों को नहीं बुलाते। क्या वे भी ऐसी ही शिकायत करें? सूचना और निमन्त्रण मिलने पर भी यादव जी नहीं आये क्योंकि वहाँ 'प्रौढ़-बूढ़े, हिन्दी प्राध्यापक, लगभग गैर-रचनाकार, सवर्ण मर्द बुद्धिजीवी' इकट्ठा थे। इसलिए भी उनकी शिकायत सिर्फ एक लांछनपूर्ण अभियान है जो शत्रु को शोभा देता है, मित्र को नहीं। यादव जी अब 'मुड़-मुड़' के देखने वाली उम्र में तो पहुँच

गये हैं। उनमें ऐसी महत्त्व-वेदना अच्छी नहीं लगती। कम से कम 'प्रौढ़-बूढ़े... सवर्ण मर्द बुद्धिजीवी' जैसी अलंकारपूर्ण भाषा इस उम्र में बेतुकी लगती है। हम उन्हें चिड़चिड़े बूढ़े के रूप में नहीं देखना चाहते। वैसे भी, वे जो 'विमर्श' कर रहे हैं, उसमें बुढ़ापा अखरता है।

स्मरण और उत्तराधिकार

रांगेय राघव पर 'वर्तमान साहित्य' (फरवरी-मार्च 2005, सं. कुँअर पाल सिंह, नमिता सिंह) का विशेषांक संग्रहणीय है। साढ़े पाँच सौ पृष्ठ का वृहद् अंक, अनेक चित्रों, पत्रों, अनिवार्य सूचनाओं के साथ-साथ रांगेय रावव के लेखन के चुनिन्दा प्रस्तुतीकरण और हस्तलिपि के कारण भी महत्त्वपूर्ण है। उनके जीवन और साहित्य पर 'अन्तरंग', 'स्मृति के झरोखे से' और 'सृजन के धरातल', 'चिन्तन के आयाम', कृति मूल्यांकन जैसे खंडों में पर्याप्त सामग्री मौजूद है। इतनी सामग्री सम्भवतः पहली बार एक साथ उपलब्ध हुई है। तरूमले नंबाकम वीर राघवाचार्य उर्फ रांगेय राघव (1923-1962) चालीस साल के भी नहीं थे जब विदा हुए। लेकिन उनका लेखन यथेष्ट परिमाण में है। कुँअरपाल जी ने ठीक कहा है कि ज़्यादा लिखकर भी वे उपेक्षित रहे; "उनकी कई महत्त्वपूर्ण रचनाओं के दूसरे संस्करण नहीं हुए", इसलिए पत्रिका में लिखवाते समय हर लेखक उनकी पुस्तकें माँगता था, "पुस्तक उपलब्ध कराने में देश भर के विद्वानों ने हमारी मदद की।" यानी, उनके साहित्य के प्रेमी देश भर में फैले हैं। दिल्ली के विद्वान तो लेखकों के नाम की राजनीति करते हैं, लेकिन अपने लेखकों से प्रेम करना, उनकी रचनाओं को सुरक्षित रखना इस देश के लोग जानते हैं। यही सचमुच के विद्वान हैं।

यों तो कई चीज़ें दिलचस्प, सूचनाप्रद और भावपूर्ण हैं लेकिन सुलोचना जी का लेख एवं साक्षात्कार श्रवण कुमार अग्रवाल, घनश्याम अस्थाना, राजेन्द्र रघुवंशी और कमलेश्वर के लेख विशेष उल्लेखनीय हैं, 'पिता के प्रति' सीमंतिनी की कविताएँ स्मृति को उत्सव नहीं बनातीं बल्कि गहरी उदासी के स्याह रंग में से उभरती भावछवियाँ अंकित करती हैं। जबरीमल्ल पारख ने कम्युनिस्ट पार्टी, प्रगतिशील लेखक संघ और स्वाधीनता की पृष्ठभूमि में उभरी बहसों के सन्दर्भ में रांगेय राघव की चर्चा की है, शम्भुनाथ ने उनके इतिहास सम्बन्धी लेखन को आधार बनाया है। जहाँ उनकी उलझनों के भीतर से इस तथ्य को पहचाना गया है कि उनकी मूल दृष्टि "पूरी तरह एक नस्लवाद-विरोधी और धर्मनिरपेक्ष दृष्टि थी।" (357) हरियश राय ने इस बात की ओर हमारा ध्यान खींचा है कि "रांगेय राघव की कहानियाँ हमें एक ऐसे समाज से परिचित कराती हैं जो अभावग्रस्त हैं, जिसमें जीवन-मूल्यों के प्रति एक आस्था है और जो भविष्य के प्रति आशावान है लेकिन उनकी आशावादिता समय

के सरोकारों के साथ नहीं चल पाती।" (321) ऐसे चरित्रों को विषय बनाना और स्वयं उससे तटस्थ होकर चित्रण करना मुश्किल काम है। अभाव, जीवन-मूल्यों और आशावाद से एक प्रगतिशील फार्मूला भी बन सकता है लेकिन यह आशावाद अपने समय के सरोकारों के साथ चलता है या नहीं, इसे परखे बिना न हम वर्तमान को आत्मसात करते हैं, न भविष्य को साकार करते हैं।

रांगेय राघव के पत्रों में उनके विनम्र, दृढ़ और विनोदी स्वभाव का परिचय मिलता है। पं. हजारी प्रसाद द्विवेदी 'पूज्य' हैं तो मित्र घनश्याम अस्थाना 'घमासान' हैं; मैथिलीशरण गुप्त के प्रति आदर रखते हुए भी उनसे अपनी असहमति व्यक्त करने में वे नहीं चूके। महाभारत की कथा पर आधारित प्रबन्ध काव्य के कुछ अंशों में गुप्त जी ने मर्यादा का अतिक्रमण पाया; रांगेय राघव ने भीष्म से राम तक पूरे पौराणिक साहित्य का उदाहरण देकर और वेदव्यास-वाल्मीकि के दृष्टिकोण का उल्लेख करके प्रश्न किया, "क्या पिता का भी हो, तो पुत्र सोचेगा भी नहीं कि वह क्यों वंचित किया जा रहा है?" (पृ. 552) एक तरफ द्विवेदीयुगीन आदर्शवाद है, दूसरी तरफ प्रगतिशील साहित्य का यथार्थवाद, रांगेय राघव आदर्श का विरोध नहीं करते लेकिन चरित्रों को सजीव अन्तर्द्वन्द्व से निर्मित मानव-प्रतिरूप बनाये रखने का आग्रह करते हैं।

भीष्म साहनी पर 'आलोचना' का अंक (सहस्राब्दी अंक 17-18, 2004 प्रधान सम्पादक—नामवर सिंह, सम्पादक—परमानन्द श्रीवास्तव) देर में छपकर ज़रूर आया है लेकिन उनके व्यक्तित्व से अधिक कृतित्व के अलग-अलग पक्षों पर यथेष्ट सामग्री के कारण सन्दर्भ की तरह काम आयेगा। 'तमस' पर सबसे विस्तृत खंड है, जो उचित है। अनिल राय ने रेखांकित किया है कि रिचर्ड-लीज़ा को भारतीय नाम दे दें तो "औपनिवेशिक-व्यवस्था" के बदले "उत्तर औपनिवेशिक समकालीन पाठ" बनने लगता है। (पृ. 94) इस प्रकार, साम्प्रदायिकता के प्रश्न पर गुलाम और आज़ाद हिन्दुस्तान में निरन्तरता के सूत्र प्रकट होते हैं। भीष्म का कलात्मक कौशल ही नहीं, वैचारिक सामर्थ्य भी है कि साम्प्रदायिकता जैसी "अधिरचनात्मक समस्या" को वे "वर्ण-संरचना की समस्या" से जोड़ देते हैं, इसलिए 'तमस' को "समाज वैज्ञानिक विश्वसनीयता" प्राप्त हो जाती है। (97) सूरज पालीवाल ने 'गदल' (वर्तमान साहित्य, रांगेय राघव विशेषांक) और 'बसन्ती' (आलोचना, भीष्म साहनी स्मृति अंक) पर गम्भीरतापूर्वक विचार किया है। भीष्म जी के नाटकों की सामाजिक दृष्टि पर सत्यदेव त्रिपाठी ने 'कबिरा खड़ा बाज़ार में' की प्रस्तुति सम्बन्धी समस्याओं और प्रयोगों पर, रमेश राजहंस ने 'हानूश' के व्यंग्य और व्याप्ति पर तथा कुछ अन्य नाटकों पर राजेन्द्र कुमार ने विचार करने लायक बातें लिखी हैं।

विशेषांक न होने पर भी 'तद्‌भव' (अंक-12, फरवरी 2005, सं. अभिलेख) ने

सज्जाद ज़हीर, मुल्कराज आनन्द और पाब्लो नेरुदा की जन्मस्थली के निमित्त से मुरली मनोहर प्रसाद सिंह का लेख 'प्रासंगिकता और सार्थकता' प्रकाशित किया है। सज्जाद ज़हीर का सम्पर्क इतना व्यापक था कि 'तमाम भारतीय भाषाओं के बड़े से बड़े लेखकों से ही नहीं, ''दुनिया भर के बड़े से बड़े लेखकों से जब चाहें तब सम्पर्क कर सकते थे।'' इस विरासत को प्रलेस-जलेस-जसम किसी ने आगे नहीं बढ़ाया, जबकि ''साम्प्रदायिक फासीवाद और अमरीकी नेतृत्व वाले विश्वपूँजीवाद की कारगुजारियों को देखते हुए आज इस बिरसे को आगे ले जाकर बहुत कुछ हासिल किया जा सकता है।'' (पृ. 15) अतीत का स्मरण निस्सन्देह वर्तमान चुनौतियों के सन्दर्भ में ही होता है, और मुरली जी ने इसी दृष्टि से विरासत को अंगीकार करने का प्रयास किया है। अवश्य ही, 'अन्तर्विरोध' के नाम पर यान्त्रिक दृष्टिकोण अपनाने वालों को यहाँ निराशा होगी।

इसी प्रकार, सखाराव गणेश देउस्कर की 'देशेर कथा' पर मैनेजर पांडेय का लेख और 'चाँद' के अछूत अंक (1927, पुनर्मुद्रित 1998) पर वीरेन्द्र यादव का लेख विचारोत्तेजक है। पाण्डेय जी ने देउस्कर की पुस्तक के विवेचन में वैसी ही दृष्टि अपनायी है जैसी सम्पत्ति शास्त्र के बारे में रामविलास जी ने अपनायी थी। पांडेय जी ने देउस्कर के माध्यम से तब और अब के साम्राज्यवाद की रणनीतियों में समानता पर ध्यान आकर्षित करते हुए दूसरे महायुद्ध के बाद अमरीकी सैन्य अभियानों का जिक्र किया है और भविष्य में उसके खूँखार चरित्र का अनुमान भी प्रस्तुत किया है। (पृ. 34-35) मुरली जी की तरह पाण्डेय जी साम्राज्यवादी खतरे की वर्तमान परिस्थिति को सामने रखकर करते हैं। इस मूल्यांकन में मौलिकता न होते हुए भी आत्यन्तिका नहीं है, यह ग़नीमत है। वीरेन्द्र यादव की पद्धति कुछ उत्तर-आधुनिक है, इसलिए वे साम्राज्यवाद के बदले समकालीन विमर्शों को परिदृश्य पर रखते हैं और उसी के सन्दर्भ में निष्कर्ष निकालते हैं। 'चाँद' में 'गैर-दलित के दलित-विमर्श' के विश्लेषण में यथेष्ट प्रखरता के साथ और काफी हद तक उदार दृष्टि अपनाकर भी इस नतीजे पर पहुँचते हैं कि उसकी ज़मीन वही है ''जिस पर आज का कुलीन धर्मनिरपेक्षतावादी विमर्श'' खड़ा है। (पृ. 92-93) लेकिन यह अवश्य देखा जाना चाहिए कि 'चाँद' सुधारवाद की हद से आगे बढ़ने का साहस दिखाता है और 'दलितोद्धार' के बदले जातिप्रथा के उन्मूलन का समर्थन करता है। खुद उसके सम्पादक नन्द किशोर तिवारी का एक चित्र अपने अछूत प्रेस-कर्मचारी के साथ एक थाली में खाते हुए प्रकाशित हुआ है। चौथाई सदी पहले अपने संस्कारों की जड़ता से संघर्ष करके इतना क़दम बढ़ाना कितना कठिन था जो आज भी बहुतों के वश का नहीं इसके महत्त्व को स्वीकारना चाहिए। विमर्शवाद की सीमाओं के कारण वीरेन्द्र यादव इस बारे में ध्यान नहीं देते।

है उन्हें सिर्फ ''पार्ट टाइम, कैजुअल, अस्थायी तथा निम्न मज़दूरी का कार्य ही'' मिलता है और वह भी 'ज़्यादातर इन्फार्मल सेक्टर' में। (**वसुधा-64,** मार्च 2005, पृ. 15) इसलिए स्त्री की दासता का आर्थिक आधार बना रहता है। फलतः मानवीय सम्बन्धों की विषमता का अन्त भी नहीं होता।

रमणिका गुप्त लम्बे समय से एक स्पष्ट उद्देश्य लेकर संघर्ष करती रही हैं। 'युद्धरत आम आदमी' के माध्यम से उन्होंने दक्षिण भारत के दलित साहित्य की और आदिवासी समाज की, कामगार महिलाओं के अनुभव की झलक हिन्दी पाठकों को उपलब्ध करायी है। हाल ही में चर्चित कवयित्री निर्मला पुतल को भी हिन्दी में रमणिका जी ने ही प्रस्तुत किया है। इन दिनों गुरुचरन सिंह का पंजाबी दलित उपन्यास 'मशालची' उनकी पत्रिका में धारावाहिक रूप में छप रहा है। लेकिन इधर आदिवासी अस्मिता पर ध्यान दिलाने में 'युद्धरत आम आदमी' अग्रणी भूमिका निभा रहा है। (पत्रिका के अंक–76, अप्रैल-जून 2005) में ही 19-सूत्री कार्यक्रम सहित रमणिका जी का सम्पादकीय (पृ. 3-6), आदिवासी स्वशासन और शिक्षा सम्बन्धी दो अलग-अलग घोषणापत्र (पृ. 94-96) और झारखंड में ''डायन'' पर आलोक की शोधपूर्ण रपट (पृ. 84-85) इस समस्या के अनेक पक्षों को दृढ़तापूर्वक रेखांकित करते हैं। यही नहीं, 'पूर्वोत्तर के आदिवासी स्वर' पर केन्द्रित विशेषांक का पहला खंड (पूर्णांक 75, 2005) एक वृहद परिश्रमसाध्य आयोजन है जिसमें संथालों के इतिहास, जीवन, साहित्य, चिन्तन, लोकसंस्कृति से सम्बन्धित नाना प्रश्नों और समस्याओं का विश्लेषण प्रस्तुत किया गया है। सबसे महत्त्वपूर्ण चीज़ यह है कि देसी ठेकेदारों, सरकारी अफ़सरों और भ्रष्ट राजनीतिज्ञों के अपराधी गिरोह के साथ-साथ आदिवासी जीवन की समस्याओं के लिए अमरीकी पूँजी और विकास की असंगतियों को भी ज़िम्मेदार मानने के कारण 'युद्धरत आम आदमी' का परिप्रेक्ष्य काफी कुछ मूलगामी स्वरूप अपनाता प्रतीत होता है।

वृहत्तर सांस्कृतिक सरोकार के साथ अपने सामाजिक और साहित्यिक जीवन को गति प्रदान करने की चेतना **'कथन'** (सं. रमेश उपाध्याय) की मूल प्रेरणा है। उपाध्याय जी विश्वविद्यालय के कार्य से अवकाश पा गये हैं। यद्यपि इस मौके पर 'कथन' में प्रकाशित उनके साक्षात्कार पर कुछ पत्रिकाओं में टीका-टिप्पणी भी हुई लेकिन उनके व्यापक सरोकार ही 'कथन' की सन्दर्भवत्ता बनाये रहते हैं। ताज़ा अंक में 'संस्कृति और व्यावसायिकता' पर विशेष सामग्री दी गयी है। (**कथन–46,** अप्रैल–जून 2005) रमेश उपाध्याय ने संस्कृति और कला में 'व्यावसायिक' और 'बाज़ारू' (प्रोफेशनल और कॉमर्शियल) का फर्क करते हुए यह ज़रूरी सुझाव पेश किया है कि न्यूनतम लागत से अधिकतम मुनाफा कमाने के लिए 'घटिया वस्तु या सेवा' बेचना बाज़ारूपन है लेकिन अपने हुनर में दक्ष होना, उसके लिए उचित

पारिश्रमिक चाहना या पाना व्यावसायिक होना है। सांस्कृतिक-विमर्श की फ्रांसिस मुलहेर्न की पुस्तक 'कल्चर/मेटाकल्चर' का उत्पल कुमार द्वारा प्रस्तुत सारांश, सिनेमा और संस्कृति के जटिल द्वन्द्वात्मक सम्बन्धों पर जबरीमल्ल पारख का लेख, भगवत शरण उपाध्याय के लेख 'भारतीय संस्कृति में ग्राह्य और अग्राह्य' का पुनर्प्रकाशन, सरला सुन्दरम् का निबन्ध 'संस्कृति के भूमंडलीय व्यवसायी की सच्ची कहानी', ऐजाज़ अहमद की बातचीत और 'परिचर्चा' (पूरनचन्द जोशी, सुधीश पचौरी, अजय तिवारी) आदि पर्याप्त सामग्री उपलब्ध है। रमेश उपाध्याय के चयन और निर्णय में अध्ययन, परिश्रम और कठोरता रहती है। इसलिए निरर्थक चीज़ें यहाँ प्रायः नहीं मिलतीं।

स्वागत

इस बीच एक नयी पत्रिका 'सम्प्रति पथ' (सं. रमेश आज़ाद, दिल्ली, प्रवेशांक, मई-जून 2005) ने पदार्पण किया है। एक श्रमजीवी कवि की विनम्रता और सादगी केवल 'सम्पादकीय' में नहीं, अंक की सामग्री और संयोजन में भी है। डॉ. विश्वनाथ त्रिपाठी का सम्पादक द्वारा लिया हुआ साक्षात्कार (यथार्थ ही नया फार्म रचता है) और हिन्दी ग़ज़ल पर रामकुमार कृषक के लेख के अलावा इस अंक में कुबेरदत्त के चित्र और रेखांकन तथा एक बेहद दिलचस्प संस्मरण 'दो हज़ार के टिकट पर एक करोड़ का राम' इस अंक में विशेष है।

हिन्दी में 'सार्थक व्यंग्य की (एकमात्र) रचनात्मक त्रैमासिकी' **व्यंग्य यात्रा** (सं. प्रेम जन्मेजय) का दूसरा अंक (संयुक्तांक, जनवरी-जून 2005) कुछ पुरानी और कुछ नयी सामग्री के साथ दस्तावेज़ी महत्त्व की आशा से प्रस्तुत हुआ है। सम्पादक के पास साधन और हौसला तो है, चयन की कठोरता नहीं; इसीलिए चिन्तन खंड में उसने एक तरफ नवोदित समीक्षक रमेश तिवारी का शोधपरक लेख 'श्रीलाल शुक्ल के मिथकीय प्रयोग' प्रकाशित किया है, दूसरी तरफ अस्तमित बौद्धिक कमल किशोर गोयनका का दुराग्रहपूर्ण लेख 'मिथक में व्यंग्य : व्यंग्य में मिथक' भी प्रकाशित किया है। बल्कि गोयनका के ही लेख से व्यंग्य में मिथकीय प्रयोग के विशेष आयोजन का श्रीगणेश हुआ है, जबकि इसमें ऐसी हास्यास्पद उक्तियाँ हैं, जैसे, "अभी कुछ समय पूर्व वामपंथियों की संस्था 'सामना' ने राम पर प्रदर्शनी लगायी...।" (पृ. 22) "सामना" कब से शिवसेना का अखबार न रहकर 'वामपंथी' संस्था हुई, यह बताना वे भूल गये। ऐसे तथ्यों का सम्बन्ध लेखक के पूर्वाग्रह से है, "मेरी धारणा है कि हिन्दू समाज एक सहनशील और सहिष्णु समाज है" (उप.), जो संघपरिवार के प्रयत्नों से भी असहिष्णु और कट्टर नहीं बना। लेकिन सम्पादक की इस सहिष्णुता का रहस्य अस्पष्ट ही रहता है। वह अत्यन्त व्यस्त रहता है। मसलन, 'देश देशांतर में साहित्यिक

एवं सांस्कृतिक सेतु' बनाने वाले आयोजनों **में,** जिसकी एक झलक प्रवासी संसार के त्रिनिदाद एवं टुबैगो विशेषांक में मिलती है। (वर्ष 2, अंक 2, अप्रैल-जून 2005, सं. राकेश पाण्डेय, दिल्ली) इसमें 'कुली से कुलीन' शीर्षक संस्मरण के अलावा कई रिपोर्टें भी जन्मेजय जी ने ही लिखी हैं। फिजी–मॉरिशस– त्रिनिदाद जैसे देशों के हिन्दी लेखकों से सेतु बनाने के काम में गोयनका जैसे लेखक ही दुर्भाग्य से आगे हैं और उनमें 'हिन्दू' चेतना फैलाने वाले संगठनों का भी यथेष्ट प्रभाव है।

'समय माजरा' (जून 2005, वर्ष 6, अंक 60, सं. हेतु भारद्वाज) में 'राणीसती नगर' नाम से जयपुर की एक बस्ती का नामकरण करने की रूढ़िवादी राजनीति के विरोध (सम्पादकीय, पृ. 3) से लेकर दलित लेखक की परिभाषा (रत्न कुमार सँभरिया, पृ. 27-33) तक बहुत से ज्वलंत-जीवंत मुद्दे हैं। एक सन्तुलित, विचारपूर्ण पत्रिका के रूप में 'समय माजरा' भी शिक्षा-संस्कृति के सभी आवश्यक प्रश्न उठाती है। प्रकाश चतुर्वेदी ने राजस्थान निजी विश्वविद्यालय विधेयक के माध्यम से जो बहस उठायी है, उसमें मुद्दों से उलझे बिना व्यावसायिक और औपचारिक शिक्षा की अराजकता का हल नहीं ढूँढ़ा जा सकता।

आज जब 'दलित सौन्दर्यशास्त्र', 'नव सौंदर्यशास्त्र' वगैरह की चर्चा है, तब कविवर विजेन्द्र ने भी सौन्दर्यशास्त्र पर टिप्पणी लिखी है। उनका दृष्टिकोण यह है कि "भारतीय परिस्थितियों में बल्कि कहें एशिया, अफ्रीका और लैटिन अमरीका की कठिन परिस्थितियों में मुझे जनता की उभरती ताकत को पहचानना होगा अन्यथा मेरा सौन्दर्यशास्त्र मध्यवर्गीय और कुलीन दायरे से बाहर नहीं आ पायेगा। वैचारिक आस्था होना एक बात है।" (**कृति ओर,** अंक–35, जनवरी-मार्च 2005, पृ. 11) कहने की ज़रूरत नहीं कि यह ऐसी कसौटी है जो व्यवहार में अवसरवाद की सम्भावना को रोकती है। 'शेष' (ज़िल्द चार, शुमार तीन, अप्रैल-जून 2005, सं. हसन जमाल) में संगीत-कला के बारे में इस्लाम के नज़रिये को लेकर जो भ्रम है, उसका तथ्यपूर्ण प्रतिवाद किया है। (इस्लाम में मूसीकी का मस्अला, डॉ. जमील जालिवी, पृ. 8-11) किसी समय 'देवदत्त' नाम से 'जनसत्ता' में कुछ सार्थक, कुछ निरर्थक विवाद छेड़ने वाली आदत पर फजल इमाम मल्लिक का लेख "साहित्य को देवदत्तों से बचायें" और कान्तिकुमार जैन की टिप्पणी "कैदी कविराय से भूतपूर्व कवि तक का सफरनामा" अपने-अपने ढंग से रचनात्मक भूमिका अदा करते हैं।

'पल-प्रतिपल' (वर्ष 19, अंक 69-70, सितम्बर-दिसम्बर 2004) में राजकुमार राकेश का किचिन्त छोटा उपन्यास 'अन्तिम से पहला आदमी' एक उल्लेखनीय रचना है। छोटे उपन्यासों में तेजिन्दर के 'काला पादरी' के अलावा राकेश का यह उपन्यास भी लोगों की प्रशंसा पायेगा। रमेश कुंतल मेघ के 'आत्मकथ्य' और साक्षात्कार के अलावा शिक्षा की समस्याओं पर अजय कुमार सिंह का 'विमर्श' महत्त्वपूर्ण मुद्दे

उठाता है, हालाँकि उसकी शैली पुस्तक समीक्षाओं वाली ही रह गयी है। 'साखी' (अंक 11, अप्रैल-जून 2005, सं. सदानन्द शाही) में 'हिन्दी राष्ट्रवाद' पर आलोक राय को टिप्पणी और बातचीत अपने गम्भीर बौद्धिक विश्लेषण से ध्यान खींचती है लेकिन कई विवादास्पद प्रश्न भी उठाती है, जिस पर स्वतन्त्र चर्चा अपेक्षित है। प्रेमचन्द की 'रंगभूमि' जलाये जाने की पृष्ठभूमि में कँवल भारती और मोहनदास नैमिशराय आदि की परिचर्चा इसलिए उल्लेखनीय है कि उन्होंने संजीदगी के साथ समस्याओं का विवेचन किया है। मसलन, कँवल भारती प्रेमचन्द के अनुभव-संसार का देश-काल भूलकर 'विमर्श' नहीं करते बल्कि यह रेखांकित करते हैं कि 1886 से 1936 की अवधि का रचना-संसार आज़ादी के 57 साल बाद भी जीवित, प्रासंगिक है। (पृ. 49) नैमिशराय का अनुग्रह है कि सवर्ण आलोचक पचास साल बाद भी किसी दलित लेखक को सवर्ण प्रेमचन्द से बड़ा नहीं मानेंगे। (पृ. 59) फिर भी वे स्वीकार करते हैं कि ''प्रेमचन्द गैरदलित लेखकों में प्रथम ऐसे कथाकार हैं, जिनकी रचनाधर्मिता में दलित जीवन कहीं गहरे तक आया है।'' (पृ. 61)

कला की व्यापक अन्तर्दृष्टि से सम्पन्न एक ज़िम्मेदार पत्रिका के रूप में 'संवेद वाराणसी' का कायाकल्प हो गया है। (अंक-4, अप्रैल-जून 2005, सं. अनिल मिश्र) सारनाथ के मूर्ति शिल्प पर डॉ. राय आनन्द कृष्ण ने और अपर्णा कौर के चित्रों पर केशव मालिक ने जिस ढंग से लिखा है, वह पाठक के कलाबोध को समृद्ध करने वाला है क्योंकि एक तो उसमें कलाशैली के साथ विषय-वस्तु का विवेचन भी है, दूसरे, यह विवेचन अमूर्त और पश्चिमी सिद्धान्तों पर आधारित न होकर भारतीय कला के मूर्त उदाहरणों पर आधारित है। यदि विभिन्न कलाओं पर हिन्दी में लिखने वालों की टोली एकत्रित हो सके तो 'संवेद' के माध्यम से एक सौन्दर्यशास्त्र विषयक पत्रिका का अभाव दूर हो सकता है।

'कथादेश' (दिल्ली, सं. हरिनारायण) जैसी पत्रिकाएँ शान्त भाव से अपना काम कर रही हैं। उनका ध्यान रचनात्मक साहित्य (और उद्देश्य) पर केन्द्रित है। इसलिए 'विवाद' और 'विमर्श' में न पड़कर भी वे अपनी जीवंतता कायम रख सकी हैं। 'साक्षात्कार' (भोपाल, सं. देवेंद्र दीपक) धीरे-धीरे अपनी पहचान खो रही है। जैसे सीबीएसई ने किसी समय मृदुला सिन्हा जैसी लेखिका ढूँढ़ निकाली थी, उसी तरह म.प्र. साहित्य अकादमी ने मालती जोशी जैसी लेखिका खोज निकाली है। (**साक्षात्कार,** 303, मार्च 2005, से बातचीत और कहानी, पृ. 7-36) विष्णुचन्द्र शर्मा 'सर्वनाम' का नियमित प्रकाशन कर रहे हैं। नये अंक में भगवान सिंह पर महत्त्वपूर्ण सामग्री है। (वर्ष 18, अंक 77, जन, मार्च 2005) विष्णु जी को यह डर नहीं लगा कि आर्यों को भारत का मूल निवासी मानने वाले और ऋग्वेद को हड़प्पा संस्कृति का ही चित्रण मानने वाले भगवान सिंह के साहित्य ही नहीं, इतिहास सम्बन्धी विमर्श पर सामग्री

देने से लोग उन्हें और उनकी पत्रिका को भी संघ-समर्थक कहने लगेंगे। **तेवर** (अंक 15, फरवरी 2005, सं. कमल नयन पाण्डेय, सुल्तानपुर) में 'प्रतिरोध का लोक सृजन' (सम्पादकीय) और 'नयी विश्व-व्यवस्था का यथार्थ (रघु ठाकुर) दो भिन्न कोण से परस्पर-पूरक विषय-वस्तु प्रदान करते हैं।

यदि पत्रिकाओं की लघुता से थोड़ा हटकर देखें तो 'आउटलुक' (साप्ताहिक 13 जून 2005, सं. आलोक मेहता, नयी दिल्ली) में एनसीईआरटी के घोटालों की जाँच रिपोर्ट पर मत्था सिंह की स्टोरी का जिक्र आवश्यक है। जे. एस. राजपूत ने जिस अन्धाधुन्ध तरीके से देश की सर्वोच्च शैक्षणिक संस्था में भगवाकरण और भ्रष्टीकरण का संयुक्त अभियान चलाया था, उसका अन्दाज़ होगा। (पृ. 10-13) यह भ्रष्टाचार नियुक्तियों से लेकर आर्थिक घोटाले तक, सेवारत प्रोफेसरों को प्रताड़ित करने से लेकर पुस्तक प्रकाशन तक चौतरफा फैला हुआ था। जिसने भी किसी गलती पर ऐतराज़ किया, मसलन, हिन्दी विभाग के प्रोफेसर डॉ. रामजन्म शर्मा, तो उसे जूनियर के नीचे काम करना पड़ा और जूनियर ने ही अपने सीनियर की गुप्त रिपोर्ट बनायी! एनसीईआरटी में संघ के 'हिन्दू राष्ट्र' का यह मिनी ट्रायल था।

सारांश यह कि हिन्दी की साहित्यिक पत्रिकाएँ अपने दौर की चुनौतियों का सामना करने और विकल्प की प्रस्तावना करने का गम्भीर प्रयास कर रही हैं। कोई भी सार्थक विचार ऐसे अनेक प्रयासों के भीतर से ही फूटता है। इस बारे में भ्रम और अहं की गुंजाइश न रहे इसलिए आइंस्टाइन को याद करना प्रासंगिक होगा। यह वर्ष आइंस्टाइन के सापेक्षतावाद की और अन्तर्राष्ट्रीय भौतिकी की शताब्दी का वर्ष है। (हालाँकि लघुपत्रिकाओं में अकेले **पहल–79** में शिव प्रसाद जोशी का लेख 'आइंस्टाइन से हाकिंग तक हमारा समय और उसके आगे' आया है जिसमें 1905 में आइंस्टाइन के चार शोधपत्रों का और उसी दिशा में बढ़ते हुए स्टीफन हाकिंग द्वारा सृष्टि के रहस्यों की खोज के प्रयत्नों का संक्षिप्त किन्तु स्पष्ट परिचय दिया गया है।) इस अवसर पर पत्रकार प्रसून लतांत की टिप्पणी 'पत्रकारों की स्मृति' के इन दो वाक्यों पर ध्यान देना उपयुक्त होगा, ''यह दशक (1895-1905) इसलिए महत्त्वपूर्ण है कि इन दस सालों में पहले के वैज्ञानिकों ने कुछ ऐसी खोजें कीं जिनके कारण आइंस्टाइन को अपनी खोजों को अंजाम देने में सहूलियत हुई।...मसलन, 1895 में एक्स-किरणों की खोज, 1896 में रेडियोधर्मिता और जीमान प्रभाव, 1897 में इलेक्ट्रॉन, 1900 में क्वांटम सिद्धान्त और 1905 में प्रकाश–विद्युत प्रभाव की व्याख्या और सापेक्षता के सिद्धान्तों की खोजें हुईं।'' (**रविवारीय जनसत्ता,** 12 जून, 2005)

अर्थात्, प्रतिभाएँ चमत्कारिक विस्फोट से नहीं, ऐतिहासिक प्रक्रिया के भीतर से पैदा होती हैं। हमारे हंसों से ज़्यादा आइंस्टाइन यह बात समझते थे। उन्होंने

हाय-तौबा मचाने के बजाय सीधी-सादी भाषा में कहा था, "मैं कोई प्रतिभाशाली व्यक्ति नहीं हूँ, मैं बहुत जिज्ञासु हूँ।" जो यह समझ लेता है, वह इतिहास को नियंत्रित या इस्तेमाल करने की जगह ऐतिहासिक प्रक्रिया के विकास में अपनी भूमिका अदा करता है। विराट् ब्रह्मांड में एक व्यक्ति सचमुच बूँद और कण की हैसियत भी नहीं रखता। अपनी हैसियत पहचानने वाला मनुष्य ही ब्रह्माण्ड में अपनी जगह पाता है, महत्त्व-वेदना से पीड़ित अहंवादी शून्य में विलीन हो जाता है।

लघु पत्रिका : उद्देश्य का संकट

आज के जीवन में किसी बड़ी सामाजिक प्रेरणा के बिना साहित्य-संस्कृति में भी कोई बड़ा उद्देश्य नहीं दिखाई देता। इसलिए जहाँ-तहाँ सार्थक प्रयत्नों की झलक तो मिलती है लेकिन उन प्रयत्नों को ज़ारी रखने का संकल्प डगमगाता रहता है। कोई भी मुद्दा क्षणिक उत्तेजना तो पैदा करता है, स्थायी दिशा नहीं प्रदान कर पाता। चंचल पूँजी के युग में सांस्कृतिक जीवन की निरंतरता और स्थिरता भी सम्भव नहीं है। ऊपर से जनसाधारण की उदासीनता के कारण या कहिए साहित्यिक प्रयत्नों से जनसाधारण के फासले के कारण अनिश्चय की प्रवृत्ति ज़्यादा बलवती होती है। इसी का परिणाम है कि लघु पत्रिकाओं की बाढ़ ज़रूर है लेकिन उन सबकी अपनी पहचान नहीं है; देश के कोने-कोने से निकलने वाली लघुपत्रिकाओं ने उन जगहों को भी साहित्यिक मानचित्र पर दर्ज कर दिया है लेकिन उन सब जगहों की सामाजिक-सांस्कृतिक विशेषता की अभिव्यक्ति वे नहीं कर सकी हैं।

पहचान का यह संकट वास्तव में उद्देश्य का संकट है। समाज की दिशाहीनता के चलते और वैचारिक सजगता में कमी के नाते यह संकट और गम्भीर हो गया है। इस संकट से घबराहट के कई रूप लघुपत्रिकाओं में दिखाई देते हैं। महानगर की 'महा' पत्रिकाएँ 'बलात्कार' और 'विश्वासघात' को ही नयी नैतिकता का दर्ज़ा दिलाने का अभियान चलाती हैं जो वास्तव में उत्तेजना से जीवन-रस लेने वाली पतनशील पूँजीवादी संस्कृति का उदाहरण है। दूरदराज़ से निकलने वाली 'लघु' पत्रिकाएँ अपने हौसले और प्रयत्न से अवश्य प्रभावित करती हैं लेकिन चकाचौंध के युग में उन्हें सामग्री जुटाने से लेकर उसे प्रस्तुत करने तक असंख्य मुश्किलें झेलनी पड़ती हैं।

चकाचौंध, उत्तेजना, अहंकार, अनुमोदन के बाज़ारवादी सांस्कृतिक वातावरण में सार्थकता के क्षेत्र सामाजिक मूल्यों से हटकर व्यक्तिवाद की दिशा में मुड़ जाते हैं। इसीलिए मित्रों की यह शिकायत सही है कि हिन्दी में वैचारिक बहसें ठप-सी हैं, बदले में निरर्थक विवाद हो रहे हैं। संयुक्त प्रगतिशील गठबन्धन (सम्प्रग) सरकार आने के बाद साहित्य-संस्कृति में आशा का कुछ संचार हुआ था। लेकिन उदारीकरण-निजीकरण की साम्राज्य-परस्त कांग्रेसी नीतियों और सम्प्रग के साथ वाममोर्चे के बढ़ते अन्तर्विरोधों

के कारण उत्साह जल्द ठंडा पड़ गया। कांग्रेसी नीतियों से वामपन्थ का टकराव न तो लेखकों को सत्ता-सुख में भागीदार बनने दे रहा है, न ऐसा क्रियात्मक रूप ले रहा है कि जनसंघर्ष बनकर फूट पड़े। इसलिए आशा या प्रेरणा के स्रोत नदारद हैं। मध्यवर्गीय स्वभाव के लेखक बहुत जल्द उत्साह और हताशा के अतिवादी छोरों पर पहुँच जाते हैं। पिछले छः महीनों की लघुपत्रिकाएँ मानो इसी दुविधापूर्ण परिस्थिति में फँसकर दिशाहीन जैसी दिखाई देती हैं।

विशेषांकों की बहार

दिशा, पहचान और उद्देश्य के संकट को हल करने का सम्मिलित प्रयत्न नहीं दिखायी देता। हर पत्रिका अपने स्तर पर जो करती है, वह कुछ स्तम्भों, विमर्शों और विचारों को यथासम्भव प्रस्तुत करने का प्रयत्न है या फिर मौके-बेमौके विशेषांकों का आयोजन है। संयोग से पिछले दिनों कई जन्म-शताब्दियाँ थीं। कई पत्रिकाओं ने इस बहाने विशेषांक निकाले। सुभद्रा कुमारी चौहान पर **वर्तमान साहित्य** (सं. कुँअरपाल सिंह, नमिता सिंह, अक्टूबर 2005), सज्जाद ज़हीर पर **प्रगतिशील वसुधा** (सं. कमला प्रसाद, अतिथि सं. शकील सिद्दीकी, वर्ष-2 अंक-3, अक्टूबर-दिसम्बर 2005), रामकुमार वर्मा पर **साक्षात्कार** (सं. देवेन्द्र दीपक, हरि भटनागर, अंक-308-309, अगस्त-सितम्बर 2005), जैनेन्द्र पर **वर्तमान साहित्य** (दिसम्बर 2005) प्रमुख हैं। कहीं-कहीं बिना जन्मशती के भी विशेषांक प्रस्तुत हुए हैं। यथा, भोपाल में म. प्र. साहित्य अकादमी ने अपने एक आयोजन की सामग्री लेकर **साक्षात्कार** का 'रामविलास शर्मा विशेषांक' प्रकाशित किया है। (अक्टूबर-नवम्बर 2005)

वर्तमान साहित्य के इन विशेषांकों में एक खंड सम्बन्धित लेखक पर है और बाकी नियमित अंक की सामग्री है। सुभद्रा कुमारी चौहान पर नये लेख केवल जीवन सिंह और वीरेन्द्र मोहन के हैं। जैनेन्द्र पर रमेश कुमार, चन्द्रकला त्रिपाठी, सूरज पालीवाल और सत्यकाम के आलेख हैं। पर दोनों अंक इन रचनाकारों के मूल्यांकन-पुनर्मूल्यांकन में कोई सार्थक योगदान नहीं कर पाते। इसका कारण शायद यह है कि वर्तमानता का दबाव अध्ययन की दृष्टि को बहुत कम प्रभावित कर पाता है। रामकुमार वर्मा पर साक्षात्कार के अंक में 'स्मरण' करने वालों में सुमित्रानन्दन पन्त और नन्ददुलारे वाजपेयी को छोड़ दें तो 'लेख' लिखने वाले नये आलोचकों में अकेला परिचित नाम राजेन्द्र कुमार का है, जिनका विश्लेषण सदा की तरह तथ्यपूर्ण और तार्किक है। इसलिए विशेषांक भी पत्रिकाओं के पहचान का संकट नहीं सुलझा पाते।

'रामविलास शर्मा विशेषांक' में कहने को तो कई जाने-माने लेखक हैं जो 4-5 दिसम्बर 2004 को इन्दौर में आयोजित कार्यक्रम में मौजूद थे। इनमें कमल किशोर गोयनका जैसे 'सांस्कृतिक राष्ट्रवादी' से लेकर श्याम कश्यप जैसे घनघोर मार्क्सवादी

तक अनेक प्रकार के लेखक हैं। लेकिन उस संवाद की दिशा का अनुमान इसी से हो जायेगा कि बहुत-से विद्वान उन्हें मार्क्सवाद से दूर ठेलकर 'भारतीय विश्वात्मा' बना देने पर तुले हैं! (पृ. 147) एक विद्वान के अनुसार, "प्रगतिशील लेखक संघ के सचिव पद से मुक्त" होने के बाद "रामविलास शर्मा की मानसिकता में भारी बदलाव" आया। (पृ. 99) जिन बातों में बदलाव नहीं आया, मसलन, "समाजवादी व्यवस्था के स्वप्न" में, "जिसकी रट वे साहित्य तथा जीवन में लगाये रहे, वह एकदम खोखला सिद्ध हुआ।" (पृ. 101) इतना निरर्थक जीवन जीकर रामविलास जी ने कितना सार्थक लेखन किया होगा? बहरहाल, इस विद्वान का जवाब विजय बहादुर सिंह ने दिया, कि वे सभा में मौजूद होते तो मैं उनको बताता। वो समझ रहे थे कि मार्क्सवाद से बहुत नाराज़ थे शर्मा जी। डीविएट कर रहे थे—"नहीं।" (पृ. 121) इतनी स्पष्टता से कम लोगों ने बात की है।

सज्जाद ज़हीर पर **प्रगतिशील वसुधा** का विशेषांक अवश्य संग्रहणीय है, हालाँकि सुविचारित योजना और प्रस्तुति में जल्दबाज़ी का अन्तर्द्वन्द्व अंक में साफ दिखता है। यहाँ विश्वनाथ त्रिपाठी, खगेन्द्र ठाकुर, राजेन्द्र कुमार, पी. एन. सिंह जैसे लेखकों की कुछ महत्त्वपूर्ण नयी सामग्री के अलावा पिछले दौर की बहुत सी सामग्री पहली बार हिन्दी में प्रकाशित हुई है। रज़िया आपा, नसीम भाटिया, नादिरा, नूर आदि परिजनों के साथ-साथ फैज़, मुलकराज आनन्द, यशपाल, कुर्रतुल ऐन हैदर, ए. के. हांगल, अली सरदार जाफरी, अनवर अज़ीम आदि के लेख-संस्मरण आदि एक बड़े इतिहास से परिचय कराने का उपयोगी कार्य करते हैं। एक उदाहरण काफी होगा। महान कम्युनिस्ट क्रान्तिकारी सोहन सिंह जोश ने लिखा है, "उन बड़े घरानों के लाड़लों, जो आईसीएस, पीसीएस या बैरिस्टर बनने गये थे—को बर्तानिया की कम्युनिस्ट पार्टी ने अपना हिमायती बना लिया।" (पृ. 105) अभिजात वर्गीय पृष्ठिभूमि और कम्युनिस्ट पार्टी की प्रतिबद्धता के अन्तर्द्वन्द्व से ही हम बन्ने भाई को, उनके दौर को और आरम्भिक प्रगतिशील आन्दोलन की समस्याओं को समझ सकते हैं।

कई जन्मशताब्दियाँ और कई लेखक मिलकर भी प्रत्येक लघुपत्रिका को विशेषांक की सामग्री नहीं दे सकते। अलग पहचान की ख्वाहिश रखने वाली कई पत्रिकाएँ एक ही लेखक पर अंक केन्द्रित नहीं करतीं। हालत यह है कि प्रेमचन्द की 125वीं जयन्ती का वर्ष होने पर भी गिनी-चुनी पत्रिकाओं ने ही उन पर सामग्री देने की ज़हमत उठायी है। उसमें भी, बहुत कम सामग्री ऐसी है जो एक भी नया कोण या विचार प्रस्तुत करती है। लेखकों से हटकर विषयों पर विशेषांक निकले हैं। संस्मरण विशेषांक (**भारतीय साहित्य**, सं. भीमसेन त्यागी, वर्ष-4, अंक-1, अक्तूबर-दिसम्बर 2005), राजनीति में वामपन्थी उभार और सामाजिक वास्तविकताएँ (**समय माजरा,** सं. हेतु भारद्वाज, वर्ष-6, अंक 61-62, जुलाई-अगस्त 2005), अम्बेडकरवादी युवा

कविता विशेषांक (**अपेक्षा,** सं. तेज़ सिंह, अंक-12, जुलाई-सितम्बर 2005), व्यवस्था का यथार्थ और हिन्दी कथा साहित्य (**कथाक्रम,** सं. शैलेन्द्र सागर, सुशील सिद्धार्थ, वर्ष-7, अंक-26, अक्टूबर-दिसम्बर 2005), प्रेमकहानी विशेषांक (**कथादेश,** सं.—हरिनारायण, जनवरी 2005), लोक में प्रतिरोध (**वचन,** सं. प्रकाश त्रिपाठी, अंक 4-5, अक्टूबर 2005), हिन्दी क्षेत्र : तकलीफें और मुक्ति के रास्ते (**उद्‌भावना,** सं. अजेय कुमार, वर्ष-21, अंक-69, सितम्बर 2005) आदि प्रमुख हैं।

इनमें कुछ विशेषांक अलग-अलग कारणों से महत्त्वपूर्ण हैं। मसलन, **कथादेश** का 'प्रेम कहानी विशेषांक'। प्रेम को कुत्सा या आदर्श की ओर खींचने के बजाय जटिल जीवन-सन्दर्भों में मनुष्य के सम्बन्ध और अनुभव के धरातल पर पहचानने की कोशिश यहाँ प्रकाशित ज़्यादातर कहानियों को एकसूत्रता में जोड़ती है। अतिथि सम्पादक देवेन्द्र ने डेढ़ सौ कहानियों में से सोलह कहानियाँ चुनते समय ध्यान रखा कि "इस अंक को ऐसी कहानियों का संग्रह बनाया जाये जिसमें समकालीन रचनाकारों के अन्तरंग आटोग्राफ पढ़े जा सकें, लेकिन जिसमें निर्लज्ज बेपर्दगी न हो। वरना नमोअंधकारम्।" पिछले कुछ अर्से में विकसित प्रवृत्तियों के सन्दर्भ में कथाकार देवेन्द्र का यह संकल्प बहुत अर्थपूर्ण हो जाता है। इसी दृष्टि ने उन्हें अधिकतर नये कहानीकारों की ओर उन्मुख किया है, जिनमें "अनगढ़ता भले ही हो, विषय की नवीनता हमेशा बनी रहती है।" सच तो यह है कि महेश कटारे (आदि पाप), भालचन्द जोशी (किला समय), नीलाक्षी सिंह (आदमी, औरत और घर), जीवन सिंह ठाकुर (वापसी) में वैसी अनगढ़ता भी नहीं है। इन रचनाकारों ने अपनी विषयवस्तु के साथ अपने कौशल से भी पहचान बनायी है। इनके अलावा भारतेन्दु अरमरिया 'इन्दु' (तीसरी प्रेम कहानी), शशिभूषण (फटा पैंट और एक दिन का प्रेम), नीला प्रसाद (दूसरी, तीसरी...सातवीं औरत का घर) जैसी अनूठी कहानियाँ अपने अधिक नवतर रचनाकारों को भी एक पहचान देती हैं।

कथाक्रम का विशेषांक कहने को व्यवस्था के यथार्थ के सन्दर्भ में हिन्दी कहानी की परख करने के उद्देश्य से निकला है, लेकिन उसकी सामग्री इस संकल्प को पूरा नहीं कर पाती। आलेखों में तो फिर भी कुछ उल्लेखनीय हैं, रवि भूषण, विजय मोहन सिंह, श्रीलाल शुक्ल, कँवल भारती ने अलग-अलग मुद्दे उठाये हैं जिन पर बहस सम्भव है, कहानियाँ प्रभावहीन हैं। थोड़ा-बहुत सुभाष चन्द्र कुशवाहा (दूसरे अन्त की तलाश) ज़रूर अंक के अनुरूप है। 'साक्षात्कारों' में भी केवल कृष्णा सोबती ने अपने ढंग से कुछ कहा है। 'विमर्श' में नामवर सिंह का वक्तव्य कुछ कहानियों और कुछ इतिहासकारों के उल्लेख से साहित्य और व्यवस्था के जटिल सम्बन्धों के विश्लेषण में प्रवृत्त होता है लेकिन बोली गयी भाषा को अविकल प्रस्तुत कर देने से उसे ठीक-ठाक पकड़ना मुश्किल हो जाता है। बोल-चाल का आस्वाद रखते हुए

सम्प्रेषणीय बनाने के लिए आवश्यक सम्पादन का कष्ट उठाया जाना चाहिए था। दिलचस्प बात यह है कि 'विमर्श' में पुरुष रचनाकारों के विचार हैं और 'साक्षात्कार' में महिला रचनाकारों के! कहीं अपवाद हों तो अलग बात है।

आम्बेडकरवादी साहित्य के लिए समर्पित **अपेक्षा** के विशेषांक में खुद सम्पादक (तेज़ सिंह) ने 'अपनी बात' में भक्ति आन्दोलन से अब तक दलित कविता के विकास की समस्याओं पर विचार किया है (पृ. 5-15) और अपने आलेख 'अम्बेडकरवादी कविता में नयी रचनाशीलता' में प्रमुखतः संकलित रचनाकारों के माध्यम से दलित साहित्य के कुछ ज़रूरी प्रश्न उठाये हैं। (पृ. 31-40) इस दृष्टिकोण का महत्त्व इसलिए बढ़ जाता है कि इसमें एक तरफ हिन्दी साहित्य के सवर्णवादी वर्चस्व का निषेध है तो दूसरी तरफ दलित-समर्थकों के इस भ्रम का निराकरण भी कि दलितों का कोई सांस्कृतिक इतिहास नहीं है। "मध्य युग के दलित सन्त-काव्य" ने भारत में यूरोप के समानांतर पुनर्जागरण की संस्कृति दी और उसके सुधारवादी सारतत्त्व से आगे बढ़कर "वर्णवादी सामाजिक-आर्थिक संरचना पर आधारित प्रतिक्रियावादी ब्राह्मणवादी चेतना को हाशिये पर डाल दिया था।" (पृ. 5) नये दौर में, डॉ. अम्बेडकर की सचेत प्रेरणा लेकर उभरने वाले दलित साहित्य की "शुरुआत कविता से होती है और आज भी कविता उसकी प्रमुख विधा है।" (पृ. 31) दलित-धर्म के निर्माण की महत्त्वाकांक्षा और व्यक्तिवादी प्रदर्शनप्रियता से अलग तेज़ सिंह का दृष्टिकोण दलित साहित्य को सामन्ती और पूँजीवादी प्रभावों से मुक्त करने की दिशा में अग्रसर है।

वामपन्थी उभार को केन्द्र में रखकर **समय माजरा** के विशेषांक में कर्मेन्दु शिशिर ने भारतीय राजनीतिक परिदृश्य में वामपन्थ के प्रभाव की समस्याओं को तो उठाया है लेकिन मध्यवर्गीय निराशावादी दृष्टिकोण नहीं अपनाया है। उनका यह कहना अत्यन्त सार्थक है कि "विभिन्न वामपन्थी विचारधाराओं की जो सक्रियता है, अगर उन सबमें आज भी एकता कायम हो जाय, तो पूँजीपतियों की पक्षधर राजनीति करने वाली तमाम राजनीतिक पार्टियाँ उसका मुकाबला नहीं कर सकतीं।" (पृ. 27) बात थोड़ा अतिरंजित है लेकिन निराशावाद को तोड़ने का प्रयत्न ज़रूर है।

विशेषांकों की बहार में **सम्मेलन पत्रिका** (हिन्दी साहित्य सम्मेलन, प्रयाग, सं. विभूति मिश्र, सहायक—रमेश प्रसाद शुक्ल, अधिवेशन अंक 72, भाग-90, सं.-2, चैत्र-ज्येष्ठ शक 1927, संवत् 2062, सन् 2005) का अपना महत्त्व है। इसमें सम्मेलन के दूसरे अधिवेशन के दस्तावेज संकलित हैं। इनमें महावीर प्रसाद द्विवेदी के 'सन्देश' से लेकर पं. बदरीनाथ भट्ट की 'खड़ी बोली की कविता' तक विविध-सामग्रियाँ हैं। लेकिन मिश्र बन्धुओं (गणेश बिहारी—श्यामबिहारी—शुकदेव बिहारी मिश्र) का 'हिन्दी के मुसलमान कवि' और सैय्यद अमीर अली 'मीर' का 'हिन्दी और मुसलमान' लेख यह बताते हैं कि बीसवीं सदी के आरम्भिक दिनों में न तो हिन्दी की लड़ाई

का हिन्दूपन से कोई नाता था, न हिन्दी साहित्य सम्मेलन ही दकियानूसियत का अखाड़ा बना था। 'मीर' ने मुस्लिमलीगी राजनीति का विरोध करते हुए साम्प्रदायिक फूट के रूपक में हिन्दी की समस्या का चित्रण किया है और "एक–राष्ट्र–भाषा वाटिका का सेवन" ही उसका उपचार बताया है (पृ. 99)। मिश्र बन्धुओं ने तीन अलग-अलग सूचियों में ज्ञात-अज्ञात काल के लगभग सवा सौ मुसलमान कवियों की सूची प्रस्तुत की है जो 1911 के पहले थे; इस सूची के नाम 'मीर' की सूची से ज़्यादा हैं और अलग भी। लगभग एक सदी बाद इन दस्तावेजों की प्रस्तुति का समसामयिक औचित्य स्वतः सिद्ध है।

उद्‌भावना का विशेषांक अन्य सभी विशेषांकों से अधिक सार्थक और उद्देश्यपूर्ण है। 17 से 23 मार्च 2005 तक मार्क्सवादी कम्युनिस्ट पार्टी ने पहली बार हिन्दी क्षेत्र की समस्याओं पर एक खुला-सार्वजनिक संवाद (मेजर जयपाल सिंह संगोष्ठी सप्ताह) आयोजित किया था। यह आयोजन माकपा की 18वीं कांग्रेस की पृष्ठभूमि में हुआ था। माकपा की कांग्रेस भी पहली बार किसी हिन्दी प्रान्त में हो रही थी–नयी दिल्ली में। लगभग 100 पृष्ठों में इस संगोष्ठी के सात दिनों की कार्यवाही का संक्षिप्त विवरण प्रस्तुत करके उद्‌भावना ने सार्थक पत्रकारिता का उदाहरण प्रस्तुत किया है। इन संक्षिप्त विवरणों से ही इस संगोष्ठी की व्यापकता और ऐतिहासिकता का पता चल जायेगा। इन पंक्तियों का लेखक इस संगोष्ठी के संयोजन से सम्बद्ध था इसलिए इस विषय पर यहाँ अधिक कहना मर्यादा के अनुकूल न होगा।

फुटकर नहीं

अधिकतर नयी रचनाशीलता और नयी समस्याओं पर ध्यान केन्द्रित करने वाली पत्रिका **वागर्थ** (सं. रवीन्द्र कालिया, भारतीय भाषा परिषद की मासिक पत्रिका) ने रमेश उपाध्याय पर 'फोकस' किया है। (नवम्बर 2005) सुधा उपाध्याय ने बड़ी पते की बात बतायी है कि वे उम्र में थोड़ा बड़ी थीं इसलिए शुरू से उपाध्याय जी उन्हें 'सुधा जी' कहते हैं। उनका रचनात्मक और विचारशील व्यक्तित्व तो कमोवेश सामने है। लेकिन परिवार को एक मूल्य की तरह अपनाने वाले उनके जीवन की अन्तरंग-आत्मीय झलक सुधा जी के संस्मरण में है।

साहित्यिक पत्रकारिता को नये दौर की चुनौतियों के सन्दर्भ में एक स्वरूप देने वाले सम्पादकों में रमेश उपाध्याय का नाम अग्रणी है। पारिवारिकता को रचनाशीलता से जोड़ते हुए उन्होंने संज्ञा को **कथन** का साथी सम्पादक बनाया है। **कथन** का प्रत्येक अंक किसी महत्त्वपूर्ण सामयिक प्रश्न पर बहस आयोजित करता है। पिछले दो अंक क्रमशः 'भाषा और भूमण्डलीकरण' (अंक-48, अक्टूबर-दिसम्बर 2005) और 'जन-जागरण की ज़रूरत' (अंक-49, जनवरी-मार्च 2006) इस कड़ी को आगे

बढ़ाते हैं। दोनों ही अंकों में उल्लेखनीय तथ्य यह है कि वस्तुस्थिति की गम्भीरता को समझने और फिर भी हताशा का रुख न अपनाने का प्रयत्न दिखाई देता है। इसीलिए नकारात्मक आलोचना के बदले सकारात्मक मुद्दों के प्रति आग्रह व्यक्त होता है। वैकल्पिक नीतियाँ और आन्दोलन के आधार इसी प्रक्रिया में सामने आयेंगे।

इस बीच अनिवासी भारतीयों का आयोजन **अन्यथा** (भारतीय अमरीकी मित्रों का साहित्यिक प्रयास, सं. कृष्ण किशोर, नवम्बर 2005, अंक–5) एक सक्षम हस्तक्षेप की तरह सामने आया है। दुराग्रह या 'पर्वूग्रह' से मुक्त, गम्भीर और ज़िम्मेदार साहित्यिक उद्देश्य लेकर चलने वाली यह पत्रिका साहित्य में सामाजिक जीवन की झलक के प्रति अत्यन्त सचेत है। 'हमारे वंचित श्रमिक बच्चे' शीर्षक पहला खंड बालश्रम से सम्बन्धित हिन्दी रचनाओं का है। इसमें राजेश जोशी, शमाँ शर्मा, सुखजोत और नीरजा माधव की मार्मिक रचनाएँ तो हैं, लेकिन शेखर जोशी की 'दाज्यू' या 'बच्चे का सपना' जैसी कहानी का न होना अखरता है क्योंकि बालश्रम पर राजेश की कविता अगर एक कीर्तिमान है तो शेखर जी की कहानी भी एक कीतिमान है।

पूरी तरह व्यंग्य पर केन्द्रित **व्यंग्य यात्रा** (सं. प्रेम जन्मेजय, जुलाई-सितम्बर 2005) में साहित्य और माफिया पर गम्भीर लेखों से व्यंग्यात्मक रचनाओं तक अच्छी खासी सामग्री दी गयी है। इस विषय पर ऐसी बातचीत हो सकती है, यह पहले अन्दाज़ नहीं था क्योंकि अक्सर साहित्यिक माफिया का सवाल उठाते समय लोगों के ध्यान में कुछ चेहरे होते हैं। पर यह भूमंडलीकरण के दौर की एक प्रवृत्ति है, जिससे साहित्य भी अछूता नहीं है। **अक्षर पर्व** (सं. सर्वमित्रा सुरजन, सितम्बर 2005) में भारत से अमरीका तक प्राकृतिक आपदाओं की पुनरावृत्ति पर सही टिप्पणी की गयी है। आग-पानी-तूफान का कहर प्रकृति पर मनुष्य के अत्याचार का नतीज़ा है।

यह अत्याचार सम्पन्न देशों के ही नहीं, विकासशील देशों के विलासिताजीवी वर्ग की संस्कृति का परिणाम है।

इस बीच **नयी कहानी** (सं. सतीश जमाली, अंक-16, जनवरी 2006) का संक्षिप्त आकार में अकस्मात पदार्पण एक सुखद घटना है। वैसे तो यह 'कथा विधा की सम्पूर्ण पत्रिका' है लेकिन इसमें कथाकार (मार्कण्डेय) और आलोचक (राजेन्द्र कुमार) की कविताएँ दी गयी हैं और प्रेमचन्द की कहानी 'मंच' पर अखिलेश का लेख। **साखी** (सं. सदानन्द शाही, अंक–12, जुलाई सितम्बर 2005) में 'हिन्दी राष्ट्रवाद' पर चर्चा है लेकिन यह बात किसी ने नहीं उठाई कि हिन्दी नेशनलिज़्म का अनुवाद कर देने से काफी भ्रम फैलता है। भारतीय जीवन की समस्याओं की व्याख्या के लिए अंग्रेज़ी अवधारणाओं पर अति-निर्भरता हमारी मदद नहीं करती। 'रंगभूमि' पर दलित प्रतिक्रियाओं के विषय में पी. एन. सिंह ने वाजिब सवाल उठाया है कि साहित्य में प्रेमचन्द और राजनीति में गाँधी "दलित विमर्श के प्रस्थान-बिन्दु हैं।

ने इसका उत्तर देते हुए 'सेठाश्रय' में जाने का विरोध किया लेकिन दोनों बहसें और टकराहटें लघुपत्रिका के माध्यम से ही चलीं।

दोबारा आपातकाल के पाबन्दी वाले दिनों में बड़ी पूँजी के मंचों ने जनवाद के दमन को अनदेखा किया और दमनकारी सत्ता का समर्थन किया, सारी मुश्किलों के बीच जनता और जनवाद के पक्ष में आवाज़ उठाने का जोखम लघुपत्रिकाओं ने ही उठाया। उस समय एक-दूसरे के विरोधी कमलेश्वर और ज्ञानरंजन दोनों ने अपने-अपने ढंग से प्रतिरोध किया। सारिका का जुलाई 1975 का अंक बहुतों को याद होगा, जिसमें अनेक पृष्ठ सेंसर की कृपादृष्टि से काले करके प्रकाशित किये गये थे। कमलेश्वर ने उन्हें बदलना गवारा नहीं किया और 'पहल' को लेकर दक्षिण पन्थी बुद्धिजीवियों और पत्रों ने ऐसा कोहराम मचाया था मानो ज्ञानरंजन भारत की राजसत्ता का तख़्ता पटल देंगे!

इसलिए विचारधारात्मक संघर्ष और साहित्यिक आन्दोलन की लोकतान्त्रिक परम्पराएँ लघुपत्रिका की उपलब्धि मानी जायेंगी। कम से कम आज़ाद भारत में ऐसी उपलब्धि का दावा बड़ी पूँजी की महा-पत्रकारिता नहीं कर सकती। साहित्यिक आन्दोलन, वैचारिक संघर्ष, लोकतांत्रिक चिन्ता के अलावा महत्त्वपूर्ण लेखकों-विचारकों का निर्माण भी लघुपत्रिकाओं के माध्यम से ही हुआ है। इन भूमिकाओं के निर्वाह में लघुपत्रिकाएँ अपने कलेवर की लघुता के बावजूद अपनी विषयसीमा में लघु नहीं रही हैं।

विकल्प के दूसरे माध्यमों की तरह लघुपत्रिका भी कुछ समस्याओं का सामना करती है। पूँजी के महाप्रभावी वातावरण का उस पर दबाव पड़ता है। साहित्यिक गुटबाज़ी, विचारहीन उत्तेजक विवाद, आत्मप्रचार, रूढ़िवादी नज़रिया जैसी कुछ बीमारियाँ हैं, जिनसे बचना लघुपत्रिकाओं के अस्तित्व के लिए ज़रूरी है। फिर भी यह कहना होगा कि अपनी महान विरासत के संरक्षण में जैसी भूमिका लघुपत्रिकाओं ने निभायी है, वैसी 'मुख्यधारा' की पत्रकारिता ने नहीं निभायी। आ. रामचन्द्र शुक्ल, प्रेमचन्द, निराला की जन्मशती से लेकर 1857 के स्वाधीनता संघर्ष पर शोध और मूल्यांकन तक का काम सकारात्मक है, जिसका श्रेय लघु पत्रिका को ही है। हाल ही में, कम्युनिस्ट आन्दोलन की यादों पर समाजशास्त्री पी. सी. जोशी की लेखमाला से लेकर शहरों के सांस्कृतिक जीवन पर ममता कालिया के धारावाहिक तक अमूल्य सामग्री 'तद्भव' में आती रही है; 'कल की चिन्ता' से लेकर 'मानवाधिकार और श्रम के भूमंडलीकरण' तक अनेक ज्वलंत प्रश्न 'कथन' में उठते रहे हैं; और अभी-अभी राहुल सांकृत्यायन पर 'अभिनव कदम' और किसानों की आत्महत्या की पृष्ठभूमि में 'उद्भावना' के विशेषांक अविस्मरणीय हैं।

□□